suhrkamp taschenbuch
wissenschaft 968

Der Wohlfahrtsstaat zehrt an der Verfassung. Für einen Staat mit ganz anderen Aufgaben und Mitteln konzipiert, ist sie auf die wohlfahrtsstaatlichen Aktivitäten und Instrumentarien nicht eingestellt und läßt sich auch durch Verfassungsänderungen offenbar nur begrenzt darauf einstellen. Trifft diese Beobachtung zu, so bedeutet das nicht weniger als die Bedrohung einer Errungenschaft, die zweihundert Jahre lang als wichtigstes Mittel zur Machtbegrenzung und Politiksteuerung im Interesse personaler Freiheit gedient hat.
Die zunehmende Materialisierung von Staatsaufgaben mit ihrer Minderung der rechtlichen Steuerungsfähigkeit sowie die Diffusion der Staatsgewalt mit ihrer Fragmentierung von Entscheidungsbefugnissen zwingen zu der Annahme, daß die Verfassung ihrem Anspruch zum Trotz zu einer Teilordnung regrediert und wieder Züge der älteren punktuellen und partikularen Bindungen von Herrschaft annimmt. Im selben Maße, in dem dieser Wandel ins Bewußtsein tritt, dürfte die empirische Verfassung wieder an Interesse gewinnen.
Dieter Grimm ist Professor für öffentliches Recht an der Universität Bielefeld und Richter des Bundesverfassungsgerichts. Im Suhrkamp Verlag hat er veröffentlicht: *Recht und Staat der bürgerlichen Gesellschaft* (st 1358) und *Deutsche Verfassungsgeschichte 1776-1866. Vom Beginn des modernen Verfassungsstaats bis zur Auflösung des Deutschen Bundes* (es 1271).

Dieter Grimm

Die Zukunft der Verfassung

Suhrkamp

Die Deutsche Bibliothek – CIP-Einheitsaufnahme
Grimm, Dieter:
Die Zukunft der Verfassung / Dieter Grimm. – 1. Aufl. –
Frankfurt am Main : Suhrkamp, 1991
(Suhrkamp-Taschenbuch Wissenschaft; 968)
ISBN 3-518-28568-8
NE: GT

suhrkamp taschenbuch wissenschaft 968
Erste Auflage 1991

Satz und Druck: Wagner GmbH, Nördlingen
Printed in Germany
Umschlag nach Entwürfen von
Willy Fleckhaus und Rolf Staudt

1 2 3 4 5 6 – 96 95 94 93 92 91

Inhalt

IV. Reformen

V. Resümee

Vorwort

Der moderne Wohlfahrtsstaat zehrt an der rechtlichen Verfassung. Für einen Staat mit ganz anderen Aufgaben und Mitteln konzipiert, ist sie auf die wohlfahrtsstaatlichen Aktivitäten und Instrumentarien nicht eingestellt und läßt sich auch durch Verfassungsänderungen offenbar nur begrenzt darauf einstellen. Das ist eine Beobachtung, die ich anfangs eher beiläufig und vereinzelt, später mit geschärftem Blick auf breiter Front gemacht habe. Trifft sie zu, so bedeutet das nicht weniger als die Bedrohung einer Errungenschaft, die zweihundert Jahre lang als wichtigstes Mittel zur Machtbegrenzung und Politiksteuerung im Interesse personaler Freiheit gedient hat. Obwohl die Symptome großenteils bekannt sind, wird der Ernst der Lage nicht erfaßt. Ich hatte mir daher vorgenommen, die Beobachtung systematisch und vergleichend zu überprüfen und, falls sie sich bestätigen sollte, den Zukunftsaussichten der Verfassung und der Möglichkeit funktionaler Äquivalente nachzugehen. Mein Wechsel von der Verfassungslehre zur Verfassungsrechtsprechung wird die Ausführung dieses Plans auf längere Zeit verhindern. Unter diesen Umständen schien es mir nützlich, wenigstens die Einzelstudien zusammenzufassen, in denen die Beobachtung mitgeteilt und der Versuch einer historisch-systematischen Erklärung gemacht wird. Die Aufsätze, die überwiegend aus den letzten fünf Jahren stammen, sind hier unverändert wiedergegeben. Lediglich die besonders umfangreichen Beiträge über »Die politischen Parteien« und über »Verfassungsfunktion und Grundgesetzreform« sind für die Zwecke des Sammelbandes gekürzt worden. Die Frage nach der Zukunft der Verfassung ist mit diesen eher analytischen als prognostischen Teilstudien noch nicht beantwortet. Ich hoffe aber, daß es dem Band gelingt, ihre Dringlichkeit stärker ins öffentliche Bewußtsein zu heben.

Karlsruhe, im Dezember 1990 — Dieter Grimm

1. Überblick

1. Verfassung

1. Begriff

Verfassung war anfangs ebenso wie ihr fremdsprachliches Äquivalent »Konstitution« ein empirischer Begriff, der aus der Naturbeschreibung in die rechtlich-politische Sprache überging und dort den Zustand eines Landes bezeichnete, wie er durch die Beschaffenheit des Territoriums und seiner Einwohner, die historische Entwicklung und die bestehenden Machtverhältnisse, die rechtlichen Normen und politischen Institutionen geprägt wurde. Mit dem Bemühen, die Staatsgewalt zugunsten der Untertanenfreiheit zu beschränken, das seit der Mitte des 18. Jahrhunderts in der Naturrechtslehre vordrang, setzt jedoch eine Verengung des Verfassungsbegriffs ein, in deren Verlauf die nichtnormativen Elemente allmählich abgestoßen wurden, bis Verfassung schließlich nur noch als der vom Staatsrecht determinierte Zustand erschien. Erst mit den Revolutionen des ausgehenden 18. Jahrhunderts in Nordamerika und Frankreich, die die angestammte Herrschaft gewaltsam beseitigten und eine neue auf der Grundlage rationaler Planung und rechtlicher Fixierung errichteten, vollzog sich der Übergang vom Seins- zum Sollensbegriff. Verfassung wird seitdem gewöhnlich mit dem Normenkomplex identifiziert, der die Einrichtung und Ausübung der Staatsgewalt sowie die Beziehungen zwischen Staat und Gesellschaft grundlegend regelt. Sie ist das dem Souverän zugeschriebene, die Staatsorgane bindende und insofern vorrangige, meist in einer Urkunde zusammengefaßte und erschwert änderbare Recht. Von den naturrechtlichen Entwürfen legitimer Herrschaft unterschieden sich die neuen Verfassungen durch ihre positiv-rechtliche Geltung, von den älteren rechtlichen Bindungen staatlichen Handelns in Gestalt von Herrschaftsverträgen, leges fundamentales etc. durch ihren herrschaftskonstituierenden (nicht nur -modifizierenden), universalen (nicht nur partikularen) und umfassenden (nicht nur punktuellen) Charakter. In diesem normativen Sinn überwiegt der Verfassungsbegriff bis heute, wenngleich er den älteren empirischen keineswegs obsolet gemacht hat. Dieser pflegt vielmehr immer dann als Erklärungsfaktor wiederzukehren, wenn die rechtliche Verfassung sich in der sozialen Wirklichkeit nicht durchsetzt oder andere als die erwarteten Wirkungen hervorbringt.

II. Entstehung und Verbreitung

Eine Verfassung im empirischen Sinn besitzt jedes Gemeinwesen. Die Verfassung im normativen Sinn ist ein Produkt der bürgerlichen Revolutionen des späten 18. Jahrhunderts. Diese hatten die überkommene und aus sich selbst legitimierte monarchische Staatsgewalt gestürzt und standen nun vor der Aufgabe, eine neue, legitime zu errichten. Dabei wiesen mehrere Faktoren in Richtung der Verfassung. In der Sozialphilosophie der Zeit galt nach dem Verblassen religiöser Legitimationsmuster infolge der Glaubensspaltung nur noch diejenige Herrschaft als legitim, die auf der Zustimmung der Herrschaftsunterworfenen beruhte. Dieses als regulative Idee gedachte Kriterium gewann im Kampf gegen die traditionelle Staatsgewalt realen Forderungsgehalt. Seine Bedeutung für die Verfassung lag darin, daß eine Herrschaft kraft Auftrags, die damit an die Stelle der Herrschaft aus originärem oder göttlichem Recht treten mußte, ohne eine sie begründende und tradierende Regel nicht vorstellbar ist. Sie erfordert also einen Konstitutionsakt, ohne daß dieser mit der Konstitution schon identisch wäre. Es läßt sich auch absolute Herrschaft aus übertragenem Recht denken, die dann näherer verfassungsrechtlicher Bindung weder bedürftig noch fähig ist. Die förmliche Verfassung drängte sich aber deswegen auf, weil nach den Überzeugungen des sozialen Trägers der Revolution Wohlfahrt und Gerechtigkeit von einer Beschränkung des Staates auf den Schutz individueller Freiheit abhing. Die konzentrierte und mit dem Gewaltmonopol ausgestattete Staatsgewalt, die in der Neuzeit die polyzentrische, auf verschiedene autonome Träger räumlich, gegenständlich und funktional aufgeteilte Herrschaftsgewalt des Mittelalters verdrängt hatte und den regelnden Zugriff einer Verfassung erst ermöglichte, wurde also beibehalten. Es kam aber darauf an, sie so umzugestalten, daß sie zwar ihre Garantenfunktion wirksam erfüllen, aber keine eigenen Steuerungsambitionen entfalten konnte. Die Aufgabe war so beschaffen, daß sie gerade im Recht ihre adäquate Lösung fand: Grundrechte begrenzten die

Staatsgewalt auf Schutz und Ausgleich individueller Freiheit, und Gewaltenteilung beugte der Mißbrauchsgefahr vor.
Die Verfassung als neue Art der Herrschaftsbegründung und Herrschaftsbegrenzung übte sogleich beträchtliche Anziehungskraft außerhalb ihrer Ursprungsländer aus. Der Verfassungsstaat wurde für längere Zeit zum wichtigsten innenpolitischen Thema der meisten europäischen Staaten. Dabei verbanden sich für seine Anhänger die normativ-urkundliche Form, die herrschaftsbegründende und -begrenzende Funktion und der grundrechtlich-gewaltenteilende Inhalt zu einer untrennbaren Einheit. Der Verbreitung der Verfassung kam es jedoch gerade zugute, daß sie als Form der Herrschaftsregulierung weder auf den Inhalt noch die Funktion der Prototypen festgelegt war. Das erlaubte ihre Rezeption auch unter Bedingungen, die der Entstehung feindlich gewesen wären. Je ferner ein Land den Entstehungsbedingungen des Verfassungsstaats stand, desto mehr schrumpfte freilich der herrschaftslegitimierende und -limitierende Gehalt der Verfassung. Mit der Erfindung der Konstitution war auch die Möglichkeit von Semikonstitutionalismus oder Scheinkonstitutionalismus gegeben. Ohne vorausgegangene Revolution fehlte ihr vor allem die herrschaftsbegründende Wirkung. Viele Verfassungen des 19. Jahrhunderts beschränkten sich auf Herrschaftsmodifikation, unterschieden sich von den älteren rechtlichen Bindungen politischer Herrschaft aber immer noch durch ihre universale Geltung und ihren umfassenden Regelungsanspruch. Zur weltweiten Durchsetzung der Verfassung im 20. Jahrhundert trug vor allem die gründliche Veränderung des Staatensystems infolge von Revolution, Krieg und Dekolonialisierung bei. Wo immer es in solchen Situationen an einem vorfindlichen und für legitim gehaltenen Herrschaftssubjekt fehlte, drängte die Notwendigkeit der Errichtung und Organisierung der Staatsgewalt auf einen Konstitutionsakt, der fast durchweg in Verfassungsgesetzen Ausdruck fand. Das heißt aber nicht notwendig, daß ihnen dieselbe normative Bedeutung wie den ursprünglichen Verfassungen beigemessen wird. Die weltweite Verbreitung der Verfassung, von der sich nur noch wenige Staaten distanzieren, darf also nicht mit universaler Effektivität gleichgesetzt werden.

III. Funktion und Eigenart

Die prekäre Situation der Verfassung ergibt sich daraus, daß sie die oberste Gewalt selber zum Gegenstand hat. Erklärter Zweck ist die Verrechtlichung der politischen Machtausübung. Damit greift die Verfassung auf ältere Ordnungsvorstellungen zurück, die die Neuzeit überholt hatte, und paßt sie veränderten Bedingungen an. Politische Herrschaft war ursprünglich nur als Sachwaltung einer ihr vorgegebenen und von ihrem Willen unabhängigen Ordnung göttlichen Ursprungs begriffen worden. Bedingt durch die Glaubensspaltung, die dieser Ordnung die Grundlage entzog, sowie die dadurch entfesselten konfessionellen Bürgerkriege, die im traditionellen Ordnungsrahmen nicht überwunden werden konnten, und den beschleunigten sozialen Wandel, der die Problemadäquanz des überlieferten Rechts minderte, hatte sich die politische Gewalt von der göttlichen Ordnung emanzipiert und selbst zur Quelle einer neuen weltlichen Ordnung erhoben. Die Herrschaftsbefugnis ging infolgedessen nicht mehr in der Rechtsdurchsetzung auf, sondern erfaßte auch die Rechtsetzung. Das Recht verwandelte sich damit vom ewiggültigen Richtmaß zum kontingenten Willensprodukt der Politik. Mittels der Verfassung gelang es, die rechtliche Bindung von Herrschaft mit der unumkehrbaren Positivierung des Rechts zu vereinbaren, indem Rechtsetzung und Rechtsdurchsetzung ihrerseits wieder an positives Recht gebunden wurden. Das bedingte freilich eine Aufspaltung der öffentlichen Gewalt in *pouvoir constituant* und *pouvoirs constitués* und folglich auch eine Aufspaltung des positiven Rechts in eine Gruppe von Basisnormen für die Herstellung politischer Entscheidungen, die sich an die Machthaber richteten, und eine Gruppe politikerzeugter Normen, die sich an die Herrschaftsunterworfenen richteten. Die erstere mußte dann notwendig über der letzteren stehen. Der Vorrang gehört begrifflich zur Verfassung, auch wenn das nicht sogleich überall erkannt worden ist. Auf diese Weise sollte die Ausübung von Herrschaft dem subjektiven Belieben ihrer Träger entzogen und wieder objektiven, von ihrem Willen unabhängigen, freilich nicht mehr unveränderlichen Regeln unterworfen werden: *a government of laws and not of men.*

Ihrer Funktion gemäß ist die Verfassung zu allererst ein Inbegriff von Rechtsnormen. In dieser Eigenschaft bildet sie nicht die soziale Wirklichkeit ab, sondern richtet Erwartungen an sie, deren Erfüllung nicht selbstverständlich ist und eben deswegen rechtlicher Stützung bedarf. Die Verfassung bezieht also Distanz zur Wirklichkeit und gewinnt daraus erst das Vermögen, als Verhaltens- und Beurteilungsmaßstab für Politik zu dienen. Sie kann daher ohne Funktionseinbußen weder in eine einmalige Dezision noch in einen kontinuierlichen Prozeß aufgelöst werden, sondern verselbständigt sich als Norm von der Dezision, der sie ihre Geltung verdankt, und fungiert als Struktur für den Prozeß, den sie voraussetzt. Von anderen Rechtsnormen unterscheidet sich das Verfassungsrecht nächst dem Rang vor allem durch den Gegenstand. Es bezieht sich konstituierend und regulierend auf die oberste Gewalt. Deswegen erschöpft es sich aber nicht etwa im Staatsrecht oder gar in der Staatsorganisation. Seine Normen sind gewöhnlich nicht nur formeller, sondern auch inhaltlicher Natur. Gerade darin übersteigt die Verfassung das Staatsrecht. Indem der Staat nämlich seine Aufgaben in bezug auf die Gesellschaft erfüllt, bilden die an ihn adressierten Strukturbestimmungen, Zielvorgaben und Tätigkeitsschranken zugleich Grundprinzipien der Sozialordnung. Als solche sind sie freilich lapidarer und konkretisierungsbedürftiger als normales Gesetzesrecht. Überdies fällt Verfassungsrecht aufgrund seiner Entstehung auch fragmentarischer und kompromißhafter aus als einfaches Recht. Vor allem aber hat es als Verhaltensmaßstab für die oberste Gewalt keine organisierte Durchsetzungsinstanz mehr hinter sich. Regelungsadressat und Regelungsgarant sind vielmehr identisch. Dieses spezifische Durchsetzungsproblem des Verfassungsrechts ist prinzipiell unlösbar und kann auch durch Verfassungsgerichte nur entschärft, nicht aufgehoben werden. Verfassungsrecht muß daher in wesentlich höherem Grade als das an den Einzelnen oder die nachgeordneten Agenturen des Staatsapparats gerichtete Recht die Bedingungen seiner Verwirklichung in sich selber tragen.

IV. Voraussetzungen und Grenzen

Wichtigste Voraussetzung der tatsächlichen Geltung einer Verfassung ist ihre Konsensbasis. Ohne die generelle Bereitschaft der politischen Akteure, die Verfassung auch dann einzuhalten, wenn sie den eigenen Absichten im Wege steht, und ohne den Rückhalt in der Bevölkerung, der ihre Verletzung politisch riskant macht, entfaltet eine Verfassung entweder keine Wirkungskraft oder verliert sie in Krisensituationen wieder. Andererseits kann die Verfassung den für jede Gesellschaft bestandsnotwendigen Konsens über Art und Form ihrer Einheit stabilisieren. Alle Gesellschaften stehen ja vor dem Grundproblem, die gegebene Pluralität der gesellschaftlichen Überzeugungen und Interessen mit der aufgegebenen staatlichen Einheit zu vermitteln. Daher muß über Verfahren und Ziel der Einheitsbildung Einverständnis hergestellt werden, wenn nicht Dauerkampf und Desintegration herrschen sollen. Dieser Konsens darf nicht mit der Verfassung gleichgesetzt werden. Er geht ihr zeitlich voraus und ist nicht auf die Form der Verfassung angewiesen. Sie gibt ihm aber Ausdruck. Ihre Bedeutung liegt darin, daß sie den Konsens von der Entstehungssituation und den beteiligten Personen ablöst und ihm Verbindlichkeit, Dauer und Bestimmtheit verleiht. Auf diese Weise läßt sich der mögliche Dissens über den Konsens vermindern und der politische Prozeß von einer permanenten Diskussion über Verfahren und Ziele der Einheitsbildung entlasten. Was in der Verfassung steht, ist nicht mehr Thema, sondern Prämisse politischer Entscheidungen. Darin liegt die anderweitig nicht adäquat ersetzbare Leistung der normativen Verfassung. Der Erfolg hängt freilich davon ab, in welchem Maß die unterschiedlichen Positionen in den Konsens einbezogen werden. Das scheint politischen Systemen, die die Pluralität der Meinungen und Interessen als legitim anerkennen und sich daher auf die Formulierung eines Basiskonsenses beschränken können, besser zu gelingen als solchen, die sich über Wahrheit legitimieren und daher zum Totalkonsens tendieren. Sie müssen das schmälere Einverständnis durch erhöhten Zwang kompensieren und setzen insoweit die legitimierende, pazifizierende und stabilisierende Wirkung der Verfassung aufs Spiel.

Auf der Konsensverankerung beruhen alle expliziten Funktionen der Verfassung, die Legitimations- und die Limitationsfunktion, die Ordnungs- und die Streitentscheidungsfunktion. Aus der Konsensabhängigkeit folgen aber auch die wichtigsten Grenzen der Verrechtlichung politischer Herrschaft. Politik läßt sich aus mehreren Gründen nicht total verrechtlichen. Zuerst setzt die Konsensbeschaffung bei der Verfassungsgebung der Verrechtlichung Grenzen. Als Vorrat an Gemeinsamkeiten der politischen Konkurrenten stellt die Verfassung höhere Anforderungen an den Konsens als einfaches Gesetzesrecht. Lücken und Formelkompromisse sind daher oft Bedingung ihres Zustandekommens. Ferner kann die Verfassung zwar Gegenstände und Ziele, Kompetenzen und Verfahren für kollektiv verbindliche Entscheidungen festsetzen. Es liegt aber außerhalb ihres Vermögens, auch den Input in den Entscheidungsprozeß im voraus zu normieren. Grenzen der Verrechtlichung ergeben sich überdies aus der Zeitdimension, in welche die Verfassung den Konsens erstreckt. Der gesellschaftliche Konsens, dem die Verfassung Verbindlichkeit verleiht, ist ja stets ein historischer Konsens, dessen Gegenwartsrelevanz davon abhängt, daß er für spätere Generationen anerkennungsfähig bleibt. Das setzt relative Offenheit voraus. Je geschlossener der Konsens ist, desto stärker haftet er an den Bedingungen seiner Entstehungszeit und erschwert die Fortgeltung unter gewandelten Verhältnissen. Schließlich und prinzipiell wird positives Recht als politisches Produkt von der Politik notwendig überschritten. Als gesetztes Recht ist es änderbar und änderungsbedürftig, und Politik hat die Aufgabe, es auf wechselnde Lagen und Anforderungen einzustellen. Dazu sind Gestaltungsspielräume nötig, die eine Verfassung eröffnen muß. Demgegenüber würde eine lückenlos gedachte Verfassung die Politik auf Verfassungsvollzug festlegen und damit letztlich in Verwaltung auflösen. Aus diesem Grund kann die Verfassung von vornherein nur eine Rahmenordnung bilden, die politische Entscheidungen ermöglichen, nicht erübrigen soll. Verfassungen, die die Verrechtlichung der Politik zu weit treiben, legen selbst den Grund ihrer Umgehung oder Mißachtung. Verfassungsperfektionismus schlägt in Verfassungsirrelevanz um.

v. Verfassungsrecht und Verfassungswirklichkeit

Ist einmal erkannt, daß die Verfassung nicht mehr als eine Rahmenordnung des politischen Prozesses bilden kann, entschärft sich auch das Problem von Verfassungsrecht und Verfassungswirklichkeit. Zum Ärgernis kann die Existenz einer Verfassungswirklichkeit nur vor dem Hintergrund eines Verfassungsverständnisses werden, das von der Verfassung eine restlose Verrechtlichung der Politik erwartet. Betrachtet man die Verfassung dagegen nur als Rahmen und Richtmaß für die Politik, dann ist sie auf politische Ausfüllung nachgerade angewiesen. Eine solche rahmenausfüllende Verfassungswirklichkeit zehrt weder an der normativen Kraft der Verfassung noch liefert sie ein Indiz ihrer Geltungsschwäche. Von der verfassungsausfüllenden Verfassungswirklichkeit ist freilich die verfassungsaushöhlende und erst recht die verfassungsdurchbrechende Verfassungswirklichkeit zu unterscheiden. Von verfassungsaushöhlender Verfassungswirklichkeit kann man sprechen, wenn sich politische Einrichtungen oder Praktiken entwickeln, die von der Verfassung weder zugelassen noch verboten sind, aber die Verwirklichung verfassungsrechtlich gesetzter Ziele oder das Funktionieren von verfassungsrechtlich vorgesehenen Institutionen und Prozeduren beeinträchtigen. Soweit sich solche Einrichtungen oder Praktiken als absichtliche Verfassungsumgehung darstellen, muß die Verfassung sich ihnen gegenüber behaupten. Da sie in der Mehrzahl der Fälle jedoch eine Folge veränderter Politikbedingungen sind und daher nicht ohne weiteres rückgängig gemacht werden können, läßt sich die normative Kraft der Verfassung nur erhalten, wenn sie ihren regelnden Zugriff auf solche Neuerungen erstreckt. Im Unterschied zur verfassungsaushöhlenden Verfassungswirklichkeit, die das geltende Verfassungsrecht nur mittelbar beeinträchtigt, setzt die verfassungsdurchbrechende Verfassungswirklichkeit Vorschriften der Verfassung direkt außer Anwendung. Davon kann allerdings nicht schon bei jedem einzelnen Verfassungsverstoß die Rede sein. Zur Verfassungswirklichkeit verdichtet sich ein solcher Verstoß nur, wenn er zur Regel, die Verfassungsbefolgung dagegen zur Ausnahme wird. Hier kann je nach der Bedeutung der Vorschrift und den Ursachen des Verstoßes Behauptung oder Änderung der Norm gefordert sein. Die normative Kraft der Verfassung leidet aber, wenn der verfassungswidrigen Verfassungswirklichkeit unter dem Mantel der »Staatspraxis« selbst Verfassungsrang zugeschrieben wird.

Die Existenz scheinwirksamer, dysfunktional wirkender oder wirkungsloser Verfassungsnormen verweist freilich auf ein tieferliegendes Problem, das für die Möglichkeit rechtlicher Steuerung von Politik kardinale Bedeutung besitzt: das Verhältnis von normativer und empirischer Verfassung. Mit der Verengung des Verfassungsbegriffs auf das Verfassungsgesetz hat ja die reale Verfassung nicht aufgehört zu bestehen. Sie bleibt vielmehr in denjenigen sozialen Gegebenheiten präsent, die sich in politische Macht ummünzen lassen. Dazu gehören beispielsweise ökonomisch begründete Vetopositionen, Druckpotentiale von Massenorganisationen, Definitionsmonopole über die öffentliche Meinung, Verfügung über Waffen. Die normative Verfassung findet eine solche empirische Verfassung stets vor und muß sich in ihr behaupten. Dabei ist das, übrigens nicht gut erforschte, Verhältnis der beiden kein einbahniges von rechtlicher Forderung und tatsächlicher Anpassung, sondern ein wechselbezügliches. Die Regelungsgegenstände des Verfassungsrechts sind ebenso eigendynamisch wie widerständig und wirken ihrerseits auf das Verständnis und die Anwendung der Verfassungsnormen zurück. Umgekehrt wird deren Wirkungskraft dadurch bestimmt, daß sie auf der symbolischen Ebene des Rechts operieren. Verfassungen können daher die Wirklichkeit nicht unmittelbar verändern, sondern nur mittelbar beeinflussen. Der Einfluß besteht in der Möglichkeit, die bestehenden Machtverhältnisse zu legalisieren oder zu illegalisieren und auf diese Weise zu stärken oder zu schwächen. Legalität ist selbst ein Machtfaktor, und je tiefer sie sozial verwurzelt ist, desto mehr hängt die Akzeptanz politischer Entscheidungen von ihrer Übereinstimmung mit der Verfassung ab. Die Wirkung der Verfassung beruht deswegen vor allem darauf, daß sie die Gültigkeitsbedingungen kollektiv verbindlicher Entscheidungen festlegt und soziale Macht auf diese Weise zwingt, sich der verfassungsrechtlichen Formen und Verfahren zu bedienen und vor den verfassungsrechtlichen Zielen zu legitimieren, wenn sie Anspruch auf Befolgung erheben will. Darin liegt ein kanalisierender und rationalisierender Effekt, der die umstandslose Transformation von Macht in Recht ausschließt. Die Balance bleibt freilich heikel, und die Effektivität einer ohne Rücksicht auf die empirische Verfassung entworfenen rechtlichen Verfassung ist von vornherein gering zu veranschlagen.

VI. Geltungsanspruch und Durchsetzungsvermögen

In der Geltung, die das Verfassungsrecht gegenüber den realen Machtverhältnissen beansprucht, oder der Effektivität, die es ihnen gegenüber erlangt, liegen, unbeschadet anderer Einteilungsmöglichkeiten, auch die auffälligsten Unterschiede zwischen den Verfassungen. Oft werden Verfassungen von vornherein nicht in Bindungsabsicht erlassen, sondern erschöpfen sich in einer vorteilhaften Außendarstellung des politischen Systems. Es gibt ferner Verfassungen, die lediglich die bestehenden Machtstrukturen abbilden und rechtlich sanktionieren, so daß sich ihr normativer Gehalt auf eine Status quo-Garantie beschränkt. Andere Verfassungen treten zwar in Regelungsabsicht auf und pflegen auch befolgt zu werden, erfassen aber nicht die eigentlichen Machtzentren des politischen Systems, etwa eine Einheitspartei, sondern begnügen sich mit peripheren Regelungen ohne erhebliche Rückwirkungen auf den Entscheidungsprozeß. Schließlich kommen Verfassungen vor, die effektive Politikbindung anstreben und damit im Regelfall auch Erfolg haben. Fließende Übergänge sind freilich denkbar, und selbst in ein und derselben Verfassung können sich Bestandteile verschiedener Typen mischen. Bestimmend für den Verfassungstyp scheinen vor allem der Entwicklungsgrad einer Gesellschaft und das vorherrschende Legitimationsmuster zu wirken. Ein geringer Entwicklungsstand erlaubt der politischen Elite verhältnismäßig risikofreie Mißachtung verfassungsrechtlicher Bindungen. Konkurrierende Eliten tendieren hier weniger zur Einhaltung von Konfliktaustragungsregeln als zu wechselseitiger Ausschaltung. Fortgeschrittene Gesellschaften bedürfen dagegen eines höheren Grades von Regelhaftigkeit und Verläßlichkeit der politischen Leistungen. Systeme, die eine Wahrheit absolut setzen, sind weniger zur Einhaltung verfassungsrechtlicher Bindungen bereit als Systeme, die die Wahrheitsfrage unentschieden lassen und den verschiedenen Richtungen erlauben, um die befristete Betrauung mit der Staatsgewalt zu konkurrieren. Wenn dort die Verfassung vor dem alles überragenden Geschichtsziel überwiegend instrumentellen Charakter annimmt und ihm im Konfliktfall weichen muß, verleiht hier die Indifferenz des Systems gegenüber Wahrheiten den pluralitätsverbürgenden Regeln größeres Eigengewicht und höhere Befolgungschancen.

Zur Durchsetzung der Verfassung findet die Verfassungsgerichtsbarkeit neuerdings immer weitere Verbreitung. In der Tat können Verfassungsgerichte zur Verwirklichung der normativen Anforderungen und zur Erhaltung des verfassungsrechtlichen Konsenses einen wesentlichen Beitrag leisten. Ohne Verfassungsgerichtsbarkeit ist die Verfassung allein auf ihren sozialen Rückhalt verwiesen. Selbst wenn dieser hinreichen sollte, absichtliche Verfassungsverstöße zu verhindern, kann er doch nicht divergierende Auffassungen über konkrete verfassungsrechtliche Anforderungen ausschließen. Konflikte im Rahmen der Verfassung weiten sich dann schnell zu Konflikten über die Verfassung selbst aus. Da die stärkeren Kräfte im Endeffekt ihre Auffassung zur Geltung bringen können, droht langfristig eine Aufzehrung des verfassungsrechtlichen Konsenses. Dagegen haben Verfassungsgerichte die Möglichkeit, einen von Handlungszwängen und Machterhaltungsinteressen verhältnismäßig unabhängigen Blick auf die Verfassung zu richten. Wirksamer noch als die konkrete Gerichtsentscheidung scheint dabei die generelle Vorfeldwirkung zu sein, die eintritt, weil die Existenz der gerichtlichen Kontrolle die politischen Instanzen zwingt, die Verfassungsfrage relativ früh und relativ unparteiisch zu stellen. Versagt diese Vorwirkung, so ermöglicht es der autoritative Gerichtsspruch, die Verfassung dem politischen Streit zu entziehen und ihrer Funktion als Konsensbasis der Konkurrenten wieder zuzuführen. Die Bereitschaft, Machtfragen durch Gerichte schlichten zu lassen, hat freilich soziale und kulturelle Voraussetzungen, die keineswegs überall, wo eine Verfassung besteht, gegeben sind. Fehlen sie, werden Verfassungsgerichte mit den Machthabern kurzgeschlossen oder zur Bedeutungslosigkeit verurteilt. Beide Male ist der Schaden für die Verfassung größer als beim völligen Verzicht auf Verfassungsgerichtsbarkeit. Dagegen liegt das Risiko einer effektiven Verfassungsgerichtsbarkeit darin, daß die Gerichte bei dem geringen Präzisionsgrad vor allem der materiellen Verfassungsnormen im Gewande von Verfassungsanwendung zu politischer Gestaltung übergehen und dadurch die demokratischen Verantwortungszusammenhänge und Funktionsbegrenzungen stören.

Verfassungsgerichte sind gerade wegen der hochgradigen Konkretisierungsbedürftigkeit des Verfassungsrechts auch zum wichtigsten Faktor des Verfassungswandels geworden. Verfassungswandel ist eine Folge des Umstands, daß Verfassungsnormen von ihren Urhebern stets auf einen unbestimmten Zustand der Wirklichkeit oder genauer: eine bestimmte Vorstellung vom Zustand der Wirklichkeit bezogen werden, in der sie ihre Wirkung entfalten sollen. Infolgedessen konstituiert der in den Blick genommene Wirklichkeitsausschnitt den Sinn der Norm mit. Daher läßt er sich auch von den Realisierungsbedingungen der Norm nicht ablösen und unveränderlich halten. Fehleinschätzungen oder Veränderungen der Wirklichkeit schlagen vielmehr auf die Verfassung durch und können sie in ihrer Wirkung verändern oder um ihre Wirkung bringen. Während symbolische oder ineffektive Verfassungen gegen sozialen Wandel relativ unempfindlich sind, weil er keine normativen Erwartungen enttäuscht, setzt sozialer Wandel normative und effektive Verfassungen starken Spannungen aus. Die Zielabweichungen, die dadurch möglich werden, verlangen nach Mechanismen, mit deren Hilfe Verfassungsnormen veränderten Bedingungen angepaßt oder unter veränderten Bedingungen funktionstüchtig erhalten werden können. Dabei lassen sich Anpassungen, die den Text der Verfassung ändern, von solchen unterscheiden, die bei gleichbleibendem Text die Bedeutung der Norm verändern. Im ersten Fall spricht man gewöhnlich von Verfassungsänderung, im zweiten Fall von Verfassungswandel. Verfassungen treffen in der Regel Vorkehrungen für ihre Änderung, binden diese aber meist an breites Einverständnis. Das ist eine Konsequenz der Konsensfunktion der Verfassung, die als Grundlage für die Austragung politischer Gegensätze dient und deswegen möglichst weiter Zustimmung der Konkurrenten bedarf. Verfassungswandel ist dagegen das Ergebnis von Verfassungsinterpretation, die freilich nicht allein in der Tätigkeit der Verfassungsgerichte vor sich geht. Ebenso haben die Wissenschaft und die Staatspraxis Anteil an der interpretatorischen Fortbildung der Verfassung, wenngleich Verfassungsgerichte durch die letztverbindliche Kraft ihrer Interpretation eine herausgehobene Stellung einnehmen.

Nicht abschließend geklärt sind die Grenzverläufe. Wenn auch heute nicht mehr bezweifelt wird, daß sozialer Wandel interpretatorische Folgen hat, so herrscht doch Ungewißheit darüber, welche Intensitätsgrenze überschritten sein muß, damit Umdeutungen erforderlich sind, und vor allem, wo der Bereich zulässiger Verfassungsinterpretation endet und Anpassungen nur noch im Wege förmlicher Verfassungsänderung erfolgen können. Bei Verfassungsänderungen wiederum stellt sich die Frage nach der Identität der Verfassung bei veränderlichem Inhalt. Die Antwort setzt die Unterscheidung verschiedener Regelungsschichten in einer Verfassung voraus. Differenzierungen erscheinen möglich zwischen den Grundentscheidungen über Art und Ziel der politischen Herrschaft, ihren materiellen und formellen Konkretisierungen und Ausgestaltungen sowie bloß akzidentiell hinzutretenden oder situativ bedingten Verfassungsbestandteilen. Formell genießen alle denselben Rang. Die Identität einer Verfassung hängt aber offenbar von den ersteren ab. Dazu zählen jedenfalls das Legitimationsprinzip der Herrschaft und das Grundmuster seiner Realisierung, über die alle Verfassungen Aussagen enthalten, ferner die fundamentalen Zwecksetzungen und Grenzen der Staatsgewalt, falls die Verfassung dazu Bestimmungen trifft. Werden diese ausgetauscht oder durch dauernde Mißachtung oder sozialen Wandel obsolet, liegt verfassungspolitisch eine Revolution vor. Gleichwohl nehmen die wenigsten Verfassungen die identitätsprägenden Normen von der Änderbarkeit aus. Das Grundgesetz hat diesen Versuch in Reaktion auf die innere Auflösung der Weimarer Reichsverfassung, die schon vor der Machtergreifung des Nationalsozialismus begonnen hatte, gemacht. Auch dadurch läßt sich freilich die Dynamik des politischen Prozesses, in den die Verfassung hineingestellt ist, nicht aufhalten. Als Teil einer konkreten Verfassung ist die Identitätsklausel vielmehr an deren Bestand gebunden. Solange sie weiter gelten soll, gilt die Unabänderlichkeit ihrer Grundbestimmungen. Wird sie beseitigt und durch eine neue ersetzt, verliert auch die Identitätsklausel ihre normative Kraft. Das mindert nicht ihre Bedeutung, die immerhin legale Revolutionen verhindert. Aber keine Verfassung kann ihre eigene Existenz gewährleisten.

VIII. Veränderung und Krise

Der Wandel, dem Verfassungsrecht stets ausgesetzt ist, wird jedoch neuerdings durch eine Entwicklung überboten, die nicht einzelne Verfassungsnormen oder die Identität bestimmter Verfassungen, sondern die Funktionsfähigkeit der Verfassung überhaupt berührt. Es handelt sich um tiefgreifende Veränderungen des Regelungsgegenstandes der Verfassung: Staat und Staatstätigkeit, die ihrerseits wieder auf die wachsende Komplizierung und Differenzierung der gesellschaftlichen Verhältnisse zurückgehen. Den Anfang setzte das Scheitern der Hoffnung des Liberalismus auf die Selbststeuerungsfähigkeit der Gesellschaft. Statt der verheißenen sozialen Gerechtigkeit entstand die Soziale Frage und zwang den Staat, seine bloße Garantenstellung für die vorausgesetzte Ordnung aufzugeben und den gerechten Interessenausgleich, der sich marktvermittelt nicht einstellte, selbst wieder herbeizuführen. Seitdem läßt sich eine kontinuierliche Ausweitung der Staatsaufgaben beobachten, die inzwischen zu einer Gesamtverantwortlichkeit des Staates für die gesellschaftliche Entwicklung vorangeschritten ist. Dieser Verantwortungs- und Aufgabenzuwachs war allerdings nicht von einer entsprechenden Ausweitung seiner Verfügungsbefugnis begleitet. In den westlichen Verfassungsstaaten genießen die verschiedenen gesellschaftlichen Funktionsbereiche vielmehr weiterhin eine grundrechtlich gesicherte Autonomie und folgen ihren eigenen Rationalitätskriterien. Daher kann sich der Staat bei der Erfüllung seiner Steuerungsaufgaben großenteils nicht der spezifisch staatlichen Mittel von Befehl und Zwang bedienen, sondern muß mit indirekt wirkenden Motivationsmitteln die Folgebereitschaft der gesellschaftlichen Akteure zu erringen suchen. Diesen wächst dadurch eine Vetomacht zu, die den Erfolg der Politik und längerfristig die Legitimität des politischen Systems gefährdet. Der Staat antwortet darauf mit intensiviertem Kontakt zu den mächtigen gesellschaftlichen Kräften, der sich zunehmend institutionell verfestigt und keineswegs nur in Konsultationen erschöpft. Er begegnet den gesellschaftlichen Akteuren dann freilich auf gleicher Ebene und findet sich dort als semi-souveränes Gebilde wieder, während diese im selben Maß an der staatlichen Entscheidungsgewalt partizipieren und dem System neokorporatistische Züge verleihen.

Dadurch drohen zwei wichtige Entstehungsvoraussetzungen der Verfassung wieder zu schwinden. Zum einen läßt sich das Gerechtigkeitsproblem nicht mehr, wie seinerzeit angenommen, formal durch Staatsbegrenzung lösen, sondern materialisiert sich von neuem. Die Folge ist eine Gewichtsverlagerung von retrospektiv-ordnungsbewahrenden auf prospektiv-ordnungsgestaltende Staatstätigkeiten. Aus demselben Grund verwandeln sich die materiellen Verfassungsnormen, namentlich die Grundrechte, stärker in Zielvorgaben und Gerechtigkeitsentwürfe, ohne deswegen ihre staatsbegrenzende Funktion völlig einzubüßen. Sie bezahlen die Funktionsausweitung aber mit einem Verlust an Geltungskraft, denn einerseits müssen sie zur Erfüllung des Programms weit mehr Eingriffe dulden, und andererseits können sie die Ausführung des Programms von vornherein nur begrenzt determinieren. Von der Veränderung sind aber ebenso die organisatorischen und prozeduralen Verfassungsnormen betroffen, denn sowohl das Demokratie-Prinzip als auch der Rechtsstaat und die Gewaltenteilung mitsamt ihren konkretisierenden Ausformungen hängen zu einem Gutteil an der Steuerungsfähigkeit des parlamentarischen Gesetzes. Da die moderne Staatstätigkeit inzwischen jedoch einen solchen Komplexitätsgrad erreicht hat, daß sie gedanklich nicht mehr vollständig vorwegnehmbar ist, läßt sie sich gesetzlich auch nur noch begrenzt steuern. Soweit die gesetzliche Steuerung ausfällt oder nur noch scheinbar besteht, laufen die verfassungsrechtlichen Kautelen leer. Zum zweiten verflüchtigt sich die für den regelnden Zugriff der Verfassung notwendige Konzentration der öffentlichen Gewalt beim Staat. Zwar monopolisiert er nach wie vor die Befugnis zu kollektiv verbindlichen Entscheidungen. Materiell betrachtet, erweisen sich diese in einem System mit korporatistischen Neigungen aber vielfach als Gemeinschaftsprodukt öffentlicher und privater Akteure, die als solche noch unterscheidbar sein mögen, aber keine eindeutige Zurechnung des Ergebnisses mehr erlauben. Dieses Problem ist auch durch die Konstitutionalisierung sozialer Macht nicht prinzipiell zu lösen. Vielmehr fällt im selben Maß, wie der Staat seine Befugnisse mit privaten Akteuren teilt, auch die Verfassung, die öffentliche Entscheidungen umfassend zu binden beansprucht, auf eine Teilordnung zurück.

IX. Zukunftsaussichten

Fragt man im Lichte dieser Erkenntnis nach der Zukunft der Verfassung, so ist vorab festzuhalten, daß ein Phänomen, welches unter bestimmten historischen Bedingungen entstanden ist, den Wegfall dieser Bedingungen nicht oder doch nur um den Preis der Sinnentleerung überdauern kann. Ob dieser Fall für die normative Verfassung bereits bevorsteht, ist allerdings zweifelhaft. In einer Hinsicht nämlich hat sich die Sondersituation, aus der die ersten Verfassungen entstanden, heute zur Regel entwickelt. Überwiegend wird kein vorfindliches, aus göttlichem oder eigenem Recht zur Herrschaft berufenes Subjekt mehr anerkannt. Die Vakuumsituation nach dem erfolgreichen Sturz einer konsensunabhängigen Herrschaft, die die Notwendigkeit der Neukonstituierung einst begründet hatte, ist dadurch latent auf Dauer gestellt. Die Befugnis zu politischer Herrschaft hängt heute nach weithin geteilter Überzeugung von Beauftragung und Konsens ab und wird treuhänderisch wahrgenommen. Unter diesen Umständen bedarf es auch weiterhin rechtlicher Regeln, die bestimmen, wie staatliche Gewalt zustande kommen und ausgeübt werden soll. Sie müssen aufgestellt sein, ehe der Staat legal operieren kann. Das geschieht nicht in allen politischen Systemen zum Zweck der Machtbegrenzung, sondern kann, wie die typologische Betrachtung gezeigt hat, bemäntelnde Funktionen haben. Gleichwohl besitzt in der Ableitungs- und Organisationsbedürftigkeit von Herrschaft die Verfassung nach wie vor ihre sicherste Stütze. Auch ihre Durchsetzungskraft ist mit der Verbreitung der Verfassungsgerichtsbarkeit gewachsen. Im übrigen zwingen aber die festgestellte Materialisierung der Staatsaufgaben mit ihrer Minderung der rechtlichen Steuerungsfähigkeit sowie die Diffusion der Staatsgewalt mit ihrer Fragmentierung von Entscheidungsbefugnissen zu der Annahme, daß die Verfassung ihrem Anspruch zum Trotz zu einer Teilordnung regrediert und wieder Züge der älteren punktuellen und partikularen Bindungen von Herrschaft annimmt. Es läßt sich voraussagen, daß im selben Maß, wie dieser Wandel ins Bewußtsein tritt, die empirische Verfassung wieder an Interesse gewinnen wird.

Literatur

P. Badura, Verfassung und Verfassungsgesetz, in: Festg. f. U. Scheuner, Berlin 1973, S. 19 ff.

K. v. Beyme, Verfassung und politisches System, in: Politische Bildung 17 (1984), S. 3 ff.

E.-W. Böckenförde, Geschichtliche Entwicklung und Bedeutungswandel der Verfassung, in: FS f. R. Gmür. Bielefeld 1983, S. 7 ff.

B.-O. Bryde, Verfassungsentwicklung, Baden-Baden 1982.

J. M. Buchanan, G. Tullock, The Calculus of Consent – Logical Foundations of Constitutional Democracy, Ann Arbor (Mich.) 1962.

G. Dilcher, Vom ständischen Herrschaftsvertrag zum Verfassungsgesetz, in: Der Staat 27 (1988), S. 161 ff.

R. Dreier, F. Schwegmann (Hg.), Probleme der Verfassungsinterpretation, Baden-Baden 1976.

H. Ehmke, Grenzen der Verfassungsänderung, Berlin 1953.

J. Elster, R. Slagstad (Hg.), Constitutionalism and Democracy, Cambridge 1988.

W. Fiedler, Sozialer Wandel, Verfassungswandel, Rechtsprechung, Freiburg i. Br. 1972.

E. Forsthoff, Zur heutigen Situation einer Verfassungslehre, in: Festg. f. Carl Schmitt, Tl.-Bd. 1, Berlin 1968, S. 185 ff.

M. Friedrich (Hg.), Verfassung, Darmstadt 1978.

J.-W. Gough, Fundamental Law in English Constitutional History, Oxford 1955.

P. Häberle, Verfassung als öffentlicher Prozeß, Berlin 1978.

H. Heller, Staatslehre, Leiden 1934, Tübingen [6]1983.

E. Hennis, Verfassung und Verfassungswirklichkeit, Tübingen 1968.

F. A. Hermens, Verfassungslehre, Frankfurt/M. 1964.

K. Hesse, Die normative Kraft der Verfassung, Tübingen 1959.

H. Hofmann, Zur Idee des Staatsgrundgesetzes, in: ders., Recht – Politik – Verfassung, Frankfurt/M. 1986, S. 261 ff.

E. R. Huber, Wesen und Inhalt der politischen Verfassung, Hamburg 1935.

J. Isensee, Staat und Verfassung, in: ders., P. Kirchhof (Hg.), Handbuch des Staatsrechts, Bd. 1, Heidelberg 1987, S. 591 ff.

G. Jellinek, Allgemeine Staatslehre, Berlin 1900, [3]1914, Ndr. Bad Homburg v. d. H. 1966.

W. Kägi, Die Verfassung als rechtliche Grundordnung des Staates, Zürich 1945.

I. Kovács, New Elements in the Evolution of Socialist Constitution, Budapest 1968.

F. Lassalle, Über Verfassungswesen, Berlin 1862, Neuausgabe Braunschweig 1949.

K. Loewenstein, Verfassungslehre, Tübingen 1959, [3]1975 (Orig.: Political Power and the Governmental Process, Chicago 1957).
N. Luhmann, Politische Verfassungen im Kontext des Gesellschaftssystems, in: Der Staat 12 (1973), S. 1 ff., 165 ff.
Ch. H. McIlwain, Constitutionalism Ancient and Modern, Ithaca (N. Y.) 1940.
W. Näf, Der Durchbruch des Verfassungsgedankens im 18. Jahrhundert, in: ders. (Hg.), Schweizer Beiträge zur Allg. Geschichte, Bd. 11, Bern 1953, S. 108 ff.
J. R. Pennock, J. W. Chapman (Hg.), Constitutionalism, New York 1979.
D. Schindler, Verfassungsrecht und soziale Struktur, Zürich 1932.
W. Schmale, Entchristianisierung, Revolution und Verfassung, Berlin 1988.
E. Schmidt-Aßmann, Der Verfassungsbegriff in der deutschen Staatslehre der Aufklärung und des Historismus, Berlin 1967.
C. Schmitt, Verfassungslehre, München 1928, [6]1983.
P. Schneider, H. Ehmke, Prinzipien der Verfassungsinterpretation, in: VVDStRL 20 (1963), S. 1 ff.
R. Smend, Verfassung und Verfassungsrecht, München 1928, auch in: ders., Staatsrechtliche Abhandlungen und andere Aufsätze, Berlin [2]1968, S. 119 ff.
G. Stourzh, Vom aristotelischen zum liberalen Verfassungsbegriff, in: F. Engel-Janosi, G. Klingenstein, W. Lutz (Hg.), Fürst, Bürger, Mensch, Wien, München 1975, S. 97 ff.
C. R. Sunstein, Constitutionalism after the New Deal, in: Harvard Law Rev. 101 (1987/88), S. 421 ff.
R. Vierhaus (Hg.), Herrschaftsverträge, Wahlkapitulationen, Fundamentalgesetze, Göttingen 1977.
H. Vorländer, Verfassung und Konsens, Berlin 1981.

II. Herkunft

2. Entstehungs- und Wirkungsbedingungen des modernen Konstitutionalismus

I. Die Verfassung als Novum

1. Untersuchungsziel

Die Entstehung der modernen Verfassung ausgangs des 18. Jahrhunderts in Nordamerika und Frankreich ist verhältnismäßig gut erforscht und dokumentiert. Es fehlt jedoch noch an einer befriedigenden Erklärung, *warum* die Verfassung damals aufkommen und alsbald zum beherrschenden Thema der Zeit werden konnte. Eine solch einschneidende und folgenreiche Neuerung verweist ja auf den Eintritt bestimmter Bedingungen, die vorher nicht gegeben waren und inzwischen wieder entfallen sein können. Ohne die Rekonstruktion dieser Bedingungen läßt sich die Verfassung daher weder historisch verstehen noch prognostisch beurteilen. Die Frage nach der Zukunft der Verfassung ist alles andere als überflüssig. Die weltweite Ausbreitung der Verfassung und ihre gesteigerte Durchsetzbarkeit mittels Verfassungsgerichten dürfen nämlich nicht von der eigentümlichen Schwäche und Bedeutungsentleerung ablenken, die sie gegenüber den Problemen des modernen Wohlfahrtsstaats an den Tag legt. Das Ziel der Untersuchung ist also eine gegenwarts- und zukunftsgerichtete Vergangenheitsklärung, wobei der Akzent hier auf der geschichtlichen Seite liegt, während die Gegenwartsproblematik am Ende nur andeutungsweise zur Sprache kommt.

2. Tradition und Innovation

Daß die Verfassung ein historisches Novum darstellt, versteht sich angesichts des weitaus älteren und bis heute auch für ältere Epochen gebräuchlichen Begriffs allerdings nicht von selbst. Deswegen bedarf es zunächst einer Identifizierung derjenigen Elemente, die ihre Novität begründen. Dabei kann die Genese der

Phänomene, welche den Typus der modernen Verfassung geschaffen haben, erste Anhaltspunkte geben. Sowohl die Konstitutionen der nordamerikanischen Staaten seit 1776 und die amerikanische Bundesverfassung von 1787 mit der schon bei der Ratifizierung geforderten *Bill of Rights* von 1791 als auch die französische Verfassung von 1791 mit der inkorporierten Erklärung der Menschen- und Bürgerrechte von 1789 waren Produkte von Revolutionen, die die überkommene Herrschaft stürzten und durch eine neue ersetzten. An solchen Vorkommnissen ist die Geschichte natürlich nicht arm. Von den zahlreichen früheren Machtwechseln unterscheiden sich diese beiden jedoch dadurch, daß ihre Urheber es nicht beim Austausch von Regenten und Regierungsformen bewenden ließen, sondern zuvor die Bedingungen legitimer Herrschaft gedanklich konstruierten und diese Konstruktion in rechtlich verbindliche Normen überführten. Erst auf der Basis der normativen Bedingungen wurden dann Personen zur Herrschaft berufen, und nur im Rahmen der Normen waren sie zur Ausübung der Herrschaft befugt.

Das Neue daran bestand freilich weder in der gedanklichen Konstruktion der Bedingungen legitimer Herrschaft noch in der rechtlichen Bindung der Herrschaftsgewalt für sich genommen[1]. Die Legitimation von Herrschaft bildete schon immer ein Hauptproblem der Sozialphilosophie. Seit dem Verblassen religiöser Legitimationsmuster im Gefolge der Glaubensspaltung hatte es neue Antworten verlangt und in der Lehre vom Staatsvertrag auch gefunden. Politische Herrschaft galt dann als legitim, wenn sie als vertraglich begründet gedacht werden konnte. Für die in der Vertragstheorie entwickelten Legitimationsbedingungen wurde zwar häufig rechtliche Geltung beansprucht, doch handelte es sich dabei um eine Geltung überpositiver Art. Bei den Herrschern selbst fanden sie weder breite Zustimmung noch gar Aufnahme ins positive Recht. Das auf den Staatsvertrag zurückgehende Naturrecht blieb gegenüber dem positiven Staatsrecht vielmehr je nach seinem Inhalt kritische oder affirmative Theorie.

1 Vgl. zu den älteren Wurzeln der modernen Verfassung H. Hofmann, Zur Idee des Staatsgrundgesetzes, in: ders., Recht – Politik – Verfassung. Studien zur Geschichte der politischen Philosophie, 1986, S. 261; ferner W. Näf, Der Durchbruch des Verfassungsgedankens im 18. Jahrhundert, Schweizer Beiträge zur Allgemeinen Geschichte 11 (1953), S. 108.

Von der fehlenden Bindungskraft des Naturrechts darf freilich nicht auf die Existenz rechtlich unbegrenzter Herrschaft geschlossen werden. Die Bodinsche Souveränitätslehre, wonach der Herrscher das Recht hatte, für alle Recht zu setzen, ohne dabei seinerseits rechtlich gebunden zu sein, legitimierte die nach dem Zusammenbruch der mittelalterlichen Ordnung unvermeidliche Verfügungsbefugnis des Herrschers über die Sozialordnung, lieferte aber keine vollständige Beschreibung der Wirklichkeit. Im Gegenteil weckte gerade die einsetzende Konzentration der Territorialgewalt in der Hand der Monarchen das Bedürfnis nach rechtlicher Beschränkung, und in der Tat entstand um die Mitte des 17. Jahrhunderts bei günstigen Gelegenheiten herrscherlicher Abwesenheit oder Schwäche auf Druck der bedrohten Stände eine Reihe von Regelwerken, die die Ausübung der öffentlichen Gewalt zwar unsystematisch, aber doch umgreifend und mit der Tendenz, die ständischen Rechte zu wahren, normierten[2]. Dieser Versuch, den Aufstieg des modernen souveränen Staates, der ja nicht in subjektiver Willkür, sondern in objektivem Problemdruck begründet lag, normativ zu hemmen, blieb jedoch weitgehend erfolglos. Den wenigsten sog. Regierungsformen war eine längere Geltungsdauer beschieden.
Auch der absolute Monarch, der sich von ständischer Mitregierung befreien und in Heer und Beamtenschaft eine eigene Machtbasis sichern konnte, genoß aber keineswegs rechtlich unumschränkte Macht. Wenn er sich auch der umfassenden Regulierungsversuche, wie sie die ständischen Regierungsformen des 17. Jahrhunderts angestrebt hatten, zu entledigen vermochte, so begegnete er doch einer Reihe sogenannter Grundgesetze oder Herrschaftsverträge, die sich gerade dadurch auszeichneten, daß sie den Herrscher positivrechtlich banden und von ihm nicht einseitig abgeändert werden durften. Meist schriftlich fixiert und häufig auch gerichtlich durchsetzbar, erfüllten sie alle Bedingungen höherrangigen Rechts und wurden auch durchaus als Rahmen der Herrschaftsgewalt einschließlich des Gesetzgebungs-

2 Vgl. dazu G. Oestreich, Vom Herrschaftsvertrag zur Verfassungsurkunde. Die »Regierungsformen« des 17. Jahrhunderts als konstitutionelle Instrumente, in: R. Vierhaus (Hg.), Herrschaftsverträge, Wahlkapitulationen, Fundamentalgesetze, 1977, S. 45.

rechts begriffen[3]. Betrachtet man ihre Genese, so waren sie überwiegend vertraglichen Ursprungs. Diese Entstehungsweise deutet darauf hin, daß hinter ihnen soziale Machtgruppen standen, die über bestandswichtige Leistungen für die monarchische Herrschaft verfügten und dadurch Gelegenheit erhielten, dem Herrscher im Wege der Gegenleistung einzelne Herrschaftsverzichte abzuverlangen und sich diese rechtsverbindlich zusichern zu lassen. Als vertraglich begründete setzten sie aber die Herrschaftsgewalt immer schon voraus und brachten sie nicht selbst hervor. Sie regelten sie vielmehr nur in einzelnen Hinsichten und zugunsten einzelner privilegierter Herrschaftsunterworfener.

Demgegenüber liegt das Neue an den modernen Konstitutionen in der Zusammenführung dieser beiden Linien. Sie setzten das theoretisch entworfene Modell juristisch in Geltung. Durch die positivrechtliche Geltung unterscheidet sich die Verfassung vom Naturrecht. Von den älteren rechtlichen Bindungen der Staatsgewalt hebt sie sich durch eine Funktions- und Geltungsausweitung ab, und zwar in dreifacher Hinsicht:

(1) Während die Herrschaftsverträge und Fundamentalgesetze legitime Staatsgewalt immer schon voraussetzten und nur bezüglich einzelner Ausübungsformen regulierten, brachte die moderne Verfassung legitime Staatsgewalt erst hervor. Sie wirkte also nicht herrschaftsmodifzierend, sondern *herrschaftskonstituierend.*

(2) Wo die älteren Formen der Rechtsbindung des Herrschers die bei ihm angesammelte Herrschaftsgewalt nur in einzelnen Rück-

3 Vgl. Vierhaus, Herrschaftsverträge (Anm. 2); Hofmann, Staatsgrundgesetz (Anm. 1); W. Näf, Herrschaftsverträge und Lehre vom Herrschaftsvertrag, Schweizer Beiträge zur allgemeinen Geschichte 7 (1949), S. 26; F. Hartung, Herrschaftsverträge und ständischer Dualismus in deutschen Territorien, in: ders., Staatsbildende Kräfte der Neuzeit, 1961, S. 62; C. Link, Herrschaftsordnung und bürgerliche Freiheit, 1979, S. 178 ff.; H. Mohnhaupt, Die Lehre von der »Lex fundamentalis« und die Hausgesetzgebung europäischer Dynastien, in: J. Kunisch (Hg.), Der dynastische Fürstenstaat, 1982, S. 3; H. Mohnhaupt, Verfassung I, in: O. Brunner/W. Conze/R. Koselleck (Hg.), Geschichtliche Grundbegriffe. Historisches Lexikon zur politisch-sozialen Sprache in Deutschland, Band VI, 1990, S. 852 ff.; A. Lemaire, Les lois fondamentales de la monarchie française d'après les théoriciens de l'ancien régime, 1907; J. W. Gough, Fundamental Law in English Constitutional History, 1955.

sichten banden, erhob die moderne Verfassung den Anspruch durchgängiger Regelung von Herrschaft. Sie wirkte also nicht punktuell, sondern *umfassend.*
(3) Wenn schließlich die älteren Formen rechtlicher Bindung aufgrund ihrer vertraglichen Entstehung nur zwischen den Vertragspartnern galten, so kamen die modernen verfassungsrechtlichen Bindungen allen Herrschaftsunterworfenen zugute. Sie wirkten also nicht partikular, sondern *universal.*

3. Älterer und jüngerer Verfassungsbegriff

Die umstürzende Bedeutung der modernen Verfassung blieb durch die Anknüpfung an bestehende Traditionen und die Verwendung eingeführter Begriffe vielfach verborgen. Verfassung, Konstitution und in den Ursprungsländern *constitution* als Bezeichnungen des neuen Phänomens waren schon vor den Revolutionen geläufig gewesen. Sie hatten damals aber andere Bedeutung gehabt[4]. *Constitutio, constitution* pflegte eine Gattung von Gesetzen zu bezeichnen, die nicht notwendig einen Bezug zur Herrschaftsausübung aufweisen mußte; *constitution* oder Verfassung meinte gewöhnlich den Zustand eines Staates – anfangs weit, so wie er durch geschichtliche Entwicklung, natürliche Gegebenheiten und rechtliche Ordnung geprägt war; später verengt auf denjenigen Status, den ihm Konventionen, Grundgesetze und Herrschaftsverträge verliehen. Auch in dieser Verengung blieb die Verfassung aber rechtlich geprägter Zustand. Nicht bezeichnete sie die prägende Rechtsnorm selbst. Daher befand sich auch jeder Staat in einer bestimmten Verfassung, und wo keine Verfassung angebbar war, fehlte es an einem Staat. Der ältere Verfassungsbegriff war also ein *Seins-Begriff.*

4 Vgl. zum Folgenden D. Grimm, Der Verfassungsbegriff in historischer Entwicklung, in diesem Band S. 101; ferner E.-W. Böckenförde, Geschichtliche Entwicklung und Bedeutungswandel der Verfassung, in: Festschrift für Rudolf Gmür, 1983, S. 7; C. H. McIlwain, Constitutionalism, ancient and modern, 1966; C. H. McIlwain, Some Illustrations of the Influence of Unchanged Names for Changing Institutions, in: P. Sayre (Hg.), Interpretations of Modern Legal Philosophies. Essays in Honor of Roscoe Pound, 1947; H. Boldt, Einführung in die Verfassungsgeschichte, 1984, S. 119 ff.

Demgegenüber schrieb die moderne Verfassung mit systematischem und erschöpfendem Anspruch in einem rechtsförmigen Dokument vor, wie die Staatsgewalt eingerichtet und ausgeübt werden *sollte*. Die Verfassung fiel auf diese Weise mit dem Gesetz, das die Einrichtung und Ausübung der Staatsgewalt regelte, in eins. Sie bezog sich nicht mehr auf den rechtlich geprägten Zustand, sondern die den Zustand prägende Norm. Verfassung trat also als *normativer Begriff* auf. In diesem neuen Sinn hatten keineswegs alle Staaten eine Verfassung. Die Existenz einer Verfassungsurkunde, die Grundrechte und Volksvertretungen vorsah, wurde vielmehr zum unterscheidungskräftigen Merkmal für die Einteilung der Staatenwelt, und die Frage, ob nur ein Verfassungsstaat in diesem Sinn Legitimität beanspruchen könne, zog sich beherrschend durch das gesamte 19. Jahrhundert.
Der ältere zuständliche Verfassungsbegriff wurde im Maße der Durchsetzung des modernen normativen Verfassungsbegriffs verdrängt. Freilich ging mit dem älteren Verfassungsbegriff nicht auch die von ihm bezeichnete Sache, nämlich die faktische Bedingtheit von Herrschaft und ihrer normativen Einbindung, unter. Daher übernahm ihn später die neue Wirklichkeitswissenschaft der Soziologie[5]. Im übrigen läßt sich beobachten, daß der ältere ontologische Verfassungsbegriff von den Gegnern des ursprünglich mit der normativen Verfassung verbundenen liberalen Inhalts wiederentdeckt wird oder an Krisenpunkten der normativen Verfassung in Gestalt der sogenannten materiellen oder sozialen Verfassung oder der von dem Sollwert abweichenden Verfassungswirklichkeit auftaucht und als Erklärung für die Durchsetzungsschwäche oder das Mißlingen normativer Verfassungen dient[6].

5 Vgl. die ausdrücklich gegen die Rechtswissenschaft abgegrenzten Definitionen bei M. Weber, Wirtschaft und Gesellschaft, 5. Aufl. 1972, S. 27, 194.

6 Vgl. etwa F. Engels, Die Lage Englands, MEW Band 1, 1970, S. 572; L. v. Stein, Zur preußischen Verfassungsfrage, Nachdruck 1961; F. Lassalle, Über Verfassungswesen, 1862; C. Schmitt, Verfassungslehre, 1928; C. Schmitt, Der Hüter der Verfassung, 1931; E. R. Huber, Wesen und Inhalt der politischen Verfassung, 1935; G. A. Walz, Der Begriff der Verfassung, 1942.

II. Entstehungsvoraussetzungen der Verfassung

1. Erklärungsmodell

a) Vorbedingungen

Die moderne Verfassung zeichnet sich durch den Anspruch aus, politische Herrschaft nach Zustandekommen und Ausübungsweisen in einem allen anderen Rechtsnormen übergeordneten Gesetz umfassend und einheitlich zu regeln. Wenn das darin zum Ausdruck kommende Bedürfnis nach gebändigter politischer Herrschaft auch keineswegs neu ist, so konnte es doch erst unter bestimmten neuzeitlichen Voraussetzungen in Gestalt der Verfassung befriedigt werden. Als planmäßige Festsetzung der Legitimationsbedingungen von Herrschaft hing die Verfassung zum einen davon ab, daß die politische Ordnung ein möglicher Gegenstand menschlicher Entscheidung geworden war. Dieser Fall trat in der jüngeren Geschichte erst mit der Erschütterung des Glaubens an die göttliche Einsetzung und Ausformung weltlicher Herrschaft ein, wie die Glaubensspaltung sie bewirkte. Der Verlust der transzendentalen Konsensbasis zwang zu einer Neuformierung von Herrschaft auf säkularer Grundlage[7], was die Suche nach überzeitlich gültigen Leitsätzen nicht hinderte, wohl aber ihre bewußte Transformation in die politische Wirklichkeit forderte. Insofern gab es keine moderne Verfassung ohne die vorgängige Positivierung des Rechts.

In ihrer Eigenschaft als umfassende und einheitliche Regulierung der Einrichtung und Ausübung von Herrschaft war die Verfassung zum anderen von der Existenz eines Gegenstandes abhängig, der einen solchen konzentrierten normativen Zugriff erlaubte. Auch dazu kam es erst nach dem Zusammenbruch der mittelalterlichen Ordnung. Das polyarchische System der als Annex von Grundeigentum ausgeübten, gegenständlich und funktional auf zahlreiche gleichgeordnete und autonome Träger verteilten Herrschaftsrechte, das eine Differenzierung von Staat und Gesellschaft, öffentlicher und privater Sphäre noch nicht kannte,

7 Vgl. dazu vor allem E.-W. Böckenförde, Die Entstehung des Staates als Vorgang der Säkularisation, in: ders., Staat, Gesellschaft, Freiheit, 1976, S. 42.

war auch nicht im modernen Sinne konstitutionsfähig[8]. Den möglichen Ansatzpunkt für ein eigens auf die Einrichtung und Ausübung von Herrschaft bezogenes und diese einheitlich erfassendes Regelwerk bot vielmehr erst eine ihrerseits ausdifferenzierte und von der Gesellschaft unterscheidbare öffentliche Gewalt. Insofern bestand vor der Zusammenfassung der verstreuten Hoheitsrechte und ihrer Verdichtung zur umfassenden Staatsgewalt, wie sie nach mittelalterlichen Ansätzen beschleunigt im Gefolge der konfessionellen Bürgerkriege eintrat, auch für die moderne Verfassung keine Möglichkeit.

b) Träger

War es also erst der aus den konfessionellen Bürgerkriegen des 16. und 17. Jahrhunderts allmählich hervorgehende Fürstenstaat, der eine wesentliche Voraussetzung der modernen Verfassung schuf, so konnte er doch kein eigenes Interesse an der Konstitutionalisierung der Staatsgewalt entwickeln. Mit Verfassungen in dem geschilderten Sinn hätte der Fürst ja seine Existenzberechtigung als originär legitimierter, von gesellschaftlichem Konsens unabhängiger Herrscher dementiert und sich mit der Stellung als Organ eines von ihm unabhängig gedachten Staates zufriedengegeben. Aus diesem Grund erscheint es auch problematisch, den Selbstbeschränkungen der Herrschaft, wie sie unter dem Einfluß der Aufklärung im letzten Drittel des 18. Jahrhunderts in die Entwürfe der österreichischen und preußischen Privatrechtskodifikationen Eingang fanden und zum Teil auch Gesetzeskraft erlangten, bereits Verfassungscharakter zuzuschreiben[9]. Zwar teilten sie

8 Vgl. zur mittelalterlichen Situation besonders O. Brunner, Land und Herrschaft, 6. Aufl. 1970, S. 111 ff.; O. Brunner, Moderner Verfassungsbegriff und mittelalterliche Verfassungsgeschichte, in: H. Kämpf (Hg.), Herrschaft und Staat im Mittelalter, 1964, S. 1; R. Sprandel, Verfassung und Gesellschaft im Mittelalter, 1975; ferner den Überblick über den Diskussionsstand bei D. Wyduckel, Ius publicum, 1984, S. 27 ff. Zur einheitlichen und umfassenden Staatsgewalt als Voraussetzung der modernen Verfassung vgl. H. Quaritsch, Staat und Souveränität, 1970, S. 184; E.-W. Böckenförde, Festschrift Gmür (Anm. 4) S. 9.

9 Vgl. etwa die Tendenzen bei H. Conrad, Rechtsstaatliche Bestrebungen im Absolutismus Preußens und Österreichs am Ende des 18. Jahrhunderts, 1961, und: Das Allgemeine Landrecht von 1794 als Grundgesetz des friderizianischen Staates, 1965.

mit den späteren Verfassungen die Funktion der Machtbegrenzung. Doch fehlte es ihnen an drei für die moderne Verfassung charakteristischen Eigenschaften. Weder hatten sie herrschaftsbegründenden Charakter noch bezogen sie sich überhaupt auf das sogenannte innere Staatsrecht, d.h. die Hoheitsrechte und das Verhältnis von Staat und Nation, sondern nur auf das Verhältnis von Staatsgewalt und Individualrechten[10], und auch insoweit banden sie den Herrscher nicht aus der Position höherrangigen Rechts. Sie standen vielmehr auf der Stufe einfachen Rechts und konnten daher in einem System, in dem der Monarch die Rechtsetzungsgewalt allein ausübte, von ihm jederzeit abgeändert werden[11]. Leopold II., der als Großherzog von Toskana aus eigenem Antrieb eine förmliche Verfassung erlassen wollte, blieb eine singuläre Erscheinung in der damaligen Fürstenwelt[12]. In seiner kurzen Regierungszeit auf dem Habsburgischen Thron nach dem Tod Josephs II. 1790 kam er auf diese Pläne nicht zurück.

Ein Interesse an der Verfassung im modernen Sinn kann aber auch bei den bevorrechtigten Ständen von Klerus und Adel nicht vorausgesetzt werden. Ihnen lag zwar an einer Begrenzung der monarchischen Gewalt und an einer Teilhabe an politischen Entscheidungen. Doch stellte dieses Verlangen weder das originäre Herrschaftsrecht des Monarchen in Frage noch war es auf Inklusion der Gesamtbevölkerung angelegt. Das kommt besonders deutlich in der Diskussion zum Ausdruck, die sich im Zusammenhang mit der Einberufung der *Etats généraux* seit 1787 in Frankreich entfaltete[13]. Die oberen Stände strebten dabei hinter den Absolutismus in die älteren Formen des ständisch-monarchischen Dualismus zurück, keineswegs vorwärts zu einer Gesamt-

10 Vgl. G. Birtsch, Zum konstitutionellen Charakter des preußischen Allgemeinen Landrechts von 1794, in: Festschrift für Theodor Schieder, 1968, S. 98, bes. S. 100 f.

11 Vgl. M. Kriele, Einführung in die Staatslehre, 1975, S. 116 ff., der deswegen von bloßen Toleranzen im Unterschiede zu Grundrechten spricht.

12 Vgl. J. Zimmermann, Das Verfassungsprojekt des Großherzogs Peter Leopold von Toskana, 1901; A. Wandruszka, Leopold II., Band 1, 1963, S. 368 ff.; C. Francovich, La rivoluzione americana e il progetto di costituzione del granduca Pietro Leopoldo, Rassegna Storica del Risorgimento 1954, S. 371.

13 Vgl. E. Schmitt, Repräsentation und Revolution, 1969, S. 89 ff., 147 ff.

repräsentation der Nation, in der sie aufgegangen oder jedenfalls mediatisiert worden wären, wie das in der Konsequenz der modernen Verfassung lag. Klerus und Adel standen daher als Stände nicht auf der Seite der modernen Verfassung, was die Zustimmung einzelner Angehöriger dieser Stände freilich ebensowenig ausschließt wie die Bereitschaft einzelner Fürsten, ihre Herrschaftsbefugnis auf eine verfassungsrechtliche Grundlage zu stellen.

Als sozialer Träger der Verfassungsidee bleibt also der Dritte Stand übrig. Auch hier bedarf es jedoch einer Differenzierung. Der Dritte Stand war ja nur in seinem Ausschluß von den Privilegien der oberen Stände geeint, bildete im übrigen aber keine homogene Gruppe[14] und besaß infolgedessen auch sehr unterschiedliche Affinität zur Verfassung. Zum Teil fehlte schon ein objektives Interesse an grundsätzlichen Veränderungen des Systems, zum Teil mangelte es an dem subjektiven Bewußtsein, eine Systemänderung herbeiführen und von ihr profitieren zu können. Das erste gilt weitgehend für das traditionelle altständische Bürgertum. Seine Spitzen erstrebten nicht die Beseitigung, sondern den Genuß der Privilegien und vermochten ihn durch Nobilitierung auch oft zu erlangen. Aber auch die breite Schicht der städtischen Handwerker und Händler drängte in ihrer großen Mehrheit nicht auf Veränderung, sondern bezog aus der ständischen Ordnung und der zünftischen Gewerbeorganisation ihre Sicherheit, während Freiheit und Gleichheit eher als Bedrohung denn als Fortschritt empfunden wurden. Das zweite gilt größtenteils für die Bauernschaft, bei der man ein Interesse am Abbau der Feudallasten voraussetzen kann, jedoch nicht dasjenige Maß an Unabhängigkeit, Bildung und Muße antrifft, das es ihr erlaubt hätte, das Interesse in ein Konzept veränderter Herrschaftsstrukturen umzusetzen und organisiert zu vertreten. Erst recht gilt das

14 Vgl. etwa G. Lefebvre, La révolution française, 3. Aufl. 1963, S. 52 ff.; generell R. Pernoud, Histoire de la Bourgeoisie en France, 2 Bände, 1960/62; P. Léon, in: F. Braudel/E. Labrousse (Hg.), Histoire économique et sociale de la France, Band II, 1970, S. 608 ff.; W. Mager, Frankreich vom Ancien Régime zur Moderne, 1630 bis 1830, 1980, S. 195 ff. Für Deutschland vgl. etwa R. Koselleck, Preußen zwischen Reform und Revolution, 2. Aufl. 1975, S. 87 ff., 114 ff., sowie den Überblick bei R. Vierhaus, Deutschland im Zeitalter des Absolutismus, 1978, S. 71 ff., 77 ff.

für jene unterständischen Bevölkerungsschichten, die stets am Rande der Existenznot lebten und keine Aussicht auf Besserung ihrer Lage hatten. Bei ihnen wie bei den Bauern ließ sich wohl Unterstützung für Veränderungen finden, wenn sie einmal eingefordert wurden, nicht aber Eigeninteresse und Eigenplanung.
Es bleibt also jener Teil des Bürgertums übrig, der durch die ökonomischen und administrativen Bedürfnisse des absoluten Staates erst hervorgebracht worden war und gewöhnlich unter dem Begriff des Bildungs- und Besitzbürgertums zusammengefaßt wird. Er rechnete zum Dritten Stand, sprengte im Grunde aber die Ständeeinteilung und senkte den Keim der Auflösung in die überkommene Ordnung. Die objektive Voraussetzung seiner Trägerrolle bei der Verfassungsentstehung lag in der steigenden Bedeutung der von ihm erbrachten Leistungen für Bestand und Entwicklung der Gesellschaft bei gleichzeitigem Bedeutungsverlust der von Klerus und Adel wahrgenommenen Sozialfunktionen. In subjektiver Hinsicht spielte das Bewußtsein der eigenen, auf Besitz und Bildung beruhenden Bedeutung und die Wahrnehmung der wachsenden Diskrepanz zwischen sozialer Bedeutung und rechtlich-politischer Stellung die ausschlaggebende Rolle.
Diese Bewußtseinsveränderung läßt sich seit der Mitte des 18. Jahrhunderts an vielen Indizien feststellen. Anfangs vor allem kulturell gewendet, brachte sie literarische Salons, Lesegesellschaften, Zeitschriften, Konzerte, Ausstellungen, überhaupt eine aus höfischen und kirchlichen Diensten gelöste autonome Kunst hervor, mit deren Hilfe das neue Bürgertum sein Bedürfnis nach Selbstvergewisserung, Identitätsfindung und Sinndeutung befriedigte. Auf diese Weise entstanden Foren, die dem Staat das Monopol des Öffentlichen streitig machten und erstmals ein Publikum im Sinne eines aktiv räsonierenden Teils der Gesellschaft konstituierten[15]. Das Räsonnement verlagerte sich von der scheinbar interessenfreien Sphäre der Kunst und Philosophie jedoch bald auf die gesellschaftlichen Verhältnisse und führte zu

15 Vgl. J. Habermas, Strukturwandel der Öffentlichkeit, 1962, S. 38 ff.; D. Grimm, Kulturauftrag des Staates, in: ders., Recht und Staat der bürgerlichen Gesellschaft, 1987, S. 104 ff. und die dort vor allem in Anm. 3 genannte Literatur; D. Grimm, Soziale Voraussetzungen und verfassungsrechtliche Gewährleistungen der Meinungsfreiheit, ebd., S. 232 ff.; L. Hölscher, Öffentlichkeit, in: Geschichtliche Grundbegriffe (Anm. 3), Band IV, 1978, S. 413, bes. S. 430 ff.

einer schnell anwachsenden Literatur, in der die geistige Bevormundung sowie die feudalen und korporativen Bindungen einer philosophisch oder ökonomisch begründeten Kritik unterzogen wurden[16]. Die Kritik mündete am Ende in die Forderung nach Autonomie für kulturelle und wirtschaftliche Prozesse, was nichts anderes bedeutete als die Abkoppelung dieser Sozialfunktionen von politischer Steuerung und ihre Freigabe an individuelle Willensentscheidungen.

Für die Frage der Verfassungsentstehung ist es aber aufschlußreich, daß sich mit dem Autonomiepostulat nicht von vornherein der Ruf nach einer Veränderung der Herrschaftsverhältnisse verband. Im Gegenteil war es unter den Bedingungen des Widerstandes der privilegierten Stände gegen alle Reformforderungen, die ihre Vorrechte und deren ökonomische Grundlage betrafen, gerade der absolute Monarch, von dem die Durchführung der Reform erwartet wurde. Das gilt für Physiokraten, Enzyklopädisten, Voltairianer und Kantianer gleichermaßen. Indessen konnten die geforderten Sozialreformen die politische Stellung des Monarchen nicht gänzlich unberührt lassen, denn Autonomie sozialer Subsysteme und individuelle Entscheidungsfreiheit hieß zugleich Verzicht auf den umfassenden Lenkungsanspruch des Staates.

Zu dieser Erkenntnis stieß die Sozialphilosophie in der zweiten Hälfte des 18. Jahrhunderts auch vor, als sie dem Staatsvertrag, mit dem anfänglich die unbeschränkte Staatsmacht gerechtfertigt worden war, einen neuen Inhalt gab[17]. Verlangt war nun nicht

16 Vgl. aus der unermeßlichen Literatur etwa R. Koselleck, Kritik und Krise, 3. Aufl. 1973; I. O. Wade, The Structure and Form of the French Enlightenment, 2 Bände, 1977; P. Hazard, La pensée européenne au XVIIIe siècle, 2 Bände, 2. Aufl. 1963; J. Proust, L'Encyclopédie, 1965; G. Weulersse, Le mouvement physiocratique en France, 2 Bände, Neudruck 1968; W. Mager, Frankreich (Anm. 14), S. 202 ff.; F. Valjavec, Die Entstehung der politischen Strömungen in Deutschland, Nachdruck 1978; S. Breuer, Sozialgeschichte des Naturrechts, 1983; D. Klippel, Politische Freiheit und Freiheitsrechte im deutschen Naturrecht des 18. Jahrhunderts, 1976; W. Krauss, Studien zur deutschen und französischen Aufklärung, 1963; F. Schneider, Pressefreiheit und politische Öffentlichkeit, 1966.

17 Vgl. Klippel, Politische Freiheit (Anm. 16), bes. S. 186 ff.; J. W. Gough, The Social Contract, 2. Aufl. 1957.

mehr, wie unter dem Eindruck der konfessionellen Bürgerkriege, die Abtretung sämtlicher natürlicher Rechte der Individuen an den Staat, damit dieser in den Stand gesetzt werde, die elementaren Voraussetzungen friedlicher Koexistenz, nämlich Sicherheit von Leib und Leben, wirksam zu garantieren. Die konsolidierte Situation des entfalteten absoluten Staates, der die konfessionellen Bürgerkriege beigelegt und den sozialen Frieden wieder hergestellt hatte, ließ es vielmehr zu, die natürlichen Rechte der Individuen in den staatlichen Zustand zu übernehmen und dem Staat zum Schutz anzuvertrauen, so daß als abtretungsbedürftig im Extremfall nur noch das Recht auf zwangsweise Durchsetzung der eigenen Rechte übrig blieb. Dabei wurden die natürlichen Rechte, die in den Anfängen der Vertragstheorie nur sehr pauschal mit Freiheit und Eigentum oder Leib und Leben bezeichnet worden waren, nun zu immer detaillierteren Katalogen ausgeformt und mit Gewaltenteilungskonzepten als Mittel der Freiheitssicherung verknüpft.
Der Inhalt der späteren Verfassung war in der jüngeren Staatsvertragslehre also weitgehend vorgeformt. Dennoch tat diese den Schritt zur modernen Verfassung nicht. Der Staatsvertrag verband sich vielmehr auch dort, wo er auf Staatsbegrenzung und Gewaltenteilung im Interesse individueller Freiheit zielte oder gar radikal-demokratischen Inhalt annahm wie bei Rousseau, mit dem älteren Verfassungsbegriff[18]. Der Vertrag blieb ein gedachtes Maß für die vernunftgemäße Einrichtung von Staaten. Er bildete den maßgeblichen Bestimmungsfaktor der Verfassung, nicht aber diese selbst.

c) Revolutionärer Bruch

Der Schritt von dem theoretisch fundierten Interesse an Gesellschaftsreformen zum Erlaß der modernen Verfassung erfolgte erst durch den Zusammenstoß eines wirtschaftlich starken, seiner Stärke bewußten und von den unterbürgerlichen Schichten unterstützten Bürgertums mit einem reformunwilligen und -unfähigen Staat in Frankreich. Das vorausgesetzte Herrschaftsrecht des

18 Vgl. D. Grimm, Verfassungsbegriff (Anm. 4). Verfassung und Rechtsnorm wurden vor der Revolution nur bei E. de Vattel, Le droit des Gens ou Principes de la loi naturelle, 1758, 1.1 ch. III, 27, zur Deckung gebracht.

französischen Königs war von den bürgerlichen Reformforderungen so lange unberührt geblieben, wie die Aussicht bestand, im Verein mit ihm zum Ziel zu gelangen. Erst als der evolutionäre Weg endgültig versperrt schien, kam es zum revolutionären Bruch, und zwar durch den Beschluß des Dritten Standes der *Etats généraux,* sich als Nationalversammlung zu konstituieren und die Geschicke Frankreichs in die eigenen Hände zu nehmen. Dieser Beschluß berührte zunächst nicht die Monarchie, wohl aber deren Legitimationsgrundlage, was schon den zeitgenössischen Beobachtern nicht verborgen blieb[19].
Obwohl in dem Beschluß, der den revolutionären Bruch markierte, von einer Verfassung noch keine Rede war, gewann er doch für die Entstehung der Verfassung größte Bedeutung. Die Zerstörung der monarchischen Souveränität und die Proklamation der Volkssouveränität hinterließen nämlich ein Vakuum – nicht an Macht, denn die königliche Regierung amtierte weiter, und neben, unter oder über ihr amtierten Komitees der Nationalversammlung, wohl aber an Legitimation zu ihrem Gebrauch. Dem Monarchen und seiner Verwaltung war die Legitimation durch den revolutionären Akt der Nationalversammlung entzogen. Die selbst ernannte, nicht vom Volk gewählte, sondern aus den Ständen des *Ancien régime* hervorgegangene Nationalversammlung konnte die Staatsgewalt nur notdürftig und interimistisch ausüben. Das Volk, dem sie nunmehr zugeschrieben wurde, war aus sich heraus nicht handlungsfähig, sondern mußte durch Verfahren und Organe erst zur Willensbildung und Einheitsstiftung befähigt werden. Der revolutionäre Bruch mit der angestammten Staatsgewalt und die Volkssouveränität als neues, ohne Organe nicht realisierbares Legitimationsprinzip politischer Herrschaft liefen also auf einen Konstitutionsakt geradezu hinaus.
Dieser notwendige Konstitutions*akt* darf aber nicht mit der Konstitution selbst verwechselt werden. Zwar verlangt beauftragte Staatsgewalt, wie sie unter dem Legitimationsprinzip der Volkssouveränität allein in Frage kam, stets einen legitimierenden Rechtssatz, durch den der Auftrag erteilt wird und der daher im Rang notwendig über der beauftragten Gewalt und den von ihr ausgehenden Rechtssätzen steht. Dieser Rechtssatz muß sich aber

19 Vgl. Arch. parl., Band 8, S. 127, und dazu E. Schmitt, Repräsentation (Anm. 13), S. 131 ff., 261 ff., 277 ff.

nicht zwangsläufig zum modernen Verfassungsgesetz verdichten. Das Volk kann den Herrschaftsauftrag vielmehr auch unbedingt und unwiderruflich vergeben. Das hatte die ältere Staatsvertragslehre ohne logischen Bruch bewiesen. Die Konsequenz heißt in diesem Fall absolute Herrschaft, freilich nicht mehr aus originärem, sondern aus übertragenem Recht. Unbegrenzte und in einer Person konzentrierte Herrschaft ist aber der verfassungsrechtlichen Normierung weder bedürftig noch zugänglich. Das Staatsrecht beschränkt sich dann auf die Festsetzung der Omnipotenz des Herrschers und die Regelung seiner Nachfolge. Wenn also nicht schon der Auftragscharakter von Herrschaft allein zur modernen Verfassung führt, dann kann es nur noch die besondere Art und Weise sein, in der der Auftrag vergeben wird. Das erfordert einen Blick auf die bürgerlichen Staatsvorstellungen.

d) Trennung von Staat und Gesellschaft

Dem bürgerlichen Sozialmodell lag die Prämisse zugrunde, daß die Gesellschaft über Selbststeuerungsmechanismen verfüge, die automatisch zu Wohlstand und Gerechtigkeit führten, wenn sie nur ungehindert zur Wirkung kämen[20]. Voraussetzung ihrer Wirksamkeit war die Autonomie der sozialen Subsysteme, die es diesen gestattete, sich fern von politischer Lenkung nach ihren je eigenen Rationalitätskriterien zu entwickeln. Als Medium dieser Autonomie fungierte die für alle gleiche individuelle Freiheit. Sie versprach zum einen eine beträchtliche Steigerung des Wohlstands, weil sie Talent und Fleiß des Einzelnen von den Fesseln der älteren Sozialordnung entband, jedem den Lohn seines Einsatzes beließ und auf diese Weise den Leistungswillen der Gesellschaft anspornte. Zum anderen verhieß sie dadurch, daß soziale Bindungen in dem System gleicher Freiheit nur noch als freiwillig übernommene, d. h. vertraglich ausgehandelte, denkbar waren, einen gerechteren Interessenausgleich, als ihn die zentrale politische Steuerung ermöglicht hatte. Das Gemeinwohl war unter diesen Umständen keine vorab feststehende, material definierte Größe mehr, sondern ergab sich aus dem Zusammenwirken individueller Willensentscheidungen von selbst. Es wurde formalisiert und prozeduralisiert.

20 Näher D. Grimm, Bürgerlichkeit im Recht, in: ders., Recht und Staat der bürgerlichen Gesellschaft, 1987, S. 11 ff.

Das System machte den Staat nicht entbehrlich, denn einerseits war die gleiche individuelle Freiheit, von der das Funktionieren der Sozialordnung abhing, ebensowohl organisations- wie schutzbedürftig, andererseits fehlte es der in unverbundene Individuen aufgelösten und aller Herrschaftsbefugnisse entkleideten Gesellschaft aber an kollektiver Handlungsfähigkeit, um Organisation und Schutz der Freiheit selbst zu garantieren. Sie mußte diese Handlungsfähigkeit vielmehr außerhalb ihrer selbst rekonstruieren, eben als Staat[21]. Der Staat büßte angesichts der Selbststeuerungsfähigkeit der Gesellschaft jedoch seine alte Kompetenzfülle ein. Da das Gemeinwohl nicht mehr als Ergebnis planmäßiger staatlicher Bewirkung, sondern als automatisch eintretende Folge individueller Freiheit galt, verlor er seine Rolle als zentrale Steuerungsinstanz für alle gesellschaftlichen Teilsysteme. Diese wurden im Gegenteil von der Politik abgekoppelt und autonom, während die Politik nur noch die Voraussetzungen der Selbststeuerung, eben Freiheit und Gleichheit, gegen Störungen abzuschirmen hatte. Das führte zu einer Umkehrung des bis dahin gültigen Verteilungsprinzips: das private Interesse rückte vor das öffentliche, die Gesellschaft vor den Staat; dieser war grundsätzlich begrenzt, jene grundsätzlich frei. Zur Charakterisierung dieses Modells hat sich der Begriff der Trennung von Staat und Gesellschaft eingebürgert[22].

Die Trennung ist freilich nicht als Beziehungslosigkeit, sondern als Neuorientierung der Beziehungen zu verstehen. Dabei stand die bürgerliche Gesellschaft vor einem konstruktiven Problem. Einerseits mußte sie dem Staat das Monopol legitimer Gewaltanwendung, das der absolute Monarch angestrebt, aber nicht erreicht hatte, verschaffen und damit die Staatsmacht abermals steigern. Andererseits mußte sie ihn aber daran hindern, diese Macht gegen die gesellschaftliche Autonomie zu wenden und im Interesse eigener Steuerungsambitionen einzusetzen. Auf eben diese Kompatibilitätsprobleme von sozialer und politischer Ordnung

21 Vgl. N. Luhmann, Politische Verfassungen im Kontext des Gesellschaftssystems, Der Staat 12 (1973), S. 5.

22 Vgl. E.-W. Böckenförde (Hg.), Staat und Gesellschaft, 1976; E.-W. Böckenförde, Die verfassungstheoretische Unterscheidung von Staat und Gesellschaft als Bedingung der individuellen Freiheit, 1973; N. Luhmann (Anm. 21), S. 3 ff.

antwortete die moderne Verfassung[23]. Ihre Lösungskapazität hängt damit zusammen, daß alle Fragen, die nach der inhaltlichen Grundentscheidung zugunsten gesellschaftlicher Selbststeuerung über individuelle Willensentscheidungen der Regelung bedurften, formaler Natur waren. Zum einen ging es darum, den Staat im Interesse gesellschaftlicher Autonomie und individueller Freiheit zu begrenzen. Zum anderen mußte der aus der Gesellschaft ausgegrenzte Staat mit ihr wieder derart vermittelt werden, daß er sich bei der Erfüllung seiner Garantenfunktion nicht von den gesellschaftlichen Interessen, in deren Dienst er stand, entfernen konnte.

Es kommt nun darauf an zu erkennen, daß diese Aufgabe so beschaffen war, daß sie im Recht, und zwar, da es um Regulierung der Staatsmacht ging, im Verfassungsrecht ihre adäquate Lösung fand[24]. Das Recht entfaltet nämlich gerade bei der Lösung formaler Aufgaben seine spezifische Rationalität. Während materielle Steuerungsaufgaben durch Rechtsnormen zwar angeordnet und angeleitet werden können, liegt die Erfüllung doch immer hinter der bloßen Rechtsanwendung. Sie tritt erst mit der Verwirklichung der normativen Gebote ein. Diese ist aber von einer Vielzahl tatsächlicher Faktoren wie Geld, Akzeptanz, Personal etc. abhängig, die rechtlich nur sehr begrenzt disponibel sind. Dagegen läßt sich das Problem der Beschränkung und Organisation in der Staatsmacht grundsätzlich bereits durch den Erlaß entsprechender Normen lösen. Zwar müssen auch diese verwirklicht werden. Die Verwirklichung formaler Normen ist aber mit der Rechtsanwendung identisch. Dabei spielen Ressourcen keine Rolle: Unterlassen ist nicht knapp, und vorkommende Verstöße können in der Regel im Rechtssystem selbst abgearbeitet werden, nämlich durch Annullierung rechtswidriger Akte. Mit geringfügiger Überspitzung kann man daher sagen, daß das Recht unter den Bedingungen des bürgerlichen Sozialmodells nicht nur zur Problemlösung beitrug, sondern selbst die Problemlösung *war*.

Im einzelnen erfolgte die Staatsbegrenzung durch Schrankenziehung in Gestalt der Grundrechte, die Vermittlung von Staat und Gesellschaft durch Organisationsrecht in Form der Gewaltentei-

23 Vgl. N. Luhmann, (Anm. 21), S. 6.
24 Näher D. Grimm, Bürgerlichkeit (Anm. 20).

lung. Die Grundrechte grenzten aus der ehedem umfassend gedachten staatlichen Regelungsbefugnis diejenigen Bereiche aus, in denen nicht das öffentliche, sondern das private Interesse maßgeblich war. Sie markierten also die Grenzlinie zwischen Staat und Gesellschaft. Vom Staat aus betrachtet waren sie Handlungsschranken, von der Gesellschaft aus betrachtet Abwehrrechte. Die grundrechtlich garantierte Freiheit konnte freilich keine schrankenlose sein, weil sonst auch freiheitsbedrohende Freiheitsbetätigungen geschützt worden wären und die Systemgrundlagen bedroht hätten. Daher mußte die Freiheit des Einzelnen im Interesse der Freiheit aller anderen einschränkbar sein. Infolgedessen behielt der Staat auch im Freiheitsbereich Handlungsmöglichkeiten. Angesichts der Grundentscheidung zugunsten individueller Freiheit stellten sich diese Aktionen aber als Eingriffe dar, und um die Bändigung der im staatlichen Eingriff gelegenen Gefahren kreiste die gesamte Staatsorganisation.
Wann der Staat zum Schutz der Freiheit zu Freiheitseingriffen befugt war, stand danach nicht in seinem Ermessen. Vielmehr bestimmte die Gesellschaft durch ihre gewählten Repräsentanten selbst, welche Beschränkungen seiner Freiheit jeder Einzelne im Interesse gleicher Freiheit hinnehmen mußte. Als Mittel fungierte das Gesetz, das auf diese Weise als »expression de la volonté générale« erscheinen konnte. Der Staat erhielt durch das parlamentarisch beschlossene Gesetz sein Handlungsprogramm. Nur aufgrund einer gesetzlichen Ermächtigung durfte er in der grundrechtlich geschützten Sphäre tätig werden. Ob sein Handeln von einem gesetzlichen Programm gedeckt war, konnten unabhängige Gerichte auf Antrag des Betroffenen feststellen und den gesetzwidrig vorgehenden Staat in seine Schranken zurückweisen. Das klassische Gewaltenteilungsschema, das den Mißbrauch der öffentlichen Gewalt durch Aufteilung auf verschiedene, voneinander unabhängige und sich gegenseitig kontrollierende Funktionsträger verhindern sollte, fiel dabei von selbst an.

e) Zwischenbilanz

Die Bedingungen der Entstehung der modernen Verfassung (nicht notwendig auch die ihrer späteren Verbreitung) zeichnen sich nach dieser Analyse schärfer ab:
Generelle Voraussetzungen waren
– erstens die Herausbildung eines konstitutionsfähigen Rege-

lungsgegenstandes in Gestalt einer ausdifferenzierten, einheitlichen Staatsgewalt und
– zweitens die Entscheidbarkeit von Ordnungsproblemen, anders ausgedrückt, die Positivierung des Rechts.
Beide kamen nach früheren Ansätzen im Gefolge der Glaubensspaltung zum Durchbruch und charakterisieren, mehr oder weniger weit vorangetrieben, den modernen souveränen Staat.
Spezielle Voraussetzungen waren
– erstens eine aufgrund fortschreitender funktionaler Differenzierung entstandene Bevölkerungsgruppe als Träger, die ein Interesse an Veränderungen der Herrschaftsstruktur hatte und über die nötige Stärke zur Durchsetzung dieses Interesses verfügte;
– zweitens eine leitende Ordnungsvorstellung, derzufolge die Gesellschaft über das Medium freier individueller Willensentscheidungen aus eigener Kraft Wohlstand und Gerechtigkeit zu erlangen vermochte, so daß der Staat aus seiner zentralen Steuerungsrolle heraustreten und auf eine von der Gesellschaft übertragene Garantenfunktion für die vorausgesetzte und von ihm unabhängige Ordnung beschränkt werden konnte, kurz die Trennung von Staat und Gesellschaft;
– drittens ein revolutionärer Bruch mit der überkommenen Staatsgewalt und die daraus folgende Notwendigkeit, legitime Staatsgewalt neu zu konstituieren und mit der autonom gesetzten Gesellschaft kompatibel zu machen.
Insofern diese Bedingungen nur für das neuzeitliche Bürgertum, das bürgerliche Sozialmodell und die bürgerlichen Revolutionen zutreffen, kann man die Verfassung als bürgerliches Phänomen bezeichnen.

2. Testfälle

a) Frankreich und Amerika
Bei der Erklärung für die Entstehung des modernen Konstitutionalismus ist am Ende auf das französische Exempel abgestellt worden. Dieses Vorgehen hat selbstverständlich nicht den Sinn, die amerikanische Priorität bei der Verfassungsgebung in Zweifel zu ziehen. Als die französische Nationalversammlung sich zur Ausarbeitung einer Verfassung anschickte, konnte sie schon auf die amerikanischen Vorbilder zurückgreifen. Dennoch handelt es

sich bei dem französischen Entschluß nicht einfach um eine Nachahmung oder Rezeption des amerikanischen Vorgangs. Die Französische Revolution war nicht primär auf die Durchsetzung eines Verfassungsstaats nach amerikanischem Muster gerichtet. Ihr Ziel bestand vielmehr in einer Veränderung der Gesellschaftsordnung. Dieses Ziel bedingte jedoch an einem gewissen Punkt die Neukonstituierung politischer Herrschaft, und erst als dieser Punkt erreicht war, tat Frankreich eigenständig den Schritt zum modernen Konstitutionalismus.

Das läßt sich an den entscheidenden Revolutionsetappen gut verfolgen. In den *cahiers de doléances*, die nach dem Entschluß des Königs, die *Etats généraux* wieder zu berufen, zur Information und Instruktion der Abgeordneten in den verschiedenen Ständen und Kreisen aufgestellt wurden, kommen zwar zahlreiche konstitutionelle Forderungen, aber keine Forderungen nach der Konstitution im modernen Sinn vor[25]. Ebensowenig herrschte in der Nationalversammlung von Anfang an Klarheit darüber, daß es um die Neubegründung von Herrschaft ging. Die Abgeordneten schwankten im Verfolg ihres Ziels der »restauration nationale« und »régénération de la France«[26] vielmehr zwischen einer Wiederherstellung der traditionellen Gewalten im Wege der Vereinbarung mit dem Monarchen und einer Neubegründung der Staatsgewalt im Gesetzgebungsweg. Erst nachdem sich der König den grundlegenden Reformbeschlüssen vom 4. August 1789, mit denen die Standesunterschiede und Privilegien, das Feudalsystem und die Zunftordnung abgeschafft wurden, widersetzt hatte, stand für die Abgeordneten fest, daß die primär erstrebte Sozialreform nur gegen die traditionelle Staatsgewalt durchzusetzen war. Damit entschied sich endgültig, daß die Aufgabe nicht Herrschaftsmodifizierung, sondern Herrschaftsbegründung war und auf eine Verfassung im modernen Sinn hinauslief.

Amerikas Weg zur modernen Verfassung war demgegenüber leichter und gradliniger, weil es einerseits die nötigen Zutaten aus Europa bezogen, andererseits aber die europäischen Hindernisse auf dem Kontinent zurückgelassen hatte[27]. Insofern bildet

25 Vgl. G. V. Taylor, Les cahiers de 1789, Annales 28 (1973), S. 1495.
26 Deklaration vom 17. Juni 1789, Arch. parl., Band 8, S. 127.
27 Vgl. D. Grimm, Europäisches Naturrecht und amerikanische Revolution, Ius commune III (1970), S. 120.

Frankreich den komplizierteren, zugleich freilich auch geschichtsmächtigeren Fall, denn so viel Interesse die amerikanischen Ereignisse in Europa hervorriefen, so wenig wurden sie doch auf die eigene Situation bezogen. Es war vielmehr erst die Französische Revolution, die die Konstitution auch in den anderen Staaten des Kontinents zum politischen Thema erhob. Aus diesen Gründen muß das Erklärungsmodell seine Stichhaltigkeit zuerst am französischen Beispiel erweisen. Es wird sich freilich sogleich zeigen, daß der amerikanische Fall ebenfalls darin aufgehoben ist.

b) England

Zunächst einmal erklärt sich anhand des Modells aber, warum England, obzwar das wirtschaftlich fortgeschrittenste und politisch wie ökonomisch liberalste Land der alten Welt, ohne förmliche Verfassung blieb. In England gelang es, die Gesellschaft ohne revolutionären Bruch mit der angestammten Herrschaft in bürgerliche Verhältnisse zu überführen. Die wichtigsten Gründe dafür liegen zum einen in dem frühzeitigen Verfall des Feudalsystems, der im Gegensatz zum Kontinent die Schranken zwischen Adel und Bürgertum durchlässig machte und sowohl die Nobilitierung verdienter Bürger als auch die unternehmerische Betätigung Adliger erleichterte, zum anderen in dem Umstand, daß die Reformation in England nicht zur Stärkung der monarchischen Macht, sondern zur Aufwertung des Parlaments ausschlug, dessen Unterstützung Heinrich VIII. für seinen Bruch mit Rom gesucht hatte. Adel und Bürgertum besaßen in England auf diese Weise weit mehr gemeinsame Interessen als auf dem Kontinent und verfügten im Parlament auch über eine politisch wirksame Interessenvertretung, während in den fortgeschrittenen kontinentalen Staaten zur selben Zeit die Ausschaltung der Ständeversammlungen und die Begründung absoluter Staatsmacht einsetzte.

Zwar ging der Absolutismus auch an England nicht gänzlich vorüber. Doch riefen die Absolutheitsansprüche, die die Stuarts im 17. Jahrhundert erhoben, ohne daß ihnen die konfessionellen Bürgerkriege als legitimierender Grund zur Seite standen, den gemeinsamen Widerstand von Adel und Bürgertum wach. Der Sturz Karls I. 1649 und die Abschaffung der Monarchie durch Cromwell bildeten die einzige revolutionäre Situation in Eng-

land, und es bestätigt den hier behaupteten Zusammenhang zwischen revolutionärem Bruch und moderner Verfassung, daß England in dieser Situation eine geschriebene Verfassung im modernen Sinn erhielt, das sogenannte »Instrument of Government«[28], das trotz der sprachlichen Nähe nicht mit den etwa gleichzeitigen »Regierungsformen« des Kontinents verwechselt werden darf, denen der herrschaftsbegründende Charakter fehlte. Die Kurzlebigkeit dieser ersten Verfassung rührt daher, daß die neue Ordnung nach Cromwells Tod 1658 schnell zusammenbrach und deswegen im Parlament die Bereitschaft zur Restauration der Monarchie wuchs. Die Verfassung, die aus dem Bruch mit dem angestammten Herrscher und der Notwendigkeit, die Herrschaft auf neuer Grundlage wieder zu errichten, hervorgegangen war, wurde mit der Heilung dieses Bruchs selbst obsolet.
Die unblutige *Glorious Revolution* von 1688 befestigte die monarchische Tradition endgültig und sicherte gleichzeitig die politische Vorherrschaft des Parlaments. Die führenden Schichten der Gesellschaft waren damit in den Stand versetzt, eine ihren Vorstellungen und Bedürfnissen entsprechende Ordnung legal herbeizuführen. So herrschte in England längst Wirtschaftsfreiheit, ehe Adam Smith ihre theoretische Begründung lieferte. Gerade wegen der nach und nach erfolgten Liberalisierung stellte sich aber auch in England das Problem, die autonomen gesellschaftlichen Subsysteme mit dem politischen System kompatibel zu halten, das auf dem Kontinent durch die Verfassung gelöst wurde. Indessen konnte England auch hier an vorhandene Einrichtungen anknüpfen und das Parlament in die Vermittlungsfunktion hineinwachsen lassen, während eine solche Vermittlungsinstanz auf dem Kontinent, wo sich die absolute Staatsmacht durchgesetzt hatte, erst wieder konstituiert werden mußte.

c) Amerika

Die nordamerikanischen Kolonien Englands überboten das Mutterland noch in mancherlei Hinsicht. Im Unterschied zu Europa

28 Text in S. R. Gardiner (Hg.), The Constitutional Documents of the Puritan Revolution, Neudruck 1968, S. 405; dazu G. Stourzh, Vom aristotelischen zum liberalen Verfassungsbegriff, in: F. Engel-Janosi/G. Klingenstein/H. Lutz (Hg.), Fürst, Bürger, Mensch, 1975, S. 97; G. Stourzh, Fundamental Laws and Individual Rights in the 18th Century Constitution, 1984.

hatten sie das Feudalsystem und die Standesschranken nie gekannt und waren zudem in ihrer Entfaltung nicht einmal durch knappe Ressourcen begrenzt. Diejenige Gesellschaftsordnung, die sich in England evolutionär hergestellt hatte und die in Frankreich revolutionär hergestellt werden sollte, war in Amerika von Anfang an Wirklichkeit, allerdings auf der Basis von Sklavenwirtschaft. Von diesem Problem, das indessen auch der Französischen Revolution zu schaffen machte, abgesehen, kamen die theoretischen Prämissen des bürgerlichen Sozialmodells der Realität nirgends so nahe wie hier. Insofern bedurfte es einer Verfassung als Mittel zur Durchsetzung der bürgerlichen Sozialordnung in Amerika nicht.

Dennoch ging Amerika in der Konstitutionalisierung von Herrschaft Europa voran. Der Grund liegt wiederum in einem revolutionären Bruch mit der traditionellen Herrschaft. Dieser Bruch läßt sich zwar nicht einem Bürgertum im kontinentaleuropäischen Sinn als Träger zuschreiben, weil der Begriff auf die ständelose amerikanische Gesellschaft nicht unbesehen übertragbar ist. In einem unständischen Sinn kann aber das gesamte damalige Amerika als bürgerlich gelten[29]. Diese Annahme findet ihre Stütze in dem Umstand, daß die weißen Einwohner nicht nur politisch frei, sondern in ihrer großen Mehrzahl auch ökonomisch unabhängig waren und diese Unabhängigkeit aus wirtschaftlicher Betätigung, nicht aus Ämtern oder Grundrenten bezogen. Damit soll nicht behauptet werden, daß es sich um eine egalitäre Gesellschaft gehandelt hätte. Doch waren die Schichtungen erheblich durchlässiger als jemals die Standesgrenzen in Europa. Im Lauf des 18. Jahrhunderts hatte diese Bürgerschaft nicht nur an wirtschaftlicher Stärke erheblich zugenommen, sondern auch ein beträchtliches politisches Bewußtsein ausgebildet, das sich aus der weitgehenden Selbstverwaltung nährte, die die englische Kolonialregierung zuließ.

Die Kolonisten führten den revolutionären Bruch freilich nicht herbei, um eine freiheitliche Sozialordnung durchzusetzen, wie das für die Französische Revolution zutrifft. Trotzdem war der Bezugspunkt derselbe. In Amerika ging es darum, die bereits

29 Vgl. den Überblick bei H. Gerstenberger, Zur politischen Ökonomie der bürgerlichen Gesellschaft. Die historischen Bedingungen ihrer Konstitution in den USA, 1973, S. 24 ff.

bestehende freiheitliche Gesellschaftsordnung gegen staatliche Übergriffe zu verteidigen. Als solche wurden die Sondersteuern empfunden, die London nach dem für England kostspieligen, für die Kolonien hingegen profitablen Siebenjährigen Krieg den Amerikanern aufbürdete. Diese Steuern waren parlamentarisch beschlossen. Doch saßen im englischen Parlament keine amerikanischen Abgeordneten. Allerdings galten die Kolonien gemäß der herrschenden Repräsentationstheorie als mitvertreten. Diese Fiktion ließ sich aufrechterhalten, solange das Parlament zwischen Engländern und Amerikanern keinen Unterschied machte. Sie mußte zerbrechen, sobald die Abgeordneten die Amerikaner zu benachteiligen begannen. In der Steuerfrage verhielt sich das englische Parlament gegenüber den Kolonien also quasi absolutistisch und trieb diese, nachdem die Berufung auf das geltende englische Recht vergeblich geblieben war, zum revolutionären Bruch mit dem Mutterland, der ebenso wie später die Französische Revolution naturrechtlich legitimiert wurde[30].
Damit stand Amerika aber vor derselben Situation, die in England Episode geblieben war, für Frankreich indessen bestimmend werden sollte: dem Vakuum an legitimer Staatsgewalt und der Notwendigkeit, eine rechtmäßige Gewalt neu zu konstituieren. Diese Neukonstituierung erfolgte ohne tieferes Bewußtsein für die epochemachende Neuerung in Gestalt der modernen Verfassung. Das wird verständlich, wenn man berücksichtigt, daß es in den Kolonien bereits eine alte Tradition schriftlich fixierter, umfassender Grundordnungen gab[31]. Sie wichen, was ihren Inhalt betrifft, nicht wesentlich von den in England gewohnheitsrechtlich geltenden Normen ab. Der Neubeginn und Gründungscharakter der Kolonisation hatte aber die Inventarisierung und Dokumentarisierung der Rechte begünstigt. Indessen wäre es unrichtig, in den Siedlerverträgen und *Colonial Charters* schon die modernen Verfassungen erblicken zu wollen, denn es fehlte ihnen der Bezug zur obersten Staatsgewalt. Unterhalb der englischen Staatsordnung stehend und nur in deren Rahmen geltend, bildeten sie lediglich Ordnungen regionaler und lokaler Reichweite.

30 J. Habermas, Naturrecht und Revolution, in: ders., Theorie und Praxis, 1963, S. 52; D. Grimm, Naturrecht (Anm. 27), S. 120.
31 Vgl. G. Stourzh, Verfassungsbegriff; Fundamental Laws (beide Anm. 28).

In der Vakuum-Situation des revolutionären Bruchs lag aber der Rückgriff auf diese Grundordnungen zur Konstituierung einer eigenen Staatlichkeit nahe. Einige Kolonien erhoben sie unverändert in Verfassungsrang, während die meisten unter Anlehnung an die alten Urkunden neue Verfassungen ausarbeiteten[32]. Der Lehre vom Sozialvertrag folgend, die in der Koloniengründung schon real eingelöst schien, wurde Herrschaft dabei durchgängig als Auftragsangelegenheit des Volkes verstanden und die Verfassung in naiv-wörtlichem Verständnis der Vertragstheorie als der Grundvertrag aller mit allen interpretiert, der den Auftrag begründete und die Konditionen seiner Wahrnehmung festsetzte. Freilich darf bei dem Regelungsgegenstand, der Staatsgewalt, nicht jener Grad an Verdichtung erwartet werden, den die absoluten Monarchien des europäischen Kontinents ausgebildet hatten. Ohne die historischen Vorbelastungen des Kontinents fehlte in den Kolonien wie übrigens im englischen Mutterland selbst auch deren Produkt, der auf Heer und Bürokratie gestützte, durchrationalisierte Staat[33]. Doch hatten sie keineswegs das polyarchische System des Mittelalters bewahrt, sondern waren zu einheitlicher Willensbildung und -durchsetzung in der Lage und insofern auch konstitutionsfähig.
Inhaltlich wichen die amerikanischen Verfassungen angesichts ihrer Genese nicht nennenswert vom englischen Rechtszustand ab. Funktional überschritten sie die englische Rechtslage jedoch in einer wesentlichen Hinsicht. Dem englischen Staatsrecht lag das Prinzip der Parlamentssouveränität zugrunde. Unter diesen Umständen mußte sich die juristische Bedeutung der als fundamental angesehenen *rights of Englishmen* auf eine Bindung der Exekutive reduzieren. Das Parlament als die Vertretung der Rechtsinhaber wurde demgegenüber gerade als Schutz der fundamentalen Rechte betrachtet, konnte bei der Ausübung seiner Funktion aber frei über sie disponieren. Die amerikanischen Kolonien hatten das

32 Vgl. F. N. Thorpe (Hg.), The Federal and State Constitutions, Colonial Charters and other Organic Laws of the States, Territories, and Colonies, 1909; W. P. Adams, Republikanische Verfassung und bürgerliche Freiheit. Die Verfassungen und politischen Ideen der amerikanischen Revolution, 1973.

33 Vgl. D. Grimm, The Modern State: Continental Traditions, in: F.-X. Kaufmann/G. Majone/V. Ostrom (Hg.), Guidance, Control and Evaluation in the Public Sector, 1986, S. 89.

Parlament nicht als Schutz, sondern im Gegenteil als Bedrohung der fundamentalen Rechte erlebt. Deswegen ordneten sie diese Rechte auch dem Parlament über, konstituierten sie damit erst als Grundrechte und taten so den entscheidenden Schritt zur Verfassung im modernen Sinn[34].

d) Schweden

Fügen sich die amerikanischen Verfassungen also bruchlos in das Erklärungsmodell ein, so muß es seine Tragfähigkeit schließlich noch an jenen Verfassungen erweisen, die teils vor den Revolutionen Amerikas und Frankreichs, teils im Anschluß an diese ins Leben traten, ohne daß die hier herausgearbeiteten Voraussetzungen eines erstarkten Bürgertums, das ein liberales Sozialmodell unter Bruch mit der traditionellen Staatsgewalt durchsetzte, vorlagen. Als Verfassung vor den Verfassungen gilt häufig die schwedische Regierungsform von 1772. Bei dieser Regierungsform handelt es sich indessen nicht um einen Erstling. Schweden konnte vielmehr auf eine längere Tradition solcher Regierungsformen zurückblicken, die 1634 begonnen hatte[35]. Zeitlich steht die erste Regierungsform also im Zusammenhang mit den ebenfalls oft Regierungsform genannten Regelwerken ständischen Ursprungs, die um die Mitte des 17. Jahrhunderts auftraten und bereits erwähnt wurden. Aber auch in der Sache reiht sie sich bei diesen ein. Von den Ständen verabschiedet, und zwar aus Anlaß der Vormundschaftsregierung für den minderjährigen Thronfolger nach Gustav Adolfs Tod, befestigte sie die ständischen Rechte gegenüber der monarchischen Gewalt und ordnete den Behördenaufbau neu.

In der wechselvollen schwedischen Geschichte, die den monarchisch-ständischen Dualismus nie überwand, sondern zwischen

34 Vgl. G. Stourzh, Die Konstitutionalisierung der Individualrechte, JZ 1976, S. 397; G. Stourzh, The Declarations of Rights, Popular Sovereignty and the Supremacy of the Constitution: Divergencies between the American and the French Revolutions, in: C. Fohlen/M. J. Godechot (Hg.), La Révolution américaine et l'Europe, 1979, S. 347.

35 E. Hildebrand (Hg.), Sveriges Regeringsformer 1634-1809, 1891; M. Roberts, On Aristocratic Constitutionalism in Swedish History, in: ders., Essays in Swedish History, 1967, S. 14; Oestreich, Herrschaftsverträge (Anm. 2), S. 53 ff.; N. Herlitz, Grundzüge der schwedischen Verfassungsgeschichte, 1939, S. 185.

ständischer und königlicher Vormacht hin- und herpendelte, schlug sich in der Folgezeit jede Veränderung des Kräfteverhältnisses in der Abänderung der bestehenden oder dem Erlaß einer neuen Regierungsform nieder. Auch die Regierungsform von 1772 markiert eine Etappe in dieser Auseinandersetzung, und zwar eine, in der der Monarch die ständischen Rechte weitgehend zurückdrängen konnte und diesen Sieg rechtlich zu fixieren suchte. Die Regierungsform von 1772 ist also keine Frühform der modernen Verfassung, die geeignet wäre, das Erklärungsmodell in Frage zu stellen, sondern eine Spätform der anderwärts eher abgebrochenen Tradition der ständischen Regierungsformen. Wie diese teilt sie mit den modernen Verfassungen den Anspruch, die Staatsgewalt umfassend zu regeln. Es fehlt ihr aber sowohl das herrschaftsbegründende Element wie auch der universale Charakter. Sie hält sich vielmehr im traditionellen Rahmen des dualistischen Staates.

e) Deutschland und andere

Nach der Französischen Revolution häuften sich in Europa die Verfassungen. Noch vor dem Abschluß der ersten französischen Verfassung erhielt am 3. Mai 1791 Polen eine Verfassung. Dann breitete sich die Verfassung im Gefolge der französischen Heere und angelehnt an die gerade aktuelle französische Verfassungslage über Italien, die Schweiz, Holland, Deutschland und Spanien aus[36]. Das Ende der napoleonischen Hegemonie über Europa bedeutete auch das Ende dieser Verfassungen, nicht aber der Verfassungsbewegung überhaupt. Die Verfassung im modernen Sinn blieb vielmehr das große innenpolitische Thema Europas, und in verschiedenen europäischen Ländern, namentlich auch in einer Reihe deutscher Einzelstaaten, ergingen nun ohne fremden Druck Verfassungen, die in ihrer Grundstruktur vorwiegend von der französischen *Charte constitutionnelle* von 1814 beeinflußt waren. Für die große Mehrzahl dieser Verfassungen, insbesondere für die deutschen, gilt, daß die Bedingungen, die hier als konstitutiv für die moderne Verfassung entwickelt worden sind,

36 Überblick bei D. Grimm, Die verfassungsrechtlichen Grundlagen der Privatrechtsgesetzgebung, in: H. Coing (Hg.), Handbuch der Quellen und Literatur der neueren europäischen Privatrechtsgeschichte, Band III/1, 1982, S. 39 ff.

nicht vollständig vorlagen. In der Regel fehlte es zum Zeitpunkt der Verfassungsgebung vielmehr noch an einem durchsetzungsstarken Bürgertum und daher auch an jenem revolutionären Bruch, der in Amerika und Frankreich die ersten modernen Verfassungen hervorgebracht hatte.

Fragt man, ob damit das Erklärungsmodell entwertet ist, so muß genau beachtet werden, was es erklärt. Die Erklärung bezieht sich auf die *Entstehung* der modernen Verfassung. Diese war an die geschilderte Bedingungskonstellation geknüpft. Ihre *Verbreitung* unterlag nicht denselben Bedingungen. Einmal erfunden, konnte sie auch auf andere Verhältnisse übertragen oder für andere Zwecke eingesetzt werden. Dabei wirkte sich zum einen das wachsende Verlangen auch solcher Völker, die zur bürgerlichen Revolution entweder keinen Anlaß oder keine Kraft hatten, nach den verfassungsrechtlichen Errungenschaften aus, aber auch die damit korrespondierende Möglichkeit für die Regenten, ihre Herrschaft durch verfassungsrechtliche Formen zusätzlich zu legitimieren; zum anderen spielte die Notwendigkeit eine Rolle, Staat und Gesellschaft bei steigender funktionaler Differenzierung, die auch in den nicht-bürgerlichen Staaten voranschritt oder aus Konkurrenzgründen sogar politisch beschleunigt wurde, wieder miteinander zu vermitteln. Es muß aber beachtet werden, daß in demselben Maß, wie die Entstehungsbedingungen fehlten, auch die Verfassungen nur eine Schwundstufe des modernen Verfassungstyps sein konnten, wie ihn Amerika und Frankreich hervorgebracht hatten. Das ließ sich bis zur weitgehenden Sinnentleerung der Verfassung treiben, so daß sie nicht mehr ihrem ursprünglichen Zweck, der Legitimierung und Limitierung politischer Herrschaft, diente, sondern nur noch den formalen Anschein dieser Leistungen erweckte wie im napoleonischen Frankreich.

Auch die polnische Verfassung von 1791, die wegen ihrer zeitlichen Priorität in Europa Zweifel an der Tragfähigkeit des Erklärungsmodells wecken könnte, erweist sich bei genauerem Hinsehen schon als verkürzte Nachahmung der neuen Erfindung[37]. In ihren Anfängen geht sie auf Bemühungen um eine Staatsreform

37 Vgl. G.-C. v. Unruh, Die polnische Konstitution vom 3. Mai 1791 im Rahmen der Verfassungsentwicklung der europäischen Staaten, Der Staat 13 (1974), S. 185; D. Grimm, Handbuch (Anm. 36), S. 41

zurück, die bereits durch die erste polnische Teilung 1772 ausgelöst wurden. Polen, wo sich unter einer monarchischen Spitze die ständische Vorherrschaft weitgehend erhalten hatte und sogar das *liberum veto* noch galt, war in der Teilung seiner staatlichen Rückständigkeit gegenüber den absolut regierten Nachbarstaaten gewahr geworden und machte Anstalten, die Adelsherrschaft zu begrenzen und die monarchische Exekutive zu stärken. Von entgegengesetztem Ausgangspunkt wurde also ein ähnliches Ergebnis angesteuert wie in den absoluten Monarchien unter dem Einfluß der Aufklärung. Diese Pläne konnten nach dem Entstehen der amerikanischen Verfassung und den Arbeiten an der französischen Verfassung, deren Grundrechtsteil ja schon seit 1789 vorlag, leicht in konstitutionelle Formen überführt werden, zumal eine Reihe der polnischen Reformer im amerikanischen Unabhängigkeitskrieg gekämpft hatte und mit französischen Revolutionären in Verbindung stand. Unbelastet vom Absolutismus war das Land auch für Gewaltenteilungsideen aufnahmefähig. Dagegen läßt die Verfassung keine Zweifel daran, daß an eine Herrschaftsbegründung auf der Basis bürgerlicher Freiheit nicht gedacht war.

Läßt man die zwischen 1796 und 1810 in Europa ergangenen Verfassungen außer Betracht, weil sie fast ausnahmslos keine selbständigen Schöpfungen waren, sondern auf französischen Druck zurückgingen und daher in diesem Zusammenhang ohne Bedeutung sind, so muß zum Abschluß der Überprüfung noch ein Blick auf Deutschland fallen, wo nach dem Ende der napoleonischen Ära eigenständige Verfassungen zustandekamen. Ihnen ist gemeinsam, daß sie von den Monarchen im Interesse dynastischer Selbsterhaltung freiwillig gewährt wurden[38]. Ihr juristischer Geltungsgrund lag also im Willen des Herrschers. Das hatte zur Folge, daß sein Herrschaftsrecht der Verfassung vorausging und durch diese nicht begründet wurde. Daher fehlte den deutschen Konstitutionen das herrschaftsbegründende Element, das für den

m.w.N.; V. Kalinka, Der vierjährige polnische Reichstag 1788-1791, 3 Bände, 1898.

38 Vgl. die Charakterisierung bei E.-W. Böckenförde, Der deutsche Typ der konstitutionellen Monarchie, in: W. Conze (Hg.), Beiträge zur deutschen und belgischen Verfassungsgeschichte im 19. Jahrhundert, 1967, S. 70, wieder abgedruckt in: ders., Staat, Gesellschaft, Freiheit, 1976, S. 112.

modernen Konstitutionalismus kennzeichnend ist. Die Verfassungen bezogen sich nur auf die Herrschaftsausübung und standen insofern den älteren rechtlichen Bindungen von Herrschaft nahe.

In der Art und Weise, wie sie die Ausübung regelten, glichen sie jedoch den modernen Konstitutionen. Anders als die älteren vertraglichen Bindungen erhoben sie den Anspruch, die Herrschaftsausübung umfassend zu normieren. Für den Monarchen sprach dann zwar aufgrund seines präkonstitutionellen Herrschaftsrechts immer noch eine Kompetenzvermutung, sofern die Verfassung andere Organe nicht ausdrücklich am Entscheidungsprozeß beteiligt hatte. Es konnte aber jeder monarchische Akt auf seine Übereinstimmung mit der Verfassung geprüft werden. Ferner waren die Verfassungen nicht mehr wie noch die älteren Regierungsformen auf das Verhältnis von Monarch und Ständen bezogen, sondern galten universal. Sie ordneten das Verhältnis von Monarch und Volk. Dabei lag ihnen das Konzept einer Trennung von Staat und Gesellschaft zugrunde, wenngleich es angesichts der fehlenden bürgerlichen Revolution und der Zählebigkeit ständisch-korporativer Strukturen weit weniger konsequent verwirklicht war als in den bürgerlichen Staaten. Es gab aber Grundrechte, die eine begrenzte, jedoch auf Ausweitung angelegte Autonomie gesellschaftlicher Subsysteme begründeten und staatlicher Intervention nur noch mit gesellschaftlicher Genehmigung in Form des parlamentarischen Gesetzes zugänglich waren[39]. Diese Bindungen konnte der Monarch, wiewohl die Verfassungsgewährung sein freier Entschluß gewesen war, nicht mehr nach Belieben abschütteln. Verfassungsänderungen waren vielmehr auf den Weg der Gesetzgebung verwiesen und setzten daher die Zustimmung der Volksvertretungen voraus. Einmal zugestanden, löste sich die Verfassung also vom Willen des Monarchen und trat ihm als externe Schranke entgegen. Umfassender Regelungsanspruch, Universalität ihrer Normen und einseitig nicht mehr auflösbare Bindungswirkung relativierten in der Praxis den Mangel

39 Vgl. W. v. Rimscha; Die Grundrechte im süddeutschen Konstitutionalismus, 1973; R. Wahl, Rechtliche Wirkungen und Funktionen der Grundrechte im deutschen Konstitutionalismus, Der Staat 18 (1979), S. 321; D. Grimm, Grundrechte und Privatrecht in der bürgerlichen Sozialordnung, in: ders., Recht und Staat der bürgerlichen Gesellschaft, 1987, S. 192.

an herrschaftsbegründender Kraft und rückten die deutschen Verfassungen des 19. Jahrhunderts in die Nähe des modernen Verfassungstyps. Ihre evolutionäre Angleichung an diesen Typ wurde jedoch blockiert, so daß es auch in Deutschland schließlich des revolutionären Bruchs mit der angestammten Herrschaft bedurfte, um die moderne Verfassung mit erheblicher Verspätung vollständig durchzusetzen.

III. Zur Gegenwartslage der Verfassung

1. Anhaltender Bedarf

Die Bedingungen, unter denen die moderne Verfassung vor mehr als zweihundert Jahren entstehen konnte, haben sich in der Zwischenzeit geändert. Das zwingt zu der Frage, ob die Verfassung von ihren Entstehungsbedingungen abgelöst und auch unter gewandelten Voraussetzungen aufrechterhalten werden kann. Die äußeren Anzeichen sprechen freilich dafür, denn die Verfassung hat mittlerweile weltweite Verbreitung gefunden und ist nicht nur in denjenigen politischen Systemen anzutreffen, die in der Tradition des bürgerlichen Liberalismus stehen. Indessen beweist dieser Umstand zunächst nur die anhaltende Anziehungskraft und womöglich auch Alternativlosigkeit des Verfassungsgedankens bei der Lösung des Legitimations- und Limitationsproblems politischer Macht. Das verleiht ihm zugleich eine gewisse Nützlichkeit für die Machthabenden selbst, denen die Verfassung eine erhöhte Absicherung und Akzeptanz der Herrschaft verspricht. Dagegen ist mit der weltweiten Verbreitung der Verfassung noch nichts über ihre aktuelle Wirkungskraft bewiesen.

In einer Hinsicht hat sich die Sondersituation, aus der die Verfassung ursprünglich hervorging, heute allerdings zur Regel entwikkelt. Es wird kein vorfindliches, transzendental oder originär zur Machtausübung legitimiertes Herrschaftssubjekt mehr anerkannt. Die Vakuum-Situation nach erfolgter Revolution gegen eine konsensunabhängige Herrschaft, die die Notwendigkeit der Neukonstituierung von Herrschaft begründete, ist dadurch sozusagen latent auf Dauer gestellt. Die Befugnis zur Herrschaft hängt von Beauftragung und Konsens ab. Unter diesen Umständen bedarf es aber auch weiterhin rechtlicher Regeln, die bestimmen, wie staatliche Gewalt zustandekommen und ausgeübt werden muß, wenn sie Legitimität beanspruchen will. Das geschieht nicht in allen politischen Systemen zum Zweck der Machtbegrenzung. Gleichwohl hat in der Ableitungs- und Organisationsbedürftigkeit von Herrschaft die Verfassung nach wie vor ihre sicherste Stütze.

Unabhängig davon lassen sich aber Entwicklungen beobachten, die die regulative Kraft des Verfassungsrechts gegenüber der Staatsgewalt herabsetzen und ihre Problemlösungskapazität für die Gegenwart in Frage stellen. Damit ist weder der verbreitete Scheinkonstitutionalismus noch die vielerorts fehlende gerichtliche Durchsetzbarkeit verfassungsrechtlicher Anforderungen gemeint. Beides hat es von Anfang an gegeben. Es geht vielmehr um strukturelle Hemmnisse rechtlicher Politiksteuerung, die in dieser Form neu sind. Sie finden ihre Ursache in der veränderten Problemkonstellation, die hochkomplexe Industriegesellschaften von den bürgerlichen Gesellschaften vorindustrieller Provenienz unterscheidet. Diese Probleme haben sowohl die Funktion wie auch die Beschaffenheit des Staates geändert. Bezogen auf die Entstehungsbedingungen der modernen Verfassung sind davon das dem Verfassungsrecht unterliegende Sozialmodell und der vom Verfassungsrecht ergriffene Regelungsgegenstand betroffen.

2. Materialisierung der Staatsaufgaben

Das bürgerliche Sozialmodell hat die mit ihm verbundenen Verheißungen nicht zu erfüllen vermocht. Es entfesselte zwar die Wirtschaft und trug so zu einer ungeahnten Steigerung des Wohlstands bei. Der ebenfalls erwartete gerechte Interessenausgleich blieb aber aus. Auf vorindustrielle Verhältnisse bezogen, büßte das bürgerliche Sozialmodell nach der Industriellen Revolution den Anspruch ein, seinen Nutzen der gesamten Gesellschaft zuzuwenden. Es hinterließ im Gegenteil eine Klassenspaltung, die nicht weniger anstößig war als die vorausgegangenen Standesunterschiede. Der Prämisse von der Selbststeuerungsfähigkeit der Gesellschaft war damit der Boden entzogen. Sollte das Ziel gleicher Freiheit bestehen bleiben, so mußten die Mittel sich ändern. Soziale Gerechtigkeit konnte nicht mehr als automatisch anfallende Resultante des freien Spiels der gesellschaftlichen Kräfte erwartet werden, sondern war wieder politisch zu bewirken. Das führte zu einer Materialisierung des Gerechtigkeitsproblems. Infolgedessen mußte auch der Staat aus der Rolle des bloßen Garanten einer vorausgesetzten und als gerecht unterstellten Ordnung heraustreten und die Ordnung wieder aktiv im Blick auf bestimmte materiale Ziele gestalten.

Für die Verfassung hat das Konsequenzen, weil sie auf die Lösung materieller Probleme nicht eingestellt ist und auch nicht problemlos eingestellt werden kann. Im Maß dieser Umstellung vom liberalen Ordnungsstaat auf den modernen Wohlfahrtsstaat sinkt also die Regelungskraft der Verfassung. Die geschwundene Kongruenz von sozialer Problemlage und verfassungsrechtlicher Antwort hängt zunächst damit zusammen, daß für die neue Art der Staatstätigkeit nicht mehr der punktuelle Eingriff in eine prinzipiell der Individualentscheidung vorbehaltene Freiheitssphäre kennzeichnend ist, sondern die planende, lenkende und leistende Tätigkeit. Damit läuft aber das ganz auf die Bändigung des Eingriffs bezogene Verfassungsrecht insoweit leer. Da die neuartigen Staatstätigkeiten keine Eingriffe darstellen, bedürfen sie auch keiner gesetzlichen Grundlage. Wo keine gesetzliche Grundlage vorhanden ist, kommt auch das Prinzip der Gesetzmäßigkeit der Verwaltung nicht zum Zuge. Da die Verwaltung im rechtsfreien Raum agiert, versagt auch die gerichtliche Verwaltungskontrolle. Die wichtigsten Ausformungen von Rechtsstaat und Demokratie werden dadurch partiell funktionslos.

Diese Gefahr ist selbstverständlich nicht unbemerkt geblieben, und Rechtsprechung und Lehre haben versucht, die demokratischen und rechtsstaatlichen Defizite durch Ausdehnung des Eingriffsbegriffs und der Gesetzesbindung zu decken. Indessen zeigt es sich, daß dies nur in begrenztem Umfang möglich ist, und zwar aus zwei Gründen. Erstens lassen sich materielle Probleme im Gegensatz zu formellen nicht auf der normativen Ebene lösen. Das Recht kann zwar ihre Lösung verbindlich anordnen. Die Realisierung des normativen Gebots hängt aber weitgehend von außerrechtlichen Faktoren ab, und die Verwirklichung der Verfassung, für die es, solange sie nur Schranken zog, kein Knappheitsproblem gab, gerät unter den Vorbehalt des Möglichen. Zum zweiten entziehen sich die staatlichen Gestaltungsfunktionen im Gegensatz zu den Garantenfunktionen aber auch einer durchgängigen rechtlichen Steuerung. In Erfüllung seiner Garantenfunktion wirkte der Staat retrospektiv und punktuell. Staatstätigkeiten dieser Art sind normativ verhältnismäßig gut determinierbar. Die Norm definiert im Tatbestand, was als Ordnungsstörung zu gelten hat, und legt in der Rechtsfolge fest, welche Maßnahmen der Staat zur Wiederherstellung der Ordnung ergreifen darf. Demgegenüber wirkt die materielle Staatstätigkeit prospektiv und flächendeckend. Diese Tätigkeit erweist sich als derartig komplex, daß sie gedanklich nicht mehr vorweggenommen werden kann und daher auch nicht vollständig in Rechtsnormen zu erfassen ist. Überall wo es um prospektive Zielverwirklichungen geht, lassen sich die Anforderungen des Verfassungsrechts aus strukturellen Gründen nur noch bedingt erfüllen.

3. Diffusion der Staatsgewalt

Die moderne Verfassung war auf die Differenz von Staat und Gesellschaft bezogen. Die Gesellschaft wurde aller Machtmittel entkleidet und dann in Freiheit gesetzt, der Staat mit dem Gewaltmonopol versehen und dann beschränkt. Erst diese Differenz erlaubte den rationalen Zugriff der modernen Verfassung auf den Staat. Zwar regelte sie das Verhältnis von Staat *und* Gesellschaft, aber diese war prinzipiell in der Position des Berechtigten, jener in der des Verpflichteten. Unterdessen schwindet angesichts der neuen Staatsaufgaben auch diese Differenz, und mit ihr abermals das Regelungspotential der Verfassung. Auch dies gilt in doppelter Hinsicht.

Zum einen ist mit der Ausweitung des Wahlrechts unvermeidlich die Entstehung politischer Parteien einhergegangen, die in den ursprünglichen Verfassungen nicht vorgesehen waren. Viele Verfassungen nehmen auch heute noch keine Notiz von ihnen, und dennoch sind sie die bestimmenden Kräfte des politischen Lebens. Wo sie aber verfassungsrechtlichen Normen unterworfen werden, offenbaren diese eine eigentümliche Regelungsschwäche. Der Grund liegt darin, daß sich die Parteien auf das dualistische System von Staat und Gesellschaft nicht festlegen lassen. Sie fungieren als Vermittlungsinstanzen zwischen Volk und Staatsorganen und durchbrechen daher die für die Verfassung konstitutive Grenze von Staat und Gesellschaft funktionsnotwendig. Sie sind diejenigen Einrichtungen, die die Staatsorgane im Auftrag des Volkes personell und programmatisch besetzen. Das hat zur Folge, daß bei näherem Hinsehen hinter allen Staatsorganen die politischen Parteien zum Vorschein kommen. Sie haben ihr Werk bereits verrichtet, ehe die verfassungsrechtliche Gewaltenteilung zugreifen kann. Das führt dazu, daß nicht eigentlich, wie es die Verfassung vorsieht, unabhängige Staatsorgane sich gegenseitig in Schach halten. Vielmehr kooperieren die politischen Parteien mit sich selbst in verschiedenen Rollen.

Zum zweiten verwischt die Systemgrenze zwischen Staat und Gesellschaft durch die veränderte Staatstätigkeit. Längst nicht mehr nur Garant einer vorausgesetzten Ordnung, übernimmt der Staat heute die Globalsteuerung der gesellschaftlichen Entwicklung. Allerdings ist die Ausweitung seiner Aufgaben nicht von einer Vergrößerung seiner Machtmittel begleitet worden. Insbesondere befindet sich das Wirtschaftssystem, grundrechtlich geschützt, weiterhin in privater Verfügung. Das hat zur Folge, daß für einen Großteil der neuen Staatsaufgaben nicht die spezifisch staatlichen Mittel von Befehl und Zwang, sondern nur indirekt wirkende Motivationsmittel zur Verfügung stehen. Der Staat wird insoweit bei der Verfolgung seiner Aufgaben also von der Folgebereitschaft privater Akteure abhängig. Diese geraten dadurch ihm gegenüber in eine Verhandlungsposition, und was formell als staatliche Entscheidung erscheint, ist materiell betrachtet das Ergebnis von Aushandlungsprozessen, an denen öffentliche Gewalt und private Macht in einer schwer auflösbaren Mischung beteiligt sind. Die bevorrechtigten gesellschaftlichen Gruppen nehmen dadurch an der Erfüllung von Staatsfunktionen teil und drängen das System wieder auf den Rückweg zu der älteren Ordnung verstreuter und unabhängiger Herrschaftszentren. Im selben Maß sinkt die Bindungskraft der Verfassung, die zum einen nicht mehr die gesamte Herstellung kollektiv verbindlicher Entscheidungen und zum anderen nicht mehr alle Entscheidungsträger erfaßt. Ihrem Anspruch zum Trotz fällt sie wieder auf die Funktion einer Teilordnung zurück und nimmt Züge der älteren punktuellen und partikularen Bindung von Herrschaft an[40]. Es

40 Die Überlegungen, die diesen Schluß tragen, sind an anderen Stellen ausführlicher dargelegt, vgl. etwa D. Grimm, Die Gegenwartsprobleme der Verfassungspolitik und der Beitrag der Politikwissenschaft,

läßt sich voraussagen, daß dieser Prozeß, je mehr er ins Bewußtsein rückt, das Interesse wieder auf die materielle Verfassung lenken wird.

in diesem Band S. 336; Grundrechte und soziale Wirklichkeit, in: W. Hassemer u. a. (Hg.), Grundrechte und soziale Wirklichkeit, 1982, S. 39; Die politischen Parteien, in diesem Band S. 263; Verbände und Verfassung, ebenda, S. 241; Die sozialgeschichtliche und verfassungsrechtliche Entwicklung zum Sozialstaat, in: ders., Recht und Staat der bürgerlichen Gesellschaft, 1987, S. 138; Verfahrensfehler als Grundrechtsverstöße, NVwZ 1985, S. 865; Verfassungsrechtliche Anmerkungen zum Thema Prävention, in diesem Band S. 197. Zu ähnlichen Schlußfolgerungen gelangt E.-W. Böckenförde, Die politische Funktion wirtschaftlich-sozialer Verbände und Interessenträger in der sozialstaatlichen Demokratie, Der Staat 15 (1976), S. 457.

3. Die Grundrechte im Entstehungszusammenhang der bürgerlichen Gesellschaft

I.

1. Begriff der Grundrechte

Grundrechte sind ein Produkt der bürgerlichen Revolutionen des späten 18. Jahrhunderts und gehören zum Programm des modernen Verfassungsstaats, der aus diesen hervorging. Darüber herrscht in der Geschichtswissenschaft nicht durchweg die nötige Klarheit. Vielmehr begegnet man häufig der Neigung, jede rechtlich gesicherte Freiheit als Grundrecht anzusehen. Die Grundrechte lassen sich dann weit in die Geschichte zurückverfolgen und treten mit dem modernen Konstitutionalismus nur in ein neues Entwicklungsstadium ein. Nicht ihre Geltung beginnt, sondern es erweitert sich der Geltungsumfang[1]. Daran ist richtig, daß die Grundrechte eine historische Form rechtlicher Freiheitssicherung bilden und als solche in einer langen Tradition stehen. Darüber darf aber nicht verlorengehen, daß es sich bei den Grundrechten um eine spezifische Form rechtlicher Freiheitssicherung handelt, die mit ihren Vorläufern in wesentlichen Belangen brach und gerade aus diesem Bruch ihre bis heute anhaltende Attraktivität zog. Will man die Eigenart der Grundrechte erfassen, dann empfiehlt es sich also, die Grundrechtskataloge der modernen Verfassungen, die den revolutionär herbeigeführten

1 Vgl. beispielsweise die Beiträge von W. Schulze, Der bäuerliche Widerstand und die »Rechte der Menschheit«, in: G. Birtsch (Hg.), Grund- und Freiheitsrechte im Wandel von Gesellschaft und Geschichte, Göttingen 1981, bes. S. 56, und B. Sutter, Der Schutz der Persönlichkeit in mittelalterlichen Rechten. Zur historischen Genese der modernen Grund- und Freiheitsrechte, in: G. Birtsch (Hg.), Grund- und Freiheitsrechte von der ständischen zur spätbürgerlichen Gesellschaft, Göttingen 1987, S. 17. Eine klare Scheidung zwischen literarischen Grundrechtspostulaten und rechtlicher Grundrechtsgeltung vermißt man auch in dem Standardwerk von G. Oestreich, Geschichte der Menschenrechte und Grundfreiheiten im Umriß, Berlin 1968, 1978².

Wandel rechtlich befestigen, auf ihre Unterschiede zu den älteren Formen rechtlicher Freiheitssicherung zu befragen.
Die prägnanteste Formulierung dieser Unterschiede enthält Art. 1 der ›Virginia Bill of Rights‹ vom 26. August 1776[2], der mit der Feststellung einsetzt, »that all men are by nature equally free«. Damit wendet er sich in dreifacher Hinsicht grundlegend von den älteren rechtlichen Freiheitssicherungen ab und schafft neue Verhältnisse, nämlich bezüglich der Träger, des Geltungsgrundes und des daraus folgenden Ranges sowie des Inhalts der Rechtsgarantien. Träger derjenigen Freiheiten, die grundrechtlich geschützt werden sollen, sind danach alle Menschen. Die französische ›Déclaration des droits de l'homme et du citoyen‹ vom 26. August 1789[3] hebt das schon im Titel hervor. In den Einzelbestimmungen beider Dokumente wiederholen sich dann die Formulierungen *no man, all men, any person* und *nul homme, chaque homme, tout homme.* Demgegenüber hatten die älteren rechtlichen Freiheiten nicht an die Personqualität, sondern an einen bestimmten sozialen Status oder eine bestimmte Korporationszugehörigkeit angeknüpft und nur ausnahmsweise Individuen begünstigt, dann aber nie alle, sondern stets nur einzelne bevorrechtigte[4]. Freiheiten wurden durch den Stand vermittelt oder als Privileg verliehen. Sie galten also partikular, während die Grundrechte durchgängig dem Individuum zustehen und in der Anknüpfung an die Person *universal* gelten.
Die ›Bill of Rights‹ nennt auch den Grund für die Universalität der Freiheitsrechte. Die Menschen besitzen sie *von Natur aus.* Entsprechend heißt es in Art. 1 der ›Déclaration‹, die Menschen würden frei und gleich an Rechten *geboren.* Damit ist nicht weniger als die Unverfügbarkeit der Freiheitsrechte behauptet. Sie stehen den Menschen als »inherent rights« zu, wie die ›Bill of Rights‹ fortfährt, »of which ... they cannot by any compact deprive or divest their posterity«. Der Staat besitzt nach der deutli-

2 Text z. B. bei F. Hartung, Die Entwicklung der Menschen- und Bürgerrechte von 1776 bis zur Gegenwart, Göttingen 1972⁴, S. 40.
3 Text ebd., S. 44.
4 Vgl. zur Charakterisierung der älteren Freiheiten etwa O. Brunner, Freiheitsrechte in der altständischen Gesellschaft, in: Festschrift Th. Mayer, Konstanz 1954, S. 293; K. v. Raumer, Absoluter Staat, korporative Libertät, persönliche Freiheit, in: H. H. Hofmann (Hg.), Die Entstehung des modernen souveränen Staates, Köln 1967, S. 173.

chen Aussage von Art. 2 der ›Déclaration‹ nur um ihres Schutzes willen Daseinsberechtigung: »Le but de toute association politique est la conservation des droits naturels et imprescriptibles de l'homme.« Demgegenüber waren die älteren rechtlichen Freiheitssicherungen entweder traditional begründet oder vom Herrscher verliehen bzw. mit ihm vereinbart, also stets positives Recht. Als solches durften sie aber auch geändert werden, wenngleich meist nur einverständlich. Allerdings verwandelten sich die natürlichen Menschenrechte durch den Erlaß der Rechteerklärungen ebenfalls in positives Recht. Doch lag darin keine Schaffung, sondern lediglich eine Anerkennung dieser Rechte, und ihre Aufnahme in die Verfassung, der die Staatsgewalt Existenz und Befugnisse verdankt, hatte gerade den Sinn, sie dieser unbedingt überzuordnen. Deswegen sind die Grundrechte nicht nur erschwert änderbares, sondern änderungsfestes und insofern *höherrangiges* Recht.

Als Schutzgut der Grundrechte bezeichnet die ›Bill of Rights‹ gleiche Freiheit, und zwar ohne weitere Bedingung. Art. 4 der französischen ›Déclaration‹ umschreibt das Gemeinte mit den Worten: »La liberté consiste à pouvoir faire tout ce, qui ne nuit pas à autrui.« Die Freiheit ist also nicht zweckgerichtet oder funktionsabhängig, sondern Selbstzweck und als solche Ermächtigung zu beliebigem Gebrauch. Eine so verstandene Freiheit läßt ihrer Eigenart nach keine anderen Schranken zu »que celles, qui assurent aux autres membres de la société la jouissance de ces mêmes droits«. Demgegenüber erlegten die älteren, auf einem präexistenten, material definierten Gemeinwohl beruhenden Sozialordnungen den Gesellschaftsgliedern zuerst Bindungen und Pflichten auf. Freiheiten bestanden dagegen nur als Vergünstigungen oder Voraussetzungen der Erfüllung einer sozialen Funktion. Daher war ihr Gebrauch von dieser Funktion sowohl angeleitet als auch begrenzt. Aus demselben Grund konnten die älteren rechtlichen Freiheitssicherungen immer nur einzelne Freiheiten zum Gegenstand haben und im übrigen durchaus mit einem System genereller Unfreiheit koexistieren. Im Unterschied dazu treffen die Grundrechte eine Systementscheidung zugunsten von *Freiheit schlechthin*. Unter Verzicht auf ein im voraus festliegendes, material definiertes Tugendideal besteht ihr Gemeinwohl gerade in der Ermöglichung individueller Selbstbestimmung.

Die Grundentscheidung für Freiheit wird in den Rechteerklärungen zwar in einzelne Freiheitsgarantien ausgeformt, doch ändert dies nichts daran, daß es nicht um punktuelle Freiheiten, sondern um historische Konkretisierungen des allgemeinen Freiheitsprinzips geht. Sie beziehen sich negatorisch auf diejenigen älteren Pflichtbindungen oder Staatspraktiken, die von den Schöpfern der Rechteerklärungen als besonders drückend empfunden worden waren. Bei zahlreichen Unterschieden im Detail kann man doch vier Gruppen von Grundrechten identifizieren, die stets wiederkehren. Die erste Gruppe sichert die Freiheit von Person und Privatsphäre. Hierhin gehören etwa die persönliche Freiheit unter Aufhebung jedes privaten Herrschaftsverhältnisses, die Freiheit vor willkürlicher Verhaftung und Bestrafung sowie der Schutz des privaten Lebensraums. Die zweite Gruppe bezieht sich auf die Kommunikationssphäre und sichert die Gewissensfreiheit, die Meinungs- und Pressefreiheit sowie die Vereinigungs- und Versammlungsfreiheit. Die dritte Gruppe betrifft das Wirtschaftsleben und garantiert vor allem Eigentums-, Vertrags- und Gewerbefreiheit. Die vierte Gruppe schließlich ist auf Gleichheit gerichtet, wobei diese ihren Inhalt aus der Reaktion auf die ständische Gesellschaft bezieht und nicht als soziale Gleichheit, sondern als rechtliche Gleichheit, noch genauer: Gleichheit in der Freiheit, verstanden wird.

Hält man sich die Anwendungsgebiete und Eigenschaften der Grundrechte vor Augen, die bis dahin entweder gar nicht oder jedenfalls nicht kumuliert vorgekommen waren, dann wird deutlich, wie sehr sie mit der Tradition brachen und eine neue Ordnung konstituierten. Mit ihrem Bezug auf Individualfreiheit wandten sie sich gegen ein Ordnungsmodell, das auf einem material definierten Tugendideal beruhte und dem Einzelnen wie den sozialen Gruppen daher keine Selbstbestimmung einräumte, sondern primär Pflichten auferlegte und lediglich davon abgeleitet funktionsbedingte Rechte zugestand. Mit der Anknüpfung der Rechtsstellung an die natürliche Person und der darin gelegenen Rechtsgleichheit wandten sie sich gegen die ständische Gesellschaft, die im Unterschied dazu an Status, Standes- oder Korporationszugehörigkeit anknüpfte und so gerade durch Rechtsungleichheit und Privileg gekennzeichnet war. Mit ihrer Priorität für individuelle Selbstbestimmung und die durch sie vermittelte und sektoral garantierte Autonomie der sozialen Subsysteme gegenüber der Politik wandten sie sich gegen den absoluten Fürstenstaat, der die überlegene Einsicht in das Gemeinwohl für sich in Anspruch genommen und daraus eine umfassende Lenkungsbefugnis für die individuelle Lebensführung ebenso wie für die gesellschaftliche Entwicklung abgeleitet hatte.

2. Bürgerlicher Charakter der Grundrechte

Angesichts der universellen Geltung, die die Grundrechte von den älteren Formen rechtlicher Freiheitssicherung unterscheidet, ist es freilich noch klärungsbedürftig, inwiefern sie gerade Ausdruck bürgerlicher Vorstellungen und Interessen sein sollen. Die zeitliche Koinzidenz zwischen dem Übergang von der ständischen zur bürgerlichen Gesellschaft und dem Aufkommen der Grundrechte gibt darüber noch keinen Aufschluß, sondern bestätigt nur die Berechtigung der Frage. Von einer spezifisch bürgerlichen Errungenschaft kann vielmehr nur die Rede sein, wenn zwischen Bürgertum, individueller Freiheit und grundrechtlicher Freiheitssicherung eine innere Beziehung feststellbar ist. Zweifel daran könnte der Umstand wecken, daß das Bürgertum selber einen Stand bildete und in die ständische Gesellschaft eingebettet war. Indessen läßt sich das für die fragliche Epoche nicht ohne Modifikation aufrechterhalten. Im Laufe der Zeit hatte sich nämlich, überwiegend aus dem traditionellen Bürgerstand hervorgehend und durch die wirtschaftlichen und administrativen Bedürfnisse des modernen absoluten Staates gefördert, eine Schicht von Groß- und Fernhändlern, Manufakturunternehmern und Bankiers einerseits, Verwaltungs- und Erziehungsbeamten, Freiberuflern und Literaten andererseits gebildet, die zwar in der fortbestehenden ständischen Gesellschaft dem Bürgerstand zugerechnet wurde, sich von dessen historischem Kern, den städtischen Handwerkern und Händlern, aber nichtsdestoweniger in Bewußtsein und Interessen deutlich unterschied[5].

5 Vgl. etwa J. Kocka, Bürgertum und Bürgerlichkeit als Probleme der deutschen Geschichte vom späten 18. bis zum frühen 20. Jahrhundert, in: ders. (Hg.), Bürger und Bürgerlichkeit im 19. Jahrhundert, Göttingen 1987, S. 21; R. Vierhaus (Hg.), Bürger und Bürgerlichkeit im Zeitalter der Aufklärung, Heidelberg 1981; R. Pernoud, Histoire de la bourgeoisie en France, 2 Bde., Paris 1960-1962; J. Raynor, The Middle Class, London 1969.

Es war diese durch ihre Funktion eher rational als traditional geprägte neubürgerliche Schicht, die in einer auf ständischen Grenzen, feudalen und korporativen Bindungen und staatlichem Paternalismus beruhenden Ordnung zunehmend an der Entfaltung ihres Potentials gehindert wurde und deswegen diese kritisch zu reflektieren begann. Die Reflexion mochte hier stärker philosophisch-theoretisch, dort stärker ökonomisch-praktisch orientiert sein und entweder davon ausgehen, daß der Mensch seine Bestimmung sittlicher Vervollkommnung gerade nicht in Abhängigkeit, sondern nur in Freiheit erreichen könne, oder annehmen, daß in einem System freier Entfaltung des Einzelnen die Leistungskraft der Gesellschaft insgesamt wachse: immer liefen die Überlegungen auf eine Gesellschaftsordnung hinaus, in die Freiheit im Sinn individueller Selbstbestimmung das Leitprinzip darstellte. Daher war diese Schicht von vornherein nicht wie die Führungsgruppe des altständischen Bürgertums auf Ausweitung der Privilegien und ebensowenig auf eine Umkehr der Privilegienstruktur zu ihren Gunsten aus. Vielmehr wurde der gesamte Dritte Stand aufgrund seines zahlenmäßigen Übergewichts und der gewachsenen Bedeutung der von ihm erbrachten sozialen Leistungen als »allgemeiner Stand« begriffen, womit nichts anderes als die völlige Einebnung der ständischen Hierarchie gemeint war[6]. Seine Forderungen ließen sich also universal formulieren: Es ging um gleiche Freiheit für alle.
Mit einer so verstandenen Freiheit war notwendig eine Umstrukturierung des Herrschaftssystems verbunden. Vermittelt durch die individuelle Entscheidungsfreiheit, mußten sich die verschiedenen Sozialbereiche wie Wirtschaft, Wissenschaft, Religion, Kunst, Erziehung, Familie etc. von der politischen Lenkung emanzipieren und ihren je eigenen Rationalitätskriterien folgen. Die Herstellung sozialer Kohäsion und die Schaffung eines gerechten Interessenausgleichs gingen dann auf den Marktmechanismus über, der diese Aufgabe zuverlässiger und feinfühliger erfüllen sollte, als es mittels zentraler politischer Lenkung gelungen war. Das machte zwar den Staat nicht entbehrlich, denn die

6 Vgl. E. J. Sieyès, Qu'est-ce que le Tiers-État? Paris 1789; kritische Ausgabe von R. Zapperi, Genf 1970; deutsch in: Emmanuel Joseph Sieyès. Politische Schriften 1788-1790, hg. v. E. Schmitt u. R. Reichardt, Neuwied 1975, S. 117.

aller Herrschaftsbefugnisse und Zwangsmittel entkleidete, in unverbundene und zu beliebigem Verhalten ermächtigte Individuen aufgespaltene Gesellschaft konnte die Voraussetzung der Zielerreichung: gleiche Freiheit, aus eigener Kraft nicht gewährleisten. Sie bedurfte dazu einer außerhalb ihrer selbst gelegenen und mit legaler Zwangsgewalt ausgestatteten Instanz, eben des Staates. Unter den Bedingungen der Selbststeuerungsfähigkeit der Gesellschaft büßte er jedoch seine zentrale Lenkungsbefugnis ein und mußte sich mit einer Assistenzfunktion für die bürgerliche Gesellschaft begnügen. Seine Aufgaben reduzierten sich darauf, Freiheitsgefahren von ihr abzuwehren und die Freiheitsordnung nach eingetretener Störung wieder herzustellen.
An einem solchen System konnte, obwohl es universal formuliert war und damit den verheißenen Nutzen allen in Aussicht stellte, im späten 18. Jahrhundert kein allgemeines Interesse bestehen. Für den Monarchen bedeutete es die Degradierung zum Organ eines von seiner Person unabhängigen Staates, der im Dienst der autonom gewordenen Gesellschaft stand. Die oberen Stände kostete diese Ordnung ihre Vorrechte. Der Adel wurde nicht nur seiner wirtschaftlichen Grundlage beraubt, sondern völlig funktionslos und mußte im System des Wettbewerbs ein bürgerliches Auskommen suchen. Die Kirche verlor den staatlichen Rückhalt und das Wahrheitsmonopol. Der Klerus wurde zur privaten Profession. Die durch das Zunftsystem und die Handels- und Gewerbemonopole geschützten altbürgerlichen Schichten sahen in einer auf Konkurrenz umgestellten Wirtschaft eher Gefahren als Chancen. Den unterständischen Schichten fehlte die materielle Ausstattung, um in dem neuen System von der rechtlichen Freiheit auch tatsächlich Gebrauch machen zu können. Begünstigt waren also in der Entstehungssituation vor allem das Neubürgertum, das auch als wichtigster Träger der Idee in Erscheinung trat, und, unter der Voraussetzung hinreichender Ausstattung mit Land, die Bauernschaft. Da es dieser jedoch an einem entsprechenden Bewußtsein fehlte, kann man mit gutem Grund von einem bürgerlichen Sozialmodell sprechen, was selbstverständlich nicht ausschließt, daß Angehörige anderer Stände es aus besserer Einsicht oder erhofftem Vorteil ebenfalls befürworteten.
Insgesamt mußte das bürgerliche Sozialmodell aber auf Gegnerschaft gefaßt sein, und zwar vor allem von seiten der Monarchen, der Kirche und der bevorrechtigten Stände. Daraus folgerten

seine Befürworter, daß es nicht genügte, das neue Ordnungskonzept in die Wirklichkeit umzusetzen, wozu es keiner Grundrechte, sondern lediglich einfachen Rechts bedurft hätte. Vielmehr sollte ihm auch erhöhte Bestandskraft verliehen werden, damit es gegen Rückfälle in Fremdsteuerung gesichert war. Besondere Gefahr drohte dabei vom Staat, der als Inhaber des Gewaltmonopols über die Mittel verfügte, die gesellschaftliche Selbststeuerung zu unterlaufen und so die Systemziele zu verfälschen. Gelangte er in falsche Hände oder entwickelten seine Amtsträger organisationsspezifische Eigeninteressen, mußten Wohlfahrt und Gerechtigkeit verfehlt werden. Aus diesem Grund kam es darauf an, den Staat von Interventionen in die gesellschaftliche Sphäre abzuhalten und auf seine Garantenfunktion für gleiche Freiheit zu beschränken. Das war selbst wieder eine rechtliche Aufgabe. Da der Staat jedoch zugleich die Rechtsetzung und Rechtsdurchsetzung innehatte, konnte sie nur durch Aufspaltung der Rechtsordnung in einen vom Staat ausgehenden und die Bürger verpflichtenden Teil und einen von den Bürgern als Trägern der Staatsgewalt kommenden und daher dem Staat vorgehenden Teil gelöst werden, an den er bei Rechtsetzung und Rechtsdurchsetzung seinerseits wieder gebunden war. Eben diese Funktion erfüllten die Grundrechte[7].

Wegen dieses genetischen Zusammenhangs von Emanzipation des Bürgertums, Umstellung der Sozialordnung auf das Freiheitsprinzip und grundrechtlicher Sicherung der Freiheit lassen sich die Grundrechte in der Tat als Ausdruck bürgerlicher Wertvorstellungen und Interessenlagen verstehen. Daher ist es auch möglich, an Zeit und Grad ihrer Durchsetzung die Verwirklichung der bürgerlichen Gesellschaft in verschiedenen Ländern abzulesen. Grundrechte bilden einen Indikator für Bürgerlichkeit. Das soll im folgenden genauer gezeigt werden. Dabei wird auch der bisher stark abstrahierend geschilderte Zusammenhang von Grundrechten und bürgerlicher Gesellschaft in seiner historischen Vielgestaltigkeit besser in den Blick kommen. Es gibt kein einheitliches Muster für die Verwirklichung der bürgerlichen Gesellschaft und die Rolle, welche die Grundrechte dabei spielen. Gerade aufgrund der Unterschiede, die eine vergleichende Be-

7 Näher D. Grimm, Entstehungs- und Wirkungsbedingungen des modernen Konstitutionalismus, in diesem Band S. 31.

trachtung an den Tag bringt, kann jedoch am Ende nochmals genauer nach der Funktion der Grundrechte für die Durchsetzung und Sicherung des bürgerlichen Sozialmodells gefragt werden. Zugleich drängt sich angesichts des Bedingungsverhältnisses von Grundrechten und Bürgerlichkeit aber auch die Frage auf, ob dieses auf die Genese der Grundrechte beschränkt bleibt oder ihre Funktion dauerhaft prägt. Von der Antwort auf diese aus der historischen Vergewisserung folgende Frage hängen die gegenwärtige Rolle und die zukünftige Bedeutung der Grundrechte ab.

II.

1. England

Die Anfänge der modernen Grundrechtsgeschichte werden oft in England gesucht. Das scheint die hier entwickelte These vom Zusammenhang zwischen Grundrechtsentstehung und Formation der bürgerlichen Gesellschaft zu bestätigen. In der Tat ist England dasjenige Land, in welchem der Feudalismus früher als in allen anderen Gebieten in Verfall geriet. Auf diese Weise kannte England schon zu Beginn der Neuzeit keine persönliche Unfreiheit mehr und ständische Sonderrechte nur noch in Restbeständen[8]. Ohne die feudalen Betätigungs- und Verkehrsbeschränkungen verlor die Grenze zwischen Adel und Bürgertum schnell an Bedeutung. Während für die zweiten Söhne von Adeligen bürgerliche Erwerbstätigkeiten nachgerade üblich wurden, konnten die wirtschaftlich erfolgreichen Angehörigen des Bürgertums über kurz oder lang mit der Nobilitierung rechnen. Dadurch entstand ein breiter Bereich übereinstimmender Interessen, unter denen gerade die Freiheit von Interventionen der Krone hervorragte. Der politische Ort für die Geltendmachung dieser Interessen war das Parlament, das im Gegensatz zu den Ständen der kontinentalen Territorien in der frühen Neuzeit keinen Traditionsabbruch erlitt, sondern in der Reformation an Stärke gewann und sich aus seinen ständischen Wurzeln immer mehr zu

8 Vgl. R. Hilton, The Decline of Serfdom in Medieval England, London 1969; H. M. Cam, The Decline and Fall of English Feudalism, in: History 25, 1940, S. 216; H. Perkin, The Origins of Modern English Society, London 1969.

einer modernen Vertretung der durchsetzungsstarken gesellschaftlichen Kräfte gegenüber der monarchischen Exekutive entwickelte.
Seinen rechtlichen Niederschlag fand dieser Prozeß darin, daß sich in England vor allen anderen Ländern Freiheitsrechte herausbildeten, die weder an die Standes- oder Korporationszugehörigkeit anknüpften, sondern auf die Person bezogen waren, noch nach Art der Privilegien lediglich einzelne Individuen oder Gruppen begünstigten, sondern allen Engländern zustanden. Teils gingen diese Freiheitsrechte auf eine Universalisierung älterer ständischer Vorrechte zurück, wie ein Vergleich der ›Magna Charta‹ von 1215 mit Cokes Kommentar aus dem frühen 17. Jahrhundert augenfällig macht, wo die ständischen Rechtsträger, *earls, barons, freemen, merchants* kurzerhand durch *man* ersetzt sind[9]. Teils waren sie aus Anlaß einzelner Konfliktfälle richterrechtlich hinzugefügt worden. Diese Entstehungsweise schloß einen systematisch entwickelten Katalog konkreter Ausformungen des allgemeinen Freiheitsprinzips aus. Doch ergaben die einzelnen, aus verschiedenen historischen Epochen stammenden Rechte in ihrer Gesamtheit einen verhältnismäßig weitreichenden Schutz der persönlichen, kommunikativen und ökonomischen Freiheit, so daß nicht mehr von einzelnen Freiheitsinseln in einem System genereller Unfreiheit, sondern schon von einer freiheitlichen Ordnung gesprochen werden kann, ohne daß diese angesichts der elisabethanischen Wirtschaftsgesetzgebung und ihrer Überwachung durch das *Star Chamber* geradewegs die Bezeichnung liberal verdiente.
Bereits seit der Wende vom 16. zum 17. Jahrhundert, also noch während der elisabethanischen Epoche, läßt sich aber ein Bedeutungsgewinn der Freiheitsrechte beobachten, der seinen Ausdruck darin fand, daß sie zunehmend als fundamental bezeichnet wurden, und zwar zu einer Zeit, als der Begriff der *leges fundamentales* oder *lois fondamentales* auf dem Kontinent noch für die obersten Prinzipien des Staats- oder Fürstenrechts reserviert

9 Text der Magna Charta etwa in: C. Stephenson u. F. G. Marcham (Hg.), Sources of English Constitutional History, Bd. 1, New York 1972, S. 115 ff.; E. Coke, The Second Part of the Institutes of the Laws of England, London 1642. Dazu M. Ashley, Magna Charta in the Seventeenth Century, Charlottesville 1965; A. Pallister, Magna Charta, Oxford 1971.

war[10]. Damit ragten sie in der Anschauung der Zeit aus der Masse der Rechtsnormen hervor und beanspruchten diesen gegenüber eine höhere Dignität. Die Hervorhebung schlug sich bei genauem Hinsehen jedoch nicht in einem rechtstechnischen Vorrang nieder. Die *fundamental rights* hatten ihren Ort vielmehr in dem richterrechtlich entwickelten *common law.* Sie gehörten also zum einfachen Recht und konnten daher auch im Wege der Gesetzgebung jederzeit abgeändert werden. Zwar sind vereinzelte Versuche bekannt, das *statute law* dem *common law* unterzuordnen, jedenfalls dann, wenn jenes gegen »common right and reason« verstieß, wie es in der von Coke formulierten Entscheidung in ›Dr. Bonham's case‹ hieß[11]. Daß das *common law* und die ihm angehörigen Freiheitsrechte einen höheren Rang beanspruchten als das *statute law* oder gar der Staatsgewalt insgesamt vorgingen und für sie unverfügbar waren, ist aber der englischen Rechtstradition nicht zu entnehmen.

Versuche, auch das Parlament den Freiheitsrechten zu unterwerfen, entstanden jedoch in Reaktion auf die Erfahrungen mit dem *Long Parliament,* das auf die Phase der parlamentslosen Herrschaft folgte. Die Übergriffe des *Long Parliament* beantworteten die Levellers mit der Forderung nach einem *law paramount,* in der sich die Erkenntnis widerspiegelte, daß man von Parlamenten nicht weniger als von Regierungen um seine Freiheit gebracht werden könne. Die verschiedenen, ›Agreement of the People‹ genannten Verfassungsentwürfe zwischen 1640 und 1660 geben dem Ausdruck[12]. Die Vorschläge der Levellers und Officers tra-

10 Vgl. J. W. Gough, Fundamental Law in English Constitutional History, Oxford 1955; G. Stourzh, Staatsformenlehre und Fundamentalgesetze in England und Nordamerika im 17. und 18. Jahrhundert, in: R. Vierhaus (Hg.), Herrschaftsverträge, Wahlkapitulationen, Fundamentalgesetze, Göttingen 1977, S. 294; ders., Grundrechte zwischen Common Law und Verfassung, in: Birtsch, Grund- und Freiheitsrechte, 1981, S. 59; R. Pound, The Development of Constitutional Guarantees of Liberty, New Haven 1957; H. Mohnhaupt, Verfassung I, in: O. Brunner u. a. (Hg.), Geschichtliche Grundbegriffe, Bd. 6, Stuttgart 1990, S. 846 ff.

11 Court of Common Pleas 1610, 8 Rep. 114, 118.

12 Vgl. S. R. Gardiner (Hg.), The Constitutional Documents of the Puritan Revolution, Neudruck Oxford 1968; D. M. Wolfe (Hg.), Leveller Manifestoes of the Puritan Revolution, Neudruck New York 1967;

fen allerdings auf starken Widerstand. In einer Entgegnung auf das zweite ›Agreement‹ von 1648 wird vor allem die Beschneidung der parlamentarischen Rechte angegriffen, »for the Power of Parliament here in England is without question *Supreme, Absolute, Unlimited,* extending to things of religion as well as to civil things«[13]. In der *Glorious Revolution*, die nach dem republikanischen Experiment Cromwells und dem erneuten Absolutheitsanspruch der Stuarts die Brücke zu den vorrevolutionären Verhältnissen schlug, setzte sich dieser Standpunkt, nicht der der Levellers durch. Das Parlament hatte den monarchischen Absolutismus nach französischem Muster erfolgreich abgewehrt, ohne seinerseits Machtbegrenzungen hinnehmen zu müssen. Das staatsrechtliche Ergebnis der Revolution war die endgültige Befestigung der Souveränität des Parlaments, die der neuberufene Monarch ausdrücklich zusicherte.
Allerdings kam es im Zuge des Kampfes gegen die absolutistischen Bestrebungen der Stuarts auch zu feierlichen Bestätigungen der Freiheitsrechte in besonderen Rechtsdokumenten, zuerst in der ›Petition of Right‹ von 1628, dann in der die Revolutionsergebnisse bekräftigenden ›Bill of Rights‹ von 1689[14]. Die Frage ist, ob damit den schon vorhandenen Elementen der Freiheitlichkeit und Universalität jener Rechte das zur Grundrechtseigenschaft noch fehlende Merkmal der Höherrangigkeit und Unverbrüchlichkeit hinzugefügt wurde. Die Genese und der Wortlaut der Dokumente wecken daran Zweifel. Die Freiheitsbedrohungen, die zur Revolution geführt hatten, waren vom Monarchen ausgegangen, während das Parlament sich als Verteidiger eines längst geltenden freiheitlichen Rechtszustands empfand. Es bedurfte

A. L. Morton (Hg.), Freedom in Arms. A Selection of Leveller Writings, London 1975; W. W. Wittwer, Grundrechte bei den Levellers und der New Model Army, Düsseldorf 1972; P. Wende, »Liberty« und »Property« in der politischen Theorie der Levellers, in: Zeitschrift für Historische Forschung 1, 1974, S. 147; H.-C. Schröder, Die Grundrechtsproblematik in der englischen und der amerikanischen Revolution, in: Birtsch, Grund- und Freiheitsrechte, 1981, S. 75; G. Stourzh, Fundamental Laws and Individual Rights in the 18th Century Constitution, Claremont 1984.

13 Zitat bei Schröder, Grundrechtsproblematik, S. 85.

14 Texte z. B. in: Stephenson/Marcham, Sources, Bd. 1, S. 450 ff., u. ebd., Bd. 2, S. 599 ff.

also keines Rekurses auf Naturrecht, um die Freiheitsrechte zu legitimieren, sondern nur des Verweises auf gutes altes Recht. In der ›Petition of Right‹ zählte das Parlament daher eine Reihe von Verletzungen hergebrachter fundamentaler Rechte durch die Krone auf und knüpfte daran die Aufforderung an den Monarchen, gegenwärtige Rechtsverletzungen zu beseitigen und künftige zu unterlassen, und dieser kam der Aufforderung mit den Worten nach: »Soit droit fait come est desire.« Die ›Petition‹ hatte also wie zahlreiche ständische Dokumente auf dem Kontinent einen überwiegend rechtsbestätigenden und vertraglichen Charakter[15]. Verpflichteter war der Monarch mit seiner Exekutive, während das Parlament, das die Rechte verteidigt hatte, als Berechtigter erscheint.
Diese Genese erklärt nicht nur, warum die ›Bill of Rights‹ in erster Linie Parlamentsrechte und nur in zweiter Linie individuelle Freiheitsrechte enthielt; sie erklärt auch, warum es bezüglich des Geltungsumfangs der Freiheitsrechte im wesentlichen beim alten Stand blieb. Die Revolution war nicht gegen, sondern für das geltende Recht und die in ihm verbürgten Freiheiten geführt worden. Das Parlament hatte sich als Garant der Freiheit erwiesen, und die Mehrheit der Freiheitsinteressenten sah sich im Parlament repräsentiert. Insofern bestand keine Notwendigkeit, die Freiheit gegen das Parlament zu sichern. Als Vertretung der Freiheitsinteressenten konnte es vielmehr ohne Rechtsverstoß über die Freiheitsrechte disponieren. Gesetzlich beschlossene Freiheitsgrenzen wurden als Selbstbeschränkungen der Rechtsträger begriffen. Für den Grundrechtscharakter der englischen Rechteerklärungen folgt daraus, daß sie das *common law* an besonders freiheitsempfindlichen Stellen juristisch überhöhten und ihm so eine zusätzliche, doch keine überragende Gewähr verschafften. Sie banden den staatlichen Exekutivapparat, nicht die Staatsgewalt schlechthin, an der das Parlament partizipierte. Daher kann man mit Stourzh sagen, daß in England zwar eine Fundamentalisierung der Freiheitsrechte, aber keine Konstitutionalisierung

15 Vgl. G. Oestreich, Vom Herrschaftsvertrag zur Verfassungsurkunde, in: Vierhaus, Herrschaftsverträge, S. 45. Die dabei mit eingeschleusten neuen Gehalte betont L. G. Schwoerer, The Declaration of Rights 1689, Baltimore 1981. Zum zeitgenössischen Verständnis vgl. E. Hellmuth, Die Debatte um die »Bill of Rights« im 18. Jahrhundert, in: Birtsch, Grund- und Freiheitsrechte, 1987, S. 117.

stattfand[16]. Der Schritt zu Grundrechten wurde auf diese Weise vorbereitet, aber nicht vollzogen.

2. Amerika

Das Verdienst der Umwandlung gesetzmäßiger Freiheitsrechte in verfassungsmäßige Grundrechte gebührt vielmehr den englischen Kolonien in Nordamerika. Dieser Umstand legt die Frage nach der grundrechtsrelevanten Differenz zwischen den Kolonien und dem Mutterland nahe. Auf einen minderen Rechtsstatus läßt sie sich nicht zurückführen. Die amerikanischen Kolonien lebten vielmehr seit ihrer Gründung unter der englischen Rechtsordnung und genossen daher auch die im *common law* enthaltenen und in den Dokumenten des 17. Jahrhunderts feierlich bestätigten *rights of Englishmen*. Die Zugehörigkeit zu dieser Rechtsordnung hinterließ bei den Kolonisten nicht das Empfinden eines Freiheitsdefizits, sondern erfüllte sie im Gegegenteil mit dem Gefühl der Überlegenheit gegenüber dem ständisch-feudal geprägten und polizeistaatlich regierten europäischen Kontinent. Ohne Feudalrecht und Standesschranken, die in Europa zurückgeblieben waren, und mit unbegrenzten Ressourcen, die dem Wagemut und der Tüchtigkeit des Einzelnen freie Bahn versprachen, besaß Amerika, allerdings auf der Basis von Sklavenwirtschaft, eine Gesellschaftsordnung, die den bürgerlichen Zielvorstellungen näherkam als jedes europäische Land, England inbegriffen. Amerika bot daher auch keinen Boden für Rechtsreformen, sondern konnte die im europäischen Naturrecht heranwachsenden Reformpostulate als Beschreibung der eigenen Wirklichkeit ansehen.

Eine Änderung trat erst ein, als die Kolonisten mit den im Mutterland nur kurzzeitig spürbar gewordenen Defiziten des englischen Freiheitsschutzes konfrontiert wurden. Das war der Fall, als das englische Parlament nach dem kostspieligen Siebenjährigen Krieg dazu überging, die amerikanischen Kolonien mit Sondersteuern zu belegen. In dem daraus erwachsenen Konflikt beriefen sich die Kolonisten wie ein Jahrhundert zuvor die Englän-

16 G. Stourzh, Vom aristotelischen zum liberalen Verfassungsbegriff, in: F. Engel-Janosi u. a. (Hg.), Fürst, Bürger, Mensch, Wien 1975, S. 120.

der gegenüber ihren Monarchen auf die *rights of Englishmen,* die auch in Amerika galten, namentlich das Gleichheitsprinzip und den Grundsatz »No taxation without representation«. Das Mutterland begegnete diesem Argument mit dem Hinweis auf den verfassungsrechtlichen Grundsatz der Parlamentssouveränität und die *virtual representation* der Kolonisten durch die Abgeordneten des Mutterlands. Kraft dieser Fiktion galten die ihnen auferlegten Lasten als selbstbestimmt und insofern nicht rechtswidrig. Diese Position war positivrechtlich unangreifbar, und erst die Schwäche ihres positivrechtlichen Arguments gegenüber der Grundmaxime des englischen Staatsrechts zwang die Kolonisten zu jener Berufung auf *unalienable rights,* mit der schließlich 1776 in der ›Declaration of Independence‹[17] bei formaler Anlehnung an die ›Petition of Right‹ der revolutionäre Bruch mit dem Mutterland naturrechtlich begründet wurde[18].

Bei der Neukonstituierung legitimer Staatsgewalt, die nach dem revolutionären Bruch notwendig geworden war, griffen die Amerikaner auf die englischen Rechtsgrundsätze, die nach wie vor ihren Beifall hatten, zurück. Wie schon frühzeitig bemerkt wurde, findet sich in den Grundrechtskatalogen der nun zu Staaten aufrückenden Kolonien kaum ein Rechtssatz, der nicht schon in England gegolten hätte[19]. Für diese Rechte, die vielfach bereits in den Siedlerverträgen und ›Colonial Charters‹ inventarisiert gewesen waren, wurde aber der naturrechtlich-vorstaatliche Geltungsgrund, der ihnen in der Revolution zugeschrieben worden war, beibehalten. Die *rights of Englishmen* verwandelten sich dadurch bei gleichbleibendem Inhalt von Bürgerrechten in Menschenrechte. Vor allem aber wurden sie angesichts der Erfahrungen mit der englischen Parlamentssouveränität auch der Volksvertretung vorgeordnet und banden nunmehr die öffentliche Ge-

17 Text z. B. bei S. E. Morison (Hg.), Sources and Documents Illustrating the American Revolution and the Formation of the Federal Constitution 1764-1788, Neudruck New York 1965, S. 157 ff.; deutsch bei A. u. W. P. Adams (Hg.), Die Amerikanische Revolution, München 1987, S. 213.

18 Vgl. J. Habermas, Naturrecht und Revolution, in: ders., Theorie und Praxis, Neuwied 1963, S. 52; D. Grimm, Europäisches Naturrecht und Amerikanische Revolution, in: Ius commune 3, 1970, S. 120; C. Becker, The Declaration of Independence, New York 1922.

19 Vgl. Pound, Development, S. 65.

walt in sämtlichen Erscheinungsformen ausnahmslos. Amerika fügte den englischen Freiheitsrechten auf diese Weise das Element der Höherrangigkeit hinzu und sicherte sie überdies bald darauf durch eine eigene Durchsetzungsinstanz in Gestalt der Verfassungsgerichtsbarkeit ab, die ihre Entscheidungskriterien von der verfassungsgebenden Gewalt des Volkes empfing und sie gegen alle verfaßten Gewalten verwirklichte. Es ist dieses Ereignis des Jahres 1776, das die entscheidende Zäsur zwischen die älteren und die neuen Formen rechtlicher Freiheitssicherungen legt und den Beginn der modernen Grundrechtsgeschichte markiert[20].

3. Frankreich

In Frankreich fehlte es an einer vergleichbaren Tradition katalogisierter Freiheitsrechte, die nur noch in ihrer Funktion ausgeweitet und auf die Stufe der Verfassung gehoben werden mußten, um den Charakter von Grundrechten anzunehmen. Der Monarch beanspruchte vielmehr eine umfassende Lenkungsgewalt über die Gesellschaft, und die Rechtsbeziehungen der Untertanen beruhten auf ständischer Ungleichheit, Fremdbestimmung und Pflichtenbindung. Indessen war es, als Frankreich wenige Jahre nach Amerika vor einer ähnlichen Situation stand, bereits möglich geworden, in Grundrechten zu denken. Die Ähnlichkeit beschränkte sich freilich auf die revolutionäre Beseitigung der alten Staatsgewalt und die Notwendigkeit einer Neubegründung. Dagegen unterschied sich die Ausgangslage beträchtlich von der amerikanischen. Die bürgerlich-liberale Ordnung, die die amerikanischen Kolonisten längst genossen und lediglich gegen Bedrohungen seitens des Mutterlandes verteidigt und nach gewonnener Selbständigkeit grundrechtlich abgesichert hatten, war in Frankreich erst politisches Postulat eines seiner Bedeutung bewußten, wirtschaftlich starken und kritisch räsonierenden Bürgertums, das sich in der bestehenden Ordnung an Einfluß und Erfahrung

20 Vgl. G. Stourzh, Die Konstitutionalisierung der Individualrechte, in: Juristenzeitung 1976, S. 397; W. P. Adams, Republikanische Verfassung und bürgerliche Freiheit, Neuwied 1973; B. Schwartz, The Great Rights of Mankind. A History of the American Bill of Rights, New York 1977.

gehindert sah und seit der Mitte des 18. Jahrhunderts zunehmend auf Veränderungen drängte. Diejenige Ordnung, die die Amerikaner verteidigt hatten, mußte also in Frankreich erst hergestellt werden.
Den Hebel bildeten auch hier staatliche Finanznöte, die durch Steuererhöhungen behoben werden sollten. Diesen Plänen der geschwächten Monarchie hielten die Betroffenen das seit 170 Jahren nicht mehr praktizierte Zustimmungsrecht der Stände entgegen[21]. Darin stimmten Adel und Bürgertum, die im übrigen abweichend von England keine Interessenidentität ausgebildet hatten, überein. Indessen dachte der Adel dabei an eine Ständeversammlung, die sich nach den Grundsätzen des 16. Jahrhunderts zusammensetzte, während das Bürgertum eine Zusammensetzung forderte, die den veränderten sozialen Kräfteverhältnissen Rechnung trug. In diesem Konflikt gab das positive Recht dem Adel recht, so daß das Bürgertum seine Forderung nur aus der überlegenen Position des Naturrechts rechtfertigen konnte, welches nun wie zuvor in Amerika sein revolutionäres Potential entfaltete. Die ›Cahiers de doléances‹, mit denen die Gemeinden ihre Vertreter für die Ständeversammlung instruierten, und eine unüberschaubare Pamphletliteratur der *prérévolution* sind voll von naturrechtlichen Forderungen[22]. Nachdem der Monarch die Wiederberufung der Generalstände mit Konzessionen an den Dritten Stand bewilligt und dieser sich unter revolutionärem Bruch mit dem geltenden Staatsrecht zur Nationalversammlung erklärt hatte, waren die politischen Voraussetzungen für die Verwirklichung der bürgerlichen Forderungen geschaffen. Die naturrechtlich begründeten Ordnungsvorstellungen konnten in positives Recht umgesetzt werden.
Anders als in Amerika war diese Aufgabe aber nicht mit der Errichtung grundrechtlicher Garantien, die sich sichernd über die Gesellschaftsordnung legten, gelöst. Vielmehr mußte eine bürgerliche Ordnung erst hergestellt werden, ehe sie grundrechtlich ab-

21 Vgl. E. Schmitt, Repräsentation und Revolution, München 1969.
22 Vgl. etwa P. Goubert u. M. Denis (Hg.), Les Français ont la parole. Cahiers de doléances des États généraux, Paris 1964; W. Schmale, Rechtskultur im Frankreich des Ancien Régime und die Erklärung der Menschen- und Bürgerrechte, in: Francia 14, 1986, S. 509; S.-J. Samwer, Die französische Erklärung der Menschen- und Bürgerrechte von 1789/91, Hamburg 1970, S. 6-92.

gesichert werden konnte. Dennoch entschloß sich die Nationalversammlung nicht, zunächst die Rechtsordnung zu reformieren und anschließend die Reformergebnisse grundrechtlich zu garantieren, sondern setzte die Ausarbeitung eines Grundrechtskatalogs mit dem Beschluß vom 14. Juli 1789 an die Spitze des Reformwerks. Dieses Vorgehen war in der Nationalversammlung nicht unumstritten[23]. Die Einwände sind für die Eigenart grundrechtlicher Freiheitssicherung aufschlußreich. Ein Bedenken richtete sich prinzipiell gegen die Notwendigkeit eines Katalogs von Freiheitsrechten. Der Abgeordnete Crenière wandte gegen die verschiedenen Grundrechtsentwürfe ein, daß es nur ein einziges Grundrecht gebe, nämlich die Beteiligung eines jeden an der Bildung des Gemeinwillens. Das war die radikal-demokratische Position Rousseaus, mit der sich eine inhaltliche Beschränkung der Mehrheitsentscheidung nicht vertrug. Demgegenüber befand die Mehrheit der Deputierten wie zuvor die Repräsentanten der amerikanischen Kolonien, daß der Individualfreiheit auch von den gewählten Volksvertretern Gefahr drohen könne. Deswegen müßten an den gefährdeten Stellen Grundrechte den Einzelnen auch vor dem Gesetzgeber schützen.

Der andere, weitaus stärker unterstützte Einwand bezog sich auf die Reihenfolge der Reformschritte. Priorität genossen danach die Abschaffung der bestehenden Ordnung mit ihren Ungleichheiten und Privilegien, Freiheitsunterdrückungen und Verkehrshemmnissen und ihre Ersetzung durch eine auf Freiheit und Gleichheit gegründete neue. Das bedeutete Vorrang für die Reform des Zivilrechts, des Strafrechts, des Polizeirechts und des Prozeßrechts, während die grundrechtliche Sicherung der neuen Verhältnisse als Sekundärproblem erschien. Demgegenüber beharrte die Mehrheit der Nationalversammlung auf der Priorität der Grundrechte und stellte damit klar, daß diese nicht nur die Bestandsgarantien der bürgerlichen Sozialordnung gegenüber dem Staat bildeten, sondern auch deren Grundprinzipien enthielten, die feststehen mußten, wenn die Reform des einfachen Rechts prinzipiengemäß verlaufen sollte. Als maßgebende Richtlinien und Grenzen der Rechtsreform beanspruchten die Grundrechte aber auch in Frankreich Geltung für alle Staatsgewalten einschließlich des Ge-

23 Vgl. die Debatte in Archives parlementaires, Bd. 8, Paris 1875, S. 317-325. Dazu Samwer, Menschen- und Bürgerrechte, S. 103 ff.

setzgebers, wenngleich sich die Franzosen wegen ihrer Erfahrungen mit den Adelsgerichtshöfen des *Ancien régime*, die das Gesetzesbestätigungsrecht innegehabt und vor allem zugunsten privilegierter Interessen genutzt hatten, nicht entschließen konnten, diesen Vorrang durch die Einrichtung einer Verfassungsgerichtsbarkeit auch organisatorisch zu gewährleisten.

Die Grundauffassung einer universal geltenden und dem Staat vorgeordneten Freiheit, die ihren rechtstechnischen Ausdruck in den Grundrechten fand, blieb durch die verschiedenen revolutionären Phasen mit ihren einander ablösenden Verfassungen erhalten[24]. Sie setzte sich entgegen dem Anschein auch in der Direktorialverfassung von 1795 fort, denn der Katalog von Grundpflichten, der hier den Grundrechten beigegeben wurde, erweist sich bei näherem Hinsehen lediglich als Mahnung zum Rechtsgehorsam und moralischer Appell an die Gesinnung der Staatsbürger. Zum Bruch mit dieser Tradition kam es erst unter Napoleon, der einerseits die Umstellung der Sozialordnung auf die Prinzipien von Freiheit und Gleichheit im ›Code civil‹ dauerhaft abschloß, andererseits die grundrechtlichen Freiheitssicherungen aber aufhob und unter dem Deckmantel einer Verfassung politisch zu absolutistischen Praktiken zurückkehrte. Die für die Revolution unteilbare Freiheit zerfiel auf diese Weise in eine fortbestehende private und eine revisible politische. Demgegenüber beschritt die ›Charte constitutionnelle‹ von 1814 einen Mittelweg. Rückgängig gemacht wurden die politischen Errungenschaften der Revolution, die das Legitimationsprinzip der Volkssouveränität ausformten, während die gesellschaftlichen, die ihren Ausdruck im ›Code civil‹ fanden, bestehen blieben. Dementsprechend kannte die ›Charte‹ zwar Grundrechte, die auf die Freiheit der Person und die wirtschaftliche Betätigung bezogen waren, dagegen fast keine politisch nutzbaren Grundrechte.

24 Die Texte der französischen Verfassungen z. B. bei L. Duguit u. a. (Hg.), Les constitutions et les principales lois politiques de la France depuis 1789, Paris 1943[6].

4. Deutschland

Für die deutschen Fürsten, die keine Revolution erlitten hatten, wurde der Verfassungsstaat erst in dieser reduzierten nachrevolutionären Gestalt akzeptabel. Die sozialen Voraussetzungen, sie zu weitergehenden Zugeständnissen zu zwingen, fehlten dem deutschen Bürgertum dagegen. Zwar hatte sich in der zweiten Hälfte des 18. Jahrhunderts, vor allem im protestantischen Norden, ein dem französischen vergleichbares Bildungsbürgertum entwickelt, und dementsprechend lassen sich auch in Deutschland schon vor der Französischen Revolution zahlreiche bürgerliche Ordnungsentwürfe und zunehmend inhaltsreichere Grundrechtskataloge nachweisen[25]. Wirtschaftlich dagegen blieb Deutschland hinter Frankreich zurück, so daß den bürgerlichen Verfassungsforderungen, die nach der Französischen Revolution und erst recht nach den Befreiungskriegen laut wurden, weitgehend die Durchsetzungskraft, die von einem starken Besitzbürgertum ausgegangen wäre, fehlte. Die wirtschaftliche Stärkung der Gesellschaft war in Deutschland vielmehr das aus machtstaatlichen Interessen gespeiste Anliegen der Monarchen selbst. Schon vor Ausbruch der Französischen Revolution hatten daher die Herrscher der fortgeschrittensten Territorien, Preußen und Österreich, Gesellschaftsreformen in die Wege geleitet, die rechtlichen Ausdruck in den Kodifikationsentwürfen des späten 18. Jahrhunderts fanden.

Diese Entwürfe enthielten in ihren Einleitungsbestimmungen auch einzelne Freiheitsgarantien für die Untertanen gegenüber dem Staat, die das gewandelte Staatsverständnis des aufgeklärten Absolutismus widerspiegeln[26]. Sie erhöhten die Sicherheit von

25 Vgl. D. Klippel, Politische Freiheit und Freiheitsrechte im deutschen Naturrecht des 18. Jahrhunderts, Paderborn 1976.

26 Vgl. für Österreich P. H. Ritter von Harrasowsky (Hg.), Der Codex Theresianus und seine Umarbeitungen, Bd. 5, Wien 1886, S. 3; J. Ofner (Hg.), Der Ur-Entwurf und die Berathungsprotokolle des Österreichischen Allgemeinen bürgerlichen Gesetzbuches, Bd. 1, Wien 1889, S. v; für Preußen Entwurf eines allgemeinen Gesetzbuches für die Preußischen Staaten, 6 Bde, Berlin 1784-1788; Allgemeines Gesetzbuch für die Preußischen Staaten, Berlin 1791. Dazu H. Conrad, Rechtsstaatliche Bestrebungen im Absolutismus Preußens und Österreichs am Ende des 18. Jahrhunderts, Köln 1961; G. Birtsch, Zum

Person und Eigentum, erlaubten aber weder geistige Freiheit noch gar politische Mitsprache. Gleichwohl wird ihnen gelegentlich Grundrechtscharakter beigelegt. Indessen steht diesen Rechten, wenn man die eingangs entwickelten Kriterien anlegt, die Grundrechtseigenschaft noch weniger zu als den englischen Rechteerklärungen. Sieht man davon ab, daß sie, obzwar an die Untertaneneigenschaft anknüpfend und so die Standesgrenzen relativierend, doch die ständisch-feudale Gesellschaft und den absoluten Staat nicht grundsätzlich in Frage stellten und daher des Bezugs auf die Freiheit schlechthin entbehrten, fehlt ihnen vor allem der Charakter der Höherrangigkeit. Als Freiheitszusicherungen eines absoluten Herrschers, der die Staatsgewalt ungeteilt in seinen Händen hielt, waren sie Selbstbeschränkungen, die jederzeit wieder zurückgenommen werden konnten, ohne daß den Begünstigten die Einspruchsmöglichkeiten oder Schutzvorkehrungen des gewaltenteilenden Systems zur Verfügung standen. Kriele bezeichnet sie deswegen als bloße Toleranzen im Unterschied zu Grundrechten[27]. Nach dem Ausbruch der Französischen Revolution verschwanden sie wieder aus den Entwürfen, die nur mit Verzögerung und von allen Grundrechtsanklängen gereinigt in Kraft traten.
Mit den Verfassungen, die nach 1815 in Süddeutschland[28] und einer Anzahl deutscher Kleinstaaten zustande kamen, verhielt es sich jedoch anders. Zwar war keine von ihnen wie in Amerika oder Frankreich vom Bürgertum revolutionär erkämpft worden. Vielmehr handelte es sich bei allen um freiwillige Gewährungen der Fürsten, die dabei von einem Bündel freilich durchweg staatsbezogener Motive geleitet waren. Sie umfaßten jedoch allesamt Kataloge von Freiheits- und Gleichheitsrechten, die die Gewährungen des aufgeklärten Absolutismus erheblich übertrafen. Vor allem verzichteten die Monarchen in den Verfassungen aber, anders als in den Kodifikationsentwürfen des späten 18. Jahrhunderts, auf die Befugnis jederzeitiger Abänderung dieser Rechte. Das absolute Herrschaftsrecht war im Akt der Verfassungsge-

konstitutionellen Charakter des preußischen Allgemeinen Landrechts von 1794, in: Festschrift Th. Schieder, München 1968, S. 98.

27 M. Kriele, Einführung in die Staatslehre, Reinbek 1975, S. 116.

28 Texte z. B. bei E. R. Huber (Hg.), Dokumente zur deutschen Verfassungsgeschichte, Bd. 1, Stuttgart 1961², S. 141-200.

währung definitiv konsumiert. Damit wurden die Grundrechte ungeachtet ihrer Genese als freiwillige Selbstbeschränkungen der monarchischen Gewalt zu höherrangigem und die Staatsgewalt durchgängig bindendem Recht, das nur im Wege der Verfassungsänderung modifiziert werden konnte. Insbesondere erstreckte sich die Bindung auch auf den einfachen Gesetzgeber, der aus dem Monarchen und den neuerrichteten Kammern bestand, wenn auch über Art und Umfang der Bindung viel Unklarheit herrschte. Der Schritt von rechtlich gesicherten Freiheiten zu Grundrechten war mit ihrer Aufnahme in die für alle Staatsgewalten verbindliche Verfassung auch in Deutschland getan.

Damit ist freilich nicht gesagt, daß ihre Genese als freiwillige Gewährungen seitens der weiterhin aus sich heraus legitimierten Monarchen den deutschen Grundrechten äußerlich blieb. Sie wirkte sich sowohl auf den Geltungsgrund als auch auf den Geltungsumfang und den Inhalt aus. Fern von revolutionärer Durchsetzung, vermieden die Grundrechte der deutschen Verfassungen jeden Anklang an naturrechtliche Ursprünge und deklarierten sich selbst als positives Recht, das seine Existenz allein dem Willen des Monarchen verdankte. Deswegen waren sie auch nicht als Menschenrechte, sondern als Staatsbürgerrechte formuliert. Darin lag freilich keine Schmälerung ihrer antiständischen Stoßrichtung, denn im Gegensatz zu den älteren Freiheiten knüpften sie nicht an den sozialen Status oder die soziale Funktion, sondern an die Person an und stellten damit in ihrem Geltungsbereich erstmals die allgemeine Rechtssubjektivität her. Auf diese Weise holten sie zur Beseitigung der ständischen Gesellschaft aus, deren Recht zwar nicht wie seinerzeit in Frankreich sogleich restlos aufgehoben, wohl aber zum Sonderrecht abgestempelt und nur noch befristet geduldet wurde. Allerdings konnte in dem Maß, wie ständisch-feudales Recht vorerst noch in Kraft blieb, das für die Grundrechte konstitutive Freiheitsprinzip nicht zu voller Entfaltung kommen[29]. Das macht ein Inhaltsvergleich zwi-

29 Vgl. die Referate von G. Kleinheyer, M. Botzenhart und U. Scheuner in: Von der ständischen Gesellschaft zur bürgerlichen Gleichheit, Der Staat, Beiheft 4, 1980; U. Scheuner, Die Verwirklichung der bürgerlichen Gleichheit. Zur rechtlichen Bedeutung der Grundrechte in Deutschland zwischen 1780 und 1850, in: Birtsch, Grund- und Freiheitsrechte, 1981, S. 376; W. v. Rimscha, Die Grundrechte im süddeutschen Konstitutionalismus, Köln 1973; R. Schulze, Statusbildung und

schen den deutschen und den westlichen Grundrechten deutlich sichtbar.
Ein allgemeines Freiheitsrecht, wie es die französische ›Déclaration‹ den Einzelverbürgungen in Art. 4 voranstellt, sucht man in den deutschen Grundrechtskatalogen vergeblich. Auf der Ebene der Einzelgarantien wurden persönliche Freiheit und Schutz der Privatsphäre in ähnlichem Umfang wie in den westlichen Verfassungen gewährleistet. Dagegen waren die politisch nutzbaren Grundrechte wie in der französischen ›Charte‹ von 1814 nur schwach ausgebildet. Es herrschte Pressefreiheit, jedoch mit erheblichen Einschränkungsmöglichkeiten, die in Gestalt der Karlsbader Beschlüsse alsbald das Grundrecht einschnüren sollten; Versammlungs- und Vereinigungsfreiheit fehlten völlig. Im wirtschaftlichen Bereich wurde das Eigentum gegen staatlichen Entzug geschützt. Dagegen gab es, solange das Feudalsystem fortbestand, keine umfassende Eigentumsfreiheit, die auch die freie Nutzung, Belastung, Veräußerung, Teilung, Vererbung umschloß. Ähnlich verhielt es sich mit der Gleichheit. Auch sie fand sich in der Staatsrichtung garantiert und verbürgte hier gleichen Ämterzugang, gleiche Steuerlast und gleichen Militärdienst. Dagegen waren die Beziehungen der Staatsbürger untereinander nicht durchweg von Rechtsgleichheit beherrscht. Insofern bewegten sich die deutschen Grundrechte im Vergleich mit den westlichen auf einer Schrumpfstufe. Immerhin brachten sie das Prinzip gleicher Freiheit so weit auf den Weg, daß auch sie dem Grundrechtstest standhalten können.
Die deutschen Führungsmächte Österreich und Preußen, die im 18. Jahrhundert mit Modernisierungen vorangegangen waren, brachten hingegen keine Verfassungen zustande. Österreich schlug nach dem Tod Leopolds II. 1792 einen rigoros antiliberalen Kurs ein, der Verfassungspläne von vornherein ausschloß. In Preußen scheiterte die ernsthaft gewollte Konstitutionalisierung nach dem Wiener Kongreß an der erstarkenden Restauration. Indessen ist der Mangel an Grundrechten nicht gleichbedeutend mit dem Fehlen einer bürgerlichen Gesellschaft. Vergleicht man die deutschen Staaten im Vormärz unter dem Gesichtspunkt ihrer

Allgemeinheit der Bürgerrechte, in: G. Dilcher u. a. (Hg.), Grundrechte im 19. Jahrhundert, Frankfurt 1982, S. 85; D. Grimm, Deutsche Verfassungsgeschichte, Bd. 1, Frankfurt 1988, S. 129 ff.

Annäherung an das bürgerliche Sozialmodell, steht das grundrechtslose Preußen ohne Frage vor den süddeutschen Verfassungsstaaten. Die Liberalisierung hatte hier auf gesetzlicher Ebene stattgefunden und sollte in der Verfassung nur ihre Krönung finden. Das Ausbleiben der Verfassung beeinträchtigte daher nicht die gesellschaftliche Liberalität, sondern nur deren Revisionsfestigkeit in Zeiten der Restauration. Nicht anders scheint es sich mit Österreich zu verhalten, wo 1811 das ›Allgemeine Bürgerliche Gesetzbuch‹ in Kraft trat, das wie der ›Code civil‹ auf den Prinzipien der Eigentums-, Vertrags- und Vererbungsfreiheit beruhte. Indessen trügt der Schein, weil mit dem Erlaß des ABGB die ständisch-feudalen und merkantilistischen Regelungen keineswegs entfielen, sondern nur zu Spezialnormen wurden, die als solche aber stets Vorrang vor den allgemeinen Bestimmungen beanspruchten. In Österreich blieb die bürgerliche Gesellschaft auf diese Weise bloße Verheißung[30].

5. Polen

Eine Verfassung erlangte dagegen für die kurze Spanne seiner Souveränität Deutschlands östlicher Nachbar Polen. Ja, die polnische Verfassung vom 3. Mai 1791[31] gilt sogar als die erste europäische überhaupt. Sie folgte zwar der französischen Menschenrechtserklärung vom 26. August 1789 nach, trat aber vor der französischen Verfassung vom 3. September 1791 in Kraft. Die Konstitutionalisierung Polens steht jedoch in einem eigenartigen Kontrast zu der Sozialstruktur des Landes, das von bürgerlichen Verhältnissen noch erheblich weiter entfernt war als selbst die rückschrittlicheren deutschen Staaten. Polen bildete eine Adelsrepublik mit wahlmonarchischer Spitze bei einem relativ breiten, aber nur zum Teil begüterten Adel, einer schmalen, wirtschaftlich unentwickelten und politisch einflußlosen Stadtbürgerschicht und einem großen Anteil unfreier Bauern. Nach allem, was über

30 Vgl. D. Grimm, Das Verhältnis von politischer und privater Freiheit bei Zeiller, in: ders., Recht und Staat der bürgerlichen Gesellschaft, Frankfurt 1987, S. 212.

31 Deutscher Text bei K. H. L. Pölitz, Die europäischen Verfassungen seit dem Jahre 1789 bis auf die neueste Zeit, Bd. 3, Leipzig 1833², S. 8.

die Entstehungsvoraussetzungen des frühen Konstitutionalismus bekannt ist[32], war das nicht der Boden, auf dem Verfassungen oder gar Grundrechte gediehen. Der tonangebende Adel genoß korporative Freiheiten in weit höherem Maß als seine westlichen Standesgenossen, während das Bürgertum als sozialer Träger des grundrechtlichen Freiheitsverlangens seiner Interessen noch nicht inne geworden war, geschweige denn die Kraft besessen hätte, ein solches Interesse gegen den Willen des Adels durchzusetzen. Schließlich fehlte auch dem Monarchen diejenige Machtstellung, die es ihm erlaubt hätte, Liberalisierungen im Staatsinteresse zu initiieren.

Betrachtet man die polnische Verfassung genauer, fällt in der Tat sofort das Fehlen eines Grundrechtskatalogs ins Auge. Dennoch ist die Verfassung kein reines Organisationsstatut[33]. Zwar stand die Reorganisation des Staates im Vordergrund. Es wurden aber durchaus auch Festlegungen getroffen, die sich auf die Sozialstruktur beziehen. Analysiert man diese näher, so kommt jedoch zum Vorschein, daß eine Überwindung der ständischen Gesellschaftsordnung und der feudalen Agrarstruktur zugunsten bürgerlicher Freiheit und Gleichheit nicht beabsichtigt war. Im Gegenteil bestätigt die Verfassung ausdrücklich die Adelsprivilegien. Die Rechtsstellung der Bürger verbesserte sich, jedoch nicht durch Universalisierung von Freiheiten, wie das mit Grundrechten verbunden zu sein pflegte, sondern durch erleichterte Nobilitierung, Ausdehnung der bisher auf den Adel beschränkten Habeas Corpus-Rechte und Gewährung einer politischen Repräsentation. Dagegen wurde das gutsherrlich-bäuerliche Verhältnis vorerst nur unter staatliche Aufsicht gestellt, aber nicht verändert. Das war der Preis, den die adelige Reformpartei für die Gewinnung der Mehrheit ihrer Standesgenossen zahlte. Staats- und Gesellschaftsreform kleidete sich hier also in das modische Gewand der Konstitution, übernahm damit aber nicht auch deren in Amerika und Frankreich geprägtes Programm. Polen besaß auf diese

32 Vgl. Grimm, Konstitutionalismus; ders., Verfassungsgeschichte, S. 10ff.

33 Vgl. G.-C. v. Unruh, Die polnische Konstitution vom 3. Mai 1791 im Rahmen der Verfassungsentwicklung der europäischen Staaten, in: Der Staat 13, 1974, S. 185; W. F. Reddaway u. a. (Hg.), The Cambridge History of Poland, New York 1978, S. 133, 147; A. Gieysztor u. a. (Hg.), History of Poland, Warschau 1979², S. 315.

Weise zwar eine Verfassung, von deren Existenz jedoch nicht auf die Geltung von Grundrechten geschlossen werden darf.

III.

1. Funktionsbestimmung der Grundrechte

Die Länderskizzen bestätigen den Zusammenhang zwischen der Einführung von Grundrechten und der Herstellung der bürgerlichen Gesellschaft. Gleichzeitig läßt er sich aufgrund der verschiedenartigen Konstellationen, die dabei zum Vorschein gekommen sind, präzisieren und differenzieren. Zunächst scheint es möglich, von dem Maß, in welchem Grundrechte positivrechtlich anerkannt und gewährleistet werden, auf das Bestehen oder Entstehen der bürgerlichen Gesellschaft zu schließen. Das zeigt sich an den Fällen Amerikas, Frankreichs und der süddeutschen Staaten. Werden Grundrechtspositionen zurückgenommen wie im napoleonischen und restaurativen Frankreich, indiziert das auch einen Rückgang des bürgerlichen Einflusses. Umgekehrt sind dort, wo die bürgerliche Gesellschaft weder hergestellt noch auch nur angestrebt ist, auch keine Grundrechte anzutreffen. Das belegen die Beispiele Österreichs und Polens. Nicht dagegen gilt der Umkehrschluß, daß das Fehlen von Grundrechten die Inexistenz der bürgerlichen Gesellschaft beweist. Das Bedingungsverhältnis scheint also kein wechselseitiges zu sein. Zwar gibt es keine Grundrechte ohne bürgerliche oder zumindest teilbürgerliche Gesellschaft, wohl aber bürgerliche oder teilbürgerliche Gesellschaften ohne Grundrechte. Dafür stehen die Beispiele Englands und des vormärzlichen Preußen.
Der Umstand, daß die bürgerliche Gesellschaft nicht auf Grundrechte angewiesen ist, verdient noch nähere Aufklärung, weil er zu einer exakteren Funktionsbestimmung der Grundrechte für die bürgerliche Gesellschaft beitragen kann. Basisannahme der bürgerlichen Sozialordnung ist die auf den Marktgesetzen beruhende Selbststeuerungsfähigkeit der Gesellschaft, die wiederum Freiheit und Gleichheit aller Mitglieder zur Voraussetzung hat. In rechtlicher Hinsicht verlangt die bürgerliche Gesellschaft daher als erstes die Beseitigung aller Normen und Institutionen, die die individuelle Selbstentfaltung hindern und einzelne Personen

oder Gruppen privilegieren und andere deklassieren. Die bürgerliche Gesellschaft bewegt sich deswegen aber nicht etwa im rechtsfreien Raum. Vielmehr ist die Freiheit, die ihr zugrunde liegt, sowohl schutz- als auch organisationsbedürftig. Daher müssen die individuellen Freiheitssphären gleichzeitig gegeneinander abgegrenzt und aufeinander bezogen werden. Das erste verlangt die Beschränkung der Individualfreiheit im Interesse allgemeiner Freiheit; das zweite verlangt ein Instrumentarium zur Ermöglichung wechselseitiger Verbindungen unter den Bedingungen der Freiwilligkeit. Beides sind typische Aufgaben des Privatrechts als desjenigen Teils der Rechtsordnung, der die Beziehungen der Gesellschaftsglieder untereinander regelt. Ohne ein Privatrecht, das die Maximen von Freiheit und Gleichheit operationabel macht, gibt es keine bürgerliche Gesellschaft. Ja, man kann sagen, daß sich die bürgerliche Gesellschaft in einem solchen Privatrecht erst konstituiert[34].

Da jedoch nicht darauf gehofft werden darf, daß die Schranken, welche der Freiheit des Einzelnen im Interesse gleicher Freiheit gezogen sind, oder die Bindungen, welche Einzelne zum Zweck des Leistungsaustauschs freiwillig übernommen haben, durchgängig respektiert werden, sind zur Sicherung der Freiheit überdies Vorkehrungen nötig, mit deren Hilfe Grenzverletzungen korrigiert und Verpflichtungen durchgesetzt werden können. Diese Leistung vermag das Privatrecht nicht zu erbringen, denn als Recht zur Koordination gleicher Freiheit verleiht es keinerlei Zwangsgewalt. Soweit zur Abwehr von Freiheitsbedrohungen und zur Durchsetzung von privaten Verpflichtungen Zwang unerläßlich ist, benötigt die bürgerliche Gesellschaft vielmehr den Staat, der das Gewaltmonopol besitzt, aber nur im Freiheitsinteresse nutzen darf. Dadurch tritt neben das Privatrecht, das die Beziehungen der Einzelnen betrifft, ein weiteres Rechtsgebiet, das die Beziehungen zwischen diesen und dem Staat betrifft und als öffentliches Recht bezeichnet wird. In der bürgerlichen Gesellschaft kommt es in Gestalt des Strafrechts, des Polizeirechts und des Prozeßrechts sowie des zur Finanzierung der dafür notwendigen Ausgaben erforderlich Steuerrechts vor. Rechtlich ist

34 Vgl. D. Grimm, Grundrechte und Privatrecht in der bürgerlichen Sozialordnung, in: ders., Recht und Staat der bürgerlichen Gesellschaft, Frankfurt 1987, S. 192; ders., Bürgerlichkeit im Recht, ebd., S. 11.

die bürgerliche Gesellschaft damit lebensfähig. Sie läßt sich also, das ist der entscheidende Punkt, auf der Ebene des einfachen Rechts verwirklichen. Darin liegt die Erklärung, warum auch ohne Grundrechte bürgerliche oder semibürgerliche Gesellschaften bestehen können.

Es fragt sich dann allerdings, welche zusätzliche Leistung die Grundrechte der bürgerlichen Gesellschaft erbringen. Zu suchen ist sie in jenem Element, das dem einfachen Recht fehlt, nämlich der Höherrangigkeit. Über den Anlaß für die Rangerhöhung der Freiheitsrechte müßte sich daher auch ihr Sinn erschließen lassen. Diesen Anlaß lieferte, wie sich gezeigt hat, der englische Gesetzgeber, dessen Steuerpolitik den nordamerikanischen Kolonisten die Erfahrung vermittelte, daß die bürgerlichen Maximen von Freiheit und Gleichheit auch bei einem parlamentarischen Gesetzgeber nicht ohne weiteres als gesichert gelten können. Gegen Freiheitsbedrohungen, die nicht von der Exekutive, sondern von der Legislative ausgehen, bietet das einfache Recht aber keinen Schutz mehr. Folglich ist die bürgerliche Ordnung, solange sie lediglich auf der Ebene des Gesetzesrechts institutionalisiert wird, gegenüber dem Inhaber der Rechtsetzungsgewalt ungeschützt und hat nur in dem Maß Bestand, wie dieser sich freiwillig ihren Maximen unterwirft. Sollen sie dagegen nicht nur vom guten Willen der Machthaber abhängen, sondern ihrerseits rechtlich befestigt werden, dann kann das nur aus der Position höherrangigen, auch die Rechtsetzung bindenden Rechts geschehen. Eben diese Aufgabe erfüllen die Grundrechte. Sie verleihen der im einfachen Recht hergestellten bürgerlichen Ordnung eine zusätzliche Garantie, daß der Staat sie nicht nur gegenüber Privatleuten durchsetzt, sondern auch selber respektiert.

Damit scheint die Funktion der Grundrechte jedoch noch nicht erschöpfend beschrieben. Nur gegenüber einer schon konstituierten bürgerlichen Ordnung konnten sie ja die Rolle einer Zusatzsicherung gegen staatliche Rückfälle oder Übergriffe spielen. Vor dieser Situation standen die Amerikaner bei ihrer Revolution im Jahre 1776. Mit der verfassungsrechtlichen Absicherung der bereits hergestellten bürgerlichen Sozialordnung hatte diese ihr Ziel erreicht. Demgegenüber verfolgte die Französische Revolution das Ziel, eine bürgerliche Ordnung gegen die ständisch-feudale Sozialstruktur und die merkantilistisch-dirigistische Staatspraxis erst durchzusetzen. Ein solches Ziel ließ sich mit einer grundrechtlich geschaffenen Bestandsgarantie für einfaches Recht nicht erreichen. Erforderlich war vielmehr die umfassende Reform des gesamten einfachen Rechts im Weg der Gesetzgebung. Wenn das Reformwerk dennoch mit dem Erlaß von Grundrechten begonnen wurde, so mußte es sich hier um eine andere Grundrechtsfunktion als in Amerika handeln. Auch sie betraf die gesetzgebende Gewalt, aber nicht primär als Abstinenzgebot. Die Grundrechte sollten vielmehr der langwierigen und komplizierten Umstellung der Rechtsordnung auf die Maximen von Freiheit und Gleichheit initiierend und richtungweisend vorangehen und den Reformgesetzgeber vor Abirrungen bewahren. War die Reform des einfachen Rechts abgeschlossen, konnten freilich auch die französischen Grundrechte auf ihre Garantenfunktion zurückfallen und den Errungenschaften der Revolution erhöhte Bestandskraft verleihen.

In Deutschland war die bürgerliche Gesellschaftsordnung weder vor den Grundrechten vorhanden und von diesen nur zu garantieren noch wurde sie vom Bürgertum revolutionär erkämpft und dann unter grundrechtlicher Anleitung ausgeformt. Vielmehr lagen bürgerliche Verhältnisse zu einem Teil im Interesse des weiterhin aus sich heraus legitimierten Staates und wurden daher in jenem Maß von oben verordnet, wie es den staatlichen Bedürfnissen diente. Daher ging es nicht um Freiheit als Selbstzweck, sondern um Freiheit als Mittel zu staatlichen Zwecken. In Süddeutschland fanden die damit verbundenen Rechtsreformen meist in der kurzen Phase des Rheinbundes unter napoleonischer Rükkendeckung statt, ehe Verfassungen – von der hohen Bürokratie zur Neutralisierung wankelmütiger Herrscher oder unzuverlässiger Thronfolger vorangetrieben – sich sichernd über das Erreichte legten. Das schloß freilich nicht aus, daß die Grundrechte auch in dieser verkürzten Form ihren Trägern zugute kamen, und vor allem hinderte es diese nicht daran, sie als Programm für die vollständige Herstellung der bürgerlichen Sozialordnung zu verstehen und, gestützt auf die Grundrechte, deren Verwirklichung einzufordern[35]. Den Mehrwert, der gegenüber grundrechtslosen

35 Zur politischen Appellfunktion der Grundrechte im 19. Jahrhundert R. Wahl, Rechtliche Wirkungen und Funktionen der Grundrechte im deutschen Konstitutionalismus des 19. Jahrhunderts, in: Der Staat 18, 1979, S. 321; ders., Der Vorrang der Verfassung, ebd. 20, 1981, S. 485.

Systemen bestand, zeigt das preußische Beispiel. Hier hatte die begrenzte bürgerliche Freiheit ihren Rückhalt allein im Willen des Staates. Als dieser schwand, gab es keine Garantie des Status quo, geschweige denn eine rechtliche Basis für Ausbauforderungen.

2. Ablösbarkeit von den Entstehungsbedingungen

Während das bürgerliche Sozialmodell bereits im 19. Jahrhundert seine Kehrseite offenbarte und mittlerweile auch in den kapitalistischen Ländern, die mit der bürgerlichen Tradition nicht radikal gebrochen haben, sozial- und wohlfahrtsstaatlichen Konzepten weichen mußte, stehen die Grundrechte in unvermindertem Ansehen. Angesichts des engen Zusammenhangs zwischen Grundrechten und bürgerlicher Gesellschaft nötigt dieser Befund zu der Frage, ob sich die Grundrechte von ihren Entstehungsbedingungen ablösen und in ein sozialstaatliches Sozialmodell integrieren lassen oder ob sie unerkannt, aber desto nachhaltiger die Verteidigung bürgerlicher Interessen besorgen. Eine Teilantwort auf diese Frage geben die Grundrechte selbst. Zu ihren Wesensmerkmalen gehört es, daß sie die Freiheit nicht wie die älteren Formen rechtlicher Freiheitssicherung standesgebunden oder privilegienhaft zuteilen, sondern universal zur Geltung bringen. Wenn sie damit in ihrer Entstehungsphase gleichwohl gerade bürgerlichen Interessen entgegenkamen, dann konnte sich dieser Effekt nicht wie bei dem offen diskriminierenden ständisch-feudalen Recht aus der Rechtsnorm selbst ergeben, sondern nur aus der Situation, auf die die Grundrechte in ihren Anfängen trafen. Diese läßt sich mit einer Kurzformel so kennzeichnen, daß die materiellen Voraussetzungen, die die formal zuerkannte Freiheit erst real nutzbar machten, dem Bürgertum zur Verfügung standen, während sie den unterbürgerlichen Schichten fehlten.

Dieser Zusammenhang war von Beginn an erkennbar. Indessen konnte zur Zeit der Formulierung des bürgerlichen Sozialmodells noch die Hoffnung bestehen, daß es nach Beseitigung aller Entfaltungshindernisse, die von Standesgrenzen, korporativen Bindungen, staatlichen Reglementierungen und Privilegien ausgingen, nur noch eine Frage von Talent und Fleiß war, sich die nötige materielle Basis zu verschaffen. Insofern bildeten die Grundrechte in ihrem universalen Geltungsanspruch einen Vorgriff auf die Universalisierung des Bürgerstandes. Das Betätigungsfeld, das sie ohne Rücksicht auf Stand und Geburt eröffneten, gab jedem die Chance, Bürger zu werden. Wurde sie nicht ergriffen, konnte das als persönliches Versagen gelten und berührte nicht die Gerechtigkeit des Systems[36]. Als diese Erwartung fehlschlug, weil das System in beträchtlichem Umfang unverschuldetes und unentrinnbares Elend zuließ, aktualisierte sich der universale, Bürgerinteressen überschießende Gehalt der Grundrechte. Sie boten die Plattform, von der aus die materielle Basis eingefordert werden konnte, ohne die zahlreiche grundrechtlich zugesicherte Freiheiten für mittellose Träger wertlos blieben oder sich gar zum Unterdrückungsinstrument in der Hand der Vermögenden verkehrten. Stand die Freiheit allen zu, hing ihr Gebrauch aber von Besitz und Bildung ab, dann mußte sich der Schutz der Grundrechte auch auf diejenigen Voraussetzungen erstrecken, die zu ihrer Verwirklichung unerläßlich waren.

Eine solche Forderung ließ sich freilich nicht ohne Freiheitsbeschränkungen im Interesse gleicher Freiheit und nicht ohne Vermögensumschichtungen im Interesse realer Freiheit erfüllen. Damit wurden die universalen Grundrechte aber zu einer Bedrohung spezifisch bürgerlicher Interessen und lösten folglich bürgerliche Reaktionen aus. Diese äußerten sich jedoch weniger in einer Abkehr von den Grundrechten, die eher im Marxismus zu beobachten ist, als in einer defensiven Interpretation[37]. Zunächst wurde das liberale Mittel der Grundrechtsverwirklichung, nämlich Staatsabwehr, von ihrem Zielwert gleicher personaler Freiheit abgetrennt und zum Selbstzweck erhoben, der dann ungeachtet der Folgen für die gleiche Freiheit aller verteidigt werden konnte. Das läßt sich besonders eindringlich an den Debatten

36 Vgl. D. Grimm, Die sozialgeschichtliche und verfassungsrechtliche Entwicklung zum Sozialstaat, in: ders., Recht und Staat der bürgerlichen Gesellschaft, S. 138.

37 Die Marxsche Haltung vor allem in K. Marx, Zur Judenfrage, in: K. Marx u. F. Engels, Werke, Bd. 1, Berlin 1970, S. 347 (363 ff.); zur Grundrechtsinterpretation vgl. D. Grimm, Die Entwicklung der Grundrechtstheorie in der deutschen Staatsrechtslehre des 19. Jahrhunderts, in: ders., Recht und Staat der bürgerlichen Gesellschaft, S. 308.

über die Kinderarbeit ablesen, deren gesetzliche Beschränkung im Namen der Eigentums- und Vertragsfreiheit und des Elternrechts bekämpft wurde. Später kam es zu einer völligen Entleerung von konkreten Freiheitsgehalten, indem die Grundrechte als eine nur noch historisch erklärbare, kasuistisch formulierte Frühform des Rechtsstaatsprinzips hingestellt wurden, demzufolge der Staat in Freiheit und Eigentum der Einzelnen nur auf gesetzlicher Grundlage eingreifen durfte. Damit war jeder den Status quo überschießende und auf die Herstellung konkreter Freiheit verweisende Gehalt der Grundrechte geleugnet, und so gewendet dienten sie in der Tat den Besitzinteressen des Bürgertums in der Zeit, als der Vierte Stand seine Interessen politisch zu organisieren begann.
Für die hier angeschnittene Frage ist diese Einsicht wichtig, weil sie zeigt, daß es nicht die Grundrechte selbst, sondern bestimmte Grundrechtsinterpretationen waren, die sie auf die Förderung bürgerlicher Interessen festlegten. Daher scheint es auch nur konsequent, wenn die sozialstaatlichen Korrekturen des Grundgesetzes nicht bei den Grundrechtsinhalten, sondern bei der Grundrechtsfunktion ansetzten. Die Grundrechte scheitern unter diesen Umständen nicht an einer eingebauten Tendenz zugunsten bürgerlicher Interessen. Ihre Zukunft hängt vielmehr davon ab, ob der Zielwert, der in ihnen rechtlichen Ausdruck gefunden hat, nämlich gleiche individuelle Freiheit, nach wie vor konsensfähig ist. Freiheit bedeutet dabei Vorrang der Selbstbestimmung vor der Außendeterminierung, Möglichkeit zum Entwurf eines eigenen Lebensplans, Schaffung umgebender Verhältnisse, die dem günstig sind, aber stets mit der Maßgabe gleichen Anspruchs für alle. Daraus ergeben sich notwendigerweise Freiheitsschranken, und zwar in einer Gesellschaft, die durch den wissenschaftlich-technischen Fortschritt immer verflochtener und risikoreicher wird, in größerer Zahl als früher. Das Freiheitspostulat behält jedoch insofern Vorrang, als sich alle Beschränkungen am Zielwert legitimieren und als Bedingungen für die Verwirklichung gleicher personaler Freiheit einsichtig machen lassen müssen.
Wenn man für ein solches Konzept weiterhin einen gesellschaftlichen Grundkonsens unterstellt, dann behält auch dessen grundrechtliche Sicherung ihren Sinn. Ihre Bedeutung hat angesichts des verdichteten Kontakts zwischen Staat und Gesellschaft und der erhöhten Angewiesenheit des Einzelnen auf staatliche Leistungen sogar zugenommen. Ohne sie wäre die personale Freiheit

allein dem Anerkennungswillen der Staatsorgane und der Verteidigungsbereitschaft der Bevölkerung anvertraut. Es fehlte aber an konkreten rechtlich durchsetzbaren Maßstäben für politisches Handeln. Darin läge deswegen eine beträchtliche Einbuße, weil die Freiheitlichkeit der Sozialordnung weniger durch spektakuläre Demontageaktionen als durch strukturelle Veränderungen der Realisierungsbedingungen von Freiheit und durch die Summierung geringfügiger Freiheitsverkürzungen bedroht ist[38]. Ungesichert bliebe aber auch die relative Autonomie der verschiedenen gesellschaftlichen Funktionsbereiche. Ihre Freiheitsrelevanz besteht darin, daß sie das gesellschaftliche Leistungsniveau stützt, das sich angesichts der begrenzten Steuerungskapazität des Staates durch politische Lenkung derzeit nicht aufrechterhalten ließe[39]. Vor allem verhindern die Grundrechte auf diese Weise aber eine staatliche Machtansammlung, vor der die individuellen Freiheitsverbürgungen, selbst wenn sie verfassungsrechtlich nicht verkürzt würden, tatsächlich nur noch geringe Durchsetzungschancen hätten.

Die Grundrechte können ihre Funktion freilich nur erfüllen, wenn sie sich auch ohne ständige Textänderungen der gewandelten Staatstätigkeit und den neuartigen Freiheitsbedrohungen anpassen. Dabei kommt es allerdings gegenüber der bürgerlichen Anfangsphase zu einer Funktionsverlagerung. Damals sollten sie sich sichernd über einen bereits bestehenden Zustand von Freiheit legen, um diesen gegen staatliche Übergriffe abzusichern. Das gilt für die amerikanischen Rechteerklärungen von vornherein und für die französischen, nachdem die Anleitungsfunktion durch die Vollendung der Rechtsreform konsumiert war. Dahinter stand freilich die Erwartung, daß der einmal erreichte Zustand der Freiheitlichkeit durch Abwehrgrundrechte endgültig zu sichern wäre. Diese Annahme hat sich als irrig erwiesen. Die freiheitliche Gesellschaft produziert vielmehr ständig Freiheitsgefahren, sei es in Gestalt der Akkumulation gesellschaftlicher Macht, sei es in Gestalt von Bedrohungen durch den wissenschaftlich-

38 Vgl. für das eine etwa die plakativ titulierte Untersuchung von A. Roßnagel, Radioaktiver Zerfall der Grundrechte, München 1984; für das andere D. Grimm, Verfassungsrechtliche Anmerkungen zum Thema Prävention, in diesem Band S. 197.

39 Vgl. N. Luhmann, Grundrechte als Institution, Berlin 1974².

technischen Fortschritt. Die ursprünglich nur als vorübergehend betrachtete Anleitungsfunktion der Grundrechte wird dadurch zur Daueraufgabe. Insofern tritt die Status quo-überschreitende Komponente der Grundrechte heute an Bedeutung vor die garantierende. Die Grundrechte fungieren als ein in die Rechtsordnung eingebautes Warnsignal für Freiheitsdefizite des geltenden Rechts und als dynamisches Prinzip der Rechtsanpassung. Daß diese Dynamisierung der Grundrechte mit Einbußen an Rechtssicherheit und Bindungskraft erkauft wird, soll nicht verschwiegen, aber hier nicht mehr näher ausgeführt werden[40].

40 Dazu D. Grimm, Grundrechte und soziale Wirklichkeit, in: W. Hassemer u. a. (Hg.), Grundrechte und soziale Wirklichkeit, Baden-Baden 1982, S. 39.

4. Der Verfassungsbegriff in historischer Entwicklung

1. Entwicklungsrichtung

In der zweiten Hälfte des 18. Jahrhunderts läßt sich eine allgemeine Tendenz zur Verrechtlichung staatlicher Herrschaft beobachten, an der auch der Begriff ›Verfassung‹ teilnimmt. Anfänglich ein Erfahrungsbegriff, der den politischen Zustand eines Staates umfassend wiedergibt, stößt ›Verfassung‹ ihre nicht-juristischen Bestandteile zunehmend ab, verengt sich zum rechtlich geprägten Zustand eines Staates und fällt nach dem Übergang zum modernen Konstitutionalismus schließlich mit dem Gesetz in eins, das Einrichtung und Ausübung der staatlichen Herrschaft regelt, damit selbst vom deskriptiven zum präskriptiven Begriff werdend. Im Zuge dieser Entwicklung lassen sich auch am Verfassungsbegriff einige Merkmale wiedererkennen, die den Bedeutungswandel der politischen Sprache seit 1770 kennzeichnen. Der Verfassungsbegriff wird normativ aufgeladen und ideologisiert. Nur noch eine Ordnung, die bestimmte formale oder inhaltliche Qualitäten aufweist, gilt danach als ›Verfassung‹. So herausgehoben, bedarf der Begriff sprachlich keines Objekts mehr, sondern steht für sich. ›Verfassung‹ verzeitlicht sich dann zugleich in dem Sinn, daß sie zum Zielbegriff wird, der bestimmte Erwartungen transportiert, die historisch erst einzulösen sind. Der juristisch verengte Verfassungsbegriff gelangt aber nie zu unangefochtener Herrschaft. Nicht nur versuchen die Gegner des modernen Konstitutionalismus, den älteren zuständlich-neutralen Verfassungsbegriff zu bewahren, der damit freilich seinerseits politisiert wird. Vielmehr taucht auch nach der Konsolidierung des Verfassungsstaats die Frage nach den hinter der rechtlichen Verfassung gelegenen Bestimmungsfaktoren wieder auf, sobald das Verfassungsgesetz die mit ihm verbundenen Erwartungen nicht erfüllt. Der Blick wird dann jeweils auf die umfassendere politisch-soziale Verfassung zurückgelenkt. In der Weimarer Republik rückt das Verhältnis beider zueinander ins Zentrum der Verfassungsdiskussion, bis der Nationalsozialismus die Frage gänzlich zum Nachteil der normativen Verfassung entscheidet.

II. Die Anfänge des Konstitutionalismus

1. Die vorrevolutionäre Terminologie

Zur selben Zeit, als in Nordamerika und Frankreich zwei erfolgreiche Revolutionen zum Erlaß moderner Konstitutionen führen, versteht man unter ›Konstitution‹ in Deutschland noch ein vom Kaiser erlassenes Gesetz, ohne daß es auf Bedeutung oder Gegenstand ankäme. Normen, die die Ausübung der Herrschaft regeln, heißen dagegen ›Grundgesetze‹ oder ›leges fundamentales‹. ›Verfassung‹ schließlich ist nicht als normativer, sondern als empirischer Begriff in Gebrauch, der auf den Zustand eines Staates hinweist. Dieser Zustand kann sich als Produkt historischer Entwicklungen, tatsächlicher Bedingungen und rechtlicher Festlegungen darstellen. Er kann aber auch allein durch die Grundgesetze geprägt sein. In diesem engeren Sinn versteht ihn gewöhnlich die naturrechtliche Vertragslehre. Innerhalb des in Deutschland bevorzugten dreigliedrigen Vertragsschemas, bestehend aus der Übereinkunft, den Naturzustand zu verlassen und sich zum Staat zusammenzuschließen (pactum unionis), der Festlegung der Regierungsform (pactum ordinationis) und der Erklärung, sich dem Herrscher zu unterwerfen (pactum subiectionis), wird der zweite Vertrag zunehmend als ›Verfassungsvertrag‹, sein Gegenstand als ›Staatsverfassung‹ bezeichnet. *Der Vertrag, durch welchen die Verfassung bestimmt wird, heißt Verfassungsvertrag. Die Bestimmungen selbst, die darin enthalten sind, machen die Grundgesetze der Gesellschaft aus*[1]. Verfassungsvertrag und Grundgesetze erscheinen so als zwei Seiten ein und derselben Sache: während der Verfassungsvertrag auf den Prozeß abstellt, bezeichnen die Grundgesetze das Produkt. Die Verfassung ist

1 Joh. August Schlettwein, Die Rechte der Menschheit oder der einzige wahre Grund aller Gesetze, Ordnungen und Verfassungen (Gießen 1784), 364.

dann der vertraglich geschaffene und grundgesetzlich bestimmte politische Zustand des Staates. Ähnlich verhält sich die Reichspublizistik, wo freilich an Stelle des pactum ordinationis des Volkes Verträge zwischen Kaiser und Reichsständen treten. Als vertraglich begründete entziehen die Grundgesetze die Verfassung der einseitigen Veränderung durch den Herrscher. *Die oberste Gewalt selbst entstehet erst vermöge dieser Gesetze; sie können also von ihr nicht herrühren. Daher hat auch die oberste Gewalt... niemals ein Recht über die Grundgesetze des Staats, sondern das gesamte Volk ist es, welches hierinen allein eine Änderung vornehmen kann*[2]. *Man muß demnach zweierlei Gewalten im Staate unterscheiden, die tätige oberste Gewalt, welche durch die Grundverfassungen des Staats eingeführet ist, und die Grundgewalt des gesamten Volkes, aus welcher jene entstehet, und die sich so lange ruhend verhält, bis die Frage von denen Grundverfassungen ist, oder bis der Staat in der äußersten Gefahr des Unterganges stehet*[3]. Infolge dieses Verfassungsverständnisses existiert kein verfassungsloser Staat. Wo Staat ist, ist vielmehr Verfassung, und wo eine Verfassung fehlt, herrscht der Naturzustand. Dagegen sind durchaus verschiedene Verfassungsinhalte möglich. Die Vertragsfigur macht Verfassungsfragen entscheidbar. Bezüglich der Regierungsformen, die in Frage kommen, hält sich die Lehre ganz ans aristotelische Schema. Der Verfassungsbegriff entwickelt zu keiner eine spezifische Nähe und schließt keine aus. Ebensowenig ist er auf eine urkundliche Form festgelegt. In diesen Punkten geht dann der moderne Konstitutionalismus andere Wege.

2 Joh. Heinr. Gottlob v. Justi, Natur und Wesen der Staaten als die Quelle aller Regierungswissenschaften und Gesetze (Ausg. Mitau 1771; Ndr. Aalen 1969), 91.
3 Ebd., 99 f.

2. Die Bedeutung von ›constitution‹ in England

Der moderne Konstitutionalismus entwickelt sich in England, wird dort aber nicht vollendet. ›Constitution‹ bedeutet im angelsächsischen Sprachraum[4] zunächst nichts anderes als förmlich erlassenes Einzelgesetz, wird in dieser Bedeutung mit der Beteiligung von Lords und Commons an der Rechtsetzung allmählich aber von dem Ausdruck ›statute‹ verdrängt. Die Art und Weise der Ausübung von Herrschaft heißt dagegen ›form of government‹. Im 17. Jahrhundert taucht ›constitution‹ jedoch in neuer Bedeutung auf, teils gleichsinnig mit ›form of government‹, teils gleichsinnig mit ›fundamental laws‹. In einer Parlamentsdebatte von 1610 über neue Zollforderungen James' I. äußert Whitelocke, die Beschlüsse des Königs verstießen *against the natural frame and constitution of the policy of this kingdom*[5]. Diese Wendung, in der constitution noch nicht für sich steht, sondern eines Objekts, der policy (im Sinne von ›body politic‹) bedarf, kehrt 1642 in einer für Charles I. verfaßten Entgegnung an das Parlament wieder, in der er sich auf die *ancient, equal, happy, well-poised and never-enough commended Constitution of the Government of this Kingdom* beruft, um wenig später nur noch kurz von der *excellent Constitution of this Kingdom* zu sprechen[6]. Mit dem Ausbruch des Bürgerkriegs 1642 häuft sich die Verwendung von ›constitution‹ im Plural, und zwar gleichbedeutend mit ›fundamental laws‹. Dabei mag der Ausdruck ›constitutions‹ von der erhöhten Förmlichkeit profitieren, die ihn gegenüber ›laws‹ auszeichnet. 1643 erscheint ein anonymes Werk »Touching the Fundmental Laws, or Politique Constitution of this Kingdom«[7].

4 Ich stütze mich hier vor allem auf die in den abschließenden Literaturangaben genannten Arbeiten von Gerald Stourzh.

5 James Whitelocke, zit. Joseph Robson Tanner, Constitutional Documents of the Reign of James I. (Cambridge 1930; Ndr. 1961), 260; vgl. Charles Howard McIlwain, Constitutionalism, Ancient and Modern (1940), 3rd ed. (Ithaca 1966), 25.

6 [Charles I.], Answer to the 19 Propositions of Both Houses of Parliament (London 1642), abgedr. Corinne Comstock Weston, English Constitutional Theory and the House of Lords 1556-1832 (London 1965), 263 f.

7 Zit. John Wiedhofft Gough, Fundamental Law in English Constitutional History (1955), 2nd ed. (Oxford 1961), 99.

Charles I. wird in der Anklage von 1649 beschuldigt, die *fundamental constitutions* des Königreichs verletzt zu haben[8]. Dagegen heißt die nach seiner Hinrichtung und der Abschaffung der Monarchie ergangene geschriebene Verfassung Cromwells von 1653 nicht ›constitution‹, sondern offiziell *The Government of the Commonwealth of England, Scotland, and Ireland, and the dominions there unto belonging*, im Sprachgebrauch *Instrument* (gleich ›document‹) *of Government*[9]. Locke nennt seinen Verfassungsentwurf für North Carolina von 1669 indes ausdrücklich *Fundamental Constitutions of Carolina.* In diesem Dokument treffen die beiden Wurzeln von ›constitution‹ zusammen, wenn es heißt, die 120 *Fundamental Constitutions* sollten *the sacred and unalterable form and rule of government of Carolina for ever* sein[10]. In einen offiziellen Text findet der Begriff ›constitution‹ erst im Zusammenhang mit der Abdankung James' II. 1688 Eingang. Der König wird beschuldigt, *to subvert the constitution of the kingdom*[11]. Seit der Glorious Revolution gehört die *British constitution* im Singular zum festen Sprachgebrauch. Der Ausdruck bezieht sich dann stets auf die grundlegenden Regeln der Staatsorganisation. Der Verstoß gegen sie hat Konsequenzen. Bei *ordinary public oppression,* die nach Blackstone dann vorliegt, wenn *the vitals of the constitution are not attacked,* gibt es die normalen Rechtsmittel. Wenn die Unterdrückung aber darauf zielt, *to dissolve the constitution, and subvert the fundamentals of government,* auch *unconstitutional oppressions* genannt, dann hat das Volk ein Widerstandsrecht[12]. Darauf berufen sich wenig später die amerikanischen Kolonisten.

8 The Sentence of the High Court of Justice upon the King, 27. 1. 1649, abgedr. The Constitutional Documents of the Puritan Revolution 1628-1660 (1889), ed. Samuel Rawson Gardiner, 3rd ed. (Oxford 1906; Ndr. 1968), 372.

9 Instrument of Government, 16. 12. 1653, ebd., 405.

10 John Locke, The Fundamental Constitutions of Carolina, 1. 3. 1669, Works, vol. 10 (1823; Ndr. 1963), 198.

11 William Blackstone, Commentaries on the Laws of England 1,3 (1765), 10th ed., vol. 1 (London 1787), 211.

12 Ebd. 1,7 (237, 244 f.).

3. Die Durchsetzung des modernen Konstitutionalismus in Nordamerika

In Anlehnung an den Sprachgebrauch, der sich in England nach der Glorious Revolution ausgebildet hatte, werden die nordamerikanischen »Colonial Forms of Government« oder »Colonial Charters« schon um die Mitte des 18. Jahrhunderts nicht selten als ›constitution‹ bezeichnet. Im Unterschied zu England bezieht sich der Ausdruck hier freilich auf geschriebene, in einer Urkunde zusammengefaßte Rechtsnormen, die Befugnisse und Grenzen der einheimischen Staatsgewalt für diese bindend festlegen. Nach dem Ausbruch der Streitigkeiten mit dem Mutterland 1764 übertragen die Kolonisten diese Vorstellung auch auf die englische Verfassung, die sie zur Verteidigung ihrer Rechte anfangs noch ins Feld führen. *In all free states the constitution is fixed, and as the supreme legislative derives its power and authority from the constitution, it cannot overleap the bounds of it without destroying its own foundation*[13]. Erst die Weigerung des Mutterlands, dieses Verfassungsverständnis zu akzeptieren, zwingt die Kolonisten zum Bruch mit der englischen Krone und zur Errichtung einer eigenen Staatsgewalt. Dabei steht in Anknüpfung an die koloniale Tradition außer Frage, daß das in Form einer constitution zu geschehen hat. Diese unterscheidet sich aber von der englischen in dreifacher Hinsicht. Erstens muß die Verfassung schriftlich niedergelegt sein, denn *a constitution... has not an ideal, but a real existence; and whereever it cannot be produced in a visible form, there is none.* Zweitens muß die Verfassung vom Volk ausgehen und für die Staatsgewalt unverfügbar sein. *A constitution is a thing antecedent to a government, and a government is only the creature of a constitution. The constitution of a country is not the act of its government, but of the people constituting a government*[14]. Diese beiden Voraussetzungen werden nun so sehr zum Begriffsmerkmal von ›Verfassung‹, daß Paine England angesichts der fehlenden Verfassungsurkunde

13 Massachusetts Circular Letter to the Colonial Legislatures, 11. 2. 1768, abgedr. American Colonial Documents to 1776, ed. Merill Jensen (London 1955), 715.

14 Thomas Paine, The Rights of Man (1791), Writings, ed. Moncure Daniel Conway, vol. 2 (New York 1902; Ndr. 1967), 309 f.

und angesichts des »Septennial Act« von 1716, in dem das englische Parlament seine Legislaturperiode ohne Rekurs ans Volk selbst verlängert hatte, eine constitution gänzlich bestreiten kann[15]. Drittens wird die Verfassung nach den revolutionären Erfahrungen inhaltlich erweitert und von einer bloßen form of government auf materielle Bindungen der Staatsgewalt in Gestalt der Menschenrechte erstreckt. Gerade aus deren Schutz bezieht die Verfassung nun ihren eigentlichen Sinn. So erklärt das »Concord Town Meeting« (Massachusetts) 1776, *that a Constitution in its proper idea intends a system of principles established to secure the subject in the possession and enjoyment of their rights and privileges, against any encroachments of the governing part*[16]. Die erste Menschenrechtserklärung, diejenige von Virginia, steht zwar noch außerhalb der Verfassung, die gesondert ergeht und *Constitution or Form of Government* heißt. Bald darauf wird die Rechteerklärung aber Bestandteil der Verfassung. Pennsylvania etwa formuliert: *We ... do ordain, declare and establish the following Declaration of Rights and Frame of Government, to be the constitution of this commonwealth*[17].

4. Die Rezeption des amerikanischen Verfassungsbegriffs in Frankreich

Als es wenig später in Frankreich zum Bruch mit der angestammten Staatsgewalt kommt, setzt sich im Zuge der Rekonstruktion des Staates der juridifizierte, formalisierte und inhaltlich aufgeladene Verfassungsbegriff auch dort durch. Das war in der französischen Theorie nicht vorgezeichnet. Montesquieu und de Lolme hatten zwar das Ansehen der freiheitlichen englischen Verfassung verbreitet, dabei aber durchaus den traditionellen Verfassungsbe-

15 Ebd., 311.
16 Concord Town Meeting Demands a Constitutional Convention, 21.10.1776, abgedr. Sources and Documents Illustrating the American Revolution 1764-1788 and the Formation of the Federal Constitution (1923), ed. Samuel Elliot Morison, 2nd ed. (Oxford 1929; Ndr. 1953), 177.
17 The Constitution of Virginia, 29.6.1776, ebd., 151; The Constitution of Pennsylvania, 28.9.1776, ebd., 162f.

griff vor Augen gehabt[18]. Auch Rousseau bewegt sich, was die Verfassung anbelangt, noch ganz in konventionellen Bahnen. Er teilt die Gesetze in *loix civiles, ... loix criminelles* und *loix politiques* oder *loix fondamentales* ein und sagt dann, es seien die letzteren, *qui constituent la forme du Gouvernement*. Die *véritable constitution de l'État* beruhe aber auf einer vierten Gruppe von Gesetzen: *Je parle des mœurs, des coutumes, et sur-tout de l'opinion*[19]. Verfassung und Rechtsnorm werden erstmals bei Vattel zur Deckung gebracht, wenn er die *constitution* als *règlement fondamental* definiert, *qui détermine la manière dont l'autorité publique doit être exercée*[20]. Ein solches »règlement« kann für Vattel nur von der Nation ausgehen, ist aber noch nicht auf einen bestimmten Inhalt oder eine bestimmte Form festgelegt. Diese Merkmale wachsen dem Verfassungsbegriff erst in der Revolution zu. Dabei spielt Sieyès die entscheidende Rolle. Herrschaft ist für ihn nur als vom Volk übertragenes Amt legitimierbar. Das Auftragsverhältnis bedingt die Verfassung. *Il est impossible de créer un corps pour une fin sans lui donner une organisation, des formes et des lois propres à lui faire remplir les fonctions auxquelles on a voulu le destiner. C'est ce qu'on appelle la constitution de ce corps. Il est évident qu'il ne peut pas exister sans elle. Il l'est donc aussi que tout gouvernement commis doit avoir sa constitution*[21]. Dagegen existiert das Volk auch ohne Verfassung aus Naturrecht und steht als *pouvoir constituant* immer über der Verfassung[22]. Mittels der Verfassung verteilt und begrenzt es den Herrschaftsauftrag und sichert seine natürlichen Rechte. In Anlehnung daran berichtet Mounier für den Verfassungsausschuß der Nationalversammlung, man verstehe unter *constitution* nichts anderes *qu'un ordre fixe et établi dans la manière de gouverner* oder, wenn man

18 Montesquieu, De l'esprit des lois 11,6 (1748), Œuvres compl., t. 2 (1951; 1976), 405; Jean Louis de Lolme, Constitution de l'Angleterre; ou, État du gouvernement anglais comparé avec la forme républicaine et avec les autres monarchies de l'Europe (Amsterdam 1771).

19 Rousseau, Du contrat social 2,12 (1762), Œuvres compl., t. 3 (1964), 393 f.

20 Emer de Vattel, Le droit des gens ou principes de la loi naturelle 1,3, § 27 (1758), éd. M. P. Pradier-Fodéré, t. 1 (Paris 1863), 153.

21 Emanuel Sieyès, Qu'est-ce que le Tiers-État? (1789), éd. Roberto Zapperi (Genf 1970), 179.

22 Ebd., 181.

so wolle, *l'expression des droits et des obligations des différents pouvoirs*[23]. Darin ist die ältere Vorstellung von der Verfassung als Regierungsform aufgenommen, aber mit den sie bestimmenden Rechtsnormen identifiziert und an urkundliche Formen gebunden. Zur Verfassung gehört aber weiter, daß die Ordnung vom Volk ausgeht. *Quand la manière de gouverner ne dérive pas de la volonté du peuple clairement exprimée, il n'a point de constitution; il n'a qu'un gouvernement de fait.* Ferner muß die Ordnung der Staatsmacht Grenzen ziehen. *Si cette autorité n'a point de bornes, elle est nécessairement arbitraire, et rien n'est plus directement opposé à une constitution que le pouvoir despotique*[24]. Schließlich müssen der Ordnung die Menschenrechte zugrundeliegen[25]. In Art. 16 der Menschenrechtserklärung erhält dieser in den Debatten nicht mehr grundsätzlich bestrittene Verfassungsbegriff seinen normativ verbindlichen Ausdruck, wenn es heißt: *Toute société, dans laquelle la garantie des droits n'est pas assurée, ni la séparation des pouvoirs déterminée, n'a point de constitution*[26].

5. Bedeutungswandel von ›Konstitution‹ in Deutschland

Im Gefolge des Erlasses moderner Konstitutionen im westlichen Ausland verliert der Begriff ›Konstitution‹ in Deutschland seine alte Bedeutung als Kaisergesetz und wird synonym für ›Verfassung‹ oder ›Verfassungsvertrag‹, ›Regierungsform‹ oder ›Grundgesetze‹ gebraucht, ohne diese Ausdrücke aber völlig zu verdrängen. Der Wandel erfolgt schnell und durchgreifend. 1788 erklärt Roths »Gemeinnüziges Lexikon« ›Constitution‹ noch als die *Beschaffenheit eines Dinges, z. E. des Leibes, des Gemüts, etc. ingleichen ein Gesetz und Landesverordnung*[27]. Ein Jahr später finden

23 Jean-Joseph Mounier, Rede v. 9. 7. 1789, Archives parlementaires de 1787 à 1860, éd. Jean Madival u. a., 1e sér., t. 8 (Paris 1875), 214.
24 Ebd.
25 Ebd., 216.
26 Constitution Française, 3. 9. 1791, Art. 16, abgedr. Staatsverfassungen. Eine Sammlung wichtiger Verfassungen der Vergangenheit und Gegenwart, hg. v. Günther Franz, 2. Aufl. (München 1964), 306.
27 Joh. Ferdinand Roth, Bd. 1 (1788), 93, Art. Constitution.

sich die ersten Belege für ›Konstitution‹ in dem neuen Sinn[28]. 1798 ist dieser Begriff bereits so eingebürgert, daß sich das »Conversationslexikon mit vorzüglicher Rücksicht auf die gegenwärtigen Zeiten« beim Stichwort ›Constitution‹ auf die Umschreibung als *Inbegriff der Staatsgrundgesetze* beschränkt[29]. Der moderne Ausdruck fällt vorzugsweise, wenn von den neuen Verfassungsurkunden, namentlich Frankreichs, die Rede ist. Humboldt überschreibt 1792 einen Artikel in der »Berlinischen Monatsschrift« mit *Ideen über Staatsverfassung, durch die neue Französische Konstituzion veranlaßt*[30]. Der Begriff wird aber ohne Zögern auch den alten Inhalten übergestülpt. Mehrere Autoren teilen das *Staatsrecht* nun in *Constitutionsrecht* und *Regierungsrecht* ein, wobei sich das erstere mit dem Subjekt der *Staatsgewalt*[31] oder den *RegirungsFormen*[32] beschäftigt, während letzteres die Ausübung der Staatsgewalt betrifft. Zahlreiche Schriftsteller ordnen die Konstitution ins vertraute Vertragsschema ein. Sie kann dann für den Vertragsschluß selbst stehen, wie bei Kant, der die *Constitution* als *den Akt des allgemeinen Willens* definiert, *wodurch die Menge ein Volk wird*[33]. Ähnlich lebt für Behr *die Menge so lange im Naturzustande, bis sie sich durch eine Constitution zu einer bürgerlichen Verfassung wieder vereinigt hat*[34]. Häufiger

28 Wigulaeus Xaverius Aloysius Frh. v. Kreittmayr, Grundriß des Allgemeinen, Deutsch- und Bayerischen Staatsrechts (1770), 2. Aufl., Tl. 1 (München 1789), 14; Joh. Georg Schlosser, Briefe über die Gesetzgebung überhaupt, und den Entwurf des preußischen Gesetzbuchs insbesondere (Frankfurt 1789), 119.

29 Conversationslexikon mit vorzüglicher Rücksicht auf die gegenwärtigen Zeiten, Tl. 1 (Leipzig 1796), 288, Art. Constitution.

30 [Wilhelm v. Humboldt], Ideen über Staatsverfassung, durch die neue Französische Konstitution veranlaßt. Aus einem Briefe an einen Freund, August 1791, Berlinische Monatsschr. (1792), 84 ff.

31 Nicolaus Thaddäus Gönner, Deutsches Staatsrecht (Augsburg 1805), 4 f.; Justus Christoph Leist, Lehrbuch des Teutschen Staatsrechts (1803), 2. Aufl. (Göttingen 1805), 1 f.

32 August Ludwig Schlözer, Allgemeines StatsRecht und StatsVerfassungsLere (Göttingen 1793), 14 f.

33 Kant, Zum Ewigen Frieden, 2. Abschn. (1795), AA Bd. 8 (1912; Ndr. 1968), 352.

34 Wilh. Josef Behr, Über die Notwendigkeit des Studiums der Staatslehre besonders auf Akademien nebst einem vorausgeschickten Grundrisse eines Systems derselben (Würzburg 1800), 81.

bezieht sie sich aber auf die durch den Vertrag geschaffene Regierungsform. So knüpft Eberhard an die Notwendigkeit gesetzlicher Bestimmung der Herrschaftsverhältnisse in einer Gesellschaft an. Dieses Gesetz muß *die Art und Weise festsetzen, wie die Souveränität ausgeübt werden soll, und diese Art und Weise ist ihre Constitution*[35]. Im Gegensatz zu den amerikanischen und französischen Vorbildern bleibt die ›Konstitution‹ hier von ihrem gesetzlichen Ausdruck verschieden. Der Begriff bezieht sich wie vorher derjenige der ›Verfassung‹ auf den politischen Zustand des Staates. Bei den meisten Autoren erscheint *Konstitution* schließlich als *Inbegriff aller der wesentlichen Bestimmungen ..., welche die Organisierung der Hoheit durch ihr erforderliches Subjekt und die Art und Weise, wie sie solche haben soll, betreffen*[36]. Die Konstitution wird damit im Unterschied zu Eberhard zwar auf die normative Ebene gezogen, ist aber ebenfalls nicht mit ihrer gesetzlichen Form identisch, sondern bleibt ein Sammelbegriff für verschiedene, durch einen gemeinsamen Gegenstand verbundene Normen, gleicht also den Grundgesetzen. Am deutlichsten steht das bei Feuerbach: *Die Gesetze, welche die Verfassung bestimmen, heißen die (positiven) Grundgesetze (leges fundamentales): der Inbegriff derselben die Constitution*[37].

6. Defensive Verwendungen von ›Konstitution‹

Eine Reihe von Autoren pflegt nach 1789 auch die Reichsverfassung als ›Konstitution‹ zu bezeichnen. Häberlein stellt in seiner Schrift »Über die Güte der deutschen Staatsverfassung« als wichtigste Begebenheit der Gegenwart die Veränderung der *bisherigen Konstitutionen* hin. Ausdrücklich nennt er Frankreich, Schweden und Polen[38]. Auf das Reich kommend, hebt er hervor, dieses habe

35 Joh. August Eberhard, Ueber Staatsverfassungen und ihre Verbesserung, H. 1 (Frankfurt, Leipzig 1794), 35.

36 Joh. Christian Majer, Allgemeine Theorie der Staatskonstitution (Hamburg, Kiel 1799), 19.

37 Paul Joh. Anselm Feuerbach, Anti-Hobbes, oder über die Grenzen der Höchsten Gewalt und das Zwangsrecht der Bürger gegen den Oberherrn, Bd. 1 (Erfurt 1798; Ndr. Darmstadt 1967), 34.

38 Carl Friedrich Häberlein, Über die Güte der deutschen Staatsverfassung, Dt. Monatsschr., Bd. 1 (1793), 3.

bereits eine Verfassung, um dann zu versichern: *Ja, es ist gewiß, daß unsre Konstitution zu den besten gezählt werden kann*[39]. Hinter solchen Äußerungen kommt häufig die Absicht der Revolutionsverhütung zum Vorschein. Es geht dann um den Nachweis, daß Deutschland die Segnungen, welche sich Frankreich erst revolutionär erkämpfen mußte, schon lange besitze. So führt Reinhold aus, daß ein Zufall zum Umsturz genüge, wenn eine *Staatsverfassung* erst einmal *baufällig* geworden sei. Deutschland befinde sich aber nicht in dieser Lage. *Durch seine glückliche Constitution sind wir mehr als jede andere große Nation gegen die verderblichste aller Krankheiten eines Staatskörpers gesichert*[40]. Ein Beispiel dieser Haltung liefert auch Wieland, der 1790 noch die Französische Revolution gegen ihre Kritiker in Schutz genommen hatte. Mit Recht wären die Revolutionäre davon ausgegangen, daß die *unermeßliche Wohltat einer freien Constitution um keinen Preis zu teuer erkauft werden könne*[41]. Zweieinhalb Jahre später erklärt er das Ausbleiben einer Revolution in Deutschland mit der Güte der deutschen Verfassung. *Das deutsche Volk wäre aus einem bloßen teilnehmenden Zuschauer schon lange handelnde Person* geworden, wenn es nicht die Errungenschaften, die Frankreich erst gewaltsam durchsetzen mußte, schon großenteils besäße. *Die innere Ruhe, die wir... in dem ganzen deutschen Vaterlande bisher genossen haben, beweiset schon sehr viel für die gute Seite unsrer Constitution*[42]. Eine grundlegende Differenz zwischen der französischen Konstitution und der deutschen Reichsverfassung ist damit geleugnet. Beide bilden nur Spielarten eines einheitlichen Verfassungsbegriffs. Die Merkmale, die die französische Konstitution auszeichnen, erscheinen nicht als begriffsnotwendig. Ihr Fehlen stellt sich manchen sogar als Vorzug dar, so wenn Dalberg die Reichsverfassung als *dauerhaftes gotisches Gebäude* bezeichnet, *das eben nicht nach allen Regeln der Baukunst errichtet ist, in welchem man aber*

39 Ebd., 4.

40 Carl Leonhard Reinhold, Briefe über die Kantische Philosophie, Bd. 1 (Leipzig 1790; Ndr. 1923), 15 f.

41 Wieland, Unparteiische Betrachtungen über die Staatsrevolution in Frankreich (1790), SW Bd. 31 (1857), 86.

42 Ders., Betrachtungen über die gegenwärtige Lage des Vaterlandes (1793), ebd., 222 f.

sicher wohnet[43]. Unter diesen Umständen bleibt es auch dabei, daß Staaten nicht nach dem Vorhandensein oder Fehlen einer Konstitution unterschieden werden können. Mit deutlicher Wendung gegen Frankreich sagt Eberhard, nicht nur diejenige *Nation* habe eine *rechtskräftige Staatsverfassung..., die ihre Grundgesetze in schriftlichen Denkmalen niedergelegt* hat[44]. Die Verfassung sei, fügt er unter Berufung auf John Adams hinzu, *nicht das Papier oder Pergament, worauf die Übereinkunft geschrieben ist,* sondern *der Inbegriff der Grundgesetze, wonach ein Volk... regiert wird*[45]. Er unterschlägt freilich, daß es Adams gerade auf die urkundliche Form angekommen war.

7. Die förmliche Verfassung als Bedingung von Freiheit

Zunehmend erheben sich aber auch Stimmen, die erst in einer förmlichen Konstitution nach französischem Vorbild die Verwirklichung der Vertragsidee finden. So sagt Wedekind, für den die Konstitution voraussetzt, daß sie auf einem Volksbeschluß beruht: *Ein Land kann also wohl eine Regierungsverfassung haben; allein eine Konstitution erhält es erst dann, wenn die Regeln, nach welchen es regiert werden soll, als ein von den Bürgern freiwillig eingegangener Vertrag gelten können, den das Volk in seinen Urversammlungen beschlossen hat*[46]. Die Normen beruhen hier also nicht mehr auf dem Vertrag, sondern sind dieser selbst. Der Vertrag bildet nur die notwendige Art ihres Zustandekommens. Wedekind wendet sich damit gegen die im Naturrecht verbreitete Annahme, daß der Verfassungsvertrag auch stillschweigend abgeschlossen werden könne. Das stößt nun häufiger auf Kritik. Pörschke sieht in dieser Konstruktion eine *Versuchung zu*

43 Carl v. Dalberg, Von Erhaltung der Staatsverfassungen (Erfurt 1795), 14.

44 Eberhard, Staatsverfassungen (s. Anm. 35), H. 2 (1794), 15.

45 John Adams, Beantwortung der Paynischen Schrift von den Rechten der Menschheit, übers. v. Werner Hans Frederik Abrahamson (Kopenhagen 1793), zit. ebd., 16.

46 Georg Wedekind, Die Rechte des Menschen und Bürgers, wie sie die französische konstituierende Nationalversammlung von 1791 proklamierte (Mainz 1793), abgedr. Die Mainzer Republik 1. Protokolle des Jakobinerklubs, hg. v. Heinrich Scheel (Berlin 1975), 766.

willkürlichem Gelüsten nach fremdem Eigentume[47]. *Den Machtinhabern* habe *die Sage von stillschweigenden Verträgen der Völker ... Gelegenheit zu einem goldenen Gewerbe gegeben*[48]. Bergk nennt die stillschweigenden Verträge *Erkünstelungen der Bosheit, weil sie den Menschen nicht als ein freies und selbständiges Wesen achten*[49]. Heydenreich formuliert bündig: *Alle Verträge sind ausdrückliche*[50]. Der Vertrag muß unter diesen Umständen zu schriftlich niedergelegten Normen führen. Ihren Grund finden die Formerfordernisse in dem Inhalt, den Verfassungen zu fördern bestimmt sind. Gemeint ist die individuelle Freiheit. Der Mangel der *Republiken* des *Altertums* wird gerade darin erblickt, daß sie die Freiheit nicht durch *Verfassungen* sicherten[51]. Dagegen nennt Bergk die *rechtliche Konstitution ... die Schutzwehr der bürgerlichen Freyheit ... Kein Bürger eines Staates ohne rechtliche Verfassung ist frey*[52]. Für Weiss sind die Rechte auch in einem rechtlich begründeten Staat unsicher, wenn die Staatsgewalt beim Oberhaupt konzentriert ist. Die Wahrung des Rechts hänge dann allein von seinem guten Willen ab. Als Mittel dagegen empfiehlt er: *die Nation muß ihre Constitution ... auch äußerlich errichten*[53]. Die Verfassung und ihre rechtliche Form kommen dadurch zur Deckung. Bergk spricht deswegen gern von der *rechtlichen Konstitution,* an einer Stelle sogar von *Konstitutionsgesetzen,* die rechtliche und politische Normen zwingender Natur enthielten[54]. Zachariä will deswegen von der Staatsverfassung im älteren Sinn als rechtlich bestimmter Regierungsform einen engeren Verfassungsbegriff unterscheiden, der die *Gesetze, nach*

47 Karl Ludwig Pörschke, Vorbereitungen zu einem populären Naturrechte (Königsberg 1795), 26.

48 Ebd., 169.

49 Johann Adam Bergk, Untersuchungen aus dem Natur-, Staats- und Völkerrechte mit einer Kritik der neuesten Konstitution der französischen Republik (o. O. 1796; Ndr. Kronberg/Ts. 1975), 81.

50 Karl Heinrich Heydenreich, System des Naturrechts nach kritischen Prinzipien, Tl. 2 (Leipzig 1795; Ndr. Brüssel 1969), 105.

51 Bergk, Untersuchungen, 239.

52 Ebd., 45.

53 Christian Weiss, Lehrbuch der Philosophie des Rechtes (Leipzig 1804), 252, § 428.

54 Bergk, Untersuchungen, 45, 290.

welchen der Staat als moralische Person existiert und handelt[55], meint. Um diese Differenz zu verdeutlichen, geht Majer 1799 dazu über, den *Inbegriff jeder wirklichen an demselben* (sc. Staat) *bemerklichen Umstände*, also die Verfassung im älteren Verständnis, gar nicht mehr als ›Verfassung‹, sondern als *Status quo* zu bezeichnen[56], während er den Ausdruck ›Konstitution‹ für die Rechtsnormen über die Staatsgewalt reserviert.

8. Materielle Anreicherungen des Verfassungsbegriffs

Schon hinter den Formerfordernissen, die sich nun mit der Verfassung zu verbinden beginnen, waren inhaltliche Anforderungen sichtbar geworden. Zusammengefaßt erscheinen sie gewöhnlich unter der Bezeichnung der *freien Constitution*[57]. Ähnlich wie in Art. 16 der französischen Menschenrechtserklärung bilden Menschenrechte und Gewaltenteilung auch in Deutschland die Kriterien für Freiheitlichkeit, dazu die Volksvertretung. Soweit vom Vorhandensein dieser Einrichtungen die Güte oder Vernunftgemäßheit der Verfassung abhängig gemacht wird, stehen die inhaltlichen Forderungen in der Tradition der Lehre von der besten Staatsverfassung und fügen daher dem Verfassungsbegriff nichts hinzu. In einigen Fällen wird aber einer Regierungsform, in der die Freiheit nicht in dieser Weise gesichert ist, unter Bruch mit der Tradition der Name ›Verfassung‹ verweigert. So gewinnt Wedekind den Begriff der ›Verfassung‹ gerade von den Menschenrechten her. Er versteht die *Konstitution* als *Übereinkunft der Bürger zur Sicherung ihrer Menschen- und Bürgerrechte nach gewissen Gesetzen oder Vorschriften.* Gesetzliche Garantien der Menschenrechte gehören daher zum Begriff ›Konstitution‹. *Kein Staat kann sich des Besitzes einer Konstitution rühmen, in dem die Gewährleistung der Menschenrechte nicht versichert noch die Absonderung der Gewalten genau bestimmt ist*[58]. Wedekind ist natürlich nicht der einzige Autor, der sich gegen Ende des 18. Jahr-

55 Karl Salomo Zachariä, Über die vollkommenste Staats-Verfassung (Leipzig 1800), 11.
56 Majer, Staatskonstitution (s. Anm. 36), 21.
57 Wieland, Unparteiische Betrachtungen (s. Anm. 41), 81.
58 Wedekind, Rechte des Menschen und Bürgers (s. Anm. 46), 766.

hunderts für Menschenrechte ausspricht, aber der erste, der sie in dieser Weise mit der Verfassung verknüpft. Für Bergk sichern *weder gerechte Gesetze noch ein guter Regent allein* die Volksrechte. Vielmehr findet die *bürgerliche Freyheit* erst in einer gewaltenteilenden Konstitution Sicherheit. *Kein Staat, wo Feudalrechte gelten, wo kein bürgerliches Gesetzbuch für alle gleich geltend ist, und wo die Regierung zu ihren Pflichten nicht durch Zwang angetrieben werden kann, und wo also keine Konstitution, die durch die Trennung der Gewalt das Recht möglich und wirklich macht und den Eigennutz fesselt, eingeführt ist, genießt bürgerliche Freyheit*[59]. In der Gewaltenteilung ist die Forderung nach Volksvertretung mitgedacht. Vor allem im beginnenden 19. Jahrhundert und besonders in der preußischen Verfassungsdiskussion wird Verfassung häufig mit der Volksrepräsentation identifiziert. In Steins Denkschrift über die Kabinettsorganisation von 1806 steht: *Der preußische Staat hat keine Staatsverfassung, die oberste Gewalt ist nicht zwischen dem Oberhaupt und Stellvertretern der Nation geteilt*[60]. Dahlmann nennt, wenn eine Volksvertretung fehlt, *alles Verfassungsmäßige ... nur ein leeres Gaukelspiel.* Verfassungen dieser Art sind in seinen Augen *halbe und Viertelverfassungen*[61].

9. Das Recht zur Verfassungsänderung

Wo die Verfassung mit einer bestimmten Form und einem bestimmten Inhalt identifiziert wird, so daß das Fehlen dieser Merkmale dem Fehlen einer Verfassung überhaupt gleichsteht, herrscht kein Zweifel, daß eine Konstitution eingeführt werden darf, ja muß. Entsteht die Verfassung dagegen, wie die Mehrheit immer noch annimmt, mit dem Staat, dann erscheint die Einführung einer Konstitution nur als Verfassungsänderung, und es er-

59 Bergk, Untersuchungen (s. Anm. 49), 38, 41.
60 Karl Frh. vom und zum Stein, Denkschrift »Darstellung der fehlerhaften Organisation des Kabinetts und der Notwendigkeit der Bildung einer Ministerialkonferenz«, 26./27. 4. 1806, Br. u. Schr., Bd. 2/1 (1959), 208.
61 Friedr. Christoph Dahlmann, Ein Wort über Verfassung (1815), abgedr. Restauration und Frühliberalismus 1814-1840, hg. v. Hartwig Brandt (Darmstadt 1979), 105.

hebt sich die Frage, unter welchen Voraussetzungen und in welchen Grenzen sie zulässig ist. Dieses Thema bewegt die deutsche Literatur nach 1789 außerordentlich stark, denn es steht nicht weniger als die Legitimität von Revolution auf dem Spiel. *Hat ein Volk überhaupt ein Recht, seine Staatsverfassung willkürlich abzuändern?*,[62] fragt Fichte in seiner Verteidigungsschrift für die Französische Revolution und kommt auch später immer wieder auf diese Frage zurück. Seine Antwort lautet: Eine Verfassung, die Vernunftprinzipien widerspricht, muß geändert werden; eine vernunftgemäße Verfassung darf nicht geändert werden[63]. Dabei unterscheidet er aber zwischen einem unabänderlichen Kern und änderbaren Modifikationen. Für Änderungen wird *absolute Einstimmigkeit* verlangt, weil jeder sich nur in Ansehung einer bestimmten Verfassung zum Eintritt in den Staatsverband entschlossen habe und gegen seinen Willen nicht gezwungen werden könne, Änderungen hinzunehmen[64]. Dagegen will Kant auch die *Veränderungen der (fehlerhaften) Staatsverfassung* nur mit Einverständnis des Souveräns und also *durch Reform*, nicht *durch Revolution* zulassen[65]. Der Grund liegt darin, daß Kant ›Verfassung‹ und ›Staat‹ gleichsetzt. Widerstand gegen den Souverän würde also die bürgerliche Verfassung oder den Staat überhaupt auflösen. Verglichen mit einer schlechten Verfassung erscheint das als größeres Übel. Der einzig vernunftgemäße Weg der Verfassungsverbesserung ist daher die Verfassungsreform[66]. Diese richtet sich aber stets nach den Bestimmungen der bestehenden Verfassung. Damit können sich freilich die entschiedenen Anhänger der Grundgewalt des Volkes nicht befreunden. Bergk will daher zwischen ›Aufstand‹ und ›Revolution‹ unterscheiden. Der *Aufstand* wendet sich gegen eine rechtswidrig handelnde Regierung und läßt insofern die *Grundverfassung* unberührt. *Revolution* wird dagegen von der Verfassung her definiert und als *völlige*

62 Fichte, Beitrag zur Berichtigung der Urtheile des Publikums über die französische Revolution (1793), AA 1. Abt., Bd. 1 (1964), 210.

63 Ders., Das System der Sittenlehre nach den Principien der Wissenschaftslehre (1798), AA 1. Abt., Bd. 5 (1977), 216f.

64 Ders., Grundlage des Naturrechts nach Principien der Wissenschaftslehre (1796), AA 1. Abt., Bd. 3 (1966), 458.

65 Kant, Metaphysik der Sitten, Rechtslehre, 2. Tl., 1. Abschn., Allg. Anm. A (1797), AA Bd. 6 (1907; Ndr. 1968), 321f.

66 Eberhard, Staatsverfassungen (s. Anm. 35), H. 1, 63ff.; ebd., H. 2, 2f.

Umänderung der Grundsätze der Verfassung verstanden. Auch dies ist als Konsequenz der Grundgewalt des Volkes erlaubt, begründet aber die *Pflicht* zum Erlaß einer *neuen Konstitution*[67]. Mit dem Fortschreiten der Französischen Revolution nehmen freilich die Warnungen vor diesem Weg zu. Schlözer, der sich für seinen Gesinnungswandel ausführlich rechtfertigt, sagt: *Eine alte unleidliche Constitution mit der Wurzel ausrotten, heißt noch gar nicht, eine neue glückliche gründen*[68].

10. Rückwirkungen auf die Vertragstheorie

Die materielle Anreicherung des Verfassungsbegriffs, wie sie in der jüngeren Naturrechtslehre zu beobachten ist, verwickelt diese allerdings in Widersprüche, die bereits ihre Überwindung ankündigen. Je mehr der Inhalt der Verfassung naturrechtlich vorwegbestimmt ist, desto weniger vermag ja ihre vertragliche Begründung standzuhalten. Deren ursprünglicher Sinn war es, verschiedene Verfassungsinhalte als möglich und wählbar hinzustellen. Wenn das Interesse an der Legitimation von Wahlfreiheit schwindet und es statt dessen darauf ankommt, ein bestimmtes normatives Verfassungsmodell durchzusetzen, verliert die Vertragstheorie ihre Brauchbarkeit. Der Vertrag, der zu einem bestimmten Ergebnis führen muß und, wenn dieses einmal erzielt ist, nicht mehr abgeändert werden darf, macht einen wirklichen Vertragsschluß überflüssig. Die Verfassung ist im Endeffekt nicht mehr ein Ergebnis von Übereinkunft, sondern von Notwendigkeit. Der Gedanke findet sich erstmals explizit bei Schelling. Er nennt die rechtliche Verfassung die notwendige *Bedingung der Freiheit* und folgert daraus, daß die Entstehung der allgemeinen Rechtsverfassung nicht dem Zufall überlassen bleiben darf[69]. Noch deutlicher spricht sich kurz danach Fries aus: Durch den Vereinigungs- und Unterwerfungsvertrag lassen sich die Rechtsverhältnisse bei jeder Gesellschaft bestimmen, *in Rücksicht deren es von*

67 Bergk (s. Anm. 49), Untersuchungen, 119 ff.

68 A. L. Schlözer, Französische Revolution, Stats-Anzeigen, Bd. 14 (1790), 498.

69 Schelling, System des transcendentalen Idealismus (1800), Werke, Bd. 2 (1927; Ndr. 1965), 582.

dem Willen jedes einzelnen abhängt, ob er ihr Mitglied sein will oder nicht. Sobald der Zweck der Gesellschaft willkürlich ist, so entsteht diese erst, wenn ihr Grundvertrag die Einstimmung aller erhalten hat. Dieses Verhältnis findet aber bei dem Staate nicht statt. Der Zweck des Staates ist ein öffentliches Gesetz zu konstituieren, als ein entscheidendes Urteil über Recht und Unrecht, versehen mit hinlänglicher Gewalt, um jeden einzelnen zur Befolgung zu zwingen. Dieser Zweck gilt notwendig für jedermann in der Gesellschaft, es soll also auch jeder an der Staatsverbindung teilnehmen. Es wird also hier der Zweck des Staates nicht durch die freie Wahl ihrer Mitglieder bestimmt, sondern durch das Gesetz mit Notwendigkeit; es wird hier niemand Mitglied durch freie Wahl, sondern durch das Gesetz mit Notwendigkeit, sobald er mit den Mitgliedern des Staates leben will. Es ist also hier kein Vereinigungsvertrag, sondern an der Stelle desselben ein Gebot des Gesetzes, welches den Zweck der Gesellschaft bestimmt und zum Beitritt zu derselben nötigt[70]. Damit ist ein Thema der Zukunft eingeschlagen, und die Frage lautet nur, wie die Formel »durch Gesetz mit Notwendigkeit« dann bestimmt wird. Eher beiläufig bemerkt dazu Weiss in seiner »Rechtsphilosophie«, nachdem er eben noch die Vertragstheorie schulmäßig wiedergegeben hat: *Der Verfassungsvertrag kann, der Constitution wirklich bestehender Staaten zufolge, nicht in jedem als anfänglich geschlossen vorausgesetzt werden. In solchen Fällen beruht die Anordnung der Verfassung auf der Willkür des Oberhauptes allein*[71].

70 Jakob Fries, Philosophische Rechtslehre und Kritik aller positiven Gesetzgebung (Jena 1803), 77f.
71 Weiss, Philosophie des Rechts (s. Anm. 53), 216, § 367, Anm.

III. Die Zeit der Verfassungskämpfe

1. Die Grundpositionen

In der ersten Hälfte des 19. Jahrhunderts steigt die Verfassungsfrage zum beherrschenden innenpolitischen Thema Deutschlands auf. *Es ist heute ganz eigens das Zeitalter der Constitutionen,* kann Rotteck sagen[72]. Die Befreiungskriege, die dem Volk zum Bewußtsein seiner Bedeutung verholfen hatten, lassen die Erwartungen emporschwellen. *Beinah alle Klassen der Einwohner glauben,* wie Hatzfeld 1815 schreibt, *durch ihre Aufopferung eine Konstitution erkämpft zu haben*[73]. Auch die Gegner des Konstitutionalismus verfechten ihre Position meist im Namen der Verfassung. Daher sind die Ausdrücke ›Verfassung‹ und ›Konstitution‹ keine zuverlässigen Indikatoren für die Standpunkte. Bei den Anhängern förmlicher Verfassungsurkunden liberalen Inhalts kommen beide Termini vor. Andererseits bedienen sich die Verteidiger des status quo häufig des Ausdrucks ›Konstitution‹, um den Gegner mit den eigenen Waffen zu schlagen. Für die Einführung der Konstitution wird dann der konstitutionelle Weg verlangt, was vor Erlaß der modernen Konstitution nur der altständische sein kann, so daß mittels des modernen Begriffs der von ihm transportierte Inhalt verhindert wird. Der Brockhaus von 1830 bemerkt dazu unter dem Stichwort *Constitution. 1. Als Tendenz der Zeit,* es gebe *wohl kein Wort, welches mit allen Bewegungen der neuern Zeit so innig verwandt wäre, ja beinahe für sich allein ihren Charakter so vollkommen umfaßte, als das Wort Constitution. Gleichwohl gibt es auch keins, über dessen Sinn man so wenig einverstanden wäre, da der eine Titel darunter nichts als etwas schon Vorhandenes versteht, der andre etwas zu Schaffendes damit bezeichnet; der eine nur da eine Constitution findet, wo eine Reihe von Artikeln willkürliche Bestimmungen über die verschiedenen Zweige der öffentlichen Gewalt, ihre Bil-*

72 Carl v. Rotteck, Lehrbuch des Vernunftsrechts und der Staatswissenschaften, Bd. 2 (Stuttgart 1830), 172.

73 Franz Ludwig Fürst v. Hatzfeld, Verfassungsentwurf, 20. 3. 1815, zit. R. Koselleck, Preußen zwischen Reform und Revolution. Allgemeines Landrecht, Verwaltung und soziale Bewegung von 1791 bis 1848 (1967), 2. Aufl. (Stuttgart 1975), 212f.

dung und ihre Grenzen aufstellt und mit herkömmlichen Formen der Nationalrepräsentation umgibt, während ein andrer behauptet, die wahre Constitution sei über alle menschliche Willkür erhaben, sie sei überall von selbst in der Art vorhanden, in welcher ein Volk der Tat nach beherrscht werde, denn diese sei eben das Ergebnis der Geschichte und Entwickelung des Volkes, an welcher sich nichts ändern lasse, ohne alle öffentliche Ordnung zu vernichten. In dieser Verschiedenheit der Begriffe spricht sich der Zwiespalt aus, welcher zwar von jeher unter den Nationen geherrscht hat, aber jetzt darum schärfer hervortritt, weil die Anhänger beider entgegenstehenden Ansichten sich sowohl der Zahl als auch und vornehmlich der geistigen Kraft nach gleicher geworden sind, und weil zu gleicher Zeit seit den letzten 30 Jahren der Zustand der Völker in der Tat von der einen Seite drückender geworden ist, während sie selbst auf der andern Seite gegen allen Druck empfindlicher geworden sind. Sie empfinden daher einen unbestimmten Drang, aus dem gegenwärtigen Zustande herauszutreten, und die Idee, von welcher sie die Abhülfe ihrer Beschwerden erwarten, stellt sich ihnen jetzt unter dem Namen der Constitution dar[74].

2. Verfassung als Prinzip des Fortschritts

Angesichts des geringen revolutionären Potentials in Deutschland war die Verwirklichung der konstitutionellen Idee hier freilich auf Initiativen von oben angewiesen. Die früheste und zugleich ernsteste Bereitschaft dazu entsteht in Preußen nach dem Zusammenbruch von 1806. In seiner Rigaer Denkschrift führt Altenstein in dem Abschnitt *Grundverfassung des Innern oder inneres staatsrechtliches Verhältnis*[75] die militärische Niederlage vor allem auf die mangelhafte preußische Verfassung zurück. *Es fehlte dem Staat an der energischen Vereinigung aller Kräfte der einzelnen zu einem gemeinschaftlichen Zweck... Die Verfassung hatte*

74 Brockhaus 7. Aufl., Bd. 2 (1830), 829, Art. Constitutionen.

75 Karl Frh. vom Stein zum Altenstein, Rigaer Denkschrift »Über die Leitung des Preußischen Staats«, 11. 9. 1807, abgedr. Die Reorganisation des Preußischen Staates unter Stein und Hardenberg, hg. v. Georg Winter, Tl. 1, Bd. 1 (Leipzig 1931), 389 ff.

nichts, was eine allgemeine Teilnahme der Nation an der Beförderung eines ihr noch dazu nicht einmal klar dargestellten Zwecks hätte veranlassen können[76]. Diese Umstände *mußten, sobald der Staat mit einem anderen Staat, der durch seine Verfassung gerade die entgegengesetzten Folgen, nämlich die der größten Kraftäußerung bewirkt, in Kampf geriet, sein Unterliegen notwendig zur Folge haben, und es wird dieses fortgesetzt der Fall sein, wenn die Verfassung nicht geändert... wird*[77]. Jede Verfassungsänderung ist zwar ein *Resultat menschlicher Handlungen*[78]. Hinter den Handlungen waltet aber ein *Weltplan*, der die Menschheit zu immer weiterem Fortschritt bestimmt. Die jeweilige Verfassung ist in diesem Weltplan *eine Stufe, durch welche das menschliche Geschlecht gehen muß, allein eine Stufe, welche sie demnächst überschreiten soll und auf der sie nicht ewig bleiben darf.* Tritt diese Notwendigkeit ein, *dann ändert sich die Verfassung von selbst, wenn ihr nicht Fesseln angelegt sind, die solches unmöglich machen*[79]. Altenstein läßt auf diese Weise den Streit um die Machbarkeit von Verfassungen hinter sich. Die Verfassung verlangt den steuernden Eingriff, aber dieser muß im Einklang mit dem Zeitgeist und zum Zweck der Fortbildung, nicht des Umsturzes der Verfassung erfolgen. Der Umsturz wird nur dann unausweichlich, wenn die Verfassung wider den *Zeitgeist* auf einer überwundenen Stufe gehalten wird. *Das höchste Ideal der Verfassung ist, daß in jeder Bestimmung derselben die Möglichkeit nicht nur, sondern sogar eine Veranlassung zum Fortschreiten liege*[80]. Verfassung ist hier nicht der tatsächliche Gesamtzustand eines Staates im Sinne des älteren Verfassungsbegriffs, aber auch nicht die Summe staatsrechtlicher Normen der juristischen Verfassungslehre. Altenstein warnt vielmehr ausdrücklich vor einer Überantwortung der Verfassung an den *Juristen*, weil er *das Stehende als unabänderliche Norm annehmen* wird *oder, versteigt er sich in die Gesetzgebung, ohne seine ganze Natur zu verändern, so wird er willkürlich durchgreifen*[81]. Am ehesten nähert er sich dem Begriff von ›Verfassung‹ als einem rechtlich geprägten Zu-

76 Ebd., 393.
77 Ebd., 395.
78 Ebd., 389.
79 Ebd.
80 Ebd., 389 f.
81 Ebd., 390.

stand, überschreitet ihn aber zugleich in zwei wesentlichen Hinsichten. Zum einen schreibt die Verfassung einen bestimmten Zustand nicht fest, sondern ist in die Zukunft offen. Zum anderen beschränkt sie sich nicht auf die Regierungsform, sondern führt Staat und Gesellschaft unter einem sinngebenden Prinzip individueller und gemeinschaftlicher Vervollkommnung zusammen.

3. Die Verfassung der Verwaltung

Im Zuge der Reformen scheint sich dieses Verständnis aber vom Ausdruck ›Verfassung‹ zu lösen. In den sogenannten Verfassungsdenkschriften und -entwürfen kommt der namengebende Begriff ›Verfassung‹ fast nie vor. Statt dessen ist von einer Nationalrepräsentation, zweckmäßig eingerichteten Ständen o. ä. die Rede. Ebensowenig verheißt das königliche Verfassungsversprechen von 1810 ausdrücklich eine Verfassung. Der Ausdruck taucht vielmehr in einem ganz anderen Zusammenhang auf. Am 16. 12. 1808 ergeht das *Publikandum, betreffend die veränderte Verfassung der obersten Staatsbehörden.* Darin heißt es u. a., daß *die neue Verfassung bezweckt, der Geschäftsverwaltung die größtmöglichste Einheit, Kraft und Regsamkeit zu geben.* Auch werden nähere Bestimmungen über *Organisation und Verfassung* des *Staatsrats* sowie eine Reorganisation der Provinzial-, Finanz- und Polizeibehörden in Aussicht gestellt. Dadurch und durch die *veränderte Verfassung der obersten Verwaltungsbehörden* werde es möglich, *die Grundsätze einer verbesserten Staatsverwaltung* auszuführen und so *das Glück des Staats* dauerhaft neu zu begründen[82]. Daraus spricht Steins 1806 geäußerte Überzeugung: *Da der Preußische Staat keine Staatsverfassung hat, ist es um so wichtiger, daß seine Regierungsverfassung nach richtigen Grundsätzen gebildet sei*[83]. Diese für die Reformära charakteristische Bezugnahme bringt zum Vorschein, daß die primäre Verfas-

82 Verordnung über die veränderte Verfassung aller obersten Staatsbehörden in der Preußischen Monarchie, 27. 10. 1810, GSlg. f. d. Königl.-Preuß. Staaten (1810), 3; Publikandum, betreffend die veränderte Verfassung der obersten Staatsbehörden der preußischen Monarchie, in Beziehung auf die innere Landes- und Finanzverwaltung, 16. 12. 1808, abgedr. Stein, Br. u. Schr., Bd. 2/2 (1960), 1001, 1007.

83 Stein, Kabinettsorganisation (s. Anm. 60), 208.

sungsfrage Preußens nach 1806 die Verwaltungsfrage war[84]. Die Reformen, die auf eine umfassende Erneuerung zielten, bildeten in Preußen nicht wie in Frankreich das Werk der bürgerlichen Gesellschaft, die sich zu diesem Zweck den Staat einrichtete. Sie erfolgten vielmehr als Werk der staatlichen Verwaltung selbst, die sich die bürgerliche Gesellschaft erst erziehen mußte und dazu einer angemessenen Organisation bedurfte. Die Regierungsverfassung war Voraussetzung der Staatsverfassung und die Verwaltungsorganisation verfassungspolitische Grundsatzfrage[85]. Die *constitutionelle Verfassung*, wie Vincke sich in bezeichnender Doppelung ausdrückte, wurde vertagt und sollte am Ende der Reformen als die dereinstige Sicherung dieser beglückenden Verwaltung den krönenden Schlußpunkt setzen[86]. Auf den Staat insgesamt bezogen kehrt der Ausdruck ›Verfassung‹ erst nach den Befreiungskriegen und dem Abschluß der Verwaltungsreform verstärkt wieder. Koppe nennt es geradezu *Preußens Beruf, in der Verfassung, die es sich geben wird, und in der Art, wie es sie geben und begründen wird, allen Stämmen des deutschen Vaterlandes als Muster vorzuleuchten*[87]. Verfassung, Verfassungsurkunde und Konstitution meint in dieser Zeit der Anmeldung politischer Forderungen die Verbriefung bestimmter Rechtspositionen, das Gesetz, welches den Rechtsstatus des Volkes gegenüber der Staatsgewalt sichert. Humboldt schreibt in seiner Verfassungsdenkschrift von 1819: *Die Sicherung, welche das Volk durch eine Verfassung erhält, ist eine doppelte, die aus der Existenz und der Wirksamkeit der Landstände mittelbar hervorgehende, und diejenige, welche als Teil der Constitution, unmittelbar mit ihr ausgesprochen (wird)*[88]. Gemeint sind die Grundrechte.

84 Koselleck, Preußen (s. Anm. 73), 2. Aufl., 217ff.
85 Ebd., 215f.
86 Ludwig Frh. v. Vincke, Zwecke und Mittel der preußischen Staats-Verwaltung, welche dieselbe verfolgen, deren dieselbe sich bedienen dürfte (1808), abgedr. Ernst v. Bodelschwingh, Leben des Ober-Präsidenten Freiherrn von Vincke, Tl. 1 (Berlin 1853), 379.
87 Johann Gottlieb Koppe, Die Stimme eines Preußischen Staatsbürgers in den wichtigsten Angelegenheiten dieser Zeit (Köln 1815), 67.
88 W. v. Humboldt, Denkschrift über Preußens ständische Verfassung, 4. 2. 1819, § 7, AA Bd. 12 (1904; Nrd. 1968), 228.

4. Verfassung als Mittel der Freiheitssicherung

Die freiheitssichernde Seite der Verfassung gewinnt im Vormärz das Übergewicht vor der partizipativen, und nur auf der extremen Linken kündigt sich eine Gleichsetzung von Verfassung und Volksherrschaft an. Verglichen mit der Zeit vor den Befreiungskriegen, wird im Vormärz überschwenglicher von der Verfassung gesprochen. Nicht zufällig finden dabei religiöse Begriffe Verwendung. Der »Baierische Verfassungs-Freund« tritt 1819 mit einem *Glaubens-Bekenntnis*[89] vor seine Leser, in dem *ein immerwährendes Fortschreiten der Menschheit zum Vorbilde der Vollkommenheit* in der *repräsentativen Verfassung* gipfelt. Die »Konstitutionelle Zeitschrift« druckt 1823 einen deutschen *Verfassungs-Katechismus,* in dem die Grundsätze des Konstitutionalismus in Frage und Antwort repetiert werden[90]. Feuerbach gibt der Freiheit nur dort eine Chance, wo sie *durch eine Verfassung gesichert ist*[91]. Für Welcker ist die Konstitution *nicht irgendein Nebenpunkt, sondern die Hauptsache der politischen Freiheit oder ihrer Verwirklichung, ja diese selbst*[92]. Aber auch der nüchterne Dahlmann hält noch große Worte für die Verfassung bereit. Alles, was er zu ihrem Lobe gesagt habe, dürfe nicht so verstanden werden, *als mache nun eine gute Verfassung ihren Staat notwendig glücklich, oder als beuge sie unfehlbar großen politischen Verbrechen und Irrtümern vor; aber sie gibt die Wahrscheinlichkeit des Glückes für ein Volk und erhebt dasselbe in jeder Beziehung zu einer höheren Stufe des Werts, als ein verfassungsloses je erreichen kann. Verfassung ist wie jener fabelhafte Speer, der die Wunden, die er geschlagen, auch wieder heilt*[93]. Diese Metapher ließ sich auf die Monarchen beziehen, denen die konstitutionelle Be-

89 Der baierische Verfassungs-Freund, Bd. 1 (München 1819), 3 ff.

90 Entwurf eines Verfassungs-Katechismus für Volk und Jugend in den deutschen konstitutionellen Staaten, Konstitutionelle Zeitschrift, hg. v. Johann Christoph Frh. v. Aretin (1823), H. 2, 321 ff.

91 Anselm v. Feuerbach, Über teutsche Freiheit und Vertretung teutscher Völker durch Landstände (1814), Kleine Schriften vermischten Inhalts (Nürnberg 1833; Ndr. Osnabrück 1966), 79.

92 Carl Theodor Welcker, Art. Grundgesetz, Grundvertrag, in: Carl v. Rotteck/Carl Welcker, Staats-Lexikon oder Encyklopädie der Staatswissenschaften, 2. Aufl., Bd. 6 (Altona 1847), 166.

93 Dahlmann, Ein Wort über Verfassung (s. Anm. 61), 107.

schränkung ihrer Macht als desto gewissere Befestigung der Throne schmackhaft gemacht wird[94]. Nicht ohne eine gewisse Bauernschläue führt jedoch das »Bauern-Conversationslexikon«, eine Flugschrift, seine Leser schon über diesen Standpunkt hinaus. *Verfassung*, beginnt es harmlos, nenne man die Feststellung, *wie die öffentlichen Angelegenheiten besorgt werden sollen.* Dann habe Rußland nicht weniger eine Verfassung als die Vereinigten Staaten von Amerika. Diese Definition genüge also offensichtlich nicht. *Wenn in neuerer Zeit in Europa die Völker nach einer Constitution verlangt haben, so haben sie damit eine Beschränkung der fürstlichen Gewalt gemeint.* Diese Verfassung werde vielfach für die beste gehalten. *Vernunft und Erfahrung aber zeigen, daß sie erbärmlich ist. Die Constitutionen in Europa sind, was man sagt, ein neuer Lappen auf ein altes Kleid geflickt*[95]. Zur wahren Verfassung wird hier die demokratische. Für eine republikanische Verfassung tritt Siebenpfeiffer ein, *weil sie die kühnsten Träume der edelsten Menschen aller Zeiten verwirklicht, weil sie von der Vernunft geboten, von den reinsten Patrioten ersehnt, von allen aufgeklärten Bürgern erwartet wird, weil sie die Geburt ist, welche die Gegenwart im Schoße trägt*[96].

5. Die Notwendigkeit einer Verfassungsurkunde

Im Zuge der verfassungspolitischen Forderungen gewinnen zusehends auch die Formalqualitäten der Verfassung an Bedeutung. Noch ist es nicht üblich, die Schriftlichkeit zum Begriffsmerkmal von Verfassungen zu erheben. Doch werden die Vorzüge einer *Verfassungs-Urkunde* allenthalben hervorgehoben. *So hat eine bloß auf das Herkommen gegründete Verfassung schon in der Form ihres Seins keine Festigkeit.* Dagegen beugt die Urkunde *jeder möglichen Vergeßlichkeit, jeder Abweichung und Zuwiderhandlung durch den permanenten klaren Buchstaben der Akte*

94 J. Chr. Frh. v. Aretin, Staatsrecht der konstitutionellen Monarchie, Bd. 1 (Altenburg 1824), VI ff.

95 Bauern-Conversationslexikon, Art. Constitution, Flugschrift der Frankfurter »Union« (Männerbund), Feb./März 1834, abgedr. Brandt, Restauration (s. Anm. 61), 436 f.

96 Jacob Philipp Siebenpfeiffer, Zwei gerichtliche Vertheidigungsreden (1834), ebd., 426.

vor[97]. Aber auch für den Monarchen sei die Verbriefung nützlich, denn *durch das Feste, Sichere, das im Constitutionellen liegt*, werde *Anhänglichkeit an Regenten und Gemeinsinn ... belebt*[98]. Einige Autoren weisen aber auch auf ungeeignete Regenten hin. *Führt der Zufall der Geburt dann auch einmal einen schwachen Fürsten auf den Thron, so geht der Staat nicht zu Grunde ... Auch hängt dann sein Heil nicht von einem Günstlinge ab noch von einer Hofkabale. Die Verfassung steht für sich fest und gibt ... dem Staate und dem Fürsten einen sicheren Halt*[99]. Noch ist es aber nicht üblich, einen prinzipiellen Unterschied *zwischen geschriebnen und ungeschriebnen Verfassungen* zu sehen[100]. Krug, ein Befürworter »geschriebner Verfassungen«, protestiert sogar ausdrücklich gegen eine Identifikation mit der Frage: *Was berechtigt euch denn aber, die Art so schlechtweg statt der Gattung zu setzen?*[101] Dagegen drückt sich für Schmitthenner in der Beurkundung eine höhere Entwicklungsstufe der Verfassung aus. Ursprünglich nur ein *System von Observanzen, in welchem die Staatsanschauung des Volkes zu festen äußern Rechtsnormen angeschlossen ist*, tritt *die Verfassung ... allmählich aus der Form der Rechtssitten in diejenige des förmlichen Vertrags und des geschriebenen Gesetzes über*[102]. Mehrere Autoren ziehen bei der Schriftform die Grenze zwischen ›Verfassung‹ im weiteren und im engeren Sinn oder zwischen ›Verfassung‹ und ›Konstitution‹. Nach Zoepfl kann die Verfassung auf Herkommen oder positiver und urkundlicher Festsetzung beruhen. Für letztere steht *der Ausdruck Konstitution oder Charte*[103]. Pölitz macht die urkundliche Form zum Auswahlprinzip seiner vergleichenden Darstellung des

97 Karl Adolph zum Bach, Ideen über Recht, Staat, Staatsgewalt, Staatsverfassung und Volksvertretung..., Tl. 1 (Köln 1817), 60 f.
98 Ebd., 63.
99 Johann Friedrich Benzenberg, Ueber Verfassung (Dortmund 1816), 211.
100 Ganz ausdrücklich: Wilhelm Traugott Krug, Dikäopolitik oder neue Restaurazion der Staatswissenschaft mittels des Rechtsgesetzes (Leipzig 1824), 255.
101 Ebd., 252.
102 Friedrich Schmitthenner, Grundlinien des allgemeinen oder idealen Staatsrechtes (Gießen 1845; Ndr. Hamburg 1966), 415 f.
103 Heinrich Zoepfl, Grundsätze des allgemeinen und des constitutionell-monarchischen Staatsrechts (Heidelberg 1841), 123.

Verfassungsrechts und schreibt: *Unter Verfassungen, im neuern Sinne des Wortes, verstehen wir die schriftlichen Urkunden, welche die Gesamtheit der rechtlichen Bedingungen enthalten, auf denen das innere Leben eines gegebenen... Staates, nach dem notwendigen Zusammenhange der einzelnen Teile dieses Lebens, beruht*[104]. Bei einigen Autoren verdichtet sich die Schriftlichkeit aber bereits zum Wesensmerkmal von Verfassungen. Ekendahl handelt in seiner »Staatslehre« ausdrücklich *Von der Notwendigkeit einer schriftlichen Verfassungsurkunde für ein zur Freiheit mündig gewordenes Volk*[105], und Buhl wendet sich gegen die Geringschätzung der Form mit dem Argument, daß in Verfassungsfragen *die Form geradezu die Sache ist*[106].

6. Verfassung als Produkt historischer Entwicklung

Gerade gegen die gemachte und beurkundete Verfassung formiert sich nun jedoch eine starke Gegenbewegung, wie sie bei Schelling und Fries bereits vorgezeichnet ist. Stand dort aber noch im Vordergrund, daß der Eintritt in den Staat und also das Haben oder Nicht-Haben einer Verfassung nicht beliebig sein könnten, so wird nun auch der konkrete Inhalt der Verfassung der planvollen Bestimmung entzogen. Namentlich ist es Hegel, der diesem Verfassungsverständnis den Weg ebnet. Das hängt eng mit seiner Staatsvorstellung zusammen. Wer den Staat als ein Aggregat von Individuen zum Zweck der Sicherung von Freiheit und Eigentum ansieht, gelangt nur zum *äußeren Staat, – Not- und Verstandesstaat*[107], den Hegel als *bürgerliche Gesellschaft* bezeichnet. Der eigentliche Staat ist demgegenüber das sittliche Gemeinwesen, ohne welches weder Individuen noch Gemeinschaft zu ihrer hö-

104 Karl Heinr. Ludwig Pölitz, Das constitutionelle Leben, nach seinen Formen und Bedingungen (Leipzig 1831), 1.
105 Daniel Georg Ekendahl, Allgemeine Staatslehre, Tl. 1 (Neustadt a.d.Orla 1833), 100ff.
106 Ludwig Buhl, Die Verfassungsfrage in Preußen nach ihrem geschichtlichen Verlaufe, Dt. Staatsarch., hg. v. Joh. Carl Immanuel Buddeus, Bd. 3 (Jena 1842), 222.
107 Hegel, Grundlinien der Philosophie des Rechts oder Naturrecht und Staatswissenschaft im Grundrisse (1821), SW Bd. 7 (1928), 263, § 183.

heren Bestimmung finden können. Dieser Staat ist *das an und für sich Vernünftige*[108], seine Verfassung *kein bloß Gemachtes: sie ist die Arbeit von Jahrhunderten, die Idee und das Bewußtsein des Vernünftigen, inwieweit es in einem Volk entwickelt ist. Keine Verfassung wird daher bloß von Subjekten geschaffen ... Das Volk muß zu seiner Verfassung das Gefühl seines Rechts und seines Zustandes haben, sonst kann sie zwar äußerlich vorhanden sein, aber sie hat keine Bedeutung und keinen Wert*[109]. Beruht die Verfassung dagegen auf einer, wenn auch verallgemeinerten, Form des einzelnen Willens, so hängt sie von Zufälligkeiten ab, *und es folgen die weiteren bloß verständigen, das an und für sich seiende Göttliche und dessen absolute Autorität und Majestät zerstörenden Konsequenzen*[110]. Während sich bei den Vernunftrechtlern Willkür und Zufall mit der gewachsenen Verfassung verbinden, werden sie hier umgekehrt zum Merkmal der gemachten Verfassungen. *Was verlangen ... die Schreier, die den Völkern von neuen Konstitutionen vorplaudern? Nur die Kleinigkeit, daß alle Staaten sich auflösen und dann wieder neu konstituiren sollen*[111]. Indem die Verfassung Ausdruck eines konkret-historischen Seins wird, büßt sie freilich ihre Maßstabsfunktion ein und schlägt unversehens in die Legitimation des Bestehenden um. Nicht zufällig hängt sich daher Gentz mit seiner einflußreichen Verfassungsschrift an den historisch-zuständlichen Verfassungsbegriff an und stellt *landständische Verfassungen* als Ordnungen hin, die *aus den für sich bestehenden, nicht von Menschenhänden geschaffenen Grundelementen des Staates* hervorgegangen sind und *ohne gewaltsame Verletzung vorhandener Rechte, auf demselben Wege, auf welchem sie sich gebildet haben, zur fortschreitenden Vervollkommnung gelangen*, während die *repräsentativen Verfassungen* als *Frucht der äußeren Gewalt oder Willkür* erscheinen, die nur infolge von Bürgerkriegen und Usurpationen nötig werden[112]. Die *Konstitution* kann dann gera-

108 Ebd., 329, § 258; vgl. ebd., 344, § 265.
109 Ebd., 376 f., § 274, Zusatz.
110 Ebd., 330 f., § 258.
111 J. Chr. Frh. v. Aretin, Abhandlungen über wichtige Gegenstände der Staatsverfassung und Staatsverwaltung mit besonderer Rücksicht auf Bayern (München 1816), 54.
112 Friedrich v. Gentz, Über den Unterschied zwischen den landständischen und Repräsentativ-Verfassungen (1819), abgedr. Brandt, Restauration (s. Anm. 61), 219.

dezu als Zusammenfügung der *politischen Bestandteile des Staates nach einem willkürlichen Prinzip* definiert werden[113].

7. Oktroyierte und paktierte Verfassung

Es liegt auf der Hand, daß sich der historisch-evolutionäre Verfassungsbegriff mit der Theorie vom Verfassungsvertrag nicht vereinbaren läßt. Deren rational-konstruktive Einstellung gegenüber der Verfassung bleibt daher in der ersten Hälfte des 19. Jahrhunderts unvermindert Ziel von Kritik. Doch geraten nun auch die Anhänger des Verfassungsvertrages in Begründungsschwierigkeiten, weil Verfassungstheorie und politische Wirklichkeit auseinanderfallen. Im Mai 1818 erging die bayerische Verfassung als erste moderne Verfassung eines bedeutenden deutschen Staates. Sie war aber nicht paktiert, sondern oktroyiert, was Aretin, Behr und Schmelzing als Makel registrieren[114]. Behr findet jedoch schnell zu einer pragmatischen Haltung, wenn er fragt: *Wer möchte wohl das Wesen der Sache opfern wegen des Mangels in der Form ihrer Genesis?... Welcher Bayer möchte in diesem Augenblicke noch tauschen mit dem Preußen oder Badenser, welcher der lange versprochenen Constituirung seines Staats noch mit schüchtern-ungewissem Blick entgegensieht? ... Oder haben wir etwa Ursache, die Württemberger zu beneiden, welche den Weg vertragsmäßiger Bestimmung der Staatsgrundgesetze versucht haben?*[115] 1824 gelingt dann Aretin die Versöhnung von Theorie und Praxis: Auch die *oktroyierte Verfassung* ist im Grunde eine vereinbarte, denn erst durch die Akzeptanz im Volk wird sie wirkliche Verfassung[116]. Diese Konstruktion übernimmt später Welcker als entschiedenster Vertreter der späten Vertragstheorie.

113 Ebd., 221.

114 J. Chr. Frh. v. Aretin, Gespräche über die Verfassungs-Urkunde des Königreichs Baiern (München 1818), H. 1, 9ff.; W. J. Behr, Staatswissenschaftliche Betrachtungen über Entstehung und Hauptmomente der neuen Verfassung des baierischen Staats (Würzburg 1818), 10; Julius Schmelzing, Einige Betrachtungen über den Begriff und die Wirksamkeit der Landstände, nach den Prinzipien des allgemeinen und natürlichen Staatsrechts (Rudolstadt 1818), 11ff.

115 Behr, Staatswissenschaftliche Betrachtungen, 10.

116 Aretin, Staatsrecht (s. Anm. 94), 11.

Der Staat als eine *Gesellschaft* von Freien entsteht *durch Vertragsgesetze. Seine Gesetze sind, wie alle Gesellschaftsgesetze, Verträge,* und zwar entweder unmittelbare, die dann *Grundverträge* heißen, oder mittelbare, durch *Organe* beschlossene, die er *Gesetze im engeren Sinne* nennt[117]. Welcker kommt unter diesen Umständen zu dem Schluß: *Eine bloß octroyirte Verfassung ist gar keine Verfassung*[118]. Angesichts der deutschen Wirklichkeit muß er sich dann freilich der Frage stellen, ob bei einer nicht vertraglich vereinbarten, sondern einseitig erlassenen Verfassung ein *verfassungsmäßiger Rechtszustand gar nicht bestehe oder unmöglich sei*[119]. Er beeilt sich jedoch zu versichern, daß solche Verfassungen nicht weniger gültig und heilig seien als die paktierten, aber eben deswegen, weil sie in Wahrheit gleichfalls paktiert seien. *Das Rätsel löst sich dadurch, daß nur die Verfassungsurkunden octroyirt sein können.* Diese sind daher für Welcker zunächst lediglich *ein Verfassungsvorschlag, die gegenseitige, vertragsmäßige, freie und ehrliche Annahme und Zusicherung erst macht sie zur Verfassung.* Dafür genügt ihm dann freilich, daß das *Volk*, wie seinerzeit in Baden, *die dargebotene Verfassungsurkunde... mit Freude und Dank* begrüßt[120]. Der Gegensatz von paktierter und oktroyierter Verfassung ist damit beseitigt, die Theorie gerettet, wenn auch um den Preis, daß der Verfassungsvertrag wieder stillschweigend abgeschlossen werden kann.

8. Die liberale Wendung von der vertraglichen zur gesetzlichen Verfassungsbegründung

Die leicht erklärte, aber mühsam begründete Bereitschaft liberaler Autoren, über die fehlerhafte Genese der neuen Verfassungen hinwegzusehen, wenn nur ihr Inhalt akzeptabel erschien, wirft nochmals Licht auf die Funktion des Verfassungsvertrages. Sichtlich erschöpft sie sich nicht im Erfordernis einer bestimmten Ver-

117 C. Th. Welcker, Grundgesetz und Grundvertrag. Grundlagen zur Beurtheilung der Preußischen Verfassungsfrage (Altona 1847), 6.
118 Ders., Art. Octroyirte und einseitig von der Volksrepräsentation entworfene und vertragsmäßig unterhandelte Verfassungen, Rotteck/Welcker (s. Anm. 92), Bd. 11 (1841), 751.
119 Ebd., 752.
120 Ebd., 752f.

fassungsentstehung. Die vertragliche Konstruktion bot vielmehr unter den Bedingungen des absoluten Staates die Möglichkeit, den Interessen der Untertanen verfassungsrechtliche Relevanz zu verleihen und auf dieser Grundlage die Verfassungszustände des Ancien Régime zu kritisieren. In Wahrheit zielte sie also auf Inhalt, nicht Genese. Unter diesen Umständen ist aber ein tatsächlicher Vertragsschluß nicht erforderlich, wie Kant klar erkannte. Die Vertragsidee fungiert vielmehr nur als *Probierstein der Rechtmäßigkeit eines jeden öffentlichen Gesetzes*[121]. Daher besaß sie für die erst zu erkämpfende Verfassung rechtspolitische Bedeutung, angesichts der schon errungenen traten andere Probleme, namentlich die Durchsetzung und Sicherung der Verfassung, in den Vordergrund. Im Gegensatz zu Welcker richtet Rotteck sein Augenmerk auf diese Frage. Insbesondere geht es ihm darum, die einmal gewährte Verfassung gegen die einseitige Änderung oder Rücknahme durch die Fürsten abzuschirmen. Eben dies erlaubte Hallers Begriff der *Constitution,* die für ihn aus *Gesetzen* bestand, welche sich der Fürst *selbst gibt, Maximen, nach denen er handeln zu wollen sich erklärt, die er allein zu befolgen hat und welche im Grund die Untertanen gar nichts angehen*[122]. Rotteck stellt dem die Unterscheidung zwischen ›pouvoir constituant‹ und ›pouvoir constitué‹ entgegen. Diese fallen nur in der absoluten Monarchie und der einfachen Demokratie zusammen. Sobald aber der *Autokrat* ein Verfassungsgesetz erlassen habe, höre er auf, Autokrat zu sein. Die Verfassungsgesetze zeichneten sich nämlich gerade dadurch aus, daß sie die konstituierte Gewalt bänden. *Sie sind also in der Idee einem Willen entflossen, der seinem Begriffe nach höher ist als diese Gewalt und als ihrer Einrichtung vorangehend gedacht wird, nämlich jenem der constituirenden Autorität, welche keine andere ist als die der Gesellschaft selbst.* Erläßt aber der absolute Monarch ein Grundgesetz, *so hat er dabei als constituirende Gewalt, d. h. als derselben Stelle vertretend, gehandelt und kann jetzt, als constituirtes Haupt, nicht mehr zurücknehmen, was er als constituirendes Organ ver-*

121 Kant, Über den Gemeinspruch: Das mag in der Theorie richtig sein, taugt aber nicht für die Praxis, II, Folgerung (1793), AA Bd. 8, 297.
122 Carl Ludwig v. Haller, Restauration der Staats-Wissenschaft, Bd. 2 (Winterthur 1817), 182 f.

fügte[123]. Rotteck gelangt von dieser Überlegung zu dem bisher nur auf der Gegenseite vertretenen Schluß, daß die Vertragskategorie genau genommen nur für die Disposition über private Rechte passe, sich aber auf die Verfassung nicht anwenden lasse[124]. Die Form der Verfassung ist selbst für Mohl, der immerhin eine paktierte Verfassung, nämlich die württembergische, kommentiert, das *Gesetz*, der *Vertrag* nur ihr historischer Entstehungsgrund[125].

9. Konservative Annäherungen an den Verfassungsstaat

Von konservativer Seite bereitet Stahl eine Annäherung der Standpunkte vor. Er lehnt wie Hegel den nur über Freiheits- und Eigentumsschutz definierten Staat des Liberalismus ab. Der Staat ist für ihn sittliche Anstalt, die Gottes Ordnung in die Welt vermittelt, freilich nicht mit unbegrenzter Macht, sondern durchaus im Einklang mit der ebenfalls göttlich gewollten individuellen Freiheit. *Die Verfassung ist* dann *nicht ein bloß gegenseitiges Verhältnis unter den Menschen (den Herrschenden und Gehorchenden), sondern das Verhältnis einer Anstalt über ihnen, der Zusammenhang dieser Anstalt in ihr selbst*[126]. Sie bindet den Herrscher ebenso wie die Untertanen. Um diese Bindung zu effektivieren, hält Stahl ihre Formulierung in Form von *Gesetzen* für sinnvoll. Sie *sondern sich naturgemäß von den andern Gesetzen, indem sie die Grundlagen des ganzen Staates, die Vorbedingung aller Regierung, die heiligsten Rechte der Nation enthalten.* Daher gelten für sie besondere Sicherungen. *Den Inbegriff solcher Gesetze nennt man... das Grundgesetz des Staates. Nach seinem Inhalte wird es jetzt gewöhnlicher Constitution, Verfassungsgesetz, Verfassung genannt*[127]. Grundgesetze dieser Art sind nichts Neues,

123 Carl v. Rotteck, Art. Charte, Verfassungs-Urkunde, Freiheits-Brief, Rotteck/Welcker (s. Anm. 92), Bd. 3 (1836), 405.
124 Ebd., 407.
125 Robert v. Mohl, Das Staatsrecht des Königreiches Württemberg, 2. Aufl., Bd. 1 (Tübingen 1840), 71 f.
126 Friedrich Julius Stahl, Die Philosophie des Rechts nach geschichtlicher Ansicht, Bd. 2/2 (Heidelberg 1837), 35.
127 Ebd., 101.

indessen waren sie anfangs gering an Zahl und nicht zusätzlich abgesichert. Das Verfassungsrecht sei deswegen nicht im selben Maß durchgebildet worden wie das *Privatrecht.* Um dem abzuhelfen, tritt Stahl für Schriftlichkeit der Verfassung und institutionelle Garantien ein. Diese erblickt er in der Volksvertretung. Wo sie existiert, spricht er von *Constitution in dem bestimmtern heutigen Sinne dieses Wortes*[128]. Doch verbindet sich damit nicht die Vorstellung, daß die Verfassung nach Belieben machbar sei. *Wie die Verfassung von Anfang an mit dem Staate selbst gegeben, nicht mit Absicht und Überlegung gemacht ist, so ist es das Naturgemäße, daß auch in der Folgezeit nicht mit einem Mal eine gänzlich neue Verfassung gegeben werde, sondern mit den öffentlichen Verhältnissen und der nationalen Würdigung derselben die Verfassung sich fortbilde teils durch allmähliche Änderung des Herkommens, teils durch einzelne Gesetze, wie die Vorgänge des Lebens sie veranlassen. Dies sind die historischen Verfassungen*[129]. Stahl sieht aber, daß Umstände eintreten können, die eine neue Verfassung nötig machen, etwa Traditionsabbrüche. Konstitutionen dieser Art enthalten die Verfassung nicht nur, sondern richten sie teilweise erst ein. Bei Stahl heißen sie *reflektierte Verfassungen oder Constitutionen im eigentlichsten Sinne*[130]. Die Grunddifferenz zum Liberalismus wird damit freilich nicht eingeebnet. Immer ist der Staat als sittliche Anstalt für Stahl das Primäre, Verfassung das Hinzukommende. Der Staat kann daher nicht erst durch die Verfassung begründet werden, sondern stets hat sie nur die Funktion, die Ordnung des vorhandenen Staates zu befestigen und zu entwickeln.

10. Verfassung im materiellen und im formellen Sinn

Unterhalb dieser grundsätzlichen Differenzen auf einer eher technischen Ebene besteht ein breiter Konsens, vor allem unter Staatsrechtlern. So bleibt es anerkannt, daß die Verfassung gegenständlich durch ihren Bezug auf die Staatsform gekennzeichnet ist. Unter ›Staatsform‹ verstehen alle Autoren die Bestimmung

128 Ebd., 102.
129 Ebd., 105.
130 Ebd., 106.

des Trägers der obersten Gewalt (›Beherrschungsform‹), die meisten auch die Ausübungsmodalitäten (›Regierungsform‹). Zur letzteren zählen insbesondere die Grundrechte. Eine Standarddefinition findet sich etwa bei Zoepfl: *Die Verfassung ist der Inbegriff der in einem Staate hinsichtlich der Beherrschungs- und Regierungsform, d.h. hinsichtlich der Organisation der Staatsgewalt und der Volksrechte und ihres gegenseitigen Verhältnisses geltenden Rechtsgrundsätze*[131]. Bezüglich der Beherrschungsform hält sich die aristotelische Dreiteilung. Die Regierungsform pflegt nach beschränkter oder unbeschränkter Staatsgewalt eingeteilt zu werden. Eine gewisse Verlegenheit bei der Zuordnung läßt sich in Preußen beobachten. *Eigentliche Grundgesetze gibt es ... bei uns nicht,* stellt Ostermann fest, um das preußische Verfassungssystem dann als *repräsentatives, nicht constitutionelles ... System* zu charakterisieren. Im Gegensatz zur *absoluten Monarchie* existiert hier zwar eine Volksvertretung, doch besitzt diese, anders als in *constitutionellen Monarchien,* nur *beratende Stimme*[132]. Wie die oberste Gewalt innerhalb der ihr gezogenen Grenzen zu wirken hat, betrifft nicht die Verfassung, sondern die Verwaltung. ›Verwaltung‹ bedeutet also noch umfassender als heute, die gesamte Tätigkeit des Staates zur Verfolgung seiner Zwecke. Daraus ergibt sich eine Differenzierung zwischen *Verfassungsrecht und Verwaltungsrecht ... Verfassungsrecht* ist *der Inbegriff derjenigen Rechte und Verbindlichkeiten, welche dem Souverän (der Regirung) gegen das Volk (die Regirten) zustehen. Verwaltungsrecht* ist *der Inbegriff derjenigen rechtlichen Normen, nach welchen die Regirung die ihr zustehenden Rechte und Verbindlichkeiten gegen die Regirten ausüben soll*[133]. Es muß dann freilich auffallen, daß sich dieser Begriff von ›Verfassung‹ nicht immer mit dem Inhalt der Verfassungsurkunde deckt. Einerseits kommt Verwaltungsrecht im Verfassungsgesetz vor, andererseits gibt es Verfassungsrecht außerhalb des Verfassungsgesetzes. Aus diesem Grund fügt Rotteck dem vom Gegenstand her gewonnenen Verfassungsbegriff – *die Bestimmung der Personen oder Organe, durch welche, und der Formen oder Weisen, wie die oberste*

131 Zoepfl, Staatsrecht (s. Anm. 103), 123.
132 Wilhelm Ostermann, Grundsätze des preußischen Staatsrechts (Dortmund 1841), 31,59,13.
133 Ebd., 55.

Staatsgewalt solle ausgeübt werden – einen zweiten hinzu, der *alles grundgesetzlich Bestimmte* umfaßt. *Dieser letztere Begriff ist auch der gewöhnlichere, und dem praktischen Bedürfnisse entsprechendere; während der andere, der da alle materiellen*, d. h. nicht auf die Regierungsform bezogenen *Bestimmungen ausschließt, wissenschaftlich reiner erscheint*[134]. In dieser Unterscheidung von ›Verfassung‹ im materiellen und im formellen Sinn lösen sich manche der alten Kontroversen auf.

IV. Konsolidierung und Krise der rechtlichen Verfassung

1. Abkehr vom Naturrecht

Im Jahre 1868 unterscheidet Held vier geläufige Bedeutungen des Ausdrucks ›Verfassung‹: *1) Den ganzen Zustand der organisierten Einheit des Staats mit Einschluß der dazugehörigen nicht juristischen Momente; 2) die Summe der die Verfassung betreffenden Rechtssätze und Einrichtungen; 3) jenen Teil des Verfassungsrechts, welcher die constitutionellen Einrichtungen enthält; 4) ein geschriebenes constitutionelles Grundgesetz samt allen ihm mit gleichem Charakter beigegebenen Novellen.* Er setzt dann hinzu: *In dem letztern Sinne wird der Ausdruck wenigstens auf dem Kontinent gewöhnlich angewendet*[135]. Hinter dieser Gewöhnung

134 Rotteck, Vernunftrecht (s. Anm. 72), Bd. 2, 172 f. mit Anm.

135 J. Held, Grundzüge des Allgemeinen Staatsrechts oder Institutionen des öffentlichen Rechts (Leipzig 1868), 315. Die offizielle Bezeichnung der Verfassungen schwankt. Eine Reihe von Landesverfassungen, sowohl vor 1848 als auch danach, nennt sich ausdrücklich ›Verfassung‹. Weit gebräuchlicher ist indessen der Ausdruck ›Verfassungs-Urkunde‹, gelegentlich kommt auch ›Verfassungsgesetz‹ vor. Zahlreiche, vor allem nach 1848 erlassene Verfassungen tragen die Bezeichnung ›Grundgesetz‹, ›Staats‹- oder ›Landesgrundgesetz‹. Bisweilen findet sich die Doppelung ›Grundgesetz über Verfassung‹. ›Konstitution‹ taucht als offizielle Bezeichnung nur einmal auf, und zwar in der napoleonischen Ära in Weimar. Braunschweig nennt seine moderne Verfassung vom 12. 10. 1832 noch altertümelnd *Die neue Landschaftsordnung*, abgedr. Ernst Rudolf Huber, Deutsche Verfassungsgeschichte, Bd. 2 (Stuttgart 1960), 60. Im »Gesetz betref-

steht die Tatsache, daß sich mit der Revolution von 1848 der Verfassungsstaat endgültig durchgesetzt hat. Damit enden einige der alten Kontroversen um das Verfassungsverständnis. Am auffälligsten ist das Verschwinden naturrechtlicher Begründungen. Schon in der Paulskirche befinden sich die naturrechtlich argumentierenden Abgeordneten in der Minderheit. Die realistische Stimmung hält in der zweiten Jahrhunderthälfte an. Ein Liberaler wie Twesten bemerkt 1859, überall sei ein ganz neues Verständnis der Geschichte und ein fruchtbares Interesse an der Wirklichkeit erwacht. In ihrem Gefolge *verstummen die inhaltsleeren Deklamationen, die willkürlichen Konstruktionen aus abstrakten Begriffen, welche den Staatsdoktrinen immer von neuem den Einwurf zugezogen haben, daß sie sich gut in der Theorie ausnehmen, aber nicht in der Praxis taugen.* Sie hätten bei der Überwindung der alten Gesellschaft gute Dienste geleistet. *Seitdem sie ihre Zwecke im wesentlichen erfüllt, haben diese Begriffe allmählich ihren Kredit verloren*[136]. Der Vertrag verschwindet stillschweigend aus den meisten Werken der zweiten Jahrhunderthälfte. Nirgends bildet er mehr die einzig legitimitätsbegründende Entstehungsform der Verfassung. Ahrens, der nach 1848 eine ausführliche *Verfassungslehre* in sein »Naturrecht« aufnimmt[137], bemerkt zwar, daß die vertragliche Form *am besten der gleichmäßig berechtigten und würdigen Stellung* von *Staatsgewalt* und *Volksrepräsentation* entspreche, fährt aber sogleich fort: *Der Vertrag bezeichnet jedoch nur die Form der Entstehung und des Bestandes der Verfassung, welche nach ihrer Bestimmung, allgemein verbindlich zu sein, den Charakter des Gesetzes annimmt*[138]. Dagegen verwirft Held die Vertragskategorie als völlig unpassend für

fend die Verfassung des Deutschen Reiches« vom 16. 4. 1871 ist von der *Verfassungs-Urkunde für das Deutsche Reich* die Rede, abgedr. ders., Dokumente zur deutschen Verfassungsgeschichte, Bd. 2 (Stuttgart 1964), 289. Das Regelwerk selbst trägt den Titel *Verfassung des Deutschen Reichs,* ebd., 290. Ebenso hatte auch die Nationalversammlung in der Paulskirche am 28. 3. 1849 ihr Werk genannt, ebd., Bd. 1 (1961), 304.

136 [Carl Twesten], Woran uns gelegen ist. Ein Wort ohne Umschweife (Kiel 1859), 21 f.

137 Heinrich Ahrens, Naturrecht oder Philosophie des Rechts und des Staates (1839/46), 6. Aufl., Bd. 2 (Wien 1871), 355 ff.

138 Ebd., 358.

die Verfassung. Immer seien Staat und Staatsgewalt schon dagewesen, ehe man über ihre Ausübung Bestimmungen aufgestellt habe[139]. Auf dieser Basis behauptet später Zorn, *staatsrechtlich* gesehen, seien *alle Verfassungen ... oktroyiert ... Der Begriff einer paktierten ... Verfassung ist staatsrechtlich nicht konstruierbar*[140]. War es vor 1848 darum gegangen, die oktroyierten Verfassungen in paktierte umzudeuten, um den vernunftrechtlichen Forderungen Genüge zu tun, so richtet sich das Bemühen nun darauf, die paktierten zu oktroyierten zu machen, damit der Vorrang der Staatsgewalt gewahrt bleibt.

2. Positivierung der Verfassung

Auf der anderen Seite wird die Machbarkeit von Verfassungen nicht mehr grundsätzlich bestritten. Für die Paulskirche ist das ganz selbstverständlich. *Endlich, und hierauf lege ich besonderes Gewicht,* sagt Beseler als Berichterstatter des Verfassungsausschusses für die Grundrechte, *es ist unsere Aufgabe, zu constituiren*[141]. Es erscheint nicht mehr nötig anzugeben, was konstituiert werden soll. Der Ausdruck hat eigenständige, nicht bloß attributive Bedeutung erlangt. Das Vorparlament entscheidet am 3. April 1848, nachdem es sich zur Bildung einer *constituirenden Nationalversammlung* entschlossen hat, *daß die Beschlußnahme über die künftige Verfassung Deutschlands einzig und allein dieser vom Volke zu erwählenden constituirenden Nationalversammlung zu überlassen sei*[142]. Gagern ruft nach seiner Wahl zum Vorsitzenden der Nationalversammlung aus: *Wir haben die*

139 Joseph Held, System des Verfassungsrechts der monarchischen Staaten Deutschlands mit besonderer Rücksicht auf den Constitutionalismus, Bd. 1 (1856), 304. Held wendet sich damit gegen einige Versuche, die Vertragstheorie ohne ihre naturrechtliche Basis aufrechtzuerhalten; vgl. Joseph Eötvös, Der Einfluß der herrschenden Ideen des 19. Jahrhunderts auf den Staat (Leipzig 1854); R. v. Mohl, Geschichte und Literatur der Staatswissenschaften, Tl. 1 (Erlangen 1855), 109.
140 Philipp Zorn, Das Staatsrecht des Deutschen Reiches, 2. Aufl., Bd. 1 (Berlin 1895), 35.
141 Carl Georg Beseler, Rede v. 4. 7. 1848, Sten. Ber. Dt. Nationalvers., Bd. 1 (1848), 701.
142 Officieller Bericht über die Verhandlungen zur Gründung eines

größte Aufgabe zu erfüllen. Wir sollen schaffen eine Verfassung für Deutschland, für das gesamte Reich. Der Beruf und die Vollmacht zu dieser Schaffung, sie liegen in der Souveränität der Nation[143]. Die am häufigsten verwendeten Metaphern für die Aufgabe und das Ziel lauten ›bauen‹, ›Bau‹ und ›Gebäude‹. Zwar kann der Bau nicht voraussetzungslos beginnen, denn *neue Verfassungen haben die Bürgschaft ihres Bestehens nur, wenn sie aus den innersten Verhältnissen des Volkes, dem sie bestimmt sind, hervorgegangen, in den nationalen Ansichten und Bedürfnissen ihre Wurzel haben und das Mögliche und Erreichbare unter gegebenen Verhältnissen zu verwirklichen suchen.* Darin liegt aber kein Verzicht auf den Gestaltungsanspruch, wie die Vorlage sogleich deutlich macht: *Es kann nicht darauf ankommen, das alte Gebäude neu zu übertünchen oder einen neuen Balken einzuschieben; es bedarf einer Umgestaltung unserer bisherigen Verfassung mit neuen Elementen, neuen Grundformen*[144]. Mit »gemachten« Verfassungen beginnen sich nach 1848 auch die Konservativen zunehmend abzufinden. Leopold von Gerlach notiert zur oktroyierten preußischen Verfassung: *Daß der liebe Gott mit dieser Constitutions-Urkunde den rechten Weg gegangen, ist mir völlig klar*[145]. Der Innenminister der Reaktionszeit, Graf v. Westphalen, nennt zwar unter den Schäden und Gefahren für Preußen an erster Stelle *aus der Revolution entsprungene Verfassungsgrundgesetze*, läßt sich aber nicht auf den Wunsch des Monarchen ein, den *Papierwisch* durch einen königlichen *Freibrief* zu ersetzen, sondern rät wie der Vertraute des Königs, Radowitz, zu Korrekturen durch Verfassungsänderung und Verfassungsinterpretation[146]. Ministerpräsident Manteuffel trägt Friedrich-Wil-

deutschen Parlaments. Beschluß v. 3.4.1848, Verh. d. dt. Parlaments, 1. Lfg. (Frankfurt 1848), 172.

143 Heinrich v. Gagern, Rede v. 19.5.1848, Sten. Ber. Dt. Nationalvers., Bd. 1, 17.

144 Ausschuß-Bericht über die deutsche Reichsverfassung, 20.10.1848, ebd., Bd. 4 (1848), 2722.

145 Leopold v. Gerlach, Notiz v. 14.12.87, zit. Ernst Ludwig v. Gerlach, Aufzeichnungen aus seinem Leben und Wirken 1795-1877, hg. v. Jakob v. Gerlach, Bd. 2 (Schwerin 1903), 34; vgl. auch ebd., 31.

146 Ferdinand Graf v. Westphalen, Denkschrift v. 24.10.1852, teilw. abgedr. Unter Friedrich Wilhelm IV. Denkwürdigkeiten des Ministerpräsidenten Otto Frh. v. Manteuffel, hg. v. Heinrich Poschinger,

helm IV. vor, zwar erfahre die Monarchie durch die Verfassung eine gewisse Schwächung. Doch bedeute ihre einseitige Rücknahme eine noch größere Schwächung[147]. Die konservative Parole heißt daher nicht mehr Bekämpfung, sondern *Verbesserung der Verfassung*[148].

3. Verfassung als Ausdruck von Machtverhältnissen

Als Ergebnis der preußischen Verfassungspolitik sieht Lasker in seinem Rückblick von 1861 nur *Hemmung und Zerstörung. Jeder in die Verfassung eingestreute Widerspruch sorgfältig ausgebildet und zu prinzipiellen Gegensätzen erweitert; neue Widersprüche eingeführt; die vorbehaltenen Gesetze in einem schlimmen, zweideutigen Geiste abgefaßt oder gänzlich unterlassen; an den klaren Verfassungsbestimmungen gemäkelt und gehandelt; das alte Staatsrecht gegen das neue in den Kampf geführt und immer der Sieg auf derselben Seite*[149]. Der Liberalismus findet dadurch zu der Einsicht, daß die Wirksamkeit einer Verfassung nicht ohne weiteres mit ihrer Rechtsgeltung gegeben ist. Zur Erklärung dieser Diskrepanz hatte Lorenz von Stein schon 1852 bemerkt: *Das Verfassungsrecht entsteht nicht aus dem Recht der Gesetze, sondern aus dem Recht der Verhältnisse*[150]. Diese ließen in Preußen aber nur einen *Scheinkonstitutionalismus* zu. Vor ihm war Saint-Simon nach dem raschen Wechsel der französischen Konstitutio-

Bd. 2 (Berlin 1901), 262 f. Zu den Plänen des Königs s. L. v. Gerlach, Tagebuchnotiz v. 27. 5. 1852, Denkwürdigkeiten, hg. v. seiner Tochter, Bd. 1 (Berlin 1891), 770; ferner Joseph Maria v. Radowitz an Friedrich Wilhelm IV., 5. 3. 1853, Nachgelassene Briefe und Aufzeichnungen zur Geschichte der Jahre 1848-1853, hg. v. Walter Möring (Stuttgart, Berlin 1922; Ndr. Osnabrück 1967), 415 ff.

147 Otto Frh. v. Manteuffel, Denkschrift für Friedrich Wilhelm IV. von 1855, abgedr. Poschinger (Hg.), Unter Friedrich Wilhelm IV., Bd. 3 (1901), 98 ff.

148 Ebd., 100.

149 Eduard Lasker, Wie ist die Verfassung in Preußen gehandhabt worden? (1861), in: ders., Zur Verfassungsgeschichte Preußens (Leipzig 1874), 8.

150 [Lorenz v. Stein], Zur preußischen Verfassungsfrage, Dt. Vjschr. (1852; Ndr. 1961), H. 1, 36.

nen zu der Überzeugung gelangt, daß es weniger auf die Regierungsformen als auf das Eigentum ankomme, dessen *constitution* die reale Basis des *édifice social* bilde[151]. Dieser Ansatz wird dann von Lassalle aufgenommen und popularisiert[152]. Lassalle vergleicht Anspruch und Wirklichkeit. Dabei geht er von der Vorstellung der Verfassung als *Grundgesetz eines Landes* aus und versteht darunter *eine tätige Kraft, welche alle andern Gesetze und rechtlichen Einrichtungen, die in diesem Lande erlassen werden, mit Notwendigkeit zu dem macht, was sie eben sind*[153]. Diese »tätige Kraft« findet er aber nicht im Verfassungsgesetz, sondern in politischen und sozialen Mächten. *Ein König, dem das Heer gehorcht und die Kanonen, – das ist ein Stück Verfassung*[154]. *Die Herren Borsig und Egels, die großen Industriellen überhaupt – die sind ein Stück Verfassung*[155], und so weiter bis zu dem Resümee: *Wir haben jetzt also gesehen, ..., was die Verfassung eines Landes ist, nämlich: die in einem Lande bestehenden tatsächlichen Machtverhältnisse*[156]. Damit taucht hinter dem juristischen wieder der ältere zuständliche Begriff von ›Verfassung‹ auf, der durch den Siegeszug der Verfassungsurkunden allmählich verdrängt worden war, nunmehr präzisiert als sozioökonomisch begründete Machtlage. Auch den Siegeszug der rechtlichen Verfassung hält Lassalle freilich für ein Ergebnis veränderter Machtverhältnisse. Die rechtliche Verfassung bleibt aber von der tatsächlichen abhängig. Sie kann sich nur in dem Maße Geltung verschaffen, wie sie mit den Machtverhältnissen übereinstimmt. *Was auf das*

151 Claude Henri de Saint-Simon, L'industrie ou discussions politiques, morales et philosophiques, t. 2 (1817), Oeuvres, t. 2 (1869; Ndr. 1966), 82 f.

152 Lassalle, Über Verfassungswesen (1862), Ges. Red. u. Schr., Bd. 2 (1919; Ndr. 1967), 25. Ganz ähnlich war schon 1844 Engels in seinem Bericht über die Lage Englands verfahren, als er ankündigte, er werde sich gegenüber *der englischen Konstitution ... rein empirisch* verhalten. *Ich nehme also die englische Verfassung nicht, wie sie in Blackstones »Commentaries« und in de Lolmes Hirngespinsten oder in der langen Reihe konstituierender Statuten von »Magna Charta« bis auf die Reformbill, sondern wie sie in der Wirklichkeit besteht.* Die Lage Englands (1844), MEW Bd. 1 (1956), 572.

153 Lassalle, Verfassungswesen, 31.

154 Ebd., 33.

155 Ebd., 36.

156 Ebd., 38.

Blatt Papier geschrieben wird, ist ganz gleichgültig, wenn es der realen Lage der Dinge, den tatsächlichen Machtverhältnissen widerspricht[157]. Lassalles Verfassungsverständnis wird von der entstehenden Soziologie rezipiert. Max Weber definiert *Verfassung* als *die Art der faktischen, die Möglichkeit, das Gemeinschaftshandeln durch Anordnungen zu beeinflussen, bestimmenden Machtverteilung in einem Gemeinwesen*[158].

4. Grundordnung oder Teilordnung

Der preußische Verfassungskonflikt kann als Testfall für Lassalles Machttheorie gelten. Juristisch ging es freilich nur um die richtige Auslegung einzelner Verfassungsartikel. Dahinter kommen aber zwei verschiedene Begriffe von rechtlicher Verfassung zum Vorschein. Für die Liberalen hat die Verfassung einen vollständigen Bruch mit dem vorkonstitutionellen Staatsrecht bewirkt. Früher, erklärt Lasker, seien *alle Befugnisse des Königs ... Ausfluß seiner unbeschränkten Machtvollkommenheit gewesen. Als die Verfassung die Unbeschränktheit überwand, war die Quelle verstopft, aus welcher die Befugnisse geflossen waren. Die Verfassung mußte den König mit den Befugnissen, welche das Staatswohl erforderte, aufs neue ausstatten*[159], und kurz darauf: *Die Befugnisse des Königs sind eine positive Schöpfung der Verfassung*[160]. Die Verfassung erscheint hier als legitimierende Grundlage der Staatstätigkeit. Für extrakonstitutionelle Befugnisse läßt sie keinen Raum. Umgekehrt sucht die konservative Staatsrechtslehre den Bruch gerade zu leugnen und eine staatsrechtliche Kontinuität zu beweisen. Für Kaltenborn beginnt *die Verfassung eines deutschen Landes* nicht erst mit der *Verfassungsurkunde,* sie tritt nur in *ein*

157 Ebd., 57f.

158 Max Weber, Wirtschaft und Gesellschaft. Grundriß der verstehenden Soziologie (1911/13; 1921), 5. Aufl., hg. v. Johannes Winckelmann, (Tübingen 1976), 194. Ebd., 27, weist er selber auf die Identität mit Lassalles Verfassungsbegriff hin und warnt davor, ihn mit dem juristischen zu verwechseln.

159 E. Lasker, Fragen des Staatsrechts (1862/63), in: ders., Verfassungsgeschichte (s. Anm. 149), 373; vgl. auch ders., Wie ist die Verfassung in Preußen gehandhabt worden? (1861), ebd., 9ff.

160 Ders., Der König der Verfassung (1863), ebd., 385.

neues Stadium ... Insbesondere ist die Stellung des deutschen Fürsten als des Trägers der Staatsgewalt durch die Verfassungsurkunde nicht erst rechtlich geschaffen, sondern nur näher ... bestimmt und begrenzt worden[161]. Die Verfassung erscheint hier lediglich als modifizierende Bereichsordnung. Wo sie den Monarchen nicht ausdrücklich einschränkt, bleibt er im Besitz originärer Staatsgewalt. *Die Verfassungsurkunde* ist unter diesen Umständen nur *insoweit Gesetz, als sich dieselbe auf die Untertanen bezieht; insoweit darin die Verhältnisse der Krone normiert werden, kann dieselbe nicht Gesetz sein, und zwar schon deshalb nicht, weil das Gesetz jederzeit eine Person oder Gewalt im Staate voraussetzt, welche über demjenigen steht, für welchen das Gesetz erlassen ist*[162]. Seydel beginnt deswegen sein »Bayerisches Staatsrecht« mit dem *Herrscher* und läßt danach erst das *Verfassungsrecht* folgen, wo er im wesentlichen die Landstände und die Verwaltungsbehörden behandelt[163]. Auf den Begriff wird diese Verfassungsvorstellung von Bornhak gebracht. Während *die Republik nur durch ihre Verfassung und mit derselben in das Rechtsleben eintreten* kann, setzt die Monarchie die Existenz der Staatsperson immer schon voraus. Diese bleibt von der Einführung der Verfassung unberührt. Folglich ist die *erste Verfassung einer Republik ... die einzige Grundlage des öffentlichen Rechtes, ... die Verfassung der konstitutionellen Monarchie* dagegen nur eine Teilordnung. Jene darf man *Verfassung*, diese nur *Verfassungsurkunde* nennen[164].

5. Vorrang des Staates vor der Verfassung

Der Vorrang des Staates vor der Verfassung, der in diesen Lehrmeinungen zum Ausdruck kommt, gewinnt in der zweiten Jahrhunderthälfte immer mehr an Boden und wird nach der Reichsgründung ganz herrschend. Damit vollendet sich der Perspekti-

161 Carl v. Kaltenborn, Einleitung in das constitutionelle Verfassungsrecht (Leipzig 1863), 340f.
162 Hugo Gottfried Opitz, Das Staatsrecht des Königreichs Sachsen, Bd. 1 (Leipzig 1884), 38.
163 Max v. Seydel, Bayerisches Staatsrechts (1884), 2. Aufl., Bd. 1 (Freiburg, Leipzig 1896), 169ff., 346ff.
164 Conrad Bornhak, Allgemeine Staatslehre (Berlin 1896), 37, 46f.

venwechsel, den das Revolutionsjahr ausgelöst hatte. Durch die Ereignisse von 1848 war das Bürgertum belehrt worden, daß es die nationale Einheit aus eigener Kraft nicht herzustellen vermochte. Der Nationalstaat trat erst ins Leben, als die Regierungen ihn zu ihrer Aufgabe gemacht hatten. Die Bereitschaft, ihnen das Werk zu überlassen, war durch die ebenfalls 1848 begründete Furcht gewachsen, daß man sich des nachdrängenden Proletariats nicht ohne die Rückendeckung des monarchischen Staats zu erwehren vermöchte. Das färbt auf die Verfassung ab. Sie nimmt nun defensive Funktionen an. Kaltenborn bezeichnet es gerade *in unserer Zeit einer ungestümen politischen Gärung und Entwickelung als ein unabweisbares Bedürfnis,* eine *urkundliche Formulierung* des Staatsrechts zu haben *als ein festes Fundament für jede Weiterbildung und als einen sicheren Wall gegen unberufene Neuerungssucht*[165]. Es geht nicht mehr darum, die Staatsgewalt von der Verfassung her, sondern die Verfassung von der Staatsgewalt her zu deuten. Sie ist nicht Grundlage, sondern Zutat. Konsequent pflegt daher die Rechtswissenschaft ihre Darstellungen, von wenigen Ausnahmen abgesehen[166], ›Staatsrecht‹ zu nennen, und die Verfassung erscheint nur als dessen keineswegs erschöpfender Teil. In der Rangverteilung von Staat und Verfassung ist sich die Staatsrechtslehre mit dem Reichsgründer einig. Vor dem Reichstag erklärt Bismarck: *Für mich hat immer nur ein einziger Kompaß, ein einziger Polarstern, nach dem ich steuere, bestanden: Salus publica!... In erster Linie kommt die Nation, ihre Stellung nach außen, ihre Selbständigkeit, unsere Organisation in der Weise, daß wir als große Nation in der Welt frei atmen können. Alles, was nachher folgen mag, liberale, reaktionäre, konservative Verfassung, – meine Herren, ich gestehe ganz offen, das kommt mir in zweiter Linie, das ist ein Luxus der Einrichtung, der an der Zeit ist, nachdem das Haus fest gebaut dasteht... Schaffen wir zuerst einen festen, nach außen gesicherten, im Innern festgefügten, durch das nationale Band verbundenen Bau, und dann fragen Sie mich um meine Meinung, in welcher Weise mit mehr oder weniger liberalen Verfassungseinrichtungen das*

165 Kaltenborn, Verfassungsrecht, 342.

166 Z. B. Joseph Held, System des Verfassungsrechts der monarchischen Staaten Deutschlands mit besonderer Rücksicht auf den Constitutionalismus, Bd. 2 (Würzburg 1857), 50f.

Haus zu möblieren sei[167]. Zum juristischen Ausdruck dieser Haltung wird die sich ausbreitende Gleichsetzung von Verfassung und einfachem Gesetz. Wie jedes einfache Gesetz ist auch die Verfassung Emanation der ihr vorausliegenden Staatsgewalt, nicht deren Grundlage. Die Differenz besteht schließlich nur noch in der erschwerten Abänderbarkeit oder, wie Laband sagt, der verstärkten *formellen Gesetzeskraft*[168]. Daß diese ihren Grund in der Wichtigkeit des Inhalts hat, wie Gerber noch bewußt war[169], gerät in Vergessenheit.

6. Identität von Verfassung und Verfassungsgesetz

Im Jahre 1870 schreibt Lorenz von Stein, mittlerweile seien *die wesentlichen Begriffe und Rechtssätze der Verfassung so ziemlich zu Ende gedacht... Selbst der Gedanke, daß jede positive Verfassung nicht etwa aus einer Rechtsidee entsteht, sondern daß sie stets die zum staatlichen Rechte gewordene jedesmalige Gesellschaftsordnung enthält, daß sie mithin vor allem aus der Verteilung des Besitzes entspringt und daß ihre Geschichte die Geschichte der auf der Besitzes- und Arbeitsordnung beruhenden Ordnung der Menschheit ist, wird wohl nicht mehr bestritten. Unsere Zeit selbst im Besitze einer solchen Verfassung, hat ihr Prinzip vollständig zu formulieren und ihr System aufzubauen verstanden. Hier ist im ganzen wenig zweifelhaft; die Entscheidung über einzelne Fragen kann man getrost der natürlichen Entwicklung der Kräfte und Tatsachen überlassen*[170]. Die Staatsrechtslehre bestätigt diesen Eindruck auf ihre Weise. Nach der Reichsgründung setzt sich schnell und nachhaltig der Positivismus durch und indiziert damit, daß die Verfassung nicht mehr politische, sondern nur noch rechtliche Probleme stellt. Das Bedingungsverhältnis von rechtli-

167 Bismarck, Rede v. 24.2.1881, FA Bd. 12 (1929), 194.

168 Paul Laband, Das Staatsrecht des Deutschen Reiches (1883), 5. Aufl., Bd. 2 (Tübingen 1911), 72.

169 Carl Friedrich v. Gerber, Grundzüge des deutschen Staatsrechts (1865), 3. Aufl. (Leipzig 1880), 7f.

170 L. v. Stein, Handbuch der Verwaltungslehre (1870), 3. Aufl., Tl. 1: Der Begriff der Verwaltung und das System der positiven Staatswissenschaften (Stuttgart 1888), 1.

cher und tatsächlicher Verfassung blitzt nur einmal kurz bei der Frage nach dem Geltungsgrund der norddeutschen Bundesverfassung und der Reichsverfassung auf. Diese beiden Staatsgründungen stellten die deutsche Staatsrechtslehre ja vor die ungewohnte Situation, daß nicht ein vorhandener Staat sich nachträglich verfassungsrechtlich beschränkte, sondern daß ein neuer Staat auf der Grundlage einer Verfassung errichtet wurde. Die Mehrzahl der Staatsrechtler greift zur Lösung des Problems auf eine der juristischen vorausliegende faktische Verfassung zurück. Jellinek hält das Bemühen, die Entstehung eines Staates juristisch zu konstruieren, für vergeblich. *Alle Vorgänge, durch welche... die Schöpfung* eines Staates erfolgt, *sind Fakta, welche historisch, aber nicht mit einer juristischen Formel begriffen werden können*[171]. *Das wesentlichste Moment im Begriffe des Staates ist, daß er Ordnung ist, und eine Ordnung vor der Ordnung ist ein Widerspruch in sich selbst. Daher ist die erste Ordnung, die erste Verfassung eines Staates juristisch nicht weiter ableitbar*[172]. In seiner »Staatslehre« erläutert Jellinek näher, *jeder dauernde Verband* bedürfe *einer Ordnung, der gemäß sein Wille gebildet und vollzogen, sein Bereich abgegrenzt, die Stellung seiner Mitglieder in ihm und zu ihm geregelt wird. Eine derartige Ordnung heißt eine Verfassung*[173]. Daher seien Staat und Verfassung notwendig miteinander verbunden. Nicht notwendig müsse die Verfassung aber eine Rechtsordnung sein. *Es genügt das Dasein einer faktischen, die Staatseinheit erhaltenden Macht, um dem Minimum von Verfassung zu genügen, dessen der Staat zu seiner Existenz bedarf*[174].

7. Prozedurale Auflösung des Verfassungsgesetzes

Von Carl Schmitt muß sich die positivistische Staatsrechtslehre des Kaiserreichs später nachsagen lassen, sie habe gar keine Verfassungstheorie ausgebildet. Den wichtigsten Grund dafür sieht Schmitt in *dem politischen und sozialen Sicherheitsgefühl der Vor-*

171 G. Jellinek, Die Lehre von den Staatenverbindungen (Wien 1882), 264.
172 Ebd., 266.
173 Ders., Allgemeine Staatslehre (1900), 3. Aufl. (Berlin 1914; Ndr. Darmstadt 1960), 505.
174 Ebd.

kriegszeit[175]. Trifft das zu, dann mußte freilich in der Weimarer Republik die Frage nach der Verfassung wieder grundsätzlich gestellt werden, denn die Weimarer Verfassung erwies sich nicht als Ausdruck einer bestehenden Einheit, sondern blieb zeit ihres Bestehens Streitobjekt. In der Tat läßt sich in dieser Epoche nach einer äußersten Steigerung des juristischen Verfassungsbegriffs durch Kelsen dessen ebenso entschiedene Relativierung vor allem durch Smend und Schmitt beobachten. Smend distanziert sich bereits mit dem Titel »Verfassung und Verfassungsrecht« von der normativistischen Verengung des Verfassungsbegriffs, ohne deswegen die empiristische Gleichsetzung von Verfassung und tatsächlichen Machtverhältnissen zu übernehmen. *Die Verfassung* tritt in den Dienst *des Lebens, in dem der Staat seine Lebenswirklichkeit hat, nämlich seines Integrationsprozesses. Der Sinn dieses Prozesses ist die immer neue Herstellung der Lebenstotalität des Staates, und die Verfassung ist die gesetzliche Normierung einzelner Seiten dieses Prozesses*[176]. Daraus folgt für Smend die Notwendigkeit einer *Orientierung der Staatsverfassung als einer Integrationsordnung nach dem Integrationswert*[177]. Für die Verfassungsauslegung folgt daraus, daß sie im Gegensatz zur Gesetzesauslegung von den Bindungen an Normtext und juristische Methode weitgehend gelöst und auf den Integrationserfolg bezogen wird. *Dieser aufgegebene Erfolg mag dabei vom politischen Lebensstrom vielfach in nicht genau verfassungsmäßigen Bahnen erreicht werden: dann wird die durch die Wertgesetzlichkeit des Geistes wie durch die Artikel der Verfassung aufgegebene Erfüllung der Integrationsaufgabe trotz dieser einzelnen Abweichungen dem Sinn auch der Verfassung eher entsprechen als ein paragraphentreueres, aber im Erfolge mangelhafteres Verfassungsleben*[178]. Daher wollen die Verfassungsnormen das Verfassungsleben auch nur in Ausnahmefällen strikt binden. *Es ist einfach der immanente und selbstverständliche Sinn der formulierten Verfassung, daß diese Elastizität hat und daß ihr System sich gegebenen-*

175 Carl Schmitt, Verfassungslehre (München, Leipzig 1928; Ndr. Berlin 1954), IX.
176 Rudolf Smend, Verfassung und Verfassungsrecht (München, Leipzig 1928), 78.
177 Ebd., 84.
178 Ebd., 78.

falls von selbst ergänzt und wandelt[179]. Eine feste Grenze zwischen Recht und Wirklichkeit läßt sich dann freilich nicht mehr ziehen. Im radikalen Gegensatz zur positivistischen Staatsrechtslehre heißt es bei Smend: *Als positives Recht ist die Verfassung nicht nur Norm, sondern auch Wirklichkeit; als Verfassung ist sie integrierende Wirklichkeit*[180].

8. Dezisionistische Auflösung des Verfassungsgesetzes

Anders als Smend löst Carl Schmitt die geschriebene Verfassung nicht zugunsten eines permanenten Prozesses, sondern einer einmaligen Dezision auf. Gegenstand seiner »Verfassungslehre« ist ein sog. *positiver Verfassungsbegriff*, der als *Gesamt-Entscheidung über Art und Form der politischen Einheit* definiert wird[181]. Diesen positiven Verfassungsbegriff formuliert er vor dem Hintergrund einer zuvor getroffenen Unterscheidung von ›Verfassung‹ im absoluten und ›Verfassung‹ im relativen Sinn. Die *Verfassung im absoluten Sinne* gibt *ein (wirkliches oder gedachtes) Ganzes* an, und zwar entweder *den Gesamtzustand politischer Einheit und Ordnung* oder *ein einheitliches, geschlossenes System höchster und letzter Normen*[182]. Im ersten Fall betrifft sie ein Sein, im zweiten ein Sollen. Das Sollen findet aber im Sein seinen Grund, weil es einen Willen als Ursprung voraussetzt. Wird dagegen *eine Reihe von bestimmt gearteten Gesetzen* als *Verfassung* bezeichnet, so liegt lediglich ein relativer Verfassungsbegriff vor. Er bezieht sich nicht auf ein einheitliches *Ganzes*, sondern eine innerlich unverbundene Vielfalt von Normen, die sich nur nach formalen Kriterien wie dem Zusammentreffen in einem Gesetz oder der erschwerten Abänderbarkeit als zusammengehörig bestimmen läßt. *Verfassung und Verfassungsgesetz werden dabei als dasselbe behandelt*[183]. Ohne daß Schmitt diese Verbindung selbst zieht, muß man den positiven Verfassungsbegriff als Unterfall des absoluten sehen, während das Verfassungsgesetz dem relativen

179 Ebd., 79.
180 Ebd., 80.
181 Schmitt, Verfassungslehre, 20.
182 Ebd., 3 f., 7.
183 Ebd., 3.

zuzuordnen ist. Beide stehen aber nicht beziehungslos nebeneinander. *Die Verfassungsgesetze* gelten vielmehr *erst aufgrund der Verfassung und setzen eine Verfassung voraus*[184]. *Das Wesen der Verfassung* liegt daher *nicht in einem Gesetz oder einer Norm*, sondern in der Gesamtentscheidung über die Art und Form der politischen Einheit. Ziel dieser Unterscheidung ist es, die Aufmerksamkeit des Juristen vom *Verfassungsgesetz* auf die dahinter stehende *politische Entscheidung zu lenken. Richtig betrachtet, sind jene grundlegenden politischen Entscheidungen auch für eine positive Jurisprudenz das Ausschlaggebende und das eigentlich Positive. Die weiteren Normierungen, die Aufzählungen und Abgrenzungen der Kompetenzen im einzelnen, die Gesetze, für welche aus irgendwelchen Gründen die Form des Verfassungsgesetzes gewählt wird, sind jenen Entscheidungen gegenüber relativ und sekundär*[185]. Das hat zur Folge, daß auch im Konfliktfall die informelle politische Grundentscheidung sich gegen ihren formellen rechtlichen Ausdruck durchsetzt. Damit öffnet Schmitt aber nicht allein den Blick für die hinter der gesetzten Verfassung stehende Struktur. Er gibt vielmehr auch die Vorzüge der rechtlichen Machtkontrolle wieder preis. Das Verfassungsgesetz bindet die Politik nur nach Maßgabe der Grundentscheidung.

9. Normative und seinsmäßige Verfassung

Die »Staatslehre« Hermann Hellers, der ähnlich wie Schmitt und Smend zwischen *Verfassung als gesellschaftlicher Wirklichkeit* und *verselbständigter Rechtsverfassung* unterscheidet, im Gegensatz zu diesen die Auflösung der Verfassung in Dynamik oder Dezision aber zu vermeiden sucht[186], erscheint erst nach dem Untergang der Weimarer Republik im Ausland. Die Endphase der Weimarer Republik wird verfassungstheoretisch ganz von Carl Schmitt beherrscht, der die in der »Verfassungslehre« angelegte Relativierung des Verfassungsrechts nunmehr vollzieht und damit den Gegnern der Weimarer Verfassung die Stichworte liefert. In seiner Schrift »Der Hüter der Verfassung« von 1931 ana-

184 Ebd., 22.
185 Ebd., 23, 25.
186 Hermann Heller, Staatslehre, (Leiden 1934), 249 ff., 259 ff.

lysiert er *die konkrete Verfassungslage der Gegenwart*[187]. Diese »Verfassungslage« wird nicht in das Begriffsschema der »Verfassungslehre« eingeordnet und paßt offenbar auch nicht hinein, denn sie ist weder mit der (absoluten) Verfassung noch mit dem (relativen) Verfassungsrecht identisch, sondern gerade dadurch gekennzeichnet, daß sie von beiden abweicht. Huber will daher in dieser Schrift *das zweite wesentliche Stück der Verfassungstheorie* Schmitts sehen, nachdem er in der »Verfassungslehre« den formalen Verfassungsbegriff des Positivismus überwunden habe[188]. Die *wahre Verfassung* ist danach *nicht nur eine normative, sondern zugleich eine wirkliche, seinsmäßige Verfassung*[189]. Aus dem Verfassungsbegriff fallen dann neben jenen Bestandteilen, die nicht als Grundentscheidungen anzusehen sind, auch solche Grundentscheidungen heraus, die keine Wirklichkeit mehr haben. Ein Jahr später unternimmt es Schmitt, in »Legalität und Legitimität« nachzuweisen, daß einer *Neugestaltung der Verfassung*[190] keine legalen Hindernisse im Weg stehen. Legalität sei kein generelles Postulat jeder Rechtsordnung, sondern nur die spezifische Form der Rechtmäßigkeit, die der parlamentarische Gesetzgebungsstaat ausgebildet hat. Wo dieser nicht mehr funktioniert, hat die Legalität ihren Boden verloren. Die Formen der Verfassung binden daher denjenigen nicht, der ihre Substanz verteidigen will. Huber preist es als *ein Zeichen der politischen Verantwortlichkeit eines deutschen Staatsrechtslehrers, daß Carl Schmitt in dieser bedrohlichen Lage ... die Forderung nach der Legalität in ihrer verfassungsrechtlichen Nichtigkeit entlarvt hat*[191]. In der Situation des Jahres 1932 läßt sich für Schmitt aber nicht einmal mehr die ganze Substanz der Verfassung retten. Er sieht in der Weimarer Verfassung nun vielmehr ein Konglomerat zweier widersprüchlicher Grundentscheidungen, des auf Mehrheitsentscheidungen gegrün-

187 C. Schmitt, Der Hüter der Verfassung (1931), 2. Aufl. (Berlin 1969), 71.
188 Friedrich Landeck [d. i. E. R. Huber], Verfassung und Legalität, Dt. Volkstum. Halbmonatsschr. f. d. dt. Geistesleben 14 (1932), 734.
189 Ebd. Ganz ähnlich Friedrich Grüter [d. i. Ernst Forsthoff], Krisis des Staatsdenkens, ebd. 13 (1931), 173.
190 C. Schmitt, Legalität und Legitimität (1932), Verfassungsrechtliche Aufsätze aus den Jahren 1924-1954. Materialien zu einer Verfassungslehre (Berlin 1958), 343.
191 Landeck [d. i. Huber], Verfassung und Legalität, 734.

deten, wertneutralen Organisationsteils und des werthaften Grundrechtsteils. *Stellt man nun, in der Erkenntnis, daß die Weimarer Verfassung zwei Verfassungen sind, eine dieser beiden Verfassungen zur Wahl,* so müsse der parlamentarische Gesetzgebungsstaat zugunsten der *substanzhaften Ordnung* geopfert werden. *Gelingt das, so ist der Gedanke eines deutschen Verfassungswerkes gerettet*[192].

10. Das Ende der normativen Verfassung

Es kann Schmitt nicht unterstellt werden, daß er 1932 mit dem »deutschen Verfassungswerk« das System des Nationalsozialismus meinte. Nachdem dieser aber an die Macht gelangt war, schreibt er unter dem Titel »Ein Jahr nationalsozialistischer Verfassungsstaat«: *Der Liberalismus hat darin seinen höchsten Triumph gefeiert, daß er die Auffassung durchsetzte, ein Staat ohne liberale Verfassung habe überhaupt keine Verfassung... Um so notwendiger ist es, bei der Betrachtung der heutigen Verfassungslage von vornherein mit Entschiedenheit zu betonen, daß jede Verfassung ihren eigenen Verfassungsbegriff hat*[193]. Auch der nationalsozialistische Staat besitze eine Verfassung, die sich allerdings nicht nur dem Inhalt, sondern auch der Form nach von der liberalen unterscheide. Huber kennzeichnet sie in seinem Lehrbuch des Verfassungsrechts mit dem Satz: *Die neue Verfassung des Deutschen Reiches... ist keine Verfassung im formellen Sinne*[194]. Schmitt warnt sogar ausdrücklich davor, dem völkischen Inhalt die liberale Form zu geben. *Es wäre weder politisch richtig noch dem Geist des Nationalismus entsprechend, wenn sich Nationalsozialisten auch nur eine Sekunde beirren ließen und meinten, man müsse die Weimarer Verfassung doch wenigstens in der Form einer zusammenfassenden, in einer Urkunde niedergelegten Regelung ein anderes Dokument mit nationalsozialistischem Inhalt*

192 Schmitt, Legalität, 344 f.

193 Ders., Ein Jahr nationalsozialistischer Verfassungsstaat, Dt. Recht. Zentral-Organ d. Bundes Nationalsozialistischer dt. Juristen 4 (1934), 27.

194 E. R. Huber, Verfassungsrecht des Großdeutschen Reiches (1937), 2. Aufl. (Hamburg 1939), 54.

entgegenstellen[195]. Wichtig sei nicht, eine *Pseudo-Verfassung* wie die Weimarer zu erlassen, sondern die *wirklichen Verfassungsverhältnisse in allen wesentlichen Punkten... politisch zu entscheiden*[196]. Hitler selbst hatte freilich in seiner Regierungserklärung vom 23. März 1933 angekündigt, eine Verfassung zu begründen, *die den Willen des Volkes mit der Autorität einer wirklichen Führung verbindet. Die gesetzliche Legalisierung einer solchen Verfassungsreform wird dem Volke selbst zugebilligt*[197]. Die nationalsozialistische Rechtswissenschaft stellt aber klar, daß die Verfassungsgesetze oder auch eine etwaige Verfassungsurkunde niemals die *eigentliche Verfassung* seien, sondern *nur Ausstrahlungen und Niederschläge des ungeschriebenen Verfassungskerns*. Die eigentliche Verfassung sperrt sich sogar gegen jede normative Verfestigung, weil sie nicht Sollens-, sondern Seinsordnung ist, die ihre Legitimität in sich selbst trägt. *Sie ist überhaupt kein Inbegriff von ausdrücklichen Bestimmungen, von geschriebenen Rechtssätzen, von festen Organisationen und Institutionen. Der Kern der Verfassung ist die ungeschriebene lebendige Ordnung, in der die politische Gemeinschaft des deutschen Volkes ihre Einheit und Ganzheit findet.* Da dieser Verfassung keine Maßstabsfunktion für die politische Wirklichkeit zukommt, ist sie auch nicht auf die formalen Qualitäten der rechtlichen Verfassung angewiesen. Ja, die Informalität erscheint geradezu als Voraussetzung dafür, *daß die Grundordnung nicht erstarrt, sondern daß sie in ständiger lebendiger Bewegung bleibt. Nicht tote Institutionen, sondern lebendige Grundformen machen das Wesen der neuen Verfassungsordnung aus*[198].

v. Ausblick

Nach den Erfahrungen der gescheiterten Weimarer Demokratie und der nationalsozialistischen Diktatur ist die rechtliche Verfassung rekonstruiert und zusätzlich gesichert worden. Vor allem hat die Einrichtung einer kompetenzreichen Verfassungsgerichts-

195 Schmitt, Verfassungsstaat, 27.
196 Ebd., 28.
197 Adolf Hitler, Regierungserklärung v. 23. 3. 1933, abgedr. Max Domarus, Hitler. Reden 1932-1945, Bd. 1/1 (München 1965), 232.
198 Huber, Verfassungsrecht, 2. Aufl., 55.

barkeit der rechtlichen Verfassung eine bisher ungeahnte Bedeutung im politischen Prozeß verschafft. Die Verfassung tritt auf diese Weise fast ausschließlich als Norm ins öffentliche Bewußtsein. Zugleich hat sich mit dem erhöhten Geltungsanspruch der Verfassung aber auch die Aufmerksamkeit für Abweichungen vom rechtlichen Sollzustand geschärft, die gewöhnlich unter dem Gesichtspunkt der Verfassungswirklichkeit betrachtet werden, in der Elemente des empirischen Verfassungsbegriffs wiederkehren. Trotz der Bedeutungssteigerung der rechtlichen Verfassung darf aber nicht übersehen werden, daß sich die Bedingungen mittlerweile grundlegend geändert haben. Die rechtliche Verfassung entstand als Mittel zur Durchsetzung und Befestigung des bürgerlichen Sozialmodells. Dieses ging von der Selbststeuerungsfähigkeit der Gesellschaft aus und benötigte den Staat nur noch als Garanten individueller Freiheit und gesellschaftlicher Autonomie. Das konstruktive Problem bestand unter diesen Umständen in der Beschränkung des Staates auf die Garantenfunktion und in der Bindung seiner Tätigkeit an die Interessen der bürgerlichen Gesellschaft. Diese Aufgabe war negatorischer und organisatorischer Natur und fand als solche in einem die Staatsgewalt selbst verpflichtenden Recht ihre adäquate Lösung. Seitdem sich die Prämisse von der Selbststeuerungsfähigkeit als unrichtig erwiesen hat, wird vom Staat wieder die aktive Herstellung einer gerechten Sozialordnung verlangt. Die Staatsaufgaben materialisieren sich dadurch von neuem. Gleichzeitig gerät der Staat bei der Verfolgung seiner Ziele in Abhängigkeit von gesellschaftlichen Kräften, die über politisch relevante Ressourcen verfügen. Die rechtliche Verfassung bezahlt diese Veränderungen mit einem Bedeutungsverlust. Zum einen sind die nun auftretenden Probleme nicht mehr negatorischer und organisatorischer, sondern positiver und materieller Natur. Ihre Lösung läßt sich verfassungsrechtlich zwar anleiten, aber nicht schon lösen. Zum anderen verliert die Verfassung im selben Maß, wie nichtstaatliche Kräfte an politischen Entscheidungen teilhaben, ihren Anspruch, die Ausübung politischer Herrschaft umfassend zu regeln, und sinkt zu einer Teilordnung herab. Nach dem Einblick, den diese Untersuchung vermittelt hat, wird im selben Maß, wie das bewußt wird, die Bedeutung der politisch-sozialen Verfassung, die der rechtlichen zugrunde liegt, wieder steigen.

Literatur

Ernst-Wolfgang Böckenförde, Geschichtliche Entwicklung und Bedeutungswandel der Verfassung, in: FS Rudolf Gmür, hg. v. Arno Buschmann (Bielefeld 1983), 7.

Hans Boldt, Einführung in die Verfassungsgeschichte (Düsseldorf 1984).

Otto Brunner, Moderner Verfassungsbegriff und mittelalterliche Verfassungsgeschichte, in: Herrschaft und Staat im Mittelalter, hg. v. Hellmut Kämpf (Darmstadt 1960).

Gerhard Dilcher, Zum Verhältnis von Verfassung und Verfassungstheorie im frühen Konstitutionalismus, in: Beiträge zur Rechtsgeschichte, Gedächtnisschrift Hermann Conrad, hg. v. Gerd Kleinheyer u. Paul Mikat (Paderborn 1979), 65.

Pierre Duclos, La notion de constitution dans l'oeuvre de l'assemblée constituante de 1789 (Paris 1932).

John Wiedhoftt Gough, Fundamental Law in English Constitutional History (Oxford 1961).

Dieter Grimm, Entstehungs- und Wirkungsbedingungen des modernen Konstitutionalismus, in diesem Band, S. 31.

Hasso Hofmann, Zur Idee des Staatsgrundgesetzes, in: ders., Politik – Recht – Verfassung. Studien zur Geschichte der politischen Philosophie (Frankfurt 1986), 261.

Ernst Rudolf Huber, Wesen und Inhalt der politischen Verfassung (Hamburg 1935).

Ders., Vom Sinn verfassungsgeschichtlicher Forschung und Lehre, in: ders., Bewahrung und Wandlung. Studien zur deutschen Staatstheorie und Verfassungsgeschichte (Berlin 1975).

Charles Howard McIlwain, Some Illustrations of the Influence of Unchanged Names for Changing Institutions, in: Interpretations of Modern Legal Philosophy. Essays in Honor of Roscoe Pound, ed. Paul Lombard Sayre (New York 1947).

Ders., Constitutionalism Ancient and Modern (1940), 3rd ed. (Ithaca 1966).

Werner Näf, Der Durchbruch des Verfassungsgedankens im 18. Jahrhundert, in: ders. (Hg.), Schweizer Beiträge zur Allgemeinen Geschichte, Bd. 11 (Bern 1953).

Robert Redslob, Die Staatstheorien der französischen Nationalversammlung von 1789, ihre Grundlagen in der Staatslehre der Aufklärungszeit und in den englischen und amerikanischen Verfassungsgedanken (Leipzig 1912).

Felix Renner, Der Verfassungsbegriff im staatsrechtlichen Denken der Schweiz (iur. Diss. Zürich 1968).

Mathias Roggentin, Über den Begriff der Verfassung in Deutschland im 18. und 19. Jahrhundert (iur. Diss. Hamburg 1978).

Herbert Schambeck, Der Verfassungsbegriff und seine Entwicklung, in: FS Hans Kelsen, hg. v. Adolf J. Merkl u. a. (Wien 1971).
Eberhard Schmidt-Aßmann, Der Verfassungsbegriff in der deutschen Staatslehre der Aufklärung und des Historismus (Berlin 1967).
Gerald Stourzh, William Blackstone: Teacher of Revolution, Jahrb. f. Amerikastudien 15 (1970), 184.
Ders., Vom aristotelischen zum liberalen Verfassungsbegriff, in: Fürst, Bürger, Mensch, hg. v. Friedrich Engel-Janosi, Greta Klingenstein, Heinrich Lutz (Wien 1975), 97.
Ders., Staatsformenlehre und Fundamentalgesetze in England und Nordamerika im 17. und 18. Jahrhundert, in: Herrschaftsverträge, Wahlkapitulationen, Fundamentalgesetze, hg. v. Rudolf Vierhaus (Göttingen 1977), 294.
Ders., Fundamental Laws and Individual Rights in the 18th Century Constitution (Claremont/Cal. 1984).
Rudolf Vierhaus (Hg.), Herrschaftsverträge, Wahlkapitulationen, Fundamentalgesetze (Göttingen 1977).
Egon Zweig, Die Lehre vom Pouvoir Constituant (Tübingen 1909).

III. Probleme

5. Der Wandel der Staatsaufgaben und die Krise des Rechtsstaats

1. Das Konzept des bürgerlichen Rechtsstaats

Als Rechtsstaat läßt sich derjenige Staat bezeichnen, in dem politische Herrschaft nur aufgrund und im Rahmen des Rechts ausgeübt wird. Darin liegt bei allen historischen Veränderungen und aktuellen Varianten, die der Rechtsstaat aufzuweisen hat, sein bis heute unveränderter Kern. Der Rechtsstaat unterscheidet sich damit zunächst von allen Willkürregimen, in denen die Ausübung von Herrschaft dem Gutdünken der Machthaber anheimgegeben ist. Er unterscheidet sich ferner von jeder Form des absoluten Staates, der seine Herrschaft zwar mit rechtlichen Mitteln ausübt, sich selbst aber nicht dem Recht unterwirft, sondern legibus absolutus ist. Er unterscheidet sich schließlich von denjenigen Staaten, die zwar auch die politische Herrschaft rechtlichen Regeln unterwerfen, aber keine konkurrierenden Gemeinwohlvorstellungen dulden, sondern von der Existenz eines feststehenden und für den Staat erkennbaren Gemeinwohls ausgehen, dem das Recht zu dienen hat, und deswegen im Konflikt zwischen Gemeinwohlanforderungen und Rechtsbindungen regelmäßig der Politik den Vorzug geben.

Allerdings handelt es sich bei dem Recht, an das die Staatsgewalt im Rechtsstaat gebunden ist, nicht um vorgegebene und für sie unverfügbare Normen, sondern um Normen, die der Staat selber im Wege politischer Entscheidung geschaffen hat und auf demselben Weg auch wieder aufheben oder abändern kann. Insofern hat er es in der Hand zu bestimmen, wo und wie er sich rechtlich binden will. Die rechtsstaatliche Bindung des Staates ist Selbstbindung. Das entwertet indessen den Rechtsstaat nicht von vornherein. Denn zum einen liegt auch in der Selbstbindung ein Effekt der Machtbegrenzung des Staates und damit des Freiheitsgewinns für den Einzelnen. Der Staat, der an das geltende Recht gebunden ist, kann seine politischen Absichten nicht umstandslos verwirklichen. Finden sie im Recht keine Grundlage, muß dieses zuvor geändert werden. Macht ist damit zwar nicht ausgeschaltet, aber

kanalisiert. Für den Einzelnen wird sie im Maß ihrer Verrechtlichung kalkulierbar. Er gewinnt Verhaltenssicherheit und größeren Spielraum für eigene Lebensplanung. Zum anderen läßt sich die Selbstbindung durch organisatorische Vorkehrungen abstützen, die eine risikolose Umgehung erschweren.
Indessen war es nicht schon dieser Minimaleffekt des Rechtsstaats, dessentwegen im 18. und 19. Jahrhundert der Kampf gegen den fürstlichen Absolutismus geführt wurde. Die Forderung nach rechtsstaatlicher Bindung der Staatsgewalt stand vielmehr in engem Zusammenhang mit einem Ordnungsmodell, in dem es nicht mehr Sache des Staates war, ein materiales Tugendideal oder gar die Staatsräson zur Richtschnur des gesamten öffentlichen und privaten Lebens zu machen. Vielmehr sollte er nur noch die friedliche Koexistenz freier und gleichberechtigter Individuen ermöglichen, die ihren Lebensentwurf nach eigenen Vorstellungen gestalten und ihre Sozialbeziehungen durch freie Vereinbarungen regeln konnten. Die Rechtsbindung der staatlichen Herrschaft wurde daher nicht im Interesse purer Regelhaftigkeit der Machtausübung gefordert, sondern zielte auf einen bestimmten Regelinhalt, dem der Staat unterworfen werden sollte. Es ging um seine Aufgabenbeschränkung zugunsten personaler Entfaltung und gesellschaftlicher Autonomie, die in der Tat ohne rechtsstaatliche Begrenzung der Staatsgewalt nicht erreichbar waren[1].
Der Umstand, daß der Staat das Recht, dem er unterworfen war, selber setzte, wurde dadurch freilich um so problematischer. Lösungen, die dieses Grundproblem des Rechtsstaats beseitigen,

1 U. Scheuner, Die neuere Entwicklung des Rechtsstaats in Deutschland, in: Hundert Jahre deutsches Rechtsleben, hg. v. E. v. Cämmerer/E. Friesenhahn, Bd. 2, 1960, 229-262 (auch in: E. Forsthoff (Hg.), Rechtsstaatlichkeit und Sozialstaatlichkeit, 1968, 461-508, sowie U. Scheuner, Staatstheorie und Staatsrecht, 1978, 185-221); N. Luhmann, Gesellschaftliche und politische Bedingungen des Rechtsstaats, in: Studien über Recht und Verwaltung, 1967, 81-102 (auch in: ders., Politische Planung, 2. Aufl. 1975, 53-65); E.-W. Böckenförde, Entstehung und Wandel des Rechtsstaatsbegriffs, in: Festschrift für Adolf Arndt, 1969, 53-76 (auch in: ders., Staat, Gesellschaft, Freiheit, 1976, 65-92); I. Maus, Entwicklung und Funktionswandel der Theorie des bürgerlichen Rechtsstaats, in: M. Tohidipur (Hg.), Der bürgerliche Rechtsstaat, Bd. 1, 1978, 13-81 (auch in: I. Maus, Rechtstheorie und politische Theorie im Industriekapitalismus, 1986, 11-82).

gibt es nicht, weil es in der unumkehrbaren Positivierung des Rechts gründet. Es ließ sich aber entschärfen, und zwar dadurch, daß die Rechtsetzung ihrerseits verrechtlicht wurde[2]. Indem Recht auf Recht angewandt wird, steigert sich seine Bindungswirkung. Freilich ist auch das Recht, das die Rechtsetzung bindet, positives Recht und als solches änderbar. Sein machtbegrenzender Effekt liegt aber darin, daß die Entscheidungen auf verschiedene Ebenen verteilt und zeitlich auseinandergezogen werden. Die Gesetzgebungsprämissen müssen dann vor den Gesetzesentscheidungen und unabhängig von ihnen festgelegt sein und dürfen im laufenden Entscheidungsverfahren nicht abgeändert werden. Die umstandslose Umsetzung von politischer Macht in kollektiv verbindliche Entscheidungen ist daher auch auf der Rechtsetzungsebene gehindert. Der Verzicht auf Willkür wird im Rechtsstaat nicht als subjektive Leistung der staatlichen Akteure gefordert, sondern unabhängig von ihren Schwächen und Interessen institutionell verbürgt[3].

Der Rechtsstaat ist damit allerdings noch nicht abschließend definiert. Seine konkrete Gestalt gewinnt er vielmehr erst durch die nähere Ausformung der Gesetzesbindung[4]. Dazu zählt zunächst die Festlegung der Bereiche und Tätigkeiten, für die der Staat einer gesetzlichen Handlungsgrundlage bedarf. Das ist die Frage des Gesetzesvorbehalts. Ferner kommt es darauf an, wie das Recht, dem der Staat unterworfen ist, entsteht und welchen inhaltlichen und formalen Anforderungen es genügen muß, um Geltung beanspruchen zu können. Das ist die Frage des Gesetzgebungsverfahrens und der Grundrechtsbindung des Gesetzgebers. Schließlich spielt es eine Rolle, ob und inwieweit die Beach-

2 N. Luhmann, Legitimation durch Verfahren, 1969; ders., Positivität des Rechts als Voraussetzung einer modernen Gesellschaft, in: Jahrbuch für Rechtssoziologie und Rechtstheorie 1 (1970), 175-202 (auch in: ders., Ausdifferenzierung des Rechts, 1981, 113-153); ders., Rechtssoziologie, 2 Bde., 1972; S. Holmes, Gag Rules or the Politics of Omission, in: J. Elster/R. Slagstad (Hg.), Constitutionalism and Democracy, 1988, 19-58; ders., Precommitment and the Paradox of Democracy, ebd., 195-240.

3 I. Maus, Perspektiven »reflexiven Rechts« im Kontext gegenwärtiger Deregulierungstendenzen, in: Kritische Justiz 19 (1986), 390-405 (393 f.).

4 P. Kunig, Das Rechtsstaatsprinzip, 1986.

tung der Gesetzesbindung kontrolliert werden kann, wer die Kontrolle vornimmt und welche Folgen staatliche Gesetzesverstöße haben. Das ist die Frage nach dem Rechtsschutz gegen den Staat. Diese Fragen müssen beantwortet werden, bevor die Auswirkungen veränderter Staatsaufgaben auf das Rechtsstaatsprinzip näher untersucht werden können.

Die Staatstätigkeit ist nie in ihrer Gesamtheit von einer gesetzlichen Ermächtigung abhängig gemacht worden. In den Anfängen des Rechtsstaats war es der staatliche Zugriff auf Freiheit und Eigentum des Einzelnen, der einer gesetzlichen Grundlage bedurfte[5]. Dahinter stand die bürgerliche Annahme, daß Wohlstand und Gerechtigkeit sich nicht infolge staatlicher Bewirkung, sondern individueller Freiheit einstellten und die Freiheit sich insbesondere auf die Gütersphäre bezog. Der Staat wurde unter diesen Umständen nur noch zum Schutz von Freiheit und Eigentum und der über sie vermittelten Selbststeuerungsmechanismen der Gesellschaft benötigt. Er mußte eine ihm vorgegebene, quasi-natürliche Ordnung gegen Störungen abschirmen oder nach eingetretener Störung wieder herstellen, ohne auf die Ordnung selbst Einfluß nehmen zu dürfen. Die Garantenfunktion ließ sich zwar nicht ohne zwangsweise Einwirkung auf Freiheit und Eigentum Einzelner erfüllen. Angesichts der gesellschaftlichen Autonomie wurde die Einwirkung aber zum Eingriff, dessen Gefahrenpotential eben durch den Gesetzesvorbehalt gebannt werden sollte.

Diesen Schutz konnte der Gesetzesvorbehalt freilich nicht in ausreichendem Maß bieten, wenn es die staatliche Exekutive selber war, die die Voraussetzungen zulässiger Eingriffe festlegte. Als Eingriffsermächtigung wurde daher nur die Norm anerkannt, die mit Zustimmung freigewählter Repräsentanten der bürgerlichen Gesellschaft zustande gekommen war. Nicht mehr jede Rechtsnorm konnte dann als Gesetz gelten. Das Gesetz definierte sich vielmehr durch seinen parlamentarischen Ursprung. Es war die vom Parlament erlassene oder zumindest autorisierte Norm[6]. Auf diese Weise ließ sich der Bindungseffekt, der in der Auseinanderziehung von programmierender und programmierter Entschei-

5 D. Jesch, Gesetz und Verwaltung, 1961, 102 ff.

6 E.-W. Böckenförde, Gesetz und gesetzgebende Gewalt, 1958; R. Grawert, Gesetz, in: O. Brunner/W. Conze/R. Koselleck (Hg.), Geschichtliche Grundbegriffe, Bd. 2, 1975, 863-922 (899 ff.).

dung lag, auch im Verhältnis von Gesetzgebung und Verwaltung erzielen. Wie die verfassungsrechtlichen Vorschriften für den Gesetzgeber mußten dann auch die gesetzlichen Regeln für die Verwaltung in Unkenntnis der konkreten Anwendungsfälle formuliert werden und durften im Zuge der Anwendung auf konkrete Fälle nicht geändert werden. In der Verteilung von Normsetzung und Normanwendung auf verschiedene Organe fand diese Differenz eine organisatorische Entsprechung. Die Gewaltenteilung findet ihren eigentlichen Sinn auf diese Weise in der Sicherung der Selbstbindung.

Eine ausdrückliche Bindung des Gesetzgebers an materielle Gerechtigkeitskriterien war dem Rechtsstaat dagegen noch fremd[7]. Der Grund dafür ist allerdings nicht in inhaltlicher Indifferenz zu suchen. Vielmehr schien die materielle Richtigkeit des Gesetzes dadurch hinreichend gesichert, daß es von den gewählten Vertretern der Interessenten an Freiheits- und Eigentumsschutz selber nach öffentlicher Diskussion beschlossen wurde. Dabei verband sich mit dem Erfordernis der Diskussion die Hoffnung, daß die besseren Argumente den Sieg davontrügen, und mit dem Erfordernis der Öffentlichkeit die Erwartung, daß es nicht zu einer Entfremdung zwischen Repräsentanten und Repräsentierten käme. Als zusätzliche Gewähr für die materielle Richtigkeit des Gesetzes galt lange Zeit das auf Besitz und Bildung beschränkte Wahlrecht. Materielle Gerechtigkeit war daher durchaus das Ziel. Dieses sollte aber mit den formalen Mitteln des Verfahrens erreicht werden. Nur in diesem Sinn kann der Rechtsstaat in seinen Anfängen als formal bezeichnet werden.

7 U. Scheuner, Die rechtliche Tragweite der Grundrechte in der deutschen Verfassungsentwicklung des 19. Jahrhunderts, in: Festschrift für Ernst Rudolf Huber, 1973, 139-165 (auch in: ders., Staatstheorie und Staatsrecht, 1978, 633-663); I. Maus, Entwicklung und Funktionswandel der Theorie des bürgerlichen Rechtsstaats, in: M. Tohidipur (Hg.), Der bürgerliche Rechtsstaat, Bd. 1, 1978, 13-81 (auch in: I. Maus, Rechtstheorie und politische Theorie im Industriekapitalismus, 1986, 11-82); R. Wahl, Rechtliche Wirkungen und Funktionen der Grundrechte im deutschen Konstitutionalismus des 19. Jahrhunderts, in: Der Staat 18 (1979), 321-348; D. Grimm, Die Entwicklung der Grundrechtstheorie in der deutschen Staatsrechtslehre des 19. Jahrhunderts, in: G. Birtsch (Hg.), Grund- und Freiheitsrechte von der ständischen zur spätbürgerlichen Gesellschaft, 1987, 234-266 (auch in: D. Grimm, Recht und Staat der bürgerlichen Gesellschaft, 1987, 308-346).

Zu den Formalkriterien, die beachtet werden mußten, damit der Rechtsstaat seinen Zweck erfüllen konnte, gehörte ferner die Allgemeinheit des Gesetzes. Einzelfallgesetze hätten den machtbegrenzenden und gewißheitstiftenden Effekt der zeitlichen Differenzierung und organisatorischen Trennung von normsetzender und normanwendender Entscheidung untergraben. Aus demselben Grund durften Gesetze nicht rückwirkend in Kraft gesetzt werden, weil damit die Möglichkeit, staatliches Handeln vorauszusehen und individuelles Verhalten dementsprechend einzurichten, zerstört worden wäre. Schließlich hing die rechtsstaatliche Wirkung von der Bestimmtheit der Gesetze ab, weil allein das in seinen Anforderungen hinreichend klare und genaue Gesetz den staatlichen Eingriff begrenzen und für den Einzelnen kalkulierbar machen konnte. Der Bestimmtheitsgrundsatz verbot zwar nicht einzelne Normen, die es erlaubten, besondere Umstände zu berücksichtigen, die in dem notwendig generalisierenden und typisierenden Gesetz keinen Platz gefunden hatten. Doch durften sie nicht zur Regel werden, sondern nur als Korrektiv innerhalb des im ganzen bestimmten Rechts wirken.
Die Gesetzesbindung hätte freilich ihr Ziel verfehlt, wenn nicht im Einzelfall kontrollierbar gewesen wäre, ob der Staat die gesetzliche Bindung eingehalten hatte oder nicht. Deswegen gehörte Rechtsschutz gegen den Staat zu den Anforderungen des Rechtsstaats, besonders in Deutschland, wo sich die bürgerliche Gesellschaft das Gesetzgebungsrecht noch lange mit den Fürsten teilen mußte[8]. Gesetzwidrige Eingriffe waren annullierbar, für ihre Folgen mußte der Staat einstehen. Schließlich durfte die rechtsprechende Gewalt bei ihrer Kontrolle nicht von den kontrollierten Organen abhängig sein. Diese Voraussetzung fand ihren Ausdruck in dem Prinzip der Unabhängigkeit des Richters. Unabhängigkeit bedeutete dabei nicht Entscheidungsfreiheit,

8 O. Bähr, Der Rechtsstaat, 1864; R. v. Gneist, Der Rechtsstaat, 1872; J. Poppitz, Die Anfänge der Verwaltungsgerichtsbarkeit, in: Archiv des öffentlichen Rechts 72 (1943), 158-221 und 73 (1944), 3-40; W. Rüfner, Verwaltungsrechtsschutz in Preußen von 1749 bis 1842, 1962; H.-U. Erichsen, Verfassungs- und verwaltungsgeschichtliche Grundlagen der Lehre vom fehlerhaften belastenden Verwaltungsakt und seiner Aufhebung im Prozeß, 1971; R. Ogorek, Individueller Rechtsschutz gegenüber der Staatsgewalt, in: J. Kocka (Hg.), Bürgertum im 19. Jahrhundert, Bd. 1, 1988, 372-405.

sondern ausschließliche Bindung an das Gesetz, die ihn ebenso vor politischen Einflußnahmen schützte wie sie ihn an eigenen politischen Entscheidungen hinderte. Ergänzend trat das Gebot hinzu, Recht ohne Ansehen der Person zu sprechen, durch welches die Allgemeinheit des Gesetzes auch auf der Rechtsanwendungs- und Kontrollebene eine Entsprechung fand.
Das rechtsstaatliche System war damit geschlossen. Angesichts der begrenzten Funktion des liberalen Staates, eine vorausgesetzte gesellschaftliche Ordnung gegen Störungen abzuschirmen, erschöpfte sich dessen Berührung mit der Gesellschaft in Einzeleingriffen zum Zweck der Wahrung oder Wiederherstellung der Ordnung. Auf den Eingriff war daher das gesamte rechtsstaatliche Sicherungsnetz bezogen. Eingriffe durfte der Staat nur auf gesetzlicher Grundlage vornehmen. Die gesetzliche Ermächtigung konnte allein die Gesellschaft durch ihre gewählten Repräsentanten im Parlament erteilen. Die Maßnahmen der Exekutive mußten mit dem Gesetz übereinstimmen. Unabhängige Richter konnten auf Initiative der Adressaten staatlicher Eingriffe die Gesetzmäßigkeit des Staatshandelns überprüfen und gesetzwidrige Akte korrigieren. Die Aufteilung der Funktionen auf unterschiedliche Organe sicherte das System organisatorisch ab. Die mögliche Betroffenheit des Einzelnen durch den Staat und der rechtsstaatliche Schutz gegen ihn kamen auf diese Weise zur Deckung.
Den Angelpunkt der gesamten Konstruktion bildete nach alledem das Gesetz. Ihr Erfolg hing daher davon ab, ob es gelang, das Verhalten des Staates gesetzlich hinreichend zu determinieren. Zweck und Mittel harmonierten freilich[9]. Hatte der Staat lediglich die Aufgabe, eine vorausgesetzte und von ihm unabhängige Gesellschaftsordnung gegen Störungen abzuschirmen, so bestand nur Anlaß zum Eingreifen, wenn eine Störung dieser Ordnung drohte oder eingetreten war. Diese Tätigkeit läßt sich als reaktiv, punktuell und bipolar charakterisieren. Reaktiv war sie insofern, als sie stets ein externes Ereignis, das sich als Störung erwies, voraussetzte; bipolar insofern, als sich die Tätigkeit auf das Verhältnis zwischen Staat und Störer beschränkte; punktuell inso-

9 D. Grimm, Bürgerlichkeit im Recht, in: J. Kocka (Hg.), Bürger und Bürgerlichkeit im 19. Jahrhundert, 1987, 149-188 (auch in: D. Grimm, Recht und Staat der bürgerlichen Gesellschaft, 1987, 11-50).

fern, als sie sich in der Verhütung oder Beseitigung einzelner Störungen erschöpfte. Eine solche Tätigkeit läßt sich in der Tat mittels gesetzlicher Regelungen vergleichsweise wirksam steuern. Ihre möglichen Anlässe sind aus Erfahrung bekannt und daher im Tatbestand der Norm abstrakt und generell normierbar, während in der Rechtsfolge diejenigen Maßnahmen aufgezählt werden, die der Staat in Reaktion darauf ergreifen darf.

II. Die Auswirkungen der veränderten Staatstätigkeit

Das Grundgesetz legt in Art. 20 Abs. 3 die Verfassungsbindung des Gesetzgebers und die Gesetzesbindung von vollziehender Gewalt und Rechtsprechung fest und verteilt diese Funktionen in Art. 20 Abs. 2 auf besondere Organe. Damit nimmt es den Kerngehalt des Rechtsstaats auf, auch wenn der Begriff selber an dieser Stelle nicht auftaucht. Es fügt in Art. 28 Abs. 1 Satz 1 dem Rechtsstaat das Attribut sozial hinzu und erklärt damit seine Abkehr vom bürgerlichen Rechtsstaat, der Freiheit und Eigentum geschützt hatte, ohne sich darum zu kümmern, ob die Träger dieser Rechte an ihrem Genuß auch faktisch teilhaben konnten. Es stellt in Art. 1 Abs. 3 klar, daß die Verfassungsbindung des Gesetzgebers nicht nur die Verfahrensvorschriften, sondern auch die Grundrechte meint, und vollzieht damit die Abkehr vom formalen Rechtsstaat, der den Staat an das Gesetz gebunden hatte, ohne sich um dessen Inhalt näher zu kümmern. Die beiden historischen Defizite der ursprünglichen Rechtsstaatskonzeption: die Blindheit für die Soziale Frage und die Wehrlosigkeit gegenüber eklatant ungerechten Gesetzen, haben damit im Grundgesetz eine Antwort gefunden, und auch die Lücken im Rechtsschutz gegen den Staat sind mit Art. 19 Abs. 4 geschlossen worden.
Die aktuellen Gefahren für den Rechtsstaat kommen aus ganz anderer Richtung und bedrohen ihn womöglich ernstlicher als die früheren, weil auf sie bisher keine befriedigende Antwort in Sicht ist. Der Rechtsstaat, auch der materielle und soziale, erzielt seine Wirkung vermittels des Gesetzes[10]. Mit dessen Bindungskraft

10 K. Hesse, Der Rechtsstaat im Verfassungssystem des Grundgesetzes, in: Festgabe für Rudolf Smend, 1962, 71-95 (auch in: ders., Ausge-

steht und fällt daher die Rechtsbindung der Herrschaft, um die es dem Rechtsstaat geht. Daß dem Gesetz diese Kraft eigen war, stand lange Zeit außer Frage. Allenfalls konnte man beklagen, daß dem Gesetzgeber der Wille fehlte, die Bindungsfähigkeit des Gesetzes auszuschöpfen[11]. Gerade an der Bindungsfähigkeit regen sich aber heute Zweifel[12]. Das läßt sich freilich leicht übersehen, wenn man den Blick auf die traditionelle Staatsaufgabe der Ordnungswahrung richtet. Das Bild verändert sich dagegen, wenn man auch die modernen wohlfahrtsstaatlichen Funktionen in die Betrachtung einbezieht. Sie haben ihre Ursache in der historischen Erfahrung, daß die gesellschaftliche Selbststeuerung nicht,

wählte Schriften, hg. v. P. Häberle/A. Hollerbach, 1984, 95-115, sowie in: E. Forsthoff (Hg.), Rechtsstaatlichkeit und Sozialstaatlichkeit, 1968, 557-588); F. Neumann, Der Funktionswandel des Gesetzes im Recht der bürgerlichen Gesellschaft, in: ders., Demokratischer und autoritärer Staat, 1967, 31-81.

11 J. W. Hedemann, Die Flucht in die Generalklauseln, 1933.

12 G. Teubner, Reflexives Recht, in: Archiv für Rechts- und Sozialphilosophie 68 (1982), 13-59; ders., Das regulatorische Trilemma, in: Quaderni Fiorentini 13 (1984), 109-149; ders. (Hg.), Dilemmas of Law in the Welfare State, 1986; ders., Gesellschaftsordnung durch Gesetzgebungslärm?, in: D. Grimm/W. Maihofer (Hg.), Gesetzgebungstheorie und Rechtspolitik, Jahrbuch für Rechtssoziologie und Rechtstheorie 13 (1988), 45-65; ders., Recht als autopoietisches System, 1989; R. Voigt, Abschied vom Recht?, 1983; R. Wiethölter, Materialisierungen und Prozeduralisierungen von Recht, in: G. Brüggemeier/C. Joerges (Hg.), Workshop zu Konzepten des post-interventionistischen Rechts, ZERP 1984, 25-64; I. Maus, Verrechtlichung, Entrechtlichung und der Funktionswandel von Institutionen, in: G. Göhler (Hg.), Grundlagen der Theorie politischer Institutionen, 1986, 132-172 (auch in: I. Maus, Rechtstheorie und politische Theorie im Industriekapitalismus, 1986, 277-331); I. Maus, Perspektiven »reflexiven Rechts« im Kontext gegenwärtiger Deregulierungstendenzen, in: Kritische Justiz 19 (1986), 390-405; F.-X. Kaufmann, Steuerung wohlfahrtsstaatlicher Abläufe durch Recht, in: D. Grimm/W. Maihofer (Hg.), Gesetzgebungstheorie und Rechtspolitik, Jahrbuch für Rechtssoziologie und Rechtstheorie 13 (1988), 65-108; H. Willke, Societal Guidance Through Law, in: G. Teubner (Hg.), State, Law, Economy as Autopoietic Systems (im Erscheinen); K. Günther, Der Wandel der Staatsaufgaben und die Krise des regulativen Rechts, in: D. Grimm (Hg.), Wachsende Staatsaufgaben – sinkende Steuerungsfähigkeit des Rechts, 1990, 51-68.

wie erwartet, automatisch zum gerechten Interessenausgleich führte. Das Gerechtigkeitsproblem, das der Liberalismus formalisieren zu können geglaubt hatte, materialisierte sich dadurch wieder und rief den Staat auf den Plan.

Die Folge war eine quantitative Ausweitung und qualitative Veränderung der Staatstätigkeit[13]. Griff der Staat zunächst nur ein, um die auffälligsten Mißbräuche der Privatautonomie zu unterbinden, so mußte er schon bald dazu übergehen, in Notlagen oder Krisensituationen vorsorgend, ausgleichend oder helfend zu intervenieren. Mittlerweile hat sich diese Aufgabe zu einer umfassenden Verantwortung für Bestand und Entwicklung der Gesellschaft in sozialer, ökonomischer und kultureller Hinsicht erweitert, von der prinzipiell keine gesellschaftliche Sphäre mehr ausgenommen ist. Angesichts der lebensbedrohenden Risiken, die der wissenschaftlich-technische Fortschritt im Gefolge hat, tritt neuerdings die Zukunftssicherung als jüngste Ausweitung der Staatsaufgaben hinzu. Qualitativ hat sich die Staatstätigkeit aufgrund der Materialisierung des Gerechtigkeitsproblems von der Bindung an eine vorgegebene, quasi-natürliche Gesellschaftsordnung gelöst, die der Staat lediglich gegen Störungen abzuschirmen hatte. Statt dessen wird nun die gesellschaftliche Ordnung selber zum Gegenstand staatlicher Veränderung und Gestaltung.

Die gestiegene Verantwortung ist jedoch nicht von einer entsprechenden Ausweitung der staatlichen Verfügungsmöglichkeiten begleitet worden[14]. Das hängt zum einen damit zusammen, daß sich die Gegenstände wohlfahrtsstaatlicher Politik großenteils ge-

13 P. Flora (Hg.), Growth to Limits, 3 Bde., 1983; ders., State, Economy and Society in Western Europe 1815-1975, 2 Bde., 1986; D. Grimm, Die sozialgeschichtliche und verfassungsrechtliche Entwicklung zum Sozialstaat, in: P. Koslowski u. a. (Hg.), Chancen und Grenzen des Sozialstaats, 1983, 41-64 (auch in: D. Grimm, Recht und Staat der bürgerlichen Gesellschaft, 1987, 138-161); ders., Die Zukunft der Verfassung, in diesem Band, 397-437; M. G. Schmidt (Hg.), Staatstätigkeit, Politische Vierteljahresschrift, Sonderheft 19, 1988; M. Stolleis, Die Entstehung des Interventionsstaates und das öffentliche Recht, in: Zeitschrift für Neuere Rechtsgeschichte 11 (1989), 129-147.

14 H. Willke, Entzauberung des Staates, 1983; M. Glagow (Hg.), Gesellschaftssteuerung zwischen Korporatismus und Subsidiarität, 1984; F.-X. Kaufmann u. a. (Hg.), Guidance, Control, and Evaluation in the

gen imperative Steuerung sperren. Die Erfüllung ordnungsgestaltender und zukunftssichernder Aufgaben kann nur in sehr begrenztem Maß unter Einsatz des Mediums Macht gelingen. Sie ist vielmehr auf zahlreiche weitere Ressourcen angewiesen, über die der Staat nicht disponiert. Zum anderen hängt es damit zusammen, daß die vom Staat zu steuernden Sozialbereiche, grundrechtlich geschützt, weiterhin in privater Verfügungsbefugnis bleiben. Beides hat zur Folge, daß der Staat seine neuen Aufgaben weithin nicht mit dem spezifisch staatlichen Mittel von Befehl und Zwang verfolgen kann. An die Seite des Einzeleingriffs, der im Bereich der Ordnungsverwaltung seinen Platz behält, treten daher indirekt wirkende Steuerungsmittel, vor allem finanzielle Anreize und Abschreckungen, und breiten sich zunehmend auch in Bereichen aus, wo imperative Steuerung faktisch möglich und rechtlich zulässig wäre.

Im selben Maß, wie der Staat auf den Einsatz imperativer Steuerungsmittel verzichtet, entbindet er freilich auch die Steuerungsadressaten von ihrer Gehorsamspflicht. Die Erfüllung seiner Aufgaben hängt dann von deren freiwilliger Folgebereitschaft ab. Dadurch ändert sich das Verhältnis von Staat und Gesellschaft grundlegend[15]. Der Staat agiert nicht mehr aus der hoheitlichen Position, sondern begegnet den gesellschaftlichen Kräften auf der gleichen Ebene. Diese geraten ihm gegenüber in eine Verhandlungsrolle, die ihnen die Möglichkeit verschafft, die staatlichen Aktionsprogramme nicht nur von außen zu beeinflussen, sondern im Innern mitzubestimmen. Private Folgebereitschaft wird durch

Public Sector, 1986; D. Grimm, Die Zukunft der Verfassung, in diesem Band, 397-437.

15 E.-W. Böckenförde, Die politische Funktion wirtschaftlich-sozialer Verbände und Interessenträger in der sozialstaatlichen Demokratie, in: Der Staat 15 (1976), 457-483; P. C. Schmitter/G. Lehmbruch (Hg.), Trends Toward Corporatist Intermediation, 1979; E.-H. Ritter, Der kooperative Staat, in: Archiv des öffentlichen Rechts 104 (1979), 389-413; U. v. Alemann/R. G. Heinze (Hg.), Verbände und Staat, 1979; E. Bohne, Der informale Rechtsstaat, 1981; D. Grimm, Verbände und Verfassung, in diesem Band, 241-262; H. Willke, Entzauberung des Staates, 1983; P. C. Schmitter/W. Streeck (Hg.), Private Interest Government, 1985; E.-H. Ritter, Das Recht als Steuerungsmedium im kooperativen Staat, in: D. Grimm (Hg.), Wachsende Staatsaufgaben – sinkende Steuerungsfähigkeit des Rechts, 1990, 69-112.

staatliches Entgegenkommen honoriert. Verhandlungen zwischen staatlichen und gesellschaftlichen Entscheidungsträgern haben aufgrund dieser Entwicklung mittlerweile an Zahl und Bedeutung so stark zugenommen, daß sie nicht mehr als Ausnahme betrachtet werden können. Der Staat versucht im Gegenteil, sie formell oder informell zu institutionalisieren. Die Kooperation ist unter diesen Umständen keine Randerscheinung mehr, sondern prägt bereits das politische System. Es nimmt neokorporative Züge an.

Der Umstand, daß der Wohlfahrtsstaat seine Aufgaben großenteils ohne imperative Mittel erfüllt, macht rechtsstaatliche Sicherung nicht etwa überflüssig. Das hängt mit einem Wandel der Realisierungsbedingungen von individueller Freiheit zusammen, auf die der Rechtsstaat verpflichtet ist. Aufgrund der fortschreitenden Differenzierung der sozialen Strukturen und Funktionen wird der Bereich, in dem der Einzelne von den grundrechtlich gesicherten Freiheiten mit seinen natürlichen Mitteln Gebrauch machen kann, immer enger. Im selben Maß wächst der Bereich, in dem die Nutzung rechtlicher Freiheiten von gesellschaftlichen oder staatlichen Vorleistungen materieller oder organisatorischer Natur abhängt[16]. Die wesentlichen freiheitsrelevanten Entscheidungen fallen unter diesen Umständen nicht erst, wenn der Staat dem Einzelnen ein bestimmtes Verhalten vorschreibt oder verbietet, sondern bereits, wenn er durch Planungs- und Allokationsentscheidungen über die Rahmenbedingungen und Ausübungschancen von Freiheit disponiert. Das gilt nicht zuletzt für die kooperativen Arrangements, in denen machtvolle Träger gesellschaftlicher Interessen an solchen Entscheidungen mitwirken.

Die Trennung von Staat und Gesellschaft, die dem liberalen Sozialmodell zugrundelag und im Eingriff ihren rechtstechnischen Ausdruck fand, ist dadurch überholt[17]. Der auf Sicherung gegen-

16 G. Lübbe-Wolff, Die Grundrechte als Eingriffsabwehrrechte, 1988, 75 ff.

17 H. Willke, Stand und Kritik der neueren Grundrechtstheorie, 1975; P. Häberle, Die Wesensgehaltsgarantie des Art. 19 Abs. 2 Grundgesetz, 3. Aufl. 1983; G. Lübbe-Wolff, Die Grundrechte als Eingriffsabwehrrechte, 1988, 63 ff.; F. Hufen, Die Grundrechte und der Vorbehalt des Gesetzes, in: D. Grimm (Hg.), Wachsende Staatsaufgaben – sinkende Steuerungsfähigkeit des Rechts, 1990, 273-290;

über dem staatlichen Einzeleingriff zugeschnittene Rechtsstaat wird durch die überindividuell und nicht imperativ wirkenden Handlungsformen des Wohlfahrtsstaats unterlaufen. Wo der Staat nicht in die individuelle Freiheit eingreift, bedarf er für seine Tätigkeit nach herkömmlicher Anschauung keiner gesetzlichen Grundlage. Wo er ohne gesetzliche Grundlage handeln darf, bedient er sich verwaltungsinterner Steuerungsformen, die nicht den Anforderungen an das parlamentarisch beschlossene Gesetz unterliegen. Wo die Gesetzesbindung der Verwaltung ausfällt, ist der gerichtlichen Verwaltungskontrolle der Boden entzogen. Damit droht eine Situation, in der die rechtsstaatlichen Kautelen zwar im Bereich der traditionellen Ordnungsverwaltung weiterhin ihren Dienst verrichten, in den für die individuelle und gesellschaftliche Entwicklung nicht minder wichtigen Bereichen des modernen Wohlfahrtsstaats aber weitgehend versagen.

Diese Gefahr ist freilich nicht unbemerkt geblieben, sondern hat verschiedene Reaktionen ausgelöst[18]. Zum einen ist der Begriff des Eingriffs über die klassische Definition eines gezielten, imperativen und unmittelbar wirkenden staatlichen Rechtsaktes hinaus erweitert worden, so daß er mittlerweile jeden durch staatliches Handeln herbeigeführten Effekt ergreift, der dem Einzelnen ein grundrechtsgeschütztes Verhalten unmöglich macht oder wesentlich erschwert. Zum anderen ist der Gesetzesvorbehalt über den Eingriffsbereich hinaus erstreckt worden und erfaßt nunmehr jede wesentliche Staatstätigkeit, wobei wesentlich als wesentlich für die Verwirklichung von Grundrechten angesehen wird. Dadurch erweitert sich der Bereich, in dem die staatliche Verwaltung einer parlamentarischen Handlungsermächtigung bedarf und gesetzlich gebunden ist und in dem die Justiz das Staatshandeln auf seine Gesetzmäßigkeit überprüfen

A. v. Brünneck, Das Demokratieprinzip und die demokratische Legitimation der Verwaltung, ebd., 253-272.

18 F. Ossenbühl, Verwaltungsvorschriften und Grundgesetz, 1968; W. Krebs, Vorbehalt des Gesetzes und Grundrechte, 1975; ders., Zum aktuellen Stand der Lehre vom Vorbehalt des Gesetzes, in: Juristische Ausbildung, 1979, 304-312; J. Pietzker, Vorrang und Vorbehalt des Gesetzes, in: Juristische Schulung, 1979, 710-715; H.-H. v. Arnim, Zur »Wesentlichkeitstheorie« des Bundesverfassungsgerichts, in: Deutsches Verwaltungsblatt, 1987, 1241-1249; G. Lübbe-Wolff, Die Grundrechte als Eingriffsabwehrrechte, 1988.

kann. Schließlich wächst die Bereitschaft, auch Verwaltungsvorschriften als Rechtsnormen mit Außenwirkung anzuerkennen und zur Grundlage von Rechtsschutzansprüchen gegen den Staat zu machen.
Dadurch hat sich die Kluft zwischen staatlicher Tätigkeit und rechtsstaatlichen Sicherungen verengt, aber nicht geschlossen. Die beträchtliche Ausweitung des Gesetzesvorbehalts, die erreicht worden ist, darf nämlich nicht vorschnell mit effektiver Gesetzesbindung identifiziert werden. Das hängt mit der Eigenart der neuartigen Staatstätigkeiten zusammen, die einer gesetzlichen Steuerung nicht ohne weiteres zugänglich sind[19]. Im Unterschied zu der gesetzlich gut steuerbaren Tätigkeit des Ordnungsstaates, die retrospektiv, punktuell und bipolar ausgerichtet ist, fehlen der planenden und lenkenden Staatstätigkeit des modernen Wohlfahrtsstaats gerade diese Eigenschaften. Sie ist zukunftsgerichtet, flächendeckend und gruppenrelevant. Als solche weist sie einen derartig hohen Grad an Komplexität, Situationsabhängigkeit und Ungewißheit auf, daß sie gedanklich nicht vollkommen vorweggenommen und folglich normativ auch nicht abschließend determiniert werden kann. Der klassische Normtyp des Konditionalprogramms, das im Tatbestand die Voraussetzungen aufzählt, unter denen der Staat zum Eingreifen berechtigt ist, und in der Rechtsfolge bestimmt, welche Maßnahmen er ergreifen darf, versagt daher hier weitgehend.
Statt dessen dringt in den Bereichen der modernen Staatstätigkeit ein Normtyp vor, der sich im Gegensatz zum Konditionalprogramm als Finalprogramm charakterisieren läßt[20]. Bei dieser Art von Normierung werden der staatlichen Verwaltung Ziele gesetzt und Gesichtspunkte genannt, die bei der Verfolgung des Normziels zu beachten sind. Alles übrige bleibt der Verwaltung überlassen. Das verleiht ihr einen hohen Grad an Autonomie. Da bereits die Handlungsziele in der Regel nicht konfliktfrei zu verwirklichen sind, werden selbständige Abwägungsprozesse und Prioritätsentscheidungen unvermeidlich. Erst recht wächst der

19 D. Grimm, Verfahrensfehler als Grundrechtsverstöße, in: Neue Zeitschrift für Verwaltungsrecht, 1985, 865-872; ders., Verfassungsrechtliche Anmerkungen zum Thema Prävention, in diesem Band, 197-220.
20 N. Luhmann, Zweckbegriff und Systemrationalität, 1973, 257 ff.; ders., Opportunismus und Programmatik in der öffentlichen Verwaltung, in: ders., Politische Planung, 2. Aufl. 1975, 165-180.

Spielraum auf der Ebene der Zielverfolgung. Die Verwaltung bildet und adaptiert hier ihr Handlungsprogramm im Normvollzug weitgehend selber. Sie ist nicht mehr eigentlich vollziehende Gewalt, sondern politisch entscheidende Instanz. Die von einem extensiv interpretierten Gesetzesvorbehalt erzwungene Verwaltungssteuerung durch Parlamentsgesetze erweist sich dagegen vielfach als Scheinsteuerung. Die planende und lenkende Verwaltung steuert sich vielmehr in einem normativ verdünnten Raum weitgehend selbst[21].
Das gesetzliche Steuerungsdefizit wirkt sich auch auf den rechtsstaatlichen Grundsatz des Rechtsschutzes gegen den Staat aus[22]. Die vom Wohlfahrtsstaat typischerweise erzeugte Gruppenbetroffenheit kann bei seiner traditionellen Ausrichtung auf Indivi-

21 R. Mayntz, Thesen zur Steuerungsfunktion von Zielstrukturen, in: dies./F. Scharpf (Hg.), Planungsorganisation, 1973, 91-97; dies., Probleme der inneren Kontrolle in der planenden Verwaltung, ebd., 98-106; dies., Implementation politischer Programme, 1980; W. Hoffmann-Riem, Selbstbindung der Verwaltung, in: Veröffentlichungen der Vereinigung der Deutschen Staatsrechtslehrer 40 (1982), 187-239; W. Brohm, Situative Gesetzesanpassung durch die Verwaltung, in: Neue Zeitschrift für Verwaltungsrecht, 1988, 794-799.

22 R. Scholz, Verwaltungsverantwortung und Verwaltungsgerichtsbarkeit, in: Veröffentlichung der Vereinigung der Deutschen Staatsrechtslehrer 34 (1976), 145-220; E. Schmidt-Aßmann, Verwaltungsverantwortung und Verwaltungsgerichtsbarkeit, ebd., 221-274; W. Schmidt, Die Verwaltungsgerichtsbarkeit an den Grenzen des Verwaltungsrechtsschutzes, in: Neue Juristische Wochenschrift, 1978, 1769-1776; W. Brohm, Verwaltungsgerichtsbarkeit im modernen Sozialstaat, in: Die öffentliche Verwaltung, 1982, 1-10; ders., Zum Funktionswandel der Verwaltungsgerichtsbarkeit, in: Neue Juristische Wochenschrift, 1984, 8-14; D. Grimm, Die Aufgabenverteilung zwischen Justiz und Verwaltung bei der Genehmigung kerntechnischer Anlagen, in: S. van Buiren/E. Ballerstedt/D. Grimm, Richterliches Handeln und technisches Risiko, 1982, 25-62; ders., Interessenwahrung und Rechtsdurchsetzung in der Gesellschaft von morgen, in diesem Band, 176-196; I. Maus, Verrechtlichung, Entrechtlichung und der Funktionswandel von Institutionen, in: G. Göhler (Hg.), Grundlagen der Theorie politischer Institutionen, 1986, 132-172 (auch in: I. Maus, Rechtstheorie und politische Theorie im Industriekapitalismus, 1986, 277-331); dies., Perspektiven »reflexiven Rechts« im Kontext gegenwärtiger Deregulierungstendenzen, in: Kritische Justiz 19 (1986), 390-405.

dualrechtsschutz nicht erfaßt werden. Ließe sich dieser Mangel aber durch die Einführung kollektiver Rechtsschutzformen leicht beheben, so trifft die sinkende Bindungskraft der Gesetze den gerichtlichen Rechtsschutz nachhaltig. Rechtmäßigkeitskontrolle hängt von der Existenz justiziabler Normen ab. Wo diese fehlen, gibt es für die Gerichte nichts zu überprüfen. Während anhand von Konditionalprogrammen umfassend kontrolliert werden kann, ob die Voraussetzungen staatlichen Eingreifens gegeben waren und eine zulässige Maßnahme ergriffen wurde, lassen Finalprogramme nur die Kontrolle zu, ob konfligierende Ziele nachvollziehbar abgewogen und alle normativ vorgegebenen Gesichtspunkte berücksichtigt wurden. Tun die Gerichte ungeachtet des verdünnten Bindungsgrades der Gesetze mehr, so setzen sie sich ihrerseits an die Stelle der Verwaltung und betreiben justizförmige Politik. Die den Rechtsstaat stützende Gewaltenteilung wird dann auch im Verhältnis von Justiz und Verwaltung unterhöhlt.

Die enorme Gesetzesproduktion und der Umfang des Rechtsschutzes dürfen daher nicht als Beweis für eine besonders fortgeschrittene Rechtsstaatlichkeit genommen werden. In Wahrheit befindet sich der Rechtsstaat trotz unverminderter Wertschätzung in der Krise. Da sämtliche seiner Leistungen durch das Gesetz vermittelt werden, muß die fortschreitende »Entformalisierung der Rechtsstruktur«[23] ihn im Kern treffen. Darin und nicht bloß im leichtfertigen Umgang mit einem in sich ungeschwächten Rechtsstaatsprinzip[24] liegt seine eigentliche Gefährdung. Auf situatives Recht oder auf den nicht gesetzesvermittelten Rückgriff auf materiale Gerechtigkeit kann der Rechtsstaat nicht gegründet werden. Seine Zukunft hängt deswegen davon ab, ob sich auch im Bereich wohlfahrtsstaatlicher Aufgaben Rechts-

23 I. Maus, Perspektiven »reflexiven Rechts« im Kontext gegenwärtiger Deregulierungstendenzen, in: Kritische Justiz 19 (1986), 390-405 (399); mit anderer Zielrichtung schon früh E. Forsthoff, Begriff und Wesen des sozialen Rechtsstaats, in: Veröffentlichungen der Vereinigung der Deutschen Staatsrechtslehrer 12 (1954), 8-36 (auch in: ders. (Hg.), Rechtsstaatlichkeit und Sozialstaatlichkeit, 1968, 165-200, sowie ders., Rechtsstaat im Wandel, 2. Aufl. 1976, 65-89).

24 So aber E. Schmidt-Aßmann, Der Rechtsstaat, in: J. Isensee/P. Kirchhof (Hg.), Handbuch des Staatsrechts, Bd. 1, 1987, 987-1043 (1040 ff.).

strukturen entwickeln lassen, die wieder höhere Bindungskraft versprechen. Prozedurales Recht ist dafür der nächstliegende, aber nicht der einzige Vorschlag[25]. Wieweit es die Verluste an materiellrechtlicher Richtigkeitsgewähr kompensieren kann, harrt noch der Klärung.

25 K. Eder, Prozedurales Recht und Prozeduralisierung des Rechts, in: D. Grimm (Hg.), Wachsende Staatsaufgaben – sinkende Steuerungsfähigkeit des Rechts, 1990, 155-185; K.-H. Ladeur, Selbstorganisation sozialer Systeme und Prozeduralisierung des Rechts, ebd., 185-216; G. F. Schuppert, Grenzen und Alternativen von Steuerung durch Recht, ebd., 217-249; G. Teubner, Die Episteme des Rechts. Zu erkenntnistheoretischen Grundlagen des reflexiven Rechts, ebd., 115-154.

6. Interessenwahrung und Rechtsdurchsetzung in der Gesellschaft von morgen

I. Interessenbildung und -wahrnehmung

1. Die Bedeutung von Interessen und Interessenorganisation für den sozialen Rechtsstaat

a) Interessenbildung als Teil der Persönlichkeitsentfaltung

Interessen, zumal in der Wortkombination mit partikular und organisiert, sind nicht selten negativ besetzt und erscheinen dann als die von einem starken Staat zugunsten des Gemeinwohls überwindungsbedürftigen Kräfte. Interessen und Gemeinwohl geraten auf diese Weise in ein gegenseitiges Ausschließungsverhältnis, so daß sich eine Gesellschaft dem Gemeinwohl um so mehr annähert, je konsequenter sie die Einzelinteressen unterdrückt. Diese Perspektive ist selbst die Folge einer partikularen Verengung des Interessenbegriffs. Interessen sind konstitutiv für den Menschen als Person. Nur über Interessen begründet der Einzelne eine aktive Beziehung zur Umwelt, indem er Anteilnahme und Begehren entwickelt, die wiederum handlungsmotivierend und kontaktvermittelnd wirken. Der interesselose Mensch ist nicht etwa das wahrhaft soziale Wesen, sondern in Wirklichkeit asozial, weil er demotiviert und kontaktarm existiert und zur Fortentwicklung der Gesellschaft nichts beiträgt. Darüber herrscht in Philosophie, Anthropologie, Psychologie und Soziologie Einverständnis. Einige Interessen, die von allen geteilt werden, etwa das Interesse an Nahrung, Gesundheit, Zuwendung, können als Grundbedürfnisse bezeichnet werden. Andere Interessen lassen sich nur bestimmten Gruppen oder gar Einzelnen zuschreiben. Angesichts der unendlichen Vielfalt vorkommender Interessen kann man Individualität geradezu als die je gewählte und unwiederholbare Interessenkombination beschreiben. Insofern die Würde des Menschen an der Spitze des Grundgesetzes und die freie Entfaltung seiner Persönlichkeit am Beginn der Einzelgrundrechte steht, schützt das Grundgesetz auch die Ausbildung und Wahrnehmung seiner je persönlichen Interessen mit. Der Gemeinwohlauftrag des Staates steht dann nicht von vornherein quer zum Individualinteresse, sondern schließt dieses als ein Schutzziel des Staates ein, freilich unter der Geltung von Art. 3 GG für alle in gleicher Weise.

b) Organisation als Voraussetzung wirksamer Interessenwahrnehmung

Die Probleme, die vielfach zu einer negativen Bewertung von Interessen führen, resultieren aus dem Umstand, daß die Summe der vorhandenen Interessen stets größer ist als die Zahl der verfügbaren Befriedigungsmöglichkeiten. Der Grund liegt darin, daß entweder gleichförmige Interessen auf ein knappes Gut materieller oder immaterieller Art gerichtet sind oder unterschiedliche Interessen sich derart zueinander verhalten, daß das eine nur auf Kosten des anderen befriedigt werden kann. In solchen Konstellationen hängt das Maß der Interessendurchsetzung von der Macht ab, über die ein Interessent verfügt, wobei diese sich aus sehr verschiedenen Quellen speisen kann. Macht läßt sich durch Summierung steigern. Es liegt daher nahe, gemeinsamen Interessen durch kollektive Verfolgung größeres Gewicht zu verleihen. Ist die Macht bei konfligierenden Interessen sehr ungleichmäßig verteilt, wird die Organisation des schwächeren Interesses nachgerade zur Bedingung seiner Durchsetzung. Das konnte nur unter der bürgerlichen Prämisse, in der Gesellschaft herrsche, wenn sie nur von korporativen Bindungen und ständischen Privilegien befreit sei, ein natürliches Kräftegleichgewicht, zeitweilig geleugnet werden. Die Prämisse hielt indes schon den vorindustriellen Verhältnissen, unter denen sie formuliert wurde, nicht stand und ist von der Industriegesellschaft vollends widerlegt worden. Interessenanerkennung und -schutz schließt daher die Möglichkeit kollektiver Interessenwahrnehmung notwendig ein. Das Grundgesetz zieht diese Konsequenz ausdrücklich im Assoziationsrecht des Art. 9, das sich damit nur als Fortsetzung des individuellen Grundrechtsschutzes unter den Bedingungen natürlich gegebener oder sozial hergestellter Ungleichheiten zu erkennen gibt.

c) Schutz und Ausgleich von Interessen als Staatsfunktion

So wie sich das Bürgertum ursprünglich der Illusion hingegeben hatte, die Gesellschaft werde einen gerechten Interessenausgleich aus eigener Kraft zuwegebringen, wenn nur jeder Einzelne ungehindert seine Interessen verfolgen dürfe, erlag die frühe Pluralismustheorie der Illusion, der gerechte Interessenausgleich werde sich aus dem freien Spiel der organisierten Interessen automatisch ergeben. Inzwischen steht aber erstens fest, daß unter den organisierten Interessen ebensowenig wie unter den Individuen ein Kräftegleichgewicht vorausgesetzt werden kann, und zweitens hat sich erwiesen, daß eine Reihe von Interessen nur schwer und andere überhaupt nicht verbandlich organisierbar sind. Das Maß der Interessendurchsetzung wird dann aber auch unter den Bedingungen organisierter Interessenwahrnehmung zu einer Frage der Stärke ihrer jeweiligen Träger. Indessen sanktioniert das Grundgesetz nicht das Recht des Stärkeren, sondern stellt die Gesellschaftsordnung unter den Anspruch sozialer Gerechtigkeit, der ohne die Intervention des selbst mit keinem Einzelinteresse identifizierten Staates nicht gelingen kann. Dieser ist vielmehr gehalten, das vorgefundene und sich immer von neuem einstellende Machtgefälle unter Einzelnen wie Gruppen zu korrigieren, um auf diese Weise einen gerechten Interessenausgleich herbeizuführen. Das geht nicht ohne eine Bewertung von Interessen, wofür die Grundrechte Anhaltspunkte, aber keine fertigen Programme liefern. Im grundrechtlich gezogenen Rahmen ist der Interessenausgleich also von der jeweils gewählten Mehrheit nach ihren Gemeinwohlvorstellungen vorzunehmen.

d) *Abhängigkeit einer gerechten Gesellschaftspolitik von Interessenbildung und -wahrnehmung*

Die Erfüllung des Auftrags kann dann freilich nur in dem Maß gelingen, wie die Einzelnen auch im Stande sind, Interessen auszubilden, gemeinschaftlich wahrzunehmen und im staatlichen Entscheidungsprozeß zur Geltung zu bringen. Nicht ausgebildete oder nicht artikulierte Interessen laufen Gefahr, unberücksichtigt zu bleiben. Umgekehrt können Interessen, deren Träger über leichteren Zugang zum Machthaber, bessere Propagandamöglichkeiten, stärkere Druckmittel verfügen, sich auch Vorteile im Interessenausgleich verschaffen. Das demokratische Wahlrecht setzt hier zwar ein Gegengewicht, indem es allen Staatsbürgern den gleichen Einfluß auf die periodische Neubestimmung der politischen Richtung einräumt und so verhindert, daß die Interessen ganzer Bevölkerungsgruppen von den politischen Instanzen folgenlos vernachlässigt werden können. Doch ist das Problem damit keineswegs gelöst, weil die Wahl nur eine hochgeneralisierte Vertrauensvorgabe darstellt und die Verfolgung spezifischer Interessen nicht erlaubt. Der gerechte Interessenausgleich, der dem Staat aufgetragen ist, bleibt vielmehr von der Möglichkeit freier Interessenbildung und zuverlässiger Interessenvermittlung abhängig. Sein Auftrag umfaßt dann aber als notwendige Bedingung der Erfüllung zugleich die Pflicht, dem Einzelnen, soweit er dessen bedürftig ist, die Voraussetzung zur Ausbildung und Wahrung eigener Interessen zu verschaffen, ohne daß dies in eine bevormundende Interessensteuerung einmünden dürfte. Eine solche Pflicht folgt im übrigen auch aus Art. 2 Abs. 1 GG. Gehört die Ausbildung und Wahrung von Interessen nämlich zur freien Entfaltung der Persönlichkeit, dann hat der Staat diese nach heutigem Grundrechtsverständnis nicht nur passiv zu respektieren, sondern auch aktiv zu fördern.

2. Aktuelle und künftige Gefährdungen

Die Fähigkeit zur Interessenbildung und -wahrung konnte zu keiner Zeit als gegeben unterstellt werden, weil sie von Ressourcen abhängt, die erstens knapp und zweitens ungleich verteilt sind. Auf der Ebene der Interessenbildung handelt es sich vor allem um Information und Orientierung, auf der Ebene der Interessendurchsetzung um Macht und Geld. Rechtsgleichheit und verbesserte Bildungschancen haben zwar lange aufrechterhaltene Hindernisse beseitigt. Inzwischen sind aber neue Gefahrenquellen entstanden, die die Fähigkeit zur Interessenbildung und -wahrung und damit auch die Voraussetzung für eine gerechte Gesellschaftspolitik wieder herabzusetzen drohen. Ich will vier davon anführen.

a) Zeit: Entscheidungen mit Spätfolgen und Interessenbildung

Die erste dieser Gefährdungen resultiert aus der veränderten Bedeutung des Zeitfaktors für die Politik. Immer häufiger werden, meist aufgrund neuer technischer Errungenschaften, Entwicklungen in Gang gesetzt, deren Folgen nicht sogleich sichtbar sind, sondern erst mit beträchtlicher Zeitverzögerung zu Tage treten. Auf Interessenbildung und -wahrnehmung wirkt sich das deswegen aus, weil diese eng mit subjektiver Betroffenheit zusammenhängen. Interessen pflegen sich angesichts von Situationen zu bilden, die von Einzelnen oder Gruppen als sie betreffend wahrgenommen werden und die sie zu erhalten oder zu verändern wünschen. Interessenbildung setzt dann aber voraus, daß zwischen der angebahnten Entwicklung und der eigenen Situation eine Beziehung hergestellt wird. Je später indessen die Folgen einer Entwicklung auftreten, desto geringer wird die Wahrscheinlichkeit, daß die künftig Betroffenen sich schon jetzt dafür interessieren. Kommen die Folgen gar erst auf spätere Generationen zu, ist der Grad der Interessiertheit selbst bei Eltern minimal. Für die Politik, die von solchen Entwicklungen unter Entscheidungszwang gestellt wird, sofern sie sie als regelungsbedürftig erkennt, und dabei einen gerechten Interessenausgleich anstreben soll, bedeutet dies, daß sie im Entscheidungszeitpunkt nur den Interessenten an der technischen Entwicklung begegnet, während die von den Folgen Betroffenen mangels Situationsnähe ihres Interesses nicht gewahr werden und es daher auch im politischen Prozeß nicht zur Geltung bringen. Das Interesse bleibt latent und erschwert als solches den gerechten Interessensausgleich. Es manifestiert sich erst, wenn die Folgen spürbar werden, muß dann aber seinerseits folgenlos bleiben, weil in der Regel keine kurzfristigen Korrekturmöglichkeiten zur Hand sind.

b) Komplexität: Unabsehbarkeit von Folgewirkungen und Interessenbildung

Ein ähnlicher Effekt stellt sich ein, wenn Entwicklungen eingeleitet werden, deren Folgen wegen der Komplexität des Gegenstandes ungewiß oder unabsehbar sind. Auch derartige Entwicklungen nehmen wegen der generell steigenden Komplexität der Verhältnisse an Zahl zu. Interessenbildung kann aber wegen ihrer Situationsbezogenheit nur an absehbare Folgen anknüpfen, seien diese auch bloß vermutet und nicht erwiesen. Die Interessen kristallisieren sich dann allein um die vorhersehbaren Naheffekte, die sich häufig positiv bewerten lassen, etwa die Vermehrung der empfangbaren Fernsehprogramme durch Zulassung kommerzieller Sender oder die Erfüllung von Kindeswünschen unfruchtbarer Eltern durch neuartige Reproduktionstechniken. Dagegen entziehen sich die unabsehbaren Fernwirkungen, etwa bezüglich der kindlichen Sozialisation bei genetisch, physisch und sozial aufgespaltener Elternschaft oder bezüglich der Orientierungsfähigkeit und Handlungskompetenz der Erwachsenen bei einem von Einschaltquoten und also Werbeeinnahmen abhängigen Fernsehsystem, der Interessenbildung. Sie drohen daher auch von einer unter dem Zwang der Interessentenpflege stehenden demokratischen Politik vernachlässigt zu werden. Das wäre verhältnismäßig unschädlich, wenn sich die Interessenbildung und -durchsetzung nach Bekanntwerden solcher Folgen nachholen und die Entwicklung politisch korrigieren ließe. Häufig können solche Korrekturen, selbst wenn sie in der Gegenwart eingeleitet werden, aber ihrerseits erst wieder in ferner Zukunft Früchte tragen, wie das Beispiel des Waldsterbens verdeutlicht. Es muß jedoch auch die Gefahr einkalkuliert werden, daß die eingetretene Entwicklung die Ausbildung gegenläufiger Interessen gar nicht mehr zuläßt, weil sich aufgrund der Entwicklung, etwa der Gentechnik oder der Mediensozialisation, die Bedürfnisstruktur des Menschen nachhaltig verändert hat.

c) Differenzierung: Fragmentierung von Interessen und Interessenorganisation

Die Bedingungen der Interessenausbildung und -wahrung wandeln sich ferner durch die Veränderungen in der Arbeitswelt. Das Stichwort lautet hier wachsende Differenzierung. Aufgrund dieses Prozesses haben sich gleichförmige Arbeitssituationen für große Teile der Bevölkerung aufgelöst. Insgesamt ist der Anteil selbständig verrichteter und eigenverantworteter Arbeitsleistung gestiegen. Das gilt auch für die Industriearbeiterschaft. Damit geht zugleich ein Gewinn an Freiheit und Individualität einher. Diese Tendenz verstärkt sich durch die noch immer anhaltende Senkung der Arbeitszeit bei gleichzeitiger Verlängerung der Lebensdauer und Vermehrung der Freizeitmöglichkeiten. Arbeit erscheint infolgedessen nicht mehr als die alles bestimmende Lebenssituation. Rückwirkungen auf die Interessenstruktur ergeben sich daraus, daß die Möglichkeit organisierter Interessenwahrnehmung von der Existenz gleichgelagerter Interessenkonstellationen abhängt. Völlig gleichförmige Interessenlagen kommen freilich, wenn Individualität gerade auch als persönliche Interessenkombination verstanden werden kann, nicht vor. Es verhielt sich aber lange Zeit so, daß unter der Vielzahl individuell ausgebildeter Interessen bei einem großen Personenkreis ein Interesse derartige Dominanz gewann, daß dieses gemeinsame Interesse die vielen unterschiedlichen in den Hintergrund drängte. Die Befindlichkeit des Einzelnen war dann durch eine Kollektivsituation so entscheidend geprägt, daß er sich selbst durch die Situation und das ihr gegenüber entwickelte Interesse definierte. Handelte es sich dabei um ein ökonomisches Interesse, so spricht man von Klassen. Ausgeprägte Klassenlagen sind der Organisation von Interessen günstig, zugleich freilich ein Indiz nicht geglückten Interessenausgleichs. Der typische Fall war die Lohnarbeiterschaft im 19. Jahrhundert, für die die Ausbeutungssituation im Arbeitsleben solche Dominanz erlangte, daß sie in dem alles überragenden Interesse an Änderung der Situation einig war. Diese Lage ist entfallen. Manifeste und jedem Betroffenen sinnfällige Ausbeutung ist heute nur noch selten anzutreffen. Die Interessen werden individueller kombiniert und damit zugleich fragmentiert. Die Struktur der Interessenvermittlung wird dadurch vielfältiger, Großorganisationen büßen an Schlagkraft ein, weil sie schon in sich unterschiedliche Interessen vorausgleichen müssen. Inwieweit diese Entwicklung zu einer Schwächung oder nur zu einer Umstrukturierung der organisierten Interessenwahrung führen wird, ist derzeit noch nicht völlig absehbar.

d) Vereinzelung: Auflösung von Arbeitszusammenhängen und Interessenwahrnehmung

Diese in der Interessenstruktur selbst begründete Veränderung der Interessenwahrung wird sich in Zukunft noch durch externe Veränderungen der Arbeitswelt fortsetzen. Gemeint sind die Tendenzen zur Auflösung des Betriebs als Ort gemeinsam verrichteter Arbeit. Der Desintegrationsprozeß kann durch Zusammenfassung von Arbeitsabläufen ausgelöst werden, so daß technische Kombinationen die menschliche Zusammenarbeit erübrigen. Er wird aber vor allem durch Bildschirmarbeitsplätze gefördert, die die Kommunikation zwischen Menschen durch Kommunikation mit Maschinen ersetzen. Sozialer Kontakt am Arbeitsplatz reduziert sich dann auf Pausen. Telekommunikation und Bildschirmarbeit ermöglichen aber sogar die völlige Auslagerung von Tätigkeiten aus dem Betrieb in die heimische Umgebung. Auch damit können zusätzliche Dispositions- und Kombinationsmöglichkeiten von familiärer und beruflicher Rolle für den Einzelnen gewonnen werden. Sie müssen aber um den Preis der Schwächung sozialer Kontakte im Arbeitsleben erkauft werden. Das Resultat all dieser technisch ermöglichten Entwicklungen ist zunehmende Vereinzelung. Für die Interessenbildung und -durchsetzung hat das Folgen, weil Interessen nicht mit einer bestimmten Situation auch schon ausgebildet vorhanden sind und dann nur noch vertreten werden müssen. Interessen erscheinen vielmehr als Produkt von Lage und Bewußtsein. Ihre Ausbildung vollzieht sich deswegen im sozialen Kontakt derer, die von einer Situation gleichmäßig betroffen sind. Indem dieser Kontakt sich verdünnt, sinkt nicht nur die Fähigkeit gemeinsamer Interessenverfolgung, sondern schon die Fähigkeit der individuellen Interessenwahrnehmung und -ausbildung. Die Anzahl latent bleibender und damit den staatlichen Interessenausgleich beeinträchtigender Interessen nimmt dadurch zu.

3. Abhilfemöglichkeiten

a) Die Eignung von Verboten und Entscheidungsverzichten

Da eine defiziente Interessenstruktur sowohl die freie Entfaltung der Persönlichkeit als auch den staatlichen Auftrag zum gerechten Interessenausgleich beeinträchtigt, kann der Staat der Entwicklung nicht tatenlos zusehen. Fragt man nach den Abhilfen, die ihm zu Gebote stehen, so liegt zunächst der Gedanke an Verbote von Entwicklungen, die die Fähigkeit zur Interessenausbildung und -wahrnehmung herabsetzen, sowie an Entscheidungsverzichte, solange sich die betroffenen Interessen noch nicht formuliert haben, nahe. Beide Wege lassen sich aber nicht ohne Schwierigkeiten beschreiten. Die meisten der hier erwähnten Gefahren für Interessenausbildung und -wahrung resultieren aus dem inzwischen erreichten Grad sozialer Differenzierung. Insofern sind sie strukturell bedingt und deswegen Handlungsverboten gar nicht zugänglich. Verbote lassen sich allenfalls dort denken, wo interessebedrohende Entwicklungen erst bevorstehen, werden freilich gegen den Rationalitätsgewinn, den neue Techniken punktuell stets versprechen, nur schwer durchsetzbar sein. Sie können jedoch dort nicht entbehrt werden, wo diese das Substrat der menschlichen Person, das im Grundgesetz vorausgesetzt ist, zu verändern drohen, etwa im Bereich der sogenannten positiven Eugenik oder Menschenzüchtung. Entscheidungsverzichte, solange die Entscheidungsfolgen ungewiß oder die Interessen unausgebildet sind, bieten dagegen immer nur Scheinlösungen, weil sich auch der Entscheidungsverzicht bei näherem Hinsehen als Entscheidung mit ungewissen Folgen erweist, der Verzicht auf die Entwicklung der Kernenergie z. B. möglicherweise als Entscheidung für lebensbedrohende Energieengpässe in der Zukunft. In der Regel werden also Strategien gesucht werden müssen, die den Ausfall spontaner Interessenbildung und -wahrnehmung auf Seiten der Betroffenen durch artifizielle Vorkehrungen kompensieren.

b) Offenhalten von Entscheidungen mit Langzeiteffekt und unabsehbaren Folgen

Müssen Entscheidungen gefällt werden, deren Folgen ungewiß sind oder erst mit erheblicher Verzögerung eintreten, so daß sie nicht sogleich Betroffenheit erzeugen, dann fordert das Gebot des gerechten Interessenausgleichs, die Entscheidung so anzulegen, daß sie für Korrekturen offen bleibt. Solche Korrekturmöglichkeiten sind rechtlich selbstverständlich stets gegeben. Es geht aber um die tatsächliche Korrekturmöglichkeit. Die Forderung ist freilich schwer zu erfüllen, weil die bereits eingetretenen Folgen niemals ungeschehen gemacht werden können. Wird die Entscheidung zugunsten der friedlichen Nutzung der Kernenergie rückgängig gemacht, so bleibt das Problem der Endlagerung radioaktiver Brennstäbe gleichwohl bestehen. Erst recht regenerieren sich nicht alle natürlichen Ressourcen, auch wenn die Entscheidung fallen sollte, ihren Abbau zu beenden. Noch schwieriger gestaltet sich die Entscheidungskorrektur im kulturellen Bereich, etwa im Bildungssystem, wo nicht eigentlich ein Fehler beseitigt, sondern nur bei späteren Generationen ein Neubeginn versucht werden kann. Die Forderung nach Offenhalten der Entscheidung darf also nicht unrealistisch überzogen werden. In der Regel wird es um eine Zerlegung neuer Entwicklungen in Teilschritte und deren zeitliche Dehnung gehen, damit Interessen und Erfahrungen nachwachsen und noch vor einer Verfestigung der Situation folgenreich zur Geltung gebracht werden können. Die Unverträglichkeitsgrenze ist aber dort erreicht, wo eine Entwicklung bereits die Möglichkeit des Interesses an ihrer Änderung oder Rückgängigmachung verbaut. Solche Folgen könnten im gentechnischen und kommunikationstechnischen Bereich drohen.

c) Konstituierung spezieller Aufmerksamkeiten im Staatsapparat

Das Offenhalten von Entscheidungen vermag freilich die fehlende Interessenartikulation im Entscheidungszeitpunkt nicht zu ersetzen. Es bewahrt ihr nur eine gewisse Wirkungschance, wenn sie zu einem späteren Zeitpunkt, in dem sich konkrete Betroffenheit zeigt, nachgeholt werden sollte. Das Primärziel muß freilich sein, die Grundentscheidung unter Antizipation der von ihr erzeugten Betroffenheiten und berührten Interessen zu fällen. Eine solche Antizipation ist einem Beobachter in begrenztem Maß möglich, selbst wenn sie von den Betroffenen selbst nicht geleistet wird. Man kann sich freilich nicht darauf verlassen, daß solche Beobachtungen zufällig in den Entscheidungsprozeß eingeführt werden, abgesehen davon, daß sie ohne politisches Gewicht blieben, solange die Gruppe, deren potentielles Interesse stellvertretend wahrgenommen wird, nicht dahintersteht. Sachwalterschaft für voraussehbare, aber von den Betroffenen selbst noch nicht erkannte oder artikulierte Interessen muß deswegen vermehrt im Staatsapparat selbst institutionalisiert werden. Solche speziellen Aufmerksamkeiten, als Kompetenz eingerichtet, haben die Eigendynamik bürokratischer Organisation hinter sich. Die Amtswalter rechtfertigen ihre Existenz, indem sie ihre Kompetenz wahrnehmen. Sie gewinnen durch die damit verbundene Spezialisierung zugleich einen Aufmerksamkeitsgrad, der die häufig diffusen Emotionen der Direktbetroffenen oder ihrer selbst ernannten Sachwalter an Genauigkeit übertrifft. Sie scheinen schließlich in ihrer sachlich abgegrenzten, vom staatlichen Entscheidungsapparat distanzierten Position sogar Parteiloyalitäten zu überlagern. Das Vorbild der Datenschutzbeauftragten erscheint hier durchaus ermutigend.

d) Stützung personaler Autonomie: Bildung, Medien, Freizeit

Auch Sachwalter bleiben freilich nur ein Ersatz für die Wahrnehmung von Interessen durch die Betroffenen selbst, denn Interesse ist ein personales Phänomen, und Politik, die mit objektiven Interessen operiert, gerät schnell in die Gefahr des Paternalismus. Insofern muß die staatliche Politik auf die Fähigkeit des Einzelnen gerichtet sein, eigene Interessen auszubilden, wahrzunehmen und zu verfolgen. Sie muß freilich, da friedliche Koexistenz nur auf der Basis von Interessenausgleich möglich ist, ebenso darauf gerichtet sein, daß der Einzelne lernt, gegenläufige Interessen anderer wahrzunehmen und als prinzipiell gleichberechtigt anzuerkennen, damit er seine Eigeninteressen relativieren kann und kompromißfähig wird. Das verlangt eine Politik, die fern von Paternalismus personale Autonomie stützt. Personale Autonomie oder Mündigkeit und Handlungskompetenz werden häufig als gegeben unterstellt. Daraus soll dann folgen, daß gesellschaftliche Entwicklungen vom demokratischen Staat als Ergebnis der Entscheidung mündiger Bürger ungefragt hinzunehmen sind. Die Prämisse hält indes einer Prüfung nicht stand. Mündigkeit und Handlungskompetenz sind zwar die Bedingungen der Möglichkeit von Demokratie, können dessen ungeachtet aber nicht als gegeben unterstellt werden. Sie müssen vom Einzelnen vielmehr immer neu erworben und bewahrt werden. Das ist in der Regel nicht ohne externe Stützung möglich. Da es sich um Voraussetzungen der Verwirklichung des demokratischen Sozialstaats handelt, wird diese Stützung von den Staatsaufgaben umschlossen. Das ist für das Kindes- und Jugendalter anerkannt. Es muß aber auch auf den Erwachsenen erstreckt werden. Der Staat darf seine Bildungsziele für die Jugend nicht auf dem Sektor der Medien- oder Freizeitpolitik wieder dementieren. In diesen Bereichen fallen die eigentlichen Entscheidungen für die Fähigkeit zur Interessenbildung und -wahrnehmung in der Gesellschaft von morgen.

II. Rechtsschutz und Gerichte

1. Bedeutung des Rechts für die Interessenwahrung

a) Objektives und subjektives Recht als Schutz und Ausgleich von Interessen

Der Staat erfüllt seine Aufgabe des Schutzes und Ausgleichs von Interessen vorwiegend mit dem Mittel des Rechts. Evident wird der Interessenbezug des Rechts in der Figur des subjektiven Rechts, das in der berühmten Definition Jherings geradezu als rechtlich geschütztes Interesse erscheint. In der Tat sind subjektive Rechte nichts anderes als diejenigen Individualinteressen, welche eine Gesellschaft als schutzwürdig anerkennt. Es ist daher bezeichnend, daß Gesellschaftssysteme, die das Individualinteresse nicht in den Staatszweck aufnehmen, sondern den Einzelnen allein im Dienst an der Gesamtheit sich verwirklichen sehen, subjektive Rechte ablehnen und ihre Rechtsordnung ausschließlich objektiv bestimmen. Insofern erst die rechtliche Anerkennung ein vorhandenes Interesse zum subjektiven Recht erhebt, sind freilich auch subjektive Rechte stets objektivrechtlich vermittelt. Im objektiven Recht fällt die Entscheidung darüber, welche individuellen Interessen als berechtigt anerkannt werden und den Schutz der Staatsgewalt genießen sollen und wie sie gegen die Interessen anderer und gegen die Gemeinschaftszwecke abgegrenzt bzw. mit ihnen vermittelt werden sollen. Ohne Rückgriff auf die Interessen, die im Recht anerkannt, unterdrückt, abgegrenzt und ausgeglichen werden, kann daher die Bedeutung von Rechtssätzen nicht adäquat erfaßt werden. Darauf haben ganze Methodenrichtungen der Rechtswissenschaft gebaut, wenngleich dabei gelegentlich aus dem Blick geriet, daß die rechtliche Interessenbewertung auf materialen Prinzipien beruht, die die Bedeutung von Rechtsnormen nicht weniger prägen als ihr Interessensubstrat.

b) Gerichtlicher Rechtsschutz als Voraussetzung für die Durchsetzbarkeit subjektiver Rechte

Der rechtliche Schutz von Interessen vollendet sich freilich erst, wenn ein rechtlich geschütztes Interesse im Konfliktfall auch durchgesetzt werden kann. Daher versetzen subjektive Rechte ihren Träger regelmäßig in den Stand, seinem Interesse erforderlichenfalls unter Inanspruchnahme der staatlichen Zwangsgewalt Geltung zu verschaffen. Subjektives Recht bedeutet zugleich die Möglichkeit gerichtlichen Rechtsschutzes und wäre ohne diese nur ein leerer Titel ohne realen Nutzwert. Das ist im Bereich des Privatrechts seit langem selbstverständlich, im Verhältnis von Bürger und Staat keineswegs. Es gibt im Gegenteil eine ganze Reihe demokratischer Staaten, die nicht mit jedem subjektiven öffentlichen Recht auch die Möglichkeit gerichtlicher Durchsetzung gegen den Staat verbinden. Besonders auffällig wird das an einem Musterfall subjektiver öffentlicher Rechte, den Grundrechten. Grundrechte bleiben in Systemen ohne Verfassungsgerichtsbarkeit oder mit einer nur auf Staatsorgane und Staatsorganisationsrecht beschränkten Verfassungsgerichtsbarkeit juristisch nahezu bedeutungslos. Die rechtswissenschaftliche Grundrechtsdogmatik ist in all diesen Systemen unterentwickelt. Die Grundrechte mögen dann zwar, sofern sie über einen starken sozialen

Rückhalt verfügen, immer noch ihre staatsbegrenzende Wirkung tun, aber diese ist im Ernstfall gegen einen widerstrebenden Staat nicht juristisch erzwingbar. Erst wenn man sich das klarmacht, vermag man die Garantie umfassenden Rechtsschutzes gegen den Staat in Art. 19 Abs. 4 GG, der zu Recht als das prozessuale Gegenstück der freien Persönlichkeitsentfaltung aus Art. 2 Abs. 1 GG betrachtet wird, sowie die Einrichtung der Verfassungsbeschwerde richtig zu würdigen.

c) Rechtsschutz als objektive Rechtmäßigkeitskontrolle und Durchsetzung subjektiver Rechte

Das deutsche Rechtsschutzsystem ist seiner liberalen Herkunft entsprechend ganz auf den Schutz subjektiver Rechte und also der im subjektiven Recht anerkannten Individualinteressen ausgerichtet. Privatrechtsschutz erlangt, wer einen Anspruch gegen ein anderes Privatrechtssubjekt geltend machen kann. Rechtsschutz gegen den Staat erlangt, wer vorträgt, durch diesen in einem seiner subjektiven Rechte verletzt zu sein. Rechtsschutz ist also als prozessualer Annex zum subjektiven Recht konzipiert. Das muß nicht so sein, und Systeme, die das subjektive Recht ablehnen und nur objektives Recht kennen, können auch das Gerichtssystem nur zur Kontrolle objektiver Rechtmäßigkeit einsetzen. Gleichwohl vermögen sie meist nicht auf den betroffenen Einzelnen als Initiator einer solchen objektiven Kontrolle zu verzichten. Mangels subjektiver Rechte setzt er das Rechtsschutzsystem aber nicht in seinem Interesse, sondern im öffentlichen Interesse in Gang. Im Endeffekt mag das aufs selbe hinauslaufen, weil auch die Feststellung einer objektiven Rechtswidrigkeit ihm subjektiv zugute kommt. Umgekehrt wird natürlich auch in den Systemen subjektiven Rechtsschutzes die objektive Rechtmäßigkeit stets mitkontrolliert. Die Differenzen verkleinern sich dadurch. Sie liegen vor allem im Umfang, in dem der Einzelne Rechtmäßigkeitskontrollen in Gang setzen darf, sowie in der Herrschaft, die ihm über den Streitgegenstand und den Fortgang des Verfahrens zugestanden wird. Man sollte daher auch bei der Einordnung unseres Rechtsschutzsystems die Alternative von subjektivem Rechtsschutz und objektiver Rechtskontrolle nicht strapazieren und erkennen, daß ohnehin beides geleistet wird und wegen des notwendigen Zusammenhangs von subjektivem und objektivem Recht auch geleistet werden muß.

d) Justiziable Normen als Voraussetzung gerichtlichen Rechtsschutzes

An ein Erfordernis bleibt die gerichtliche Kontrolltätigkeit freilich unabdingbar geknüpft. Funktional spezialisiert auf die Frage, wer im Recht ist oder ob Rechtsverletzungen vorgekommen sind, kann sie nur dort zum Zuge kommen, wo das umstrittene Verhalten rechtlich determiniert ist. Dazu bedarf es eines Rechtssatzes, wenngleich nicht notwendig eines geschriebenen, und wo dieser fehlt, ist rechtlich nichts zu überprüfen. Das steht außer Frage. Der Rechtssatz muß aber auch, um primär als Verhaltensregel und sekundär als Kontrollmaßstab fungieren zu können, Bindungskraft entfalten, also dasjenige Mindestmaß an Bestimmtheit aufweisen, welches erforderlich ist, um eine gewünschte Verhaltensalternative anzuordnen oder unerwünschte Verhaltensalternativen auszuschließen. Im Hinblick auf die gerichtliche Kontrolltätigkeit wird dieses Erfordernis mit dem Begriff der justiziablen Norm erfaßt. Fehlt es an justiziablen Normen, kann ebensowenig eine Rechtmäßigkeitskontrolle stattfinden wie beim Fehlen von Rechtsnormen überhaupt. Das wird freilich nicht im selben Maß anerkannt oder praktiziert. Man muß sich aber vor Augen halten, daß die Gerichte, wenn sie gleichwohl tätig werden, funktional betrachtet nicht mehr als Rechtsprechungsorgane, sondern als politische Entscheidungsinstanzen tätig werden, die diejenigen Regeln, deren Einhaltung sie überwachen sollen, im Kontrollverfahren erst aufstellen. Das Ausmaß gerichtlichen Schutzes rechtlich anerkannter Interessen hängt also von der Möglichkeit der Formulierung justiziabler Normen ab. Ohne in eine justiziable Norm gegossen worden zu sein, büßt das rechtlich anerkannte Interesse die Chance prozessualer Durchsetzung ein.

2. Aktuelle und künftige Gefährdungen

Nicht anders als für die Bildung und Wahrung von Interessen gilt für ihren rechtlichen Schutz und ihre gerichtliche Durchsetzbarkeit, daß sie voraussetzungsvoll und ressourcenabhängig sind. Die Ressourcen bestehen hier zum einen in der Kapazität der Gerichte, effektiven, also auch prompten Rechtsschutz zu gewähren, zum anderen in der Möglichkeit, berechtigte Interessen auch justiziabel zu machen. Bei dem ersten handelt es sich um ein altes, wenngleich weiterhin bedrängendes Problem. Das zweite ist neuerer Art und soll hier näher besprochen werden.

a) Krise des subjektiven Rechts: Diskrepanz zwischen Betroffenheit und Klagemöglichkeit

Die erste Gefährdung des Rechtsschutzes ergibt sich aus dem Umstand, daß die Staatstätigkeit kontinuierlich angewachsen ist, ohne daß das Rechtsschutzsystem damit Schritt gehalten hätte. Das überkommene Rechtsschutzsystem ist ein Produkt des Liberalismus und war auf dessen Staatsverständnis bezogen. Der liberale Staat verstand sich als Garant einer vorausgesetzten, quasinatürlichen Freiheitsordnung, die er lediglich gegen Gefahren abzuschirmen hatte. Die Gefahrenabwehr vollzog sich mittels punktueller Eingriffe in die individuelle Interessensphäre, aus der eine Störung stammte. Die Gefahr der Zweckentfremdung des Eingriffs bannte das parlamentarisch beschlossene Gesetz, das Voraussetzung und Folgen zulässiger staatlicher Eingriffe abschließend festlegte. Der Kontakt zwischen Staat und Individuum fand also auf der Ebene des konkreten Eingriffs statt, und auf die Abwehr unzulässiger Eingriffe in individuelle Rechtspositionen war daher das Rechtsschutzsystem zugeschnitten. Mögliche Betroffenheit durch den Staat und Rechtsschutz gegen ihn kamen auf diese Weise zur Deckung. Inzwischen beschränkt sich der Staat aber nicht mehr auf die Garantie einer vorausgesetzten Ordnung, sondern unternimmt es, die Ordnung auf bestimmte Gerechtigkeitsziele hin planmäßig zu gestalten. Zur Erfüllung dieser Aufgaben bedient er sich in der Regel nicht des Eingriffs in subjektive Rechtspositionen. Vielmehr vergibt er Leistungen, wirkt motivierend auf individuelles Verhalten ein, verändert Rahmenbedingungen etc. Die individuellen Entfaltungsmöglichkeiten und Lebenschancen werden durch diese Aktivitäten weit nachhaltiger und tiefgreifender bestimmt als durch den punktuellen Eingriff. Gleichwohl sind sie in einem Rechtsschutzsystem, das ganz auf den Schutz subjektiver Rechte vor unzulässigen Einzeleingriffen zugeschnitten ist, nicht thematisierbar. Betroffenheit durch den Staat und Rechtsschutz gegen ihn fallen seitdem auseinander. Das subjektive Recht leistet die ihm zugedachte Vermittlung zwischen Bedrohung und Schutz nicht mehr in ausreichendem Maß.

b) Rechtschutzdefizite für kollektive und künftige Betroffenheit

Auf den konkreten Einzeleingriff zugeschnitten, in dem die Staatsgewalt des liberalen Ordnungsstaates typischerweise mit dem Einzelnen in Kontakt trat, erlaubt das Rechtsschutzsystem nur dem Einzelnen, den Rechtsschutz in Gang zu setzen, und auch dies nur gegen bereits geschehene oder unmittelbar bevorstehende Eingriffe. Im Gegensatz zur klassischen Eingriffsverwaltung erzeugt die moderne planende und lenkende Verwaltung des Sozialstaats aber typischerweise keine Einzelbetroffenheit, sondern Gruppenbetroffenheit. Gruppenbetroffenheiten können in dem auf Individualrechtsschutz zugeschnittenen System als solche aber nicht zur Geltung gebracht werden, und zwar weder auf der Beteiligtenebene, wo nur einzelne Rechtssubjekte klagebefugt sind, noch auf der Ebene des Streitgegenstandes, wo nur der individuelle Ausschnitt des Gesamtproblems geprüft werden kann. Das Rechtsschutzsystem nötigt also zu einer sachwidrigen Verformung des Prozeßthemas und führt zu Massenverfahren, auf die der gerichtliche Rechtsschutz nicht eingerichtet ist. Etwas Ähnliches gilt für den Zeitfaktor. Die zukunftsgestaltende Staatstätigkeit ist dadurch charakterisiert, daß Entscheidung und Folgeneintritt weit auseinanderfallen. Da das Rechtsschutzsystem auf die Kontrolle konkreter Eingriffe zugeschnitten ist, solche aber erst im späteren Vollzug komplexer Planungen und Lenkungen drohen, tritt eine Verzögerung des Rechtsschutzes ein. Diese Verzögerung erweist sich deswegen als Gefährdung, weil komplexe, teure und schrittweise verwirklichte Planungen ein faktisches Gewicht zu entfalten pflegen, vor dem der spätere Individualrechtsschutz selbst dort, wo rechtswidrige Eingriffe vorliegen, in der Regel kapituliert.

c) Rechtsschutzdefizite bei Betroffenheit als Teil der Allgemeinheit

Das auf den Individualrechtsschutz zugeschnittene Rechtsschutzsystem erlaubt erst recht keine gerichtliche Kontrolle, wenn der Einzelne zwar in einem rechtlich anerkannten Interesse beeinträchtigt ist, dieses Interesse aber nicht als sein besonderes hat, sondern mit allen anderen teilt. Der Schutz solcher allgemeiner Interessen vollzieht sich nicht über die Zuerkennung subjektiver Rechte, sondern im objektiven Recht. An einem Wald beispielsweise hat nur der Eigentümer ein subjektives Recht, nicht aber die Allgemeinheit, deren Wohlbefinden mit der Gesundheit des Waldes vital verknüpft ist. Als Sachwalter solcher Allgemeininteressen tritt vielmehr der Staat ein. Damit besteht freilich noch keine Gewähr, daß er deren Interessen auch stets wahrnimmt. Oft scheitert an vielfältigen Ursachen schon die Aufstellung eines rechtlichen Handlungsprogramms zur Wahrung allgemeiner Interessen. Auch dort, wo gesetzliche Handlungsprogramme vorliegen, kommt es aber vielfach zu erheblichen Defiziten bei der Implementation. Die Durchsetzungsschwäche des Umweltrechts ist notorisch. Unterläßt es der Staat, Handlungspflichten, die ihm gesetzlich auferlegt sind, zu erfüllen, dann verstößt er gegen objektives Recht. Dieser Verstoß verdichtet sich aber nur selten zur Verletzung eines subjektiven Rechts. Nicht sanktionierte Umweltverschmutzer und Tempoüberschreiter sind durch die staatliche Untätigkeit nicht verletzt, sondern begünstigt, und für die Geschädigten, soweit sie sich überhaupt individualisieren lassen, findet sich kein verantwortlicher Verursacher, sondern nur eine große Summe von Kleinstursachen, von denen keine für sich genommen einen meßbaren Anteil am Schadenseintritt hat. Auch hier vergrößert sich also die Schere zwischen Betroffenheit und Rechtsschutz.

d) Schwindende Justiziabilität des wohlfahrtsstaatlichen Rechts

Die Veränderung der Staatstätigkeit führt aber nicht nur zu einer unmittelbaren Schmälerung des gerichtlichen Rechtsschutzes. Sie hat vielmehr auch eine Veränderung der Normstruktur hervorgerufen, die sich ihrerseits wieder unmittelbar auf den Rechtsschutz auswirkt. Die Normen, welche die Eingriffsverwaltung regeln, sind typischerweise konditional strukturiert. Angesichts einer vorgegebenen und vom Staat nur zu gewährleistenden Ordnung legen sie im Tatbestand fest, was als Ordnungsstörung gelten soll, und ordnen in der Rechtsfolge an, welche Maßnahmen der Staat zur Wiederherstellung der Ordnung gegenüber dem Störer ergreifen darf. Diese Art der Norm läßt einen relativ hohen Grad von Bestimmtheit zu. Demgegenüber geht es bei der planenden und lenkenden Staatstätigkeit nicht um Gewährleistung, sondern um Gewährung und Gestaltung. Dabei handelt es sich um eine Aufgabe, deren Erfüllung in die Zukunft weist und von zahlreichen externen Faktoren abhängt, die der Staat nur begrenzt kontrolliert. Daher sprengt sie das relativ einfache binäre Schema von

Ordnung und Unordnung, Garant und Störer, und muß unter den unsicheren Bedingungen von Langfristigkeit, Situationsveränderung, Zielkonflikten und Folgeproblemen operieren. Eine solch komplexe Tätigkeit läßt sich gedanklich nicht vollständig vorwegnehmen und folglich auch nicht generell und abstrakt nach Tatbestand und Rechtsfolge normieren. Sie kann vielmehr nur durch Zielprogramme gesteuert werden, die die Entscheidung über Mittel und Wege der Verwaltung überlassen müssen und ihr dabei nur Orientierungshilfen an die Hand geben können. Da gerichtliche Kontrolle stets Rechtmäßigkeitskontrolle ist, hat das zur Folge, daß sich der gerichtliche Rechtsschutz im selben Maß verdünnt, wie die Determinationskraft der Normen abnimmt. Gerade diejenigen Staatstätigkeiten, die die Interessen des Einzelnen nachhaltiger berühren als der punktuelle Eingriff, drohen sich daher zum großen Teil der gerichtlichen Kontrolle zu entziehen.

3. Abhilfemöglichkeiten

a) Vom Eingriff in subjektive Rechte zur individuellen Betroffenheit durch objektive Rechtswidrigkeit

Die Diskrepanz zwischen der Betroffenheit des Einzelnen durch staatliches Handeln und den Rechtsschutzmöglichkeiten gegen den Staat ist in Literatur und Judikatur nicht unbemerkt geblieben. Die Jurisprudenz hat vielmehr darauf in zweifacher Weise reagiert, zum einen durch Ausweitung des subjektiven Rechts, das heute alle Normen umfaßt, die zumindest *auch* dem Individualinteresse zu dienen bestimmt sind, zum anderen durch Ausweitung des Eingriffs, der heute auch die unbeabsichtigte Beeinträchtigung subjektiver Rechte von Nicht-Adressaten der staatlichen Maßnahme umfaßt. Der traditionelle Klagerahmen wird dadurch zwar gedehnt, aber nicht durch einen anderen ersetzt. Subjektives Recht und Eingriff bleiben bestimmend für die Möglichkeit des Rechtsschutzes. Die Kluft zwischen Betroffenheit und Rechtsschutz, die durch die veränderte Staatstätigkeit aufgerissen wurde, schließt sich also nicht, sondern schrumpft nur. Es scheint daher an der Zeit zu überlegen, ob Individualrechtsschutz nicht ohne Rücksicht auf Eingriffe in subjektive Rechte eröffnet werden sollte. Als Alternative bietet sich die Gewährung von Rechtsschutz an, wenn der Einzelne durch staatliches Handeln oder Unterlassen in individuellen Interessen nachteilig betroffen ist und sich dieses Handeln oder Unterlassen als objektiv rechtswidrig darstellt. Der Klagerahmen würde auf diese Weise den heutigen Gegebenheiten angepaßt, ohne daß es zu einer völligen Umstellung des Systems von subjektivem auf objektiven Rechtsschutz käme. Zwar gestaltete sich die gerichtliche Kontrolle dann als objektive Rechtmäßigkeitskontrolle ohne Begrenzung auf subjektive Rechte, wie sie auch heute implizit immer schon mitgeleistet werden muß, aber weiterhin nur im subjektiven Interesse, denn ohne die Behauptung einer persönlichen Nachteilszufügung durch das rechtswidrige Verhalten bliebe der Rechtsschutz auch künftig versperrt. Der Vorschlag darf daher nicht mit einem Votum für die Popularklage verwechselt werden, die unverändert ausgeschlossen bleiben soll.

b) Verbandsklage und Sachwalterklage bei kollektiver oder künftiger Betroffenheit

Der eben erörterte Vorschlag paßt den Individualrechtsschutz der veränderten Staatstätigkeit an. Er läßt aber das Problem kollektiver Betroffenheit, sei es als Gruppe, sei es als Teil der Allgemeinheit, ungelöst. Auch insoweit müßte sich das Rechtsschutzsystem aber den veränderten Bedingungen anpassen. Dafür liegt, was die kollektive Betroffenheit angeht, seit längerem der Vorschlag zur Einführung der Verbandsklage vor. Er darf nicht als erledigt betrachtet werden und muß im Gegenteil auf nicht verbandlich organisierte, sondern ad hoc gebildete Gruppen, die aus Anlaß gemeinsamer Betroffenheit durch bestimmte staatliche Maßnahmen entstehen, erstreckt werden. Die dabei auftauchenden Probleme der angemessenen Vertretung *aller* Betroffenen und der ins Kollektive gewendeten Rechtskraft scheinen überwindbar. Auf die prozessuale Wahrnehmung *allgemeiner* Interessen läßt sich die Lösung indes nicht erstrecken. Das Ergebnis wäre dann in der Tat die Popularklage. Dagegen ließe sich eine Klagebefugnis für die öffentlichen Sachwalter allgemeiner oder nicht bzw. nicht sogleich organisationsfähiger Gruppeninteressen durchaus ins System integrieren. Sie wäre geeignet, die Rechtsschutzlücke in denjenigen Fällen zu schließen, wo rechtswidriges Verhalten des Staates rechtlich geschützte Interessen verletzt, die sich aber nicht als subjektive, sondern als allgemeine Interessen darstellen und daher keinen partikulären Kläger finden können. Das System des subjektiven Rechtsschutzes wäre damit zwar verlassen, aber nicht erstmals, denn auch alle Arten von Normenkontrollverfahren spielen sich im Rahmen objektiven Rechtsschutzes ab. Andererseits sind die Gefahren der Popularklage dadurch vermieden, daß die Klagebefugnis einem verselbständigten Träger öffentlicher Gewalt zusteht. Auf diese Weise ist weder zu befürchten, daß der gerichtliche Rechtsschutz zur Korrektur politischer Niederlagen zweckentfremdet wird, noch droht eine Ausuferung des Rechtsschutzes, weil die Zahl der klagebefugten Sachwalter relativ klein und ihr Klagerecht gegenständlich eng begrenzt bliebe.

c) Entscheidungstransparenz und Entscheidungsteilhabe als Rechtsschutzsurrogat

Mit der Ausweitung von Klagebefugnissen läßt sich freilich denjenigen Rechtsschutzdefiziten nicht begegnen, die auf mangelnder Effizienz des Rechtsschutzes oder fehlenden justiziablen Normen beruhen. Im letzteren Fall wäre eine Ausweitung des gerichtlichen Rechtsschutzes sogar dysfunktional, weil sie den Richtern statt gebundener rechtlicher Entscheidungen freie politische Entscheidungen zuwiese, für die sie weder instrumentell gerüstet noch demokratisch legitimiert sind. Als Abhilfe wird daher seit längerem die Partizipation der Betroffenen an der gerichtlich nur noch unvollkommen kontrollierbaren Verwaltungsentscheidung selbst vorgeschlagen und inzwischen auch bereits vielfach praktiziert. Der von einer staatlichen Entscheidung betroffene Einzelne, der seine rechtlich geschützten Interessen im nachträglichen Gerichtsverfahren nicht mehr zur Geltung bringen kann, soll die Gelegenheit haben, diese schon im Entscheidungsstadium vor der Behörde zu vertreten. Der verwaltungsgerichtliche Rechtsschutz wird dadurch nicht überflüssig, verlagert sich aber von der Sachentscheidung auf die Überprüfung der Korrektheit des Verfahrens. Dieser Weg ist richtig und weiterzuverfolgen. Er bedarf allerdings noch erheblicher Stützung. Die Möglichkeit der Interessenwahrnehmung im Verwaltungsverfahren selbst hängt von Information und Orientierung der Betroffenen ab. Nach allem, was darüber eingangs gesagt wurde, kann sich die entscheidende Verwaltung nicht darauf verlassen, daß potentiell Betroffene ihre Interessen selbst erkennen und von sich aus zur Geltung bringen. Sie muß daher angehalten werden, die

Betroffenen zu ermitteln und in effektiver Weise über ihre Pläne zu informieren. Ferner sind die Möglichkeiten der Betroffenen, ihre Interessen im Verwaltungsverfahren zur Geltung zu bringen, so auszugestalten, daß sie die Willensbildung der Verwaltung auch tatsächlich zu beeinflussen vermögen. Dabei spielen nicht nur Zeitgesichtspunkte, sondern auch Gleichheitsgesichtspunkte eine Rolle, damit Vorklärungen und Vorabsprachen mit privilegierten Interessen vermieden werden, ehe die übrigen Interessen sich zu Wort melden dürfen.

d) Die Grenzen der Partizipation und das rechtsstaatliche Defizit von morgen

Die Partizipation der Betroffenen am Verwaltungsverfahren vermag allerdings den gerichtlichen Rechtsschutz nicht vollkommen zu ersetzen. Sie vermittelt ja keine unabhängige und neutrale Kontrolle in der Sache, sondern nur Einflußchancen auf die Entscheidungsinstanz. Diese können aber niemals inhaltliche Richtigkeit garantieren, sondern nur die Chance einer informierten und wohlabgewogenen Entscheidung erhöhen. Auch in dieser Eigenschaft büßen Teilhaberechte am Verwaltungsverfahren aber an Wirkung ein, je breiter sie gestreut sind und je massenhafter sie wahrgenommen werden. Der Verlust justiziabler Sachnormen ist also durch Verfahrensteilhabe vermittelndes prozedurales Recht nicht adäquat ersetzbar. Darüber herrscht in der aktuellen Diskussion nicht immer hinreichende Klarheit. Auch nach der – gleichwohl natürlich voranzutreibenden – Verbesserung der Partizipation am Verwaltungsverfahren bleibt es dabei, daß die planende und lenkende Verwaltung, deren Entscheidungen von dem demokratischen Gesetzgeber nur noch schwach determiniert sind, zusehends auch der rechtsstaatlichen Kontrolle der Gerichte entgleitet und sich zu einer längst überwunden geglaubten Selbstherrlichkeit erhebt. Dadurch wird eine Bresche ins rechtsstaatliche System gerissen, die mit den bekannten verfassungs- und verwaltungsrechtlichen Mitteln, die ihre Entstehung überwiegend noch der Epoche des liberalen Ordnungsstaats verdanken, nicht zu schließen ist. Gleichwertige neue, die sie unter Wahrung des erreichten rechtsstaatlichen Niveaus zu ersetzen vermöchten, sind derzeit nicht in Sicht.

7. Verfassungsrechtliche Anmerkungen zum Thema Prävention

1. Das Dilemma der Prävention

Prävention ist zu allen Zeiten ein Requisit der öffentlichen Gewalt gewesen. Auch der liberale Staat ließ seine Polizei patrouillieren und nicht nur im Revier auf die Anzeige geschehener Verbrechen warten, so wie umgekehrt kein totaler Staat die Vorkehr gegen Unbotmäßigkeit so perfekt zu organisieren vermag, daß er auf Repression völlig verzichten könnte. Dennoch galt lange der Erfahrungssatz, daß Systeme, die individuelle Entscheidungsfreiheit nur im engen Rahmen eines überindividuell definierten materialen Gemeinwohls zulassen, stärker zu präventiven Mitteln greifen als Systeme, die das Gemeinwohl gerade in der Sicherung und Ermöglichung individueller Entfaltung erblicken. Zwar ist in solchen Systemen die Freiheit ebenfalls nicht unbegrenzt. Sie endet prinzipiell aber erst an der gleichen Freiheit der anderen, und diese im Gesetz generell und abstrakt gezogene Grenze mußte nach liberalem Staatsverständnis im konkreten Fall überschritten oder unmittelbar bedroht sein, ehe die öffentliche Gewalt Sanktionen verhängen durfte. Prävention war dann aber keine eigenständige staatliche Strategie zur Steuerung der gesellschaftlichen Entwicklung, sondern nur die fallweise vorgezogene Repression zur Verhütung einer rechtswidrigen Schädigung. Im übrigen hatte es mit der präventiven Wirkung, die von der bloßen Existenz des Repressionsapparats ausgeht, sein Bewenden.
Seit einiger Zeit läßt sich aber auch bei Staaten, die in der liberalen Tradition stehen, eine Ausweitung und Neuorientierung der Prävention beobachten. Neben die traditionellen Anwendungsfelder der Verbrechensbekämpfung und der Gefahrenabwehr, vor allem bei Lebens- und Arzneimitteln sowie technischen Anlagen und Geräten, sind ausgedehnte staatliche Vorkehrungen gegen den Eintritt von Krankheit und Not, abweichendem Verhalten und sozialem Protest, Arbeitslosigkeit und wirtschaftlicher Stagnation, Umweltbelastung und Ressourcenerschöpfung getreten. Im Zuge dieser Entwicklung wird die Prävention von ihrem Bezug

auf gesetzlich definiertes Unrecht weitgehend gelöst und zur Vermeidung unerwünschter Lagen aller Art eingesetzt. Dieser Wandel vollzieht sich, obwohl er das Verhältnis von Staat und Gesellschaft grundlegend umformt, relativ reibungslos. Die Erklärung liegt vermutlich darin, daß fast jede Prävention einen evidenten Nutzen vorzuweisen hat. Erfolgreich angewandt, erspart sie dem Einzelnen Nachteile, die mittels Repression bestenfalls auszugleichen, oft aber gar nicht wiedergutzumachen sind, und der Gesamtheit Lasten und Konflikte, die meist kostspieliger werden als rechtzeitige Vorbeugung. Da der wissenschaftlich-technische Fortschritt der Prävention immer neue Gegenstände erschließt, wird sie dem Staat auch zunehmend abverlangt. Am Ende zeichnet sich eine Umkehrung des liberalen Verteilungsprinzips ab, so daß Repression nur noch als Auffangbecken für mißglückte Prävention ihre Berechtigung behält.
Es wäre freilich eine Illusion anzunehmen, die Vorteile der Prävention seien kostenlos zu haben. Die Kosten fallen indes weniger direkt und weniger konkret an als der Nutzen. Daher pflegen sie auch seltener ins Entscheidungskalkül eingestellt zu werden. Sie schlagen bei der Selbstbestimmung des Einzelnen und der Freiheitlichkeit des Gesamtsystems zu Buche. Im Gegensatz zu einem Staat, der sich primär als Repressionsinstanz versteht und deswegen den Eintritt eines sozialschädlichen Ereignisses abwarten kann, um dann zu reagieren, muß der präventiv orientierte Staat mögliche Krisen bereits im Ansatz aufspüren und zu erstikken versuchen, ehe sie zum Ausbruch kommen. Nicht erst konkrete Gefahren, sondern schon abstrakte Risiken rufen unter diesen Umständen den Staat auf den Plan. Der Einzelne vermag ihn durch legales Betragen nicht auf Distanz zu halten. Vielmehr weitet sich die staatliche Kontrolle über Bürger und Bürgerverhalten zwangsläufig aus. Das gilt sowohl in quantitativer als auch in qualitativer Hinsicht. Quantitativ nimmt die Kontrolle zu, weil die Gefahrenquellen stets erheblich zahlreicher sind als die tatsächlich eintretenden Schadensfälle. Qualitativ intensiviert sie sich, weil die Wurzeln sozialer Risiken tief in die Persönlichkeitsstruktur und die Kommunikationssphäre reichen, so daß Prävention, wenn sie wirksam sein soll, in die Bereiche der Gesinnung, Lebensführung und sozialen Kontakte vordringen muß.
Gleichzeitig entzieht sich die präventive Staatstätigkeit den traditionellen Kontrollen der Staatsgewalt aber weit stärker als die

repressive. Staatliche Repression äußert sich im Einschreiten gegen manifeste Störungen eines gesetzlich vorgegebenen Normalzustands mit dem Ziel seiner Wiederherstellung. Sie wirkt also reaktiv und punktuell. Als solche ist sie aber normativ verhältnismäßig gut determinierbar. Die Norm legt im Tatbestand generell und abstrakt fest, was als Störung der Ordnung zu gelten hat, und bestimmt auf der Rechtsfolgenseite, welche Maßnahmen der Staat zur Wiederherstellung der gestörten Ordnung ergreifen darf. Das Handlungsprogramm läßt sich in einem diskursiven öffentlichen Prozeß formulieren, der so organisiert werden kann, daß die Betroffenen Gelegenheit haben, Interessen anzumelden, Einwände zu erheben und Alternativen vorzubringen, und akzeptable Ergebnisse möglich erscheinen. Die staatliche Verwaltung ist an das Normprogramm gebunden. Sie kann nur noch prüfen, ob die tatbestandlichen Voraussetzungen ihres Einschreitens im Einzelfall vorliegen, und die vorgesehene Rechtsfolge setzen. Ihre Entscheidung erscheint dann lediglich als Vollzugsakt, in den freilich wegen der unvollkommenen Bindungskraft von Normen stets Entscheidungselemente eingehen. Als normativ programmierter unterliegt der Verwaltungsakt wiederum der Rechtmäßigkeitskontrolle durch unabhängige Gerichte, die auf Verlangen des Betroffenen nachprüfen, ob sich der Staat an die Norm gehalten hat oder nicht.
Im Gegensatz dazu stellt sich präventive Staatstätigkeit als Vermeidung unerwünschter Entwicklungen und Ereignisse dar. Sie wirkt also prospektiv und flächendeckend. Eine solche zukunftsgerichtete und komplexe Aktivität läßt sich aber gedanklich nicht vollständig vorwegnehmen und daher auch nur begrenzt in generelle und abstrakte Normen einfangen. In der Regel müssen sich Präventionsnormen deswegen auf die Vorgabe von Zielen und die Aufreihung von Gesichtspunkten beschränken, die bei der Zielverfolgung vorrangig berücksichtigt werden sollen. Das Handlungsprogramm ist dann aber nur zum kleineren Teil Produkt des demokratischen Prozesses. Die handelnde Verwaltung muß es vielmehr von Situation zu Situation vervollständigen oder korrigieren. Sie programmiert sich auf diese Weise weitgehend selbst, ohne dabei spezifisch normative Techniken zu verwenden. Im selben Maß verdünnt sich freilich auch die Möglichkeit gerichtlicher Kontrolle, die von der Existenz justitiabler Normen abhängt. Die präventive Staatstätigkeit führt also in ein Dilemma.

Im Zuge der Verhütung einzelner Freiheitsgefahren droht sie die Freiheitlichkeit der Sozialordnung insgesamt zu schmälern und höhlt gleichzeitig die demokratischen und rechtsstaatlichen Kautelen, die zur Begrenzung der Staatsmacht im Interesse individueller Freiheit entwickelt worden sind, partiell aus. Es ist dieser Umstand, der Prävention zum Problem des Verfassungsrechts macht.

II. Der Funktionswandel des Staates und die Rolle der Prävention

1. Der präventionsfeindliche liberale Ordnungsstaat

Eine verfassungsrechtliche Bewertung dieser Entwicklung läßt sich nicht ohne Kenntnis ihrer Ursachen und Bedingungen vornehmen. Von diesen hängt es nämlich ab, in welchem Maß sie normativ beeinflußbar ist und wo eine verfassungsrechtliche Steuerung ansetzen kann. Geht man den Ursachen nach, so fällt die Parallele zwischen dem Anwachsen präventiver Politik und der Herausbildung des modernen Wohlfahrtsstaats ins Auge. In den Gründen, die den Wohlfahrtsstaat hervorgebracht haben, könnte daher auch der Schlüssel zur Prävention zu finden sein. Seine Anfänge fallen mit dem Versagen des reduktionistischen liberalen Staatsmodells zusammen. Der Liberalismus glaubte die Staatsfunktionen drastisch reduzieren zu können, weil er von der Annahme ausging, daß das gesellschaftliche Leben nicht anders als die Natur von Gesetzmäßigkeiten beherrscht sei, die, wenn sie nur ungehindert zur Geltung kämen, Wohlstand und Gerechtigkeit automatisch zur Folge hätten. Die Konsequenz dieser Prämisse war eine Abkoppelung der verschiedensten Sozialsysteme, allen voran der Wirtschaft, von der Politik, die bis dahin für sich in Anspruch genommen hatte, das gesamte private und öffentliche Leben nach einem von ihr definierten Tugendideal umfassend zu regulieren. Das Recht zu präventiven Maßnahmen war darin immer schon eingeschlossen, weil die vom Staat vertretene Wahrheit unbedingte Geltung verlangte und schon im Vorfeld möglicher Gefährdungen verteidigt werden mußte. Stattdessen sollte sich nun jedes Sozialsystem nach ihm eigenen Rationalitätskriterien entfalten dürfen und gerade auf diese Weise das Gemeinwohl, das der absolute Staat vergebens angestrebt hatte, desto zuverlässiger erreichen. Als einzige Voraussetzung galt die Freiheit jedes Einzelnen von staatlichen, ständischen und korporativen Zwängen. Diese Freiheit fand ihre Grenze nur an der gleichen Freiheit aller anderen. In dem von Wahrheit auf Freiheit umgestellten System sollte sich der Wohlstand mehren, weil die Schaffenskraft des Einzelnen entfesselt und ihr Einsatz durch die Früchte der eigenen Leistung belohnt wurde. Gerechtigkeit sollte sich einstellen, weil die gleiche Freiheit aller keine einseitige Herrschaft, sondern nur gegenseitige Vereinbarungen zuließ, die jeden vor Übermächtigung durch Dritte schützten und einen besseren Interessenausgleich ermöglichten als zentrale obrigkeitliche Regulierungen. Die Konstruktion schloß weder soziales Gefälle noch Armut und Not aus, doch schienen sie in einem System, das jedem die gleiche Entfaltungschance bot, nicht extern auferlegt, sondern individuell zurechenbar und insofern nicht ungerecht. Die Selbststeuerungsfähigkeit der Gesellschaft machte allerdings den Staat nicht überflüssig, weil die von Herrschaft befreite und atomisierte Gesellschaft gleich Freier die Gelingensvoraussetzungen des Modells, Freiheit und Gleichheit, aus sich heraus nicht zu sichern vermochte. Sie benötigte dafür weiterhin eine außerhalb ihrer selbst gelegene und mit Macht versehene Instanz, eben den Staat. Seine Funktion reduzierte sich aber auf die Garantie der vorausgesetzten, quasi-natürlichen Ordnung, während es einer staatlichen Vorsorge für die allgemeine Wohlfahrt angesichts des aus dem freien Spiel der Kräfte automatisch resultierenden Gemeinwohls nicht mehr bedurfte. Der Staat erfüllte seine Aufgabe, indem er Freiheitsbeeinträchtigungen unterdrückte, und bediente sich dazu der traditionellen staatlichen Mittel von Befehl und Zwang. Vor dem Grundprinzip gesellschaftlicher Autonomie wurde aber jeder repressive Akt des Staates zum »Eingriff«, und um die Entschärfung des im Eingriff gelegenen Gefahrenpotentials für die Autonomie der Subsysteme und ihr Medium, die Individualfreiheit, kreiste das konstruktive Bemühen der bürgerlichen Gesellschaft. Die Lösung wurde in der rechtsstaatlich-demokratischen Verfassung gefunden, die den staatlichen Rechtserzeugungs- und Rechtsdurchsetzungsapparat ihrerseits wieder rechtlichen Bindungen unterwarf. Grundrechte markierten den Bereich gesellschaftlicher Autonomie, in dem maßgeblich nicht die Raison des Staates, sondern der Wille des Einzelnen war. Eingriffe in diesen Bereich durften nicht nach dem Gutdünken des Staates, sondern nur im Interesse der Gesellschaft erfolgen. Deswegen benötigte der Staat für jeden Eingriff eine Ermächtigung, die die Gesellschaft durch gewählte Repräsentanten in genereller Form im Gesetz erteilte. Der Zweck der Konstruktion lag gerade in der Beschränkung der staatlichen Machtmittel auf die Störungsbekämpfung. Ihre Existenz mochte dann präventiv wirken, der zielgerichtete Einsatz präventiver Steuerung gesellschaftlicher Abläufe war aber systemwidrig, was freilich nicht ausschloß, daß der liberale Staat gleichwohl zu solchen Mitteln griff, wenn es der herrschenden Klasse nützte. Das Gesetz legte die Merkmale einer Störung sowie die zulässigen Reaktionen abschließend fest. Die staatliche Exekutive war an das Gesetz gebunden. Eine Maßregel, die sich als Eingriff darstellte, ohne eine gesetzliche Deckung zu besitzen, galt danach als rechtswidrig und berechtigte den Betroffenen, Unterlassung zu verlangen und seinen Anspruch nötigenfalls mit Hilfe unabhängiger Gerichte durchzusetzen. Gerade diese Beschränkung des Staates auf genau bezeichnete Fälle der Repression schien die Freiheit des Einzelnen am wirksamsten zu gewährleisten.

2. Die Krise des Liberalismus und die Ausweitung der Staatsaufgaben

Es ist bekannt, daß das liberale Modell die mit ihm verbundenen Erwartungen nicht zu erfüllen vermochte. Zwar führte die Befreiung der Gesellschaft von den externen Bindungen der ständischen Sozialordnung und des absoluten Staates zu einer Entfesselung der Produktivität und einer Steigerung des Wohlstands. Soziale Gerechtigkeit stellte sich aber nicht im selben Maße ein. Das hatte seinen Grund darin, daß ein gerechter Interessenausgleich unter den Bedingungen von Privatautonomie nur zustandekommen kann, wenn in der Gesellschaft ein Gleichgewicht der Kräfte herrscht. Fehlt es daran, so schlägt die gleiche Freiheit faktisch in das Recht des Stärkeren um, und der auf Gefahrenabwehr beschränkte Staat wird unversehens zum Garanten privater Unterdrückung. Die Täuschung des Liberalismus bestand darin, daß er in der Auflösung von Standesschranken und der Abschaffung von

Privilegien zugunsten von Rechtsgleichheit bereits eine hinreichende Bedingung sozialer Gerechtigkeit sah, während er in Wirklichkeit die Wurzeln der Ungerechtigkeit nur vom Rechtsstatus auf die, allerdings weniger starren, Besitzverhältnisse verschob. Schon vor der Industriellen Revolution gab es daher Massenarmut, die nicht durch das vom liberalen Modell einkalkulierte individuelle Versagen verursacht, sondern strukturell bedingt war. Die Industrielle Revolution zerstörte dann die Voraussetzungen eines gesellschaftlichen Kräftegleichgewichts endgültig und schuf, da im Liberalismus auch das ältere System der sozialen Sicherung gefallen war, als Systemkonsequenz die Soziale Frage. Dem liberalen Modell war damit die Legitimation entzogen. Die Gegenbewegung löste eine Reaktivierung des Staates aus, der nicht mehr eine als gerecht vorausgesetzte Ordnung lediglich zu garantieren, sondern die Ordnung im Blick auf soziale Gerechtigkeit wieder planvoll zu gestalten hatte. Die dadurch in Gang gesetzte Ausweitung der Staatsaufgaben läßt sich typisierend in drei Phasen einteilen, ohne daß damit trennscharfe historische Zäsuren behauptet würden. In einem ersten Schritt ging es um die Bekämpfung evidenter und legitimitätsverzehrender Freiheitsmißbräuche. Da als Vehikel der privaten Herrschaft ein von materialen Gerechtigkeitsanforderungen weitgehend entlastetes und ganz auf die Privatautonomie mit ihren beiden Hauptpfeilern der Eigentums- und der Vertragsfreiheit gegründetes Privatrecht gedient hatte, setzte die Reaktion mit Korrekturen der Privatautonomie ein. Die mit dem Eigentum verbundenen Verfügungsbefugnisse wurden wieder eingeschränkt, bestimmte Verträge, namentlich arbeitsrechtlicher Natur, erneut inhaltlichen Anforderungen unterworfen. Das geschah freilich weniger durch Änderung des bürgerlichen Rechts selbst als durch wirtschafts-, arbeits- und verwaltungsrechtliche Spezialgesetze, die das privatautonom ausgestaltete Privatrecht im Kern unberührt ließen, aber seinen Anwendungsbereich einengten. Daß sich diese Tendenz zwar kontinuierlich verstärkt, im Grundsatz bis heute aber nicht geändert hat, erklärt, warum Schmidts[1] Suche nach präventiven Elementen im BGB erfolglos geblieben ist. Im Sonderprivatrecht

1 Jürgen Schmidt, Prävention als Zielbestimmung im Zivilrecht, in: Kritische Vierteljahresschrift für Gesetzgebung und Rechtswissenschaft 1986, S. 83.

finden sich präventive Ansätze dagegen bereits in dieser ersten Phase, und eindeutig präventiver Natur ist der deutsche Versuch zur Lösung der Sozialen Frage, die Bismarcksche Sozialversicherung. In einem zweiten Schritt ging der Staat dazu über, bei aufgetretenen Engpässen, Notlagen und Krisen zu intervenieren und mit öffentlichen Mitteln Ausgleich oder Abhilfe zu schaffen. Im Unterschied zu den Maßnahmen der ersten Etappe konnte er sich dabei allerdings nicht mehr mit Rechtskorrekturen begnügen, sondern mußte reale Leistungen in Gestalt von Geld- oder Sachmitteln erbringen. Ihr reaktiver Einsatz ließ aber auch in dieser Phase die Prävention noch nicht in den Vordergrund der Staatstätigkeit rücken, wenngleich sie sich, etwa im Arbeitsschutz, merkbar verstärkte. Mit zunehmender Differenzierung der sozialen Strukturen und Funktionen, die die Gesellschaft zwar leistungsfähiger, aber auch störungsanfälliger macht, schien das reaktive Krisenmanagement für Bestandssicherung und Fortentwicklung des Systems nicht mehr ausreichend. In einer dritten Phase ist der Staat deswegen dazu übergegangen, mögliche Krisen schon im Ansatz aufzuspüren und durch vorbeugende Maßnahmen am Entstehen zu hindern und die Rahmenbedingungen für Wachstum und Entwicklung selbständig zu verbessern. Von Erfolgen auf diesem Feld hängt mittlerweile seine Legitimität ab. Insofern besitzt der Staat, was den Grundsatz betrifft, keine Wahlfreiheit mehr. Er trägt vielmehr die Globalverantwortung für die wirtschaftliche, soziale und kulturelle Entwicklung. Dabei ergeben sich aus der Sache selbst keine Grenzen, denn die kapitalistische Gesellschaft produziert mit dem eingebauten Zwang zum Wachstum laufend neue Krisenherde, denen der von Wählergunst abhängige demokratische Parteienstaat sozusagen vorbeugend nachlaufen muß, wenn er keinen Loyalitätsentzug riskieren will.

3. Die Rolle der Prävention

Es liegt auf der Hand, daß erst dieser Funktionswandel des Staates der Prävention endgültig Bahn brechen konnte. Ihre erstaunliche Konjunktur erklärt sich daraus allein aber noch nicht. Als treibende Kraft tritt vielmehr der wissenschaftlich-technische Fortschritt hinzu. Wo er neue Sicherheitsrisiken unerhörten Ausmaßes schafft oder natürliche Ressourcen aufzehrt, leuchtet das unmittelbar ein. Der wissenschaftlich-technische Fortschritt hat aber auch indirekte Auswirkungen auf den Präventionsbedarf. Seine Ergebnisse pflegen ja im wirtschaftlichen Wettbewerb kommerziell verwertet oder rationalisierend und kostensparend eingesetzt zu werden. Die damit verbundenen Folgeprobleme: fortschreitende Zerstörung der Natur, immer maschinengerechtere Umgestaltung der Lebenswelt, wachsende Belastung des menschlichen Organismus durch Umweltreize und Chemieprodukte, beschleunigte Ersetzung zwischenmenschlicher Kommunikation durch maschinenvermittelte anonyme Kommunikation haben inzwischen Schwellenwerte überschritten, hinter denen sie von vielen nicht mehr dem Fortschritt gutgeschrieben, sondern als Verarmung und Bedrohung empfunden werden. Die Fortschrittsskepsis hätte sich freilich nicht so schnell ausbreiten können, wenn von dem Rationalisierungsprozeß nicht auch die Sozialisierungsbedingungen der Industriegesellschaft verändert worden wären. Der sinkende Personalbedarf der Wirtschaft bei steigenden Qualifikationsanforderungen an die Beschäftigten führt allenthalben zur Verlängerung der Ausbildung und Verkürzung der (Wochen- und Lebens-) Arbeitszeit, seit mehreren Jahren auch zu hoher Arbeitslosigkeit. Infolgedessen schrumpft der Anteil der Bevölkerung, der den Imperativen des Produktionsprozesses unterworfen ist und von ihm seine Werthaltungen empfängt. Lang eingewurzelte Einstellungsmuster beginnen sich dadurch zu wandeln. Ein Teil der Betroffenen verliert Leistungswillen, Arbeitsdisziplin, Konsumbereitschaft und wendet sich anderen, vom Standpunkt der Industriegesellschaft gesehen irrationalen, Werten zu. Andere fühlen eine Sinnentleerung des Lebens, der sie mit Rauschmitteln, Gewalttaten oder Krankheiten zu entfliehen suchen. Die selbst in diesen Prozeß einbezogenen und zunehmend instabilen Familien vermögen das Sozialisationsdefizit nicht auszugleichen. Dadurch entstehen neben den schärfer registrierten alten Benachteiligungen neue Deklassierungen, die angesichts der vorhandenen Abhilfe- oder Kompensationsmöglichkeiten in einer wohlhabenden Gesellschaft als ungerecht empfunden werden. Zusammengenommen entfalten all diese Faktoren eine sozial desintegrierende Wirkung. Sie sammeln sich infolgedessen beim Staat als politische Probleme an, für die öffentliche Lösungen erwartet werden. Der Staat gerät dadurch unter widersprüchliche Anforderungen. Einerseits ist er, um die wachsenden gesellschaftlichen Ansprüche erfüllen zu können und sich Massenloyalität zu erhalten, vom wirtschaftlichen Wachstum abhängig und also genötigt, es zu fördern. Andererseits muß er es, um seine desintegrierenden Wirkungen aufzufangen, jedoch wieder eindämmen. Dabei kann der Schwerpunkt, je nach politischer Richtung, eher zur einen oder zur anderen Seite wandern. Dem Dilemma entgeht aber keine Richtung. Je schlechter sich das verbergen läßt, desto häufiger wird der Staat selbst zum Gegenstand des Bürgerprotestes, wie der wachsende zivile Ungehorsam fernab von kriminellen Szenen indiziert. Der Konsensbedarf des Leistungs- und Planungsstaats, der wegen der vielfältigen Betroffenheiten, die er erzeugt, ohnehin weit größer ist als der des liberalen Ordnungsstaats, wächst dadurch abermals. Die Politik weicht unter diesem Druck zunehmend in Sekundärstrategien aus. Durch symbolische Politik wird der Anschein verbreitet, daß der Staat die Lage beherrsche. Kostensenkungen, vor allem in den Leistungssystemen der sozialen Sicherheit, sollen seinen Handlungsspielraum vergrößern. Endlich muß das desintegrierende Potential, dessen soziale Ursachen nicht behebbar erscheinen, in seinen individuellen Auswirkungen entschärft werden. In diesem Zusammenhang gewinnt die Prävention neue Bedeutung. Zum einen eröffnet sie dem Staat die Aussicht, die sozialen Lasten etwa durch Früherkennung von Krankheiten oder Krankheitsdispositionen, rechtzeitige Umschulung etc. zu senken. Zum anderen verspricht sie abweichendes Verhalten schon im Ansatz zu erfassen und an der Aktualisierung zu hindern. Der wissenschaftlich-technische Fortschritt erweist sich hier nochmals als Motor, indem er auch das präventive Repertoire ständig erweitert und verbessert. Die staatliche Gefahrenvorsorge verschiebt sich dadurch in doppelter Hinsicht. Zum einen wird sie zeitlich vorverlagert. Griff sie früher nur auf die akute oder jedenfalls feststehende Gefahr zu, so setzt sie nun bereits bei den Gefahrenherden an. Die staatliche Aufmerksamkeit richtet sich dann zunehmend auf prädelinquente, präpathologische, präsubversive Phänomene. Zum anderen wird sie gegenständlich umorientiert. Zielte die ältere Gefahrenvorsorge primär auf Sachrisiken, um den Menschen zu schützen, so bezieht sich die neue Prävention primär auf Humanrisiken und begünstigt Institutionen oder Systeme.

4. Das präventive Instrumentarium

Die inzwischen schon klassische Realprävention im Bereich der technischen Sicherheit kam noch mit den spezifisch staatlichen Mitteln von Befehl und Zwang aus, deren sich der auf Gefahrenabwehr spezialisierte Ordnungsstaat typischerweise bediente. Anlagen, die von vornherein ein Risiko für die Allgemeinheit bildeten, wurden nur unter besonderen Sicherheitsvorkehrungen genehmigt; Anlagen, von denen nachträglich eine konkrete Gefahr ausging, wurden stillgelegt. Die moderne Personalprävention kann mit diesen Mitteln nur noch teilweise zum Ziel kommen. Da es bei ihr nicht so sehr darum geht, aktuelle Gefahren abzuwehren, als potentielle erst aufzuspüren, personell zuzuordnen und vorsorglich auszuschalten, ist mit der Prävention zwangsläufig ein erhöhter Informationsbedarf verbunden. Je mehr persönliche Daten vorrätig und kombinierbar sind, desto zuverlässiger lassen sich Krisenherde orten. Die zwangsweise Erhebung personenbezogener Daten stößt freilich schnell an rechtliche und faktische Grenzen. Der Staat weicht daher auf andere Wege der Informationsbeschaffung aus. Wo die Datenerhebung faktisch erschwert ist, etwa im Milieu abweichenden Verhaltens, stellt er eigene Recherchen an. Wo er auf rechtliche Hindernisse stößt, etwa bei der Früherkennung von Krankheiten durch Suchtests oder ähnliche Verfahren, schafft er Anreize zur freiwilligen Datenpreisgabe. Aber auch die präventiven Maßnahmen selbst, die der Gefahrenlokalisierung folgen, können nur in begrenztem Maß mittels Befehl und Zwang durchgesetzt werden. Darin gleichen sie zahlreichen anderen Steuerungsaufgaben, die dem Staat im Zuge seiner Funktionsausweitung zugewachsen sind. Das hat verschiedene Gründe. Zum einen war die Vermehrung der Staatsaufgaben nicht von einer entsprechenden Vergrößerung der Eingriffsbefugnisse begleitet. Vielmehr sichern die Grundrechte ungeachtet der Globalverantwortung des Staates für wirtschaftlichen Wohlstand und soziale Gerechtigkeit dem Einzelnen weiterhin ein hohes Maß an Selbstbestimmung und den sozialen Subsystemen so eine relativ große Autonomie. Zum zweiten versagen imperative Steuerungsmittel, selbst wenn sie rechtlich statthaft wären, überall dort, wo ein staatlicherseits erwünschtes Verhalten von bestimmten Fähigkeiten, Einstellungen oder Werthaltungen des Bürgers abhängt. Schließlich gibt es eine Reihe von Sozialbereichen, in denen der Einsatz von Befehl und Zwang zwar rechtlich zulässig und tatsächlich möglich ist, aber zu kostspielig erscheint. Unter Kosten sind dabei nicht nur die finanziellen, beispielsweise für einen umfangreichen Überwachungsapparat, sondern auch die politischen, etwa in Gestalt verbandlichen Gegendrucks oder drohender Stimmenverluste, zu verstehen. In all diesen Fällen ist der Staat zur Erreichung seiner Ziele auf die Folgebereitschaft autonomer Entscheidungsträger angewiesen und muß daher versuchen, diese für das gewünschte Verhalten zu gewinnen oder von dem unerwünschten abzubringen. Die Motivationsmittel sind zahlreich. Sie können in bloßen Informationen über Nutzen und Schaden eines bestimmten Verhaltens bestehen, sich aber auch zur Betreuung oder Behandlung gefährdeter Kreise oder Personen ausweiten. Damit steht die Neuorientierung der Polizei und die Psychologisierung und Pädagogisierung der Sozialarbeit in Zusammenhang, auf die Albrecht[2] hinweist. Dem staatlich erwünschten Verhalten kann aber auch durch Verschärfung oder Erleichterung von Zugangsvoraussetzungen, Aus- oder Abbau von Kapazitäten, etwa im Ausbildungsbereich, Nachdruck verschafft werden. Am häufigsten setzt der Staat freilich auf materielle Anreize und Abschreckungen, indem er das erwünschte Verhalten mit Steuervergünstigungen, Prämien oder Sachleistungen belohnt und das unerwünschte mit Zusatzabgaben bestraft. Die Intensität der Einwirkung ist höchst unterschiedlich, kann aber der imperativen Steuerung nahekommen, wenn die rechtlich fortbestehende Wahlmöglichkeit faktisch extrem reduziert ist. So verhält es sich nicht selten bei der Kombination sozialer Hilfen mit präventiven Kontrollen, wie sie in der Sozialpolitik zunehmend Verwendung findet. Die Vergabe staatlicher Leistungen wird dann nach Grund oder Höhe von einer rechtlich nicht erzwingbaren Gegenleistung der Begünstigung abhängig gemacht, die in der Preisgabe von Informationen, der Zustimmung zu einer Behandlung, der Verrichtung von Diensten bestehen kann. Der Rekurs auf indirekt wirkende Motivationsmittel hat auf diese Weise fast immer zur Folge, daß sich die präventive Kontrolle über den rechtlich zugestandenen Eingriffsbereich hinaus erstrek-

2 Peter-Alexis Albrecht, Prävention als problematische Zielbestimmung im Kriminaljustizsystem, in: Kritische Vierteljahresschrift für Gesetzgebung und Rechtswissenschaft 1986, S. 55.

ken läßt und dem Staat Eingang in bisher private Zonen verschafft.

III. Die Präferenzen der Verfassung und die staatliche Prävention

1. Der grundgesetzliche Maßstab

Die Ausbreitung und Neuorientierung der präventiven Staatstätigkeit läßt sich nach den bisher getroffenen Feststellungen nicht als flüchtige Mode begreifen. Sie erweist sich vielmehr als politische Reaktion auf sozialen Wandel und ist insofern, jedenfalls was ihren Kern betrifft, strukturell bedingt und also ohne Änderung der zugrundeliegenden Strukturen auch nicht wieder rückgängig zu machen. Angesichts des ungebremsten wissenschaftlich-technischen Fortschritts, auf den sie zurückgeht, liegt im Gegenteil der Anstieg näher als die Abnahme. Für das Verfassungsrecht folgt daraus, daß es die Prävention weder ignorieren noch unterbinden kann. Die Staatsrechtslehre muß sich vielmehr auf die Prävention einstellen und aus dem vorhandenen Normenbestand, angeleitet durch die verfassungsrechtlichen Zielvorgaben und bezogen auf die Sachlogik der Prävention, geeignete rechtliche Maßstäbe entwickeln, ähnlich wie das kürzlich im Volkszählungsurteil des Bundesverfassungsgerichts für die neuen Informationstechniken geschehen ist. Bei der Vielzahl möglicher Gegenstände, Formen und Mittel der Prävention einerseits sowie normativer Anknüpfungspunkte andererseits geht das nicht pauschal. Die Überwachung von Protestzirkeln ist anders zu beurteilen als der Schutz vor Luftpiraterie und dieser wieder anders als die Früherkennung von Epilepsie. Das kann hier nicht im einzelnen ausgebreitet werden. Wohl aber läßt sich der verfassungsrechtliche Rahmen abstecken, in den die verschiedenen Phänomene dogmatisch einzuordnen sind. Dieser Rahmen soll hier kurz skizziert werden. Vergewissert man sich zu diesem Zweck zunächst der verfassungsrechtlichen Richtwerte, so ist von der Menschenwürde auszugehen, die das Grundgesetz zum obersten Prinzip der Sozialordnung erhebt und in Art. 1 Abs. 1 Satz 1 für unantastbar erklärt. Der Staat wird in Satz 2 auf die Menschenwürde bezogen und tritt ihr gegenüber mit seinen Machtmitteln in eine dienende Funktion. Die Menschenwürde selbst erblickt das Grundgesetz, wie die Verknüpfung mit den Menschenrechten in Abs. 2 anzeigt und die folgenden Grundrechtsbestimmungen verdeutlichen, nicht in der Hinordnung des Individuums auf ein vorgegebenes, transzendental oder irdisch legitimiertes Ideal individueller oder sozialer Perfektionierung, mit der Folge, daß aus der menschlichen Würde die staatlich durchsetzbare Pflicht des Einzelnen hervorgeht, sich dem Ideal nach Kräften anzunähern. Das Grundgesetz versteht die Würde vielmehr als immer schon gegebene Grundausstattung des Menschen, aus der das Recht des Einzelnen folgt, autonom über Lebensplan und Glücksvorstellung zu entscheiden und auch dort, wo diese Autonomie sich im frühen Entwicklungsstadium des Menschen noch nicht oder aufgrund schwerer geistiger und körperlicher Defekte niemals zu aktualisieren vermag, als Angehöriger der Gattung Mensch geachtet zu werden. Das Grundgesetz stützt die personale Autonomie sodann an Stellen, die sich in der Vergangenheit als besonders gefährdet erwiesen haben, durch konkrete Freiheitsverbürgungen in Gestalt von Spezialgrundrechten ab, die mit der Garantie freier Persönlichkeitsentfaltung in Art. 2 Abs. 1 beginnen und diese allgemeine Freiheit dann in einzelne konkret benannte Freiheiten ausformen. Dabei fügt, nicht als eigene Freiheit, sondern als Modalität der Freiheitsgarantien, Art. 3 hinzu, daß die in personaler Autonomie sich äußernde und durch Grundrechte konkret geschützte Würde für alle in gleicher Weise gilt. Daher kann die Autonomie nicht das Recht umschließen, die Autonomie anderer zu zerstören oder zu verkürzen. Daraus folgen Schranken der Selbstbestimmung, jedoch nicht im Interesse eines überindividuellen Kollektivwerts, sondern im Interesse der Ermöglichung friedlichen Zusammenlebens autonomer, aber sozialbezogener Individuen. Um dieser Möglichkeit willen ist die Staatsgewalt nötig und zur Freiheitsbegrenzung befugt. Das Grundgesetz richtet den Staat in Art. 20 ff. aber so ein, daß er auf das Grundprinzip der Menschenwürde verpflichtet bleibt und die Machtausübung an diesem legitimieren muß. Nicht allein der Grundrechtsteil, sondern auch der Organisationsteil der Verfassung ist als Ausformung von Art. 1 Abs. 1 Satz 1 zu lesen. Dem dient das Demokratieprinzip, indem es politische Herrschaft an einen Auftrag der Beherrschten knüpft und diesen Auftrag, da über seine

Erfüllung unter der Voraussetzung individueller Freiheit legitimerweise unterschiedliche Auffassungen bestehen, nur zeitlich, gegenständlich und funktional begrenzt vergibt. Dem dient das Rechtsstaatsprinzip, indem es die Ausübung der Herrschaft nicht ins Belieben jedes Funktionsträgers stellt, sondern an feste Maßstäbe bindet, die im voraus gesetzlich festgelegt werden und dem Zielwert der Freiheit Rechnung tragen müssen, damit dem Einzelnen die Möglichkeit selbstverantworteter Lebensplanung und -führung auch unter den Bedingungen staatlich regulierter Freiheit erhalten bleibt. Dem dient ferner das Sozialstaatsprinzip, indem es verbürgt, daß die aus der Würde folgende Freiheit nicht nur formal besteht, sondern auch real nutzbar ist. Dem dient schließlich der Föderalismus, indem er die Variationsbreite politischer Gestaltung vergrößert und die Staatsgewalt machtbegrenzend auch vertikal aufteilt.

2. Prävention als Freiheitsschutz

Versucht man, die staatliche Prävention in das verfassungsrechtliche Wertsystem einzuordnen, so steht die Frage im Vordergrund, wie sie sich auf die aus der Menschenwürde fließende und in den Grundrechten konkretisierte Selbstbestimmung des Individuums auswirkt. Darauf gibt es nicht von vornherein eine eindeutig positive oder negative Antwort. Positive und negative Elemente pflegen sich vielmehr zu mischen, und das Mischungsverhältnis wechselt von Fall zu Fall. Regelmäßig schlägt aber der evidente Nutzeffekt, der sich für fast alle präventiven Maßnahmen ins Feld führen läßt, auch grundrechtlich auf der Habenseite zu Buche. Jede verhinderte Gewalttat, jede nicht zum Ausbruch gekommene Krankheit, jeder nicht geborstene Atommeiler wirkt sich auf seiten der potentiellen Opfer freiheitswahrend aus. Berücksichtigt man das, so hat die Prävention selbst wieder eine grundrechtliche Stütze. Die Grundrechte werden ja längst nicht mehr nur als subjektive Abwehrrechte gegen den Staat verstanden. Seitdem bekannt ist, daß die grundrechtlich geschützten Freiheiten nicht nur vom Staat bedroht werden und daher durch bloße Ausgrenzung von Freiräumen ihm gegenüber auch nicht hinreichend zu bewahren sind, hat sich der Radius der Grundrechte zu einer Rundum-Sicherung der Freiheit erweitert. Zwar entfalten sie ihre unmittelbare Abwehrkraft nach wie vor nur gegenüber dem Staat. Dieser ist aber von Grundrechts wegen nicht nur gehalten, selbst Freiheitsverletzungen zu unterlassen, sondern die grundrechtlich garantierten Freiheiten auch vor Beeinträchtigungen durch Dritte aktiv zu schützen. Diesen gegenüber realisiert sich der Grundrechtsschutz dann vermittelt durch das staatliche Gesetz. Für einen solchen Freiheitsschutz hat der Staat freilich längst gesorgt, ehe ihn die Konstruktion einer grundrechtlichen Schutzpflicht dazu auch verfassungsrechtlich anhielt. Nahezu das gesamte Strafrecht und weite Teile des Privatrechts dienen dem Schutz individueller Freiheit vor rechtswidrigen Beeinträchtigungen durch Dritte. Einer grundrechtlichen Schutzpflicht bedurfte es insoweit nicht. Für ihre Funktion ist es aber aufschlußreich, daß sie bei Gelegenheit der Aufhebung einer Strafdrohung, nämlich des § 218 StGB a. F., Eingang in die Judikatur fand. Die verfassungsrechtliche Schutzpflicht wirkt einerseits, wie man daran ablesen kann, als Bestandsgarantie für die zur Sicherung einer grundrechtlichen Freiheit unerläßlichen Vorkehrungen. Sie verlangt andererseits, daß solche Vorkehrungen vom Gesetzgeber getroffen werden, wo grundrechtliche Freiheiten bislang noch nicht oder nicht ausreichend gegen gesellschaftliche Bedrohungen gesichert erscheinen. Das kann im wesentlichen aus drei Gründen der Fall sein. Der erste liegt in der meist wissenschaftlich-technisch bedingten Entstehung neuartiger Freiheitsgefahren, denen die alten Gesetze nicht Rechnung tragen. Das gilt etwa für die Kernkraft oder die Gentechnik. Der zweite resultiert daraus, daß das zentrale Schutzmittel, das der Liberalismus gegen Freiheitsbedrohungen seitens Dritter vorgesehen hatte, die Vertragsfreiheit, unter den Bedingungen der Industriegesellschaft den Einzelnen nicht mehr hinreichend vor gesellschaftlicher Übermächtigung zu schützen vermag. Freiheitsschutz erfordert dann vermehrte materiale Bindungen der Privatautonomie. Der dritte Grund wurzelt darin, daß die repressiven Mittel des Freiheitsschutzes eingetretene Schäden vielfach nur unzureichend oder gar nicht wiedergutmachen können. Überall wo strafrechtliche Sanktionen und zivilrechtlicher Schadensersatz keine angemessene Wiedergutmachung versprechen, muß daher der Freiheitsschutz vorverlagert werden und bereits bei den möglichen Schadensquellen ansetzen. Auch dieser Fallbereich vergrößert sich durch die wissenschaftlich-technische Entwicklung und die damit verbundenen Schadensdimensionen zusehends. Die Entscheidung für den sozialen Rechtsstaat, deren grundrechtsdogmatische Konsequenz die Schutzpflicht ist, trägt also die Entscheidung für Prävention in sich, und die Frage kann nicht lauten, ob der Staat befugt ist, präventive Mittel einzusetzen, sondern nur, zu welchem Zweck, in welchem Maß und unter welchen Voraussetzungen ihm der Einsatz gestattet sein soll.

3. Prävention als Freiheitseingriff

Die Schutzpflicht für eine grundrechtliche Freiheit pflegt freilich gerade durch die Einschränkung einer anderen Freiheit oder der Freiheit eines anderen erfüllt zu werden. Freiheitsschutz und Freiheitseingriff korrespondieren also miteinander, die Schutzpflicht für das Leben des ungeborenen Kindes beispielsweise mit dem Eingriff in die Handlungsfreiheit der Mutter. Was aus der Opferperspektive Schutz ist, stellt sich aus der Perspektive des Handelnden als Beschränkung dar. Die Prävention macht da keine Ausnahme. Impf-, Gurt-, Versicherungspflichten etc. sind Maßnahmen präventiven Zwangs. Das Problem ist bekannt und wird im Rahmen einer Verhältnismäßigkeitsprüfung durch Abwägung zwischen dem geschützten und dem verkürzten Grundrecht gelöst. Diese Lösung findet auch auf Präventionsakte Anwendung, jedenfalls soweit sie imperative Mittel verwenden. Das ist indes, wie sich gezeigt hat, gerade bei den neuen Formen der Personalprävention nicht der Regelfall. Sie erscheint entweder als faktisches Staatshandeln oder sucht ihren Erfolg unter Einsatz nicht-imperativer Mittel. Gleichwohl dringt sie in bislang private Zonen vor, setzt auch den legal handelnden Bürger staatlichen Kontrollen aus und verändert die Rahmenbedingungen des Freiheitsgebrauchs. Ob die Grundrechte den Betroffenen auch vor nicht-imperativer Prävention schützen, hängt davon ab, inwieweit diese als Eingriff zu betrachten ist. Der klassische Eingriffsbegriff ließ das nicht zu. Als Eingriff galt danach nur ein staatlicher Akt, der dem Adressaten absichtsvoll und unter Einsatz von Befehl und Zwang eine ihn unmittelbar belastende Rechtsfolge auferlegte. Dieses Eingriffsverständnis war auf den liberalen Ordnungsstaat bezogen, der eine von ihm unabhängige, als gerecht vorausgesetzte Sozialordnung lediglich vor Störung bewahrte.

Nur wenn eine Störung vorlag, durfte er einschreiten und diese unter Einsatz seiner Machtmittel beseitigen. Das System ließ ihm also gar keine Möglichkeit, dem Einzelnen anders als durch gegen ihn gerichtete und ihn unmittelbar belastende Zwangsakte zu begegnen. Staatstätigkeit und Grundrechtsschutz kamen auf diese Weise zur Deckung. Bliebe es angesichts der enormen Ausweitung der Staatstätigkeit bei dem liberalen Eingriffsbegriff, so würde diese Kongruenz aufgegeben und die Grundrechte könnten ihre Schutzfunktion gegenüber dem Staat nicht mehr voll erfüllen. Ein solches Defizit läßt sich nur vermeiden, wenn man auf den freiheitsbeschränkenden *Effekt* staatlichen Handelns, nicht die damit verfolgte Absicht oder die gewählte Handlungsform abstellt. Als Eingriff muß daher heute jede auf staatliches Handeln rückführbare Wirkung gelten, die einem Grundrechtsträger ein Verhalten, das den Schutz eines Grundrechts genießt, unmöglich macht. Bei dem Erfordernis, daß ein grundrechtlich geschütztes Verhalten verhindert wird, bleibt es also. Nicht schon jedes Einwirken des Staates auf den im übrigen freien Entschluß des Einzelnen ist Grundrechtseingriff. Grundrechtseingriff ist auch nicht von vornherein jede Beobachtung oder Recherche, solange der Staat dabei nicht in grundrechtlich geschützte Räume oder Kommunikationen vordringt. Andererseits wird ein grundrechtlich geschütztes Verhalten nicht erst unmöglich gemacht, wenn es rechtlich verboten, sondern schon, wenn es faktisch erheblich erschwert wird. Das kann etwa dort der Fall sein, wo ein Grundrecht nur unter Inkaufnahme empfindlicher Nachteile, zum Beispiel dem Verzicht auf öffentliche Leistungen, ausgeübt werden kann oder wo die Ausübung zum Zweck des Sammelns von Verdachtsmomenten registriert wird. Der Grenzverlauf ist unter Umständen schwer feststellbar. Dazu läßt sich nur in Ansehung des betroffenen Grundrechts und des eingesetzten Präventionstyps Näheres sagen. Es erscheint keineswegs ausgeschlossen, daß dabei aus dem allgemeinen Persönlichkeitsrecht des Art. 2 Abs. 1 GG neue besondere Persönlichkeitsrechte nach Art des Rechts auf informationelle Selbstbestimmung hervorgehen. Nimmt ein nicht-imperativer Präventionsakt vor dieser weiten Definition Eingriffscharakter an, so ist er nur unter denjenigen verfassungsrechtlichen Voraussetzungen zulässig, die allgemein für Grundrechtseingriffe gelten. Er muß sich im Rahmen des jeweiligen Eingriffsvorbehalts bewegen und bedarf einer hinreichend bestimmten gesetzlichen Grundlage. Auf letztere verzichtet die herrschende Meinung nur bei Folge- und Nebenwirkungen eines an sich zulässigen Staatsakts, die sich beim Zusammentreffen mit einer bestimmten Tatsachenkonstellation faktisch als Grundrechtsbeschränkung erweisen, ohne daß dies beabsichtigt oder auch nur vorhersehbar gewesen wäre. Für solche unvorhersehbaren Folge- oder Nebenwirkungen kann ohne Gefahr der Lähmung des Staates in der Tat keine gesetzliche Grundlage gefordert werden. Prävention ist freilich stets finales Handeln (was unbeabsichtigte Fernwirkungen nicht ausschließt). Es bedarf daher, soweit es Eingriffsqualität annimmt, immer einer gesetzlichen Grundlage, bei der alle wesentlichen Entscheidungen vom Parlament selbst getroffen sein müssen.

4. Das Abwägungsproblem

Freiheitsbeschränkende Gesetze bedürfen freilich angesichts des Ranges, den das Grundgesetz der Individualfreiheit zumißt, stets eines legitimierenden Grundes, der letztlich selbst wieder nur aus der Freiheit gewonnen werden kann. Das ist die Basis des Verhältnismäßigkeitsprinzips, das die funktionale Abhängigkeit des staatlichen Freiheitseingriffs von der Freiheit des Einzelnen aufrechterhält und Freiheitsbeschränkungen auf das notwendige Maß zurückführt. Damit hat es sich zur praktisch wichtigsten Schranke für den freiheitsbeschränkenden Staat entwickelt. Im Regelfall handelt es sich darum, daß ein Grundrecht beschränkt wird, weil sein ungehinderter Gebrauch die Grundrechte Dritter gefährdete. Gefährdungen, die eine Grundrechtsbeschränkung rechtfertigen, können sich aber auch auf die Allgemeinheit oder den Staat als Garanten der individuellen Freiheit beziehen. Die Verfassungsmäßigkeit der Einschränkung hängt dann von einem angemessenen Ausgleich ab, bei dem die Bedeutung der kollidierenden Rechtsgüter, die Intensität der Einschränkung und das Ausmaß der Gefahr ins Gewicht fallen. Diese Konstellation kommt auch bei zahlreichen Grundrechtsbeschränkungen zu präventiven Zwecken vor. Wer Lehrer werden oder Fleisch verkaufen will, muß sich einer Röntgenuntersuchung unterziehen, damit diejenigen Personen, mit denen er beruflichen Kontakt aufnimmt, vor ansteckenden Krankheiten bewahrt werden. Das Abwägungsproblem bietet hier keine zusätzlichen Schwierigkeiten. Bei den modernen Formen der Prävention treten aber auch andere Konstellationen auf. Eine der Besonderheiten besteht darin, daß durch die präventive Maßnahme nicht bereits erkannte Gefahren bekämpft, sondern mögliche Krisenherde erst entdeckt werden sollen. Die Zahl der präventiv Überprüften kann dadurch stark anwachsen, und es müssen schon hinreichende Verdachtsmomente und schwere Gefährdungen eines hochrangigen Rechtsguts vorliegen, wenn der Suchzweck Grundrechtsbeschränkungen rechtfertigen soll. Eine weitere Besonderheit ergibt sich daraus, daß die Prävention häufig auf ein Verhalten zielt, das weder bestimmte Personen oder die Allgemeinheit in ihrer Freiheit noch den Staat in seiner Funktion als Freiheitsgarant schädigt. Die Schäden treten vielmehr in erster Linie beim Schädiger selbst ein, während Dritte allenfalls Nachteile erleiden, die sich nicht zu Beeinträchtigungen grundrechtlicher Freiheiten verdichten. So verhält es sich etwa beim Konsum gewisser Rauschmittel, bei nicht übertragbaren Krankheiten oder bei unüblichen Formen des Lebenswandels. Freilich leiden die grundrechtlich geschützten Güter wie Leben und Gesundheit unabhängig davon, ob die Schädigung von einem Dritten oder dem Grundrechtsträger selbst ausgeht. Dennoch folgt daraus nicht, daß jede Grundrechtsgefahr, die präventiv bekämpft werden kann, auch präventiv bekämpft werden muß. Die grundgesetzliche Ordnung geht von der Würde und Selbstbestimmung des Einzelnen aus. Daher gestaltet sie die Grundrechte prinzipiell als subjektive Rechte aus und überläßt den Freiheitsgebrauch der Entscheidung des Berechtigten. Darin liegt die Freiheit zur je persönlichen Kombination von Risiko und Sicherheit, zu Wagnis und Scheitern, sogar zur Selbstzerstörung begründet. Dem Staat steht darüber kein Urteil zu, solange gleich- oder höherrangige Rechte Dritter nicht angegriffen werden. Er ist nach dem Grundgesetz dazu bestellt, die Selbstentfaltung der Person zu ermöglichen und zu schützen. Das geschieht, indem er die ökonomischen und kulturellen Grundvoraussetzungen der Persönlichkeitsentfaltung sichert und externe Gefahren beseitigt, nicht aber, indem er den zur Selbstentfaltung Berufenen bei der Wahl des Lebensziels und dem Stil der Lebensführung bevormundet. Grundrechte würden sich sonst unter der Hand in Pflichten verkehren. Freilich lassen sich zur Rechtfertigung des Schutzes Einzelner vor sich selbst immer auch öffentliche Zwecke ins Feld führen: die Aufrechterhaltung der öffentlichen Ordnung, die Entlastung der Allgemeinheit von den Folgekosten individueller Risikofreude etc. Es ist dann aber sehr genau zu unterscheiden, ob es sich bei der Aufrechterhaltung der öffentlichen Ordnung gerade um die Freiheitsordnung oder nur um einen bestimmten status quo handelt, der keine verfassungsrechtliche Garantie hinter sich hat. Ebenso gilt für die Belastung der Allgemeinheit mit den Kosten individueller Risikofreude ein aus dem Gleichheitssatz folgendes Konsistenzgebot. Die Allgemeinheit trägt viele Folgekosten individueller Risikofreude, die des Tabakrauchens und des Skilaufens, des Autofahrens und des Börsenspekulierens. Der Umstand, daß bestimmte Risiken von den meisten und andere nur von wenigen übernommen werden, ändert die rechtliche Bewertung nicht. Auch das ist eine Folge der Grundentscheidung zugunsten von Freiheit.

IV. Die ungelösten Probleme

Es wäre allerdings voreilig, die verfassungsrechtlichen Fragen, die durch Ausweitung und Intensivierung der Prävention aufkommen, mit diesen Hinweisen für gelöst zu halten. Sie bilden vielmehr nur den Versuch, das Phänomen in einen vorhandenen dogmatischen Rahmen einzufügen, der nicht im Blick auf die Probleme der Prävention konstruiert wurde und sie daher auch nur unvollkommen zu bewältigen vermag. Die präventive Staatstätigkeit ist grundrechtlicher Kontrolle zugänglich, soweit sie sich zum einen als Ausdruck einer Schutzpflicht verstehen und zum anderen einem sozialstaatlich erweiterten Eingriffsbegriff subsumieren läßt. Ihre weiterreichenden Wirkungen sind verfassungsrechtlich nur schwer steuerbar. Das gilt namentlich für den Wandel der Rahmenbedingungen grundrechtlicher Freiheit, der eintritt, wenn eine Gesellschaft so viele Sicherheitsrisiken produziert, daß sie die bedrohten Grundrechtsgüter nur noch unter beträchtlicher Ausweitung des Überwachungsapparats zu schützen imstande ist. Jede einzelne Vorkehrung kann dann, für sich genommen, als verhältnismäßig geringfügige Belastung zur Sicherung eines hochwertigen Rechtsguts, gleich der Leibesvisitation auf Flughäfen, erforderlich und angemessen erscheinen und so die verfassungsrechtlichen Hürden für Grundrechtseingriffe nehmen und in der Summe doch die Freiheit unter der Sicherheit verkümmern lassen. Die Grenzlinie ist schwer zu erkennen. Wird sie aber überschritten, so findet sich die freiheitliche Verfassung, ohne daß es einer einzigen Textänderung bedürfte, an der Peripherie des Soziallebens wieder.

Die Schwäche des Verfassungsrechts gegenüber der Prävention wird ferner an denjenigen Problemen sichtbar, die sich aus der begrenzten gesetzlichen Steuerbarkeit präventiver Staatstätigkeiten ergeben. Dadurch büßen tragende Strukturprinzipien der Verfassungsordnung wie Rechtsstaat und Demokratie an Wirkung ein. Beide sind ja auf das Medium des Gesetzes angewiesen. Unter demokratischen Aspekten sorgt es erstens dafür, daß alle wesentlichen kollektiv verbindlichen Entscheidungen unter öffentlicher Beteiligung und Kontrolle zustandekommen und dadurch eine gewisse Aussicht auf Verallgemeinerungsfähigkeit bieten. Zweitens bindet es die staatliche Exekutive an den Träger der Staatsgewalt. Die Verwaltung als selbst nicht von Wahlen abhängige Gewalt kann ja nur dadurch in den demokratischen Legitimations- und Verantwortungszusammenhang einbezogen werden, daß sie ihr Handlungsprogramm von den aus Wahlen hervorgehenden und in Wahlen wieder zur Rechenschaft gezogenen Staatsorganen empfängt. Soweit sie sich dagegen fern vom Gesetz selbst steuert, bleiben die verfassungsrechtlichen Mechanismen von Wahl, Diskurs und Kontrolle wirkungslos. Der Versuch des Bundesverfassungsgerichts, die demokratische Lücke durch eine Ausweitung des Gesetzesvorbehalts zu schließen, muß dort fehlschlagen, wo sich der Regelungsgegenstand gegen normative Vorabfestlegungen sperrt, wie das gerade für eine Reihe präventiver Aktivitäten zutrifft. Der gleichwohl zum Handeln genötigte Gesetzgeber flüchtet dann in abstrakte Zielbestimmungen und globale Blankettermächtigungen, die nur schwach verdecken, daß es doch wieder die Verwaltung ist, die ihr eigenes Handeln bestimmt.

Unter rechtsstaatlichen Aspekten fungiert das Gesetz vor allem als Mittel zur Verhinderung staatlicher Willkür, indem es die Ausübung öffentlicher Gewalt an zwar nicht unveränderliche, aber jedenfalls im voraus festgesetzte Regeln bindet. Für den Einzelnen liegt allein in dieser Regelhaftigkeit des staatlichen Verhaltens und noch ungeachtet des Regelinhalts ein nicht zu unterschätzender Schutz. Einem regelgerecht vorgehenden Staat ist er nicht blindlings ausgeliefert, sondern kann dessen Aktionen vorausberechnen und sein eigenes Verhalten darauf einstellen. Diese Gewißheit erst ermöglicht ihm eine verantwortliche Lebensplanung und eine angstfreie Wahrnehmung der eigenen Interessen. Im materiellen Rechtsstaat verstärkt sich diese Schutzwirkung dadurch, daß sie nicht nur auf dem Formerfordernis der Gesetzesbindung der Verwaltung beruht, sondern zusätzlich den Gesetzesinhalt auf die Individualfreiheit verpflichtet. Wo dagegen die Regelhaftigkeit nicht erreichbar ist, weil das Handlungsprogramm erst angesichts wechselnder Situationen vom Handelnden selbst aufgestellt, komplettiert oder verändert werden muß, geht der rechtsstaatlich vermittelte Schutz wieder verloren, und die Verwaltung kann nach ihrem durch den Selbstbindungsgrundsatz nur mühsam gezügelten Belieben handeln. Das scheint gerade bei der Prävention gegenüber abweichendem oder politisch oppositionellem Verhalten besonders oft der Fall zu sein, so daß die Befürchtung nicht unbegründet ist, daß hier die Sicherheitsinteressen des Staatsapparats oder mächtiger Klienten ein verfassungsrechtlich nicht verdientes Übergewicht über die bürgerliche Freiheit erlangen.

Das Gesetz bildet aber nicht nur den Verhaltensmaßstab für die staatliche Exekutive, sondern auch den Kontrollmaßstab für die sie überprüfende Verwaltungsgerichtsbarkeit. Das Recht des Einzelnen, von einem unabhängigen Gericht kontrollieren zu lassen, ob sich der Staat im Kontakt mit ihm gesetzmäßig verhalten hat oder nicht, und der Anspruch, im Fall regelwidrigen Verhaltens Abhilfe zu erlangen, verleiht der rechtsstaatlichen Bindung des Staates im Konfliktfall erst Wirksamkeit, ganz abgesehen von der Vorwirkung, die die bloße Existenz der gerichtlichen Kontrolle für die Gesetzestreue der Verwaltung hat. Insofern vollendet sich der Rechtsstaat in der Tat im gerichtlichen Rechtsschutz. Der gerichtliche Rechtsschutz hängt freilich an der Existenz justitiabler Normen, und wo diese fehlen, kann auch keine Rechtmäßigkeitskontrolle stattfinden. Wird sie gleichwohl geübt, wozu die Verwaltungsgerichte ohne Rücksicht auf die Determinationskraft und Regelungsdichte von Normen neigen, dann wandelt sich die Justiz von der Rechtmäßigkeitskontrolle zur Fachaufsicht oder zur politischen Gestaltungsinstanz. Auf diese Weise schließt sie die rechtsstaatliche Lücke, indem sie eine demokratische aufreißt. Das ist nicht allein ein Problem präventiver Staatstätigkeit, sondern der steuernden und gestaltenden Verwaltung schlechthin, die nicht im selben Maß wie die Ordnungsverwaltung konditional programmiert werden kann. Im Präventivbereich fällt aber selbst das seit einiger Zeit verstärkt eingesetzte Surrogat der Partizipation der Betroffenen an dem Verwaltungsverfahren aus, weil es, etwa im weiten Sicherheitsbereich, die Prävention von vornherein um ihre Wirkung brächte.

All diese Breschen, die neuartige Staatsaufgaben und Instrumentarien in die verfassungsrechtliche Disziplinierung der Staatsgewalt schlagen, indizieren nur, daß die Verfassung auf eine Problemlage bezogen ist, die der heutigen nicht mehr entspricht. Die Verfassung war eine bürgerliche Erfindung, die unter der Prämisse von der Selbststeuerungsfähigkeit der Gesellschaft den Staat auf Garantiefunktionen für Individualfreiheit beschränken und in der Erfüllung dieser begrenzten Funktion an die Interessen der von ihm getrennten autonomen Gesellschaft binden sollte. Die damit bezeichnete Aufgabe war so beschaffen, daß sie gerade in einem höherrangigen, den Staat selbst verpflichtenden Recht ihre Lösung fand. In der Begrenzung des Staates und seiner funktionsadäquaten Organisation entfaltete die Verfassung ihre spezifische Rationalität. Die aktuellen Aufgaben der Wohlfahrtsvorsorge und Entwicklungssteuerung zwingen den Staat dagegen zu ausgreifenden Aktivitäten in immer enger werdender Kooperation mit den organisierten Kräften der Gesellschaft. Unter diesen Umständen geht es aber nicht mehr um Ausgrenzung und Beschränkung, sondern um Leistung und Gestaltung. Aufgaben dieser Art finden ihre Lösung nicht schon in der Setzung von Normen, sondern erst in dem hinter der Norm gelegenen Tun, ohne daß dieses jedoch normativ ausreichend steuerbar wäre. Die weltweite Verbreitung der Verfassung und ihre auffällige Rolle in einem System mit ausgebildeter Verfassungsgerichtsbarkeit verdeckt dann aber nur den schleichenden Verlust an innerer Formkraft und Problemnähe. Die Prävention ist dafür nur das neueste Beispiel.

8. Rückkehr zum liberalen Grundrechtsverständnis?

1. Zur Situation

In der Grundrechtsdogmatik der Nachkriegszeit haben sich die Entdeckung des Verhältnismäßigkeitsprinzips und die Entfaltung des objektivrechtlichen Gehalts der Grundrechte als die folgenreichsten Neuerungen erwiesen. Während aber der Verhältnismäßigkeitsgrundsatz im Rahmen des altbekannten negatorischen Grundrechtsschutzes zum Zuge kommt und hier die Abwehrkraft der Grundrechte gegen staatliche Freiheitseingriffe entscheidend verstärkt, werden den Grundrechten durch das objektivrechtliche Verständnis ganz neue Anwendungsgebiete erschlossen. Nach und nach sind aus dieser Deutung der Grundrechte hervorgegangen: ihre Ausstrahlung auf Privatrechtsverhältnisse, die sog. Drittwirkung; originäre Leistungsansprüche oder Teilhaberechte des Einzelnen gegenüber dem Staat; Schutzpflichten des Staates für grundrechtlich gesicherte Freiheiten; Verfahrensgarantien für staatliche Entscheidungsprozesse, die Grundrechtsbeeinträchtigungen zum Ergebnis haben können; Organisationsprinzipien für öffentliche und private Einrichtungen, in denen Grundrechte arbeitsteilig wahrgenommen werden[1]. Weitere Schritte könnten folgen. Die Grundrechte sind dadurch erstens aus der einseitigen Staatsrichtung gelöst und auch für die gesellschaftliche Ordnung maßgeblich gemacht und zweitens aus der einseitigen Abwehrfunktion gelöst und auch zur Grundlage staatlicher Handlungspflichten ausgebildet worden.

Es wäre freilich verfehlt zu erwarten, daß sich die negatorische und die postulatorische Komponente der Grundrechte problemlos addieren ließen. Der staatliche Schutzauftrag für eine grund-

1 Als Leitentscheidungen des deutschen Bundesverfassungsgerichts können gelten für die Drittwirkung BVerfGE 7, 198 (1958), für Leistungs- und Teilhaberechte BVerfGE 33, 303 (1972), für Schutzpflichten BVerfGE 39, 1 (1975), für Verfahrensgarantien BVerfGE 53, 30 (1979) und für Organisationsprinzipien BVerfGE 57, 295 (1981).

rechtlich gesicherte Freiheit kann vielmehr in der Regel nur durch Beschneidung anderer Freiheiten oder derselben Freiheit anderer erfüllt werden. Die aus den Grundrechten abgeleiteten Handlungsanforderungen an den Staat treiben also die Zahl der Grundrechtseingriffe in die Höhe und führen allem Anschein nach zu einer Schwächung ihrer Abwehrkraft. Während ein ausschließlich negatorisches Grundrechtsverständnis zur Stabilisierung des gesellschaftlichen Status quo beiträgt, gehen von einem postulatorischen Grundrechtsverständnis Veränderungsimpulse aus. Es verwundert daher nicht, daß sich zwar der Verhältnismäßigkeitsgrundsatz als Verstärkung der gewohnten Abwehrfunktion der Grundrechte reibungslos durchgesetzt hat und nahezu unangefochten praktiziert wird, die objektivrechtliche Grundrechtsinterpretation aber stets umstritten geblieben ist und gerade in jüngster Zeit wieder vermehrter Kritik begegnet[2]. Diese wird heute wie früher vorwiegend methodologisch begründet. Die Kritiker machen das objektivrechtliche Grundrechtsverständnis für die hohe Beliebigkeit der Grundrechtsinterpretation und die damit verbundenen Rationalitätseinbußen der Rechtsanwendung verantwortlich und sehen in ihr auch die wichtigste Ursache für die Usurpation politischer Kompetenzen durch die Gerichte, namentlich das Bundesverfassungsgericht.

Zwischen der älteren und der jüngeren Kritikergeneration fallen aber Unterschiede auf. Hinter den methodologischen Einwänden

2 Vgl. vor allem B. Schlink, Freiheit durch Eingriffsabwehr – Rekonstruktion der klassischen Grundrechtsfunktion, EuGRZ 1984, 457; vorher schon ders., Abwägung im Verfassungsrecht, Berlin 1976; ferner etwa M. Degen, Pressefreiheit, Berufsfreiheit, Eigentumsgarantie, Berlin 1981; wohl auch G. Haverkate, Rechtsfragen des Leistungsstaats, Tübingen 1983; schon früher, aber längere Zeit ohne Gefolgschaft, J. Schwabe, Probleme der Grundrechtsdogmatik, Darmstadt 1978. Die ältere kritische Richtung ist geprägt von verschiedenen Aufsätzen Forsthoffs aus den frühen sechziger Jahren, die gesammelt vorliegen: E. Forsthoff, Rechtsstaat im Wandel, München 1976² (darin besonders die Aufsätze in den Kapiteln III und V); vgl. aber auch H. H. Klein, Die Grundrechte im demokratischen Staat, Stuttgart 1974. Eine kritische Auseinandersetzung mit der Position Schlinks bei K.-H. Ladeur, Klassische Grundrechtsfunktion und »post-moderne« Grundrechtstheorie, KJ 1986, 197.

der älteren Richtung kommen bei genauerem Hinsehen meist Vorbehalte gegen das sozialstaatliche Freiheitsverständnis zum Vorschein, das auf objektivrechtliche Begründungen angewiesen ist. Die im Namen der Rationalität der Rechtsanwendung geforderte Beschränkung auf den negatorischen Grundrechtsschutz zielte so in der Sache auf die Wahrung bürgerlicher Besitzstände. Für die Mehrzahl der heutigen Kritiker spielt dieses Motiv keine erkennbare Rolle. Die sozialstaatlichen Ziele des erweiterten Grundrechtsverständnisses sind vielmehr überwiegend akzeptiert. Jedoch erscheint das Mittel der objektivrechtlichen Grundrechtsinterpretation rechtsstaatlich und demokratisch zu kostspielig. Daher lautet die Mahnung damals wie heute, vom objektivrechtlich-postulatorischen Gehalt der Grundrechte wieder abzurücken und diese auf ihre subjektivrechtlich-negatorische Funktion zu beschränken. Es soll bei der Abwehr staatlicher Freiheitseingriffe bleiben, wobei einzelne Kritiker versprechen, daß sich auch die modernen wohlfahrtsstaatlichen Freiheitsprobleme mit der überlieferten Eingriffsdogmatik bewältigen ließen. Ein Aufsatz Schlinks, der diesen Weg nachdrücklich empfiehlt, heißt bezeichnenderweise »Freiheit durch Eingriffsabwehr – Rekonstruktion der klassischen Grundrechtsfunktion«[3].

Für die Berechtigung der Aufforderung, die Grundrechte nur negatorisch zu verwenden, ist es freilich ohne Bedeutung, ob damit ihre klassische Funktion wiederhergestellt wird. Die Auszeichnung mit diesem Siegel dient aber dazu, der Position erhöhte Überzeugungskraft zu verleihen. Deswegen lohnt die Nachfrage, ob es sich bei der Eingriffsabwehr tatsächlich um die klassische Grundrechtsfunktion handelt. Selbst wenn das so ist, wird man aber annehmen müssen, daß die Erweiterung der Grundrechtsfunktionen angebbare soziale Ursachen hat. Erst wenn diese bekannt sind, läßt sich die Berechtigung der Ausweitung beurteilen. Desgleichen werden die Verluste sichtbar, die drohen, wenn die neuen Grundrechtsfunktionen wieder preisgegeben werden. Solche Verluste müssen freilich nicht unausweichlich sein, denn in der Regel können Probleme auf mehr als nur eine Weise gelöst werden. Deswegen bedarf es einer Überprüfung der Behauptung, daß sich die Freiheitsgefahren, die zur objek-

3 EuGRZ 1984, 457.

tivrechtlichen Ausweitung des Grundrechtsschutzes geführt haben, auch mit der eingespielten Eingriffsdogmatik bewältigen lassen, und zwar gerade ohne die kritisierten Gewißheitsverluste und Rationalitätseinbußen. Sollte das nicht der Fall sein, erhebt sich die Frage, ob Lösungen denkbar sind, die dem Rationalitätsanspruch der Verfassungsinterpretation genügen, ohne deswegen drängende Freiheitsprobleme grundrechtlich unbeantwortet zu lassen.

II. Eingriffsabwehr als klassische Grundrechtsfunktion?

Grundrechte im modernen Verständnis des Wortes sind ein Werk der amerikanischen Revolution[4]. Die amerikanischen Kolonisten reagierten mit Grundrechten auf das charakteristische Defizit der englischen Freiheitsrechte, die lediglich auf einfachgesetzlicher Ebene verankert waren und daher keinen Schutz gegen parlamentarisch beschlossene Freiheitsbeschränkungen bildeten. Diese galten vielmehr als Selbstbeschränkungen der Freiheitsinhaber und konnten als solche keine Rechtsverletzung auslösen. Die amerikanischen Kolonisten beklagten jedoch gerade die gleichheitswidrige Steuerbelastung durch das englische Parlament, in dem sie nicht vertreten waren, und sahen sich, als dieses nicht einlenkte, genötigt, unter Berufung auf Naturrecht mit dem Mutterland zu brechen und eine eigene Staatsgewalt zu konstituieren. Dabei wurden die in den Kolonien geltenden englischen Freiheitsrechte bei weitgehend unverändertem Inhalt in Verfassungsrang erhoben und nach den Erfahrungen mit dem englischen Parlament auch der gesetzgebenden Gewalt vorgeordnet. Ihre juristische Bedeutung lag darin, daß sie eine längst freiheitlich-liberale Sozialordnung gegen staatliche Übergriffe wie den soeben erlebten abschirmten, und zwar in der Weise, daß sie den Betroffenen einen gerichtlich durchsetzbaren Unterlassungsanspruch einräumten. Die Entstehungsgeschichte im Ursprungsland der

4 Vgl. zu den Grundrechtsfunktionen in historischer Sicht D. Grimm, Die Grundrechte im Entstehungszusammenhang der bürgerlichen Gesellschaft, in diesem Band, 67; ferner D. Grimm, Grundrechte und Privatrecht in der bürgerlichen Sozialordnung, in: ders, Recht und Staat der bürgerlichen Gesellschaft, 1987, 192.

Grundrechte spricht also in der Tat für Eingriffsabwehr als ursprüngliche Grundrechtsfunktion.
Das Bild ändert sich jedoch sofort, wenn man den Blick auf das europäische Ursprungsland von Grundrechten richtet, nämlich Frankreich. Die Französische Revolution ähnelt der amerikanischen darin, daß sie die angestammte Staatsgewalt revolutionär beseitigte und eine neue errichtete, und zwar ebenfalls auf der Grundlage einer geschriebenen Verfassung, die die Legitimitätsbedingungen politischer Herrschaft festlegte und ihre Befugnisse begründete und begrenzte. Die beiden Revolutionen unterscheiden sich aber in der Ausgangsposition und im Ziel. Während die amerikanischen Kolonien im 18. Jahrhundert bereits eine weitgehend freiheitlich-liberale Sozialordnung genossen, die vom Mutterland lediglich punktuell gestört war, kennzeichneten die französische Sozialordnung nicht Freiheit und Gleichheit, sondern Pflichten und Bindungen, Standesschranken und Privilegien. Daher konnte sich die amerikanische Revolution in einer Auswechselung der politischen Gewalt und Vorkehrungen gegen ihren Mißbrauch erschöpfen, während für die Französische Revolution die Auswechselung der politischen Gewalt nur das Mittel zur überfälligen Reform der Gesellschaftsordnung bildete. In der Umstellung auf die Maximen von Freiheit und Gleichheit lag das eigentliche Revolutionsziel. Seine Verwirklichung forderte also eine durchgreifende Erneuerung des Zivilrechts, des Strafrechts, des Prozeßrechts etc., wogegen von größeren Rechtsreformen nach der amerikanischen Revolution nichts bekannt ist.
Angesichts dieser Lage wirkt es überraschend, daß die französische Nationalversammlung sich mit beträchtlicher Mehrheit entschloß, ihr Reformwerk nicht mit der Umgestaltung des einfachen Rechts, sondern mit der Ausarbeitung eines Grundrechtskatalogs zu beginnen, während das ständisch-feudale und polizeistaatliche Recht des *Ancien régime* erst danach gegen bürgerlich-liberales ausgetauscht werden sollte. Allein diese Reihenfolge verrät, daß die Grundrechte hier nicht als subjektive Abwehrrechte gemeint sein konnten. Eine solche Funktion wäre dem Revolutionsziel zuwidergelaufen und hätte die als ungerecht empfundene alte Rechtsordnung gegen eine Umgestaltung im freiheitlichen Sinn gerade immunisiert. Die Grundrechte fungierten unter diesen Umständen vielmehr als die obersten Leitprinzipien der Sozialordnung, die der langwierigen und komplizierten Rechtsre-

form Halt und Dauer geben sollten. Sie wiesen den Staat also zunächst nicht in Schranken, sondern richteten sich mit einem Handlungsauftrag an ihn. Ihrer Bestimmung nach waren sie Zielvorgaben für den Gesetzgeber zur grundrechtskonformen Umgestaltung des einfachen Rechts. Das ist aber nichts anderes als die objektivrechtliche Grundrechtsfunktion. Erst nachdem die Umgestaltung der Sozialordnung im Sinne von Freiheit und Gleichheit abgeschlossen war, konnten sie sich auch in Frankreich, wie in Amerika von Anfang an, auf ihre negatorische Funktion zurückziehen.

In Deutschland, wo zu Beginn des 19. Jahrhunderts auf der einzelstaatlichen Ebene Verfassungen mit Grundrechtskatalogen entstanden, die allerdings nicht revolutionär erkämpft, sondern vom Monarchen aus einer Reihe staatsbezogener Motive freiwillig gewährt worden waren und daher in Inhalt und Reichweite hinter den amerikanischen und französischen Grundrechten zurückblieben, trafen diese auf eine Rechtsordnung, deren Umgestaltung von ständisch-feudalen auf bürgerlich-liberale Prinzipien zwar eingeleitet, aber noch keineswegs abgeschlossen war. Den Grundrechten fiel in dieser Situation eine Doppelrolle zu. Teilweise legten sie sich sichernd über das schon Erreichte; teilweise verhießen sie eine Fortsetzung der Reformen. Da diese in dem restaurativen Klima seit 1820 ausblieben, stellte die weitgehend liberal gesonnene Staatsrechtslehre des Vormärz den Ziel- und Auftragscharakter der Grundrechte vor die negatorische Bedeutung und interpretierte sie als objektive Prinzipien, denen das einfache Recht angepaßt werden mußte. Grundrechtsverwirklichung durch Privatrechts- und Strafrechtsgesetzgebung, Prozeßrechts- und Polizeirechtsgesetzgebung war auch das vordringliche Thema der vormärzlichen Parlamente. Erst als die grundrechtlich verheißene Freiheit in der zweiten Jahrhunderthälfte auch einfachrechtlich weitgehend hergestellt war, begann die Verengung der Grundrechte auf ihre negatorische Funktion, die heute als klassisch ausgegeben wird[5].

Diese Entwicklung war allerdings in der Logik des Liberalismus, dessen Gedankenwelt die Grundrechte entsprangen, vorgezeich-

5 Vgl. D. Grimm, Die Entwicklung der Grundrechtstheorie in der deutschen Staatsrechtslehre des 19. Jahrhunderts, in: ders., Recht und Staat der bürgerlichen Gesellschaft, 1987, 308.

net. Einmal rechtlich hergestellt, sollten Freiheit und Gleichheit vermittels des Marktmechanismus Wohlstand und Gerechtigkeit automatisch hervorbringen. Jede staatliche Intervention in die Gesellschaft, die nicht der Abwehr von Störungen diente, sondern eigene Steuerungsambitionen verfolgte, mußte unter diesen Umständen das freie Spiel der Kräfte verzerren und das Gelingen des Modells in Frage stellen. Die Hauptfunktion der Grundrechte in der verwirklichten bürgerlichen Gesellschaft bestand daher darin, eine Trennlinie zwischen Staat und Gesellschaft zu ziehen. Vom Staat aus betrachtet waren sie Handlungsschranken, von der Gesellschaft aus betrachtet Abwehrrechte. Insofern erscheint die objektivrechtliche Komponente für das bürgerlich-liberale Grundrechtsverständnis als Durchgangsstadium. Am Ende sollte nur die negatorische Wirkung überleben. Die objektivrechtliche Bedeutung entfiel deswegen aber nicht, sondern blieb latent vorhanden. Sie verharrte sozusagen in Wartestellung, um sogleich hervorzutreten, wenn Zielabweichungen drohten oder der Automatismus gestört wurde. Von der negatorischen Funktion als klassischer Grundrechtsfunktion kann daher nur in stark eingeschränktem Maß gesprochen werden.

III. Gründe der Ausweitung des Grundrechtsschutzes

Die Wiederentdeckung der objektivrechtlichen Grundrechtskomponente findet ihren Grund gerade im Versagen der liberalen Prämisse, daß gleiche rechtliche Freiheit ohne Zutun des Staates automatisch zu Wohlstand und Gerechtigkeit führe. Diese Annahme hat sich vielmehr als höchst voraussetzungsvoll erwiesen. Die Folge ist, daß sich über grundrechtliche Freiheit nicht mehr unter Absehung von ihren realen Voraussetzungen sprechen läßt[6]. Sie müssen auch bei der Prüfung, ob das negatorische

6 Vgl. aus der deutschen Literatur E.-W. Böckenförde, Grundrechtstheorie und Grundrechtsinterpretation. NJW 1974, 1529, P. Häberle, Grundrechte im Leistungsstaat, VVDStRL 30 (1972), 43; K. Hesse, Bestand und Bedeutung der Grundrechte in der Bundesrepublik Deutschland, EuGRZ 1978, 427; D. Grimm, Grundrechte und soziale Wirklichkeit, in: W. Hassemer u. a. (Hg.), Grundrechte und soziale Wirklichkeit, Baden-Baden 1982, 39; aus der schweizerischen Literatur

Grundrechtsverständnis restituiert werden sollte, in den Blick genommen werden. Dabei lassen sich eine ältere und eine neuere Problemschicht unterscheiden.

a) Die ältere Problemschicht ist durch das Stichwort »Soziale Frage« gekennzeichnet. Dahinter steht die bereits in der ersten Hälfte des 19. Jahrhunderts gemachte Erfahrung, daß eine Reihe grundrechtlich gesicherter Freiheiten für denjenigen ohne Nutzen bleibt, dem die materiellen Voraussetzungen ihres Gebrauchs fehlen. Diese Einsicht ist so elementar, daß sie auch dem Liberalismus nicht entgehen konnte. Wohl aber mochte der vorindustriell konzipierte Liberalismus noch der Annahme sein, daß es nach Beseitigung der zahlreichen Betätigungshindernisse, die sich aus Standesgrenzen, Feudalismus, Zunftsystem, Merkantilismus ergaben, nur noch eine Frage von Talent und Fleiß sei, diese Mittel zu erlangen. Wer sich trotz der allseits eröffneten Chance nicht in den Genuß der zum Grundrechtsgebrauch nötigen Güter gesetzt hatte, bewies damit sein subjektives Unvermögen. Seine Not konnte als selbstverschuldet betrachtet werden und galt insofern nicht als ungerecht. Vor privater Ausbeutung oder Übermächtigung schützte nach der Überzeugung des Liberalismus jeden das Prinzip gleicher Freiheit, das Herrschaft einzelner Gesellschaftsglieder über andere ausschloß und Verpflichtungen zwischen Bürgern nur noch als freiwillig übernommene zuließ. Jeder hatte auf diese Weise die Möglichkeit, seinen eigenen Vorteil zu suchen, und keiner konnte zu unvorteilhaften Geschäften gezwungen werden. Im Ergebnis freiwilliger Übereinkunft lag daher – wie immer es ausfiel – ebenfalls keine Ungerechtigkeit begründet.
Die Annahme, auf der das bürgerliche Sozialmodell beruhte, hat sich als unzutreffend erwiesen. Schon bald nach seiner Verwirklichung entstand eine Massenarmut, die nicht auf individuellem Versagen beruhte, sondern strukturell bedingt und insofern nicht durch eigene Anstrengung überwindbar war. Dieser Zustand trat nicht erst infolge der Industriellen Revolution auf, sondern wurde von ihr nur verschärft. Für die Verwirklichung der von

P. Saladin, Grundrechte im Wandel, Bern 1982[3]; J. P. Müller, Soziale Grundrechte in der Verfassung? Basel 1981[2]; ders., Grundrechte und staatsleitende Grundsätze im Spannungsfeld heutiger Grundrechtstheorie, ZSR NF 97 (1978), 270.

den Grundrechten verheißenen gleichen Freiheit hatte das Konsequenzen. Sie bestanden nicht nur darin, daß die allen gleichermaßen zuerkannte Freiheit für denjenigen Teil der Bevölkerung, dem die Mittel ihres Gebrauches fehlten, relativ wertlos wurde. Einschneidender wirkte sich aus, daß er dadurch in Abhängigkeit von den Bemittelten geriet. Nur über seine Arbeitskraft verfügend, mußte der Unbemittelte in einer Situation, da an Arbeitskräften kein Mangel herrschte, die Bedingungen der Bemittelten akzeptieren, um sein Leben fristen zu können. Formell betrachtet, machten beide dabei nur von ihrer Vertragsfreiheit Gebrauch. Materiell betrachtet, konnte der eine die Konditionen nach Belieben diktieren, während dem anderen nur die Alternative von Einwilligung oder Untergang blieb. Statt des erwarteten gerechten Interessenausgleichs etablierten sich so in der von staatlicher Herrschaft befreiten Sphäre private Herrschaftsverhältnisse und ermöglichten die Ausbeutung eines Teils der Gesellschaft durch den anderen.

Diese Erkenntnis gilt nicht nur unter den besonderen Umständen des beginnenden Industriezeitalters. Sie läßt sich verallgemeinern. Ein Konzept gleicher Freiheit kann nicht unabhängig von den tatsächlichen Bedingungen des Freiheitsgebrauchs verwirklicht werden. Negatorisch verstandene Freiheitsrechte führen allein bei gesellschaftlichem Kräftegleichgewicht zum Ziel gerechten Interessenausgleichs. Bei materiellem Ungleichgewicht schlägt formal gleiche Freiheit de facto in das Recht des Stärkeren um. Staatsbegrenzung ist dann nicht mehr mit realer Freiheit identisch. Das Kräftegleichgewicht, das die unausgesprochene Gelingensvoraussetzung des liberalen Modells bildet, stellt sich allerdings nicht von selbst ein. Das System erlaubt vielmehr gerade infolge der Privatautonomie die Akkumulation gesellschaftlicher Macht und produziert auf diese Weise ständig Freiheitsgefahren. Es ist daher als freiheitliches nicht selbsttragend, sondern prekär. Steht das einmal fest, materialisiert sich das Freiheitsproblem wieder, das der Liberalismus formal lösen zu können geglaubt hatte[7]. Die Aufrechterhaltung gleicher Freiheit hängt dann zwar weiterhin von einer Begrenzung der Staatsmacht, aber zusätzlich von einer unabschließbaren Freiheitsstützung und Gegensteuerung durch den Staat ab.

7 Vgl. D. Grimm, Recht und Staat der bürgerlichen Gesellschaft, Frankfurt 1987, 45.

Grundrechtsdogmatischer Ausdruck dafür ist die Wiedergewinnung der objektivrechtlichen Grundrechtsdimension.
Diese Konsequenz wurde zwar schon im 19. Jahrhundert erkannt, aber noch nicht gezogen. Im Gegenteil ging mit vertiefter Klassenspaltung in der Gesellschaft eine wachsende Dogmatisierung der negatorischen Grundrechtsfunktion einher. Die Staatsabwehr, die ursprünglich als rechtstechnisches Mittel zur Erreichung des Ziels gleicher individueller Freiheit gedacht war, stieg dadurch zum eigentlichen Sinn der Grundrechte auf. So wurde es möglich, eines der größten Ärgernisse des beginnenden Industriezeitalters, die Kinderarbeit, unter Berufung auf die Grundrechte der Eigentums- und Vertragsfreiheit und der elterlichen Gewalt gegen gesetzliche Beschränkungsversuche zu verteidigen, während der grundrechtsschützende Charakter der Gesetzesvorhaben unbemerkt blieb. Je weniger freilich die bürgerlichen Interessen vom Staat bedroht waren, desto mehr schwand auch die bürgerliche Wertschätzung für Grundrechte. Als der »Vierte Stand« zur Deckung seines Freiheitsdefizits auf das Ziel der Grundrechte zu pochen begann, wurde ihnen von der Staatsrechtslehre ihr postulatorischer Gehalt bestritten. Gegen Ende des 19. Jahrhunderts büßten sie ihren Freiheitsbezug sogar völlig ein und schrumpften zu kasuistischen Formulierungen des generellen Prinzips der Gesetzmäßigkeit der Verwaltung. Eine eigenständige normative Bedeutung, gar die von sinnkonstituierenden Prinzipien der Sozialordnung, besaßen sie nicht mehr[8].
Nimmt man dagegen die Grundrechte als ranghöchste Inhaltsnormen der Rechtsordnung ernst, dann können sie sich nach dem Auftreten der Sozialen Frage nicht mehr darin erschöpfen, den Staat auf Distanz zu halten, sondern müssen ihren Schutz auch auf die materiellen Voraussetzungen des Freiheitsgebrauchs und die von der Gesellschaft selbst drohenden Freiheitsgefahren erstrecken. Dadurch wird ihr objektivrechtlicher Gehalt wieder ins Spiel gebracht. Angesichts der Notwendigkeit, die Individualfreiheit materiell zu fundieren, konkretisiert er sich zur Leistungs- und Teilhabedimension, angesichts der gesellschaftlichen Freiheitsgefahren zur Einwirkung auf das Privatrecht. In beiden Fällen richtet sich der Grundrechtsauftrag primär an den Gesetzgeber, der die Mittel verteilen und den Interessenausgleich dort

8 Vgl. D. Grimm, Grundrechtstheorie (Fn. 5).

vornehmen muß, wo er sich privatautonom nicht einstellt. Sekundär wird aber auch die Rechtsanwendung erfaßt, die eine grundrechtsnotwendige Leistung auch ohne anspruchsbegründetes Gesetz zuzusprechen hat und bei der Auslegung grundrechtsbegrenzenden Privatrechts der Bedeutung des eingeschränkten Grundrechts Rechnung tragen muß. Nichts anderes als diese mittlerweile allgemein anerkannte Ausstrahlung der Grundrechte auf auslegungsfähiges einfaches Recht mit Grundrechtsberührung verbirgt sich hinter der (mittelbaren) Drittwirkung, die viel an Brisanz verliert, wenn man sich ihre Wirkungsweise einmal klar gemacht hat.

b) Die jüngere Problemschicht läßt sich auf die wachsende Komplexität der gesellschaftlichen Strukturen und Funktionen zurückführen, hinter der wiederum der wissenschaftlich-technische Fortschritt als treibende Kraft steht. Sie hat verschiedene grundrechtsrelevante Auswirkungen. Die erste ergibt sich aus der Ambivalenz des Fortschritts, der mit jeder Erleichterung der menschlichen Mühsal zugleich neue Gefahrenquellen und Folgekosten für grundrechtlich gesicherte Freiheiten, namentlich für Leben und Gesundheit, schafft. Da im ökonomischen System, das die Ergebnisse von Wissenschaft und Technik kommerziell verwertet und dabei seinerseits grundrechtlich geschützt ist, keine Sensoren für externe Folgekosten angelegt sind, solange sich diese nicht in Gewinneinbußen niederschlagen, muß die Rücksicht auf die bedrohten Grundrechtsgüter staatlich erzwungen werden. Grundrechtsdogmatischer Ausdruck dieser Notwendigkeit ist die Schutzpflicht des Staates für die grundrechtlich gesicherten Freiheiten. Die Schutzpflicht ist zwar in der deutschen Judikatur aus Anlaß eines Falles entwickelt worden, bei dem ein seit langem bestehender Schutz, nämlich das strafrechtliche Abtreibungsverbot, beseitigt wurde[9]. Ihren Hauptanwendungsfall hat die Schutzpflicht aber nicht dort, wo ein existierender Schutz verkürzt wird, sondern wo grundrechtssichernde Schutzvorkehrungen angesichts neuartiger Gefahren wie beispielsweise der automatischen Datenverarbeitung oder der Gentechnik erst zu treffen sind.
Eine weitere Folge des wissenschaftlich-technischen Fortschritts besteht in der fortschreitenden Verkünstlichung des Lebens,

9 BVerfGE 39, 1.

während das Anwendungsfeld für die Ausübung natürlicher Freiheit im selben Maß schrumpft. Als natürlich wird dabei eine Freiheit verstanden, deren Wahrnehmung ihrem Träger möglich ist, ohne daß es dazu bestimmter Vorleistungen von dritter Seite bedürfte. Bei strengem Verständnis gibt es eine solche voraussetzungslose Freiheit überhaupt nicht. Bei pragmatischer Betrachtung kann man aber sehr wohl zwischen Freiheiten unterscheiden, deren Gebrauch allein vom Willensentschluß des Einzelnen abhängt, und solchen, die nur im Rahmen gesellschaftlicher oder staatlicher Institutionen wahrgenommen werden können. Die Meinungsfreiheit beispielsweise gehört zu den ersteren, die Medienfreiheit zu den letzteren. In den wachsenden Bereichen »konstituierter Freiheit«[10] hängt die Möglichkeit der Grundrechtsausübung nicht wie bei den natürlichen Freiheiten primär von Staatsausgrenzung, sondern von einer freiheitsfördernden Ausgestaltung der entsprechenden Lebensbereiche durch den Staat ab. Darin liegt der Grund für die wachsende Mobilisierung der Grundrechte als Leitprinzipien für Organisationen und Institutionen, und zwar sowohl für gesellschaftliche Organisationen wie Unternehmen und Betriebe als auch für öffentliche Organisationen wie z. B. die Bildungseinrichtungen oder Rundfunkanstalten.

Auf der Ebene des Staates haben sowohl die Defizite gesellschaftlicher Selbststeuerung als auch die wissenschaftlich-technisch vorangetriebene Komplexität der gesellschaftlichen Strukturen und Funktionen zu einer quantitativen und qualitativen Veränderung seiner Aufgaben geführt. Konnte sich der Staat unter der liberalen Prämisse von der Selbststeuerungsfähigkeit der Gesellschaft darauf beschränken, die ihm vorgegebene Sozialordnung vor Störungen zu bewahren oder nach eingetretener Störung wiederherzustellen, so ist dem modernen Wohlfahrtsstaat die Aufgabe aktiver Vorsorge für Wohlstand und Gerechtigkeit zugewachsen. Der Zuwachs war allerdings nicht von einer entsprechenden Ausweitung seiner Verfügungsbefugnis über die gesellschaftlichen Funktionsbereiche begleitet. Diese genießen vielmehr weiterhin eine grundrechtlich gesicherte Autonomie. Das wirkt sich auf das Instrumentarium der staatlichen Aufgabenbe-

10 Der Terminus bei G. Lübbe-Wolff, Die Grundrechte als Eingriffsabwehrrechte, Baden-Baden 1988, 75 ff.

wältigung aus. Während für den liberalen Ordnungsstaat der imperative Eingriff in die Rechtssphäre des Störers charakteristisch war, bedient sich der moderne Wohlfahrtsstaat zur Krisenvermeidung und Sozialgestaltung vor allem indirekt wirkender planerischer und steuernder Mittel. Die wenigsten Planungs- und Steuerungsakte weisen jedoch die herkömmlichen Merkmale des Grundrechtseingriffs auf und drohen daher auch den auf den Eingriff zugeschnittenen Schutzvorkehrungen zu entgehen. Gleichwohl berühren sie die grundrechtliche Freiheit nachhaltiger als der Einzeleingriff in die individuelle Rechtssphäre, weil sie die Rahmenbedingungen für Individualfreiheit überhaupt determinieren.

In Reaktion darauf läßt sich eine stetige Ausweitung des Gesetzesvorbehalts beobachten[11]. Indessen wird immer deutlicher, daß er den erwarteten Effekt an demokratischer Verwaltungssteuerung und rechtsstaatlicher Vorhersehbarkeit und Kontrolle hier nur begrenzt hervorbringt. Wo der Eingiff punktuell, bipolar und retrospektiv wirkt, entfaltet die moderne Staatstätigkeit flächendeckende, polygonale und prospektive Wirkung. In diesen Eigenschaften liegt es begründet, daß sie im Gegensatz zur staatlichen Gefahrenabwehr gedanklich nur noch begrenzt vorwegnehmbar und daher auch nicht mehr abschließend nach Tatbestand und Rechtsfolge normierbar ist. Daher herrscht hier ein anderer Normtyp als in der Eingriffsverwaltung vor. An die Stelle der klassischen Konditionalprogramme treten typischerweise Zielvorgaben. Den Weg der Zielannäherung und die dazu erforderlichen Mittel muß die Norm dagegen offenlassen. Die Verwaltung steuert sich infolgedessen weitgehend selbst. Das Ergebnis ihrer Tätigkeit ist im Normprogramm nicht mehr generell vorweggenommen, sondern wird erst im administrativen Entscheidungsprozeß hergestellt. Soweit das der Fall ist, hinterlassen die Gesetze ein Defizit an materiellrechtlichem Grundrechtsschutz. Es läßt sich nur ausgleichen, indem der Grundrechtsschutz prozeduralisiert und in den administrativen Entscheidungsvorgang vorverlagert wird. Daraus ergibt sich die Erstreckung des Grund-

11 Vgl. W. Krebs, Zum aktuellen Stand der Lehre vom Vorbehalt des Gesetzes, Jura 1979, 304; J. Pietzcker, Vorrang und Vorbehalt des Gesetzes, JuS 1979, 710.

rechtsschutzes auf alle Verwaltungsverfahren, deren Ergebnis zu Grundrechtsbeeinträchtigungen führen kann[12].
Die objektivrechtlich begründete Geltungsausweitung der Grundrechte läßt sich also weder als verfassungsrechtlicher Fachimperialismus noch als vorübergehende Modeerscheinung erklären. Jeder einzelne Bedeutungszuwachs der Grundrechte stellt sich vielmehr als Reaktion auf veränderte Realisierungsbedingungen individueller Freiheit dar und beruht insofern nicht auf Zufall, sondern auf Notwendigkeit. Der objektivrechtliche Gehalt erweist sich damit als das eigentlich dynamische Element der Rechtsordnung, welches dafür sorgt, daß diese mit dem Wandel der Verhältnisse Schritt hält. Ohne die objektivrechtlich begründete Geltungsausweitung der Grundrechte klaffte zwischen aktueller Freiheitsgefährdung und rechtlichem Freiheitsschutz eine Lücke, die die Bedeutung der Grundrechte erheblich minderte. Ihren dogmatischen Rückhalt finden die neuen Grundrechtsfunktionen dabei in der Schutzpflicht. Steht sie in der historischen Entfaltungsabfolge auch neben anderen Ausprägungen des objektivrechtlichen Gehalts der Grundrechte, so enthüllt sie sich bei systematischer Betrachtung doch als dessen zentraler Begriff. Alle übrigen objektivrechtlichen Komponenten der Grundrechte stellen lediglich besondere Ausprägungen der Schutzpflicht dar. Sie verpflichtet primär den Gesetzgeber, ohne daß dem notwendig eine subjektive Berechtigung entsprechen müßte. Der Gesetzgeber erfüllt die Schutzpflicht je nach Gefährdungslage durch materielles Recht, und zwar regulatives Recht oder Leistungsrecht, oder durch prozedurales Recht, nämlich Organisations- oder Verfahrensrecht. In Extremfällen kann sich die objektivrechtliche Handlungspflicht des Gesetzgebers aber auch zu subjektivrechtlichen Ansprüchen verdichten, die dann unmittelbar durch Verwaltung und Justiz zu erfüllen sind[13].

12 Vgl. H. Goerlich, Grundrechte als Verfahrensgarantien, Baden-Baden 1981; H. Bethge, Grundrechtsverwirklichung und Grundrechtssicherung durch Organisation und Verfahren, NJW 1982, 1; D. Grimm, Verfahrensfehler als Grundrechtsverstöße, NVwZ 1985, 865.

13 Vgl. die Beispiele bei R. Breuer, Grundrechte als Anspruchsnormen, in: Festg. Bundesverwaltungsgericht, München 1978, 89.

IV. Leistungsfähigkeit der negatorischen Grundrechte

Im Gegensatz zur älteren Kritik der objektivrechtlichen Grundrechtsfunktion bestreitet die jüngere Kritik überwiegend nicht die Notwendigkeit der Erstreckung des Grundrechtsschutzes auf die veränderten Bedingungen der Freiheitsverwirklichung. Sie behauptet aber, daß dieser Schutz dogmatisch über die negatorische Funktion der Grundrechte abgewickelt werden könne, und zwar gerade ohne die beklagten Rationalitäts- und Gewißheitsverluste. Prüft man, ob das möglich ist, so muß zuvor die grundlegende Differenz zwischen den Grundrechten in ihrer Eigenschaft als subjektive Rechte und als objektive Prinzipien bekannt sein. In ihrer negatorischen Bedeutung sind die Grundrechte auf die Abwehr von Eingriffen zugeschnitten. Ein Eingriff setzt immer, wie er auch im übrigen definiert sein mag, ein staatliches Tun voraus. Eingriffsabwehr kann also nur dort zum Zuge kommen, wo der Staat agiert hat, obwohl er es von Grundrechts wegen nicht durfte. Dagegen handelt es sich bei denjenigen Problemen, die die objektivrechtliche Grundrechtsfunktion wiederbelebt haben, typischerweise um staatliche Untätigkeit, wo im Interesse der grundrechtlichen Freiheit Aktivität geboten wäre. Die Frage spitzt sich also darauf zu, ob die aus den Schutzpflichten abgeleiteten staatlichen Handlungspflichten der Eingriffsdogmatik und den dafür entwickelten Prüfungsschemata zugänglich sind.

Die Antwort kann nicht einheitlich ausfallen[14]. Rundheraus unmöglich erscheint die Anwendung der Eingriffsdogmatik nur dort, wo der Staat gänzlich untätig geblieben ist. Von der Untätigkeit unterscheiden sich aber diejenigen Fälle, in denen der Staat zwar tätig geworden ist, seine Tätigkeit aber in einer Weigerung besteht, einen erhobenen Leistungsanspruch zu erfüllen, oder sich als Rückgängigmachung eines früheren Eingriffs darstellt. Beantragt etwa ein Ausländer eine Aufenthaltserlaubnis, die nicht bewilligt wird, so kann die Ablehnung als Eingriff interpretiert werden. Setzt der Betroffene die grundrechtliche Eingriffsabwehr in Gang, beispielsweise unter Berufung auf den Schutz von Ehe und Familie, so führt dies, wenn er Recht bekommt, zur Aufhebung des ablehnenden Bescheids. Er besitzt dann zwar keine

14 Vgl. ausführlich Lübbe-Wolff, Eingriffsabwehrrechte (Fn. 10).

Aufenthaltserlaubnis, jedoch steht fest, daß die Ablehnung verfassungswidrig war. De facto ist er also am Ziel seines Begehrens. Ähnlich verhält es sich, wenn der Gesetzgeber den strafrechtlichen Schutz für ungeborenes Leben beseitigt. Darin liegt zwar kein Eingriff im klassischen Sinn: der Staat tötet weder selbst noch ordnet er die Tötung durch Dritte an. Gleichwohl läßt sich die Aufhebung der Strafbarkeit als Eingriff in das Lebensrecht des Ungeborenen interpretieren. Wird diese für verfassungswidrig erklärt, kann man darin eine Restituierung der alten Schutznorm erblicken. Das Ziel ist auch in diesem Fall erreicht.

Obwohl es in beiden Fällen nicht eigentlich um grundrechtliche Unterlassungsansprüche, sondern um grundrechtliche Handlungsansprüche geht, die einmal auf einen Verwaltungsakt, das andere Mal auf ein Gesetz gerichtet sind, kann mit der Eingriffsdogmatik operiert werden. Man muß sich freilich darüber im klaren sein, daß sie als Abwehranspruch in der Regel nicht das positive Begehren erfüllen, sondern nur einen gleichwertigen Zustand schaffen kann. Das ist dann der Fall, wenn entweder nach der Annullierung des grundrechtswidrigen Staatsakts die natürliche Handlungsfreiheit zum Zuge kommt, der Grundrechtsgenuß also gerade die Folge staatlichen Nichtstuns ist, oder ein bereits eingerichteter Schutz nach Annullierung des Staatsakts, der ihn beseitigen wollte, fortbestehen kann. Daß gleichwohl die Übertragung der Eingriffsdogmatik auf Fälle positiver Ansprüche etwas Zwanghaftes an sich hat, zeigt sich bei der Verhältnismäßigkeitsprüfung, die zum unerläßlichen Bestand der Eingriffsdogmatik gehört. Liegt der »Eingriff« darin, daß der Staat das grundrechtlich Erforderliche abgelehnt oder aufgehoben hat, geht die Frage nach dem milderen Mittel stets ins Leere.

Es gibt aber auch eine Reihe von Fallkonstellationen außerhalb puren Unterlassens, in denen der negatorische Grundrechtsschutz von vornherein an seine Leistungsgrenzen stößt. Wird etwa die Bewerbung eines Abiturienten um einen Studienplatz abgelehnt, so läßt sich die Ablehnung wie im Fall der Aufenthaltserlaubnis als Eingriff interpretieren. Setzt der Bewerber daraufhin den negatorischen Grundrechtsschutz in Gang und hat mit seiner Anfechtung Erfolg, dann steht fest, daß seine Ablehnung verfassungswidrig war. In den Genuß eines Studienplatzes gelangt er auf diese Weise jedoch nicht. Wird dem Nachbarn eines geplanten Kernkraftwerks in dem Genehmigungsverfahren die

Anhörung verweigert, so erscheint es nicht ausgeschlossen, dies als Eingriff zu interpretieren. Bekämpft er die Unterlassung erfolgreich mit der Eingriffsabwehrklage, dann steht fest, daß die Unterlassung rechtswidrig war. Die Anhörung selbst kann er mittels des negatorischen Grundrechtsschutzes aber nicht erstreiten. Der Unterschied zu den eben erörterten Fällen liegt darin, daß der erstrebte Erfolg nicht schon die Folge staatlichen Nichtstuns ist. Man kann also aus diesen Beispielen den Schluß ziehen, daß überall dort, wo nach der Beseitigung des Eingriffs nicht die natürliche Handlungsfreiheit wieder auflebt, sondern das beanspruchte Grundrecht erst aufgrund staatlicher Vorleistung wahrgenommen werden kann, negatorischer Grundrechtsschutz unanwendbar ist.
Der Ratschlag, sich im Interesse einer rationalen Verfassungsinterpretation auf den negatorischen Grundrechtsschutz zu beschränken, hat also einen Preis. Zum einen können Fälle staatlichen Unterlassens grundrechtlich gar nicht thematisiert werden. Zum anderen fallen alle Sozialbereiche, in denen eine grundrechtlich gesicherte Freiheit vom Einzelnen nicht mehr natürlich wahrgenommen werden kann, sondern auf öffentliche Vorleistungen angewiesen ist, aus dem Grundrechtsschutz heraus. Das wäre im Interesse des versprochenen Rationalitätsgewinns womöglich zu verschmerzen, wenn es sich dabei um unbedeutende Randzonen individueller Freiheitsbetätigung handelte. Davon kann aber keine Rede sein. Angesichts der fortschreitenden Verkünstlichung des Lebens und der wachsenden Angewiesenheit des Einzelnen auf positive Ermöglichung seines Freiheitsgebrauchs drohte der Grundrechtsschutz vielmehr auf einige Residualzonen naturwüchsiger Entwicklung zusammenzuschrumpfen. In den für die Persönlichkeitsentfaltung und die Wahrnehmung von Lebenschancen relevanteren Bereichen des Soziallebens fiele der Grundrechtsschutz dagegen aus. Die Grundrechte bekämpften schließlich nur noch die vergleichsweise geringfügigen Freiheitsgefahren ihrer Ursprungszeit, während die wesentlich einschneidenderen Freiheitsbedrohungen des wissenschaftlich-technischen Zeitalters keine grundrechtliche Antwort mehr fänden[15].

15 Vgl. D. Grimm, Verfassungsrechtliche Anmerkungen zum Thema Prävention, in diesem Band, 197.

v. Ein Ausweg

Es scheint also keine andere Wahl zu bleiben, als entweder den Grundrechtsschutz auf minder wichtige Fälle zu beschränken oder Rationalitäts- und Rechtssicherheitseinbußen in Kauf zu nehmen. Bevor man sich zwischen diesen Alternativen entscheidet, muß freilich die behauptete Einbuße näher bestimmt sein[16]. Dabei ist nochmals auf die fundamentale Differenz zwischen den Grundrechten als Eingriffsabwehrrechten und als positiven Handlungspflichten zurückzugreifen[17]. Ein Grundrechtseingriff besteht immer in einem staatlichen Tun. Ein Tun wird aber dadurch charakterisiert, daß es in sich bestimmt ist. Stellt es sich als verfassungswidrig heraus, so existiert folglich ein definites verfassungsmäßiges Gegenteil: die Annullierung des Akts. Freilich sind auch hier Ungewißheiten möglich, etwa ob ein Eingriff vorliegt und ob dieser sich als Verletzung darstellt. Dabei handelt es sich aber nur um die bei aller Rechtsanwendung vorkommende Ungewißheit über die Voraussetzungen der Rechtsfolge. Die Rechtsfolge selber dagegen steht unbezweifelbar fest. Dagegen erweist sich staatliches Unterlassen als unspezifisches Verhalten. Wenn es verfassungswidrig ist, existiert daher auch kein definites verfassungsmäßiges Gegenteil, sondern nur eine indefinite Vielzahl verfassungsmäßiger Alternativen. Die Grundrechte als positive Handlungspflichten determinieren also grundsätzlich nicht die Rechtsfolge verfassungswidriger Nichterfüllung einer Schutzpflicht.

Ein Ausweg könnte unter diesen Umständen darin liegen, den gerichtlichen Ausspruch auf die Feststellung der staatlichen Handlungspflicht zu beschränken, die Art und Weise ihrer Erfüllung dagegen dem Gesetzgeber zu überlassen. Darin läge jedoch eine voreilige Verkürzung des objektivrechtlichen Grundrechtsgehalts. Grundrechte sind auch als objektive Prinzipien nicht

16 Es wäre freilich verfehlt, sie allein bei der objektivrechtlichen Grundrechtsinterpretation zu sehen. Bei der Eingriffsabwehr führt die Prüfung der Verhältnismäßigkeit in engerem Sinn (Zumutbarkeit) ebenfalls zu hohen Gewißheitsverlusten. Deswegen bleibt Schlink, EuGRZ 1984, 461 f., konsequent, wenn er auch einen Verzicht auf die Zumutbarkeitsprüfung fordert.

17 Vgl. Lübbe-Wolff, Eingriffsabwehrrechte (Fn. 10), 37 ff.; ferner R. Alexy, Theorie der Grundrechte, Baden-Baden 1985, 395 ff.

gänzlich inhaltsleer. Sie verlangen nicht bloß, daß irgendetwas geschieht. Sie geben vielmehr die Richtung des staatlichen Tuns vor und enthalten zumindest ein Minimum an sachlichem Gehalt. Als Mittel für die Bestimmung dieses Minimums kann die Frage dienen, ohne welche staatliche Leistung oder Vorkehrung Grundrechte für ihren Träger völlig »notleidend« wären[18]. Das so feststellbare Minimum ist dann unmittelbar grundrechtsgeboten, nicht nur grundrechtsermöglicht oder grundrechtsfördernd. Das Gesetz wirkt, soweit es das unmittelbar grundrechtsgebotene Minimum positiviert, nicht konstitutiv, sondern deklaratorisch. Daraus folgt zugleich, daß bei gesetzgeberischem Unterlassen Verwaltung oder Justiz das Minimum unmittelbar aus den Grundrechten zu gewähren haben. Sie sind dabei freilich strikt auf das Minimum beschränkt. Die Begründung weiterreichender Ansprüche liegt allein beim Gesetzgeber. Das kann schon deswegen nicht anders sein, weil Leistungen im Gegensatz zu Unterlassen knapp sind und die Prioritätssetzung bei der Mittelaufteilung unter Knappheitsbedingungen von den Grundrechten nicht mehr vorgezeichnet wird.

Es existieren allerdings Fälle, in denen grundrechtliches Minimum und grundrechtliches Optimum zusammenfallen. Als Beispiel dafür können Studienplätze gelten. Das Bundesverfassungsgericht hat aus den Grundrechten beim Vorliegen der Zugangsvoraussetzungen zur Hochschule ein subjektives Recht auf einen Studienplatz abgeleitet[19]. Dennoch mußte in der Bundesrepublik zeitweise die Hälfte der Bewerber für das Medizinstudium abgewiesen werden. Es ging also nicht um ein punktuelles Grundrechtsdefizit, das ohne nennenswerte Belastung des Staatshaushalts zu decken gewesen wäre, sondern um den defizienten Zustand eines ganzen Sozialbereichs, dessen Behebung außerordentlich hohe Aufwendungen erfordert hätte[20]. Diese Zwangslage ließ sich auch nicht, wie etwa bei Geldleistungen, durch anteilige Kürzungen entschärfen. Würde unter diesen Umständen der Teilhabeanspruch gerichtlich zuerkannt, so bliebe die Entscheidung

18 Vgl. Breuer, Anspruchsnormen (Fn. 13).

19 BVerfGE 33, 303.

20 Vgl. F. Müller, Juristische Methodik und politisches System, Berlin 1976, 28 ff.; D. Grimm, Grundrechte und soziale Wirklichkeit (Fn. 6), 69 ff.

entweder mangels Ressourcen folgenlos oder müßte, falls befolgt, sogleich Defizite in anderen Grundrechtsbereichen aufreißen. Das Bundesverfassungsgericht sah sich daher genötigt, den Anspruch wieder einzuschränken und ihn unter den »Vorbehalt des Möglichen im Sinne dessen zu stellen, was der Einzelne vernünftigerweise von der Gesellschaft beanspruchen kann«. Juristisch gewendet, handelt es sich dabei um eine Art umgekehrter Verhältnismäßigkeitsprüfung. Gefragt wird, ob dem Staat die Erfüllung einer Schutzpflicht unter Berücksichtigung anderer Grundrechte zumutbar ist.

Als Ergebnis läßt sich festhalten: Die Alternative zwischen einer Beschränkung des Grundrechtsschutzes auf die negatorische Seite und der Beliebigkeit der Grundrechtsinterpretation stellt sich nicht in der von den Kritikern angenommenen Schärfe. In deren Waagschale fällt die geringe Determinationskraft der Grundrechte als objektive Rechte. In die andere Waagschale fällt die Entlassung gerade der modernen Freiheitsbedrohungen aus der grundrechtlichen Kontrolle. Angesichts dieses Umstandes kann die Entscheidung nicht schwerfallen. Wie sich gezeigt hat, ist es die objektivrechtliche Komponente der Grundrechte, die als ein in die Rechtsordnung eingebautes dynamisches Prinzip das Recht für den sozialen Wandel offen hält und auf eine Optimierung von Freiheit angesichts wechselnder Lagen drängt. Freilich kann eine solche Optimierung auch ohne den Nachdruck grundrechtlicher Handlungspflichten aus politischem Entschluß erfolgen. Doch wirkten die Grundrechte dann nur noch als Korrektiv, nicht mehr als Motor politischer Gestaltung. Einer optimierungsunwilligen Politik begegneten sie gleichgültig. Was dagegen ihre Determinationsschwäche betrifft, scheint das letzte Wort noch nicht gesprochen. Der Grundrechtsdogmatik stellt sich hier die Aufgabe, für jedes einzelne Grundrecht das grundrechtsgebotene Minimum an positivem Gehalt herauszupräparieren. Dieses bildet dann zugleich die Grenze der Ausdeutbarkeit der objektivrechtlichen Komponente der Grundrechte wie auch die Kompetenzgrenze zwischen Politik und Justiz. Die Gefahr interpretatorischer Beliebigkeit wäre damit erheblich geringer.

9. Verbände und Verfassung

I. Verbände als Verfassungsproblem

1. Die Bedeutung der Verbände im demokratischen System

Das Grundgesetz läßt die Verbände unerwähnt. Verfassungsrechtlich sind sie ein nicht gesondert geregelter Unterfall der Vereinigungen und Gesellschaften des Art. 9 GG. Als solche genießen sie Grundrechtsschutz gegenüber dem Staat. Für die Vereinigungen zur Wahrung und Förderung der Arbeits- und Wirtschaftsbedingungen, wie das Grundgesetz die Tarifpartner umschreibt, wird der Grundrechtschutz in Art. 9 Abs. 3 GG nochmals ausdrücklich bekräftigt und mit Drittwirkung versehen. Zwar verweist der Grundrechtsstatus die Vereinigungen nicht von vornherein in den Bereich des Unpolitischen. Das machen die Verbotsgründe in Art. 9 Abs. 2 GG deutlich. Das Grundgesetz behandelt sie aber als vom Staat distanzierte, rein gesellschaftliche Gebilde und räumt ihnen im Unterschied zu den politischen Parteien keinen Anteil an der politischen Willensbildung ein. Infolgedessen fehlen auch verfassungsrechtliche Anforderungen an ihre innere Ordnung, wie sie Art. 21 Abs. 1 Satz 3 GG den Parteien auferlegt. Da es die Vereinigungen als Bestandteil der Gesellschaft betrachtet, kümmert sich das Grundgesetz um ihre Freiheit vom Staat, nicht um ihre Einordnung in den Staat. Das Vereinsrecht des BGB, das den Freiheitsstatus ausgestaltet, tut dies unter großzügiger Wahrung der Privatautonomie. Es unterstellt die Außenbeziehungen der Vereinigungen gar keinen besonderen Regeln und überläßt ihre Binnenstruktur weitgehend der eigenen Entscheidung. Der Freiheitsschutz des Vereinsmitglieds gegenüber der Gruppe liegt in seinem Austrittsrecht, das ebenfalls von der Garantie des Art. 9 GG umfaßt wird und die Ausübung von Privatmacht ohne Einwilligung der Betroffenen verhindert.

Empirisch betrachtet, besteht die Besonderheit der Verbände freilich gerade darin, daß sie sich nicht auf einen gesellschaftlichen Wirkungskreis beschränken. Zum Organisationszweck gehört

vielmehr ausdrücklich die Einflußnahme auf staatliche Entscheidungsträger einschließlich der politischen Parteien zugunsten der Verbandsmitglieder. In dieser Eigenschaft sind die Verbände aber Bestandteil des politischen Systems, das mit dem Staat nicht mehr identisch ist, sondern ihn umfaßt, und fungieren nächst den Parteien als wichtigste Vermittlungsinstanz zwischen Volk und Staat. Von dem Modell des privaten Vereins, an dem sich die Regelungen des BGB orientierten, haben sie sich auf diese Weise längst entfernt[1]. Konnte das Vereinsrecht des BGB sich noch ganz auf das Regulativ der Privatautonomie verlassen, weil die Vereine nur private Zwecke verfolgten und nicht über den Kreis ihrer Mitglieder hinauswirkten, denen es im übrigen freistand, den Verein bei mangelndem Einverständnis zu verlassen, so fehlen bei den Verbänden gerade diese Voraussetzungen. Als Großorganisationen mit einem Bündel von Zwecken und bürokratischer Verwaltung treten sie einerseits ihren Mitgliedern als selbständige Macht entgegen, mit der eine Identifikation nicht durchweg möglich ist, ohne daß stets das Korrektiv des Verbandswechsels oder der Verbandsneugründung eingriffe. Andererseits stehen sie mit Verfügungsmacht über politisch knappe Güter wie Information und Konsens dem Staat gegenüber und können ihn bei Entscheidungen, die die Verbandszwecke berühren, unter Druck setzen. Unter diesen Umständen wird aber sowohl das Innenverhältnis zwischen Verbänden und Mitgliedern als auch das Außenverhältnis zum Staat zum Problem, auf das das BGB keine Antwort gibt.
Die Staatsrechtslehre sah von den beiden Problemen anfangs nur das letztere. Die Verbände erschienen ihr als Gefahr für die Entscheidungsfreiheit des Staates und damit seine Fähigkeit, einen gerechten Interessenausgleich herbeizuführen[2]. Eschenburgs »Herrschaft der Verbände« lieferte dafür eine Fülle empirischer

1 Dazu besonders eindrücklich G. Teubner, Organisationsdemokratie und Verbandsverfassung, 1978, S. 6.

2 Vgl. etwa W. Weber, Spannungen und Kräfte im westdeutschen Verfassungssystem, 3. Aufl. 1970, insbes. S. 36 und 243; E. Forsthoff, Der Staat der Industriegesellschaft, 1971, S. 17, 25, 119; auch J. H. Kaiser, Die Repräsentation organisierter Interessen, 1956; H. Huber, Staat und Verbände, 1958. Dazu R. Steinberg, Staatslehre und Interessenverbände, Diss. jur., Freiburg 1971; ders., Pluralismus und öffentliches Interesse als Problem der amerikanischen und deutschen Verbandslehre, in: AöR 96 (1971), 465.

Belege[3]. Bezugspunkt der Staatsrechtslehre war die innere Souveränität des Staates als Voraussetzung seiner Widerstandskraft gegen die Pressionen partikularer Interessen. Das Mittel zur Souveränitätswahrung erblickte sie in der Unterbindung des Verbandseinflusses auf staatliche Entscheidungen und der Beschränkung der Verbände auf Servicefunktionen für ihre Mitglieder. Als Vermittler zwischen Volk und Staat blieben dann nur die Parteien übrig, die Kaiser ausdrücklich der Staatsseite zuschlug[4], während die Verbände dadurch den sonstigen Vereinigungen wieder angenähert, Norm und Wirklichkeit zur Deckung gebracht worden wären. In dieser Zielsetzung kommen in abgeschwächter Form Elemente des grundsätzlichen Antipluralismus Carl Schmitts wieder zum Vorschein, für den die Entpolitisierung der Gesellschaft Bedingung der politischen Machtentfaltung des Staates in seinen Außenbeziehungen war[5]. Gesellschaftlicher Pluralismus und souveräne Staatlichkeit stehen danach in einem Ausschließungsverhältnis: die Entwicklung des einen geht notwendig auf Kosten des anderen. Das Grundrecht der Vereinigungsfreiheit schützt daher auch nur private, nicht politische Vereinigungen. Intermediäre Gruppen, Parteien nicht ausgenommen, sind die Feinde des Staates.

Indessen findet diese Form des Antipluralismus im Grundgesetz keine Stütze. Das Grundgesetz geht vielmehr von der tatsächlich anzutreffenden Meinungs- und Interessenvielfalt in der Gesellschaft aus und erkennt sie als legitim an. Staatliche Einheitsbildung kann unter diesen Umständen nicht die Durchsetzung eines oberhalb der gesellschaftlichen Pluralität angesiedelten Gemeinwohls sein, sondern muß sich prozeßhaft aus dieser Pluralität ergeben. Der politische Prozeß ist deswegen selbst durch die nicht allein privatistisch zu verstehenden Grundrechte und die Garantie des Mehrparteiensystems pluralistisch ausgestaltet. Ohne die Vorstrukturierung durch Gruppen könnte er in der Demokratie nicht sinnvoll ablaufen. Den Grundrechten eignet daher neben ihrem individuellen auch ein meist vernachlässigtes

3 T. Eschenburg, Herrschaft der Verbände?, 1955.
4 Kaiser, Repräsentation (Fn. 2) S. 238.
5 C. Schmitt, Der Begriff des Politischen, 1933; ders., Der Hüter der Verfassung, 1931; ders., Die geistesgeschichtliche Lage des heutigen Parlamentarismus, 2. Aufl. 1926.

korporatives Element, und Verbände erscheinen geradezu als »Konsequenz, ja Bedingung grundrechtlicher Freiheit in der Verfassung des Pluralismus«[6]. Als Institutionen zur Zusammenfassung und Artikulation gleichartiger Interessen bilden sie ein wichtiges Zwischenglied im Prozeß der Umsetzung gesellschaftlicher Vielfalt in staatliche Einheit. Den politischen Parteien, die in diesem Prozeß den Vorausgleich divergierender Interessen und Bedürfnisse, ihre Umformung in politische Handlungsprogramme und Einleitung in die Staatswillensbildung übernehmen, ermöglichen sie dadurch erst die Erfüllung ihrer Funktion. Insofern sind sie ein wesentlicher, auch in ihrer Einflußnahme auf die staatlichen Entscheidungsträger legitimer Bestandteil des politischen Systems. Das Demokratieprinzip des Grundgesetzes muß von vornherein nicht nur mit Art. 21 GG, sondern auch mit Art. 9 GG zusammengesehen werden[7].

Ist das Gemeinwohl keine im Besitz des Staates befindliche Konstante, sondern eine aus dem Prozeß der Meinungs- und Willensbildung sich erst ergebende Variable, dann leisten die Verbände aber auch aus der Sicht des Staates zur Herstellung kollektiv verbindlicher Entscheidungen unter dem Anspruch eines gerechten Interessenausgleichs wichtige Dienste. Vor allem verschaffen sie ihm Informationen über gesellschaftliche Interessen und Auswirkungen staatlicher Maßnahmen, die der Staatsapparat aus eigenem Wissen nicht zuverlässig beurteilen kann. Diese Funktion ist mit der Entwicklung der Parteien von Interessen- und Weltanschauungsparteien zu Volksparteien sogar gewachsen. Nachdem die Parteien die verschiedenen Interessen bereits in sich ausgleichen und auf diese Weise nur noch die Artikulation hochgeneralisierter politischer Präferenzen ermöglichen, werden zusätzliche Kommunikationswege für die Verfolgung spezieller Interessen desto nötiger. Umgekehrt besitzen die Verbände wiederum die Fähigkeit, staatlichen Maßnahmen bei ihren Mitgliedern die er-

6 P. Häberle, Verbände als Gegenstand demokratischer Verfassungslehre, in: ZHR 145 (1981), S. 484 f. Eine positive staatsrechtliche Bewertung der Verbände früher schon bei H. Krüger, Allgemeine Staatslehre, 2. Aufl. 1966, S. 379; ders., Die Stellung der Interessenverbände in der Verfassungswirklichkeit, in: NJW 1956, S. 1217, und U. Scheuner, Der Staat und die Verbände, 1957; ders., Politische Repräsentation und Interessenvertretung, in: DÖV 1965, S. 577.

7 Vgl. Häberle, ZHR 145, S. 494.

forderliche Akzeptanz zu verschaffen, wenn deren Interessen in die Entscheidung eingegangen sind. Verschiedentlich wird angenommen, daß die Instrumentalisierung der Verbände durch den Staat ihren Einfluß auf ihn inzwischen bereits übertreffe[8]. Jedenfalls entspricht die eindimensionale Sicht, die die Verbände allein in der determinierenden und den Staat allein in der determinierten Rolle sah, unter diesen Umständen der politischen Realität nicht. Auch eine Reihe sozialwissenschaftlicher Fallstudien über den Verbandseinfluß auf staatliche Entscheidungen konnte die von der Staatsrechtslehre befürchtete Abhängigkeit des Staates nicht durchweg bestätigen, sondern ergab im Gegenteil eine beträchtliche Autonomie seiner Organe und eine fortbestehende Wirksamkeit der verfassungsrechtlich vorgegebenen Entscheidungsstrukturen[9].

Indessen ist das Problem des Verbandseinflusses auf den Staat mit dieser Klarstellung zunächst nur von historischen Vorurteilen befreit, aber noch keineswegs gelöst. Das war der Irrtum der politikwissenschaftlichen Pluralismustheorie, die in den sechziger Jahren, die These der Staatsrechtslehre gewissermaßen umkehrend, davon ausging, daß sich aus dem freien Spiel der gesellschaftlichen Kräfte der gerechte Interessenausgleich von selbst ergäbe und der Staat nur noch als Durchsetzungsinstanz des in gesellschaftlicher Autonomie ermittelten Gemeinwohls benötigt würde[10]. Die Voraussetzungen dieses ins Kollektive gewendeten Liberalismus haben sich freilich ebensowenig als gegeben erwie-

8 So etwa G. Lehmbruch, Liberal Corporatism and Party Government, in: Comparative Political Studies 10 (1977), S. 91; ders., Wandlungen der Interessenpolitik im liberalen Korporatismus, in: v. Alemann/Heinze (Hg.), Verbände und Staat, 1979, S. 51. Zur Differenzierung zwischen Wahl und Interessenvertretung vgl. N. Luhmann, Komplexität und Demokratie, in: ders. Politische Planung, 2. Aufl. 1975, S. 40 f.; ders., Grundrechte als Institution, 2. Aufl. 1974, bes. S. 149 ff.

9 Vgl. etwa K.-H. Diekershoff, Der Einfluß der Beamtenorganisationen auf die Gestaltung des Personalvertretungsgesetzes, 1960; V. Gräfin v. Bethusy-Huc, Demokratie und Interessenpolitik, 1962; H. J. Varain, Parteien und Verbände, 1964; O. Stammer u. a., Verbände und Gesetzgebung, 1965; F. Naschold, Kassenärzte und Krankenversicherungsreform, 1967; P. Ackermann, Der Deutsche Bauernverband im politischen Kräftespiel der Bundesrepublik, 1970; W. Simon, Macht und Herrschaft der Unternehmerverbände, 1976.

10 Vgl. vor allem E. Fraenkel, Deutschland und die westlichen Demokra-

sen wie zuvor die Annahmen, unter denen der individualistische Liberalismus des 19. Jahrhunderts seine Verheißungen hätte erfüllen können. Im wesentlichen sind es drei Einwände, die diese Erwartungen zerstören[11]. Die widerstreitenden organisierten Interessen besitzen nicht notwendig, wie die Pluralismustheorie unterstellt hatte, die gleiche Stärke. Vielmehr können erhebliche Asymmetrien auftreten. Im Maße dieser Asymmetrien verfehlt das freie Spiel der Kräfte aber den gerechten Interessenausgleich und bringt statt dessen die Vorherrschaft eines Interesses hervor. Ferner besitzen nicht alle partikularen Interessen dasselbe Maß an Organisations- und Konfliktfähigkeit. Gerade einige besonders benachteiligte Interessen sind kaum organisationsfähig oder mangels Verfügung über ein politisch knappes Gut nicht konfliktfähig und können sich daher in dem Kräfteparallelogramm auch nicht entsprechend zur Geltung bringen. Schließlich lassen sich die nicht auf bestimmte gesellschaftliche Gruppen begrenzten, sondern der Allgemeinheit zuzuordnenden Interessen wie etwa gesunde Lebensverhältnisse oder stabiler Geldwert gar nicht verbandlich organisieren und fallen deswegen aus einem rein verbandlich gedachten politischen Prozeß ebenfalls heraus.

2. Die Entwertung der Verfassung im Korporatismus

Das Thema der staatlichen Autonomie gegenüber den organisierten Interessen bleibt also auf der Tagesordnung, ohne daß es doch im Wege der Reprivatisierung der Verbände gelöst werden könnte, den die konservative Staatsrechtslehre beschreiten wollte. Tatsächlich ist die Entwicklung sogar in die entgegengesetzte Richtung gegangen und stellt die Staatsrechtslehre heute vor eine ganz neue Ausgangslage. Diese Entwicklung hängt mit der Aus-

tien, 1964, 5. Aufl. 1973. Dazu W. Steffani, Vom Pluralismus zum Neopluralismus, in: ders., Pluralistische Demokratie, 1980, S. 40.

11 Grundlegend in Anknüpfung an amerikanische Forschungen W. D. Narr/F. Naschold, Theorie der Demokratie, 1971, S. 204; C. Offe, Politische Herrschaft und Klassenstrukturen, in: Kress/Senghaas (Hg.), Politikwissenschaft, Taschenbuch-Ausgabe 1972, S. 145. Vgl. auch R. Eisfeld, Pluralismus zwischen Liberalismus und Sozialismus, 1972.

weitung der Staatsaufgaben seit den sechziger Jahren und der damit einhergehenden Veränderung des Verhältnisses von Staat und Wirtschaft zusammen. Diese Veränderung ist häufig beschrieben worden und bedarf daher hier keiner ausführlichen Analyse[12]. Im Kern besteht sie darin, daß der Staat sich angesichts der wachsenden Verflechtung und wachsenden Störungsanfälligkeit der Wirtschaft nicht mehr darauf beschränkt, in das Wirtschaftssystem zu intervenieren, um dem Mißbrauch wirtschaftlicher Macht zu begegnen, soziale Notlagen aufzufangen und bei eingetretenen Engpässen oder Schwierigkeiten einzuspringen. Vielmehr hat er seit der Wirtschaftskrise von 1967/68 die Gesamtverantwortung für wirtschaftlichen Wohlstand und soziale Sicherheit übernommen. Von der Erfüllung dieser Aufgaben hängt zu einem erheblichen Teil seine Legitimität ab. Schlechterfüllung wird politisch sanktioniert. Insofern besitzt er in diesem Punkt keine Wahl mehr. Wirtschaftlicher Wohlstand und soziale Sicherheit sind Staatsaufgaben, und da sie nur unter den Bedingungen kontinuierlichen Wirtschaftswachstums relativ konfliktfrei zu lösen sind, glaubt sich der Staat auf Wirtschaftswachstum angewiesen. Es wird zur Richtschnur der Politik.
Allerdings ist die Aufgabenerweiterung nicht mit einer Vergrößerung der staatlichen Machtmittel einhergegangen. Der Staat hat zwar sein Instrumentarium durch die Planung erweitert, aber keine umfassende Dispositionsbefugnis über die Wirtschaft erhalten. Diese befindet sich aufgrund der Eigentums-, Berufs- und Koalitionsfreiheit vielmehr weiterhin in privater Verfügung. Für den Staat hat das zur Folge, daß er zur Erfüllung der erweiterten Staatsaufgaben nicht oder nur in begrenztem Umfang auf die typisch staatlichen Mittel von Befehl und Zwang zurückgreifen kann und seine Ziele stattdessen mit indirekt wirkenden Mitteln, insbesondere also durch Überredung, Anreiz oder Nachteilsandrohung, erzielen muß. Insofern ist die Erfüllung der Staatsaufgaben nicht mehr allein von der Entschlossenheit des Staates und dem Einsatz seiner Machtmittel, sondern überdies von der Folgebereitschaft der weiterhin autonomen Wirtschaftssubjekte abhängig. Diese geraten dadurch gegenüber dem Staat in eine Verhand-

12 Zusammenfassend D. Grimm, Die Gegenwartsprobleme der Verfassungspolitik und der Beitrag der Politikwissenschaft, in diesem Band S. 342 ff. m. w. N., dort Anm. 6 und 8.

lungsposition, die es ihnen ermöglicht, ihre Folgebereitschaft von staatlichen Gegenleistungen abhängig zu machen. Der Konsensbedarf für die staatliche Wirtschafts- und Gesellschaftspolitik steigt also ebensowohl, wie er schwieriger zu decken ist. Der Staat hat auf die gewachsene Bedeutung der wirtschaftlichen Entscheidungsträger durch eine Vervielfachung der informellen Kontakte mit den Verbänden sowie die Institutionalisierung von Kooperation mit bestimmten privilegierten Verbänden in zahlreichen Gremien reagiert[13], die zwar bisher in Deutschland keine formellen Beschlußrechte besitzen, aber durch ihre Verweigerungsposition doch bestimmenden Einfluß auf politische Entscheidungen nehmen können.

Das Verhältnis von Staat und Verbänden läßt sich nach diesem Wandel mit Einflußkategorien, die sowohl der staatsrechtlichen Pluralismuskritik als auch den politikwissenschaftlichen Pluralismustheorien noch zugrundelagen, nicht mehr angemessen beschreiben[14]. Einfluß sozialer Machtgruppen ist ein Phänomen, dem sich in unterschiedlichem Ausmaß jeder Staat gegenübersieht. Der Staat behält aber die Alleinentscheidung, und es ist eine Frage seiner Entschlossenheit und seines generellen Rückhalts in der Bevölkerung, ob er sich gegen solche Einflüsse zu behaupten vermag oder nicht. Im Bereich der Wirtschaftslenkung ist der Staat dagegen bei der Erfüllung einer Staatsaufgabe unmittelbar von der – ihrerseits verfassungsrechtlich abgesicherten – Kooperation nichtstaatlicher Instanzen abhängig. Diese geraten dadurch in eine eigentümliche, die Differenz von Staat und Gesellschaft überbrückende Position. Darin ähneln sie den Parteien, unterscheiden sich von diesen aber, weil ihnen mangels Legitimation durch die Wähler die Staatsorgane nicht offenstehen und ihr Mitwirkungsbereich sektoral begrenzt ist. Bei formeller Betrachtung bleiben sie dem Staat daher äußerlich, materiell rücken sie aber in die staatliche Entscheidungssphäre ein. Ein Vergleich mit der verwaltungsrechtlichen Figur des beliehenen Unternehmers, wie er gelegentlich zur Einordnung des Phänomens vorkommt, wird der

13 Vgl. etwa die Auflistung der den Gewerkschaften gesetzlich zugewiesenen Tätigkeiten bei K.-H. Giessen, Die Gewerkschaften im Prozeß der Volks- und Staatswillensbildung, 1976, S. 20 ff.

14 Zum Folgenden grundlegend E.-W. Böckenförde, Die politische Funktion wirtschaftlich-sozialer Verbände und Interessenträger in der sozialstaatlichen Demokratie, in: Der Staat 15 (1976), S. 457.

Tragweite des Wandels nicht gerecht. Wo der Beliehene eine punktuelle Verwaltungsaufgabe aufgrund gesetzlicher Programme und unter staatlicher Aufsicht erfüllt, nehmen die wirtschaftlichen Entscheidungsträger an der programmierenden Tätigkeit der Zielfindung und Mittelauswahl teil, und zwar in einem Entscheidungsbereich, dessen Politikgehalt außerordentlich hoch ist.
Einen solchen, den bloßen Einfluß übersteigenden Anteil an staatsleitenden Funktionen erhalten freilich nicht alle Verbände und andererseits nicht nur Verbände. Von einem Anteil an der Staatsleitung kann vielmehr nur dort die Rede sein, wo es sich um privat getroffene Entscheidungen von gesamtgesellschaftlicher Auswirkung handelt, die vom Staat hinzunehmen sind und zur Determinante seiner Wirtschaftspolitik werden. Unter den Verbänden besitzen eine solche Position lediglich die Tarifpartner, also Gewerkschaften und Arbeitgeberverbände. Andererseits zählen dazu aber auch die Großinvestoren, Großbanken etc.[15], die zwar ebenfalls verbandlich organisiert sind, im Unterschied zu den Tarifpartnern ihre wirtschaftspolitischen Entscheidungen aber nicht ihren Verbänden überlassen, wiewohl es der Verband sein mag, der den Kontakt mit den staatlichen Organen pflegt, Forderungen an sie richtet und Sanktionen androht, während die für den Staat relevanten Strukturdaten weiter von den einzelnen Wirtschaftssubjekten selbst gesetzt werden. Das von Art. 9 GG pauschal erfaßte Vereinigungswesen teilt sich auf diese Weise nach der Differenzierung zwischen privaten Vereinen und Verbänden mit Öffentlichkeitsfunktionen abermals, indem auf der Verbandsebene Gruppen existieren, die zur Verfolgung ihrer Interessen den gewöhnlichen Weg der Einflußnahme gehen müssen, wogegen andere in der Lage sind, auf die Erfüllung von Staatsaufgaben unmittelbar einzuwirken und dadurch, ohne eine staatsorganschaftliche Stellung zu bekleiden, ihre Interessen unvermittelt im staatlichen Entscheidungsprozeß zur Geltung bringen können.
In der Politikwissenschaft hat sich zur Charakterisierung dieses Systems der Begriff des Neokorporatismus durchgesetzt[16]. Kor-

15 Vgl. Böckenförde, Der Staat 15, S. 464.
16 Grundlegend P. C. Schmitter, Still the Century of Corporatism? in: Review of Politics 36 (1974), S. 85; ders., Modes of Interest Intermediation and Models of Social Change in Western Europe, in: Compa-

poratismus bedeutet dabei, daß eine bestimmte Anzahl von Verbänden, die in der Regel konkurrenzlos sind, aus der gesellschaftlichen Sphäre herausgehoben wird und mit den Staatsorganen eine Symbiose eingeht, so daß politische Entscheidungen insoweit nur gemeinsam möglich sind und als das Werk beider erscheinen. Der wesentliche Unterschied zu älteren korporatistischen Systemen oder zum Korporatismus autoritärer oder faschistischer Staaten besteht darin, daß es sich bei den in den staatlichen Entscheidungsprozeß einbezogenen Korporationen nicht um Zwangsverbände, deren Mitgliedschaft durch Status vorbestimmt ist, sondern um frei gebildete gesellschaftliche Gruppen ohne Zwangsmitgliedschaft handelt. Verfaßte Staatsorgane und freie gesellschaftliche Gebilde sind in diesem Bereich zwar noch als Handlungssubjekte unterscheidbar. Ihre Entscheidungen lassen sich aber nicht mehr eindeutig dem einen oder anderen Subjekt zuordnen, sondern erscheinen als Produkt von Aushandlungsprozessen, bei dem Anteile und Verantwortlichkeiten nicht mehr klar unterscheidbar sind. Insofern kann man bei diesen Verbänden ohne Vorbehalt von einem öffentlichen Status sprechen, der ihnen weder durch politische Entscheidung noch dogmatischen Übereifer zugeteilt, sondern durch strukturelle Veränderungen des Verhältnisses von Staat und Wirtschaft zugewachsen ist. Ohne Berücksichtigung dieses Strukturwandels erscheint eine fundamentale Kritik daran, wie erwägenswert sie im einzelnen auch immer sein mag, unverbindlich[17].

Für die Verfassung haben diese Veränderungen zwei miteinander verbundene Folgen[18]. Zum einen gibt es nun Teilhaber an staatlichen Entscheidungen, die nicht in den Legitimations- und Ver-

rative Political Studies 10 (1977), S. 7 und öfter; in Deutschland vor allem Lehmbruch (Fn. 8); U. v. Alemann/R. G. Heinze (Hg.), Verbände und Staat. Vom Pluralismus zum Korporatismus, 1979; C. Offe, The attribution of public status to interest groups: observations on the West German case, in: Berger (Hg.), Organizing interests in Western Europe, 1981, S. 123; U. v. Alemann (Hg.), Neokorporatismus, 1981; R. G. Heinze, Verbändepolitik und Neokorporatismus, 1981.

17 Dies gegen H. H. Rupp, Die »öffentlichen« Funktionen der Verbände und die demokratisch-repräsentative Verfassungsordnung, in: Schneider/Watrin (Hg.), Macht und ökonomisches Gesetz, 1974, S. 1251.

18 Dazu vor allem Böckenförde, Der Staat 15, S. 457.

antwortungszusammenhang einbezogen sind, dem die Verfassung die staatlichen Entscheidungsträger unterwirft. Weder sind sie aus allgemeinen Wahlen hervorgegangen oder wenigstens auf solche rückführbar, noch müssen sie sich einem Wählerurteil über ihre Leistungen stellen oder vor den Kontrollgremien der organisierten Staatsorgane zur Rechenschaft ziehen lassen. Die Verfassung erfaßt also ihrem Anspruch zum Trotz politische Herrschaft nur noch fragmentarisch. Es gibt parakonstitutionelle Entscheidungsträger. Zum anderen werden die bestehenden Entscheidungsorgane und -verfahren, wenn schon nicht außer Kraft gesetzt, so doch zumindest entwertet. Das gilt insbesondere für den Parteienwettbewerb und den Parlamentarismus als die entscheidenden Mechanismen zur Rückbindung der staatlichen Entscheidungsträger an das Volk. Parteien und Parlamente werden zwar nicht aus ihrer Entscheidungsfunktion verdrängt, müssen sich aber, soweit die korporatistische Verflechtung ausgreift, mitentscheidende Instanzen gesellschaftlicher Provenienz gefallen lassen und geraten dadurch in die Rolle eines Entscheidungspartners unter anderen. Die Staatsmacht ist partiell vergesellschaftet. Im selben Maß verliert die Verfassung an rationalisierender Kraft für den politischen Prozeß und nimmt den Charakter einer Teilordnung an, die die Herstellung kollektiv verbindlicher Entscheidungen nach Kompetenz und Verfahren nicht mehr abschließend regelt. Die Verbände werden auf diese Weise neben weiteren, zum Teil aus derselben Quelle gespeisten Erscheinungen[19] zu einem Testfall für die Überlebenskraft des Verfassungsstaats.

II. Die Konstitutionalisierung der Verbände

1. Möglichkeiten und Grenzen einer Konstitutionalisierung

Von befriedigenden Lösungen dieses neuartigen Problems ist die Staatsrechtslehre derzeit noch weit entfernt. Die klarsten Auswege: zurück zur Trennung von Staat und Wirtschaft oder vorwärts zur Verstaatlichung der Wirtschaft oder zumindest wichti-

19 Dazu D. Grimm, Die Gegenwartsprobleme der Verfassungspolitik (Fn. 12).

ger wirtschaftlicher Funktionen wie der Lohn-, Preis- und Investitionskontrolle, sind versperrt, zum Teil aus verfassungsrechtlichen, erst recht aus politischen Gründen. Die Legitimationsprobleme würden unüberwindlich. Im ersten Fall entzöge sich der Staat einer allseits von ihm erwarteten, legitimitätsbegründenden Aufgabe. Im zweiten bürdete er sich eine Aufgabe auf, deren Konsensbedarf so hoch ist, daß er unter den Bedingungen eines freiheitlichen Systems womöglich nicht mehr zu decken wäre. Da die Staatsaufgaben auf diese Weise, nicht im Detail aber im Ganzen, strukturell festliegen und damit als Ansatzpunkt für eine Lösung des Problems ausfallen, konzentrieren sich die Bemühungen der Staatsrechtslehre auf die Verbände. Allerdings hat sich die Zielrichtung gegenüber früher grundlegend geändert. Je deutlicher zutage tritt, daß der Verbandseinfluß auf die Politik eher ausgeweitet als zurückgedrängt wird, desto mehr rückt sozusagen kompensatorisch die Binnenstruktur der Verbände in den Mittelpunkt des Interesses. Es gibt wenig Beispiele für einen vergleichbaren Literaturboom binnen kürzester Zeit, an dem neben dem öffentlichen Recht auch das Privat-, das Wirtschafts- und das Arbeitsrecht beteiligt sind[20]. Die Beschäftigung mit der inneren

20 Unter Beschränkung auf Buchpublikationen werden genannt 1974: H. Föhr, Willensbildung in den Gewerkschaften und Grundgesetz; F. Müller-Thoma, Der halbstaatliche Verein. 1975: K. Popp, Öffentliche Aufgaben der Gewerkschaften und innerverbandliche Willensbildung. 1976: K.-H. Giessen, Die Gewerkschaften im Prozeß der Volks- und Staatswillensbildung; H. Lessmann, Die öffentlichen Aufgaben und Funktionen privatrechtlicher Wirtschaftsverbände; K. M. Meessen, Erlaß eines Verbändegesetzes als rechtspolitische Aufgabe?; K. Schelter, Demokratisierung der Verbände?; H. J. Schröder, Gesetzgebung und Verbände; M. Stindt, Verfassungsgebot und Wirklichkeit demokratischer Organisation der Gewerkschaften. 1977: H. H. v. Arnim, Gemeinwohl und Gruppeninteressen; M. Gerhardt, Das Koalitionsgesetz; H. F. Zacher, Staat und Gewerkschaften. 1978; W. Kirberger, Staatsentlastung durch private Verbände bei der Erfüllung öffentlicher Aufgaben; J. Knebel, Koalitionsfreiheit und Gemeinwohl; G. Teubner, Organisationsdemokratie und Verbandsverfassung. Zuletzt R. Göhner, Demokratie in Verbänden, 1981, und C. Gusy, Vom Verbändestaat zum Neokorporatismus?, 1981. – Größere Sammelrezensionen bei W. Berg, in: Die Verwaltung 11 (1978), S. 71; P. Häberle, in: ZHR 145 (1981), S. 473, und W. Schmidt, in: Der Staat 17 (1978), S. 244. – Aus der sozialwissenschaftlichen Literatur

Ordnung der Verbände darf freilich nicht als Abkehr von ihrem Verhältnis zum Staat verstanden werden. Da die Außenbeziehungen der Verbände kurzfristig nicht änderbar erscheinen, sollen sie im Gegenteil eine ihrer politischen Funktion im demokratischen Staat angemessene Binnenstruktur erhalten.
Die Literatur bietet dabei eine erstaunlich große Übereinstimmung im Ziel, aber starke Divergenzen in den Einzelheiten. Fast ausnahmslos wird an die öffentliche Funktion der Verbände das Erfordernis einer demokratischen Binnenstruktur geknüpft. Diese erscheint ähnlich wie zuvor bei den Parteien als der Preis für die Mitwirkung an der politischen Willensbildung. Freilich fehlt es für die Verbände an einer dem Art. 21 Abs. 1 Satz 3 GG entsprechenden Norm. Verfassungsrechtlich stehen sie auf der grundrechtlich geschützten gesellschaftlichen Seite, die sich gerade durch Selbstbestimmung auszeichnet. Ein innerverbandliches Demokratiegebot bedarf daher einer verfassungsrechtlichen Legitimation, die nicht schon in dem öffentlichen Status selbst liegt, wie vielfach kurzschlüssig angenommen wird. Welche Norm als Grundlage dafür in Betracht kommt, ist stark umstritten. Dasselbe gilt für die Frage, ob das Demokratiegebot unmittelbar anwendbares Verfassungsrecht oder auf gesetzgeberische Intervention angewiesener Regelungsauftrag ist. Dort wo gesetzgeberische Interventionen angestrebt werden, bleibt oft undeutlich, ob der öffentlichen Funktion der Verbände ein öffentlichrechtlicher Status folgen soll, wie ihn die Kammern bereits besitzen, oder ob es um eine an Vorgaben des Verfassungsrechts orientierte privatrechtliche Neuregelung geht. Starke Meinungsver-

vgl. etwa neben den in Fn. 8 bis 11 und 16 bereits genannten Werken E. Tuchtfeld (Hg.), Die Verbände in der pluralistischen Gesellschaft, 1962; H. J. Varain (Hg.), Interessenverbände in der Demokratie, 1973; W. Dettling (Hg.), Macht der Verbände – Ohnmacht der Demokratie?, 1976; J. Weber, Interessengruppen im politischen System der Bundesrepublik Deutschland, 1976; J. Raschke, Vereine und Verbände, 1978; F. Scharpf, Autonome Gewerkschaften und staatliche Wirtschaftspolitik: Probleme einer Verbändegesetzgebung, 1978; K. v. Beyme, Interessengruppen in der Demokratie, 5. Aufl. 1980. Eine Bestandsaufnahme der Forschungslage bei R. Mayntz, Staat und politische Organisation: Entwicklungslinien, in: Lepsius (Hg.), Zwischenbilanz der Soziologie, 1976, S. 329.

schiedenheiten bestehen ferner bezüglich der Ausgestaltung des Demokratiegebots und seines Anwendungsbereichs in einer differenzierten Verbändelandschaft[21]. Wenig geklärt ist schließlich, ob das Gebot im Wege einer Verfassungsergänzung, einer Änderung des bestehenden Vereinsrechts, eines einheitlichen Verbandsgesetzes oder mehrerer funktionsspezifischer Verbändegesetze zu konkretisieren ist.

Dagegen wird die grundsätzliche Eignung des Demokratiegebots zur Lösung der Verbändeproblematik großenteils stillschweigend vorausgesetzt. Sie ist aber keineswegs selbstverständlich. Bedenken ergeben sich vielmehr aus zwei Gründen. Zum einen kann die demokratische Legitimation eines Verbandes stets nur Legitimation durch seine Mitglieder, also durch Träger einer besonderen Funktion oder eines speziellen Interesses sein[22]. Darin unterscheiden sie sich von den Parteien, die ihr aus der innerparteilichen Willensbildung hervorgegangenes Regierungsprogramm und Führungspersonal noch einem Votum der Gesamtgesellschaft unterwerfen müssen und von diesem ihre Legitimation zum staatlichen Handeln ableiten. Die Wirkung des Demokratiegebots für die Verbände wird dadurch nicht aufgehoben, aber eingeschränkt. Vom einzelnen Mitglied aus gesehen, sorgt es dafür, daß sein Anteil an der Formung des Verbandswillens gesichert ist und innerverbandliche Minderheitspositionen respektiert werden. Damit schafft es eine wesentliche Voraussetzung für die Verwirklichung individueller Grundrechte durch Organisation[23]. Vom Staat aus betrachtet, liegt im Demokratiegebot eine Gewähr dafür, daß der Verband die Interessen seiner Mitglieder authentisch repräsentiert. Verbandseinfluß auf politische Entscheidungen wird dadurch als Wahrnehmung von Grundrechtspositionen legitim. Dagegen vermag die innerverbandliche Demokratie keine Legitimation für die Teilhabe an der staatlichen Entscheidungsgewalt zu verschaffen. Lösungen dieses Problems sind noch nicht in

21 Zur Typologie der Verbände vgl. vor allem Weber, Interessengruppen (Fn. 20), S. 71, und Teubner (Fn. 1), S. 121.

22 Vgl. Böckenförde, Der Staat 15, S. 477.

23 Dazu vor allem W. Schmidt, Die »innere Vereinsfreiheit« als Bedingung der Verwirklichung von Grundrechten durch Organisation, in: ZRP 1977, S. 255. Wichtige grundrechtstheoretische Neuansätze zur korporativen Seite grundrechtlicher Freiheit (»status corporativus«) bei Häberle, ZHR 145, S. 473.

Sicht. Auch Böckenförde, der es am schärfsten akzentuiert hat, warnt nur vor einer generellen Konstitutionalisierung der Verbände, weil sie die Grenze zwischen sektoraler und allgemeiner Entscheidungsteilhabe auflösen könnte, und will es daher bei der relativen Vernünftigkeit des status quo belassen[24].
Zum zweiten besteht nicht immer Klarheit über das Ausmaß der Demokratisierbarkeit verbandlicher Interessenvertretung. Sie hängt wesentlich davon ab, inwieweit die Interessenartikulation und -durchsetzung von den Verbandsmitgliedern auf den Verband übergeht. Bei Arbeitnehmerinteressen beispielsweise ist das weitgehend der Fall. Sie werden erst auf der verbandlichen Ebene zur Geltung gebracht und gewinnen nur verbandlich organisiert ihre Durchsetzungskraft. Das einzelne Mitglied wird durch den Verband in seiner Interessenwahrnehmung mediatisiert. Dagegen bleiben Unternehmerinteressen zum großen Teil in der Hand der Verbandsmitglieder. Über Produktion und Investition entscheidet der einzelne Unternehmer nach eigenen wirtschaftlichen Rationalitätskriterien. Er wird verbandlich nicht mediatisiert, wenn es auch der Verband sein mag, der beim Staat auf unternehmerfreundliche wirtschaftspolitische Maßnahmen dringt. Die Binnendemokratisierung solcher Verbände bleibt daher mangels hinreichender Entscheidungssubstanz relativ folgenlos[25]. Der Lösungsansatz liegt insoweit weniger bei der Vereinigungs- als der Eigentumsfreiheit. Vollends gilt das für Spitzenverbände, deren Mitglieder selbst wieder Verbände sind, oder für die sogenannten halbstaatlichen Vereine, die nicht im eigentlichen Sinn auf einer Mitgliedschaft basieren. Demgegenüber erzielt das Demokratiegebot bei verbandlich organisierten Arbeitnehmerinteressen seine Wirkung. Das ist der Grund für die mehrfach geäußerte Befürchtung, daß ein Verbändegesetz trotz seiner generellen Fassung und Reichweite de facto doch nur ein Gewerkschaftsgesetz wäre[26], so daß es erst den Test des Art. 3 GG bestehen müßte.
Nicht unumstritten ist schließlich die Effektivität des Demokratisierungskonzepts, dort wo es anwendbar erscheint. Scharpf be-

24 Böckenförde, Der Staat 15, S. 481.
25 Böckenförde, Der Staat 15, S. 478; Schmidt, Der Staat 17, S. 269.
26 So etwa F. Scharpf, Autonome Gewerkschaften und staatliche Wirtschaftspolitik: Probleme einer Verbändegesetzgebung, 1978, S. 17 ff.; Offe, Public status (Fn. 16), S. 146.

merkt, daß eine Verstärkung der innerverbandlichen Demokratie die Stabilisierungsleistung der Verbände für das politische System herabsetzen könnte, weil sich die Verbandsführung dann in erhöhtem Maß an egoistischen Kurzfristinteressen ihrer Mitglieder auf Kosten langfristiger gesamtgesellschaftlicher Überlegungen orientieren müsse. Das Ergebnis wäre eine Radikalisierung der Verteilungskämpfe[27]. Offe hält innerverbandliche Demokratie und effektive Interessenvertretung für gänzlich unvereinbar. Verbandlich organisierte Interessen müßten, um sich zur Geltung zu bringen, negotiabel bleiben. Unabhängigkeit der Verbandsführung von der Mitgliedschaft sei die Voraussetzung erfolgreicher Verhandlung für die Mitglieder, setze aber zugleich deren dauernde Disziplinierung durch die Verbandsführung voraus[28]. Das Argument trifft zu, wenn man unter Demokratie nicht nur die periodische Legitimation der Verbandsführung durch die Mitgliedschaft und einen offenen Prozeß der Verbandswillensbildung und Führungskontrolle, sondern überdies eine umfassende Partizipation der Mitglieder an allen Einzelentscheidungen des Verbandes versteht. Indessen stößt dieses Demokratiekonzept, von dem im übrigen das Grundgesetz für den staatlichen Bereich nicht ausgeht, auf beträchtliche Realisierungsschwierigkeiten. Die Organisationssoziologie hat herausgestellt, daß die klassischen Formen der Versammlungsdemokratie nicht nur im Staat, sondern auch bei kleineren Organisationen angesichts der Anzahl, Vielfalt und Kompliziertheit der Entscheidungsprobleme versagt[29]. Die Hoffnung, daß man nur die Rechtsstellung der Mitgliederversammlung aufwerten und die des Vorstandes eingrenzen müsse, um innerverbandliche Demokratie zu erhalten, wäre daher vergeblich.

Unter diesen Umständen scheint auch für Verbände nur der Weg gangbar, den die Demokratietheorie bezüglich des Staates eingeschlagen hat[30]. Volk und Staat werden hier weder durch perma-

27 So vor allem Scharpf, Gewerkschaften (Fn. 26), S. 20, und A. Pizzorno, Interests and Parties in Pluralism, in: Berger (Hg.), Organizing Interests in Western Europe, 1981, S. 265.

28 Offe, Politische Herrschaft (Fn. 11), S. 148.

29 Vgl. dazu Teubner, Organisationsdemokratie (Fn. 1), S. 78; ferner F. Naschold, Organisation und Demokratie, 1969, sowie F. Scharpf, Demokratietheorie zwischen Utopie und Anpassung, 1970.

30 Vgl. D. Grimm, Die politischen Parteien, in diesem Band S. 263.

nente Entscheidungsteilhabe miteinander verknüpft noch in ihrem Kontakt auf den vierjährlichen Akt der Wahl beschränkt. Vielmehr schiebt sich einerseits zwischen Volk und Staat eine Vermittlungsebene, auf der unterschiedliche Gruppen gesellschaftlichen Ursprungs um die Staatsleitung konkurrieren und im Blick auf die konkurrenzentscheidende Wahl zu ständiger Bedachtnahme auf gesellschaftliche Bedürfnisse und Überzeugungen gezwungen sind. Zum anderen werden dem Publikum aber eine Reihe spezieller, überwiegend grundrechtlich gesicherter Einflußmöglichkeiten zur Verfügung gestellt, die dem politischen Prozeß eine wechselbezügliche Gestalt verleihen. Auch für die innerverbandliche Demokratie ließe sich eine solche Kombination aus konkurrenzdemokratischen und partizipationsdemokratischen, input- und output-orientierten Elementen fruchtbar machen[31]. Ohnedies tendieren Organisationen bei wachsender Integrationsbreite und Multifunktionalität zu internen Fraktionierungen, wie sich am Beispiel der Volksparteien schon besonders auffällig zeigt[32]. Juristisch wäre das eine durch die Verstärkung von Minderheitsrechten, das andere durch eine Dezentralisation von Entscheidungskompetenzen in lokaler und funktionaler Hinsicht zu erreichen. Freilich können auch hier Rechtsnormen nur die Voraussetzungen für innerverbandliche Demokratie verbessern, diese aber nicht schon herstellen[33]. Ohne daß dadurch die Apathie- oder Kapazitätsprobleme in Organisationen mit freiwilliger Mitgliedschaft ausgeräumt würden, ließe sich ihre demokratische Substanz auf diese Weise zumindest anheben.

2. Die verfassungsrechtliche Zulässigkeit der Binnendemokratisierung

Verfassungsrechtlich läuft dann alles auf die Frage hinaus, ob Regelungen dieser Art, wenn der Gesetzgeber sie den politisch relevanten Verbänden zur Auflage machte, zulässig wären. Die

31 Entwickelt vor allem bei Teubner (Fn. 1), S. 104.

32 Vgl. N. Luhmann, Politische Repräsentation, Ms. 1982.

33 Die Frage von W. Leisner, Organisierte Opposition in Verbänden und Parteien? ZRP 1979, S. 275, ob eine innerverbandliche Opposition rechtlich angeordnet werden müsse, entscheidet sich aus diesem Grund schon auf der tatsächlichen, nicht erst der rechtlichen Ebene.

Frage stellt sich, weil solche Regelungen vom Standpunkt der Verbände aus als Beschränkungen ihrer Vereinigungsfreiheit erscheinen, die Art. 9 GG ohne Schrankenvorbehalt garantiert. Die Folge vorbehaltsfreier Grundrechte ist freilich nicht ihre Unbeschränkbarkeit, sondern nur das Verbot eigenständiger Schrankenziehung durch den Gesetzgeber. Dagegen können die in der Verfassung bereits angelegten Schranken gesetzlich ausformuliert und konkretisiert werden. Es geht also um verfassungsrechtliche Grundlagen für innerverbandliche Demokratie. Dabei zeigt die große, oft additiv angebotene Zahl von Vorschlägen die Unsicherheit der Lehre gegenüber diesem neuartigen Problem. Am häufigsten werden genannt der Öffentlichkeitsstatus der Verbände; der generelle Gemeinwohlvorbehalt aller Grundrechte; das demokratische Prinzip; die Sozialstaatsklausel als Verbürgung von Homogenität zwischen Staat und Gesellschaft; die für Parteien geltenden Anforderungen des Art. 21 Abs. 1 Satz 3 GG; die Drittwirkung der Grundrechte; die Schranken anderer, von den Verbänden kollektiv wahrgenommener Individualgrundrechte. Diese Unsicherheit indiziert, daß es sich um ein vom Grundgesetz selbst nicht vorausgesehenes Problem handelt. Eine fertige oder auch nur naheliegende Antwort existiert nicht. Sie muß vielmehr aus den Strukturprinzipien des Grundgesetzes erst abgeleitet werden.

Relativ einfach lassen sich dabei einige sehr pauschale Angebote ausscheiden. Das trifft zunächst für den Öffentlichkeitsstatus der Verbände zu. Öffentlichkeitsstatus ist nicht mehr als eine Kurzformel für die tatsächliche Entwicklung, in deren Verlauf die Verbände ins politische System eingerückt sind und daher als private Organisationen nicht mehr adäquat begriffen werden können. Aus diesem Grund wird ihr Verhältnis zum Staat zum Problem. Der tatsächliche Zustand ist aber nicht zugleich die verfassungsrechtliche Berechtigung seiner Lösung durch Binnendemokratisierung. Eine solche kann auch nicht aus einem Gemeinwohlvorbehalt, dem sämtliche Freiheitsrechte unterstehen sollen, abgeleitet werden. Es kennzeichnet die grundgesetzliche Demokratie, daß sie nicht von einem präexistenten und nur durchzusetzenden, sondern von einem diskursiv erst zu findenden Gemeinwohl ausgeht, für das die Verfassung lediglich die prozeduralen und materiellen Rahmenbedingungen bereitstellt. Gemeinwohl wird insofern zu einer Kompetenzfrage, und kompetenzverteilend wirken nicht nur die Organisationsnormen, sondern auch die Grundrechte, namentlich Art. 9 Abs. 3 GG[34]. Ordnet man dagegen ein materiales Gemeinwohl den Kompetenzträgern als Fixum vor, vereinigen sich alle politischen Kompetenzen letztendlich beim Bundesverfassungsgericht. Die Folgen sind bekannt[35]. Soweit die Grundrechte eine generelle Zuständigkeitsverteilung zwischen Staat und Gesellschaft vornehmen, muß ferner der Versuch versagen, über die Sozialstaatsklausel beide Seiten wieder auf homogene Strukturen zu verpflichten[36]. Das Grundgesetz kennt die Homogenitätsklausel vielmehr nur dort, wo gesellschaftliche Kräfte unmittelbar in den Staat vordringen oder staatliche Aufgaben wahrnehmen. Das Musterbeispiel dafür sind die Parteien.

Bei der Frage nach der verfassungsrechtlichen Grundlage des Demokratiegebots ist vielmehr zunächst davon auszugehen, daß die Vereinigungsfreiheit des Art. 9 GG im Unterschied zu den meisten anderen Grundrechten ihren Zweck nicht in sich selbst trägt[37]. Der Zusammenschluß erfolgt im Interesse bestimmter, jenseits der bloßen Vereinsbildung gelegener Ziele. Meist sind diese selbst wieder grundrechtlich geschützt. Die Vereinigung von Individuen dient dann der effektiveren Wahrnehmung anderer Grundrechte. Indem Art. 9 GG sich als Mittel dazu versteht, bleibt er aber primär, wenn auch nicht ausschließlich, Individual-

34 Vgl. P. Lerche, Verfassungsrechtliche Zentralfragen des Arbeitskampfes, 1968, S. 28 ff.; R. Scholz, Die Koalitionsfreiheit als Verfassungsproblem, 1971, S. 221; P. Badura, Arbeitsgesetzbuch, Koalitionsfreiheit und Tarifautonomie, in: RdA 1974, S. 129. Dazu Knebel, Koalitionsfreiheit (Fn. 20), S. 80 m.w.N.; Gemeinwohlforderungen zuletzt bei H. Lemke, Über die Verbände und ihre Sozialpflichtigkeit, in: DÖV 1975, S. 253.

35 Vgl. dazu D. Grimm, Verfassungsgerichtsbarkeit – Funktion und Funktionsgrenzen im demokratischen Staat, in: Hoffmann-Riem (Hg.) Sozialwissenschaften im Studium des Rechts, Bd. 2, 1977, S. 83. Das ist die Problematik der Tendenz des Werkes von v. Arnim, Gruppeninteressen (Fn. 20), der zur Eindämmung des Verbandseinflusses stark auf das BVerfG und ähnliche Kontrollinstanzen setzt, vgl. vor allem S. 190 ff., 212 ff.

36 So aber H. Ridder, Zur verfassungsrechtlichen Stellung der Gewerkschaften im Sozialstaat nach dem Grundgesetz für die Bundesrepublik Deutschland, 1960, S. 18; vgl. auch ders., Die soziale Ordnung des Grundgesetzes, 1975, S. 47 ff.

37 Grundlegend W. Schmidt, Der Staat, 17, S. 263.

grundrecht, und zwar nicht nur Recht zur Vereinsgründung, sondern auch Recht innerhalb der Vereinigung. Der Verband absorbiert daher, was das Innenverhältnis anbelangt, die Grundrechte seiner Mitglieder nicht. Verzichtbar für den Einzelnen durch Anerkennung der Satzung sind sie nur dort, wo er auf die Vereinigung nicht angewiesen ist und seine Freiheit wirksam durch Austritt, Eintritt in einen konkurrierenden Verein oder Gründung eines neuen Vereins betätigen kann. Diese Möglichkeit, die Art. 9 GG garantiert, darf freilich nicht nur formal gedeutet werden. Nicht durchweg entspricht dem Recht auch die tatsächliche Chance. Gerade im Verbändewesen bieten Austritt und Neugründung vielfach keinen adäquaten Ersatz für die Mitgliedschaft in einer eingeführten Organisation. Daher müssen dem einzelnen Mitglied die Partizipationsmöglichkeiten im Verband und ihre Komplementärgarantien auch innerverbandlich gewährleistet sein. Desgleichen muß gesichert sein, daß es sie innerhalb des Verbandes wiederum gruppenförmig nutzen kann. Das ist keine Frage der Drittwirkung von Grundrechten, sondern der Wahrnehmung von Grundrechten in organisierter Form.
Vom Staat als dem Adressaten der verbandlich organisierten Interessenverfolgung aus betrachtet, liegt eine Anknüpfung an Art. 21 Abs. 1 Satz 3 GG nahe. Er verlangt von den politischen Parteien einen demokratischen Aufbau. Sanktionsmöglichkeiten bestehen über die Zulassung zur Wahl, die Zuteilung staatlicher Mittel etc. Die Erstreckung auf die Verbände im Wege der Analogie setzt jedoch gleichartige Tatbestände voraus. Um die Vergleichbarkeit ermitteln zu können, muß man sich des Grundes der Anordnung innerparteilicher Demokratie vergewissern. Er liegt darin, daß die Parteien bestimmenden Einfluß auf die Staatsorgane, genauer: in den politisch entscheidenden Staatsorganen, ausüben. Daher wäre das für den Staat geltende Demokratieprinzip gefährdet, wenn seine input-Struktur nicht homogen organisiert sein müßte. Zur input-Struktur des Staates zählen freilich neben den Parteien auch die Verbände[38]. Ihre Beziehung zum Staat ist aber eine distanzier-

38 Das ist weitgehend unbestritten. Eine scharfe Trennung zwischen den dem Gemeinwohl verpflichteten Parteien und den Sonderinteressen verpflichteten Verbänden aber bei R. Scholz, Koalitionsfreiheit (Fn. 34), S. 374. Zur Analogiebasis zwischen Parteien und Verbänden vor allem Popp, Öffentliche Aufgaben (Fn. 20), S. 87. In der Politikwis-

tere. Kein Verband rückt aufgrund eines Mandats durch die Wählerschaft in ein Staatsorgan ein. Die Nichtbeteiligung an Wahlen ist verfassungsrechtlich das ausschlaggebende Unterscheidungskriterium zu den Parteien. Sofern den Staatsorganen die Entscheidungsautonomie verbleibt, besteht auf der Grundlage von Art. 21 Abs. 1 Satz 3 GG kein Homogenitätserfordernis. Die Entscheidungsautonomie ist aber gegenüber denjenigen Verbänden durchbrochen, welche, ohne in Staatsorganen zu handeln, für die Erfüllung von Staatsaufgaben Bestimmungsdaten setzen und so sektoralen Anteil an der Ausübung der Staatsgewalt gewinnen. Sie kommen den Parteien am nächsten, und allenfalls für sie ließe sich eine Analogie zu Art. 21 GG ziehen.
Dagegen begründet die bloße Einflußnahme auf politische Entscheidungen keine hinreichende Vergleichbarkeit. Sie ist allgemeine Grundrechtsausübung und findet auch außerhalb der Verbände vielfach statt, ohne daß jeder Grundrechtsträger deswegen demokratische Legitimationen nachweisen müßte. Die Interessenverbände unterscheiden sich allerdings von anderen Einflußträgern dadurch, daß sie nicht einfach eine Meinung oder Überzeugung äußern, sondern für sich in Anspruch nehmen, bestimmte gesellschaftliche Funktionen oder Interessen zu vertreten. Das Aliud ist ihr repräsentativer Charakter. Der Staat, der die Gesellschaft nicht nur in ihrer vorausgesetzten Ordnung garantiert, sondern aktiv steuert, ist dazu auf Informationen über gesellschaftliche Bedürfnisse und gesellschaftliche Akzeptanz seiner Entscheidungen angewiesen. Diese Informationen verschaffen ihm zum großen Teil die Verbände. Angesichts der Angewiesenheit auf Verbandsleistungen kann der Staat seinen demokratischen Auftrag aber nur wahren, wenn eine authentische Interessenrepräsentation gesichert ist. Es ist diese Überlegung, die das Demokratiegebot auch für die gewöhnlichen Interessengruppen zu tragen vermag. Grundrechte und Demokratieprinzip, die einander wechselseitig bedingen, konvergieren dann auch bei der Begründung einer demokratischen Binnenstruktur für Verbände. Darin liegt keine demokratische Funktionalisierung des Grund-

senschaft hat sich die Annahme durchgesetzt, daß Verbände eher der Interessenartikulation, Parteien eher der Interessenaggregation dienen, vgl. K. v. Beyme, Parteien in westlichen Demokratien, 1982, S. 23; Überblick bei E. Wiesendahl, Parteien und Demokratie, 1980, S. 166.

rechts. Die Vereinigungsfreiheit behält ihre umfassende Geltung und wird nicht auf demokratieförderlichen Gebrauch verengt. Im Gegenteil müssen sich diejenigen, welche die Vereinigungsfreiheit politisch zur Beeinflussung des demokratischen Staates im Verbandsinteresse benutzen, einer stärkeren Einschränkung beugen.

Innerverbandliche Demokratie läßt sich also verfassungsrechtlich begründen. Sie ist ein aus dem Grundgesetz entwickeltes Gebot. Damit besitzt sie den Charakter geltenden Rechts. Geltung heißt freilich noch nicht unbedingt Anwendbarkeit. Zwar gehen einige Autoren von der direkten Anwendbarkeit des Demokratiegebots aus, wenn sie etwa bestimmte Anforderungen an Verbandssatzungen unmittelbar aus dem Grundgesetz ableiten oder gar die Vorschriften des Parteiengesetzes geradewegs auf die Verbände übertragen[39]. Indessen haben wir es bei dem Demokratiegebot mit einem Prinzip zu tun, das nicht nur verschiedener Ausgestaltung fähig, sondern angesichts der Vielfalt von Verbänden auch bedürftig ist. Unter Umständen kann ein und derselbe Verband mehreren Kategorien angehören, die Gewerkschaft beispielsweise bald zu den einflußnehmenden Interessengruppen, bald zu den das Staatshandeln bestimmenden Tarifpartnern. Die innerverbandliche Demokratie ist deshalb ähnlich wie ihr verfassungsrechtlich ausdrücklich formuliertes Gegenstück für politische Parteien ein Regelungsauftrag an den Gesetzgeber, der aber im Gegensatz zum Parteiengesetz wohl nicht einheitlich, sondern nur funktionsspezifisch erfüllt werden kann[40]. Wie beim Parteiengesetz steht freilich auch hier die Bereitschaft und Fähigkeit des Parlaments zur Debatte, diesmal weniger wegen der Einschränkung eigener Positionen der im Parlament wirkenden Parteien als wegen der Sanktionsdrohungen mächtiger Verbände. Das ist das Dilemma eines Systems, das die Ansammlung von Privatmacht als Konsequenz grundrechtlicher Freiheit gestattet, aber Schwierigkeiten hat, diese Macht im demokratischen Interesse nachträglich wieder zu begrenzen.

39 Besonders weitgehend etwa Föhr, Willensbildung (Fn. 20), S. 148; Stindt, Verfassungsgebot (Fn. 20), S. 212.

40 Am weitesten entwickelt bei Teubner, Organisationsdemokratie (Fn. 1).

10. Die politischen Parteien

I.

[...] Im demokratischen System weist Art. 21 Abs. 1 Satz 1 GG den Parteien die Aufgabe zu, an der Willensbildung des Volkes mitzuwirken. Was darunter zu verstehen ist, läßt die Formulierung allerdings nicht mit Sicherheit erkennen. Darin liegt einer der Gründe für die beträchtlichen Unterschiede und Schwankungen, die Judikatur und Literatur bei der Funktionsbestimmung der Parteien offenbaren. Auch die Politikwissenschaft hat bislang aber keine einheitliche Auffassung über die Funktion der Parteien auszubilden vermocht, sondern bietet höchst verschiedenartige und nur partiell übereinstimmende Funktionenkataloge an[1]. Dabei macht sich die Unklarheit des Funktionsbegriffs bemerkbar. Nur selten wird zwischen der generellen Zweckbestimmung der Parteien, den einzelnen Formen der Zweckerreichung und den Auswirkungen der Zweckverfolgung hinreichend unterschieden. Alle drei lassen sich dem Begriff der Funktion unterordnen, liegen aber auf verschiedenen Ebenen. Die generelle Zweckbestimmung politischer Parteien ergibt sich aus der Binnendifferenzierung des politischen Systems in Volk einerseits und Staatsorgane andererseits. Da die Verfassung staatliche Herrschaft zwar auf das Volk zurückführt, aber nicht von ihm selbst ausüben läßt, stellt sich das Problem der Vermittlung. Es erscheint nur lösbar, wenn Zwischenglieder existieren, die die komplexen gesellschaftlichen Vorstellungen und Bedürfnisse reduzieren, die Reduktionsleistungen in Gestalt generalisierter Handlungsprogramme für den Staat zur Auswahl

1 Vgl. zur Situation der Funktionenlehre H. A. Scarrow, The Function of Political Parties – A Critique of the Literature and the Approach, in: Journal of Politics 28 (1967), S. 770; W. Jäger, Die politischen Parteien in der Bundesrepublik Deutschland und in Frankreich, in: Der Staat 19 (1980), S. 584; E. Wiesendahl, Parteien und Demokratie, 1980, S. 184, dort S. 188 auch eine tabellarische Übersicht über Funktionsbestimmungen in der Literatur; zuletzt P. Haungs, Parteiendemokratie in der Bundesrepublik Deutschland, 1980, S. 26; G. Schmid, Politische Parteien, Verfassung und Gesetz, 1981, S. 21; K. v. Beyme, Parteien in westlichen Demokratien, 1982, S. 25.

stellen und auf der Grundlage des vom Volk mehrheitlich ausgewählten Programms den staatlichen Entscheidungsprozeß instruieren, wobei die ausgeschiedenen Alternativen präsent bleiben müssen, damit der Handlungsauftrag widerrufen und anderweitig vergeben werden kann. Diese Vermittlerrolle, die notwendig grenzüberschreitend ist, nehmen die politischen Parteien wahr[2].

Die Vermittlung findet in verschiedenen Formen statt. Das Grundgesetz sieht als wichtigsten Vermittlungsmechanismus zwischen Volk und Staat die Wahl vor, in der das Volk das zentrale legitimationsspendende Staatsorgan, das Parlament, bestellt, von dem aus sich der Legitimationsstrom dann in vielfältiger Weise verzweigt. Gerade die Wahl macht aber die Hilfsbedürftigkeit des Volkes besonders augenfällig. Es besitzt keinen natürlichen Gesamtwillen, sondern trägt in sich nur die ungestaltete und widersprüchliche Vielfalt individueller Meinungen und Interessen. Da sie in der Wahl von jedem Einzelnen in eine einfache Ja-Nein-Entscheidung über Personen und Personengruppen übersetzt werden muß, wird das Volk zur Wahl erst fähig, nachdem die gesellschaftliche Vielfalt in einem Prozeß fortschreitender Selektion auf wenige entscheidungsfähige Alternativen reduziert ist[3]. Diese Reduktion nehmen die politischen Parteien vor, indem sie verwandte Meinungen und Interessen zusammenfassen, in sich ausgleichen und zu politischen Programmen verdichten sowie Führungspersonal auslesen, das

2 Vgl. zu dieser Grundfunktion W. Henke, Das Recht der politischen Parteien, 2. Aufl. 1972, S. 18 mit umfangreichen Literaturnachweisen; ferner vor allem N. Luhmann, Politische Theorie im Wohlfahrtsstaat, 1981, S. 44; ders., Soziologie des politischen Systems, in: ders., Soziologische Aufklärung, 1970, S. 163 ff.; ders., Legitimationen durch Verfahren, 1969, S. 154 ff.; ders., Grundrechte als Institution, 2. Aufl. 1974, S. 148 ff.; K. H. Seifert, Die politischen Parteien im Recht der Bundesrepublik Deutschland, 1975, S. 99; M. Greven, Parteien und politische Herrschaft, 1977, S. 114, 131 ff. Das während der Drucklegung erschienene Werk von D. Tsatsos/M. Morlok, Parteienrecht, 1982, konnte leider nicht mehr berücksichtigt werden.

3 Vgl. K. Hesse, Die verfassungsrechtliche Stellung der Parteien im modernen Staat, in: VVDStRL 17 (1959), S. 18, wo die »wesensmäßige Unformiertheit und Formungsbedürftigkeit des pluralistisch aufgespaltenen Volkswillens« hervorgehoben wird.

sich den Programmzielen verschreibt und dadurch für den Wähler identifizierbar wird. Sie fußen dabei auf vorausgehenden Reduktionsleistungen anderer gesellschaftlicher Institutionen wie beispielsweise der Interessenverbände, sind aber die einzigen, die sie in wählbare Alternativen verwandeln. Insofern diese Funktionen der Interessenaggregation, Zielfindung und Führungsauslese Wahlen erst ermöglichen, kann man die Parteien in der Tat, wie vom Bundesverfassungsgericht wiederholt formuliert, als »Wahlvorbereitungsorganisationen«[4] bezeichnen. In dieser Eigenschaft erscheinen sie unter den gegenwärtigen Bedingungen unersetzbar und sind folglich wie die Wahl selbst demokratienotwendig.

Das Bundesverfassungsgericht hat sich von dieser Aufgabe allerdings so stark gefangennehmen lassen, daß es sie im Parteienfinanzierungsurteil von 1966 zur alles überragenden Funktion der Parteien erhob[5]. In der Wahlvorbereitung erschöpft sich ihre Tätigkeit jedoch keineswegs. Die Parteien bleiben ja in dem gewählten Organ präsent. Das Parlament setzt sich aus parteigebundenen Abgeordneten zusammen, und da diese in der Demokratie nicht mehr nur zur Volksvertretung berufen sind, sondern die Staatsführung bestimmen, fällt den Parteien auch die Funktion der Regierungsbildung zu. Die Wählerschaft hat sich darauf eingestellt, indem sie bei der Wahl weniger die Entsendung persönlicher Repräsentanten als die Regierungsbildung durch eine bestimmte Partei in den Blick nimmt. Staatswillensbildung und Volkswillensbildung fallen dadurch nicht in eins, wie dem Bundesverfassungsgericht zuzugeben ist[6]. Die Funktion der Parteien läßt sich aber nicht mehr auf den Bereich der Volkswillensbildung beschränken. Beide werden durch die Intervention der Parteien vielmehr miteinander verknüpft. Die Möglichkeit, den Staatswillen zu bilden, ist ihr Ziel, und weil der Weg nur über das Volk führt, wirken sie an dessen Willensbildung mit. Aber gerade in-

4 BVerfGE 8, 51 (63); 12, 276 (280); 20, 56 (113).

5 Vor allem BVerfGE 20, 56 (113). Zur Kritik daran vgl. auch P. Häberle, Unmittelbare staatliche Parteienfinanzierung unter dem Grundgesetz, in: JuS 1967, S. 67f.; U. Scheuner, Der Entwurf des Parteiengesetzes, in: DÖV 1967, S. 343; H. Zwirner, Die Rechtsprechung des Bundesverfassungsgerichts zur Parteienfinanzierung, in: AöR 93 (1968), S. 114; Seifert, Parteien (Fn. 2), S. 88 f.

6 BVerfGE 20, 56 (98).

dem sie die Volkswillensbildung zum Staat hin transzendieren, machen sie diesen zum Staat des Volkes. Demgegenüber kommen in der Zuordnung der Parteien zum Bereich der Volkswillensbildung, wie sie das Bundesverfassungsgericht im Parteienfinanzierungsurteil vornimmt, ältere dualistische Vorstellungen zum Vorschein, die von der Demokratie überholt sind[7]. Wenn die Parteien im demokratischen System nicht nur an der Volkswillensbildung mitwirken, sondern auch die Staatswillensbildung beherrschen, überschreiten sie daher nicht ihre verfassungsrechtlichen Aufgaben nach Art. 21 Abs. 1 Satz 1 GG. Vielmehr handelt es sich um eine zwangsläufige Konsequenz der vom Grundgesetz selbst errichteten parlamentarisch-repräsentativen Demokratie.

Die Wahlvorbereitung gibt die Parteifunktionen aber nicht nur deswegen unvollständig wieder, weil sie den Einfluß der Parteien auf die Staatswillensbildung unterschlägt, sondern auch, weil sie die Volkswillensbildung auf den punktuellen Vorgang der Wahl verkürzt[8]. Indessen zerfällt der politische Prozeß nicht in einen vierjährlich wiederkehrenden Akt der Volkswillensbildung und eine dazwischen liegende Periode der Staatswillensbildung. Die Volkswillensbildung vollzieht sich vielmehr ihrerseits in einem permanenten Prozeß, aus dem die Wahl als verbindliche Momententscheidung, die der Politik den zeitlichen Rhythmus und dem Staat die inhaltliche Ausrichtung gibt, herausragt. An diesem Prozeß beteiligen sich neben den Parteien zahlreiche weitere Akteure, die Interessen organisieren und artikulieren, Forderungen erheben, Meinungen verbreiten, Kritik üben etc. Im Blick auf diese vor allem in den Art. 5, 8 und 9 GG gesicherten Möglichkeiten spricht das Grundgesetz nur von einer *Mit*wirkung der Parteien. Deswegen läßt sich weder rechtlich noch empirisch die Wendung des Bundesverfassungsgerichts in seinem ersten großen Wahlrechtsurteil halten, in der »Demokratie von heute« hätten »die Parteien *allein* die Möglichkeit, die Wähler zu politisch ak-

7 Vgl. Häberle, JuS 1967, S. 66; Scheuner, DÖV 1967, S. 343; ders., Die Parteien und die Auswahl der politischen Leitung im demokratischen Staat, in: DÖV 1958, S. 641; Zwirner, AöR 93, S. 118; H.-R. Lipphardt, Die Gleichheit der politischen Parteien vor der öffentlichen Gewalt, 1975, S. 523.

8 Vgl. Häberle, JuS 1967, S. 66f., sowie Seifert, Parteien (Fn. 2), S. 86, der Volkswillensbildung im engeren und im weiteren Sinn unterscheidet.

tionsfähigen Gruppen zusammenzuschließen«[9]. Doch fällt ihnen auch hier eine gesteigerte Mitwirkung zu, weil sie im Gegensatz zu den übrigen Akteuren Forderungen und Ansichten nicht nur an den Staat herantragen, sondern unmittelbar in den staatlichen Entscheidungsprozeß einleiten können. Insofern kommt das Parteienfinanzierungsurteil der Sachlage näher, wenn es ausführt, daß das Volk über die Parteien auch zwischen den Wahlen Einfluß auf die Verfassungsorgane nehme[10], aber, wie ergänzt werden muß, eben in der Weise, daß diese ihrerseits von den Parteien besetzt sind, die erst dadurch ihre Vermittlungsfunktion erfüllen können.

So unbestimmt, wie das Grundgesetz in der Mitwirkungs-Formel des Art. 21 Abs. 1 Satz 1 die Aufgaben der Parteien benennt, läßt es auch die Zielrichtung dieser Mitwirkung. Das Bundesverfassungsgericht suchte sie anfangs in Anlehnung an Leibholz mit dem Bild des »Sprachrohrs« zu erfassen, »dessen sich das mündig gewordene Volk bedient, um sich artikuliert äußern und politische Entscheidungen fällen zu können«[11]. Indessen krankt diese Beschreibung daran, daß ein ausgebildeter Volkswille, der nur noch der Verstärkung und Übermittlung bedürfte, nicht vorausgesetzt werden kann. Die politischen Anschauungen des Volkes sind im Gegenteil das Produkt eines politischen Prozesses, an dem die Parteien als formende Kräfte aktiv beteiligt sind. Das Bundesverfassungsgericht ließ daher auch die Sprachrohr-Terminologie fallen und beharrte später nur noch darauf, daß sich die Willensbildung im demokratischen Staat vom Volk zu den Staatsorganen und nicht umgekehrt vollziehen müsse[12]. Die Parteien fungieren dann als Transmissionsriemen für den von ihnen mitgeformten Volkswillen. Dieser Grundsatz kontrastiert jedoch auffällig mit dem politikwissenschaftlichen Befund, daß sich zur faktisch dominanten Funktion der Parteien die Legitimationsbe-

9 BVerfGE 1, 208 (223 f.) in Anlehnung an G. Leibholz, Verfassungsrechtliche Stellung und innere Ordnung der Parteien, 38. DJT 1950, S. C 7, und dann gleichlautend in einer Reihe anderer Schriften, z. B. Der Parteienstaat des Bonner Grundgesetzes, in: Recht, Staat und Wirtschaft, Bd. III, 1951, S. 104; Parteienstaat und repräsentative Demokratie, in: DVBl. 1951, S. 241; Strukturprobleme der modernen Demokratie, Neuausg. der 3. Aufl., 1974, S. 74.

10 BVerfGE 20, 56 (99).

11 BVerfGE 1, 208 (224). Nachweise für Leibholz wie Fn. 9.

12 BVerfGE 20, 56 (99).

schaffung für staatliche Entscheidungen entwickelt hat, die Willensbildung tatsächlich also gerade umgekehrt von den Staatsorganen zum Volk verläuft[13]. Stimmt die Politikwissenschaft in diesem Befund weitgehend überein, so unterscheiden sich die Bewertungen. Während ihn die Mehrzahl der Autoren an einem Demokratiemodell mißt, bei dem die gesellschaftliche Mitwirkung an staatlichen Entscheidungen im Vordergrund steht, legt eine andere Richtung das Gewicht auf die Stabilität und Regierungsfähigkeit des demokratischen Systems[14]. Für diese erfüllt sich die Demokratie in der generellen Unterstützung der politischen Führung, so daß die legitimatorische Funktion der Parteien als systemkonform erscheint. Jene deuten die Mitwirkung der Parteien an der Volkswillensbildung im Sinn von Bürgerpartizipation und verwerfen daher die legitimationsbeschaffende Tätigkeit.

Soweit der Wortlaut von Art. 21 Abs. 1 Satz 1 GG zur Lösung dieser Frage beiträgt, scheint er eher für die Partizipationstheorien zu sprechen. Den Parteien wird die Mitwirkung an der Volkswillensbildung zugewiesen. Das deutet auf eine instrumentelle, keine beherrschende Funktion hin. Die Willensbildung bleibt diejenige des Volkes, die Parteien ersetzen es darin nicht. Andererseits beschränkt sich ihre Tätigkeit im demokratischen System aber nicht auf den Bereich der Volkswillensbildung. Ohne es ausdrücklich auszusprechen, setzt das Grundgesetz doch voraus, daß sie aufgrund eines Volksauftrags auch den Staatswil-

13 Vgl. die Bestandsaufnahme von R. Mayntz, Staat und politische Organisation: Entwicklungslinien, in: Lepsius (Hg.) Zwischenbilanz der Soziologie, Verhandlungen des 17. Deutschen Soziologentages, 1976, S. 327, und den Überblick bei G. Lehmbruch, Parteienwettbewerb im Bundesstaat, 1976, S. 39. Im einzelnen mit zahlreichen Nachweisen E. Wiesendahl, Parteien und Demokratie. Eine soziologische Analyse paradigmatischer Ansätze zur Parteienforschung, 1980, bes. S. 107 ff.

14 Vgl. für die legitimatorische Richtung etwa N. Luhmann, Legitimation durch Verfahren, 1969, S. 151; W. Hennis, Die mißverstandene Demokratie, 1973, bes. S. 89 f.; ders., Parteienstruktur und Regierbarkeit, Bd. 1, 1977, S. 150; für die darauf reagierende partizipatorische Richtung etwa S. u. W. Streeck, Parteiensystem und Status quo, 1972; M. Greven, Parteien (Fn. 2). Im einzelnen wiederum Wiesendahl, Parteien (Fn. 13). Kritisch zum Befund Haungs, Parteiendemokratie (Fn. 1), S. 48; differenzierend auch K. v. Beyme, Krise des Parteienstaats – ein internationales Phänomen?, in: Raschke (Hg.), Bürger und Parteien, 1982, S. 87.

len bilden. Damit korrespondiert aber gerade in einer Konkurrenzdemokratie das legitime Bedürfnis, den staatlichen Entscheidungen wiederum Akzeptanz in der Bevölkerung zu sichern. Der Willensbildungsprozeß verläuft also beidseitig. Die Parteien sind in ihm bald in ihrer Eigenschaft als gesellschaftliche Basisgruppen Adressaten von Forderungen und Ansichten im Volk, bald in ihrer Eigenschaft als Träger staatlicher Ämter und Mandate Urheber bindender Entscheidungen, denen sie Massenloyalität beschaffen. Beide Vorgänge können nicht als Norm und Wirklichkeit gegeneinander ausgespielt werden, sondern sind gleichermaßen Aspekte des demokratischen Prozesses. Der einbahnige Verlauf der Willensbildung, den das Bundesverfassungsgericht aus dem Demokratieprinzip ableitet, wird diesem daher nicht gerecht. Die über die Parteienkonkurrenz vermittelte demokratische Willensbildung ist vielmehr Resultante aus beidem, dem gesellschaftlichen input einerseits, dem staatlichen output andererseits[15]. Die Bedeutung von Art. 21 Abs. 1 Satz 1 GG besteht darin, daß er eine Verstopfung des freilich stärker gefährdeten Kommunikationswegs aus der Gesellschaft in den Staat verbietet.

2.

Der Umstand, daß die Parteien in der Demokratie die Vermittlung zwischen Volk und Staat übernehmen, macht ihre systematische Einordnung zum Problem. Von Herkunft zweifellos gesellschaftlich, ist ihr Ziel doch der Staat. Der Organisationszweck besteht in der Übernahme der Staatsleitung. Diese erst verleiht die Möglichkeit der Umsetzung politischer Programme in allgemeinverbindliche Entscheidungen. Es fragt sich daher, ob es bei der traditionellen Einordnung der Parteien als gesellschaftliche Gebilde bleiben kann oder ob sie nicht mit dem Übergang zur Demokratie, jedenfalls aber mit ihrer Konstitutionalisierung zu

15 S. J. Habermas, Theorie des kommunikativen Handelns, Bd. 2, 1981, S. 509. Vgl. auch Luhmann, Wohlfahrtsstaat (Fn. 2), S. 46ff.; ders., Selbstlegitimation des Staates, in: Legitimationen des modernen Staates, ARSP Beiheft 15 (1981), S. 65; dagegen im Dualismus von Verfassungsrecht und Verfassungswirklichkeit verharrend z. B. T. Ellwein, Das Regierungssystem der Bundesrepublik Deutschland, 3. Aufl. 1973, S. 173 ff.

einem Bestandteil des Staates geworden sind. Die Frage steht seit langem im Mittelpunkt der staatsrechtlichen Beschäftigung mit den Parteien und hat bis heute nicht zu gesicherten Ergebnissen geführt[16]. Die Staatsrechtslehre geht dabei keineswegs nur einem theoretisch-systematischen Problem nach. Die Antwort auf die Zuordnungsfrage präjudiziert vielmehr die Lösung wichtiger aktueller Streitfragen des Parteienrechts wie die Zulässigkeit der staatlichen Parteienfinanzierung, die Bindung von Amts- oder Mandatsträgern an Parteibeschlüsse, die Öffentlichkeitsarbeit der Regierung im Wahlkampf, das Verhältnis zwischen den im Parlament vertretenen und den nicht ins Parlament gelangten Parteien etc. Auch die Parteienjudikatur des Bundesverfassungsgerichts hat von der Antwort auf diese Frage ihre Richtung empfangen, und die Schwankungen, denen sie dabei ausgesetzt war, rühren überwiegend aus Unsicherheiten über den Standort der Parteien her. Es scheint daher, daß die Frage nicht auf sich beruhen kann, sondern verfassungsrechtlich geklärt werden muß, ehe die zahlreichen Einzelprobleme des Parteienrechts in Angriff genommen werden können.

Dagegen hält eine Reihe von Autoren die Standortfrage bereits im Ansatz für verfehlt. Am häufigsten kann man diese Auffassung in der Politikwissenschaft antreffen, wobei nicht selten abschätzige Seitenblicke auf die an überholten Kategorien haftende Staatsrechtslehre fallen[17]. Die Einstellung steht im Zusammenhang mit dem stillschweigenden Verzicht, den ein großer Teil der Politikwissenschaft in den letzten Jahrzehnten auf den Begriff des Staates geleistet hat. Seinen Platz nimmt das »politische System« ein. Die Politikwissenschaft trug damit der Tatsache Rechnung, daß ihr Gegenstand in fortgeschrittenen Industriegesellschaften mit demokratischer Herrschaftsstruktur unter Beschränkung auf staatliches Handeln nicht mehr angemessen beschreibbar ist. Insofern der Kreis der politischen Akteure heute weit über die Staatsorgane hinausreicht und das dem Staat zugerechnete Handeln sich in vielen Fällen als außerstaatlich vorentschieden er-

16 Vgl. die Einleitung bei Henke, Parteien (Fn. 2), S. 1 ff. m.w.N.
17 Vgl. etwa K. Sontheimer, Grundzüge des politischen Systems der Bundesrepublik Deutschland, 6. Aufl. 1977, S. 99 f.; H.-O. Mühleisen, Theoretische Ansätze der Parteienforschung, in: Jäger (Hg.), Partei und System, 1973, S. 13.

weist, mußte sie vielmehr ihren Forschungsrahmen notwendig ausweiten. Daß die Parteien dann nicht außerhalb des politischen Systems stehen, sondern eine zentrale Rolle in ihm spielen, unterliegt keinem Zweifel. Damit entfällt aber nicht die Frage, ob es den Staat auch als unterscheidbares Subsystem im politischen System nicht mehr gibt. Erst wenn diese Frage verneint wird, erledigt sich das in der Staatsrechtslehre diskutierte Zuordnungsproblem. Andernfalls bleibt es auf der Tagesordnung, wie übrigens die Politikwissenschaft selbst eingesteht, wenn sie sich Problemen wie der staatlichen Parteienfinanzierung, des Mandatsverlusts bei Parteiwechseln, der Bindung von Amts- und Mandatsträgern an Parteibeschlüsse zuwendet.
Einer Ablehnung der Standortfrage kann man jedoch ebenso in der Rechtswissenschaft begegnen, für die der Begriff des Staates seine Evidenz noch nicht verloren hat. Die Kritik setzt hier bei der Unterscheidung von Staat und Gesellschaft an, die das Standortproblem erst aufwirft. Namentlich Lipphardt vertritt die Ansicht, daß eine solche Unterscheidung unvollziehbar sei. Damit entfalle aber »nicht nur die Denkmöglichkeit einer ›Nahtstelle‹, sondern auch von ›Zwischengliedern‹«[18]. Die Parteien könnten nur »ganzheitlich« erfaßt werden. Lipphardt stützt seine Ansicht darauf, daß es sich bei Staat und Gesellschaft um ein und denselben Personenverband handele, der einer Aufspaltung nicht fähig sei, weil der Schnitt dann mitten durch die natürlichen Personen verlaufe. Er erliegt dabei demselben Irrtum, der schon seinem Gewährsmann Ehmke unterlaufen war[19]. Die Unterscheidung von Staat und Gesellschaft betrifft nicht Personen, sondern Rollen und Kommunikationen. Auf dieser Basis erscheint eine Differenzierung aber nicht von vornherein ausgeschlossen[20]. Andernfalls wäre Lipphardts gesamtes dogmatisches Bemühen, die rechtliche Distanz zwischen Staat und Parteien zu vergrößern, zum Scheitern verurteilt. Mit der von Hesse übernommenen Formel,

18 Lipphardt, Gleichheit (Fn. 7), S. 551.
19 H. Ehmke, Wirtschaft und Verfassung, 1961, S. 5 f.; ders., ›Staat‹ und ›Gesellschaft‹ als verfassungstheoretisches Problem, in: Festgabe für Smend, 1962, S. 24 f.
20 Vgl. Luhmann, Soziologie des politischen Systems (Fn. 2), S. 155; ders., Wohlfahrtsstaat (Fn. 2), S. 20, 35; E.-W. Böckenförde, Die verfassungstheoretische Unterscheidung von Staat und Gesellschaft als Bedingung der individuellen Freiheit, 1973, S. 21 ff.

die Parteien genössen einen »Status des Öffentlichen«[21], ist deswegen die Frage nach dem Parteienstandort ebensowenig erledigt wie mit der Aussage der Politikwissenschaft, sie gehörten zum politischen System. Sie läßt sich nach diesen Einwänden allerdings nicht mehr ohne Vergewisserung über die gegenwärtige Situation von Staat und Gesellschaft entscheiden.
Besteht zwischen Staat und Gesellschaft kein Unterschied mehr, dann sind sie identisch. Genauer gesagt, gibt es dann weder Staat noch Gesellschaft, sondern nur etwas Drittes, das deren Funktionen vereint. Darüber scheint nicht bei allen, die die Unterscheidung für überwunden halten, Klarheit zu herrschen. Mit der Identität beider entfällt zugleich die Möglichkeit individueller Autonomie einerseits und begrenzter öffentlicher Gewalt andererseits. Jeder wird Sachwalter einer öffentlichen Ordnung, die sämtliche Lebensbereiche durchdringt[22]. Da keiner der Autoren, die die Frage nach dem Standort der Parteien ablehnen, eine solche Ordnung anstrebt, liegt die Vermutung nahe, daß sie die Unterscheidung von Staat und Gesellschaft kurzerhand mit einem ihrer historischen Erscheinungsbilder, nämlich der dualistischen Trennung, gleichsetzen. Dem Dualismus lag in der Tat die Vorstellung von der Teilbarkeit aller sozialen Phänomene in staatliche oder gesellschaftliche zugrunde. In dieser Form war er an die Existenz einer autoregulativen Gesellschaft gebunden, die den Staat nur als Garanten der von ihm abhängigen Sozialordnung benötigte. Ihre Voraussetzungen sind entfallen. Zwischen Zonen unbezweifelbarer Staatlichkeit und Reservate ebenso unbezweifelbarer Privatheit hat sich ein breiter und noch immer wachsender Bereich geschoben, der weder exklusiv dem Staat noch exklusiv der Gesellschaft zugeordnet werden kann. Staat und Gesellschaft befinden sich hier vielmehr in einer Gemengelage, die exakter Auflösung nicht mehr fähig ist. Doch erfaßt die Überwindung des Dualismus nicht notwendig auch die Unterscheidung. Sie bleibt in einem System mit grundrechtlich gesicherter Individualfreiheit einerseits und gegenständlich begrenzter Staatsmacht andererseits prinzipiell aufrechterhalten.

21 Lipphardt, Gleichheit (Fn. 7), S. 566, unter Berufung auf Hesse, VVDStRL 17, S. 39.

22 Vgl. Böckenförde, Staat und Gesellschaft (Fn. 20); auch P. Graf Kielmansegg, Volkssouveränität, 1977, bes. S. 243.

Ihre Gestalt ist allerdings komplizierter geworden. Mit Recht bemerkt Luhmann, daß der alten Unterscheidung von Staat und Gesellschaft für die Einheit des so Differenzierten ein Begriff fehlte[23]. Die Einheit existiert in Form der Gesamtgesellschaft. Innerhalb ihrer haben sich aber verschiedene funktional spezialisierte Subsysteme, zum Beispiel für Wirtschaft, Wissenschaft, Religion etc. herausgebildet. Eines dieser Subsysteme ist das politische System, dessen Funktion in der Herstellung und Durchsetzung kollektiv verbindlicher Entscheidungen besteht. Es kann dann freilich nicht als Personenverband, sondern nur als Wirkeinheit, die der Gesellschaft bestimmte Leistungen erbringt und gerade zu diesem Zweck eine relative Selbständigkeit von ihr beansprucht, begriffen werden[24]. In der Epoche des monarchischen Absolutismus ließ sich das politische System mit dem Staat identifizieren. Die Einzelnen standen ihm als Untertanen gegenüber und waren nicht Subjekt, sondern Objekt der Herrschaft. Im Maße, wie die Einzelnen ihren Untertanenstatus abstreiften und Anteil an politischen Entscheidungen erlangten, rückten sie ins politische System ein, ohne damit selbst Staat zu werden. Dieser blieb als institutionalisierte und gegenständlich, funktional und prozedural begrenzte Entscheidungsinstanz unterscheidbar, machte das politische System aber nicht mehr aus. Namentlich in der Demokratie ist die Bevölkerung in verschiedenen Rollen, nicht nur der des Wählers, sondern auch als Interessent, Demonstrant etc. ebenfalls Teil des politischen Systems. Das gilt erst recht für die Zusammenschlüsse Einzelner, deren ausdrückliches Ziel die Einwirkung auf politische Entscheidungen ist. Damit kehrt aber die alte Differenz von Staat und Gesellschaft nunmehr in Gestalt der Binnendifferenzierung des politischen Systems wieder.

Die Frage der Zuordnung der politischen Parteien zu Staat oder Gesellschaft ist also durch die sozialen Veränderungen keineswegs überholt, sondern nur in einen anderen Zusammenhang überführt. An der Kritik erscheint aber soviel richtig, daß die Antwort keine alternative sein kann. Wenn die politischen Par-

23 N. Luhmann, Politische Verfassungen im Kontext des Gesellschaftssystems, in: Der Staat 12 (1973), S. 5.

24 Zum Verständnis der Staaten als Wirkeinheit vor allem H. Heller, Staatslehre, 1934, S. 228.

teien die demokratischen Beziehungen zwischen Volk und Staat vermitteln, in dem sie Führungspersonal und politische Programme zur Auswahl stellen und das staatliche Entscheidungsverhalten wiederum an gesellschaftlichen Bedürfnissen und Meinungen ausrichten, dann setzt das notwendig ein Wirken in beiden Bereichen voraus. Die Grenzüberschreitung ist Demokratiebedingung. Zur Debatte steht unter diesen Umständen nicht, ob sie entweder zur Gesellschaft oder zum Staat gehören, sondern nur, in welchem Maß sie in beide Bereiche integriert sein dürfen. Auf diese graduelle Frage gibt die Unterscheidung von Staat und Gesellschaft keine Antwort mehr. Sie muß vielmehr der konkreten Ausgestaltung, die die Beziehungen zwischen Volk und Staat im Grundgesetz gefunden haben, entnommen werden. Das Grundgesetz läßt mit Eindeutigkeit freilich nur den Ursprung und die fortlaufende Verwurzelung der Parteien in der Gesellschaft erkennen, wenn es Gründungsfreiheit für politische Parteien garantiert und im Interesse der Bindung der Parteien an ihre Mitglieder innerparteiliche Demokratie vorschreibt. Dagegen setzt es der Einführung der Parteien in die institutionalisierte Staatlichkeit ein weniger deutliches Maß. Eine ausdrückliche Regelung findet sich nur für die Parlamentsabgeordneten, die Art. 38 Abs. 1 Satz 2 GG zu Vertretern des ganzen Volkes macht und allein ihrem Gewissen unterwirft. Art. 38 GG legt auf diese Weise eine Scheidelinie zwischen Partei und Staatsorgan. Die Rolle als Parteimitglied determiniert nicht automatisch die Rolle als staatlicher Entscheidungsträger. Im übrigen fehlt es aber an unmittelbaren verfassungsrechtlichen Aussagen, und Literatur und Judikatur sind von einheitlichen Auffassungen weit entfernt.

3.

Da Ursprung und Verwurzelung der Parteien in der Gesellschaft verfassungsrechtlich, wenn schon nicht politisch, außer Zweifel stehen, spitzt sich die Frage nach dem Standort der Parteien auf den Grad ihrer Inkorporation in den Staat zu. Die Diskussion dieser Frage ist besonders nachhaltig von Leibholz beeinflußt worden. Leibholz geht davon aus, daß durch die Intervention der politischen Parteien, die ihrerseits mit der Demokratisierung des Wahlrechts zusammenhängt, die Institutionen der repräsentativen Demokratie unterlaufen worden sind. Das Volk wird erst in den Parteien handlungsfähig. Es tritt daher als eigenständige, von den Parteien unterscheidbare Größe politisch nicht mehr in Erscheinung. Leibholz schließt daraus, »daß in dieser Form der Demokratie die Parteien das Volk ›sind‹«[25]. Die von den Parteien präsentierten und ihnen verbundenen Abgeordneten haben nichts mehr mit den aufgrund ihrer persönlichen Qualitäten gewählten Repräsentanten des ganzen Volkes gemein, sondern sind »gebundene Parteibeauftragte«. Für das Parlament folgt daraus, daß dort nur noch »anderweitig bereits getroffene Entscheidungen registriert werden«[26]. Auch die Wahl verändert unter diesen Voraussetzungen ihre Funktion. Wahlen zielen nicht mehr auf Personenauswahl, sondern nehmen den Charakter von Abstimmungen über den Regierungskurs an. Daher kann man sagen, daß »wie in der unmittelbaren Demokratie der Wille der Mehrheit der Aktivbürgerschaft mit dem Willen des Volkes identifiziert wird, ... in der parteienstaatlichen Massendemokratie der Wille der jeweiligen Parteimehrheit ... mit der volonté générale gleichgesetzt« wird[27]. Diese ist dann auf Zeit der Staat. Leibholz zieht daraus den Schluß, daß sich das Herrschaftssystem durch die Parteien in eine »rationalisierte Erscheinungsform der plebiszitären Demokratie, oder, wenn man will, ein Surrogat der direkten Demokratie im modernen Flächenstaat« verwandelt hat[28], dem er den Namen »Parteienstaat« gibt.

Mit dieser doppelten Identifikation von Volk und Parteien sowie

25 G. Leibholz, Verfassungsrechtliche Stellung und innere Ordnung der Parteien, in: Verhandlungen des 38. DJT (1950), S. C 10; ferner ders., Volk und Partei im neuen deutschen Verfassungsrecht, DVBl. 1950, S. 196 f. Die Ausführungen kehren wortgleich oder ähnlich in den verschiedensten anderen Schriften des Autors wieder (s. Fn. 9), ohne daß sie hier vollständig nachgewiesen würden. Leibholz' Theorie ist bereits in der Weimarer Republik grundgelegt worden, vgl. Das Wesen der Repräsentation, 1929; zu ihrer Entwicklung minutiös Lipphardt, Gleichheit (Fn. 7), S. 531. Auf den Einfluß von M. Weber, Parteiwesen und Parteiorganisation, in: Staatssoziologie (Hg. Winckelmann), 2. Aufl. 1966, S. 50, und C. Schmitt, Verfassungslehre, 1928, und Die geistesgeschichtliche Lage des heutigen Parlamentarismus, 1923, ist mehrfach aufmerksam gemacht worden.

26 Leibholz, 38. DJT, S. C 10.

27 Ebenda, S. C 9 f.

28 Ebenda, S. C 9.

Parteien und Staat gibt auch Leibholz die Unterscheidung von Staat und Gesellschaft, ohne das ausdrücklich herauszustellen, preis. Vermittels der Parteien fallen sie in eins. Eine Kluft könnte nur aufbrechen, wenn die Parteiapparate sich verselbständigten und in dieser Form vom Staat Besitz ergriffen. Sie wären damit nicht mehr Instrumente der Demokratie, sondern »diktatoriale Körperschaften«[29]. Als Gegengewicht fungiert die grundgesetzlich vorgeschriebene innerparteiliche Demokratie, die die Identität von Volk und Parteien und damit den demokratischen Staat bewahrt. Leibholz zieht aus seiner Identitätstheorie Schlüsse für den Standort der Parteien, die über die Absichten der Kritiker des Unterscheidungstheorems weit hinausgehen. Diesen liegt daran, die überkommene und auch in manchen Entscheidungen des Bundesverfassungsgerichts noch fortlebende Beschränkung der Parteien auf den gesellschaftlichen Wirkungskreis aufzubrechen und ihnen einen Platz im politischen System zuzuweisen, der ihrer tatsächlichen Funktion entspricht und erst eine sinnvolle Lösung dogmatischer Einzelprobleme erlaubt. Dieses Vorhaben ist ebenso berechtigt wie unabhängig von der Unterscheidung zwischen Staat und Gesellschaft. Leibholz verfolgt dagegen auf der Grundlage seiner Identitätsvorstellungen »die Einfügung der politischen Parteien in den staatlichen Herrschaftsapparat«[30]. Diese sieht er durch die verfassungsrechtliche Anerkennung der Parteien in Art. 21 GG vollzogen und kann daher Parteien und Staatsorgane auf die gleiche Stufe stellen.
Leibholz' Parteienstaatstheorie ist Gegenstand starker Kritik sowohl von politikwissenschaftlicher als auch von juristischer Seite gewesen[31]. Ohne Frage hat sie mit den Absichten der Schöpfer

29 Ebenda, S. C 12, weiter C 21.
30 Leibholz, DVBl. 1950, S. 196.
31 Vgl. aus der umfangreichen Literatur etwa C. Müller, Das imperative und das freie Mandat, 1966, S. 45; P. Badura, in: Bonner Kommentar zum Grundgesetz, Zweitbearb. 1966., Rdn. 26 ff. zu Art. 38; K. I. Unkelbach, Zur Wahlrechts- und Parteientheorie von Gerhard Leibholz, in: Verfassung und Verfassungswirklichkeit, 1967, S. 222; H. Grebing, Konservative gegen die Demokratie, 1971, S. 204; Henke, Politische Parteien (Fn. 2), S. 7; W. Hennis, Die Rolle des Parlaments und die Parteiendemokratie, in: ders., Die mißverstandene Demokratie, 1973, S. 75 (dort S. 168 Anm. 32: »An Leibholz' Lehre stimmt so ziemlich nichts«); P. Haungs, Die Bundesrepublik – ein Parteienstaat?, in:

des Grundgesetzes wenig gemein. Diesen ging es um eine repräsentative Demokratie, und zwar in Reaktion auf die plebiszitären Erfahrungen in der Weimarer Republik in ausgesprochen reiner Form. Die verfassungsgeberischen Intentionen müßten freilich unbeachtlich bleiben, wenn Demokratie unter den Bedingungen des Massenwahlrechts allein als identitäre möglich wäre. Unmittelbare Evidenz besäße die Identität zwischen Volk und Parteien nur, wenn die gesamten Aktivbürger in Parteien organisiert wären. Indessen stehen den rund 38 Millionen Wahlberechtigten in der Bundesrepublik kaum mehr als 2 Millionen Parteimitglieder gegenüber. Die Identität läßt sich unter diesen Umständen nur dadurch begründen, daß das Volk außerhalb der Parteien nicht handlungsfähig ist. In der Tat haben die bisherigen Überlegungen zur Funktion der Parteien die Hilfsbedürftigkeit des Volkes ergeben. Hilfsbedürftigkeit schließt freilich Handlungsfähigkeit nicht aus. Zumindest im demokratischen Fundamentalakt der Wahl entscheidet das Volk nicht durch die Parteien, sondern über die Parteien. Nicht weniger problematisch erscheint die Identität zwischen Parteien und Staat. Ihr normatives Hindernis ist Art. 38 Abs. 1 Satz 2 GG. Er unterbricht den direkten Durchgriff der Parteien auf die ihr angehörigen Mandatsträger. Nicht die Parteien als solche, sondern die ihnen verbundenen Abgeordneten und ihr Zusammenschluß, die Fraktionen, sind daher im Parlament vertreten. Diese Wirkung von Art. 38 Abs. 1 Satz 2 GG ist freilich umstritten, und gerade Leibholz gehört zu denjenigen, die darin ein vom Parteienstaat überholtes Relikt der liberalen Repräsentation erblicken. Leibholz versagt es sich aber, Art. 38 Abs. 1 Satz 2 GG für gänzlich obsolet zu erklären. Er behält für ihn vielmehr die normative Bedeutung, »die äußersten Konsequenzen des Parteienstaates abzuwenden«[32]. Indessen sind es gerade diese äußersten Konsequenzen, die die Integration der Parteien in den staatlichen Bereich vollenden. Schon mit dem Zugeständnis, daß es Restbereiche der Repräsentativität gibt, ist daher die Etatisierung in dem von Leibholz vertretenen Ausmaß nicht mehr aufrechtzuerhalten.

ZParl. 4 (1973), S. 502; U. Scheuner, Staatstheorie und Staatsrecht, 1978, S. 261, 325, 354; Lipphardt, Gleichheit (Fn. 7), S. 530; Schmid, Politische Parteien (Fn. 1), S. 28 ff.

32 Leibholz, 38. DJT, S. C 18.

Das Bundesverfassungsgericht griff anfänglich die Leibholzsche Theorie vom Parteienstaat auf, ohne ihr doch in allen Konsequenzen zu folgen. Schon in seinem ersten großen Wahlrechtsurteil, das den Auffassungen von Leibholz besonders nahesteht, verweigerte es den Parteien nachdrücklich die Anerkennung als oberste Staatsorgane und stellte sie diesen nur prozessual gleich, indem es ihnen für bestimmte Fälle die Möglichkeit der Organklage nach Art. 93 Abs. 1 Nr. 1 GG eröffnete. Zur Begründung erklärte es, daß die Parteien durch Art. 21 GG zu »integrierenden Bestandteilen des Verfassungsaufbaus« geworden und in den »inneren Bereich« des Staatslebens eingerückt seien. Insofern stünden sie dem Staat nicht wie ein grundrechtsbewehrter Bürger gegenüber und könnten daher auch nicht auf die Verfassungsbeschwerde verwiesen werden[33]. Seit der Plenarentscheidung von 1954 hat es sich dann eingebürgert, die Parteien – unkorrekterweise, aber in erkennbarer Abgrenzung zu den *Staats*organen – als *Verfassungs*organe zu bezeichnen[34]. Dagegen trat das Gericht im Parteienfinanzierungsurteil von 1966, an dem Leibholz nicht mitwirken durfte, in deutliche Distanz zur Parteienstaatslehre. Im Rückgriff auf die bereits im Volksbefragungsurteil entwickelte Trennung von Volkswillensbildung und Staatswillensbildung, die nur in der Wahl zusammenfielen, wurden die Parteien nun ganz der gesellschaftlichen Sphäre zugeordnet, während sie in der Staatswillensbildung mit Ausnahme der Wahl nicht mehr vorkamen[35]. Erst im Wahlwerbungsurteil deutet sich wieder eine Wende an. Die Entscheidung setzt die Wirksamkeit der Parteien in den Staatsorganen geradezu voraus, definiert sie auch als Zusammenschlüsse von Bürgern »mit dem Ziel der Beteiligung an der Willensbildung in den Staatsorganen«[36], um dann aber klarzumachen, daß der Staat ungeachtet seiner parteipolitischen Besetzung der Staat des gesamten Volkes bleibt und deswegen mit der Mehrheitspartei auch nicht auf Zeit identisch wird[37].

Während Leibholz seine Maßstäbe für die Einordnung der Par-

33 BVerfGE 1, 208 (225 ff.).

34 BVerfGE 4, 27 (30). Zur Kritik an dem Begriff vgl. Hesse, VVDStRL 17, S. 40.

35 BVerfGE 20, 56 (bes. 98 ff.) unter Verweis auf BVerfGE 8, 104 (113).

36 BVerfGE 44, 125 (145).

37 Ebenda, bes. 142 ff. Die Leibholzsche Lehre kehrt hier im Sondervotum des Richters Rottmann, S. 181 ff., wieder.

teien aus einem »Strukturwandel« der Demokratie gewinnt, setzt das Bundesverfassungsgericht im Wahlwerbungsurteil bei Art. 20 GG an. In der Tat kann die verfassungsrechtliche Verortung der Parteien nur vom grundgesetzlichen Demokratieprinzip ausgehen, das ihre Funktion determiniert, ohne daß seine Interpretation freilich von den konkreten Realisierungsbedingungen der Demokratie abgelöst werden könnte. Dem Grundgesetz liegt die Auffassung zugrunde, daß staatliche Herrschaft eine Auftragsangelegenheit des Volkes ist. Dieses bestimmt in der Wahl, von wem und mit welchem Programm staatliche Herrschaft für eine Periode ausgeübt werden soll. Die Ausübung, an der das Volk nicht unmittelbar beteiligt ist, bleibt eingebettet in einen offenen und unabschließbaren Prozeß, der einerseits dem Volk Einflußmöglichkeiten eröffnet und andererseits die staatlichen Entscheidungsträger unter permanenten Rechtfertigungszwang setzt. Das Grundgesetz trifft auf diese Weise Vorsorge, daß sich die staatlichen Organe nicht vom Auftraggeber entfernen. Es schließt aber nicht aus, daß sich die Staatsorgane in diesem Prozeß ihrerseits meinungsbildend betätigen. Die parlamentarische Debatte hat sogar ausdrücklich diese Funktion. Insofern erscheint die Einschränkung des Parteienfinanzierungsurteils richtig, daß sich die Willensbildung »im Wahlakt« vom Volk zu den Staatsorganen und nicht umgekehrt zu vollziehen hat[38]. Es kommt verfassungsrechtlich lediglich darauf an, daß die staatliche Beteiligung am Willensbildungsprozeß dessen Offenheit nicht beeinträchtigt[39]. Der Staat darf weder meinungs- und interessenunterdrückend oder -manipulierend tätig werden noch die Kommunikationsmittel monopolisieren, um dadurch den Kreislauf zu unterbinden.

Für die Parteien als Vermittlungsinstanzen zwischen Volk und Staat gilt nichts anderes. Wenn das Volk gerade durch sie in den Stand gesetzt wird, die Staatsführung zu bestimmen, ist ihre Wirksamkeit in den Organen des Staates eine zwangsläufige Konsequenz, die verfassungsrechtlich nicht ignoriert werden kann. Die Grenzen lassen sich nur von dem verfassungsrechtlich frei und offen ausgestalteten Prozeß her gewinnen. Seinetwegen dürfen die Parteien nicht aus ihrer gesellschaftlichen Verankerung gelöst werden und eine Position einnehmen, die sie vom Willen

38 BVerfGE 44, 124 (140) im Gegensatz zu 20, 56 (99).
39 So auch Häberle, JuS 1967, S. 72.

ihrer Mitgliedschaft weitgehend unabhängig stellt und es den Parteieliten ermöglicht, folgenlos eigengewählte politische Programme ohne dauernde Rückkoppelung an die gesellschaftliche Meinungs- und Interessenvielfalt zu verfolgen. Das ist der Sinn der vom Grundgesetz vorgeschriebenen demokratischen Binnenstruktur der Parteien. Die Neigung der Legitimationstheoretiker, innerparteiliche Demokratie als dysfunktional für die Aufgabenerfüllung der Parteien hinzustellen, findet daher im Verfassungsrecht ebensowenig eine Stütze wie die gegenteiligen Bemühungen, das freie Mandat des Art. 38 Abs. 1 Satz 2 GG unter Hinweis auf Art. 21 GG in ein imperatives umzudeuten. Die Parteien werden vielmehr für das demokratische System des Grundgesetzes in demselben Maß dysfunktional, wie sie »als kollektive Legitimationsmechanismen nach unten verstopft« sind[40]. Die dogmatischen Konsequenzen im einzelnen sind später zu ziehen.
[...]

4.

Es gehört zu den Kennzeichen der Parteiendemokratie, daß der Staat, dem die Parteien konkurrierend gegenüberstehen, selbst ein parteipolitisch besetzter und gesteuerter Staat ist. Das führt zu einer Teilung der Parteien in solche, die kein staatliches Amt errungen haben und nur im Volk wirken, und andere, die in staatliche Ämter eingerückt sind. Bei diesen kehrt die Unterscheidung von Staat und Gesellschaft auf der Parteiebene als Unterscheidung von Partei in der Gesellschaft und Partei im Amt wieder. Für die Parteien im Amt macht es nochmals einen Unterschied, ob sie lediglich an der Bildung des Staatswillens beteiligt werden oder ihn letztlich bestimmen können, also nur Parlaments- oder auch Regierungspartei sind. Aus der Doppelrolle als gesellschaftlicher Verband und Träger staatlicher Kompetenzen erwachsen einige Konflikte, die staatstheoretisch und verfassungsrechtlich noch nicht voll bewältigt sind. Dabei geht es zunächst um die Beziehungen zwischen Partei in der Gesellschaft und Partei im Staat. Sie haben zwei Aspekte. Zum einen erhebt sich die Frage, ob und inwieweit die Partei das Entscheidungsverhalten ihrer Mitglieder in Staatsämtern bestimmen darf. Sie wird

40 W. D. Narr/F. Naschold, Theorie der Demokratie, 1971, S. 95.

gewöhnlich unter dem Stichwort des imperativen Mandats diskutiert. Zum anderen geht es darum, wie sich Parteilichkeit und Gesamtverantwortung in der Regierung zueinander verhalten. Sodann ist zu klären, wie die Systemgrenzen des Staates gegenüber den Parteien als systemüberschreitenden Institutionen aufrechterhalten werden können. Auch diese Frage hat zwei Aspekte. Zum einen wird die Gewaltenteilung betroffen, wobei unter Gewaltenteilung nicht nur die klassische Organteilung, sondern auch der Föderalismus und die Trennung von Politik und Verwaltung zu verstehen sind. Zum anderen handelt es sich um die Ausgliederung bestimmter öffentlicher Funktionen aus der unmittelbaren Staatskontrolle wie zum Beispiel der Rundfunk- und Fernsehanstalten. Insofern beide Vorkehrungen im Dienst individueller Freiheit stehen, geht es bei diesem Problem auch um die Bedingungen von Freiheit und Parteienstaat.
[...]

Obwohl das Grundgesetz zur Tätigkeit der Parteien innerhalb der Staatsorgane schweigt, setzt es diese doch voraus. Anders wäre der demokratische Staat nicht funktionsfähig. Gerade aus der Funktionsfähigkeit der Demokratie ergeben sich freilich auch Grenzen der Inbesitznahme staatlicher Organe durch die Parteien. Die Parteien haben dort ihren Platz, wo Wettbewerbsbedingungen herrschen[41]. Das sind diejenigen Organe, die überwiegend programmierende und daher politisch motivierte Entscheidungen fällen, also Parlament und Regierung. Beider Tätigkeit spielt sich zwar nicht im rechtsfreien Raum ab, sondern ist verfassungsrechtlich ebensowohl begrenzt wie angeleitet. Die Verfassung zieht jedoch in der Regel nur einen Rahmen, dessen Ausfüllung der Mehrheitsentscheidung überlassen bleibt. Dagegen stehen den Parteien jene Organe nicht offen, die überwiegend programmierte und daher rechtlich motivierte Entscheidungen fällen. Das sind Justiz und Verwaltung. Hier verlaufen deswegen noch erkennbare Gewaltenteilungslinien, während sie sich zwischen Parlament und Regierung weitgehend aufgelöst haben. Waren die Parteien in der konstitutionellen Monarchie auf das Parla-

41 Nach Hesse, VVDStRL 17, S. 25 f., wo politische Willensbildung stattfindet; vgl. auch Henke, DVBl. 1979, S. 377; Luhmann, Der Staat 12, S. 8 ff.; Seifert, Parteien (Fn. 2), S. 93, 403.

ment beschränkt, so dringen sie seit Einführung der Demokratie auch in die Regierung vor. Der natürliche Gegensatz zwischen den beiden Organen entfällt damit. Die Parlamentsmehrheit sieht es als selbstverständliche Aufgabe an, die von ihr gestellte Regierung zu stützen und ihr dort, wo sie auf parlamentarische Beschlüsse angewiesen ist, zum Erfolg zu verhelfen. Dementsprechend sinkt ihre Bereitschaft zur Regierungskritik und -kontrolle. Diese kann vielmehr nur noch bei der Opposition vorausgesetzt werden, so daß die Scheidelinie heute zwischen Parlamentsmehrheit und Regierung auf der einen und Parlamentsminderheit auf der anderen Seite verläuft. Dabei handelt es sich um eine zwangsläufige Konsequenz verfassungsrechtlich vorgegebener Strukturen, die deswegen auch nicht sinnvoller Gegenstand verfassungsrechtlicher Kritik sein kann.
Anders verhält es sich mit den Beziehungen zwischen Regierung und Verwaltung, die im herkömmlichen, von den Organen ausgehenden Schema gar nicht als Gewaltenteilungsproblem beachtet wurden. Nimmt man dagegen eine Funktionenteilung vor, dann verläuft gerade hier eine wichtige Systemgrenze[42]. Die Verwaltung ist nicht primär zu frei gestaltenden, sondern zu gebundenen Entscheidungen berufen, für deren Programm nicht sie, sondern die Politik die Verantwortung trägt. Daher bedarf sie auch keiner parteipolitischen Rekrutierung. Diese widerspräche sogar einem System, das seine demokratische Substanz aus der Möglichkeit des Mehrheitswechsels zieht. Mehrheitswechsel bedeutet nicht nur einen Austausch des Führungspersonals, sondern vor allem des staatlichen Handlungsprogramms. Insoweit hängt er aber davon ab, daß die Verwaltung als programmausführende Instanz sich nicht mit einem Parteiprogramm identifiziert. Andernfalls könnte eine mehrheitsverändernde Wahlentscheidung auf der Durchführungsebene schnell unterlaufen werden. Die Neutralität der Beamtenschaft ist also kein Relikt des Obrigkeitsstaates. Ohne dessen parteienfeindlicher Grundlage anzuhaften, bleibt sie als Funktionsbedingung auch der Parteiendemokratie unverändert gültig. Das demokratische System setzt freilich außer einer

42 Vgl. Luhmann, Soziologie des politischen Systems (Fn. 2), S. 163 ff.; ders., Legitimation durch Verfahren, 1969, S. 183 ff., 209; ders., Der Staat 12, 8 ff.; H. D. Jarras, Politik und Bürokratie als Elemente der Gewaltenteilung, 1975.

loyalen Beamtenschaft auch eine effiziente politische Verwaltungsführung voraus. Indessen wird diese angesichts neuartiger, vor allem planerischer Staatsaufgaben und verknappter Zeitbudgets der Regierungsmitglieder zunehmend schwierig. Die Folge ist, daß die Verwaltung unter dem Deckmantel politischer Führung bereits weitgehend sich selbst und teilweise in Umkehrung der offiziellen Richtung sogar die Politik steuert[43]. Im Gegenzug schwillt die Zahl der sogenannten politischen Beamten an, die das Neutralitätsprinzip durchbrechen und als Vertraute eines Regierungsmitglieds ins Amt gelangen und dieses in der Verwaltungsführung unterstützen[44]. Die Möglichkeit vorzeitiger Pensionierung im Fall des Regierungswechsels oder Vertrauensschwundes wird dann zur unvermeidlichen Konsequenz.
Es ist allerdings bekannt, daß die Parteien ihre Personalpolitik nicht auf den Bereich der politischen Beamten beschränken, sondern Regierungspositionen dazu benutzen, ihre Anhänger auf allen Ebenen in Beamtenstellungen unterzubringen oder in der Karriere zu beschleunigen, teilweise um ihren Einfluß auf die Verwaltung zu stärken und über einen Mehrheitswechsel hinwegzuretten, teilweise um Mitglieder zu belohnen und dadurch neue Anhänger anzulocken. Die Praxis ist unter dem Namen der Ämterpatronage bekannt und wird nach dem Motiv gewöhnlich in Herrschafts- und Versorgungspatronage aufgeteilt[45]. Empirischen Untersuchungen läßt sich entnehmen, daß der Anteil von

43 Vgl. etwa T. Ellwein, Regierung und Verwaltung, 1970; R. Mayntz/F. Scharpf (Hg.), Planungsorganisation, 1973. Zu der damit eng zusammenhängenden Planungskapazität der Parteien vgl. F. Grube/G. Richter/U. Thaysen, Politische Planung in Parteien und Parlamentsfraktionen, 1976.

44 Einzelheiten bei K. Dyson, Die westdeutsche »Parteibuch«-Verwaltung, in: Die Verwaltung 12 (1979), S. 129. Ferner D. Kugele, Der politische Beamte, 2. Aufl. 1978.

45 Die Unterteilung bei T. Eschenburg, Ämterpatronage, 1961, S. 11 ff. Vgl. ferner W. Pippke, Karrieredeterminanten in der öffentlichen Verwaltung, 1975; B. Steinkemper, Klassische und politische Bürokraten in der Ministerialverwaltung der Bundesrepublik Deutschland, 1976; K. Dyson, Party, State and Bureaucracy in Western Germany, 1977; ders., »Parteibuch«-Verwaltung (Fn. 44); U. Lohmar, Staatsbürokratie. Das hoheitliche Gewerbe, 1978; F. Wagener, Der öffentliche Dienst im Staat der Gegenwart, in: VVDStRL 37 (1977), S. 215; H. H. v. Arnim, Ämterpatronage durch politische Parteien, 1980.

Parteimitgliedern in der Beamtenschaft erheblich höher liegt als in der Bevölkerung[46]. Darin kommt nicht nur eine beruflich bedingte höhere Bereitschaft zum politischen Engagement, sondern auch ein opportunistisches Aufstiegskalkül zum Ausdruck, wie die Zahlen über die Parteimitgliedschaft von Beamten in solchen Bundesländern zeigen, in denen die Regierung noch nie oder seit langem nicht mehr gewechselt hat: in SPD-Ländern gehören 87,5% aller beamteten Parteimitglieder der Regierungspartei an, in CDU-Ländern 87,2%[47]. Dieselbe Untersuchung beweist, daß die Mitgliedschaft in der Regierungspartei die Aufstiegschancen erhöht und die Karrierewege verkürzt. Die Parteimitglieder in Führungspositionen sind jünger als ihre parteilosen Kollegen. Außenseiter gehören regelmäßig der Regierungspartei an[48]. Selbst wenn es zutreffen sollte, daß die Verflechtung von Parteien und Verwaltung diese leistungsfähiger macht[49], fallen die demokratischen Kosten schwerer ins Gewicht, vom Verbot der Ämterpatronage in Art. 33 Abs. 2 GG ganz zu schweigen.
Soweit es nicht primär Gesichtspunkte der Patronage, sondern der Kompensation für das erhöhte politische Gewicht der Verwaltung sind, die zur Durchbrechung der Systemgrenzen führen, befindet sich die Justiz in einer ähnlichen Lage. Auch bei ihr mischen sich heute Rechtsanwendung und Rechtserzeugung stärker als früher. In besonderem Maß gilt das für das Bundesverfassungsgericht, dessen Prüfungsbefugnis sich auch auf die Entscheidungen des Gesetzgebers erstreckt[50]. Im Gegensatz zur Verwaltung, die Ausführungsinstanz der politischen Staatsorgane ist und diesen gegenüber daher nicht unabhängig sein kann, hat die Justiz aber Kontrollfunktionen, die sie nur aus einer Position der Unabhängigkeit wahrzunehmen vermag. Daher eröffnet die Verfassung keinerlei Einflußmöglichkeiten der Politik auf richterliche

46 Vgl. Steinkemper, Ministerialverwaltung (Fn. 45), S. 48, 55, sowie H. W. Schmollinger, Abhängig Beschäftigte in Parteien der Bundesrepublik, in: ZParl. 5 (1974), S. 58.
47 Steinkemper, Ministerialverwaltung (Fn. 45), S. 50.
48 Alle Angaben bei Steinkemper, Ministerialverwaltung (Fn. 45), S. 51 ff.
49 So Dyson, Die Verwaltung 12, S. 157.
50 Vgl. D. Grimm, Verfassungsgerichtsbarkeit – Funktion und Funktionsgrenzen im demokratischen Staat, in: Hoffmann-Riem (Hg.), Sozialwissenschaften im Studium des Rechts, Bd. 2, 1977, S. 83.

Entscheidungen. Sie sind ausnahmslos illegitim. Die offene Flanke der richterlichen Unabhängigkeit bildet indes die Personalauswahl. Auch Richter bedürfen als Inhaber öffentlicher Gewalt einer demokratischen Legitimation. Damit sind sie aber, gleichgültig, wo man die Richterberufung ansiedelt: beim Volk selbst durch Richterwahl, bei dem vom Volk gewählten Parlament oder bei der vom Parlament gewählten Regierung, in den Mechanismus parteipolitisch beeinflußter Rekrutierung einbezogen. Das Wahlverfahren, das die §§ 5 ff. BVerfGG für Verfassungsrichter vorschreiben, trägt mit dem Erfordernis einer Zweidrittelmehrheit zwar der Konsensfunktion der Verfassung Rechnung und verhindert, daß die Kontrollbefugnis einer Seite ausgeliefert wird, treibt die Richterwahl aber zwangsläufig in den Parteienproporz. Die qualifizierte Mehrheit führt de facto zum anteiligen Besetzungsrecht der großen Parteien mit Vetomöglichkeit für Extremfälle[51]. Wenn die Parteien unter diesen Umständen ihrer Neigung nachgeben, das Verfassungsgericht wegen seiner Bedeutung für die Verwirklichung von Parteizielen mit Parteigewährsleuten zu besetzen, verstärkt das wiederum die Politisierung der Rechtsprechung und kann die Institution letztlich nur untergraben.

Gewaltenteilende Funktionen erfüllt in der Verfassungsordnung der Bundesrepublik schließlich auch der Föderalismus. Nachdem sein natürliches Substrat, die regionalen, landsmannschaftlichen, kulturellen und religiösen Unterschiede, weitgehend eingeebnet sind, wird der Gewaltenteilungsgedanke sogar zur wichtigsten Ersatzlegitimation für den Föderalismus. Der politische Prozeß kann sich unter diesen Umständen nicht allein an Parteilinien orientieren. Diese werden vielmehr durch den Bund-Länder-Gegensatz gebrochen. Indessen läßt sich beobachten, daß die Bund-Länder-Differenz zunehmend von der Parteienstruktur überlagert wird[52]. Der wichtigste Schauplatz dieses Vorgangs ist dasjenige Organ, durch welches die Länder an der Bundesgesetzgebung mitwirken, der Bundesrat. Das Grundgesetz gewährt solche Mitwirkungsrechte, um in einem System stark verzahnter Kompetenzen, in dem der Bund vielfältige Einwirkungsmöglichkeiten

51 Vgl. D. P. Kommers, Judicial Politics in West Germany, 1976, S. 113.
52 Grundlegend dazu G. Lehmbruch, Parteienwettbewerb im Bundesstaat, 1976.

auf die Erfüllung von Länderaufgaben besitzt, den Ländern auf Bundesebene ein Forum zur Wahrung ihrer Interessen zu schaffen. Je nach dem Grad der Betroffenheit der Länder sind auch die Mitwirkungsrechte des Bundesrats abgestuft. Sie gipfeln in der Zustimmungsbedürftigkeit einer Reihe von Bundesgesetzen, deren Zahl nicht ohne die Hilfe des Bundesverfassungsgerichts inzwischen auf mehr als 50% angewachsen ist[53]. Seit Bundestag und Bundesrat unterschiedliche parteipolitische Mehrheiten aufweisen, wird dieses Instrumentarium jedoch häufig nicht mehr aus landespolitischen, sondern aus parteipolitischen Motiven mobilisiert[54]. Die Oppositionsparteien im Bundestag benutzen ihre Mehrheit im Bundesrat dazu, Niederlagen, die ihre Bundestagsfraktionen im parlamentarischen Gesetzgebungsverfahren erleiden, nachträglich durch die Verweigerung der Zustimmung im Bundesrat wettzumachen. Ein alle Seiten befriedigender Kompromiß muß dann im Vermittlungsausschuß gefunden werden und kann in der Regel auf unveränderte Annahme in beiden Organen rechnen.
Die Überlagerung der föderativen Gewaltenteilungslinie durch die Parteienstruktur hat Rückwirkungen auf das demokratische System. Soweit das Zustimmungsrecht des Bundesrats reicht, wird der politische Prozeß nicht mit der parlamentarischen Entscheidung abgeschlossen. Da die Opposition, vermittelt durch ihre Bundesratsmajorität, ein Vetorecht besitzt, ist sie vielmehr in der Lage, ein zusätzliches Verfahren zu erzwingen, das nicht mehr nach Wettbewerbsregeln mit abschließendem Mehrheitsentscheid, sondern nach dem Aushandlungsprinzip mit Konsens-

53 Vgl. F. Ossenbühl, Die Zustimmung des Bundesrats beim Erlaß von Bundesrecht, in: AöR 99 (1974), S. 403; E. Friesenhahn, Die Rechtsentwicklung hinsichtlich der Zustimmungsbedürftigkeit von Gesetzen und Verordnungen des Bundes, in: Der Bundesrat als Verfassungsorgan und politische Kraft, 1974, S. 267; D. Grimm, Die Zustimmung des Bundesrats im Gesetzgebungsverfahren, in: Hoffmann-Riem (Hg.), Sozialwissenschaften im Öffentlichen Recht, 1981, S. 112; BVerfGE 8, 274 (294 f.), und 24, 184 (195 ff.).

54 Nähere Angaben bei F. K. Fromme, Gesetzgebung im Widerstreit, 2. Auflage 1976; ferner J. Laufer, Der Bundesrat als Instrument der Opposition?, ZParl. 1 (1970), S. 318; W. R. Bandorf, Der Bundesrat als Instrument der Parteipolitik, Diss. iur., Mannheim 1978; Henke, DVBl. 1979, S. 369.

erfordernis verläuft. Im Zustimmungsbereich büßt die vom Volk mit der Staatsführung beauftragte Partei daher die Fähigkeit ein, ihr Regierungsprogramm zu verwirklichen. Staatswillensbildung erscheint stattdessen als Ergebnis eines Einigungsprozesses zwischen Mehrheit und Minderheit. Das Konkurrenzprinzip wird dadurch entwertet[55]. An die Stelle der Parteienkonkurrenz tritt die Parteienkonkordanz. Der Konkordanzdemokratie fehlt aber die Transparenz wettbewerblich organisierter Entscheidungsverfahren. Infolgedessen findet auch das Publikum weniger Ansätze für Meinungsbildung und Interessenartikulation mit Wirkung auf das laufende Verfahren. Die beteiligten Parteien schließen sich gegen das Volk ab. Überdies verwischt der auf die parlamentarische Entscheidung folgende Aushandlungsprozeß die politischen Verantwortlichkeiten. Jede Seite kann unüberprüfbar Erfolge für sich beanspruchen und Mißerfolge auf den Gegner schieben. Dadurch verliert die Wahl an Gewicht. Zum einen wird dem Wähler ein begründetes Urteil über erbrachte Regierungsleistungen erschwert. Zum anderen klärt die Wahl noch weniger als ohnehin schon, welche der konkurrierenden Parteien künftig mit welchem Programm regieren soll. Das System tendiert zu einer informellen Großen Koalition[56] und lockert im selben Maß die Rückbindung der staatlichen Herrschaft an das Volk, die der Parteienwettbewerb aufrechterhält.

5.

Die Tendenz der Parteien, machtlimitierende Systemgrenzen zu überspringen und Teilsysteme auf diese Weise kurzzuschließen, bleibt nicht auf den staatsorganschaftlichen Bereich beschränkt. Dasselbe Phänomen läßt sich vielmehr auch dort beobachten, wo politische oder soziale Einflußpositionen zur Verfügung stehen, die dem unmittelbaren Staatszugriff im Interesse von Machtbegrenzung und Freiheitssicherung gerade entzogen sind. Ein systematischer Überblick, in welchem Ausmaß sich die Parteien solcher Bereiche bemächtigt haben, fehlt. Die Untersuchungen konzentrieren sich gewöhnlich auf Ämterhäufungen im politischen

55 Vgl. D. Grimm, Die Gegenwartsprobleme der Verfassungspolitik und der Beitrag der Politikwissenschaft, in diesem Band S. 336, bes. 346f.
56 Vgl. Lehmbruch, Parteienwettbewerb (Fn. 52), S. 136.

System selbst, während die Verflechtungen der Parteien mit den gesellschaftlichen Funktionsbereichen ausgespart werden[57]. Eine Bestandsaufnahme wäre indessen aus zwei Gründen aufschlußreich. Zum einen ließe sich auf diese Weise Klarheit darüber gewinnen, in welchen sozialen Sektoren die bereichsspezifischen Rationalitätskriterien außer Kraft gesetzt sind und Entscheidungen abweichend von den grundrechtlichen Intentionen nach politischen Gesichtspunkten fallen. Zum anderen könnte aufgehellt werden, wo der Zugang zu Berufen, Vermögenswerten, Einflußpositionen, Aufträgen etc. von der Parteizugehörigkeit abhängt und wie der damit verbundene Druck zum Engagement in den großen Parteien die Entscheidungsfreiheit des Einzelnen und die Offenheit des politischen Prozesses beeinflußt. Beides zusammen erlaubte Rückschlüsse auf die Realisierungschancen von Verfassungszielen in der Parteiendemokratie. Es gibt freilich einen Bereich, in dem wegen seines besonders engen Bezugs zum Machterwerbszweck der Parteien auch ihre Expansionstendenzen besonders unverhüllt zutage treten: das sind die Rundfunk- und Fernsehanstalten. Da ihnen ein entscheidender Einfluß auf den Wahlausgang beigemessen wird, unterliegen sie geradezu systembedingt parteipolitischen Instrumentalisierungsversuchen[58]. Deswegen machen sie auch die verfassungsrechtliche Problematik der Grenzüberschreitungen besonders augenfällig.

Die Verfassung verleiht dem Rundfunk genau wie der Presse einen grundrechtlich gesicherten Freiheitsstatus. Im Unterschied zur Presse wurde der Rundfunk aber traditionell als öffentliche Aufgabe verstanden und deswegen in Form öffentlichrechtlicher Anstalten bei gleichzeitiger Wahrung einer weitgehenden Autonomie geführt, so daß hier die individuelle Freiheit hinter die institutionelle zurücktrat. Ohne sich auf diese Rechtsform festzulegen, stellte das Bundesverfassungsgericht im Jahre 1961 aus An-

57 So ausdrücklich H. Kaack, Zur Struktur der politischen Führungselite in Parteien, Parlament und Regierung, in: Kaack/Roth (Hg.), Handbuch des deutschen Parteiensystems, Bd. 1, 1980, S. 195.

58 Vgl. mit umfassender Begründung H. Schatz, Zum Stand der politikwissenschaftlich relevanten Massenkommunikationsforschung in der Bundesrepublik Deutschland, in: Bermbach (Hg.), Politische Wissenschaft und politische Praxis, PVS-Sonderheft 9 (1978), S. 434; ferner W. Langenbucher/M. Lipp, Kontrollieren Parteien die politische Kommunikation?, in: Bürger und Parteien (Fn. 14), S. 217.

laß der Gründung einer von der Bundesregierung abhängigen Fernsehanstalt fest, Art. 5 GG verlange, daß »dieses moderne Instrument der Meinungsbildung weder dem Staat noch *einer* gesellschaftlichen Gruppe ausgeliefert wird«, und trug in einem weiteren Urteil den Landesgesetzgebern auf, dafür zu sorgen, daß die Rundfunkanstalten »staatsfrei und unter Beteiligung aller relevanten gesellschaftlichen Kräfte« betrieben werden[59]. An diesen Grundsätzen hält das Gericht auch für den Fall einer Privatisierung des Rundfunks fest[60]. Die Rundfunkgesetze und -staatsverträge sehen daher gesellschaftliche Aufsichtsgremien vor, die entweder nach einem ständischen Prinzip von bestimmten, als relevant betrachteten Gruppen beschickt oder von den Volksvertretungen, die als Staatsorgane den Rundfunk nicht selbst kontrollieren dürfen, gewählt werden. In beiden Fällen kommen jedoch die politischen Parteien zum Zuge, sei es unmittelbar in ihrer Eigenschaft als relevante gesellschaftliche Gruppen, sei es mittelbar durch Abgeordnete oder Regierungsmitglieder, denen eine begrenzte Anzahl von Sitzen eingeräumt wird. Bei sehr unterschiedlichen Zahlenverhältnissen im einzelnen ist gegenwärtig von den Rundfunkrat-Mitgliedern der in der ARD zusammengeschlossenen Sender sowie des ZDF ein knappes Drittel den politischen Parteien zuzurechnen, bei den Verwaltungsräten liegt der Anteil über der Hälfte[61].

Im Gegensatz zu den übrigen Gruppen sind die Parteien freilich nicht nur gesellschaftliche Kräfte, sondern zugleich die bestimmenden Faktoren im Staat. Ihre Anwesenheit in den Aufsichtsgremien der Rundfunkanstalten stellt daher deren Staatsfreiheit in Frage. Das Problem ist mit Formeln, die den grenzüberschreitenden Charakter der Parteien ignorieren, nicht aus der Welt zu schaffen. Angesichts der Doppelrolle der Parteien muten vielmehr alle Rechtfertigungsversuche vordergründig an, die zwischen Parteien und Staatsorganen trennen und die Parteivertreter in den Rundfunkräten lediglich als Delegierte freier gesellschaftlicher Gebilde ansehen oder die Anwesenheit von Abgeordneten

59 BVerfGE 12, 205 (262), und 31, 314 (329).
60 BVerfGE 57, 295 (322).
61 Berechnungsgrundlage für die Angaben: Internationales Handbuch für Rundfunk und Fernsehen 1982/83 (Hg. Hans Bredow-Institut), 1982.

billigen, solange sie nur von ihrer Partei und nicht vom Parlament entsandt sind[62]. Nicht weniger formal erscheint es, die Mitwirkung der Parteien schon dann hinzunehmen, wenn sie in der Minderheit bleiben und deswegen von den anderen Gruppen überstimmt werden können[63]. Der Einfluß der Parteien in den Rundfunkräten bemißt sich nämlich nicht allein nach ihrem Stimmenanteil. Die Parteien streben nach staatlicher Macht, die nur über Wahlerfolge zu erringen und zu bewahren ist. Zu diesem Zweck sind sie auf Kommunikation mit dem Wähler angewiesen. Solange die Überzeugung vorherrscht, daß das Fernsehen Wahlen entscheiden kann[64], werden sie daher einen starken Drang nach Kontrolle dieses Mediums entfalten. Die Parteien befinden sich dadurch gegenüber den Rundfunkanstalten in einer Position erheblich höherer Interessiertheit als die anderen, von den Medien weniger existentiell und umfassend betroffenen Gruppen. Von dieser Position aus ist es ihnen gelungen, schwächere oder engere Interessen hinter sich zu sammeln und so in den Aufsichtsgremien trotz ihrer Stimmenminderheit das parteipolitische Prinzip dominant zu machen. Die an die Systemgrenzen von Staat und Gesellschaft nicht gebundenen Parteien üben auf diese Weise maßgebenden Einfluß in den Rundfunkanstalten aus.

Unmittelbar wirkt sich dieser Einfluß im Personalbereich aus. Durch die informelle Gliederung der Aufsichtsgremien in sogenannte Freundeskreise der großen Parteien ist es möglich geworden, Personalentscheidungen an parteipolitischen Gesichtspunkten auszurichten. In der Personalpolitik der Rundfunkanstalten

62 Die erste Aussage bei H. P. Ipsen, Mitbestimmung im Rundfunk, 1972, S. 70, die zweite bei E. Wufka, Die verfassungsrechtlich-dogmatischen Grundlagen der Rundfunkfreiheit, 1971, S. 98, Anm. 559.

63 So OVG Lüneburg in: Media Perspektiven 1978, 823 (829 f.); ähnlich anscheinend H. D. Jarass, Die Freiheit der Massenmedien, 1978, S. 281.

64 Vgl. dazu E. Noelle-Neumann, Das doppelte Meinungsklima. Der Einfluß des Fernsehens im Wahlkampf, in: PVS 18 (1977), S. 408; aus der Sicht eines Wahlkampfleiters P. Radunski, Wahlkämpfe, 1980, S. 60. Keine Bestätigung für die Wirkungsthese finden H. Keller/ M. Buss, Fernsehen im Alltag – oder: was hat das Fernsehen mit der Bundestagswahl zu tun?, in: Media Perspektiven 1982, S. 233, sowie M. Buss/R. Ehlers, Mediennutzung und politische Einstellung im Bundestagswahlkampf 1980, ebenda, S. 237.

herrscht daher ein System des Parteienproporzes, das keineswegs bei den Intendanten und Programmdirektoren halt macht und gelegentlich sogar anstaltsübergreifende Personalpakete hervorbringt. Nach einer Untersuchung aus dem Jahr 1974 gehörten nicht weniger als 50% der Inhaber von Führungspositionen in den Rundfunkanstalten den großen Parteien an, von dem vergleichbaren Personenkreis in der Presse jedoch nur 23%[65]. Dieser durch die institutionellen Kräfte geleitete Einfluß wird von einer ständigen »programmbegleitenden Protestpraxis«[66] ergänzt, die sich juristisch auf ein falsch interpretiertes Ausgewogenheitspostulat stützt. Sie entfaltet ihre Wirkung in einer schwer meßbaren »präventiven Sensibilisierung«[67] der Journalisten, denen eine Art Selbstzensur zur Gewohnheit wird. Daß die Parteien untereinander in Konkurrenz stehen, verhindert den Regierungsrundfunk, ändert aber an der parteipolitischen Rücksichtnahme in den Sendungen nichts. Zwar protestiert jede einzelne nur im Eigeninteresse und also gegen jeweils andere Sendungen. In der Summe deckt der Protest aber den Bereich der politischen Programme ab und bewirkt weniger eine Ausgewogenheit der Kritik als eine Ausgewogenheit im Verschweigen. Die verfassungsrechtlichen Rückwirkungen sind gravierend. Die Kritik- und Kontrollfunktion des Rundfunks gegenüber der Politik, deretwegen er vom Grundgesetz gerade staatsfrei gestellt ist, leidet beträchtlich. Wenn die Parteien im Staat und im Rundfunk bestimmen können, wird der Kontrollierte sein eigener Kontrolleur, und das kunstvolle System des zwar staatsfreien, aber doch nicht privater Macht überlassenen Rundfunks ist kurzgeschlossen[68]. Über die

65 M. Schatz-Bergfeld, Massenkommunikation und Herrschaft, 1974, S. 170.

66 N. Schneider, Parteieneinfluß im Rundfunk, in: Aufermann u. a. (Hg.), Fernsehen und Hörfunk für die Demokratie, 1979, S. 121. Vgl. auch R. Hofmann, Pressionen auf politische Magazine, ebenda, S. 301.

67 W. Langenbucher/M. Lipp, Politische Kommunikation, in: Bürger und Parteien (Fn. 14), S. 227.

68 Vgl. dazu etwa H. Meyn, Gefahren für die Freiheit von Rundfunk und Fernsehen?, aus politik und zeitgeschichte (Beilage zu »Das Parlament«) 48/1969, S. 17; C. Starck, Rundfunkräte und Rundfunkfreiheit, in: ZRP 1970, S. 217; ders., Rundfunkfreiheit als Organisationsproblem, 1973; damit bis auf einige Kürzungen sowie Aktualisierungen in den Anmerkungen praktisch wortgleich O. Schlie, Organisa-

politischen Parteien gerät es auf diese Weise doch wieder in die Nähe des Staatsrundfunks.
Da das Verhalten der Parteien unter dem für sie überragenden Gesichtspunkt des Machterwerbs rational ist, versprechen Appelle an ihre bessere Einsicht, anders als etwa bei Verfassungsrichtern, keine Abhilfe. Die Voraussetzungen eines self restraint sind im Kontrollsystem der Rundfunkanstalten nicht enthalten[69]. Die Rundfunkfreiheit ist unter diesen Umständen durch das Verbot der Zensur und des Staatsrundfunks in Art. 5 GG allein nicht mehr hinreichend zu gewährleisten. Sie darf angesichts der systemüberschreitenden Doppelrolle der Parteien nicht auf den Staat fixiert bleiben. Vielmehr muß der Versuch gemacht werden, statt zwischen Staat und Gesellschaft stärker zwischen Kommunikationssystem und Machtsystem zu scheiden[70]. Eine solche Scheidung verlangt auch institutionelle Vorkehrungen gegen die Parteien. Allerdings läßt sich das Ziel schwerlich durch ein generelles Verbot der Parteivertretung erreichen. Im Maß, wie der Rundfunk zum wichtigsten Selbstdarstellungsmittel der Politiker geworden ist, sich eigenständig zur Politik äußert und damit die Einstellungsmuster in der Bevölkerung beeinflußt, kann er nicht parteifrei gehalten werden. Der Parteieinfluß würde sich über die Interessengruppen Eingang in die Rundfunkräte verschaffen. Ein Gewinn läge aber bereits in der Verminderung der parteipolitisch

tion und gesellschaftliche Kontrolle des Rundfunks, in: Aufermann, Fernsehen und Hörfunk (Fn. 66), S. 52; J. Seifert, Probleme der Parteien- und Verbandskontrolle von Rundfunk- und Fernsehanstalten, in: Zoll (Hg.), Manipulation der Meinungsbildung, 2. Aufl. 1972, S. 124; W. Langenbucher/W. Mahle, »Umkehrproporz« und kommunikative Relevanz, in: Publizistik 18 (1973), S. 322; R. Hoffmann, Rundfunkorganisation und Rundfunkfreiheit, 1975, bes. S. 143; G. Herrmann, Fernsehen und Hörfunk in der Verfassung der Bundesrepublik Deutschland, 1975, S. 328; R. Fritz, Massenmedium Rundfunk – Die rechtliche Stellung der Rundfunkräte und ihre tatsächliche Einflußnahme auf die Programmgestaltung, Diss. jur., Frankfurt 1977; W. Kewenig, Zu Inhalt und Grenzen der Rundfunkfreiheit durch Rundfunkorganisation, 1979, S. 46; P. Lerche, Landesbericht Bundesrepublik Deutschland, in: Bullinger/Kübler (Hg.), Rundfunkorganisation und Kommunikationsfreiheit, 1979, S. 15, bes. 75.

69 Vgl. W. Hoffmann-Riem, Rundfunkfreiheit durch Rundfunkorganisation, 1979, S. 60.

70 Vgl. Langenbucher/Mahle, Umkehrproporz, Publizistik 18, S. 325.

besetzten Plätze. Sie könnte durch Inkompatibilitäten mit staatlichen Ämtern ergänzt werden. Demgegenüber wären Gruppen wie etwa wissenschaftliche oder kulturelle zu stärken, die sich weniger leicht auf Parteilinien verpflichten lassen als die Verbände. In diesem Zusammenhang gewinnt die jüngste Fernsehentscheidung des Bundesverfassungsgerichts Bedeutung, mit der eine von der FDP erhobene Organklage auf Vertretung im Rundfunkrat des NDR als unzulässig abgewiesen wurde[71]. Das Gericht begründete dies damit, daß sich aus dem Recht der Parteien, an der Willensbildung des Volkes mitzuwirken, kein Entsendungsrecht in Aufsichtsgremien von Rundfunkanstalten ableiten lasse. Die Mitwirkung im Rundfunkrat sei keine Mitwirkung an der Volkswillensbildung im Sinn von Art. 21 GG.
Die Entscheidung enthält allerdings Passagen, die als Ansatz zu einer restriktiveren Haltung gegenüber den Parteien überhaupt interpretiert werden können. Das Bundesverfassungsgericht stellt nämlich die Ziele der politischen Parteien und den Zweck der Rundfunkräte gegenüber. Da die Parteien für ihre Überzeugungen werben wollten und auf Wahlgewinn ausgerichtet seien, gehe es bei der Mitwirkung an der Willensbildung des Volkes notwendig um eine »gezielte Beeinflussung der individuellen und öffentlichen Meinungsbildung im Sinne der von ihnen entwickelten und vertretenen politischen Auffassungen«. Dagegen sei es die Aufgabe des Rundfunkrates, »den Prozeß der freien Meinungsbildung offen zu halten«. Das Bundesverfassungsgericht zieht daraus den Schluß, daß sich die Aufgabe der politischen Parteien und die des Rundfunkrates nach Ziel und Zweck in grundsätzlicher Weise voneinander unterscheiden. Mit diesem Argument wäre freilich nicht nur die Abweisung der Klage einer übergangenen Partei, sondern ein Verbot jeglichen parteipolitischen Einflusses im Rundfunkrat begründbar gewesen. Ob das Gericht damit einen Sinneswandel gegenüber dem ersten Fernsehurteil, das noch Staatsvertreter in angemessener Zahl für zulässig erachtet hatte[72], andeuten wollte, bleibt offen. Letztlich stellt die Entscheidung das Prinzip der ständischen Rundfunk-Kontrolle gänzlich in Frage, denn keine der im Rundfunkrat vertretenen Organisationen besitzt als solche ein Interesse an der Offenhaltung der Kom-

71 BVerfGE 60, 53.
72 BVerfGE 12, 205 (263).

munikation, sondern nur an der angemessenen Berücksichtigung oder zumindest nicht Vernachlässigung ihres Eigeninteresses. Die Offenheit der Kommunikation ist verbandlich gar nicht organisierbar. Sie kann nur das Resultat eines Prozesses sein, dem gegenwärtig von den politischen Parteien freilich die stärkste Gefahr droht.

6.

Die politischen Parteien sind anders als die Staatsorgane nicht eigentlich Geschöpfe der Verfassung. Sie besitzen ein natürliches Substrat in den unterschiedlichen Interessen und Ordnungsvorstellungen der Gesellschaft. Sobald ein politisches System auf der Basis gesellschaftlicher Beteiligung an staatlichen Entscheidungen errichtet wird, ist ihre organisatorische Verfestigung die notwendige Folge. Das macht sie von ausdrücklicher verfassungsrechtlicher Anerkennung unabhängig. Auch Art. 21 GG wirkt für die Funktion der Parteien nicht konstitutiv. Sie wären ohne diese Vorschrift ebenso vorhanden und – da das Grundgesetz eine repräsentative Demokratie vorsieht – nicht weniger legitim. Um so stärker scheint aber die Verfassung von den Parteien abhängig zu sein. Der Verfassungsstaat ging den Parteien zwar voran. Seine Einrichtungen haben sich mit ihrem Erscheinen jedoch gewandelt, ohne daß dies den Verfassungstexten stets anzumerken wäre. Da sich die Parteien wegen ihrer Vermittlungsfunktion nicht auf die Systemgrenze von Staat und Gesellschaft festlegen lassen, entgleiten sie einer Verfassung, die auf diesen Dualismus zugeschnitten ist. Als input-Struktur für den Staatsapparat sind sie seiner Binnengliederung vorgelagert und relativieren diese. Hinter den geteilten Gewalten kommen allemal die Parteien zum Vorschein. Daher hemmen und balancieren weitgehend nicht mehr verselbständigte Organe einander, sondern die Parteien kooperieren mit sich selbst in verschiedenen Rollen.

Die machtbegrenzende Kraft der Verfassung nimmt auf diese Weise ab, und die Machtkontrolle findet zum Teil nur noch im Parteiensystem selbst statt. Die konkurrierenden Parteien bewachen sich gegenseitig. Indessen kann diese Form der Kontrolle nur in dem Maße funktionieren, wie das Konkurrenzverhältnis reicht, und muß dort versagen, wo die Parteien gleichgelagerte

Interessen verfolgen. Das Grundgesetz hat auf diese Entwicklung zu reagieren versucht, indem es die Parteien einerseits verfassungsrechtlich anerkannte und in ihrer funktionsnotwendigen Freiheit absicherte, ihnen andererseits aber auch Bindungen auferlegte, die sie für ihre bestimmende Rolle im demokratischen Staat ausrüsten sollten. Sie erhalten dadurch einen verfassungsrechtlich eigentümlichen, funktionsadäquaten Status aus Freiheit und Bindung, wie er sonst weder im staatlichen Bereich, der prinzipiell durch Kompetenzen, noch im gesellschaftlichen Bereich, der prinzipiell durch Freiheiten charakterisiert ist, vorkommt. Indessen läßt sich beobachten, daß die Parteien mit ihrer verfassungsrechtlichen Anerkennung und dem im Wege der Selbstcharakterisierung beschlossenen Aufgabenkatalog des § 1 PartG zu wuchern pflegen, wenn es um die Verteidigung oder Ausweitung von Privilegien geht, während sich die verfassungsrechtlichen Bindungen als verhältnismäßig ineffektiv erwiesen haben und auch die Bereitschaft der Parteien, sie gesetzlich zu effektivieren, weitgehend fehlte. Der Nachteil liegt bislang auf seiten der Verfassung.

Für die Staatsrechtslehre folgt daraus zweierlei. Zum einen kann sie angesichts der parteipolitischen Durchdringung aller Verfassungsinstitutionen nicht in gewohnter Weise fortfahren, die Staatsorgane nach Zusammensetzung, Kompetenz und Verfahren zu schildern, als gäbe es keine Parteien, und diese dann als »politische Kräfte« lediglich danebenstellen. Staatsorgane und Parteien sind vielmehr von vornherein zusammenzudenken, wenn die moderne Demokratie nur als Parteiendemokratie möglich ist. Zum anderen muß die Staatsrechtslehre, wenn das unveränderte Verfassungsziel der Begrenzung staatlicher Macht zugunsten bürgerlicher Freiheit auch unter den Bedingungen der Parteiendemokratie aufrechterhalten werden soll, den machtbegrenzenden Wirkungen im Parteiensystem selbst verstärkte Aufmerksamkeit schenken. Dabei geht es gewissermaßen um eine Umkehr der von Leibholz in die Staatsrechtslehre eingeführten Tendenz, doch ohne den Parteienargwohn, der die Einstellung mancher konservativer Staatsrechtslehrer prägte[73]. Als Leibholz in der Weimarer Republik seine Parteienstaatstheorie entwickelte, die der Aus-

73 Paradigmatisch W. Weber, Spannungen und Kräfte im westdeutschen Verfassungssystem, 3. Aufl. 1970.

breitung der Parteien im Staat die Rechtfertigung lieferte, besaß sie eine befreiende Wirkung. Die Parteien wurden, nachdem sie zum bestimmenden Faktor des Verfassungslebens geworden waren, ohne doch in der Verfassung vorzukommen, auch zum legitimen Thema der Staatsrechtslehre, die damit ihren Bezug zur politischen Wirklichkeit wiederherstellte.

Inzwischen bietet sich aber eine veränderte Situation dar. Mit der verfassungsrechtlichen Legitimation des Art. 21 GG im Rücken und nicht immer ohne die Hilfe des anfangs stark von Leibholz beeinflußten Bundesverfassungsgerichts hat die Bundesrepublik eine ständig wachsende Expansion und Etatisierung der Parteien erlebt. Sie beanspruchen heute ein Repräsentationsmonopol für die Gesellschaft in allen politischen Fragen und benutzen die staatliche Macht zu seiner Absicherung, drohen darüber jedoch, je perfekter sie es ausdehnen, ihre innere Repräsentativität für die Bedürfnisse und Anliegen der Bevölkerung zu verlieren. In ihrem Wettstreit um Wählerstimmen entwickeln sie sich zu »zentralen Dienstleistungsbetrieben« und fungieren als »Anbieter eines breiten und differenzierten Dienstleistungsangebots«, wie sie im jüngsten Parteienfinanzierungsstreit vor dem Bundesverfassungsgericht selbst verräterisch formulierten[74]. Sie wecken dadurch Erwartungen, die großenteils nicht erfüllbar sind, und gewinnen eine Allgegenwärtigkeit, die zum Parteienverdruß Anlaß gibt und die Bürger häufig auf alternative Wege des politischen Engagements treibt[75]. Insofern die verfassungsrechtlichen Zielvorgaben unter den jeweiligen Bedingungen optimal realisiert werden müssen, ist daher im Interesse des verfassungsrechtlichen Offenheitspostulats heute eher Gegensteuerung als Tendenzverstärkung nötig.

Das Verfassungsrecht hat dabei freilich nur auf die Randbedingungen Einfluß. Zum einen bietet sich die Stärkung der Kontrollkräfte innerhalb des Parteiensystems selbst durch Abbau konkurrenzhemmender Privilegien für etablierte Parteien an. Dem steht

74 BVerfGE 52, 63 (68).

75 Vgl. dazu aus der wachsenden Literatur nur H. Scheer, Parteien kontra Bürger, 3. Aufl. 1980, und Raschke, Bürger und Parteien (Fn. 14), bes. S. 10 ff. (»Überanpassung, Übergeneralisierung, Überinstitutionalisierung, Überforderung«); nicht einschlägig dagegen trotz des Titels J. Dittberner/R. Ebbighausen (Hg.), Parteiensystem in der Legitimationskrise, 1973.

freilich die Sorge entgegen, daß sich dann das Parteienspektrum ausweiten und die Stabilität der Bundesrepublik erschüttern könnte. In der Tat läßt sich bezweifeln, daß die verbreitete Volksparteikritik und die empfohlene Rückkehr zu Interessen- oder Weltanschauungsparteien sinnvoll ist, zumal sich die Thesen vom deutschen Parteiensystem als »pluraler Fassung der Einheitspartei« oder von der »Opposition ohne Alternative« als kurzlebig erwiesen haben[76]. Indessen steht verfassungsrechtlich gar nicht die Gestalt des Parteiensystems, sondern nur seine Innovationsfähigkeit zur Debatte. Wildenmann hat dazu bemerkt, daß die Erneuerung auf zwei Wegen erfolgen könne: »erstens durch eine Reform bestehender Parteien, zweitens durch Parteineugründungen. Das erstere wird in der Regel um so eher der Fall sein, je weniger das zweite behindert ist«[77]. Zum anderen müßten die Eintrittsschwellen für die Parteien in allen nicht genuin parteipolitischen Bereichen institutionell so hoch wie möglich liegen. Das gilt insbesondere für alle staatlichen und gesellschaftlichen Kontrollinstanzen von Politik. Da auf den parteipolitisch beherrschten Gesetzgeber dabei wenig Verlaß ist, kann der Anstoß nur von der Öffentlichkeit, der Wissenschaft und dem Bundesverfassungsgericht kommen.

76 J. Agnoli, Die Transformation der Demokratie, 1968, S. 40; M. Friedrich, Opposition ohne Alternative, 1962, als Beispiel für weitere. Zur Kritik der Volkspartei vgl. M. Rowold, Im Schatten der Macht, 1974, S. 52 ff.; H. W. Schmollinger/R. Stöss, Sozialstruktur und Parteiensystem, in: Staritz (Hg.), Das Parteiensystem der Bundesrepublik, 1977, S. 26; W. D. Narr (Hg.), Auf dem Weg zum Einparteienstaat, 1977 (darin vor allem H. Kaste/J. Raschke, Zur Politik der Volkspartei, S. 26); C. Offe, Konkurrenzpartei und kollektive politische Identität, in: Roth (Hg.), Parlamentarisches Ritual und politische Alternativen, 1980, und als Ahnvater O. Kirchheimer, Der Wandel des europäischen Parteiensystems, in: PVS 6, S. 20; aus anderer Richtung aber auch Hennis, Regierbarkeit (Fn. 14). Kritisch dazu Haungs, Parteiendemokratie (Fn. 1), S. 63; v. Beyme, Parteien (Fn. 1), S. 415.

77 R. Wildenmann, Gutachten zur Frage der Subventionierung politischer Parteien aus öffentlichen Mitteln, 1968, S. 59.

11. Verfassungsrechtlicher Konsens und politische Polarisierung in der Bundesrepublik Deutschland

1. Konsens

In einem politischen System mit kräftig ausgebauter und weidlich ausgenutzter Verfassungsgerichtsbarkeit, wie es die Bundesrepublik kennzeichnet, tritt die Verfassung vor allem als Entscheidungsnorm im Konflikt zwischen Staatsorganen sowie den hinter ihnen stehenden politischen Parteien oder zwischen Staatsgewalt und Bürgern oder gesellschaftlichen Gruppen in Erscheinung. Unter dem Eindruck dieser Funktion ist in der Rechtswissenschaft gelegentlich sogar behauptet worden, daß nur solche Verfassungsinhalte, die zur unmittelbaren richterlichen Anwendung auf einen konkreten Streitfall taugen, an der rechtlichen Geltung der Verfassung teilnähmen, während die übrigen bloß unverbindliche politische Proklamationen enthielten[1]. Indessen liegt darin eine aus der sozialen Rolle des Juristen zwar erklärliche, aber nichtsdestoweniger verkürzte Sicht der Verfassung[2]. Ihre Bedeutung erschöpft sich keineswegs in der Streitentscheidung durch ein Verfassungsgericht. Vielmehr wird die Verfassung erst dann zur Streitentscheidungsnorm, wenn ihre vorgängige Aufgabe, politisches Verhalten an bestimmte anerkannte Regeln zu binden und dadurch Streitigkeiten vorzubeugen, fehlgeschlagen ist. An Zahl sind die Fälle, in denen die Verfassung diese verhaltenssteuernde Funktion unbestritten erfüllt, so daß eine richterliche Intervention sich erübrigt, ungleich größer als die Streitfälle. Aber auch die Möglichkeit einer verfassungsrechtlichen Steuerung staatlichen Verhaltens und erst recht einer verfassungsrechtlichen Entscheidung politischer Konflikte besteht nur dann, wenn die politischen Akteure die Verfassung zuvor als verpflichtende Handlungsgrundlage anerkannt haben. Die rechtlichen Wirkun-

1 Vgl. E. Forsthoff, Rechtsstaat im Wandel, 2. Aufl. 1976, S. 72 ff., 130 ff. In der Weimarer Staatsrechtslehre war diese Auffassung vorherrschend.

2 Vgl. D. Grimm, Verfassungsfunktion und Grundgesetzreform, in diesem Band, S. 321 ff.

gen der Verfassung ruhen also auf einem gesellschaftlichen Konsens über Ziele und Formen politischer Herrschaft[3]. In der Herstellung und Gewährleistung dieses Konsenses liegt die primäre Funktion der Verfassung, während die Streitentscheidung lediglich eine davon abgeleitete und insofern durchaus sekundäre ist.

Ein solcher Konsens muß deswegen herbeigeführt werden, weil jede Gesellschaft einerseits einer Ordnung ihres Zusammenlebens bedarf und diese unter Gerechtigkeitsanforderungen stellt, andererseits über gerechte Sozialordnung aber keine Einigkeit, sondern stets eine Vielfalt unterschiedlicher oder auch gegensätzlicher Meinungen und Interessen vorfindet. Die Frage, worin das Gemeinwohl besteht und wie es angestrebt werden soll, wird unter diesen Umständen entscheidungsbedürftig. Ein Verzicht auf die Entscheidung wäre gleichbedeutend mit Anarchie. Insofern kann sie nicht unterbleiben, sondern ist notwendig zu fällen, gleichgültig, ob sie nachher in eine verfassungsmäßige Form gegossen wird oder nicht. Für diese Entscheidung haben sich im Laufe der Zeit zwei Grundmuster herausgebildet. Man kann zum einen ohne Rücksicht auf die tatsächlich vorhandene Meinungs- und Interessenvielfalt *eine* der Auffassungen mit dem Gemeinwohl identifizieren und diese mit Hilfe des Staates durchsetzen. Politische Herrschaft legitimiert sich dann über Wahrheit. Dahinter steht die Vorstellung, daß der Einzelne seine Bestimmung nicht in der Entfaltung seiner Subjektivität, sondern erst im Dienst an einem objektiv vorgegebenen Gemeinschaftsideal findet. Das ist der Weg, der bis zu den bürgerlichen Revolutionen der übliche war und den heute z. B. die sozialistischen Länder einschlagen. Die andere Möglichkeit besteht darin, die Wahrheitsfrage unentschieden zu lassen und die verschiedenen Meinungen und Interessen als prinzipiell gleichberechtigt anzuerkennen. Aufgabe des Staates ist es dann, eine friedliche Koexistenz der Anhänger verschiedener Überzeugungen zu ermöglichen. Das Gemeinwohl kann unter diesen Umständen keine feststehende Größe bilden, sondern erscheint als Variable, die sich aus

3 Grundlegend dazu U. Scheuner, Konsens und Pluralismus als verfassungsrechtliches Problem, in: G. Jakobs (Hg.), Rechtsgeltung und Konsens, 1976, S. 33; abgedruckt auch in: U. Scheuner, Staatstheorie und Staatsrecht, 1978, S. 135; H. Vorländer, Verfassung und Konsens, 1981.

einer Meinungs- und Interessenkonkurrenz von Fall zu Fall ergibt. Dahinter steht die Vorstellung, daß der Einzelne seine Bestimmung nicht in erzwungener Hingabe an ein Gemeinschaftsideal, sondern nur in personaler Selbstentfaltung findet. Diesen Weg schlagen im Grundsatz die westlichen Demokratien einschließlich der Bundesrepublik ein.
Für Art und Ausmaß des Konsenses besitzt dieser Unterschied grundlegende Bedeutung. Im ersten Fall bezieht sich der Konsens auf bestimmte Politik*inhalte*, für die Wahrheit beansprucht wird. Die Folge ist, daß abweichende Auffassungen illegitim werden. Gegenüber der Wahrheit gibt es keine Freiheit. Freiheit hieße ja nichts anderes als das Recht, sich der Wahrheit widersetzen und den Irrtum verbreiten zu dürfen. Das System kann daher keine Opposition zulassen. Zielkonflikte schlagen unmittelbar auf die Herrschaftsgrundlage durch und sind deswegen nicht auszutragen, sondern auszumerzen. Der Konsens verlangt inhaltliche Identifikation. Die Anhänger abweichender Auffassungen müssen bekehrt oder unterdrückt werden. Insofern tendiert dieses System zum *Totalkonsens.* Angesichts der realen Meinungs- und Interessenvielfalt ist ein solcher Konsens nur um den Preis des Ausschlusses vieler zu haben. Je stärker er inhaltlich angereichert ist, desto schmäler wird die Konsensbasis. Das fehlende Einverständnis muß dann durch Zwang kompensiert werden. Wenn dagegen die Wahrheitsfrage offen bleibt, bezieht sich der Konsens zuvörderst auf diese *Offenheit* für verschiedene Inhalte und im übrigen auf das Verfahren, in dem aus der Konkurrenz der Meinungen und Interessen das Gemeinwohl hervorgehen soll. Im Gegensatz zu dem Totalkonsens der ersten Variante handelt es sich hier nur um einen *Grundkonsens.* Er enthält gewissermaßen den Vorrat an Gemeinsamkeiten, der es den Anhängern unterschiedlicher Meinungen und Interessen erlaubt, sich nicht als Feinde zu bekämpfen, sondern als Gegner zu tolerieren. Die Verfassung, in der er seinen Ausdruck findet, bildet nur eine Rahmenordnung, die der Verwirklichung unterschiedlicher politischer Ziele Raum gibt[4]. Ausgeschlossen sind dann allein diejeni-

4 Vgl. zur Verfassungstheorie den Sammelband von M. Friedrich (Hg.), Verfassung, 1978, ferner P. Häberle, Verfassung als öffentlicher Prozeß, 1978; ders., Die Verfassung des Pluralismus, 1980; U. Scheuner, Verfassung, in: Staatslexikon VIII, 6. Aufl. 1963, Sp. 117; P. Badura, Verfas-

gen Auffassungen, die die Offenheit ablehnen und ihre Gemeinwohlvorstellung absolut setzen wollen. Im übrigen gehört die Auseinandersetzung zum System. Auch Zielkonflikte schlagen nicht sogleich auf die Herrschaftsgrundlagen durch und müssen daher nicht unterdrückt, sondern nur in geordnete Bahnen gelenkt werden. Ein solcher inhaltlich entlasteter Konsens kann einen erheblich größeren Teil der Gesellschaft einschließen. Der geringere Identifikationszwang verbreitert die Konsensbasis. Im selben Maß vermindert sich das Ausmaß des in der Gesellschaft zur Konsenswahrung erforderlichen Zwangs. Darin liegt die befriedende Wirkung des Grundkonsenses.

Erst unter der Voraussetzung eines solchen Grundkonsenses wird auch die Mehrheitsregel, die der demokratische Staat zur Entscheidung der Konkurrenz und zur Einheitsbildung heranzieht, erträglich[5]. Auf die Mehrheitsregel kann man sich bei ungewissem Ausgang künftiger Entscheidungen vernünftigerweise ja nur einlassen, wenn man nicht befürchten muß, im Fall der Minderheit ausgeschaltet zu werden, sondern gefahrlos seine Überzeugungen weiter vertreten, die Mehrheit kritisieren und demnächst selbst die Mehrheit erringen kann. Mehrheit verleiht dann keinen Anspruch auf Wahrheit oder höhere Vernunft, sondern zeigt nur eine momentane Präferenz an, die änderbar ist. Daraus ergeben sich Grenzen der Mehrheitsregel, ohne welche sie ihre Legitimität einbüßte. Der Besitz der Mehrheit berechtigt weder dazu, die Mehrheitsregel abzuschaffen und die eigene Auffassung absolut zu setzen, noch die Minderheit in ihren gleichen privaten und politischen Rechten zu verkürzen. Sie bleibt vielmehr als die

sung und Verfassungsgesetz, in: Festschrift für Scheuner, 1973, S. 19; H. P. Schneider, Die Verfassung – Auftrag und Struktur, Archiv des öffentlichen Rechts, Beiheft 1, 1974, S. 64; K. Hesse, Grundzüge des Verfassungsrechts der Bundesrepublik Deutschland, 13. Aufl. 1982, S. 3 ff.

5 Vgl. zur Mehrheitsregel U. Scheuner, Das Mehrheitsprinzip in der Demokratie, 1973; P. Häberle: Das Mehrheitsprinzip als Strukturelement der freiheitlich-demokratischen Grundordnung, Juristenzeitung 1977, S. 241; D. Grimm, Reformalisierung des Rechtsstaats als Demokratiepostulat?, Juristische Schulung 1980, S. 708; C. Gusy, Das Mehrheitsprinzip im demokratischen Staat, Archiv des öffentlichen Rechts 106 (1981), S. 337; C. Offe, Politische Legitimation durch Mehrheitsentscheidung?, Journal für Sozialforschung 22 (1982), S. 311.

gerade nicht zum Zuge gekommene Alternative präsent. Der Grundkonsens löst damit das Herrschaftsproblem nicht auf, weil sich auch in diesem System ein Teil der Gesellschaft politischen Entscheidungen beugen muß, die er nicht befürwortet. Doch wird es dadurch entschärft, daß der Grundkonsens die Auslieferung der Minderheit an die Mehrheit verhindert. Die Grundlagen der individuellen Freiheit sind von Mehrheitsentscheidungen und Mehrheitswechseln unabhängig. Eben deswegen kann ein Mehrheitswechsel von dem Unterlegenen widerstandslos hingenommen werden und sich gewaltlos vollziehen. Indem der Grundkonsens der Mehrheitsentscheidung Schranken zieht und Ziele vorgibt, nimmt er freilich auch Bestandteile auf, die über bloße Verfahrensregeln hinausweisen und inhaltlicher Natur sind. Doch wird dadurch der Unterschied zum Totalkonsens nicht eingeebnet. Während dieser auf einen *bestimmten* Inhalt bezogen bleibt und damit alle anderen ausschließt, garantiert jener gerade die Offenheit für *verschiedene* Inhalte und wendet sich nur gegen den Totalkonsens. Dieser ist nämlich mit Verfahrensregeln allein nicht zu verhüten, wie das Ende der Weimarer Republik gezeigt hat.

Freilich ist der Konsens immer ein historischer. Als solcher bietet er aber aus sich heraus noch keine Gewähr dafür, daß sich die Akteure auch später an ihn gebunden fühlen. Indessen hängt die pazifizierende und integrierende Wirkung des Konsenses davon ab, daß er gerade dann gewahrt wird, wenn er die Mehrheit bei der Verfolgung ihrer politischen Ziele hindert. Deswegen muß der Konsens verfassungsrechtlich befestigt und auf diese Weise in die Zeit erstreckt werden. Dadurch erlangt er eine vom Willen seiner Urheber unabhängige Existenz und bindet ohne Rücksicht auf Opportunitätserwägungen. Die Bindung gilt freilich nicht unabänderlich. Da der Konsens in der Vergangenheit begründet ist, kann er mit den Anforderungen der Gegenwart in Widerspruch geraten. Die Verfassung trägt dem Rechnung, indem sie Änderungen zuläßt. Diese bedürfen jedoch qualifizierter Mehrheiten, damit die Wettbewerbsbedingungen nicht einseitig zu Lasten der Minderheit verschlechtert werden können. Kommt eine Änderung nicht zustande, gibt es dagegen keinen berechtigten Grund, die Verfassung zu durchbrechen. Jede Durchbrechung bedeutet ja eine Sprengung des Grundkonsenses und damit einen Rückfall in den Zustand der Feindschaft. Die Voraussetzungen für eine unbedingte Beachtung der Verfassung scheinen allerdings beim

Grundkonsens günstiger als beim Totalkonsens. Die hinter dem Totalkonsens stehende Wahrheit tendiert dazu, die Verfassung zu relativieren und sich im Konfliktfall gegen diese durchzusetzen. Dagegen ist der in der Verfassung niedergelegte Grundkonsens nicht Ausdruck einer vorgegebenen Wahrheit, sondern eines Einverständnisses von Konkurrenten. Politische Herrschaft bezieht dann nicht aus der Wahrheit ihre eigentliche Legitimation und kann diese daher auch nicht gegen die Verfassung ausspielen. Legitime Herrschaft wird vielmehr durch die Verfassung erst konstituiert und bleibt an sie gebunden. Was die Verfassung regelt, ist nicht mehr Thema, sondern Prämisse von Politik.

Dagegen kann es legitimerweise zum Streit darüber kommen, was der verfassungsrechtliche Grundkonsens in einem konkreten Fall von den politischen Akteuren verlangt. Ein solcher Streit stellt nicht die Geltung der Verfassung in Frage, sondern bezieht sich auf das richtige Verständnis der – selbst unbestrittenen – Verfassung. Die Verständnisschwierigkeiten haben ihren Grund in der Unmöglichkeit, Rechtsnormen so zu formulieren, daß sie für jeden erdenklichen Fall unzweideutige Antworten bereithalten. Bei der Verfassung mit ihren oft prinzipienhaft unscharfen Formulierungen und aus dem Einigungszwang von Gegnern erwachsenden Kompromißformeln und Lücken macht sich das besonders bemerkbar[6]. Zahlreiche Verfassungen sehen für einen solchen Konflikt keine spezielle Form der Auflösung vor. Das kann nur bedeuten, daß sich im Konfliktfall die Interpretation der jeweiligen Mehrheit durchsetzt. Der Grundkonsens wird dadurch in seiner gegnereinigenden Funktion gefährdet, und Konflikte im Verfassungsrahmen können sich schnell zu Konflikten über die Verfassung ausweiten. Aus diesem Grund sieht das Grundgesetz für Streitigkeiten über den Sinn der Verfassung eine eigene, der politischen Auseinandersetzung entrückte und unabhängig gestellte Instanz in Gestalt des Bundesverfassungsgerichts vor. Es ist die organisatorische Ausformung des Geltungsanspruchs der

6 Vgl. zur Eigenart der Verfassung Hesse, Grundzüge (oben Anm. 4), S. 11 ff.; H. Ehmke, Prinzipien der Verfassungsinterpretation, Veröffentlichungen der Vereinigung der deutschen Staatsrechtslehrer 20 (1963), S. 64 ff.; D. Grimm, Recht und Politik, Juristische Schulung 1969, S. 501; ders., Staatsrechtslehre und Politikwissenschaft, in: D. Grimm (Hg.), Rechtswissenschaft und Nachbarwissenschaften 1, 2. Aufl. 1976, S. 53.

Verfassung. Selbst an die Verfassung gebunden, entscheidet es bindend, wie diese zu verstehen ist. Daß damit dem demokratischen System eine neue Gefahrenquelle erwächst, weil die Grenzen zwischen Rechtsetzung und Rechtsanwendung fließend sind, steht auf einem anderen Blatt[7]. Vor aller Kritik an der Institution und ihrem Funktionsverständnis müßte aber anerkannt werden, daß Verfassungsgerichtsbarkeit die Chancen für die Beachtung der Verfassung wesentlich erhöht und damit den Grundkonsens als gemeinsamen aufrechterhält[8].

II. Polarisierung

Die Bedeutung des Grundkonsenses für den inneren Frieden in einer Gesellschaft kann nicht hoch genug veranschlagt werden. Ohne einen solchen Grundkonsens müßten die verschiedenen Meinungen und Interessen einander auszuschalten trachten. Der verfassungsrechtliche Grundkonsens verwandelt demgegenüber den Kampf in Konkurrenz und ermöglicht so die Koexistenz der Rivalen. Voraussetzung für den Befriedungseffekt des Grundkonsenses ist freilich, daß er eine möglichst große Zahl umfaßt. Seine Integrationsleistung kann er nur dort erbringen, wo sich viele in ihm wiederfinden. Daß sich alle in ihm wiederfinden, ist nicht zu erwarten, es sei denn, man zahlt den Preis völliger Inhaltslosigkeit und gibt damit den Nutzen des Grundkonsenses wieder auf. Schließt er aber größere gesellschaftliche Gruppen und deren Überzeugungen und Interessen aus, dann versagt im selben Maß die Umwandlung von Feinden in Rivalen. In der Gesellschaft bestehen dann Kräfte fort, die darauf aus sein müssen, die Konsensbasis zu wechseln und dafür bis zur letzten Konsequenz zu kämpfen. Bedingung für die pazifizierende Wirkung der Verfassung ist daher ihre Offenheit. Von der Offenheit hängt ihre Tragfähigkeit ab. Es gibt freilich keine grenzenlose Offenheit. Sie wäre gleichbedeutend mit Indifferenz gegenüber den eigenen Zielen. Die Offenheit des verfassungsrechtlichen Grundkonsenses kann ihre Grenzen aber nur dort finden, wo eben diese

7 Dazu D. Grimm, Verfassungsgerichtsbarkeit – Funktion und Funktionsgrenzen im demokratischen Staat, in: W. Hoffmann-Riem (Hg.), Sozialwissenschaften im Studium des Rechts II, 1977, S. 83.

8 Dazu R. Wahl, Der Vorrang der Verfassung, Der Staat 20 (1981), S. 485.

Offenheit und ihre Voraussetzungen geleugnet werden. Dagegen gibt es kein Recht, die Konkurrenz der Meinungen und Interessen zu behindern oder auf bestimmte privilegierte Träger zu beschränken. Es besteht ein unmittelbarer Zusammenhang zwischen dem Grad der Offenheit des Grundkonsenses und dem Ausmaß des Zwangs in einer Gesellschaft. Wo die Offenheit des Grundkonsenses sinkt, steigt der Zwang.

In den letzten Jahren mehren sich nun aber die Anzeichen, daß die Offenheit des Grundkonsenses in verschiedener Weise gefährdet ist. Ich nenne dafür fünf Beispiele. Das erste betrifft den *Stil der politischen Auseinandersetzung* in der Bundesrepublik. Mit steigender parteipolitischer Polarisierung sind die politischen Parteien dazu übergegangen, ihre Auseinandersetzung zunehmend unter Einsatz der Verfassung zu führen[9]. Die eigenen politischen Absichten werden dann nicht nur als gut, vernünftig, zweckmäßig, billig hingestellt, sondern auch als verfassungsrechtlich geboten. Umgekehrt erscheinen die gegnerischen Absichten nicht nur als schlecht, gefährlich, unzweckmäßig, teuer, sondern auch als verfassungswidrig. Indessen geht das Grundgesetz mit ausdrücklichen Verfassungsaufträgen außerordentlich sparsam um, und auch dort, wo die Grundrechte nicht nur als Schranken, sondern überdies als Zielvorgaben für den Gesetzgeber verstanden oder Fundamentalnormen wie das Demokratieprinzip oder die Sozialstaatsklausel als Handlungsaufträge interpretiert werden, besteht Einigkeit darüber, daß sie deswegen noch kein fertiges Programm bereithalten. Die Art und Weise der Erfüllung eines Verfassungsziels bleibt vielmehr der politischen Gestaltung gemäß den jeweiligen Mehrheitsverhältnissen überlassen; und selbst die Schranken, die das Grundgesetz der Mehrheit in den Grundrechten zieht, sind keineswegs engherzig, sondern eröffnen beträchtliche Handlungsspielräume. Wenn dessenungeachtet politische Meinungsverschiedenheiten leichtfertig mit verfassungsrechtlichen Verdikten ausgetragen werden, wandelt sich die Verfassung unter der Hand von der Konsensbasis der Rivalen zur

9 Vgl. dazu etwa W. Horn, Verfassung als Parteiprogramm?, Aus Politik und Zeitgeschichte B 51-52 (1974); Vorländer, Verfassung (oben Anm. 3), S. 106 ff. Aus diesem Grund auch die Konsens-Überprüfung, die sich E. Benda/W. Maihofer/H. Vogel (Hg.), Handbuch des Verfassungsrechts, 1983, zum Ziel gesetzt haben.

Waffe in der politischen Auseinandersetzung. Konflikte, die sich im Rahmen der Verfassung bewegen, greifen dann diesen Rahmen selbst an. Der Grundkonsens und seine pazifizierende Wirkung werden durch die parteipolitische Aneignung der Verfassung nach und nach aufgezehrt.

Je bereitwilliger die Verfassung als Waffe in der parteipolitischen Auseinandersetzung verwandt wird, desto näher liegt es freilich auch, die Auseinandersetzung nicht mit der parlamentarischen Mehrheitsentscheidung abzuschließen, sondern vor dem *Bundesverfassungsgericht* fortzusetzen. Das Grundgesetz bietet dazu mit seiner beispiellosen Kompetenzfülle für das Gericht genügend Handhaben. Von Verfassungs wegen läßt es sich darum nicht beanstanden, wenn sie von den Streitparteien ergriffen werden. Es ist dann aber am Bundesverfassungsgericht, sich auf die Wahrung des verfassungsrechtlich gezogenen Rahmens zu beschränken und Versuche abzuwehren, ihn zum Nachteil der Konkurrenten zu verengen. Diese Beschränkung auf seine Kontrollfunktion hat das Gericht in der Vergangenheit nicht durchweg eingehalten. Es gibt vielmehr eine ganze Anzahl von Fällen, in denen es der Versuchung, den der politischen Gestaltung offengehaltenen Raum zu betreten, erlegen ist[10]. Das geschieht insbesondere dann, wenn das Gericht nicht nur negative Grenzkontrolle übt, sondern den Gesetzgeber auch positiv determiniert, etwa indem es ihm aus Anlaß einer Gesetzesannullierung Empfehlungen gibt, wie eine verfassungskonforme Lösung aussehen könne, indem es die Abfolge von Handlungen und Kontrolle umkehrt und Fragen entscheidet, ehe der Gesetzgeber sich mit ihnen befaßt hat, oder indem es ihn nicht nur an seinen Urteilsspruch, sondern auch an die Motive, die ihm zugrundeliegen, bindet. Den politischen Parteien sind solche Vorgriffe nicht selten willkommen, weil sie sich in umstrittenen Fragen hinter dem Bundesverfassungsgericht verschanzen können. Doch ändert das nichts daran, daß sie den demokratischen Willensbildungsprozeß verkürzen, und zwar durch ein Organ, das selbst keiner demokratischen Verantwortlichkeit untersteht. Der verfassungsrechtliche Spielraum für parteipolitische Konkurrenz verengt sich auf diese Weise, und die Offenheit des Grundkonsenses leidet gerade unter derjenigen Institution, die sie garantieren soll.

10 Vgl. Grimm, Verfassungsgerichtsbarkeit (oben Anm. 7).

Als besonders nachhaltige Belastung des Grundkonsenses hat sich in der jüngsten Vergangenheit die *Radikalenfrage* erwiesen. Die Belastung resultiert freilich nicht schon aus der verfassungsrechtlich vorgesehenen Möglichkeit, Gegner der freiheitlichen demokratischen Ordnung an der politischen Betätigung oder am Eintritt in den Staatsdienst zu hindern. Eine Verfassung, die die Pluralität der Meinungen und Interessen als Ausfluß personaler Freiheit ernst nimmt und gerade aus der Offenheit für die verschiedensten Inhalte ihre Legitimation bezieht, kann nicht zugleich für die Abschaffung der Offenheit offen sein. Die sog. streitbare Demokratie, wie sie ihren verfassungsrechtlichen Ausdruck in Art. 9 Abs. 2, 18 und 21 Abs. 2 und ferner in Art. 79 Abs. 3 GG findet, ist also legitim. Es besteht aber ein verfassungsrechtlich relevanter Unterschied zwischen Bestrebungen, die Offenheit aufzuheben und einen Totalkonsens einzuführen, und dem Versuch, innerhalb des verfassungsrechtlichen Rahmens andere als die bisher vorherrschenden Ziele zur Geltung zu bringen. Nur im ersten Fall dürfen die verfassungsrechtlichen Abwehrmittel eingesetzt werden. Das wird auch im Prinzip nicht bestritten. Doch besteht der Verdacht, daß der Grundkonsens durch die Überprüfungspraxis überzogen worden ist. Damit ist weder die Zahl der abgewiesenen Bewerber (sie war, gemessen an den Überprüfungen, verschwindend gering: weniger als 1‰) noch diese oder jene Fehlentscheidung gemeint. Es geht vielmehr um die sog. Regelanfrage und die Informationen, auf welche sie sich stützen konnte: Mitgliedschaft in Vereinigungen, Versammlungsbesuch, Demonstrationsteilnahme, Flugblattunterzeichnung etc. – lauter grundrechtlich geschützte Betätigungen. Es war dieser Generalverdacht gegenüber politischen Aktivitäten außerhalb des geläufigen parteipolitischen oder verbandlichen Spektrums, von dem die Gefahr für den Grundkonsens ausging. Der Staat hat sich für eine Generation von Bürgern nicht, wie sein Selbstverständnis es forderte, als offener, sondern als ein auf bestimmte Meinungen und Interessen festgelegter dargeboten. Dadurch sind viele aus dem Grundkonsens herausgedrängt worden, die ihm nicht von vornherein ablehnend gegenüberstanden. Die daraus erwachsene Bedrohung des Grundkonsenses dürfte schwerer wiegen als der Nutzen, der in der Entfernung einer vergleichsweise kleinen Zahl von Radikalen aus dem öffentlichen Dienst liegt.
Ähnliche Versuche, den Grundkonsens zu verengen, lassen sich

im *Parteiensystem* beobachten, seitdem die 5%-Klausel nicht mehr ausreicht, die grünen und alternativen Parteien vor den Parlamenten aufzuhalten. Auch hier hebt derzeit eine Auseinandersetzung mittels der Verfassung statt innerhalb der Verfassung an. Dabei wird teils die Unvereinbarkeit der Ziele oder Organisationsprinzipien dieser Parteien mit der freiheitlichen demokratischen Grundordnung behauptet und so einem Verbot vorgearbeitet; teils wird der Parteibegriff des Grundgesetzes mit neuen Elementen wie der Koalitionsfähigkeit, der Verfassungstreue etc. angereichert und auf diese Weise ihre Parteieigenschaft in Frage gestellt[11]. Solche Bestrebungen reihen sich an die zahlreichen Maßnahmen vor allem wahlrechtlicher Art, mit denen die etablierten Parteien ihre neuen oder kleinen Konkurrenten seit langem zu behindern suchen, oft allerdings am Bundesverfassungsgericht scheiterten (Erhöhung der Sperrklausel, besondere Unterschriftsquoten, Nichtberücksichtigung bei den Wahlsendungen in Rundfunk und Fernsehen, Benachteiligung bei der Wahlkampfkostenerstattung etc.). Da es primär die politischen Parteien sind, die in einer pluralistischen Demokratie zwischen der Meinungs- und Interessenvielfalt im Volk und der staatlichen Einheitsbildung vermitteln, hängt die Aufrechterhaltung des Grundkonsenses wesentlich davon ab, in welchem Maß die Bedürfnisse und Erwartungen des Volkes von den Parteien aufgenommen und in den staatlichen Willensbildungsprozeß eingeleitet werden. Gerade in diesem Punkt haben die tonangebenden etablierten Parteien in letzter Zeit aber erhebliche Defizite aufzuweisen. Das wirksamste Korrektiv für derart gelockerte Rückbindungen an den Träger der Staatsgewalt liegt in der Konkurrenz. Die von den etablierten Parteien vernachlässigten Bedürfnisse und Interessen müssen die Chance haben, sich selbst als Partei zu formieren und in den Wettbewerb um Wählerstimmen und Ein-

11 Vgl. etwa die Meldungen in Frankfurter Rundschau vom 28. 10. 1982, S. 1; Frankfurter Allgemeine vom 18. 3. 1983, S. 3; Süddeutsche Zeitung vom 6. 6. 1983, S. 1; ferner R. Scholz, Krise der parteistaatlichen Demokratie?, 1983; R. Stober, Grüne und Grundgesetz, Zeitschrift für Rechtspolitik 1983, S. 209; O. Kimminich, Die Parteien im Rechtsstaat, Die öffentliche Verwaltung 1983, S. 217, und dazu D. Grimm, Nochmals: Die Parteien im Rechtsstaat, Die öffentliche Verwaltung 1983, S. 538, mit Erwiderung von Kimminich, S. 542; generell Grimm, Die politischen Parteien, in diesem Band S. 263.

fluß auf staatliche Entscheidungen einzutreten. Aus diesem Grund garantiert die Verfassung Gründungs- und Programmfreiheit. Jeder Versuch, diese Freiheit zu beschneiden, muß daher den Grundkonsens angreifen und Polarisierungen herbeiführen.
Das letzte Beispiel weicht von den vorhergehenden insofern ab, als es hier nicht mehr um Fehlentwicklungen geht, die den friedenstiftenden Effekt des Grundkonsenses ohne Not aufs Spiel setzen, sondern um Strukturprobleme, die ihren Grund in einer Veränderung der Konsensbedingungen haben und daher nicht schon mit besserer Einsicht lösbar sind. Gemeint ist vor allem der Fall *langfristig irreversibler Entscheidungen*, wie sie durch die Kernkraftnutzung mit ihrem Folgeproblem des über Jahrtausende weiterstrahlenden Atommülls oder die Ausbeutung der natürlichen Ressourcen der Erde nachhaltig ins Bewußtsein getreten sind. Für beide Fälle enthält der Grundkonsens keine Festlegung, überläßt sie also der Mehrheitsentscheidung. Alles was der Mehrheitsentscheidung offen steht, steht damit aber auch dem Mehrheitswechsel und also der Revision früherer Mehrheitsentscheidungen offen. Eben deswegen sind Mehrheitsentscheidungen auch für die Minderheit tragbar. Mehrheitsentscheidungen, die nicht kurzfristig korrigierbar sind, hat es freilich schon früher gegeben, etwa im Investitions- oder Erziehungsbereich. Immerhin war die Einleitung von Korrekturen und Gegensteuerungen möglich und aussichtsreich, wenn auch nicht augenblicklich wirksam. Eine Revision der Mehrheitsentscheidung in den genannten Fällen bliebe dagegen erfolglos, weil die frühere Mehrheit unveränderliche Fakten geschaffen hat, die die Lebensverhältnisse weit in die planbare Zukunft determinieren. Es können also Entscheidungen, die die mehrheitsübergreifende Wirkung des Grundkonsenses an Dauerhaftigkeit noch übertreffen, mit einfacher Mehrheit fallen. Insofern stößt die Mehrheitsregel hier an die Grenzen ihrer Legitimität[12]. Die Minderheit bleibt mit ihren Überzeugungen und Interessen nicht als die momentan unterlegene, jedoch ihre Siegeschancen wahrende Alternative präsent, sondern wird partiell ausgeschaltet. Daraus erklärt sich die erhöhte politische Polarisierung in solchen Fragen, die mit den hergebrachten Konsensformen nicht mehr befriedigend zu lösen sind, ohne daß schon neue Problemlösungen in Sicht wären.

12 Vgl. dazu Offe, Mehrheitsentscheidung (oben Anm. 5).

[illegible] auf [illegible] die Geschichte [illegible]. Aus diesem
Grund [illegible] und [illegible]
[illegible] Freiheit [illegible] werden, [illegible]
[illegible] und Tolerierung [illegible].
Da [illegible] Menschen [illegible] der [illegible]
[illegible]
[illegible] Dies [illegible] Spiel
[illegible]
Veränderung [illegible] haben [illegible]
[illegible] Illusion [illegible] sind. [illegible]
[illegible]
[illegible]
[illegible] Atommülls [illegible]
[illegible] der [illegible]
[illegible]
[illegible] Menschheitsgeschichte [illegible]
Menschenschöpfung [illegible] den Men-
[illegible] Mehrheits-
[illegible] Minderheitenrechten
auch [illegible]
[illegible]
[illegible]
[illegible] Korrekturen [illegible]
[illegible]
[illegible] Mehrheitsentscheidung [illegible]
[illegible]
[illegible]
[illegible]
[illegible]
[illegible] Grundkonsens [illegible]
[illegible]
[illegible] Grenzen [illegible] Minderheit [illegible]
[illegible] Interessen [illegible]
[illegible]
[illegible]
[illegible]
[illegible]
[illegible]

[illegible] Mehrheitsentscheidung [illegible]

IV. Reformen

12. Verfassungsfunktion und Grundgesetzreform

Die Reform des Grundgesetzes läßt sich sinnvoll erst erörtern, wenn zwei Vorfragen beantwortet sind. Es handelt sich um die Fragen, was Verfassungen sollen und was Verfassungen können. Sie hängen freilich eng miteinander zusammen, weil einerseits das Ziel nicht ohne Rücksicht auf die Realisierungsmöglichkeiten bestimmt, andererseits aber die Realisierungspotenz nur in Kenntnis des Ziels geprüft werden kann. Insofern ist die erste Frage vorrangig, jedoch stets der Korrektur durch die zweite zu unterwerfen. Erst mit der Beantwortung dieser beiden Fragen gewinnt man ein Bezugssystem, innerhalb dessen sich die einzelnen Verbesserungsvorschläge beurteilen lassen. Die Verfassungsreform kann so aus der einseitigen Orientierung an kurzfristigen Erfahrungen gelöst werden. Diese stimulieren dann zwar den Reformvorsatz, determinieren aber nicht das Resultat. Damit verringert sich die Gefahr einer Reform, die nur wirkliche oder vermeintliche Unzuträglichkeiten perspektivenlos kuriert.
Allerdings sind die Vorbedingungen einer so fundierten Reformdiskussion derzeit nur unzureichend erfüllt. Das liegt daran, daß eine Verfassungstheorie in der Bundesrepublik fehlt. Dieser Mangel ist schon früh und wiederholt beklagt, aber noch kaum behoben worden[1]. Die Staatsrechtslehre hat nach wie vor damit zu tun, das öffentliche Recht und seine Wissenschaft von der Hinterlassenschaft des 19. Jahrhunderts zu befreien[2]. Für eine zeitgemäße Verfassungs- oder gar Staatstheorie werden vielfach erst die

1 So bereits Hsü Dau-Lin, Formalistischer und anti-formalistischer Verfassungsbegriff, AöR 61 (1932), S. 29. Nach dem Krieg hat vor allem Ehmke auf diese Lücke hingewiesen, vgl. Wirtschaft und Verfassung, 1961, S. 3 f. In der Schweiz erhebt Eichenberger die Forderung nach einer Verfassungstheorie, vgl. Richtpunkte einer Verfassungsrevision, ZSR NF 87/1 (1968), S. 441.

2 Vgl. Ehmke (s. Anm. 1). Ein guter Beweis sind die öffentlich-rechtlichen Habilitationsschriften der letzten Jahre, z. B. Jesch über den Gesetzesvorbehalt, Zeidler und Starck über den Gesetzesbegriff, Friauf über den Haushalt, Ossenbühl über die Verwaltungsvorschriften, Leisner über das Grundrechtsverständnis etc.

relevanten Fragestellungen sichtbar; von einer Antwort sind wir noch weit entfernt. Ebenso ist das Wechselverhältnis von Verfassung und politischer Wirklichkeit nur ganz unzureichend erforscht. Zwar haben die meisten Juristen inzwischen den Blick für diesen Zusammenhang gewonnen. Es fehlt ihnen aber weitgehend das notwendige Handwerkszeug, konkrete Einsichten zu erlangen. Charakteristisch für die Situation sind dann ebenso unbezweifelbare wie inhaltsarme Aussagen gleich der, die Lebens- und Wirkungskraft der Verfassung beruhe darauf, daß sie sich mit den lebendigen und spontanen Kräften der Zeit verbinde und die individuellen Gegebenheiten der Gegenwart in die Zukunft hinein fortbilde[3].

Die Hilfe der an sich kompetenten Politologen bleibt aus[4]. Die ideengeschichtlich-institutionell orientierte Politikwissenschaft, wie sie in Deutschland lange Zeit vorherrschte, hat sich mehr der Sinnfrage als der Wirklichkeit gewidmet. Die jüngere Richtung, die entweder amerikanische Theorieansätze mittlerer Reichweite aufgenommen oder auf die marxistische Tradition zurückgegriffen und die noch vor wenigen Jahren als Neuerer gekennzeichneten Fachvertreter[5] binnen kurzer Zeit stark an den Rand gedrängt hat, erweckt meist den Eindruck, daß das Recht bei der Erklärung politischer Wirklichkeit vernachlässigt werden könne. Entweder wird es unter empirischer Beflissenheit zugedeckt oder als un-

3 So Hesse, Die normative Kraft der Verfassung, 1959, S. 11; ders., Grundzüge des Verfassungsrechts der Bundesrepublik Deutschland, 5. Aufl., 1972, S. 18. An dem Urteil über den Forschungsstand ändern trotz der einschlägigen Titel auch die Arbeiten von Schindler, Verfassungsrecht und soziale Struktur, 1932, 4. Aufl. 1967, Loewenstein, Verfassungsrecht und Verfassungsrealität, AöR 77 (1952), S. 387, und Spanner, Die Rolle der Verfassung im gegenwärtigen politischen und sozialen Leben, ÖZöR VII (1956), S. 9, nichts.

4 Diese Beobachtung bestätigen Loewenstein, Verfassungslehre, 2. Aufl., 1969, S. 159, und Ronneberger, Verfassungswirklichkeit als politisches System, Der Staat 7 (1968), S. 411, 420. Luhmann bildet hier die Ausnahme, beschäftigt sich aber nicht ausdrücklich mit der Verfassung. Beachtung verdient in diesem Zusammenhang jedoch die politische Habilitationsschrift von Hartwich, Sozialstaatspostulat und gesellschaftlicher status quo, 1970.

5 Vgl. Grimm, Politische Wissenschaft als normative Wissenschaft, JZ 1965, S. 434. Zur Orientierung über den gegenwärtigen Stand der Disziplin Naschold, Politische Wissenschaft, 1970.

selbständiges Anhängsel des sozio-ökonomischen Systems mit diesem pauschal verhandelt. Immerhin ist der Systemzusammenhang von Normen dadurch besonders drastisch wieder ins Gedächtnis gerufen worden. Ein weitergehender Beitrag zum Thema wäre aber nur zu leisten, wenn die Verfassung nicht allein als Resultante, sondern auch als Determinante ernstgenommen würde[6].

Es versteht sich, daß die Versäumnisse der Forschung nicht in einem Aufsatz nachgeholt werden können. Die Notwendigkeit des Bezugsrahmens muß aber wenigstens ins Bewußtsein gerückt, er selbst, soweit das mit den vorhandenen Mitteln möglich ist, hergestellt werden.

1. Problemstruktur und Verfassungsentwicklung

Verfassungen sind historisch ein Produkt der Auseinandersetzung zwischen liberalem Bürgertum und absolutem Fürstenstaat. Dem Bürgertum ging es dabei um die Emanzipation der Produktions- und Erwerbssphäre aus der obrigkeitlichen Lenkung und die Berechenbarkeit staatlicher Macht. Zu diesem Zweck verlangte es eine gegenständliche Beschränkung der fürstlichen Kompetenz auf Fragen der Sicherheit und Ordnung sowie eine Beteiligung an der Staatswillensbildung in Angelegenheiten, die Freiheit und Eigentum betrafen. Die Forderung wurde naturrechtlich begründet und sollte positivrechtlich abgesichert werden. Das Mittel war die Verfassung, die so ungeachtet ihres Zustandekommens im einzelnen einen vertragsartigen Zug trug. Sie enthielt typischerweise Grundrechte zur Markierung der gesellschaftlichen Freiheitssphäre einerseits, Vorschriften über die Träger und Modalitäten der staatlichen Machtausübung andererseits. Insbesondere sah sie Repräsentationsorgane zur Vermittlung der bürgerlichen Interessen an den Staat, eine Gewähr ihrer Berücksichtigung in Form des Gesetzesvorbehalts sowie die Unabhängigkeit der Justiz als Komplementärgarantie vor.

Zweck und Mittel harmonierten. Die politischen Forderungen

6 Das hat gerade der von kritischen Politologen (vgl. etwa Narr, Theorie der Demokratie, 1971, S. 135) gern in Anspruch genommene Hermann Heller immer betont, vgl. Staatslehre, 1934, S. 250, 269. Zu dieser Frage nach dem Krieg vor allem Hesse, Normative Kraft (s. Anm. 3).

waren so beschaffen, daß sie gerade vom Verfassungsrecht am wirksamsten erfüllt werden konnten. Da man die gerechte Sozialordnung von der weitgehenden Abwesenheit rechtlicher Bindungen erwartete, fiel der Verfassung nur die Aufgabe der Schrankenziehung zu. Mußte sie aber Handeln nicht mehr positiv anleiten, sondern nur noch negativ begrenzen, waren ihre Vorschriften sowohl hochgradig generalisierbar als auch direkt anwendbar. Rechtsetzung und Eintritt der erwünschten Wirkung fielen in eins. Die inhaltlich stark entlastete, formal-rechtsstaatliche Verfassung besaß ein großes Maß an Geltungskraft. Die Beziehung zwischen Staat und Gesellschaft schien abschließend geregelt, die Politik erstmals verrechtlicht.
Die Konstellation, aus der die Verfassungen hervorgingen, besteht nicht mehr. Politisch hat sich der Gedanke der Volkssouveränität Geltung verschafft, so daß es nicht mehr um die Beschränkung einer vorfindlichen monarchischen, sondern um die Konstituierung einer demokratischen Staatsgewalt geht. Die Verfassung verliert damit den Vertragscharakter und wird zu einem Stück Selbstorganisation der Gesellschaft. Sozial hat die Industrielle Revolution Probleme geschaffen, die von den bürgerlich-rechtsstaatlichen Verfassungen nicht vorbedacht waren. Einmal entstanden in der vermeintlich von Herrschaft befreiten Sphäre der Gesellschaft neue Machtzentren und Unterdrükkungsmechanismen, an denen die ausschließlich auf das Verhältnis von Individuum und Staat gerichteten Verfassungen gänzlich vorbeisahen. Zum anderen verkleinerte sich der vom Individuum selbst beherrschte Lebensraum radikal, so daß der Einzelne heute seine Existenz nicht mehr aus eigener Kraft sichern kann. Damit schwanden aber die Bedingungen, unter denen es ausreichend erscheinen mochte, staatliche und ständische Zwänge abzubauen und Gerechtigkeit aus dem freien Spiel der Kräfte zu erwarten. Die formellen Freiheitsgarantien haben die Sinnerfüllung, die optimistisch mit ihnen verbunden war, nicht automatisch herbeigeführt. Die Abwehrhaltung gegen den Staat ist in eine Anspruchssituation umgeschlagen. Soziale Gerechtigkeit im ganzen und Daseinsvorsorge im einzelnen müssen nun planmäßig bewirkt werden.
Von dieser Wendung zum Materiellen sind alle Verfassungserrungenschaften des 19. Jahrhunderts betroffen. An den Grundrechten ist das zuerst sichtbar geworden. Die formelle Sicherung

von Freiheiten hat ein Maximum erreicht. Erst eine materielle Fundierung macht sie aber nutzbar. Im Zuge dieser Entwicklung erweitert sich die Rechtsgleichheit mehr und mehr zu einer umfassenden Chancengleichheit. Dasselbe Phänomen tritt aber auch – wiewohl von Juristen seltener bemerkt – in der Staatsorganisation auf. Hier verliert das Vertrauen in die Leistung von Verfahren zunehmend an Boden. Als Wahrheitsgarant, wie im 18. und 19. Jahrhundert erhofft, lassen sie sich nicht verwenden[7]. Für die Gesetzgebung ist das häufig festgestellt worden. Es betrifft aber auch die Wahl, das Repräsentationsprinzip, das Pluralismuskonzept, die Gewaltenteilung etc. Galt die Wahl einst als Merkmal für Demokratie, so ist heute ihr Entscheidungsgehalt durchaus problematisch geworden, und nach den Ergebnissen der Wahlforschung wird es künftig schwerfallen, »demokratische politische Systeme allein mit dem Hinweis auf die Existenz ›freier Wahlen‹ zu rechtfertigen«[8]. Schien früher die Vermittlung des Interesses der Allgemeinheit an die Regierenden durch die Existenz einer gewählten Volksvertretung gewährleistet, so beschäftigt uns heute die Frage, wie die Rückbindung der Repräsentanten an die Allgemeinheit erreicht werden kann[9]. Hatte man ehedem aus der freien Konkurrenz von Meinungen und Kräften den Interessenausgleich notwendig resultieren gesehen, so kennt man heute die Artikulationsschwierigkeiten gerade der elementaren und die Verzerrung in der Auseinandersetzung selbst der organisierten Interessen[10]. Die Beispiele sind vermehrbar. Sie demonstrieren, daß der gegenwärtigen politischen Probleme, weil sie materieller Natur sind, durch Schrankenziehung nicht Herr zu werden ist. Sie erfordern positive Maßnahmen. Diese können

7 Vgl. Luhmann, Legitimation durch Verfahren, 1969, S. 20 ff., 148. Die Rechtswissenschaft ist vielfach der letzte Hort dieser Überzeugung, vgl. neuerlich etwa Starck, Der Gesetzesbegriff des Grundgesetzes, 1970, S. 169, 171.

8 Narr/Naschold, Theorie der Demokratie, 1971, S. 195. Zum Problem insgesamt ebd., S. 92 ff. und 164 ff. mit aller weiteren Literatur.

9 Vgl. etwa Bachrach, Die Theorie demokratischer Elitenherrschaft, 1970; Scharpf, Demokratietheorie zwischen Utopie und Anpassung, 1970, insbes. S. 36 ff.; Jaeggi, Macht und Herrschaft in der Bundesrepublik, 1969, S. 19 ff., 130 ff.

10 Vgl. einstweilen Narr/Naschold, a.a.O. (s. Anm. 8), S. 141, 204 ff.; ausführlicher s. unten Anm. 109 [hier nicht wiedergegeben].

durch Verfassungen zwar angeordnet, nicht aber bewirkt werden. Der gesollte Zustand tritt nicht schon mit dem Erlaß einer Norm ein, sondern ist auf Vermittlung angewiesen[11].

Die rechtsstaatliche Verfassung mußte durch diese Umweltveränderung notwendig in die Krise geraten. Sie ist seit dem Ende des Ersten Weltkrieges offenkundig und hält noch immer an, wie das Fehlen einer Verfassungstheorie indiziert. Die in der Weimarer Republik unternommenen Versuche, zu einem neuen Verfassungsbegriff vorzudringen, sind trotz wertvoller Teilerkenntnisse größtenteils fehlgeschlagen[12]. Smends Einsicht in die Notwendigkeit der Umsetzung von Verfassungsrecht in politisches Handeln führte zu einer einseitigen Übersteigerung des Prozeßhaften und brachte die Verfassung weitgehend um ihre relative Statik und damit ihre Normqualität. Carl Schmitts These von der Verfassung als »Gesamt-Entscheidung über Art und Form der politischen Einheit«[13], die nur im Gewand von Recht daherkomme, identifizierte Verfassung und Politik und gab darum jedes sinnvolle Verständnis von rechtlicher Verfassung auf. Kelsens Normlogismus entfernte sich so weit vom Inhaltlichen, daß der Verfassungsbegriff zur Lösung der akuten Probleme nichts mehr beitrug. All das ist bekannt und muß hier nicht nochmals expliziert werden[14]. Nach Kelsen, Smend und Schmitt haben viele Autoren die Krise nur noch als Niedergang des Verfassungsgedankens zu

11 Auf die Inkongruenz von politischen Gegenwartsproblemen und Verfassungsrecht hat besonders Forsthoff hingewiesen, dazu später; vgl. aber auch die Ausführungen von Bäumlin, Staat, Recht und Geschichte, 1961; ders., Was läßt sich von einer Totalrevision erwarten?, ZSR NF 87/1 (1968), S. 386 ff.

12 Insbesondere Kelsen, Allgemeine Staatslehre, 1925; ders., Reine Rechtslehre, 1934; Smend, Verfassung und Verfassungsrecht, 1928, jetzt in: Staatsrechtliche Abhandlungen, 2. Aufl., 1968, S. 119; Carl Schmitt, Verfassungslehre, 1928. Von bleibender Aktualität nur Heller, Staatslehre, 1934.

13 Schmitt, a.a.O. (s. Anm. 12), S. 20.

14 Vgl. schon die Auseinandersetzung bei Heller, a.a.O. (s. Anm. 12), S. 194 ff., 249 ff.; ferner Schindler, a.a.O. (s. Anm. 3), passim; Kägi, Die Verfassung als rechtliche Grundordnung des Staates, 1945, Nachdruck 1971, passim; aus der neueren Literatur etwa Ehmke, Grenzen der Verfassungsänderung, 1953; Badura, Verfassung, in: Ev. Staatslexikon, 1966, Sp. 2352 ff.

deuten gewußt[15]. Diese Arbeiten besitzen teilweise einen hohen analytischen Wert, büßen aber an Gewicht ein, weil sie in die Klage münden statt in die Frage, welche Entwicklungspotenz der Verfassungsgedanke besitzt.

2. Funktion der Verfassung

Statt dessen soll hier geprüft werden, ob die Verfassung den Bedingungen ihrer Entstehungszeit verhaftet ist oder so weit von ihnen abgelöst werden kann, daß sie auch heute noch sinnvolle Dienste zu leisten vermag. Wird die Frage verneint, so bleibt nur der Schluß, daß Verfassungen zu einem Mittel pervertiert sind, das Macht, indem es vorgibt, sie zu bändigen, verschleiert. Hält man sich zunächst an den Augenschein, so fällt auf, daß der Verfassungsgedanke über seine Ursprungsländer hinausgewachsen und ein Weltgut geworden ist. Bemerkenswert scheint dabei vor allem, daß auch die sozialistischen Staaten, die sich als radikale Antithese zum bürgerlichen Rechtsstaat verstehen, auf Verfassungen nicht verzichtet haben[16]. Soweit ersichtlich, wird die Verfassung auch in der Literatur nicht für obsolet erklärt[17].
Sucht man nach Elementen, die die Verfassungsidee heute noch tragen, so wird man zuerst auf den Organisationsteil gelenkt. Die Notwendigkeit, die öffentliche Gewalt zu organisieren, ist seit dem Beginn des 19. Jahrhunderts eher gewachsen als geschwunden[18]. Es geht nicht mehr darum, ein vorfindliches Herrschafts-

15 Besonders hervorgetan haben sich hier Kägi, a.a.O. (s. Anm. 14); Loewenstein, Verfassungslehre (s. Anm. 4), S. 157ff.; ders., Gedanken über den Wert von Verfassungen in unserem revolutionären Zeitalter, in: Zurcher (Hg.), Verfassungen nach dem Zweiten Weltkrieg, 1956, S. 210; Burdeau, Zur Auflösung des Verfassungsbegriffs, Der Staat 1 (1962), S. 389. Forsthoffs differenziertere Position wird sogleich ausführlich diskutiert.

16 Über die Gründe István Kovács, New Elements in the Evolution of Socialist Constitutions, Budapest 1968, S. 15, 71.

17 Soweit geht auch nicht der besonders pessimistische Burdeau, a.a.O. (s. Anm. 15).

18 Vgl. dazu Hesse, Grundzüge (s. Anm. 3), S. 6f., ferner etwa die Lexikon-Artikel zur Verfassung: Badura, in: Ev. Staatslexikon, Sp. 2343; Scheuner, in: Staatslexikon, 6. Aufl., 1963, Bd. VIII, Sp. 117; Herbert Krüger, in: HdSW, Bd. XI, 1961, S. 72.

subjekt, das aus Gottes Gnaden für legitimiert gilt, nur zu beschränken, sondern legitimierte Herrschaftsträger erst zu schaffen und ihnen ihre Kompetenzen zuzuteilen. Staat als Handlungseinheit wird auf diese Weise durch Verfassungen erst hervorgebracht. Sie bilden das Kriterium, anhand dessen rechtmäßige von unrechtmäßigen Herrschaftsansprüchen geschieden werden. Alle Verfassungen, historische wie geltende, enthalten darum jedenfalls Bestimmungen, die die Organe und Verfahren der politischen Willensbildung und -durchsetzung festlegen. Damit ist zunächst noch nichts über die realen Machtzentren im Staat ausgesagt. Vorgeschrieben wird ihnen aber, welchen Weg Macht nehmen muß, um sich in verbindliches und öffentlich sanktionsfähiges Wollen umzusetzen. Freilich ist die Formalisierung von Macht heute weniger denn je ein Zugeständnis. Die hochkomplexe Industriegesellschaft läßt sich gar nicht anders als planvoll und arbeitsteilig regieren. Das schließt nicht starke Führer, wohl aber die Rückkehr zum Kameralregiment aus. Dennoch wäre es falsch, in der Herrschaftsorganisation lediglich relativ beliebige Spielregeln zu erblicken. Keine Organisation ist völlig zielneutral[19]. Über die Rationalisierung hinaus, die jeder Form von Organisation eignet, lassen sich Strukturen unterscheiden, in denen faktische Macht mehr oder weniger direkt in rechtliche umgesetzt, mehr oder weniger zu Publizität und Rücksicht gezwungen werden kann. Der viel diskreditierte formelle Rechtsstaat, dessen Defizite keineswegs geleugnet werden sollen, hat solche Dienste jedenfalls immer geleistet.

Anders verhält es sich mit dem zweiten überkommenen Bestandteil der Verfassungen, den Freiheitsrechten. Einseitig staatsgerichtet, vermochten sie ihre emanzipatorische Aufgabe nur unvollkommen zu erfüllen. Unter dem Einfluß von Marx, der diesen Mangel zuerst erkannte[20], hat sich in den sozialistischen Staaten eine radikale Abkehr von negatorisch verstandenen Grundrechten vollzogen[21]. In den westlichen Ländern wird zwar die Vorstellung von einer präexistenten absoluten Freiheitssphäre des Einzelnen, der gegenüber das Gesetz nur als »Eingriff« erscheinen konnte, nicht mehr aufrecht erhalten. Die Notwendigkeit

19 Vgl. etwa Naschold, Organisation und Demokratie, 1969.
20 Marx, Zur Judenfrage, MEW Bd. 1, 1970, S. 347.
21 Vgl. etwa Georg Brunner, Grundrechte im Sowjetsystem, 1963.

privater Bezirke ist aber ernstlich nicht bestritten. Andererseits zweifelt niemand mehr daran, daß auf der Basis von Ausgrenzungen allein kein gerechtes System zu errichten ist. Die bürgerlich-rechtsstaatlichen Verfassungen waren sozialer Ungerechtigkeit gegenüber machtlos. Die formellen Garantien, die wir ihnen verdanken, insbesondere die Rechtsgleichheit, sind darum nicht rückgängig zu machen, aber nunmehr materiell zu fundieren[22]. Diese Einsicht hat im Verfassungsrecht zur Einführung von Teilhaberechten, in der Staatsrechtslehre zu einer Umdeutung der Grundrechte von Staatsabwehrrechten des Einzelnen zu Gestaltungsprinzipien des Gemeinwesens geführt. Die konsequente Entfaltung dieser Ansätze stößt auf beträchtlichen politischen Widerstand. Aber auch wissenschaftlich ist ihnen die Berechtigung abgesprochen worden. Obgleich die soziale Aktivität des Staates auch auf konservativer Seite bejaht und von links als nachgerade überlebenswichtig für das sog. spätkapitalistische System herausgestellt wird[23], bestehen doch Zweifel, ob sie verfassungsrechtlich normierbar ist.

Am nachdrücklichsten bestreitet das Forsthoff[24]. Seine Position ist ambivalent. Er nimmt zwar einerseits an, daß die bürgerlich-rechtsstaatliche Verfassung so weit von ihren Entstehungsbedingungen ablösbar sei, daß sie auch in der Gegenwart standhalte, sieht sie jedoch andererseits so eng mit ihnen verknüpft, daß sie sich neuen Inhalten nicht öffne. Verfassung ist für ihn stets, aber auch nur rechtsstaatliche Verfassung. Zur Begründung führt

22 Die Literatur dazu ist sehr groß, vgl. neuestens etwa Saladin, Grundrechte im Wandel, 1970; ders., Die Funktion der Grundrechte in einer revidierten Verfassung, ZSR NF 87/1 (1968), S. 131; Scheuner, Die Funktion der Grundrechte im Sozialstaat, DÖV 1971, S. 505; ferner Häberle, Grundrechte im Leistungsstaat, VVDStRL 30 (1972), S. 43.

23 Vgl. einerseits Forsthoff, etwa in: Der Staat der Industriegesellschaft, 1971, S. 71; andererseits z. B. Wolfgang Müller, Die Grenzen der Sozialpolitik in der Marktwirtschaft, in: Schäfer/Nedelmann (Hg.), Der CDU-Staat, Bd. 1, 1969, S. 14.

24 Insbesondere: Begriff und Wesen des sozialen Rechtsstaats, VVDStRL 12 (1954), S. 8; Die Umbildung des Verfassungsgesetzes, in: Festschrift für Carl Schmitt, 1959, S. 35; Der introvertierte Rechtsstaat und seine Verortung, Der Staat 2 (1963), S. 385 (alle diese Abhandlungen auch in: Rechtsstaat im Wandel, 1964, wonach hier zitiert wird). Neuestens: Staat der Industriegesellschaft (s. Anm. 23), insbes. S. 61 ff.

Forsthoff aus, daß im Gegensatz zu den rechtsstaatlichen Verfassungsnormen, die unmittelbar gelten, Gestaltungsprinzipien und Teilhaberechte einer Vermittlung bedürfen, die vom jeweils Möglichen und Angemessenen abhängt. Daher fehle ihnen die Geltung im Rechtssinn. Forsthoff lehnt damit nicht den Sozialstaat ab, dem er selbst wissenschaftlich vorgearbeitet hat[25]. Er beharrt nur darauf, daß er nicht auf der Ebene der Verfassung, sondern erst mittels Gesetzgebung und Verwaltung realisiert werden könne. Verfassungen dürfen sich nicht sozialprogrammatisch festlegen, sondern haben nur »die Sicherheit der staatlichen Form und Existenz und die Rechtssicherheit der Staatsgenossen zu gewährleisten«[26]. Darum verurteilt er die Umdeutung des Grundrechtskatalogs in eine Wertordnung als Angriff auf ihren rechtlichen Charakter und stellt die Sozialstaatsklausel als Proklamation ohne verfassungsrechtliche Bedeutung hin.

Das Grundgesetz wird auf diese Weise von einem ihm vorausliegenden Verfassungsbegriff her in einen normativen und einen deklamatorischen Teil zerlegt[27], die Frage nach der möglichen Fortentwicklung des Verfassungsgedankens durch die so erreichte Identifikation der Verfassung mit ihrer rechtsstaatlichen Erscheinungsform a limine abgeschnitten[28]. Die Konsequenzen nimmt Forsthoff als historisch unvermeidlich in Kauf: Da Ausgleich und Verteilung heute im Mittelpunkt der Innenpolitik ste-

25 Die Verwaltung als Leistungsträger, 1938.

26 Forsthoff, Lehrbuch des Verwaltungsrechts, Bd. 1, 9. Aufl., 1966, S. 62.

27 Dieser Preis müßte gerade Forsthoff, der so stark für eine traditionelle Verfassungsauslegung eintritt, sehr hoch erscheinen, vgl. Die Umbildung des Verfassungsgesetzes, a.a.O. (s. Anm. 24), S. 150: »Interpretative Rangstufen sprengen die Rechtsordnung als Gefüge mit unbedingtem Geltungsanspruch auf.«

28 Zur methodologischen Stichhaltigkeit der Argumentation vgl. Hollerbach, Auflösung der rechtsstaatlichen Verfassung?, AöR 85 (1960), S. 248, ferner die Bemerkung von Hesse, Der Rechtsstaat im Verfassungssystem des Grundgesetzes, in: Staatsverfassung und Kirchenordnung, Festgabe für Smend, 1962, S. 78, Anm. 27. – Das Verhältnis von Sozialstaat und Verfassung hat eine umfangreiche Literatur hervorgerufen; die wichtigsten Stationen in Forsthoff (Hg.), Rechtsstaatlichkeit und Sozialstaatlichkeit, 1968; dazu Suhr, Rechtsstaatlichkeit und Sozialstaatlichkeit, Der Staat 9 (1970), S. 66; eine ausführliche Darstellung bei Hartwich, a.a.O. (s. Anm. 4), S. 283 ff.

hen, verliert eine rein rechtsstaatliche Verfassung ihre zentrale Position und erfaßt das staatliche Handeln nur noch fragmentarisch[29]. Die Auseinandersetzung spitzt sich damit auf die Normqualität von Prinzipien und Programmsätzen in Verfassungen zu[30]. Forsthoffs Ansicht impliziert, daß nur unmittelbar auf den Fall anwendbare Vorschriften Rechtsnormen sind. Bezeichnend ist, daß er mit Vorliebe vom Verfassungs*gesetz* spricht und den Organisationsteil als musterhaft herausstreicht[31] – eine Ansicht, in der er sich übrigens mit Hennis trifft, der die Verfassung als ein »instrument of government« versteht und Zielbestimmungen als Überfrachtung empfindet[32].

Forsthoffs Sicht erscheint zu eng. Rechtsnormen sind plurifunktional. Der Jurist neigt dazu, die Streitentscheidungsfunktion zu verabsolutieren. Die Systemtheorie hat demgegenüber die Entlastungsfunktion von Normen betont[33]. Durch Rechtsetzung werden Themen der Entscheidung entzogen und verbindlich gemacht. Die Rechtssätze reduzieren so die Entscheidungslast, indem sie den Entscheidungsinstanzen einen Rahmen ziehen. Sie fungieren fortan als sinnkonstituierende Prämissen, nicht mehr als Themen der Entscheidung[34]. Diese Leistung gerade von Rechtssätzen kann auf verschiedenen Ebenen erfolgen: so, daß nur ein Prinzip aus dem Streit gezogen, seine Ausgestaltung politisch aber noch offen ist; so, daß auch die Ausgestaltung fixiert und nur die Anwendung im Einzelfall noch vorzunehmen bleibt. Der Handlungsspielraum verengt sich dabei von Stufe zu Stufe. Die Reduktionsfunktion erfüllen auch die nicht unmittelbar anwendbaren Verfassungssätze. Insofern sind sie mehr als nur »Vorschläge«, wie Burdeau meint[35]. Daß sie noch der Konkreti-

29 Forsthoff, Sozialer Rechtsstaat (s. Anm. 24), S. 51 f.; ders., Staat der Industriegesellschaft (s. Anm. 23), S. 73 f.

30 Dieselbe Kontroverse hat sich im sozialistischen Staatsrecht abgespielt, vgl. Kovács, a.a.O. (s. Anm. 16), S. 417 ff.

31 Vgl. etwa Umbildung (s. Anm. 24), insbes. S. 148 f.

32 Hennis, Verfassung und Verfassungswirklichkeit – Ein deutsches Problem, 1968, S. 19 ff., 36 f. Vgl. dazu die beachtlichen Rezensionen von E.-W. Böckenförde, Der Staat 9 (1970), S. 533, und Hesse, AöR 96 (1971), S. 137.

33 Vgl. Luhmann, a.a.O. (s. Anm. 7), S. 42, 143 ff., 195 ff.

34 Ebd., S. 195.

35 Burdeau, Der Staat 1 (1962), S. 398.

sierung und Entfaltung bedürfen, sagt nichts über ihre Normqualität, sondern etwas über die Reduktionsstufe aus: Ihr Adressat ist primär (nicht ausschließlich) der Gesetzgeber. Gerade diese Überlegung müßte auch den um die Überlastung des Parlaments besorgten Hennis[36] zu einer Ausweitung seines Verfassungsbegriffs veranlassen. Normativ und programmatisch dürfen also nicht wie bei Forsthoff als Gegensatz gesehen werden. Sie unterscheiden sich lediglich dem Grade nach. Das bestätigen auch die neueren Untersuchungen zur juristischen Interpretation, die zeigen, wie wenig selbst Rechtsnormen traditionellen Inhalts unmittelbar subsumtionsfähig sind, sondern ihrerseits wieder nur den auf den Einzelfall passenden Entscheidungssatz programmieren[37].

Eine entlastende und sinnstiftende Funktion erfüllt die Verfassung aber auch in der Rechtsanwendung. Aus verschiedenen Epochen, Systemen, Interessenlagen hervorgegangen, trägt der Rechtsstoff Einheit und Ordnung nicht in sich selbst. Gleichwohl sind Einheit und Ordnung ein Element der Rechtsidee[38]. Da die Rechtsänderungskapazität knapp ist[39], müssen andere Wege gefunden werden, Einheit und Ordnung in die an sich disparate und verschiedener Auslegungen fähige Vorschriftenmenge hineinzutragen. Das geschieht durch die Verfassung, und zwar gerade durch ihre Grundprinzipien. Sie reduzieren den Auslegungsspielraum und nennen die Interpretationsrichtung. Das trifft auch für die Sozialstaatsklausel zu, weil sie jene wichtigen Bereiche der Rechtsordnung, die wie das Bürgerliche Gesetzbuch aus dem Geist des 19. Jahrhunderts stammen, für den demokratischen und sozialen Staat erst tragbar macht.

36 Vgl. etwa: Der Deutsche Bundestag 1949–1965, Der Monat 215 (1966), S. 29 ff.; Zur Rechtfertigung und Kritik der Bundestagsarbeit, in: Festschrift für Adolf Arndt, 1969, S. 150 ff.

37 Vgl. etwa Hesse, Grundzüge (s. Anm. 3), S. 20 ff.; Kriele, Theorie der Rechtsgewinnung, 1967, S. 50 ff., 163 f.; Ehmke, Prinzipien der Verfassungsinterpretation, VVDStRL 20 (1963), S. 55 f.

38 Ausführlich Canaris, Systemgedanke und Systembegriff in der Jurisprudenz, 1969, S. 16 ff. Dazu meine Rezension, AcP 171 (1971), S. 266.

39 »In einer positivierten Rechtsordnung kann zwar alles Recht durch Entscheidung geändert werden, aber nicht alles auf einmal ... Sobald größere Normenkomplexe geändert werden sollen, schwellen die Anforderungen an den Entscheidungsprozeß derart an, daß sie kaum noch zu bewältigen sind« (Luhmann, a.a.O. [s. Anm. 7], S. 149).

Wenn das Ergebnis lautet, daß auch die gegenwärtigen politisch-sozialen Probleme eine verfassungsrechtliche Antwort finden können, so gilt damit nicht auch schon der Umkehrschluß, daß unter einer rein rechtsstaatlichen Verfassung kein Sozialstaat möglich sei. Der Sozialstaat hat vielmehr seine eigene politische Zwangsläufigkeit[40] und kann deswegen in der Tat verfassungsrechtlicher Garantien eher entbehren als andere Staatsziele. Politische Akklamation ist heute vorwiegend durch Versprechung und Verteilung von Mitteln erhältlich. Dieser Antrieb wirkt stärker als jede verfassungsrechtliche Garantie. Entbehrlich darf aber nicht mit überflüssig verwechselt werden. Das läßt sich am Beispiel Österreichs ablesen, wo zwar Koexistenz zwischen einer bürgerlich-rechtsstaatlichen Verfassung und einer sozialen Staatspraxis herrscht, die jedoch juristisch nur mühsam bewältigt wird – ein Problem, das allerdings eine gänzlich positivistisch verfahrende Staatsrechtslehre und Verfassungsrechtsprechung zusätzlich erschwert[41].

Eine zentrale Position im politischen und sozialen Leben kann nur diejenige Verfassung einnehmen, die über ihre formal-rechtsstaatliche Statur hinauswächst[42]. Es steigt nicht allein die Angewiesenheit des Einzelnen auf die staatliche Verwaltung, sondern auch auf gesellschaftliche Gruppen, die seine Interessen vertreten. Die Verzahnung von Staat und Gesellschaft wächst durch planmäßig aufgenommene Konjunktur-, Ökologie-, Forschungs-, Bildungspolitik etc. einerseits, durch die aus dem Informations- und Konsensbedürfnis resultierende Porösität der Staatsorgane zu den gesellschaftlichen Gruppen andererseits. Unter diesen Bedingungen darf die Verfassung sich nicht mehr auf die Organisation des Staatsapparats und die Begrenzung der Staatsgewalt be-

40 Forsthoff, Umbildung (s. Anm. 24), S. 173; Staat der Industriegesellschaft (s. Anm. 23), S. 79 ff.; Narr/Naschold, a.a.O. (s. Anm. 8), S. 118 ff.; Kaltefleiter, Wirtschaft und Politik in Deutschland, Konjunktur als Bestimmungsfaktor des Parteiensystems, 2. Aufl., 1968.

41 Vgl. den instruktiven Aufsatz von Pernthaler, Die Grundrechtsreform in Österreich, AöR 94 (1969), S. 31.

42 So auch Badura, a.a.O. (s. Anm. 14), Sp. 2345, 2354; Scheuner, a.a.O. (s. Anm. 18), Sp. 117 ff.; Hesse, Grundzüge (s. Anm. 3), S. 10 ff.; ders., Rechtsstaat (s. Anm. 28), S. 71 ff., insbes. 86 ff.; Bäumlin, Staat, Recht und Geschichte (s. Anm. 11), S. 11 f., 15; ders., ZSR 87/I (1968), S. 377; Eichenberger, a.a.O. (s. Anm. 1).

schränken. Sie hat nicht nur Staats-, sondern auch Sozialordnung zu sein. Damit findet eine Annäherung an den sozialistischen Verfassungsbegriff statt[43]. Der Wandel ist im übrigen so radikal nicht, wie es im ersten Moment scheinen mag. Auch die liberalen Verfassungen hatten ein Sozialmodell aufgestellt, nicht nur die Staatsorgane bezeichnet. Der Unterschied lag im Mittel. Die gerechte Ordnung sollte dort aus normativer Abstinenz automatisch entstehen. Heute muß sie wieder aktiv bewirkt werden. Die traditionellen Bestandteile der Verfassung behalten dabei ihre machtlimitierende und rationalisierende Funktion. Legitimität muß sie jedoch aus materiellen Bestimmungen schöpfen. Jede Aussparung eines wichtigen Sozialbereichs wäre darum Legitimitätsverlust.

Daß die Verfassung damit an Programmatik zunimmt und in demselben Maß unmittelbare Anwendbarkeit einbüßt, liegt in der Natur der Sache. Man muß sich angewöhnen, Verfassung zu weiten Teilen als – freilich normativen, d. h. verbindlichen – Entwurf zu sehen[44]. So erst überwindet man auch den in der deutschen Verfassungsgeschichte vorherrschenden Verfassungstyp, dem es zuvörderst um eine Registrierung der gerade einflußreichen politischen Kräfte ging[45]. Die Verfassung ist als normatives Sinngefüge primär etwas Gesolltes, nicht notwendig etwas Bestehendes. Darin liegt nicht der Niedergang des Verfassungsgedankens, sondern seine Verwirklichung unter veränderten Bedingungen. Was als Niedergang beschworen wird, hat sich als die Ablösung eines ganz bestimmten Verfassungsbegriffs herausgestellt. Soweit die Verfallsthese mit der Behauptung untermauert wird, daß im vorigen Jahrhundert die Verfassung mehr beachtet worden sei, genügt

43 Gerade das wird von sozialistischer Seite als unterscheidendes Moment betrachtet, vgl. Kovács, a.a.O. (s. Anm. 16), S. 71, 98; für die DDR vgl. Verfassung der Deutschen Demokratischen Republik, Dokumente und Kommentar, Bd. 1, 1969, S. 51. Von Verfassung als »gesamtgesellschaftlicher Theorie« spricht hier Hollerbach, Ideologie und Verfassung, in: Maihofer (Hg.), Ideologie und Recht, 1969, S. 44.

44 Das haben vor allem Scheuner, Staatslexikon (s. Anm. 18), Sp. 118, und Bäumlin, Staat, Recht und Geschichte (s. Anm. 11), S. 24 f., betont. Gerade damit wollen sich aber Forsthoff, Kägi, Burdeau u. a. nicht abfinden.

45 Dazu Hennis, a.a.O. (s. Anm. 32), S. 16. Diese Tendenz scheint noch heute vielfach durch, vgl. etwa Burdeau, Der Staat 1 (1962), S. 392 ff.

es, auf Bagehot zu verweisen, der schon 1867 zwischen *dignified* und *efficient parts* einer Verfassung unterschied[46]. Im übrigen lassen sich zahlreiche historische Gegenbeispiele anführen. Freilich kann eine Verfassung auch zu Verletzung und Mißachtung provozieren, wenn sie ihr Leistungsvermögen überschätzt. Darüber ist nunmehr zu sprechen.

3. Leistungsgrenzen der Verfassung

Normen führen kein Eigenleben. Wie alle Rechtsvorschriften genügen auch Verfassungssätze nicht sich selbst, sondern sollen Wirkung erzielen; d.h. sie sind auf Vollzug angewiesen. Im Vollzug findet ein Wechselspiel zwischen Norm und Wirklichkeit statt, in dem beide erst konkrete Gestalt gewinnen[47]. Das Kräfteverhältnis zwischen Norm und Wirklichkeit wechselt von Gebiet zu Gebiet. Gegenstände, die das Recht selbst hervorbringt, sind offensichtlich leichter regulierbar als solche, die es vorfindet. Die Realität, auf welche die Verfassung bezogen ist, gehört zu den widerständigsten, weil sie eine besonders hohe Eigendynamik aufweist. Eine weitere Schwäche liegt in der geringeren Durchsetzungsmöglichkeit, denn die Rechtsdurchsetzungsorganisation ist hier selbst die reglementierte und hat keine organisierte Macht mehr über sich. Verfassungsrecht muß darum die Voraussetzungen seiner Verwirklichung womöglich in sich selbst tragen.
Aus dem Realitätsbezug und der Vollzugsbedürftigkeit der Verfassung ergibt sich eine Reihe von Leistungsgrenzen, die nicht folgenlos überschritten werden können. Bei der Revision des Grundgesetzes müssen sie beachtet werden. Die wichtigsten sind Sachzwänge, Systemschranken, Kooperationsbereitschaft der Beteiligten. Ihre systematische Ausbreitung setzte Forschungen über die Wirkungsbedingungen von Verfassungsnormen unter Auswertung der Verfassungsgeschichte voraus. Daran fehlt es. Punktuell weiß man freilich Bescheid. Die Wirkung von Sachzwängen beispielsweise ist am Verhältnis von Parlament und Regierung sichtbar geworden[48]. Wie sehr auch immer der Verfas-

46 Bagehot, The English Constitution, Ausgabe London 1963, S. 3 ff.
47 Dazu insbes. Schindler, a.a.O. (s. Anm. 3); Hesse, Normative Kraft (s. Anm. 3); ders., Grundzüge (s. Anm. 3), S. 25 f.
48 Vgl. Grimm, Aktuelle Tendenzen in der Aufteilung gesetzgeberischer

sungsgeber die Gesetzgebung beim Parlament konzentrieren wollte: Unter den Bedingungen eines demokratischen Parteienstaats im industriellen Zeitalter liegt ihr Schwergewicht zwangsläufig bei der Regierung. Verfassungsvorschriften, die etwa der Regierung das Initiativrecht nähmen, blieben wirkungslos[49]. Die Einrichtung einer vollständigen Gegenbürokratie für das Parlament wäre Aufwand ohne Erfolg. Ebenso erweist sich das vielkritisierte Ausschußwesen nicht als Fehlentwicklung, sondern als Folge der sozialen Komplexität, die auch den Gesetzgeber zu Technisierung und Spezialisierung zwingt. Desgleichen liegen der Zentralisierungstendenz Zwänge zugrunde, wie die Umweltschutzproblematik besonders sinnfällig macht, gegen die sich Föderalismusgebote vergeblich stemmen. Das wird hier nur beispielhaft angegeben und muß im zweiten Teil der Abhandlung näher ausgeführt werden.
Verfassungsrecht stößt ferner an Systemschranken. Zwar trifft es zu, daß Verfassungen das System mitkonstituieren; sie sind aber auch – zumal wenn sie nicht eine Revolution abschließen – sein Produkt. Im Gegensatz zu den Sachzwängen sind sie überwindbar, aber nicht durch Einzelmaßnahmen, sondern durch grundlegende Reformen. Das Paradigma der bundesrepublikanischen Szene ist allerdings kaum bekannt. Die »linke« Politikwissenschaft und Soziologie hat das Verdienst, die Frage überhaupt wieder gestellt zu haben. Die Antworten fallen bislang noch recht pauschal aus und sind empirisch nur dürftig belegt. Auf eine kurze und insofern unverdächtige Formel gebracht, als sie nicht nur von links prononciert wird, läßt sich vom System sagen, daß heute das Schicksal der Wirtschaft das Schicksal des Gemeinwesens bestimmt. Da aber die Instanz, der das Gemeininteresse anvertraut ist, der Staat, nicht oder nur beschränkt über die Wirt-

Funktionen zwischen Parlament und Regierung, ZParl. 1 (1970), S. 454 ff. m.w.N.

49 Dieser Versuch schlug bereits unter den französischen Verfassungen von 1791 und 1795 fehl, vgl. dazu die Schilderungen bei Maurice Deslandres, Histoire Constitutionnelle de la France, Bd. 1, 1932, S. 98 ff., 386 ff. Ebenso hindert auch die amerikanische Verfassung die Regierung nicht daran, einen Großteil der Gesetzentwürfe selbst auszuarbeiten und durch einen willigen Abgeordneten im Kongreß einbringen zu lassen, vgl. etwa George Galloway, The Legislative Process in Congress, 6. Aufl. 1964, S. 9 ff.

schaft verfügt, ist er denjenigen, die über sie verfügen, partiell ausgeliefert[50]. Dieses System ist nicht mit der Verfassung identisch, freilich auch nicht verfassungswidrig, aber eine normative Forcierung des Sozialstaatsprinzips – etwa von einem Konzept der sozialen Hilfe und Korrektur zu einer umfassenden ökonomischen Neuordnung[51] – fände hier ihre faktischen Grenzen[52]. Soweit es nötig und vor allem möglich ist, wird auch darauf bei einzelnen Reformplänen einzugehen sein.

Die fehlende Sanktion hinter der Verfassung macht sie stärker als einfaches Recht von der Zustimmung der Menschen abhängig, die sie befolgen sollen. Wenn man vor zweihundert Jahren glaubte, Institutionen könnten Tugend ersetzen, so tritt heute die Notwendigkeit des »Willens zur Verfassung«[53] wieder ins Bewußtsein. Konsens ist aber knapp und darf daher nicht strapaziert werden. Das grenzt die Verfassung in dreifacher Weise ein. Sie muß die vorhandenen politischen Kräfte und Anschauungen in Rechnung stellen, denn politische Gruppen lassen sich durch Recht zwar zähmen, wie das z. B. im Parteiengesetz geschehen ist, ja sogar gravierend behindern, aber von einer gewissen Stärke an nicht ausschalten. Die »wehrhafte Demokratie« hat sich da zu bescheiden: Wehren kann sie sich nur gegen die ohnehin Schwachen. Aus denselben Gründen müssen Streitfragen, die zu den essentials der verfassunggebenden Kräfte zählen, offenbleiben. Andernfalls wäre der Basiskonsens, der die Verfassung erst funktionstüchtig macht, ständig gefährdet. Obzwar vom Verfassungs-

50 Einerseits Forsthoff, Staat der Industriegesellschaft (s. Anm. 23), S. 24 ff., 57; andererseits Offe, Politische Herrschaft und Klassenstrukturen – Zur Analyse spätkapitalistischer Gesellschaftssysteme, in: Kress/Senghaas, Politikwissenschaft, Taschenbuchausgabe 1972, S. 135; ferner etwa Narr/Naschold, a.a.O. (s. Anm. 8), S. 118 ff., 131 ff. (»politisch-ökonomische Ellipse«), 157 ff.

51 Zu diesem Unterschied vgl. Hartwich, a.a.O. (s. Anm. 4), S. 12 f. und passim, sowie Wolfgang Müller, a.a.O. (s. Anm. 23), S. 46.

52 Narr/Naschold, a.a.O. (s. Anm. 8), S. 17, 141 ff.; Joachim Hirsch, Wissenschaftlich-technischer Fortschritt und politisches System, 1970, S. 61; weniger pointiert auch Eichenberger, a.a.O. (s. Anm. 1), S. 453.

53 So schon Heller, a.a.O. (s. Anm. 12), S. 250, 269; heute besonders: Hesse, Normative Kraft (s. Anm. 3), S. 12; Krüger, in: HdSW, Bd. XI, S. 77 f.

begriff nahegelegt, werden deswegen Verfassungen selten umfassend sein. Lücken können sich als Überlebensbedingung erweisen[54]. Endlich besitzen Verfassungen nur eine beschränkte Reichweite. In die politische Willensbildung gehen stets mehr Faktoren ein als eine normative Regelung bedenken kann oder auch nur soll. Strenggenommen regelt die Verfassung nicht das Zustandekommen staatlicher Entscheidungen, sondern bezeichnet nur die modi, die beachtet, und die Organe, die beteiligt werden müssen, damit eine Entscheidung als staatliche gelten kann[55]. Daß davon wiederum die Entscheidungsqualität berührt wird, steht für den Normalfall außer Frage. Kryptopolitische oder auch nur extrakonstitutionelle Macht, die durch legale Organe hindurch sich Einfluß verschafft, ist aber juristisch fast unbekämpfbar. Hier werden z. B. die Grenzen einer Regelung der Verbandstätigkeit sichtbar.

Grenzverletzungen haben partielle Unwirksamkeit der Verfassung zur Folge. Partielle Unwirksamkeiten sind geeignet, die Verfassung als Ganzes zu diskreditieren. Andererseits ist nicht schon die Existenz einer sog. Verfassungswirklichkeit ein Beweis für Grenzverletzungen. Die populäre Gegenüberstellung von Verfassungsrecht und Verfassungswirklichkeit erscheint zur Erfassung der komplexen Beziehungen jedenfalls zu grob. Hennis, dem wir den Nachweis der Unfruchtbarkeit dieses Frageansatzes verdanken[56], führt ihn auf die deutsche Tradition zurück, mittels der Verfassung eine bestehende Machtkonstellation normativ festzuhalten. Sind so Norm und Realität synchronisiert, können Entwicklungen freilich nur feindselig betrachtet werden. Zur selben Einstellung gelangt man, wenn man der Verfassung mit der Erwartung begegnet, sie könne das Politische total in ihren Griff nehmen. In Wahrheit kommt eine Verfassung, die nicht Kräfteverhältnisse registriert, sondern Prinzipien einer gerechten Staats- und Gesellschaftsordnung aufstellt, mit dem Verfassungsvollzug nicht aus, sondern verlangt die eigenständige politische Tat unter

54 Vgl. Heller, a.a.O. (s. Anm. 12), S. 257; v. Beyme, Die verfassunggebende Gewalt des Volkes, 1968, S. 65; Eichenberger, a.a.O. (s. Anm. 1), S. 453.

55 Luhmann, a.a.O. (s. Anm. 7), S. 175, 189.

56 Hennis, a.a.O. (s. Anm. 32). Ähnlich schon Heller, a.a.O. (s. Anm. 12), S. 255 ff.; Hesse, Normative Kraft (s. Anm. 3), S. 6 ff.; Scheuner, Staatslexikon (s. Anm. 18), Sp. 118 f.

der Verfassung. Der Versuch, Politik vollständig zu verrechtlichen, wäre vergebens; dies nicht nur in einem technischen, sondern durchaus in einem prinzipiellen Sinn: Politik als Rechtserzeuger transzendiert notwendig das positive Recht[57]. Insofern ist Verfassungswirklichkeit ein notwendiges Korrelat der normativen Verfassung, von ihr schon mitgedacht, nicht ihr Gegensatz.

4. Richtpunkte für Verfassungsänderungen

Auch Verfassungen, die sich im Rahmen ihres Leistungsvermögens halten, können änderungsbedürftig werden. Dennoch heißt es auch von Verfassungsänderungen, sie erschütterten das Vertrauen in die Verfassung[58]. Das Urteil wird aber nicht nur nie empirisch belegt, sondern abstrahiert auch so gründlich von den Faktoren, die Verfassungsänderungen hervorrufen, daß es getrost auf sich beruhen kann. Verfassungsnormen unterscheiden sich nicht prinzipiell, sondern nur graduell von anderen Rechtsnormen. Selbst wenn man sie als Ausformungen überzeitlicher Ideen gelten lassen wollte – was ohnedies nur auf einen sehr geringen Teil der Verfassungsartikel zutreffen könnte –, bleiben sie historische Ausprägungen dieser Ideen, die unzeitgemäß werden können. Ferner geht von der sich ändernden sozialen Wirklichkeit ein steter Normenbedarf aus. Zwar sind davon das Gesetz- und Verordnungsrecht stärker betroffen als die Verfassung. Aber auch sie bleibt nicht unberührt. Unwandelbarkeit ist nur um den Preis der Inhaltslosigkeit oder Stagnation zu haben. Je konkreter andererseits der Inhalt einer Verfassung ausfällt, um so stärker unterliegt sie den Zeitläuften[59].

Zwischen der Genauigkeit einer Verfassung und ihrer Ände-

57 Grimm, Recht und Politik, JuS 1969, S. 505.

58 Das bedarf keines ausführlichen Belegs. Als frisches Beispiel sei Werner Weber zitiert, häufige Änderungen schadeten dem Ansehen der Verfassung. (Das Problem der Revision und einer Totalrevision des Grundgesetzes, in: Festgabe für Maunz, 1971, S. 453. Zwei Seiten zuvor hatte es noch geheißen, die Mehrzahl der 29 Grundgesetz-Änderungen sei geräuschlos und von der Öffentlichkeit kaum bemerkt vonstatten gegangen.)

59 Vgl. Heller, a.a.O. (s. Anm. 12), S. 257; Ganshof van der Meersch, De l'influence de la Constitution dans la vie politique et sociale en Belgique, Revue de l'Université de Bruxelles 1954, S. 172 ff.

rungsbedürftigkeit besteht ein direkter Zusammenhang. Aussagen über die Nützlichkeit oder Verderblichkeit von Verfassungsänderungen lassen sich darum überhaupt nicht abstrakt, sondern nur mit Rücksicht auf die Eigenart der betroffenen Verfassung und ihre soziale Umwelt treffen. Deswegen sind auch die mahnenden Hinweise auf die amerikanische Verfassung von geringem Wert. Ihre Stabilität erklärt sich weniger aus einem besonders entwickelten Verständnis für das Wesen von Verfassungen als aus der thematischen Beschränkung und geringen Exaktheit. Gerade diese Eigenschaften erleichtern auch die amerikanische Verehrung für die Verfassung: Jeder kann sich in ihr wiederfinden. Auf diese Weise entfaltet sie zwar eine beachtliche politische Integrationskraft, ihre normative Potenz hingegen scheint begrenzt. Der optimale Ausgleich aber zwischen Dauerhaftigkeit und Bestimmtheit von Verfassungssätzen ist bisher kaum Gegenstand theoretischer Untersuchungen gewesen.

Wenn also auch Verfassungen vor dem zeitlichen Verwitterungsprozeß nicht gefeit sind, dann dürfte eine Verfassung, die chronisch umgangen wird oder fällige Reformen verhindert, den Verfassungsgedanken stärker schädigen als Verfassungsänderungen[60]. Damit ist freilich noch nichts über das Ausmaß von Änderungen gesagt. Vielmehr müssen sich aus Begriff und Funktion der Verfassung gerade auch Grenzen der Verfassungsänderung ableiten lassen. Hier setzt erst die eigentliche Fragestellung ein. Nicht Verfassungsänderungen möglichst zu verhindern, sondern legitime Änderungsprojekte von illegitimen, gebotene von überflüssigen zu scheiden, ist Aufgabe der Wissenschaft. Ehe die einzelnen Reformpläne für das Grundgesetz zur Debatte stehen, sollen auch dazu einige generelle Orientierungspunkte aufgestellt werden.

Bleibendes Ziel der Verfassung seit ihren Anfängen ist die Machtlimitierung. Daher erwecken Verfassungsänderungen Bedenken, die allein eine Vergrößerung der Macht oder Erleichterung der Machtausübung im Innern bezwecken. Stärkere Machtansamm-

60 Ähnlich Bäumlin, ZSR 87/1 (1968), S. 383; Hesse, Normative Kraft (s. Anm. 3), S. 16; Krüger, Verfassungswandlung und Verfassungsgerichtsbarkeit, in: Staatsverfassung und Kirchenordnung, Festgabe für Smend, 1962, S. 151 ff.; Spanner, a.a.O. (s. Anm. 3), S. 31; Scheuner, Das Grundgesetz in der Entwicklung zweier Jahrzehnte, AöR 95 (1971), S. 366 f.

lung oder Beseitigung von Schranken bedürfen eines außerhalb ihrer selbst gelegenen Ziels. Solche Ziele gibt es freilich. So hat zwar die Wiederbewaffnung der Bundesrepublik, die durch Grundgesetz-Änderung ermöglicht wurde, die Staatsmacht beträchtlich gestärkt. Es ging aber – wie immer man die Maßnahme politisch beurteilen mag – nicht darum, die innenpolitische Macht zu vergrößern. Sie trat vielmehr in den Dienst der Landesverteidigung und der Eingliederung der Bundesrepublik in das westliche Bündnis. Dieses Ziel kann allerdings selbst wieder auf seine Legitimität geprüft werden. Dagegen verfolgte der Entwurf der Bundesregierung zur Änderung des BVerfGG von 1955[61] – das zwar nicht formelles, aber nach übereinstimmender Ansicht materielles Verfassungsrecht ist – erkennbar die Absicht, einem der Regierung unbequemen Staatsorgan die Kompetenzen zu beschneiden[62]. Um Mißverständnissen vorzubeugen, soll betont werden, daß eine Machteinbuße des Bundesverfassungsgerichts, z.B. durch Abschaffung des *Judicial Review*, auch in einem demokratischen Staat westlicher Prägung legitim sein kann. Sie muß sich aber an einem Maßstab rechtfertigen, der nicht die Machtfülle der Regierung als Skala hat.

Weitere Schranken folgen aus dem normativen Charakter der Verfassung, an dem festgehalten wird. Sie beschreibt nicht Realität, sondern gibt einen Sollzustand an. Insofern ist sie in die Zukunft gerichtet und fortwährend auf Ausfüllung und Ergänzung in der Wirklichkeit angewiesen. Wer eine Darstellung des bestehenden politischen Systems sucht, muß sich an die Politikwissenschaft wenden, nicht die Verfassung aufschlagen. Ein Verfassunggeber, der die Wirklichkeit abbilden will, verurteilt sich selbst zur permanenten Verfassungsanpassung. Es erübrigt sich darum, Änderungen der politischen und sozialen Wirklichkeit oder der Auffassung von Normen und Institutionen, die zwar von der Verfassung nicht bedacht waren, sie aber auch nicht verletzen, zu registrieren[63]. Hennis hat die deutsche Neigung zur

61 BR-Drucks. 178/55.

62 Ausführliche Schilderung bei Laufer, Verfassungsgerichtsbarkeit und politischer Prozeß, 1969, S. 170ff.

63 Vgl. die in Anm. 60 Genannten, dazu Hennis, a.a.O. (s. Anm. 32), S. 19. Gegen bloße Registrierungen auch Heller, a.a.O. (s. Anm. 12), S. 249; Krüger, in: HdSW, Bd. XI, S. 74; Eichenberger, a.a.O. (s. Anm. 1), S. 451.

Verfassung als einem »politischen Grundbuch«[64] zu Recht angegriffen. Er wehrt sich deswegen z. B. gegen die Pläne, die Verbände wie zuvor schon die Parteien in der Verfassung zu verankern. In der Tat würde eine bloße verfassungsrechtliche Anerkennung der Verbände eher permissiv als bändigend wirken. Von der Anerkennung unterscheidet sich freilich der Versuch, bisher freie Kräfte nunmehr normativ zu regulieren.
Als Normgefüge ist die Verfassung aber nicht nur auf Ausfüllung durch die Wirklichkeit, sondern auch auf Auslegung und Fortentwicklung angewiesen. Der Verfassunggeber muß sich mit dem Eigenleben seines Produktes abfinden, ja einsehen, daß der stabilisierende Effekt von Normen gerade auf ihrer Emanzipationsfähigkeit von den Intentionen der Schöpfer beruht. Es wäre darum unrationell, Verfassungsänderungen vorzunehmen, wo ein Problem durch Interpretation bewältigt werden kann. Das wird bei den Grundrechten in der Regel möglich sein. Es gilt das Prinzip von der Verhältnismäßigkeit der Mittel, und die Verfassungsänderung ist stets das äußerste. Die Entscheidung hängt von der Frage ab, wann die Interpretation an ihre Grenzen stößt und der Unterschied zwischen Gesetzgeber und -anwender zu schwinden droht. Dieses Problem geht jedoch die juristische Hermeneutik an und wird hier nicht erörtert. Indessen kann die Arbeitsteilung versagen, weil Gerichte oder Rechtswissenschaft ein Problem gar nicht oder schlecht lösen. Der Verfassungsgesetzgeber darf in solchen Fällen nicht zum Stillhalten verdammt werden. In Wahrheit nimmt er hier freilich keine Verfassungsänderung, sondern eine authentische Interpretation vor. Das ist keine Frage der Gewaltenteilung, sondern der obersten Verantwortung für die Staats- und Gesellschaftsordnung. Die herrschende Ansicht erhebt darum gegen die authentische Interpretation mit Recht keine Einwände[65].
Schließlich zieht der Rang der Verfassung ihrer Änderung Schranken. Sie enthält jene Normen, die für die Gestaltung von Staat und Gesellschaft als fundamental angesehen werden und dem kurzfristigeren Geschäft der Gesetzgebung und Verwaltung Halt und Richtung geben sollen. Diese Funktion weist zugleich

64 Hennis, a.a.O. (s. Anm. 32), S. 17.
65 Vgl. Maunz/Dürig/Herzog, Grundgesetz, 2. Aufl. 1963 ff., Art. 79, Rdn. 13.

auf die größere Dauerhaftigkeit von Verfassungsrecht hin. Aus ihrer inhaltlichen Qualität nimmt die Verfassung die erhöhte Geltungskraft und die erschwerte Abänderbarkeit, nicht konstituieren umgekehrt diese Attribute Verfassungsrecht. Gegenstände momentanen Interesses sollten darum ebensowenig in die Verfassung aufgenommen werden wie Regelungen von geringer Bedeutung. Auf diese Weise würde die Notwendigkeit zur alsbaldigen Verfassungsänderung in der Verfassung selbst angebracht. Umgekehrt ist zu prüfen, ob bei Gelegenheit der Grundgesetz-Revision solche Artikel aus dem geltenden Recht eliminiert werden können[66].

Positiv gewendet: Verfassungsänderungen sind dann angebracht, wenn sich die Verfassung mit Zwangsläufigkeiten in Widerspruch befindet und so ihre Verletzung selbst heraufbeschwört oder wenn sie wünschbare Entwicklungen behindert und sich dadurch um ihre innere Legitimation bringt. Verfassungsänderung ist also Verfassungsverbesserung. Wer sie fordert, muß sich dreifach ausweisen: 1. durch die Legitimation seines Ziels; 2. durch die Demonstration, daß das Ziel mit einzelnen Verfassungsnormen kollidiert; 3. durch den Nachweis, daß die Lösung gerade vom Verfassungsrecht erbracht werden kann und sein Leistungsvermögen nicht überschreitet. Damit sind Änderungen in den Rahmen der Fundamentalsätze der Verfassung verwiesen, weil sonst keine Verfassungsverbesserung, sondern eine Verfassungsneuschöpfung vorläge. Dieses Problem der juristischen Grenzen der Verfassungsänderung ist ausreichend behandelt und wird nicht erneut aufgegriffen[67]. Die hier näher entwickelten Richtpunkte beanspruchen keine dogmatische Geltung, sondern entstammen der Verfassungslehre. Sie sind nun auf die Reformpläne für das Grundgesetz zu projizieren und dabei konkret zu machen. Dieser Versuch ist Aufgabe des zweiten Abschnittes dieser Abhandlung.

[Der zweite Teil wird hier nicht wiedergegeben.]

66 Hinweise bei Walter Strauss, Zwanzig Jahre Grundgesetz, in: Strauss/Hollerbach/Scheuner, Totalrevision des Grundgesetzes?, 1971, S. 19ff.

67 Zuletzt Ehmke, Grenzen der Verfassungsänderung, 1953.

13. Die Gegenwartsprobleme der Verfassungspolitik und der Beitrag der Politikwissenschaft

1. Zur Situation der Verfassungspolitik

Daß Verfassungen die Aufgabe haben, der Politik normative Fesseln anzulegen, bewahrt sie nicht davor, selbst wieder Gegenstand von Politik zu werden. Wie der Rechtstheorie heute besser bekannt ist als früher, führen Verfassungen kein normatives Eigenleben, sondern stehen in einer doppelten Verbindung zur Realität[1]. Aus einer bestimmten Vorstellung von gerechter Ordnung erwachsen und auf eine bestimmte Vorstellung von sozialer Wirklichkeit bezogen, lassen sie sich von ihren Entstehungsbedingungen nicht völlig ablösen. Diese bilden nicht einfach die den Normen vorausliegenden Regelungsmotive oder das ihnen gegenüberstehende Anwendungsfeld, sie konstituieren vielmehr ihren Sinn mit. Sozialer Wandel wirkt sich daher auch auf die Verfassung aus. Zwar beeinträchtigt er – vom Grenzfall der Obsolenz abgesehen – nicht ihre rechtliche Geltung, wohl aber ihren Sinn. Unverändert angewandt, können Normen dysfunktional werden. Die Folgen sind Rationalitätseinbußen des politischen Prozesses oder Umgehungen der Verfassung. So notwendig eine gewisse Statik für die Funktion der Verfassung ist, so erträglich scheint sie aus diesem Grund doch nur, wenn die Möglichkeit besteht, das Recht an veränderte Verhältnisse anzupassen. Teils können solche Anpassungen interpretativ erfolgen – das Grundgesetz sieht im Bundesverfassungsgericht eine eigene Instanz dafür vor –, ohne Vergewaltigung des Normtexts und des Demokratieprinzips jedoch nicht grenzenlos. Im übrigen müssen Verfassungsänderungen zulässig sein. Verfassungspolitik bedeutet deswegen keinen Angriff auf die Normativität der Verfassung, sie regeneriert vielmehr ihre normative Kraft unter veränderten Bedingungen.

Eine rationale Verfassungspolitik begegnet derzeit freilich be-

1 Vgl. dazu vor allem F. Müller, Normstruktur und Normativität, 1966; ferner Bäumlin, Staat, Recht und Geschichte, 1961; Grimm (Hg.), Rechtswissenschaft und Nachbarwissenschaften I, II, 1976.

trächtlichen Schwierigkeiten. Auf die Verfassung trifft nämlich ebenfalls zu, was für eine Anzahl politischer Institutionen seit längerem feststeht: es fehlt an einer Theorie, die ihre Funktion, ihr Leistungsvermögen und ihre Leistungsgrenzen hinlänglich erklärte[2]. Man kann über diesen Mangel nicht einfach zur Reformtagesordnung hinwegschreiten, denn anders als die weltweite Verbreitung des Verfassungsgedankens vermuten ließe, ist es keineswegs sicher, in welchem Maße Verfassungen noch ein geeignetes Instrument zur Politikrationalisierung sind. Verfassungen haben diese Aufgabe ja unter ganz bestimmten historischen Bedingungen übernommen, und es gibt keine Gewähr, daß sie sie für alle Zukunft behalten müßten. Verfassungen waren eine bürgerliche Errungenschaft[3]. Sie entstanden in dem Zeitpunkt, als es gelang, den umfassenden Gestaltungsanspruch des absoluten Fürstenstaats zu brechen und die bürgerliche Gesellschaft als autonome, eigenen Zwecken folgende Sphäre zu begründen. Soziale

2 Vgl. zum gegenwärtigen Stand der Verfassungstheorie etwa Hesse, Die normative Kraft der Verfassung, 1959; Forsthoff, Die Umbildung des Verfassungsgesetzes, Festschrift für Carl Schmitt, 1959; Hollerbach, Auflösung der rechtsstaatlichen Verfassung?, AöR 85 (1960), 248; Krüger, Verfassung, HdSW XI, 1961, 72; Scheuner, Verfassung, Staatslexikon VIII, [6]1963, 117; Lerche, Stiller Verfassungswandel als aktuelles Politikum, Festgabe Maunz, 1971; Grimm, Verfassungsfunktion und Grundgesetzreform, AöR 97 (1972), 489; Badura, Verfassung und Verfassungsgesetz, Festschrift für Scheuner, 1973; Luhmann, Politische Verfassungen im Kontext des Gesellschaftssystems, Der Staat 12 (1973), 1 und 165; Häberle, Zeit und Verfassung, ZfP 21 (1974), 111; Schneider, Die Verfassung – Aufgabe und Struktur, AöR Beiheft 1 (1974), 64; Badura, Verfassung, Ev. Staatslexikon, [2]1975, 2708; Hufen, Verfassungstheorie und Systemtheorie, AöR 100 (1975), 193; Suhr, Bewußtseinsverfassung und Gesellschaftsverfassung, 1975; F. Müller, Recht – Sprache – Gewalt. Elemente einer Verfassungstheorie I, 1975, und Juristische Methodik und Politisches System. Elemente einer Verfassungstheorie II, 1976. Einige dieser und weitere Arbeiten bei Friedrich (Hg.), Verfassung, 1978.

3 Forsthoff, Begriff und Wesen des sozialen Rechtsstaats, VVDStRL 12 (1954); Die Umbildung des Verfassungsgesetzes, Festschrift für Carl Schmitt, 1959; Der introvertierte Rechtsstaat und seine Verortung, Der Staat 2 (1963), 385; Zur heutigen Situation einer Verfassungslehre, Epirrhosis, Festgabe für Carl Schmitt, 1968; alle auch in: Forsthoff, Rechtsstaat im Wandel, [2]1976.

Gerechtigkeit erschien in dieser Situation als Problem der Gewährleistung der gesellschaftlichen Autonomie und der Beschränkung des Staates auf ihren Schutz vor Störungen. Die Aufgaben waren so beschaffen, daß sie durch Rechtsnormen unmittelbar gelöst werden konnten. Grundrechte grenzten die bürgerliche Gesellschaft vom Staat ab, dessen Tätigkeit dadurch zum »Eingriff« wurde, und Organisationsnormen garantierten, daß Eingriffe, wenn sie im Interesse der Aufrechterhaltung der gesellschaftlichen Autonomie unerläßlich waren, nur aufgrund einer im Gesetz generell erteilten Ermächtigung der bürgerlichen Gesellschaft erfolgten.

Nachdem sich die mit dem liberalen Sozialmodell verbundenen Erwartungen nicht erfüllt haben, ist wieder anerkannt, daß soziale Gerechtigkeit nicht automatisch aus gesellschaftlicher Autonomie folgt, sondern politisch hergestellt werden muß. Diese Aufgabe läßt sich im Gegensatz zu der der Schrankenziehung nicht mehr unmittelbar durch Verfassungsrecht erfüllen. Die Verfassung kann vielmehr nur Ziele vorgeben und Richtlinien aufstellen, die aber stets auf politische Vermittlung angewiesen bleiben. Anders als bei der Beobachtung rechtlicher Schranken genießen die staatlichen Organe indes bei der Verwirklichung normativer Prinzipien stets einen relativ weiten Spielraum. Sie lassen nicht nur Platz für verschiedene Konkretisierungsvarianten, sondern treten auch unter die Maßgabe des jeweils Möglichen. Für die Verfassung folgt daraus, daß sie im Sozialstaat, verglichen mit dem bürgerlichen Rechtsstaat, an unmittelbarer Bindungskraft und normativer Intensität einbüßt. Im selben Maß, wie die Staatsaufgaben wachsen, nimmt ihre Rationalisierbarkeit mittels Verfassungsrecht ab. Forsthoff, der sich als erster mit dieser Situation befaßte, wollte daraus den Schluß ziehen, daß die Verfassung nur als rechtsstaatliche denkbar sei und sich anderen, insbesondere sozialstaatlichen Zwecken nicht öffne. Der Preis bestünde freilich im Verzicht auf die positive Anleitung politischer Gestaltungsaufgaben. Die Verfassung bliebe in ihrer Beschränkung auf Handlungsgrenzen und Verfahrensvorschriften weitgehend formal und müßte die Politikinhalte gänzlich der Parteienkonkurrenz überlassen.

Damit wird es weder für erstrebenswert noch möglich erklärt, daß die Verfassung staatliches Handeln inhaltlich vorwegbestimmen, Politik also auf Verfassungsvollzug reduzieren sollte. Andererseits haben aber gerade die neueren Forschungen von Politikwissenschaft und Staatsrechtslehre bestätigt, daß staatsfreie Räume und Verfahrensregelungen, wie sie die bürgerlich-rechtsstaatliche Verfassung charakterisierten, ihren Sinn nur unter bestimmten Zusatzvoraussetzungen erfüllen können. So wird heute kaum noch bestritten, daß die mittels Grundrechten gesicherten Bereiche staatsfreier Selbstbestimmung nur dann ihr Ziel personaler Freiheit erreichen, wenn sie auch gegen gesellschaftliche Macht geschützt und materiell soweit fundiert werden, daß der Einzelne von seiner Freiheit Gebrauch machen kann. Ebenso ist heute erkannt, daß die demokratischen Verfahrensregeln ihren Zweck der Rückkopplung der staatlichen Entscheidungsträger an die Interessen der Bevölkerung nur dann zu erfüllen vermögen, wenn sie unter anderem auf einer relativ unverzerrten und offenen Kommunikationsstruktur basieren. Diese Gelingensvoraussetzungen sind spätestens seit der Industriellen Revolution nicht mehr selbstverständlich. In einer solchen Lage kann die Verfassung die Bedingungen ihrer eigenen Sinnerfüllung aber nicht einfach ignorieren. Grundrechte und Verfahrensbestimmungen verlangen zusätzliche Vorkehrungen, deren Herstellung nicht in politisches Belieben gestellt, sondern selbst verfassungsrechtlich geboten ist.

Forsthoffs Behauptung, daß sich die Verfassung für solche Aufgaben nicht eigne, ist unbegründet. Nicht nur formale Handlungsschranken und Verfahrensvorschriften, sondern auch materiale Gestaltungsprinzipien, die vom Konsens der Gesellschaft getragen sind, können normative Kraft entfalten, wenngleich sie nicht unmittelbar zur richterlichen Subsumtion auf einen Streitfall taugen. In der Streitentscheidung liegt aber nicht die einzige Aufgabe der Verfassung. Die materialen Gestaltungsprinzipien richten sich vielmehr in erster Linie an den Gesetzgeber, scheiden bestimmte Gestaltungsmöglichkeiten aus dem Kreis der zulässigen Alternativen aus und nennen für andere eine Zielrichtung. Auf diese Weise reduzieren sie die Entscheidungslast der politischen Instanzen. Sie sind nicht mehr Themen, sondern Prämissen der Politik. Die Verfassung nimmt dadurch freilich programmatische Züge an. Das geht auf Kosten ihrer Eindeutigkeit. Es wird leichter, für unterschiedliche politische Absichten Verfassungsaufträge zu reklamieren. Auch die politische Bedeutung der Verfassungsgerichtsbarkeit wächst. Der Preis muß aber gezahlt werden, wenn man an der rechtsnormativen Legitimierung und Limitierung der Politik unter veränderten Bedingungen festhalten und Demokratie und Rechtsstaat nicht zur Hülse weitgehend beliebiger Inhalte machen will. Es kann nicht darum gehen, die Verfassung von inhaltlichen Festlegungen möglichst frei zu halten, sondern nur das rechte Maß zwischen Formalität und programmatischer Überfrachtung zu finden.

Einer zeitgemäßen Verfassungstheorie ist damit allerdings erst der Weg gewiesen, ihre Ausarbeitung steht noch bevor. Besondere Schwierigkeiten ergeben sich dabei aus dem Umstand, daß Verfassungen, die nicht nur Schranken ziehen und Verfahren regeln, sondern Zielvorgaben und Handlungsdirektiven enthalten, sich in viel höherem Maße auf die soziale Wirklichkeit einlassen müssen als ihre liberalen Vorgänger. Der Grad der Normverwirklichung wird durch die Eigengesetzlichkeiten des Regelungsgegenstandes mitbestimmt. Daraus resultieren Leistungsgrenzen der Verfassung. Genaueres ist darüber indes nicht bekannt. Die Möglichkeit von Realitätsänderungen durch Verfassungsänderungen, die Gelingensvoraussetzungen von Verfassungsrecht, die Beziehungen zwischen normativen Regelungen und anderen Steuerungsmitteln sind noch weitgehend unerforscht. Kenntnisse über diese Zusammenhänge wären aber eine wichtige Voraussetzung effektiver Verfassungspolitik, und der rationale Einsatz von Verfassungsrecht leidet unter dem Mangel beträchtlich. Die Politikwissenschaft hat zur Beantwortung solcher Fragen bislang wenig beigetragen. Zwar findet eine Reihe verfassungsrechtlicher Institutionen und Prozeduren wie Wahlen, Parlamente, Gesetzgebung das Interesse der Disziplin, die Verfassung als solche indessen kaum[4]. Verfassungspolitik kann freilich nicht ausgesetzt werden, bis die Theoriebildung abgeschlossen ist. Dafür haben sich trotz der relativ kurzen Geltungsdauer des Grundgesetzes und verhältnismäßig zahlreicher Verfassungsänderungen zu viel drängende Probleme angesammelt.

4 Eine wichtige Ausnahme macht Hennis, Verfassung und Verfassungswirklichkeit, 1968. Dazu die Rezensionen von Böckenförde, Der Staat 9 (1970), 533, und Hesse, AöR 96 (1971), 137.

II. Verfassungspolitische Probleme

1. Funktionswandel des Staates als Ursache verfassungspolitischer Probleme

Daß es sich bei den Problemen nicht nur um Einbildungen der Wissenschaft handelt, zeigt die Einsetzung einer Enquete-Kommission des Bundestages, die von 1971 bis 1976 über eine Revision des Grundgesetzes beriet[5]. Die Grundprinzipien der Verfassung blieben von dem Auftrag freilich ausgenommen. Dieser Umstand deutet daraufhin, daß die Reforminitiative ihren Grund weniger in einem Wandel der politischen Ordnungsvorstellungen als in Veränderungen der sozialen Wirklichkeit hat. Zwar fehlt es auch an Veränderungen der Wertmaßstäbe nicht. Zum einen sind die historischen Erfahrungen der Weimarer Demokratie und der nationalsozialistischen Diktatur, die das Grundgesetz stark geprägt haben, nicht mehr in gleicher Weise lebendig wie 1949. Eine Reihe von Kautelen gegen die Wiederholung dieser Ereignisse scheint dadurch an Evidenz verloren zu haben. Zum anderen hat sich mit der Ausweitung des politischen Spektrums der Bundesrepublik seit den späten sechziger Jahren auch die Aufmerksamkeit für die strukturellen Bedingungen sozialer Benachteiligungen und die gesellschaftlichen Voraussetzungen demokratischer Politik geschärft. Indessen sind gerade die sozialreformatorischen und demokratisierenden Bestrebungen, wie sie insbesondere das Programm der seit 1969 regierenden sozialliberalen Koalition anfangs stark bestimmten, nicht in Konfrontation zur Verfassung entwickelt, sondern im Gegenteil als die bis dahin versäumte »Erfüllung« des Grundgesetzes ausgegeben worden. Die ausdrückliche Ablehnung der grundgesetzlichen Wertvorstellungen blieb auf wenige extreme Gruppen beschränkt, während die Wertdivergenzen der übrigen den Verfassungskonsens nicht sprengten, sondern erst auf der Ebene der Verfassungsinterpretation zum Vorschein kamen, wie die Häufung politisch brisanter Verfassungsprozesse indiziert.

Die aktuellen Probleme der Verfassungspolitik sind dagegen größ-

5 Einsetzung 1970, Deutscher Bundestag, Sten. Protokolle 6/3893; Zwischenbericht von 1972, BT-Drucks. 6/3829; Neukonstituierung 1973, Sten. Protokolle 7/799 A; Schlußbericht 1976, BT-Drucks. 7/5924.

tenteils die Folge der weiter steigenden Komplexität der sozioökonomischen Strukturen und Funktionen[6]. Sie erhöht einerseits die Differenzierung und damit Leistungsfähigkeit des Systems, andererseits aber auch die Interdependenz und damit Störungsanfälligkeit. Dadurch nimmt der Steuerungsbedarf des sozio-ökonomischen Systems zu, während gleichzeitig die systemeigenen Steuerungsmittel, namentlich der Markt, an Wirksamkeit verlieren. Der Staat springt in die Bresche. Er verändert dadurch freilich sein Aussehen und tritt nicht mehr als Garant einer vorausgesetzten und unabhängig von ihm funktionierenden Sozialordnung auf, sondern muß die Ordnung allererst herstellen. Diese Entwicklung hat bereits im vorigen Jahrhundert eingesetzt, und die Epoche des Liberalismus, wie prägend sie auch immer für unsere politische und verfassungsrechtliche Vorstellungswelt war, scheint ihr gegenüber eher episodisch. Es spricht aber vieles dafür, daß gegenwärtig abermals ein Qualitätssprung stattfindet. Dem Staat, der seine Aufgaben noch bis in die sechziger Jahre durch korrigierende oder reparierende Interventionen lösen konnte, wird nun die umfassende Verantwortung für die gesellschaftliche Entwicklung aufgebürdet. Im einzelnen geht es dabei vor allem um die Bereitstellung der infrastrukturellen Vorleistungen des Wirtschaftswachstums sowie die Abdeckung seiner externen Folgekosten wie etwa der Umweltbelastung, die Erhaltung der Wettbewerbsfähigkeit der einheimischen Wirtschaft in einer sich zunehmend verflechtenden Weltwirtschaft, den Ausgleich konjunktureller Schwankungen durch Steuer- und Fiskalpolitik und prospektive Risiko-

6 Vgl. zum Folgenden aus der umfangreichen Literatur etwa Arndt, Staat und Wirtschaft, studium generale 21 (1968), 712; Luhmann, Soziologie des politischen Systems, KZSS 20 (1968), 705; Offe, Politische Herrschaft und Klassenstrukturen, in: Kress/Senghaas (Hg.), Politikwissenschaft, 1969; Hirsch, Wissenschaftlich-technischer Fortschritt und politisches System, 1970; Forsthoff, Der Staat der Industriegesellschaft, 1971; Offe, Strukturprobleme des kapitalistischen Staates, 1972; Hirsch, Staatsapparat und Reproduktion des Kapitals, 1974; Grottian/Murswieck (Hg.), Handlungsspielräume der Staatsadministration, 1974; Narr (Hg.), Politik und Ökonomie – autonome Handlungsmöglichkeiten des politischen Systems, 1975; Abromeit, Zum Verhältnis von Staat und Wirtschaft im gegenwärtigen Kapitalismus, PVS 17 (1976), 2; V. Brandes u. a. (Hg.), Staat, 1977; Böckenförde (Hg.), Staat und Gesellschaft, 1977; weitere Angaben in Anm. 8.

vorkehrungen ebensowohl im Interesse der Beschäftigten wie der Unternehmer.
Diese Aufgaben sind nicht länger punktuell begreifbar. Sie haben sich bereits zu einer Globalverantwortung des Staates für wirtschaftliche Prosperität und soziale Sicherheit verdichtet. Insoweit bleibt dem Staat keine Wahl. Bestand und Legitimität des politischen Systems hängen zu einem Gutteil von der Bewältigung dieser Aufgaben ab. Sie sind nicht mehr Thema, sondern Prämisse der Verfassungspolitik. Der Staat reagiert auf die neuen Anforderungen mit einem neuen Instrumentarium, der Globalsteuerung und Planung[7]. Das Instrumentarium markiert den endgültigen Übergang von reaktiver zu aktiver Politik. Es ist darauf angelegt, Krisen zuvorzukommen und die Entwicklung ganzer Sozialbereiche unter Vermeidung unerwünschter Nebenwirkungen in anderen Bereichen auf bestimmte Ziele hin zu steuern. Das hat unabhängig von dem Perfektionsgrad heutiger Planungstechniken und den externen Restriktionen bei der Zielverwirklichung zwei wichtige Folgen. Einmal weitet sich das Gebiet, in dem politisch entschieden werden muß, auf Kosten der bloßen Verwaltung aus. Zahlreiche Sektoren, die sich lange Zeit relativ politikfern entwickelt hatten, sind binnen kurzem Gegenstand von Reformen geworden. Zum anderen nimmt eine Politik, die Sozialbereiche nicht lediglich in ihrem Bestand garantiert, sondern planmäßig umgestaltet, an Konkretheit zu. Damit wächst aber sowohl der Grad der Betroffenheit von politischen Planungen als auch das Konfliktpotential bei ihrer Verwirklichung. Politik wird umstrittener. Der Legitimationszwang steigt.
Legitimität ist freilich unter den Bedingungen einer quantitativ und qualitativ wachsenden Politisierung schwerer zu haben[8]. Je

7 Vgl. aus der umfangreichen Planungsliteratur etwa Ellwein, Politik und Planung, 1968; Ronge/Schmieg (Hg.), Politische Planung in Theorie und Praxis, 1971; Lompe, Gesellschaftspolitik und Planung, 1971; Tenbruck, Zur Kritik der planenden Vernunft, 1972; Scharpf, Planung als politischer Prozeß, 1973; Ronge/Schmieg, Restriktionen politischer Planung, 1973; Schäfers (Hg.), Gesellschaftliche Planung, 1973; Naschold/Väth (Hg.), Politische Planungssysteme, 1973; Grottian, Strukturprobleme staatlicher Planung, 1974; Luhmann, Politische Planung, [2]1975. Zur verfassungsrechtlichen Problematik der Planung s. die Hinweise in Anm. 18.
8 Vgl. dazu außer den in Anm. 6 Genannten etwa Habermas, Legitima-

mehr sich der Staat den ökonomischen Imperativen fügt und die Globalverantwortung für die ökonomische und soziale Entwicklung übernimmt, desto mehr werden auch wirtschaftliche Mißerfolge ihm zugerechnet. Damit wächst ihm jedoch die Verantwortung für Ereignisse zu, die seinem Einfluß nur begrenzt unterliegen. Die Ausweitung der Staatsaufgaben ist nämlich nicht mit einer entsprechenden Vergrößerung der Staatsbefugnisse einhergegangen. Nach wie vor sichern Grundrechte dem Einzelnen wie den gesellschaftlichen Gruppen eine Handlungsfreiheit, die ihr Anwendungsfeld gerade auch im wirtschaftlichen Bereich hat. Der Staat kann sich daher zur Erfüllung seiner neuen Aufgaben nur begrenzt der traditionellen staatlichen Mittel von Befehl und Zwang bedienen und ist überwiegend auf indirekt wirkende Steuerungsmaßnahmen, insbesondere die Setzung von Motivationsdaten angewiesen. Die Sanktion bleibt gleichwohl gebieterisch. Sie besteht im Legitimationsentzug. Da dieser in Systemen mit Parteienkonkurrenz und Wahlmöglichkeiten folgenreicher als in Einparteiensystemen ist, bemühen sich die staatlichen Institutionen um die Folgebereitschaft der wirtschaftlichen Entscheidungsträger, die dadurch freilich die Chance bevorzugter Berücksichtigung ihrer Interessen erhalten. Bei dieser Entwicklung, deren Erhellung im wesentlichen ein Verdienst der Politikwissenschaft der letzten Jahre ist, während die Staatslehre aus der gleichnamigen juristischen Disziplin weitgehend abgewandert ist, geht es nicht um den Grad der staatlichen Abhängigkeit, der zu den beliebtesten Streitgegenständen des Fachs gehört, und auch nicht um die Frage, ob der »Staat der Industriegesellschaft« seinen Namen noch verdient, die die konservative Staatslehre bewegt, sondern um die Rückwirkungen auf das geltende Verfassungsrecht.

Solche Rückwirkungen können in verschiedener Weise auftreten. Zum Teil geraten Verfassungsbestimmungen mit sozialen Tendenzen in offenen Widerspruch und provozieren, wenn verfassungspolitische Korrekturen ausbleiben, nachgerade Verfas-

tionsprobleme im Spätkapitalismus, 1973; Guggenberger, Wem nützt der Staat?, 1974; Offe/Narr (Hg.), Wohlfahrtsstaat und Massenloyalität, 1975; Kielmannsegg (Hg.), Legitimationsprobleme politischer Systeme, 1976; Ebbighausen (Hg.), Bürgerlicher Staat und politische Legitimation, 1976; generell Dux, Strukturwandel der Legitimation, 1976.

sungsumgehungen. So verhielt es sich beispielsweise beim Föderalismus. Zum größten Teil wird das Verfassungsrecht jedoch nicht unmittelbar in Frage gestellt. Die verfassungsrechtlichen Institutionen und Prozeduren funktionieren vielmehr wie gewohnt, sie erfassen aber politische Phänomene nicht, die jünger als die Verfassung sind. Diese können sich sozusagen naturwüchsig entfalten und damit die Wirkung normativer Regelungen verkürzen. Das trifft etwa für die Planung zu, die sowohl das Demokratie- als auch das Rechtsstaatsprinzip partiell unterläuft. Teils erweist sich Verfassungsrecht schließlich angesichts neuer Entwicklungen als zu kurz dimensioniert. Wichtige Gelingensvoraussetzungen bleiben, weil sie bei Erlaß der Verfassung noch nicht als problematisch empfunden wurden, außerhalb ihrer Reichweite. Das ist etwa beim Demokratieprinzip und bei manchen Grundrechten der Fall. Legt man die Verfassung nicht auf ihre rechtsstaatliche Erscheinungsform fest oder verengt sie gar auf eine Spielregelsammlung, sondern versteht sie primär als materielle Grundlage der Ordnung von Staat und Gesellschaft, dann werden nicht nur offensichtliche Widersprüche zwischen Recht und Wirklichkeit, sondern auch Regelungslücken und Regelungsverkürzungen, die die Wirksamkeit verfassungsrechtlicher Prinzipien schmälern, zum verfassungspolitischen Problem.
Die Intensität der Rückwirkungen hängt davon ab, in welchem Maß fundamentale Verfassungsprinzipien durch den sozialen Wandel in ihrer Wirksamkeit geschmälert werden. Solche fundamentalen Prinzipien sind in der Bundesrepublik repräsentative Demokratie und sozialer Rechtsstaat. Das Grundgesetz sucht sie dadurch zu verwirklichen, daß es politische Herrschaft an einen revozierbaren Auftrag des Volkes bindet und zur Sicherung des Volksvorrangs gegenständlich begrenzt. Es errichtet zu diesem Zweck ein System der Parteienkonkurrenz um die staatlichen Ämter bei gleichzeitigem Verbot, den Prozeß der Meinungsbildung und Interessenwahrnehmung staatlich zu reglementieren, sowie eine Vielzahl sachlicher, räumlicher und funktioneller Handlungsschranken, die nicht nur Machtkonzentration verhindern, sondern auch Interessentendruck verteilen, Kontrollpotentiale verstärken und Mitwirkungsansätze verbreitern sollen. Staatliches Handeln fordert auf diese Weise in der Regel ein Zusammenwirken verschiedener in ihrem Kompetenzbereich selbständiger Entscheidungsträger. Dessen ungeachtet vermeidet das

Grundgesetz aber eine Vermischung der aus den Wahlen hervorgegangenen Mehrheiten und Minderheiten. Mehrheiten müssen sich von Minderheiten zur Rechenschaft ziehen, kritisieren und mit Alternativen konfrontieren lassen, sind aber zur Durchsetzung ihrer Ziele nicht auf deren Einverständnis angewiesen. Lediglich bei Verfassungsänderungen und Personalentscheidungen für Institutionen, die den parteipolitisch besetzten Organen gerade als Prüfer gegenübergestellt sind wie das Bundesverfassungsgericht, werden Mehrheit und Minderheit zur Verständigung gezwungen. Im übrigen bleiben jedoch die Verantwortlichkeiten unterscheidbar. Gerade diese für das Funktionieren des Systems bedeutsame Unterscheidung[9] scheint aber mit der Veränderung der Staatsaufgaben besonders in Gefahr zu geraten.

2. Entwertung des Konkurrentenprinzips durch Verbundtendenzen

Am deutlichsten zeigt sich die Vermischung von Verantwortlichkeiten in der föderalistischen Struktur der Bundesrepublik. Der Föderalismus war dasjenige Prinzip, unter dem es im 19. Jahrhundert gelang, das Bedürfnis nach nationaler Einheit mit der Existenz souveräner Einzelstaaten zu verbinden. Sein soziales Substrat bildeten ethnische, kulturelle und religiöse Eigenheiten, in denen die Bevölkerung ihre Identität fand und die sie deswegen nicht in einem Einheitsstaat aufgehen lassen wollte. Obwohl diese Voraussetzungen nach dem Zweiten Weltkrieg stark geschrumpft waren, hielt das Grundgesetz an dem traditionellen dualistischen Föderalismus fest. Dieser beruht auf einer Teilung der Gesetzgebungs- und Verwaltungskompetenzen bei getrennter Finanzierung und Verantwortung. Die Länder erhielten im Bundesrat zwar Mitsprache bei der Bundesgesetzgebung, wie umgekehrt der Bund die Verwaltung seiner Gesetze durch die Länder beeinflussen konnte. Doch ging man davon aus, daß die Autonomie der

9 Vgl. dazu vor allem Lehmbruch, Proporzdemokratie, 1961; Consociational Democracy, Class Conflict, and the New Corporation, IPSA paper, 1974; A Non-Competitive Pattern of Conflict Management in Liberal Democracies, in: McRae (Hg.), Consociational Democracy, 1974; Parteienwettbewerb im Bundesstaat, 1976.

Bereiche dadurch nicht beeinträchtigt würde. Unterdessen ist dieses System von der sozialen, ökonomischen und technischen Entwicklung aber weiter überholt worden. Einerseits ging der Anteil der Staatsaufgaben, die sich länderweise lösen ließen, zurück. Gerade bei den mit der Globalsteuerung verbundenen Maßnahmen ist bundesweite und häufig schon internationale Geltung Effizienzvoraussetzung. Andererseits änderten sich die Erwartungen der Bevölkerung, die zusehends gleichwertige Lebens-, Erwerbs- und Ausbildungsbedingungen über die Bewahrung regionaler Eigenarten stellte.

Unter dem Druck dieser Verhältnisse setzte schon bald nach Gründung der Bundesrepublik eine schleichende Umwandlung des Föderalismus ein, der das Grundgesetz eher nacheilte als den Weg wies[10]. Schöpfte der Bund zunächst den Bereich der konkurrierenden Gesetzgebung fast völlig aus, so ließ er sich alsbald auch genuine Länderkompetenzen übertragen. Von den mittlerweile vierunddreißig Grundgesetzänderungen betreffen nicht weniger als zwanzig unmittelbar die Aufgabenverteilung zwischen Bund und Ländern. Schwerer als diese punktuellen Verschiebungen trafen den dualistischen Föderalismus aber die an der Verfassung vorbeilaufenden Unitarisierungstendenzen. Von beiden Seiten betrieben, äußerten sie sich darin, daß die Länder immer stärker zur Selbstkoordination schritten, während der Bund Verwaltungsabkommen und Dotationen in den Dienst der Vereinheitli-

10 Die grundlegende Analyse bei Hesse, Der unitarische Bundesstaat, 1962. Auch später blieb das Thema überwiegend in juristischer Hand, vgl. etwa Scheuner, Wandlungen im Föderalismus der Bundesrepublik, DÖV 1966, 518; Kommission für die Finanzreform, Gutachten über die Finanzreform in der Bundesrepublik Deutschland, 1966; Grawert, Verwaltungsabkommen zwischen Bund und Ländern, 1967; Hirschmüller, Die Konferenzen der Ministerpräsidenten und Ressortminister, Diss. jur., Tübingen 1967; Kunze, Kooperativer Föderalismus in der Bundesrepublik, 1968; Tiemann, Gemeinschaftsaufgaben von Bund und Ländern, 1969; Hesse, Aspekte des kooperativen Föderalismus in der Bundesrepublik, Festschrift für Gebhard Müller, 1970; Kisker, Kooperation im Bundesstaat, 1971; Scheuner, Kooperation und Konflikt, DÖV 1972, 585; Frowein, Gemeinschaftsaufgaben im Bundesstaat, VVDStRL 31 (1972); Fröchling, Der Bundesrat in der Koordinierungspraxis von Bund und Ländern, 1972. Ein guter Überblick über die Entwicklung seit Erlaß des GG jetzt bei Lehmbruch, Parteienwettbewerb im Bundesstaat, 1976, 72 ff.

chung stellte. Der kooperative Föderalismus war auf diese Weise politische Wirklichkeit, ehe ihn die Grundgesetzänderung von 1969 auch juristisch sanktionierte. Ausgelöst durch die 1966/67 offenkundig gewordene Gefährdung effektiver Konjunkturpolitik bei fortbestehender Finanzautonomie der Länder, konnte sie allerdings nicht bei der freiwilligen Unitarisierung stehenbleiben, sondern mußte zur obligatorischen Zentralisierung übergehen. Wegen der verfassungsrechtlichen Schranke des Art. 79 III GG war das freilich nur durch eine Verfestigung der »Dritten Ebene« möglich. Obwohl die Reform die Bereiche gemeinschaftlichen Handelns kasuistisch zu begrenzen suchte, war doch bald erkennbar, daß von der Verbundpolitik ein Sog ausging, der auch solche Aufgaben erfaßte, die weiterhin autonom wahrgenommen werden sollten. Ungeachtet der grundgesetzlichen Bestimmungen sind neben der Außen- und Verteidigungspolitik nur noch wenige Gebiete übriggeblieben, in denen Bund und Länder bei der Planung, Finanzierung und Durchführung von Maßnahmen nicht in irgendeiner Form zusammenwirken, so daß der kooperative Föderalismus, kaum daß er juristisch hergestellt war, faktisch schon wieder überholt schien.

Die Grundgesetz-Änderung von 1969 ging deswegen bereits mit der Warnung einher, daß sie über kurz oder lang weitere Reformen nötig machen würde, und es ist bekannt, daß es in der Tat die Probleme des Föderalismus waren, die schon wenig später zur Einsetzung der Enquete-Kommission führten und deren Beratungen trotz der thematischen Ausweitung des Auftrags weitgehend bestimmten. Als die Enquete-Kommission ihre Arbeit aufnahm, konnte sie sich allerdings ebensowenig auf politologische Forschungen stützen wie zuvor die Troeger-Kommission, die die Verfassungsänderung von 1969 vorbereitet hatte. Föderalismus bildete zu dieser Zeit kein Thema der Politikwissenschaft[11]. Für die Verfassungspolitik wirkte sich dieser Mangel doppelt nachteilig aus. Zum einen fehlte es an empirischen Analysen des tatsächlichen Verflechtungsgrads im Bund-Länder-Verhältnis und besonders der Folgen, die mit dem Übergang zur Mischverantwortung für die Problemlösungskapazität des politischen Systems,

11 Bezeichnenderweise wurde eine Trendanalyse über die Entwicklung des Bundesstaates nicht an Politologen, sondern Juristen vergeben, s. Thieme, Föderalismus im Wandel, 1970.

aber auch für die verfassungsrechtlich verbindlichen Systemziele, namentlich das Demokratieprinzip, verbunden waren. Zum anderen herrschte keine Klarheit darüber, worin der Sinn des Föderalismus bestehen konnte, nachdem seine traditionelle Verwurzelung in landsmannschaftlichen und kulturellen Eigenarten weitgehend abgestorben war. Am häufigsten wurde darauf hingewiesen, daß die bundesstaatliche Struktur eine zusätzliche Form der Gewaltenteilung bilde und damit den Schutz der individuellen Freiheit begünstige. Es kamen aber auch die innovationsfördernden Kräfte des politischen Wettbewerbs unter den Ländern, die Ermöglichung von Experimenten in kleinerem Rahmen, die Bürgernähe und Verbreiterung von Mitwirkungschancen für den Einzelnen, die Ventilfunktion gegen Oppositionsfrustrationen etc. zur Sprache.

Erst neuerdings bringen politikwissenschaftliche Untersuchungen zum Vorschein, daß gerade diese Vorzüge des Föderalismus von der heute geübten Verflechtungspraxis in Frage gestellt werden[12]. Die mit ihr verbundenen Kooperationszwänge haben einen außerordentlich hohen Konsensbedarf zur Folge, der freilich weniger in der Bevölkerung als im Staatsapparat selbst anfällt. Politische Entscheidungen im Verflechtungsbereich sind in aller Regel das Ergebnis eines Kompromisses unterschiedlicher parteipolitischer Konzepte. Damit wird der innovationsfreundliche Wettbewerb aber zugunsten einer Politik verlassen, in der jede Neuerung oder selbst die Änderung einmal gefundener Einigungsformeln schwer, die Verständigung auf dem kleinsten gemeinsamen Nenner dagegen üblich ist. Die Gewaltenteilung verwandelt sich in eine Gewaltbeteiligung aller politischen Kräfte, die die Einwirkungschancen der Bürger stark herabsetzt. Da sowohl die Parteivorstellungen als auch die Bundes- und Länderinteressen bereits auf der politisch-administrativen Ebene ausgeglichen werden und das Ergebnis als Gemeinschaftswerk auftritt, ist weder ein hinreichend identifizierbarer Adressat für öffentliche Meinung und Interessenartikulation noch ein greifbares Zurechnungssubjekt für

12 Vgl. Scharpf/Reissert/Schnabel, Politikverflechtung, 1976, und dies. (Hg.), Politikverflechtung, II. Kritik und Berichte aus der Praxis, 1977; Lehmbruch, Parteienwettbewerb im Bundesstaat, 1976; ferner Scharpf, Alternativen des deutschen Föderalismus, Die Neue Gesellschaft 1974, 237.

Verantwortung und Kontrolle vorhanden. Im Vorbereitungsstadium können Bevölkerungsinitiativen auf zahlreiche Entscheidungsträger verteilt und damit entschärft werden. Im Rechtfertigungsstadium können die Beteiligten die Haftung für Mißerfolge untereinander hin- und herschieben, während Erfolge für jeden reklamierbar sind. Gerade darin scheint indes der Reiz für die Akteure zu liegen, die sich im Verbund gegen Risiken weitgehend abgesichert sehen. Nachdem dieses System relativ unkritisiert entstehen konnte, scheint jetzt eine Umkehr aus subjektiven und objektiven Gründen schwer. Wenngleich die politologischen Forschungen gezeigt haben, daß die Verflechtung auch in Bereiche vorgedrungen ist, wo sie nicht von der Problemlage erzwungen war, so bleibt doch die Tatsache bestehen, daß die Zahl der regional radizierbaren Probleme ebenso wie die Vorliebe für regionale Eigenarten weiter abnimmt. Aus diesem Grunde könnte auch eine Neugliederung und finanzielle Stärkung der Länder nur bedingt Abhilfe schaffen. Überzeugende verfassungspolitische Alternativen, die sowohl die Verflechtungszwänge als auch deren Nachteile verarbeiteten, stehen vielmehr noch aus.

Unterdessen setzen sich die Tendenzen zur Vermischung von Mehrheit und Minderheit auf der Bundesebene fort. Am auffälligsten wird das neuerdings im Verhältnis von Bundestag und Bundesrat[13]. Hatte der Bundesrat seinen Einfluß auf die Bundesgesetzgebung durch eine extensive Interpretation des Art. 84 I GG ohnedies schon stark ausgedehnt, so kam es als verfassungsrechtliche Kompensation für die ständige Verlagerung von Länderkompetenzen auf den Bund zu einem abermaligen Anstieg seiner Vetorechte. Obwohl diese Regelung ihren Sinn aus der föderalistischen Struktur der Bundesrepublik ableitet und den Ländern, die nach Art. 83 GG auch im Gesetzgebungsbereich des Bundes die Verwaltungskompetenz besitzen, eine Berücksichtigung ihrer Interessen und Erfahrungen sichern will, scheint in der politischen Praxis doch das parteipolitische Prinzip das föderalistische zu überlagern. Die Vertretung der Länder wird nicht nur

13 Vgl. dazu Lehmbruch, Parteienwettbewerb, bes. 133 ff.; Fromme, Gesetzgebung im Widerstreit, 1976; ferner die Referate und Diskussionsbeiträge einer Tagung der Gesellschaft für Parlamentsfragen, ZParl. 7 (1976), 291 ff. Generell Neunreither, Der Bundesrat zwischen Politik und Verwaltung, 1959; Laufer, Der Bundesrat als Instrument der Opposition, ZParl. 1 (1970), 318.

zur Wahrung von Länderbelangen gegenüber dem Zentralstaat, sondern mehr und mehr zur Effektivierung der Bundesopposition benutzt. Seitdem die Mehrheitsverhältnisse in den beiden gesetzgebenden Körperschaften divergieren, tritt auch im Kompetenzbereich des Bundes das Mehrheitsprinzip zunehmend hinter Aushandlungsprozesse zurück. Der Bundesrat hat sich als ernstestes Hemmnis bei der Durchsetzung von Regierungsprogrammen erwiesen. Ihre Verwirklichung hängt zu einem Gutteil von der Billigung oder zumindest Tolerierung durch die Opposition und also von entsprechenden Zugeständnissen ab. Bundesstaat und Parteiendemokratie geraten partiell in Widerspruch.
In Reichweite und Zwangscharakter zwar unterschieden, im Effekt jedoch vergleichbar sind jene Schwächungen des Konkurrenzprinzips, die infolge der sog. parlamentarischen Mitregierung auftauchen[14]. Diese Praxis hat sich in Reaktion auf die Erschwerung der Regierungskontrolle angesichts der Ausweitung und Komplizierung der Staatsaufgaben entwickelt. Das Parlament versucht die weithin versagende oder wirkungsarme nachträgliche Überprüfung der Exekutive dadurch zu kompensieren, daß es sich über seine Ausschüsse Einfluß auf laufende Regierungsentscheidungen verschafft. Wenngleich dabei die SPD/FDP-Koalition die Opposition kürzer hielt als frühere Regierungen und sie so zu einem stärker kompetitiven Rollenverständnis zwang[15], haben sich doch Mitwirkungspraktiken vor allem im Haushalts- und im Verteidigungsausschuß immer noch erhalten. Der gebremste parlamentarische Einfluß der Opposition reizte sie freilich, Ziele, die im Bundestag und Bundesrat nicht durchsetzbar waren, mit Hilfe von Verfassungsklagen zu erreichen[16]. Das Insti-

14 Vgl. vor allem Kewenig, Staatsrechtliche Probleme parlamentarischer Mitregierung am Beispiel der Bundestagsausschüsse, 1970; Hoffmann, Haushaltsvollzug und Parlament, 1972; Schäfer, Der Bundestag, ²1975, 257ff. Zum Wandel der Kontrollbedingungen und des Kontrollbegriffs generell Bäumlin, Die Kontrolle des Parlaments über Regierung und Verwaltung, Ref. und Mitt. des Schweiz. Juristenvereins, 1966, 244; Ritter, Die Kontrolle staatlicher Macht in der modernen Demokratie, in: ders. (Hg.), Vom Wohlfahrtsausschuß zum Wohlfahrtsstaat, 1973.
15 Dazu Veen, Die CDU/CSU-Opposition im parlamentarischen Entscheidungsprozeß, 1973; ders., Opposition im Bundestag, 1976.
16 Näher Grimm, Verfassungsgerichtsbarkeit im demokratischen Sy-

tut der abstrakten Normenkontrolle erlaubt es ja, daß politische Streitfragen vom Verlierer unmittelbar an das Bundesverfassungsgericht weitergegeben und dort mit gesetzesgleicher Wirkung entschieden werden. Solange sich das Gericht dabei mit der Überprüfung von Mehrheitsentscheidungen auf ihre Verfassungsmäßigkeit begnügt, bleibt dieses Mittel funktionsadäquat. Indessen läßt sich eine wachsende Neigung des Gerichts beobachten, mit seinen Entscheidungen über den Anlaßfall hinauszugehen und auch künftige Politik zu binden oder Gesetzesbeanstandungen sogleich mit Empfehlungen für eine bessere Regelung der Materie zu versehen. Obgleich solche Vorgriffe auf den politischen Prozeß de iure unverbindlich sind, hat sich die Mehrheit doch immer beeilt, auch den obiter dicta des Gerichts zu folgen.
Die Kosten fallen hier wie bei der föderalistischen Politikverflechtung im demokratischen Prozeß an. Den Aushandlungsvorgängen zwischen Bundestag und Bundesrat, in anderer Form auch zwischen Regierung und Ausschuß, der Vorstrukturierung politischer Entscheidungen im Bundesverfassungsgericht fehlt die Transparenz. Im selben Maß, wie sich der Einfluß der politischen Akteure erhöht, sinkt der der Öffentlichkeit. Ohne die öffentliche Darstellung der konkurrierenden Konzeptionen fehlen die Ansätze für Meinungsbildung und Interessenartikulation. Die Ergebnisse der Verbundpolitik sind den konkurrierenden Kräften nicht mehr eindeutig zurechenbar. Die Differenz zwischen Mehrheit und Minderheit schrumpft. Kritischer Bewertung der Regierungspolitik läßt sich durch den Hinweis auf Mitwirkung vorbeugen oder wehren. Die Opposition kann für sich in Anspruch nehmen, Regierungsmaßnahmen entschärft zu haben, die Mehrheit kann sich darauf berufen, an der Realisierung ihrer eigentlichen Absichten gehindert worden zu sein. Auf diese Weise wird es immer schwerer, in der Wahl ein folgenreiches Urteil über erbrachte Regierungsleistungen oder eine Vertrauensvorgabe für erklärte Regierungsabsichten auszusprechen. Die Politikwissenschaft hat vor diesen Konsequenzen, zumindest was den parla-

stem, JZ 1976, 697; ders., Verfassungsgerichtsbarkeit – Funktion und Funktionsgrenzen im demokratischen Staat, in: Sozialwissenschaften im Studium des Rechts II, 1977, 83, m. w. N.; Rupp von Brünneck, Verfassungsgerichtsbarkeit und gesetzgebende Gewalt, AöR 102 (1977), 1. Generell Bundesverfassungsgericht und Grundgesetz I, II, 1976, und Häberle (Hg.), Verfassungsgerichtsbarkeit, 1976.

mentarischen Prozeß angeht, seit längerem gewarnt, während die vom Bundesverfassungsgericht ausgehenden Vermischungstendenzen vielfach übersehen worden sind[17]. Die Beteiligten scheinen im Verbund jedoch eine gewisse Risikoversicherung zu erblicken. Eine Beschneidung etwa der Bundesratsrechte konnte in der Enquete-Kommission kaum diskutiert werden, zur Debatte stand vielmehr ihre Erweiterung. Das System entwickelt sich zu einer informellen Großen Koalition.

3. Wirkungsverlust demokratischer und rechtsstaatlicher Institutionen durch Planung

Die gestiegenen gesellschaftlichen Ansprüche an den Staat sind nur im Bereich des Föderalismus geradewegs mit dem Grundgesetz kollidiert und haben deswegen dort einen starken verfassungspolitischen Reformdruck erzeugt. Im übrigen stand die Verfassung ihrer Befriedigung nicht im Wege. Das Grundgesetz verbietet dem Staat nicht die Übernahme der Globalverantwortung für wirtschaftliches Wachstum und soziale Sicherheit, solange er dabei die Grundrechte respektiert. Es hält im Gegenteil in der Sozialstaatsklausel eine pauschale Legitimation bereit. Ebensowenig untersagt es ihm das zur Bewältigung dieser Aufgabe bevorzugt eingesetzte Mittel, die Planung, und zwar schon deswegen nicht, weil Planung 1949 noch kein Thema war. Verfassungspolitische Probleme entstehen unter diesen Umständen eher daraus, daß mit der Planung ein Instrument des Sozialstaats auf eine Verfassung einwirkt, die sich auf der Stufe der Institutionen

17 Vgl. vor allem die Arbeiten von Hennis, zuletzt Die Rolle des Parlaments und die Parteiendemokratie, in: Löwenthal/Schwarz (Hg.), Die Zweite Republik, 1974; ferner etwa Steffani, Parlamentarische Demokratie, in: ders. (Hg.), Parlamentarismus ohne Transparenz, ²1973; Oberreuter, Institutionalisierung der Opposition?, in: ders. (Hg.), Parlamentarische Opposition, 1975. Zum BVerfG aus politologischer Sicht etwa Wildenmann, Die Rolle des Bundesverfassungsgerichts und der Deutschen Bundesbank in der politischen Willensbildung, 1969; Massing, Das Bundesverfassungsgericht als Instrument sozialer Kontrolle, in: Probleme der Demokratie heute, 1970; Billing, zuletzt in Sontheimer/Röhring (Hg.), Handbuch des politischen Systems der Bundesrepublik Deutschland, 1977, 132.

und Verfahren noch weitgehend am liberalen Modell orientiert. Danach trat der Staat als Garant, nicht als Gestalter der Sozialordnung auf. Die Garantenfunktion konnte Eingriffe in die Gesellschaft notwendig machen, und der Festsetzung der Voraussetzungen, Verfahren, Grenzen und Kontrollen von Eingriffen galt im wesentlichen die Sorge des liberalen Verfassungsrechts. Grundrechte sichern dem Einzelnen eine staatsfreie Sphäre der Selbstbestimmung. Eingriffe in diese Sphäre dürfen nur aufgrund eines Gesetzes erfolgen. Das Gesetz ist ein Willensakt der im Parlament repräsentierten Gesellschaft. Seine gleichmäßige Befolgung garantiert das Prinzip der Gesetzmäßigkeit der Verwaltung, das institutionell durch politisch verantwortliche Verwaltungsführung und unabhängige richterliche Kontrolle abgesichert ist.

Hatte dieses Modell bereits durch die starke Expansion der Leistungsverwaltung gelitten, so hält es dem planenden Staat gar nicht mehr stand. Davon werden alle drei Staatsgewalten berührt. Im Bereich der Legislative verschärft die Planung ein altes Dilemma[18]. Das Parlament ist, obzwar unmittelbarer Repräsentant des Volkes und also demokratisches Zentralorgan, dem abgeleiteten Organ, der Regierung, strukturell unterlegen. Kann diese Unterlegenheit aber bei der Gesetzgebung und Etatfeststellung durch das parlamentarische Entscheidungsmonopol noch teil-

18 Vgl. zum Verhältnis von Parlament und Planung etwa Herzog, Gesetzgeber und Verwaltung, VVDStRL 24 (1966); Leibfried/Quilisch, Planung im Sozialstaat, Atomzeitalter 1967, 552, 610; Harnischfeger, Planung in der sozialistischen Demokratie, 1969; die Beiträge von Oberndörfer, Stern und Friauf in: Projektgruppe für Regierungs- und Verwaltungsreform, Erster Bericht, Anlagenband, 1969, 315, 563 und 607; Badura, Verfassungsfragen der Finanzplanung, Festgabe für Maunz, 1971; Lompe, Gesellschaftspolitik und Planung, 1971; Lutz, Organisationsprobleme politischer Planung, Beilage zum Parlament vom 23.10.1971; Grimm, Verfassungsfunktion und Grundgesetzreform (2. Teil), AöR 97 (1972), 517 ff.; Böckenförde, Planung zwischen Parlament und Regierung, Der Staat 11 (1972), 429; Ossenbühl, Welche normativen Anforderungen stellt der Verfassungsgrundsatz des demokratischen Rechtsstaats an die planende Staatstätigkeit?, Verhandlungen des 50. Deutschen Juristentages, 1974, B 1; Schröder, Planung auf staatlicher Ebene, 1974; Dobiey, Politische Planung als verfassungsrechtliches Problem zwischen Bundesregierung und Bundestag, 1975; Vitzthum, Parlament und Planung, 1977.

weise aufgefangen werden, so kommt sie beim Plan voll zur Geltung. Pläne greifen in der Regel nicht direkt in subjektive Rechte Einzelner ein und fallen daher nicht unter den Vorbehalt des Gesetzes. Planung wurde auf diese Weise zur Regierungssache. Soweit diese für den Planvollzug nicht gesetzliche Grundlagen oder Etatmittel benötigt, erlangt das Parlament keine Mitsprache, und selbst dann bezieht sie sich nicht auf den Plan insgesamt, sondern nur seine parlamentarisch relevanten Ausschnitte. Das wäre erträglich, wenn es sich bei der Planung lediglich um eine moderne Form der Entscheidungsvorbereitung handelte. Doch hat die Politikwissenschaft diese anfangs gehegte Vermutung weitgehend zerstört. Planung tritt nicht neben, sondern tendenziell über die traditionellen staatlichen Instrumente, die ihrerseits auf die Stufe der Planverwirklichung herabsinken. Gleichzeitig tangiert die Planung den Einzelnen zwar unmerklicher, aber doch intensiver als der herkömmliche Eingriff. Denn während Gesetz und Verwaltungsakt Individualverhältnisse meist nur punktuell ergreifen, legen Pläne die Rahmenbedingungen der privaten und öffentlichen Existenz fest.

Laufen Entscheidungen von solcher Reichweite am Parlament vorbei, so erleidet das demokratische System schwerwiegende Einbußen. Es ist ein wesentliches Verdienst der Politikwissenschaft, in Überwindung des in Deutschland verbreiteten und auch wissenschaftlich immer wieder belebten antiparlamentarischen Affekts Elemente einer Parlamentarismustheorie herausgearbeitet zu haben, die die Gewichtsverlagerungen zwischen Parlament und Regierung nicht nur unter Verfallskategorien subsumiert, sondern den Sinn des Parlaments unter den gegebenen Bedingungen neu formuliert[19]. Ausgangspunkt ist die Erkenntnis, daß politische Entscheidungen im Parlament weniger hergestellt als dargestellt werden. Die Darstellung wird deswegen aber nicht zum bloßen Ritual, sondern wirkt einerseits auf die gesellschaftliche Meinungsbildung zurück und andererseits auf die staatliche Willensbildung vor. Im Parlament ist die Mehrheit erstmals nicht mehr unter sich, sondern muß ihre Absichten öffentlich darlegen und begründen, der Kritik der Minderheit aussetzen und an deren

19 Vgl. vor allem Steffani, Parlamentarische Demokratie, in: ders. (Hg.), Parlamentarismus ohne Transparenz, ²1973. Ein Überblick bei Alemann, Parteisysteme im Parlamentarismus, 1973.

Alternativen messen lassen. Das parlamentarische Verfahren ermöglicht dadurch erst jene Transparenz des Regierungshandelns, die wiederum Vorbedingung einer kontinuierlichen öffentlichen Kritik und Kontrolle, Ideenproduktion und Interessenanmeldung ist und vor allem solchen Gruppen Beteiligungschancen eröffnet, die nicht über institutionalisierten oder informellen Machtzugang verfügen. Da dieser komplexe und im einzelnen noch sehr aufhellungsbedürftige Vorgang in der Wahl folgenreich wird, zwingt er die Entscheidungsinstanzen zur antizipierenden Berücksichtigung des parlamentarischen Verfahrens und sorgt so für eine gewisse Ausrichtung auch parteipolitischer Herrschaft am Gesamtinteresse. Trotz aller Mängel scheint das Parlament in dieser Funktion zur Zeit durch keine andere Institution ersetzbar.

Hier sollen nicht die Folgerungen wiederholt werden, die die Politikwissenschaft aus dieser Theorie für die Parlamentsreform im allgemeinen gezogen hat[20]. Dieses Thema ist notorisch. Es geht vielmehr um die verfassungsrechtliche Einordnung der Plangewalt. Hängt in der Tat die demokratische Qualität des politischen Prozesses von der Einschaltung des Parlaments ab, dann kann eine so einschneidende Handlungsform wie die Planung davon nicht ausgenommen sein. Darüber scheint inzwischen weitgehend Einigkeit zu herrschen. Andererseits steht fest, daß das Parlament nicht selbst planen kann. Zwar trat die rechtliche Lösung dieses Zwiespalts in der politikwissenschaftlichen Diskussion hinter planungstheoretischen und planungstechnischen Fragen zurück. Doch verdanken wir ihr immerhin die Erkenntnis, daß die Eigenart von Planungsprozessen keine simple Übernahme des Gesetzgebungsverfahrens erlaubt. Angesichts der im Plan verarbeiteten hohen Komplexität, die weder leicht vergegenwärtigt werden kann noch punktuelle Korrekturen gestattet, ge-

20 Dazu Rausch, Parlamentsreform – Tendenzen und Richtungen, ZfP 14 (1967), 259; Hereth, Die Reform des Deutschen Bundestages, 1971; Thaysen, Parlamentsreform in Theorie und Praxis, 1972; Oppermann/Meyer, Das parlamentarische Regierungssystem. Anlage – Erfahrungen – Zukunftseignung, VVDStRL 33 (1974); Liesegang, Parlamentsreform in der Bundesrepublik, 1974; Achterberg, Parlamentsreform – Thesen und Themen, DÖV 1975, 833; Rausch, Parlamentsreform, in: Sontheimer/Röhring (Hg.), Handbuch des politischen Systems der Bundesrepublik Deutschland, 1977, 450.

riete ein nur mit dem Recht der endgültigen Sanktion ausgestattetes Parlament schnell in eine Ratifikationssituation. Seine Mitwirkung würde zum Formalakt und könnte dem Plan nur eine demokratische Scheinlegitimation verleihen. Aus diesem Grund scheint auch die pauschale Beteiligungsforderung der Enquete-Kommission nicht ausreichend[21]. Es geht um die Einbeziehung des Parlaments in den exekutiven Planungsprozeß an entscheidenden Schaltstellen wie der Prioritätensetzung und der Zielbestimmung. Auch dann hängt die Wirksamkeit des parlamentarischen Verfahrens freilich davon ab, in welchem Maß die Parteienkonkurrenz angesichts komplexer Planungen überhaupt noch funktioniert. Der Gedanke, die Regierung zur Vorlage von Alternativplänen zu verpflichten, wird inzwischen mit Recht skeptisch bewertet, weil Planung aus dem Parteienwettbewerb nicht »technokratisch ausgeklammert« werden kann[22]. Die Plankritik auf der Grundlage von Planalternativen kann vielmehr nur Oppositionsaufgabe sein, stößt dort freilich an die Grenzen der Machbarkeit.

So sehr das Parlament bei der Planung hinter die Regierung zurückfällt, so schwierig ist es für diese, den Primat der Politik gegenüber der Verwaltung zu behaupten[23]. Im Gegensatz zur Eingriffs- und selbst noch zur Leistungsverwaltung läßt sich nämlich die Planungsverwaltung weder auf die Vorbereitung noch den Vollzug politischer Entscheidungen festlegen. Sowohl die Aufstellung wie die Durchführung von Plänen ist vielmehr selbst ein kontinuierlicher Entscheidungsprozeß, der wegen sei-

21 S. den von der Kommission vorgeschlagenen Art. 28a GG, Schlußbericht, 177f.

22 Lehmbruch, Parteienwettbewerb, 122f. Ausführlich zum Problem Seemann, Politische Planung in der parlamentarischen Opposition, 1974.

23 Vgl. zum Folgenden etwa W. Schmidt, Die Programmierung von Verwaltungsentscheidungen, AöR 96 (1971), 321; Hochschule Speyer, Demokratie und Verwaltung, 1972; Blümel, Demokratisierung der Planung oder rechtsstaatliche Planung, Festschrift für Forsthoff, 1972; Mayntz/Scharpf (Hg.), Planungsorganisation, 1972; Scharpf, Planung als politischer Prozeß, 1973; Aderhold, Kybernetische Regierungstechnik in der Demokratie, 1973; Grauhan, ÖZP 1972, 15; Luhmann, Politische Planung, [2]1975, 66ff.; Brohm, Strukturprobleme der planenden Verwaltung, JuS 1977, 500.

ner hohen Komplexität nicht hierarchisch dirigiert oder durch Konditionalprogramme determiniert, sondern nur mittels Zielvorgaben angeleitet werden kann. Diese schaffen freilich vergleichsweise große Handlungsspielräume. Im Maß ihrer Ausnutzung versagt das Prinzip der Gesetzmäßigkeit der Verwaltung und hinterläßt ebensowohl rechtsstaatliche wie demokratische Lücken. Es entstehen politische Entscheidungsbefugnisse, die weder in Wahlen verantwortet noch durch eine äquivalente Bindung aufgefangen werden. Das hat zur Folge, daß die planende Verwaltung sich weitgehend selbst steuert. Während die Frage nach der optimalen Organisation der planenden Verwaltung und der geeigneten Konstruktion eines zu konzeptioneller Politik fähigen Kabinetts eine Reihe praktikabler Vorschläge erbracht hat[24], harrt das grundsätzliche Problem, wie die Verselbständigung der Verwaltung aufgehalten und der Verlust der traditionellen Gesetzesbindung wettgemacht werden kann, noch einer befriedigenden Antwort. Unter demokratischen Rücksichten scheint das Hierarchiemodell einstweilen noch unentbehrlich und könnte allenfalls durch ein verstärktes *management by objectives* den veränderten Verhältnissen angepaßt werden.

Die verfassungsrechtliche Verlustliste des Planungsstaats wird nochmals dadurch verlängert, daß sich die planende Verwaltung auch der gerichtlichen Kontrolle weitgehend entzieht. Da sie selten unmittelbar in subjektive Rechte eingreift, liegen die Voraussetzungen einer verwaltungsgerichtlichen Klage in der Regel nicht vor. Diese lassen sich aber auch nicht beliebig erweitern. Richterliche Kontrolle ist Rechtmäßigkeitskontrolle und als solche auf Konditionalprogramme zugeschnitten. Die planende Verwaltung folgt dagegen Finalprogrammen, denen die Erfolgskontrolle entspricht. Erfolgskontrolle setzt indes Fähigkeiten wie die Rekonstruktion eines Planungsprozesses, den Vergleich mit Al-

24 Vgl. etwa Dammann, Stäbe, Intendantur- und Dacheinheiten, 1969; Scharpf, Stellung und Führungsinstrumentarium der Regierungschefs in den Bundesländern, Erster Bericht, Anlagenband, 267; Ellwein, Regierung und Verwaltung 1, 1970; Hochschule Speyer, Aktuelle Probleme der Ministerialorganisation, 1972; dies., Organisation der Ministerien des Bundes und der Länder, 1973; Ellwein, Regieren und Verwalten, 1976; Derlien, Die Erfolgskontrolle staatlicher Planung, 1976; Böreth/Junkers, Führungskonzepte für die öffentliche Verwaltung, 1976.

ternativen, die Bewertung externer Einflüsse etc. voraus, die einem Gericht fehlen. Die Folge ist, daß die Rechtsschutzgarantie des Art. 19 IV GG bezüglich der Planung leerläuft. Da jedoch die Planung den Einzelnen nachhaltiger treffen kann als der Eingriffsakt, hinter dem alle demokratischen und rechtsstaatlichen Kautelen stehen, klafft auch hier eine spürbare Lücke. Die Politikwissenschaft hat freilich der Rechtsschutzproblematik noch keine größere Aufmerksamkeit geschenkt. Nur Scharpf ist, allerdings ehe die Planungsfrage auftauchte, den politischen Kosten eines perfektionierten Rechtsschutzstaats nachgegangen[25]. Sein Vorschlag zielt auf ein ausgewogeneres Verhältnis von Gerichtskontrolle und Partizipation. In der verstärkten Beteiligung Betroffener am Planungsverfahren scheint überhaupt auf lange Sicht der einzige Ersatz für die abgenutzten Steuerungs- und Kontrollmittel des bürgerlichen Rechtsstaates zu liegen. Auch insoweit bleiben allerdings die meisten Fragen noch gänzlich offen, die Lokalisierung von Betroffenheit, wenn es um großräumigere Planungsvorhaben geht, die Mobilisierbarkeit von Interesse, sobald Langfristplanungen in Angriff genommen werden, die Bewältigung der auf die Verwaltung zukommenden Konsensprobleme.

4. Einschränkung der staatlichen Autonomie durch gesellschaftliche Macht

Mit der Erstreckung der Staatsaufgaben auf die Gewährleistung wirtschaftlichen Wachstums und sozialer Sicherheit geht aber nicht nur ein Wandel des politischen Systems, sondern auch eine Veränderung im Verhältnis von Staat und Gesellschaft einher. Längst nicht mehr getrennt, wie es die Verfassungen des 19. Jahrhunderts wollten, sondern funktionell und personell eng verbunden, fallen sie doch nicht in eins. Die Verfassung hält die Unterscheidung grundrechtlich und organisationsrechtlich aufrecht. Das gilt auch bezüglich des Wirtschaftssystems, insofern einerseits die Grundrechte verhindern, daß der Staat es unmittelbar in

25 Scharpf, Die politischen Kosten des Rechtsstaates, 1970; aus verfassungsrechtlicher Sicht besonders Ossenbühl, Verhandlungen des 50. Deutschen Juristentages, 1974, B 160 ff.

Eigenregie nimmt, und andererseits die Verfahrensvorschriften ausschließen, daß wirtschaftliche Macht sich unmittelbar in Staatswillen umsetzt. Auch diese Systemgrenze wird nun aber brüchig. Der Staat, der die Verantwortung für wirtschaftliche Prosperität auf sich nimmt und seine Legitimität großenteils aus der Bewältigung dieser Aufgabe zieht, kann keine Distanz zum Wirtschaftssystem mehr wahren, sondern wird zur Identifikation mit ihm gedrängt. Da ihm gleichwohl die volle Verfügung über diesen Bereich grundrechtlich vorenthalten ist, muß er um die freiwillige Gefolgschaft der wirtschaftlichen Entscheidungsträger werben. Damit steigt aber im Maße, wie sie über Faktoren verfügen, die die staatliche Aufgabenerfüllung präjudizieren, ihr Einfluß auf den staatlichen Entscheidungsprozeß. Seitdem die politikwissenschaftlich genährten Hoffnungen vom Kräftegleichgewicht der gesellschaftlichen Gruppen zerstört und die Asymmetrien des Pluralismus aufgedeckt sind, werden solche privaten Einflußpositionen zum demokratischen Problem, das seit längerem diskutiert wird und auch schon zu einer Reihe verfassungspolitischer Vorschläge geführt hat[26].
Diese Vorschläge zielen meist auf eine verfassungsrechtliche oder gesetzliche Institutionalisierung des Verbandseinflusses. Indessen scheint das Problem mit Hilfe von Einflußkategorien nicht völlig ermeßbar. Die wirtschaftlichen Einflußpositionen rücken zwar Staat und Gesellschaft einander erneut näher, heben aber den Unterschied zwischen ihnen nicht auf. Der Staat muß dem Druck

26 Vgl. aus der vor allem in den beiden letzten Jahren stark angewachsenen Literatur etwa Beyme, Interessengruppen in der Demokratie, ²1970; Steinberg, Die Verbände in der Verfassungsordnung, PVS 14 (1973), 27; Föhr/Rinken, Innere Demokratie in den Verbänden, in: Posser/Wassermann (Hg.), Freiheit in der sozialen Demokratie, 1975; Dettling, Macht der Verbände – Ohnmacht der Demokratie?, 1976; Gießen, Die Gewerkschaften im Prozeß der Volks- und Staatswillensbildung, 1976; Leßmann, Die öffentlichen Aufgaben und Funktionen privatrechtlicher Wirtschaftsverbände, 1976; Meessen, Erlaß eines Verbändegesetzes als rechtspolitische Aufgabe?, 1976; Schröder, Gesetzgebung und Verbände, 1976; Beilage zum Parlament vom 26. 2. 1977 mit Beiträgen von Alemann, Teubner, Müller und Blanke; W. Schmidt, Die »innere Vereinsfreiheit« als Bedingung der Verwirklichung von Grundrechten durch Organisation, ZRP 1977, 225; Teubner, Organisationsdemokratie und Verbandsverfassung, 1978.

nicht nachgeben, er kann abweichend entscheiden und dafür öffentliche Unterstützung zu mobilisieren versuchen. Anders als einige neomarxistische Staatstheorien behaupten, steht er dabei keineswegs auf verlorenem Posten. Denn zum einen hängen Verbands- und Unternehmenserfolge ihrerseits wieder von staatlichen Vorleistungen ab, so daß die Druckmittel nicht einseitig verteilt sind; zum anderen kann das Wirtschaftssystem seine Pressionsmöglichkeiten nicht geballt einsetzen, weil es selbst wieder gegenläufige Interessen in sich vereint, die dem Staat einen gewissen Dispositionsspielraum verschaffen. Fälle der Nutzung dieses Spielraums sind bekannt. Darauf haben sich verschiedene Theorien eingerichtet, die gerade in der relativen Autonomie des Staates eine Voraussetzung für die Wahrnehmung klassenspezifischer Interessen sehen. Der Klassencharakter äußert sich dann in der »Selektivität politischer Institutionen«, die nur scheinbar gemeinwohlbezogen sind, in Wahrheit aber systematisch Begünstigungen und Benachteiligungen erzeugen[27]. Ein solcher Einwand hat verfassungspolitisch höchstes Gewicht. Träfe er zu, wären weitere Reformüberlegungen freilich überflüssig. Er könnte nur durch einen Systemwechsel behoben werden. Insofern sprengt er den Rahmen einer verfassungspolitischen Bestandsaufnahme.
In diesem Zusammenhang steht vielmehr die Frage im Vordergrund, ob nicht einige wirtschaftliche Entscheidungsträger das Stadium bloßer, wenn auch massiver Einflußnahme bereits überschritten und selbst Anteil an der staatlichen Entscheidungsgewalt erlangt haben. Staatliche Entscheidungsgewalt darf dabei nicht formal gesehen werden. Von einer Beteiligung an der staatlichen Entscheidungsgewalt kann man mit Böckenförde vielmehr schon dann sprechen, wenn die Erfüllung zentraler Staatsaufgaben nicht allein von staatlichen, sondern auch von privaten Entscheidungen determiniert wird[28]. Böckenförde nimmt das zumindest bei denjenigen Entscheidungsträgern an, deren Beschlüsse die Verteilung des Sozialprodukts, die Kaufkraft, die Investitionsrate, den Arbeitsmarkt und die Geldwertstabilität mitbe-

27 Offe, Klassenherrschaft und politisches System. Die Selektivität politischer Institutionen, in: ders., Strukturprobleme, 65.

28 Böckenförde, Die politische Funktion wirtschaftlich-sozialer Verbände und Interessenträger in der sozialstaatlichen Demokratie, Der Staat 15 (1976), 457.

stimmen. Unter diesen Umständen käme es aber in der Tat zu einer Aufteilung staatlicher Aufgaben zwischen Staatsorganen und Privaten, die die verfassungsrechtlichen Grenzen überspringt. Den wirtschaftlichen Entscheidungsträgern sind von Verfassungs wegen nur Freiheiten eingeräumt und keine Gemeinwohlpflichten auferlegt, weil sie dem gesellschaftlichen Bereich zugezählt werden. Gesellschaftliche Kräfte mit Anteil an den Staatsaufgaben kennt das Grundgesetz bislang nur in Gestalt der politischen Parteien. Für sie gilt daher eine funktionsadäquate Mischung aus Freiheit und Bindung, die sich freilich mit dem Übertritt in staatliche Ämter zur vollen Bindung verdichtet. Wenn wirtschaftliche Entscheidungsträger nun in eine vergleichbare Position einrücken, bedeutet ein Regelungsverzicht nichts anderes als eine partielle Freistellung staatlicher Aufgabenerfüllung. Die Verfassung, die die Bildung des staatlichen Willens in all seinen Formen nur als zielgebundene und kontrollierbare Kompetenz zulassen will, wird diesem Anspruch nicht mehr voll gerecht.
Das verfassungspolitische Problem liegt freilich nicht nur im Auftauchen neuer, quasi-staatlicher Entscheidungsträger, sondern auch in der Rückwirkung auf die Verfassungsbindung der eigentlichen Staatsorgane. Sie sind im Interesse gleicher Freiheit einer Vielzahl rechtsstaatlicher und demokratischer Beschränkungen unterworfen. Müssen die Staatsorgane ihre Befugnisse im Bereich der Wirtschafts- und Sozialpolitik mit anderen Akteuren teilen, dann verlieren die normativen Kautelen insoweit an Wirkung. Die staatliche Entscheidung steht nicht am Ende des demokratischen Prozesses, sondern muß danach noch mit extrakonstitutionellen Kräften abgestimmt werden. Es handelt sich um das Problem, welches jüngst unter dem Schlagwort von der »Regierbarkeit« westlicher Gesellschaften große Aufmerksamkeit in der Politikwissenschaft erlangt hat[29]. Hält man die Forderung aufrecht, daß staatliche Entscheidungen den verfassungsrechtlichen Wert- und Verfahrensbestimmungen umfassend zu entsprechen haben, so stellt sich die verfassungspolitische Frage, ob die von den Tarifpartnern und Großinvestoren erfüllten Funktionen entweder vom Staat übernommen oder doch den für die Staatsorgane gel-

29 Vgl. neben einigen der in Anm. 8 genannten Arbeiten jetzt Hennis u. a. (Hg.), Regierbarkeit, 1977.

tenden demokratischen und rechtsstaatlichen Kautelen unterworfen werden müßten. Für eine Antwort fehlen noch zahlreiche Voraussetzungen. Bei einer Übernahme in Staatsregie droht angesichts des gegenwärtigen Entwicklungsstandes zentraler Lenkungstechniken eine chronische Überforderung, die Niveau- und Konsensverfall nach sich zöge. Eine Erstreckung der verfassungsrechtlichen Kautelen auf die wirtschaftlichen Entscheidungsträger dagegen stünde in Gefahr, ihre Interessengebundenheit nicht aufzuheben, sondern nur mit dem Schein der Konstitutionalität zu umkleiden.

Während eine verfassungspolitische Lösung dieses Problems noch nicht in Sicht ist, läßt sich bereits eine Folgereaktion der politischen Parteien beobachten[30]. Diese befinden sich freilich in einer mißlichen Lage. Einerseits hat die Parteienkonkurrenz die gesellschaftlichen Erwartungen an die staatliche Wirtschaftssteuerung erst in die Höhe geschraubt. Andererseits fallen die Folgen der Erwartungssteigerung auf die Parteien zurück. Bei Schlechterfüllung droht Legitimationsentzug oder zumindest Mehrheitsverlust. Die Parteien antworten darauf mit verstärkten Legitimationsanstrengungen. Sie schlagen im Zuge ihrer Anstrengungen aber nicht den Weg verstärkter Öffnung zur gesellschaftlichen Basis ein, sondern verschanzen sich im Gegenteil mehr und mehr in der staatlichen Sphäre, um von dort aus die gesellschaftliche Meinungsbildung zu beeinflussen. In diesem Bestreben greifen sie insbesondere auch auf solche Instanzen aus, die von Verfassungs wegen aus dem Staatssektor oder zumindest aus dem Bereich der parteipolitisch besetzten Staatsorgane gerade ausgegliedert sind, um diesen gegenüber eine unabhängig-kritische Position wahren zu können, wie zum Beispiel die Rundfunk- und Fernsehanstalten und das Bundesverfassungsgericht[31]. Wegen der Besetzungs-

30 Vgl. etwa Dittberner/Ebbighausen (Hg.), Parteiensystem in der Legitimationskrise, 1973; Hennis, Parteienstruktur und Regierbarkeit, in: ders. u. a. (Hg.), Regierbarkeit, 1977.

31 Vgl. etwa Bismarck, Immer mehr Proporz im Rundfunk?, 1966; Meyn, Gefahr für die Freiheit von Rundfunk und Fernsehen?, Beilage zum Parlament vom 29. 11. 1969; Starck, Zusammensetzung der Rundfunkgremien und Rundfunkfreiheit, in: Probleme der äußeren Rundfunkfreiheit I, 1974; Aufermann u. a. (Hg.), Fernsehen und Hörfunk in der Demokratie, 1977; Stock, Parteien und Rundfunk, Festschrift für Eberhard, 1977; Laufer, Verfassungsgerichtsbarkeit und

modi geht das freilich nur unter Verzicht auf Konkurrenz im Proporzwege. Mit ihrem Allzuständigkeitsanspruch für die gesellschaftliche Meinungsbildung verfälschen sie jedoch ihre ursprüngliche Aufgabe. Die Funktion, zwischen Staat und Gesellschaft wechselseitig zu vermitteln, kommt zu kurz. Die Wirklichkeit gleicht eher einer Einbahnstraße vom Staat zur Gesellschaft.
Diese sucht sich freilich neue Ventile, wie die Bewegung der Bürgerinitiativen und die Zunahme direkter Aktionen anzeigt[32]. Sie sind indes wenig geeignet, den Parteien die Funktion der Bündelung und Vorklärung von Interessen und Meinungen sowie der Aufstellung kohärenter Programme und der Auswahl von Führungskandidaten streitig zu machen. Daher wird in der verfassungspolitischen Diskussion immer wieder nach Möglichkeiten gesucht, die Mediatisierung des Volkes rückgängig zu machen oder zumindest abzuschwächen[33]. Ohne Mediatisierung scheint es freilich nicht zu gehen. Das Rätesystem, das bei dem Bemühen um Alternativen eine kurze wissenschaftliche Blüte erlebte, ist unter zahlreichen und gewichtigen Einwänden sowohl gegen seine Praktikabilität auf längere Dauer als auch gegen seinen demokratie-intensivierenden Effekt weitgehend verschwunden. Ansätze der innerorganisatorischen Demokratisierung haben sich bisher nicht auf Großorganisationen übertragen lassen. So kon-

politischer Prozeß, 1968, bes. 206 ff.; Billing, Das Problem der Richterwahl zum Bundesverfassungsgericht, 1969; Kommers, Judical Politics in West Germany, 1976.

32 Vgl. etwa Zilleßen, Bürgerinitiativen im repräsentativen Regierungssystem, Beilage zum Parlament vom 23. 3. 1974; W. Schmidt, Organisierte Einwirkungen auf die Verwaltung, VVDStRL 33 (1974); Ellwein/Lippert/Zoll, Politische Beteiligung in der Bundesrepublik, 1975; Mayer-Tasch, Die Bürgerinitiativbewegung, 1976; Schuppert, Bürgerinitiativen als Bürgerbeteiligung an staatlichen Entscheidungen, AöR 102 (1977), 369.

33 Vgl. etwa Naschold, Organisation und Demokratie, 1969; Scharpf, Demokratietheorie zwischen Utopie und Anpassung, 1970; Probleme der Demokratie heute, PVS-Sonderheft 1970; Narr/Naschold, Theorie der Demokratie, 1971; Greiffenhagen (Hg.), Demokratisierung in Staat und Gesellschaft, 1973; Bermbach (Hg.), Theorie und Praxis der direkten Demokratie, 1973; Vilmar, Strategien der Demokratisierung I, II, 1973; Alemann (Hg.), Partizipation – Demokratisierung – Mitbestimmung, 1975.

zentrieren sich die verfassungspolitischen Überlegungen auf die Verbesserung der Vermittlungsinstanzen und -verfahren. Ein Teil setzt bei den direkten Entscheidungsmöglichkeiten des Volkes an und versucht dann, die repräsentative Demokratie durch plebiszitäre Einschübe aufzulockern. Darüber fehlt es, soweit ersichtlich, an vergleichenden, empirisch fundierten Studien, die erstens die möglichen Gegenstände plebiszitärer Entscheidungen definierten und zweitens die Rückwirkungen auf den Stil der politischen Auseinandersetzung, den Rationalitätsgrad von Politik, die Funktionsfähigkeit der gleichwohl unverzichtbaren Parteien und Parlamente untersuchten. Es ist in diesem Zusammenhang nicht uninteressant, daß plebiszitäre Formen dort, wo sie noch in größerem Umfang existieren, selbst in die verfassungspolitische Diskussion gekommen sind[34].

Der größere Reformelan richtet sich aber ohnehin auf die Institutionen des Repräsentativsystems und setzt bei der Verbesserung einerseits der Wahlen, andererseits der Parteien an. Reformkommissionen können sich in diesem Bereich nicht darüber beklagen, von der Politikwissenschaft im Stich gelassen zu werden. Wahlsysteme und politische Parteien zählen zu ihren klassischen Arbeitsgebieten, und die Verwertungsschwierigkeiten ergeben sich eher aus der Fülle und den Widersprüchen der Thesen[35]. Über das Ziel, Vergrößerung des Wählereinflusses, herrscht jedoch weitgehend Einverständnis. Bezüglich der Mittel gehen die Vorschläge sehr verschiedene, teils einander ausschließende Wege. Einigen Autoren liegt an der Vermehrung der Alternativen, zum Beispiel durch Senkung der Zulassungsvoraussetzungen für Parteien und Beseitigung oder Senkung der Fünf-Prozent-Klausel. Andere streben eine Ausweitung der Entscheidungsmöglichkeiten, etwa durch Primaries, offene Listen, manchmal auch durch Übergang zum Mehrheitswahlrecht an.

34 Vgl. den Bericht von Germann, Die Totalrevision der schweizerischen Bundesverfassung, ÖZP 6 (1977), 424.

35 Vgl. aus der umfangreichen Literatur neben den in Anm. 30 und 33 genannten Autoren etwa Zeuner, Innerparteiliche Demokratie, ²1970; Jaeger (Hg.), Partei und System, 1973; Greven, Innerparteiliche Demokratie und politische Herrschaft, 1975; zur Wahlrechtsreform beispielsweise Raschke, Wie wählen wir morgen?, 1967; Hermens, Demokratie oder Anarchie?, ²1968; Van der Vring, Reform oder Manipulation?, 1968; Meyer, Wahlsystem und Verfassungsordnung, 1973.

Bei den Parteien wenden sich die Reformbestrebungen vor allem gegen die Oligarchisierungstendenzen. Das Reformziel ist hier die Stärkung des Einflusses der Parteibasis auf die Parteileitung. Meistens wird dabei an die Kandidatenaufstellung gedacht. Es geht aber auch um die Bindung von Inhabern staatlicher Ämter an die Beschlüsse ihrer Parteitage. Diese Forderung wird unter dem Stichwort des imperativen Mandats äußerst kontrovers diskutiert[36]. Sie berührt freilich ein zentrales Problem: das Verhältnis von Partei und Staat in pluralistischen Demokratien, das für die Erhaltung des Grundkonsenses unter den rivalisierenden politischen Kräften, die Wahrung der Alternierungschance, das Rollenverständnis der Verwaltung ebenso folgenreich wie von einer befriedigenden theoretischen Klärung noch weit entfernt ist.

III. Zum Verhältnis von Wissenschaft und Praxis in der Verfassungspolitik

Im Bereich der Verfassungspolitik liegt für die Zusammenarbeit von Wissenschaft und Praxis ein Testfall auf hoher Ebene vor. Im Dezember 1976 hat nach fünfjähriger Tätigkeit die Enquete-Kommission für Verfassungsreform ihre Arbeit abgeschlossen. Enquete-Kommissionen dienen nach § 74a GOBT »zur Vorbereitung von Entscheidungen über umfangreiche und bedeutsame Sachkomplexe« und sind im Gegensatz zu den sonstigen Bundestags-Ausschüssen nicht auf Abgeordnete beschränkt. In der Enquete-Kommission für Verfassungsreform wirkten im gleichen Verhältnis Mitglieder des Bundestages, Vertreter der Länder und Sachverständige zusammen. Allerdings handelt es sich nur bedingt um einen Testfall für das Verhältnis von Politikwissenschaft und politischer Praxis. Denn die an der Arbeit der Kommission beteiligten Wissenschaftler waren zunächst durchweg und nach der Neukonstituierung mit einer Ausnahme Staatsrechtslehrer.

36 Vgl. die wichtigsten Beiträge in dem Sammelband von Guggenberger u. a. (Hg.), Parteienstaat und Abgeordnetenfreiheit, 1976; zur Verfassungsrechtslage am besten Badura, Bonner Kommentar zum GG, Art. 38 (Zweitbearbeitung); generell Ch. Müller, Das imperative und freie Mandat, 1966; über ein wichtiges Folgeproblem M. Müller, Fraktionswechsel im Parteienstaat, 1974.

Ehe sich die Politikwissenschaft darüber beklagt, sollte sie die Tatsache zum Anlaß einer Selbstprüfung nehmen. Offenbar haben ja die Fraktionen des Bundestages, die die Sachverständigen benannten, das Stichwort Verfassungspolitik nicht mit der Politikwissenschaft in Verbindung gebracht. Das muß nicht nur ein Zeichen von Befangenheit in traditionellen Denkgewohnheiten sein. Es kann auch darauf hinweisen, daß sich die Politikwissenschaft als Erforscherin von Verfassungsstrukturen nicht hinreichend ausgezeichnet oder zumindest nicht hinreichend ins Bewußtsein gerückt hat.

In der Tat gibt es in der Politikwissenschaft Strömungen, die normative Fragestellungen unter empirischer Beflissenheit zudecken oder Recht nur als Resultante, nicht auch als Determinante von Politik zur Kenntnis nehmen. Betrachtet man aber die hier versuchte Bestandsaufnahme, so läßt sich der Vorwurf keineswegs für die Disziplin in ihrer Gesamtheit aufrechterhalten. Es liegt eine ansehnliche Literatur im Zusammenhang mit Verfassungsfragen vor, die auch im staatsrechtlichen Schrifttum zunehmend Beachtung findet. Allerdings verteilt sich das politologische Interesse sehr ungleichmäßig auf die verschiedenen Bestandteile des Verfassungsrechts. Besonderer Beliebtheit erfreuen sich die zentralen Institutionen und Funktionen des politischen Systems wie Parlament und Regierung, Wahl und Gesetzgebung, Parteien und Verbände. Dagegen spielt die Justiz einschließlich der Verfassungsrechtsprechung eine weit geringere Rolle. Bei der politischen Theorie steht das Demokratieprinzip im Vordergrund, der Föderalismus ist erst vor kurzem ins Blickfeld der Politikwissenschaft gerückt, der Rechtsstaat führt ein Randdasein. In der Disziplin scheint eine Art Vorverständnis zu herrschen, welche Teile des Verfassungsrechts auch politisch, welche nur juristisch relevant seien. Die Grundrechte etwa treten kaum als Thema der Politikwissenschaft in Erscheinung. Wohl gibt es eine Reihe von Untersuchungen über die von den Grundrechten geregelten Sozialbereiche wie die Massenmedien, die Verbände etc., nicht aber der Grundrechtsproblematik selbst, obwohl die gesamte Politik der sog. inneren Reformen juristisch gesehen ein Grundrechtsproblem war und deswegen in letzter Instanz nicht im Parlament, sondern vor dem Bundesverfassungsgericht ausgetragen wurde. Die Reserve gegenüber rechtlichen Themen zeigt sich vollends daran, daß die Verfassungsinterpretation so gut wie gar nicht zum

Gegenstand politologischer Analyse gemacht wird[37]. Kenntnis und Berücksichtigung der staatsrechtlichen Dogmatik und Judikatur sind gering. So wird es auch erklärlich, daß die Reformansätze selten bis zu einer Konkretisierungsstufe vorangetrieben werden, auf der sie in Verfassungsartikel umsetzbar wären.
Die Gründe sind schwer auszumachen. Zum Teil mag für die Haltung der Politikwissenschaft ein erfolgreich betriebener Fachimperialismus der Juristen mitverantwortlich sein. In größerem Maß scheint die Mängelliste aber darauf zurückzugehen, daß die Politikwissenschaft das Verfassungsrecht unterschätzt. Oft wird die Verfassung mit dem kapitalistischen System pauschal abgehandelt und dann allenfalls auf der Restriktionsseite gebucht, häufig verschwindet sie unter einem falschen Begriff von Verfassungswirklichkeit und kommt dann für die Theoriebildung nicht mehr ins politologische Blickfeld. Hier wird zur Forschungsprämisse, was Forschungsthema sein müßte. Die Folgen sind nachteilig, für die Juristen, die einen wachsenden Bedarf an Kenntnissen über die sozialen Bedingungen der Entstehung und des Funktionierens von Normen, die nur sozialwissenschaftlich geklärt werden können, entwickeln und sich selbst im engeren Bereich der juristischen Dogmatik zunehmend auf die Sozialwissenschaften verwiesen sehen, beispielsweise wenn es um die optimale Realisierung verfassungsrechtlicher Ziele, die nur in Kenntnis des sozialen Regelungsbereichs gefunden werden kann, oder um die Auswahl zwischen verschiedenen Interpretationsvarianten im Lichte ihrer politischen Konsequenzen geht[38]. Die Folgen sind

37 Vgl. zu den aktuellen Grundrechtstheorien und ihren politischen Konsequenzen Böckenförde, Grundrechtstheorie und Grundrechtsinterpretation, NJW 1974, 1529, jetzt auch in: ders., Staat – Gesellschaft – Freiheit, 1976; die einzige sozialwissenschaftliche Grundrechtstheorie bei Luhmann, Grundrechte als Institution, ²1974. Zur Verfassungsauslegung generell Dreier/Schwegmann (Hg.), Probleme der Verfassungsinterpretation, 1976; zur GG-Interpretation durch das BVerfG vgl. Bundesverfassungsgericht und Grundgesetz I, II, 1976. Eine bedeutsame politologische Ausnahme macht Hartwich, Sozialstaatspostulat und gesellschaftlicher status quo, ²1977; ein neuerer Versuch bei Backhaus, Politikwissenschaftliche Analyse interpretatorischer Veränderungen von Verfassungsnormen, PVS 17 (1976), 520.

38 Ein ausgezeichneter Überblick jetzt bei Hoffmann-Riem, Rechtswissenschaft als Rechtsanwendungswissenschaft, in: Sozialwissenschaften

aber auch für die Politikwissenschaft nachteilig, weil sie im Verfassungsrecht wichtige Bestimmungsfaktoren ihres Gegenstandes vernachlässigt und dadurch ihre Praxisrelevanz herabsetzt. Ratschläge und Gutachten, die rechtsnormative Strukturen nicht ernst nehmen, bringen sich selbst um ihre Aufnahmebereitschaft in der politischen Praxis, die Ziele und Pläne stets nur im Rahmen des bestehenden Normgerüsts verwirklichen kann.

Ein Reformvorschlag, der in der politischen Praxis Aussicht auf Annahme hat, war aber ersichtlich das Ziel der Enquete-Kommission. Der Blick auf die verfassungsändernde Mehrheit bestimmte weitgehend ihre Arbeit. Es ist keineswegs kritikwürdig, daß eine Reformkommission die Realisierbarkeit ihrer Vorschläge im Auge behält. Doch scheint es, als hätte der antizipierte Konsens des Verfassungsgesetzgebers nicht nur die Liste der Empfehlungen, sondern auch den Beratungsspielraum insgesamt eingeengt. Vergleicht man die von der Kommission behandelten Fragen mit dem Ausmaß des sozialen Wandels, der sich seit Erlaß des Grundgesetzes vollzogen oder beschleunigt, mit den Strukturproblemen demokratischer Systeme in hochindustrialisierten Gesellschaften, die die wissenschaftliche Forschung in den letzten Jahren aufgedeckt, oder selbst mit dem Arbeitsauftrag, den der Bundestag der Kommission erteilt hat, so stellt er ohne Frage nur einen Ausschnitt dar[39]. Für die Auswahl der Probleme ist allem Anschein nach in erster Linie der Dringlichkeitsgrad, in zweiter Linie der Bekanntheitsgrad maßgeblich gewesen. Wo soziale und politische Bedürfnisse offenkundig mit verfassungsrechtlichen Strukturen in Konflikt geraten, wie im bundesstaatlichen Bereich, oder wo Reformen ein Daueranliegen sind, wie bei der Gestaltung der parlamentarischen Arbeit und dem Verhältnis von Parlament und Regierung, haben eingehende Überlegungen stattgefunden, während Probleme, die sich erst seit kurzem stellen, oder Entwicklungen, die die Verfassung in ihrer Wirkung herabsetzen, ohne sie geradewegs zu verletzen, hintangestellt wurden. Auf diese Weise fehlen aber Stellungnahmen zu all jenen Erscheinun-

im Studium des Rechts II, 1977; s. auch Grimm, Staatsrechtslehre und Politikwissenschaft, in: ders. (Hg.), Rechtswissenschaft und Nachbarwissenschaften I, [2]1976.

39 Vgl. zur Würdigung der Empfehlungen im einzelnen Grimm, Die Revision des deutschen Grundgesetzes, ÖZP 6 (1977), 397, sowie die Aufsätze in DÖV 1977, Heft 15 und 16.

gen, die auf lange Sicht die Politikrationalisierung durch Verfassungsrecht besonders gefährden.
Innerhalb dieses im Vergleich zur Problematik bereits verengten Diskussionsrahmens hat der hohe Konsensdruck, unter den sich die Kommission begab, bei der Formulierung der Vorschläge abermals zu Bescheidungen geführt. Betroffen sind neunundzwanzig Artikel des Grundgesetzes, also fast ein Fünftel aller Bestimmungen. Mehr als die Hälfte der Vorschläge bezieht sich auf das Verhältnis von Bund und Ländern, etwa ein Drittel auf den Bundestag, bei dem Rest handelt es sich um eher beiläufige Detailkorrekturen. Ihrem Inhalt nach reinigen die Empfehlungen das bestehende System von verschiedenen Inkonsequenzen und historischen Relikten und entwickeln es vorsichtig fort, ohne ihm jedoch grundsätzlich neue Züge zu verleihen. Allein der Rat, bei den Bundestagswahlen die begrenzt offene Liste einzuführen, springt als Überraschung aus den behutsamen Vorschlägen hervor[40]. Würden sie verwirklicht, könnte man nicht behaupten, daß die Gesamtrevision die drei einschneidenden Verfassungsänderungen von 1956 (Wehrverfassung), 1968 (Notstandsverfassung) und 1969 (Bundesstaats- und Finanzreform) weit hinter sich ließe. So nützlich die Änderungen für den politischen Prozeß im einzelnen wären, so schwer ist es doch zu bestätigen, daß sie das Grundgesetz »den gegenwärtigen und voraussehbaren zukünftigen Erfordernissen« anpaßten, wie der Kommissionsauftrag lautete. Es ist nicht einmal wahrscheinlich, daß die Gesamtrevision auf absehbare Zeit Verfassungsänderungen überflüssig machen wird, weil sich schon heute Probleme prinzipieller Natur abzeichnen, die auf lange Sicht nicht ungelöst bleiben können.
Die Beurteilung der Empfehlungen fällt unter diesen Umständen nicht leicht. Einerseits ist es beeindruckend, daß ein immenser Stoff von außerordentlich belasteten Politikern und Fachleuten binnen relativ kurzer Zeit in praktikable und mehrheitsfähige Vorschläge umgesetzt werden konnte, und zwar trotz des Verzichts auf externen Sachverstand auf hohem Informationsniveau. Andererseits muß man aber die Frage stellen, ob es sinnvoll war, daß sich die Kommission von vornherein als verkleinertes Abbild des Verfassungsgebers verstand und ihre Arbeit daran orientierte. Für den Verfassungsgeber, der meist unter krisenhaften Umstän-

40 Schlußbericht, 17 ff.

den und erheblichem Zeitdruck operiert, ist die Einigung, selbst um den Preis von Vordergründigkeiten und Formelkompromissen, lebenswichtig. Enquete-Kommissionen stehen vor einer anderen Situation. Von unmittelbarem Entscheidungszwang entlastet, Politik und Wissenschaft im Gegensatz zum üblichen Beratungsmuster integrierend, bieten sie gerade die Chance gegenseitiger Anregung und Relativierung von Theorie und Praxis. Den im kurzatmigen politischen Geschäft stehenden Praktikern können die Hintergründe von Regelungsproblemen und die Konsequenzen von Lösungsalternativen erschlossen und bloße Symptomkuren erschwert werden, während die Theoretiker gezwungen werden, ihre Vorschläge nicht nur unter dem Gesichtspunkt des Wünschbaren, sondern auch des Machbaren zu formulieren. Das Ergebnis muß nicht unter allen Umständen eine konsensfähige Vorlage sein. Enquete-Kommissionen haben auch den Entscheidungsorganen die Dimension ihres Handelns vor Augen zu rücken. Diese edukatorische Funktion scheint bei den Beratungen zu kurz gekommen. Die Vorschläge könnten die beratenen Staatsorgane wie auch die Öffentlichkeit allzu leicht in Sicherheit über die zukünftige Tragfähigkeit des Verfassungsfundaments wiegen.

14. Das Grundgesetz nach vierzig Jahren

1. Grundentscheidungen

Im Gegensatz zur Weimarer Reichsverfassung von 1919 gilt das dreißig Jahre jüngere Bonner Grundgesetz als geglückte Verfassung. Wenn das auch 1949 noch keineswegs allgemeine Überzeugung war[1], so haben doch die vergangenen vierzig Jahre die Zweifel beseitigt. Die Politik pflegt sich im Rahmen der Verfassung zu halten. Schwere Störungen der Ordnung sind ausgeblieben. Verfassungskonflikte betreffen eher einzelne Deutungen des Grundgesetzes als dieses selbst. Dagegen war es der Weimarer Verfassung nicht gelungen, zur Konsensbasis der politischen Auseinandersetzung zu werden. Von zahlreichen Funktionsstörungen erschüttert, überlebte sie mehrfach nur aufgrund ihrer Ausnahmebestimmungen, ohne daß der politische Prozeß am Ende wieder in die vorgesehenen Bahnen eingemündet wäre. 1933 wurde die demokratische Verfassung vielmehr mit ihren eigenen Mitteln ins Gegenteil verkehrt. Nach Ansicht des Parlamentarischen Rats, der fünfzehn Jahre später das Grundgesetz in Angriff nahm, war dieser Ausgang freilich nicht ohne Zutun der Weimarer Verfassung selber eingetreten und hätte bei anderer Ausgestaltung der staatlichen Ordnung vermieden werden können. Deswegen sah er seine wichtigste Aufgabe darin, eine Wiederholung der Weimarer Erfahrung verfassungsrechtlich auszuschließen. Dabei wurden aber die Grundprinzipien der Weimarer Verfassung: Republik, Demokratie, Rechtsstaat, Sozialstaat, Bundesstaat, nicht in Frage gestellt, sondern erst auf den nächst niederen Konkretisierungsstufen abweichend ausgeformt und gesichert[2].

Für das Scheitern der Weimarer Republik machte der Parlamentarische Rat vor allem zwei Eigenarten ihrer Verfassung verantwortlich. Die eine bestand in der Machthäufung beim Reichspräsidenten, die es Parlament und Parteien erleichterte, sich ihrer

1 Vgl. etwa W. Weber, Weimarer Verfassung und Bonner Grundgesetz, 1949; Grewe, AöR 75 (1949), S. 103; Ipsen, Über das Grundgesetz, 1950; Abendroth, AöR 76 (1950/51), S. 1.

2 Vgl. Grimm, Das Grundgesetz in der deutschen Verfassungstradition, in: Aus Politik und Zeitgeschichte, 1989, B 16-17, S. 3.

politischen Verantwortung zu entziehen, weil der ebenfalls volksgewählte Präsident aufgrund seiner Befugnis zur Regierungsbildung, Parlamentsauflösung und Notgesetzgebung mit quasidiktatorischer Vollmacht einspringen konnte. Die andere Ursache bestand in dem formalistischen Verfassungsverständnis, das die herrschende Lehre aus Art. 76 WRV ableitete[3]. Die Verfassung war danach auf keinen Inhalt letztverbindlich festgelegt, sondern stellte jeden zur demokratischen Disposition. Demokratie hieß dann, daß der Wille der Mehrheit, gleich welchen Inhalt er annahm, zur Geltung kam, sofern er nur korrekt gebildet worden war. Für den Rechtsstaat galt, daß er die Staatsgewalt ans Gesetz band, dieses selbst jedoch keinerlei inhaltlichen Anforderungen unterwarf. Auch die inhaltlich gemeinten Grundrechte wurden, weil sie gesetzlicher Beschränkung zugänglich waren, nicht als Bindungen für den Gesetzgeber, sondern nur für die Verwaltung betrachtet. Da diese aber ohnehin dem Gesetz unterstand, blieb für die Grundrechte kein eigener Anwendungsbereich übrig. Sie gingen im Gesetzmäßigkeitsprinzip auf und liefen als solche leer. Die sozialen Grundrechte der Weimarer Verfassung, die als Auftragsnormen auf gesetzliche Vermittlung angewiesen waren, wurden ihres normativen Gehalts vollends entkleidet und als unverbindliches Programm ausgegeben.
Für das Grundgesetz ist die Einsicht prägend geworden, daß es vom Boden dieses Verfassungsverständnisses aus keinen Einwand gegen die Abschaffung von Demokratie und Mehrheitsregel im Weg der Mehrheitsentscheidung gab. Erst recht unterband die Verfassung nicht die Verfolgung solcher Ziele, solange dabei keine illegalen Mittel verwendet wurden. Der Nationalsozialismus konnte unter diesen Umständen seine Ankündigung, die Demokratie mit ihren eigenen Werkzeugen aus den Angeln zu heben, unbehindert vom Verfassungsrecht wahrmachen. Die Antwort des Parlamentarischen Rats bestand in einer Rematerialisierung der Verfassung[4]. Die gesamte Ordnung wurde auf die

3 Vgl. etwa W. Bauer, Wertrelativismus und Wertbestimmtheit im Kampf um die Weimarer Demokratie, 1968; Friedrich, AöR 102 (1977), S. 161; Rath, Positivismus und Demokratie, 1981; Wendenburg, Die Debatte um die Verfassungsgerichtsbarkeit und der Methodenstreit der Staatsrechtslehre der Weimarer Republik, 1984; Geis, JuS 1989, S. 91.

4 Vgl. zur Entstehungsgeschichte des Grundgesetzes Fromme, Von der Weimarer Verfassung zum Bonner Grundgesetz, 1960; Sörgel, Konsen-

Menschenwürde gegründet. Demokratie erschöpft sich dann nicht mehr in einem Verfahren zur Ermöglichung kollektiv verbindlicher Entscheidungen unter der Bedingung von Uneinigkeit. Sie gewinnt ihren Sinn vielmehr aus der Menschenwürde. Daher kann diese nicht zur demokratischen Disposition stehen. Das Grundgesetz entzieht sie samt ihren grundrechtlichen Konkretisierungen sowie den darauf bezogenen Grundsätzen des Art. 20 folglich der Mehrheitsentscheidung. Nach Art. 79 III GG dürfen die Grundlagen der Verfassungsordnung sogar im Weg der Verfassungsänderung nicht aufgehoben werden. Der Parlamentarische Rat ließ es dabei aber nicht bewenden, sondern traf zusätzlich Anstalten zur Verteidigung dieser Ordnung gegen ihre Fundamentalgegner, die gemäß Art. 21 II, 9 II und 18 GG vom politischen Prozeß ausgeschlossen werden dürfen.
Die Grundrechte, die die Menschenwürde angesichts erlebter Gefährdungen konkretisieren, werden in Art. 1 III GG sowohl zu unmittelbar geltendem als auch alle Staatsgewalten bindendem Recht erklärt. Damit verhindert das Grundgesetz zum einen die in der Weimarer Republik geläufige Aufspaltung des Grundrechtskatalogs in einen rechtlich verbindlichen und einen bloß programmatischen Teil. Zum anderen beendet es die Sinnentleerung der Grundrechte, die in der Geltungsbegrenzung auf die Exekutive bestanden hatte. Mit der Geltungserweiterung auf die Legislative nimmt das Grundgesetz zugleich eine Materialisierung des Rechtsstaatsprinzips vor, denn die Gesetzesbindung der Staatsgewalt ist unter der Geltung von Art. 1 III GG nicht mehr die Bindung an ein inhaltlich beliebiges, sondern an das grundrechtskonforme Gesetz. Einschränkungen von Grundrechten sollen nach Art. 19 II GG eine äußerste Grenze am Wesensgehalt des Grundrechts finden. Die Erweiterung des Grundrechtskatalogs um soziale Grundrechte, mit denen die Weimarer Verfassung auf die Soziale Frage reagiert hatte, wurde rückgängig gemacht. An die soziale Problematik erinnert nur die aus der Weimarer Verfassung entlehnte Formulierung der Eigentumsgarantie des

sus und Interessen, 1969; Otto, Das Staatsverständnis des Parlamentarischen Rates, 1971; Niclauß, Demokratiegründung in Westdeutschland, 1974; Eschenburg/Benz, in: Geschichte der BRep. Deutschland 1, 1983, S. 459; Pfetsch, Verfassungspolitik in der Bundesrepublik, 1985; Stolleis, in: Hdb. d. Dt. StaatsR 1, 1987, S. 173; Mußgnug, ebda., S. 219.

Art. 14 GG, die Sozialisierungsermächtigung des Art. 15 GG und die Koalitionsfreiheit in Art. 9 III GG. Die Festlegung auf eine bestimmte Wirtschaftsordnung war damit vermieden. Jedoch verbietet eine inhaltlich nicht näher präzisierte Sozialstaatsklausel die Rückkehr zu laisser faire und sozialer Indifferenz.

Auf der organisatorischen Ebene versuchte der Parlamentarische Rat vor allem, Regierungsbildung und Gesetzgebung beim Parlament zu konzentrieren und ihm alle Rückzugsmöglichkeiten aus seiner Verantwortung zu versperren. In diesem Bestreben gestaltete er das System entschieden repräsentativ aus und beschränkte das Volk, vom Ausnahmefall der Länderneugliederung abgesehen, auf die Parlamentswahl. Ferner vermied er jede Konkurrenz zwischen Parlament und Präsident. Deshalb empfing das Staatsoberhaupt seine Legitimation nicht mehr direkt vom Volk und verlor auch die Befugnis zur Regierungsbildung und Notgesetzgebung, während das Recht zur Parlamentsauflösung an äußerst enge Voraussetzungen gebunden wurde. Der Bundeskanzler verdankt sein Amt allein dem Parlament, und die Regierungsstabilität wird dadurch gestärkt, daß er nur durch die Wahl eines Nachfolgers gestürzt werden kann. Gesetzgebungskompetenzen dürfen lediglich in engen Grenzen auf die Exekutive übertragen werden, Globalermächtigungen sind gar nicht mehr möglich. Die politischen Parteien, die das Parlament beherrschen, wurden ins Verfassungsrecht inkorporiert und zu demokratischer Binnenordnung verpflichtet. Indessen schien es dem Parlamentarischen Rat mit verbesserten Regeln nicht getan, solange deren Befolgung allein von der Bereitwilligkeit der Staatsorgane abhing. Daher setzte er diesen einen Wächter in Gestalt des Bundesverfassungsgerichts vor und stattete es mit einer beispiellosen Kompetenzfülle aus, unter denen insbesondere die Kontrolle des demokratischen Gesetzgebers hervorragte.

II. Verfassungsentwicklung

1. Nimmt man die Änderungsfrequenz einer Verfassung als Indiz für ihre Bewährung, so steht das Grundgesetz schlecht da[5]. Es ist in vierzig Jahren fünfunddreißigmal geändert worden: in der ersten Dekade zehnmal, in der zweiten sechzehnmal, in der dritten achtmal und in der letzten einmal. Bei genauerem Hinsehen besaßen jedoch nur drei dieser Änderungen einschneidende Wirkung, von denen wiederum zwei, nämlich die Einfügung der Wehrverfassung 1956 und der Notstandsverfassung 1968, als nachgeholte Verfassungsgebung gelten können, weil sie von der schrittweisen Rückgewinnung der Souveränität abhingen. Nur eine Novelle veränderte die ursprüngliche Anlage des Grundgesetzes nachhaltig. Sie bildete die verfassungspolitische Reaktion auf die Rezession von 1966/67, veränderte die Finanzverfassung und vollzog den Übergang vom dualistischen Föderalismus, der ein effektives Krisenmanagement behindert hatte, zum kooperativen Föderalismus. Diese Änderung von 1969 war es auch, die das Bedürfnis nach einer systematischen Revision des Grundgesetzes weckte, mit der 1970 eine Enquete-Kommission beauftragt wurde. Ihre sechs Jahre später vorgelegten Empfehlungen[6] blieben jedoch ohne verfassungspolitische Folgen. Ähnlich erging es einer 1981 eingesetzten Sachverständigenkommission, die die Notwendigkeit neuer Staatszielbestimmungen prüfen sollte. Noch von der sozial-liberalen Regierung in Auftrag gegeben, fanden die Vorschläge[7] nach dem Regierungswechsel von 1982 keine Resonanz mehr, und allein eine Umweltschutzklausel steht derzeit noch zur Debatte.

5 Vgl. Vorländer, JuS 1979, S. 313; Roßnagel, Die Änderungen des Grundgesetzes, 1981; Schaub, Der verfassungsändernde Gesetzgeber 1949-1980, 1984.

6 Beratungen und Empfehlungen zur Verfassungsreform, Teil 1: Parlament und Regierung, 1976; Teil 2: Bund und Länder, 1977. Dazu Grimm, Verfassungsfunktion und Grundgesetzreform, in diesem Band S. 313; ders., Österreichische Zeitschrift für Politikwissenschaft 1977, S. 397; Ipsen, DÖV 1977, S. 537; Wahl, AöR 103 (1978), S. 477; Grawert, Der Staat 18 (1979), S. 229.

7 Bundesminister des Innern/Bundesminister der Justiz, Staatszielbestimmungen/Gesetzgebungsaufträge, Bericht der Sachverständigenkommission, 1983. Dazu Lücke, AöR 107 (1982), S. 15; Wienholtz, AöR 109 (1984), S. 532.

Gemessen an Zahl und Gewicht der Verfassungsänderungen scheint die bundesstaatliche Ordnung die Schwachstelle des Grundgesetzes gewesen zu sein. Unter alliiertem Einfluß ohnehin dezentraler ausgestaltet, als es deutschen Eigenbedürfnissen und Nachkriegsrealitäten entsprochen hätte, geriet sie rasch in den Sog von Problemen, die nicht an den Ländergrenzen Halt machten und vielfach bereits den nationalstaatlichen Rahmen sprengten. Der so entstehende Zentralisierungsdruck brach sich aber an den rigiden und interpretativ schwer anpaßbaren Kompetenznormen des Grundgesetzes. Deswegen kam es in den sechziger und siebziger Jahren zu zahlreichen Kompetenzverlagerungen auf den Bund, während die Länder für den Verlust durch erweiterte Zustimmungsrechte des Bundesrats entschädigt wurden. Bei unterschiedlichen Mehrheiten in Bundestag und Bundesrat entwickelte sich infolgedessen der Vermittlungsausschuß zur wichtigsten Schaltstelle der Gesetzgebung und rückte das System in die Nähe einer informellen Großen Koalition mit all ihren demokratischen Kosten. Auch der Übergang zum kooperativen Föderalismus folgte nur einer Entwicklung, die sich in der politischen Praxis längst angebahnt und zahlreiche im Grundgesetz nicht vorgesehene Formen der Zusammenarbeit hervorgebracht hatte. Die Aufgabenverschränkung, die damals eingeführt wurde, hat die Wirtschaftspolitik im Bundesstaat zwar homogener, aber auch schwerfälliger gemacht. Die Gegentendenzen, die neuerdings wieder stärker hervortreten, profitieren davon.

Wenn die übrigen Regelungsbereiche des Grundgesetzes von durchgreifenden Verfassungsänderungen verschont geblieben sind, so heißt das freilich nicht, daß sie keinem Wandel ausgesetzt gewesen wären[8]. Verfassungen verändern sich nicht allein durch Änderungen ihres Textes. Im Bereich der staatlichen Organisation waren es vor allem die politischen Parteien, die Gewaltenteilung und repräsentativer Demokratie ihre gegenwärtige Gestalt gegeben haben. Dabei handelt es sich um Entwicklungen, die nicht erst unter dem Grundgesetz entstanden sind, hier jedoch aufgrund der schnell einsetzenden Parteienkonzentration, der re-

8 Vgl. Zur Entwicklung des Grundgesetzes Seifert, Grundgesetz und Restauration, 3. Aufl. 1977; Vorländer, Verfassung und Konsens, 1981; Bryde, Verfassungsentwicklung, 1982; Hofmann, in: Hdb. d. Dt. StaatsR I, 1987, S. 259.

lativ seltenen Regierungswechsel und der kontinuierlichen Ausweitung des Staatssektors spürbar zugenommen haben. In Art. 21 GG zur Mitwirkung an der Willensbildung des Volkes berufen, entfalten die Parteien ihre Wirksamkeit doch in erster Linie im Staat, auf den ihr Bestreben gerichtet ist und in den sie mit dem Mandat des Volkes einrücken. Die Organe, die ihnen dabei von Verfassungs wegen offenstehen, sind Parlament und Regierung, über deren Zusammensetzung die Wahl entscheidet und in denen Entscheidungen politischer Natur zu treffen sind. Da Parlament und Regierung aber ihrerseits die personelle Besetzung der übrigen Staatsorgane und öffentlichen Einrichtungen mit Staatsbeteiligung steuern, kommen hinter allen Organen mehr oder weniger direkt die politischen Parteien zum Vorschein. Als Kreationsorgane haben sie ihr Werk auf diese Weise immer schon verrichtet, ehe die verfassungsrechtliche Gewaltenteilung zugreifen kann[9].
So unverzichtbar die politischen Parteien in einer pluralistisch-repräsentativen Demokratie mit allgemeinem Wahlrecht auch sind, weil sie das Volk als Träger der Staatsgewalt erst politisch aktionsfähig machen, so schädlich können sie für die Demokratie doch werden, wenn sie sich von ihrer gesellschaftlichen Basis verselbständigen, im Staat festsetzen und die Kommunikationswege vom Volk zum Staat verstopfen. Beispiele dafür hat es in der Bundesrepublik oft gegeben. Es fehlt nicht an Versuchen der Parteien, die staatlichen Befugnisse zur Festigung ihrer Machtanteile, Ausweitung ihres Einflusses und Vergrößerung ihrer Ressourcen zu benutzen. Als Regierungsparteien bedienten sie sich staatlicher Mittel, um die eigenen Wahlchancen zu erhöhen. Als Parlamentsparteien gingen sie daran, kleinere Fraktionen oder nicht im Parlament vertretene Parteien rechtlich zu behindern. Auch das Instrumentarium des Grundgesetzes zur Verteidigung der freiheitlichen demokratischen Grundordnung geriet in den Händen der etablierten Parteien zeitweilig in Gefahr, seinem Zweck entfremdet und auf dem Rücken von Angehörigen oder Bewerbern des öffentlichen Dienstes gegen nicht verbotene, aber mißliebige Konkurrenzparteien eingesetzt zu werden. Fällt dazu noch das Korrektiv der Parteienkonkurrenz wegen der Interessenidentität aller Parteien, etwa am staatlichen Geld, aus, so ist Abhilfe nur schwer möglich. Die Entstehung von Bürgerinitiativen, neuen

9 Vgl. Grimm, Die politischen Parteien, in diesem Band S. 263.

Protestformen und plebiszitären Forderungen muß auch als Reaktion auf diese Entwicklung verstanden werden.
Das Bundesverfassungsgericht hat seine Funktion in diesem Bereich vor allem darin gesehen, dem demokratischen Prozeß die vom Grundgesetz angestrebte Offenheit zu bewahren und die Rückbindung der Staatsorgane und der in ihnen handelnden politischen Parteien an das Volk zu sichern. Das ist vor allem durch die Rechtsprechung zur Wahlrechts- und Parteiengleichheit geschehen, die bald vom eigentlichen Wahlakt auf das Vorfeld der Wahl und die Parteienkonkurrenz überhaupt erstreckt und auch für die Wahlwerbung, die Öffentlichkeitsarbeit der Regierung und die Parteienfinanzierung fruchtbar gemacht wurde[10]. Gerade im Zusammenhang mit der Parteienfinanzierung hat das Gericht stets die Wichtigkeit des Kommunikationsflusses »von unten nach oben« betont und die Vermittlungsrolle der Parteien als »Werkzeug des Volkes« hervorgehoben. Zwar ist das Gericht dem Versuch, dem Volk die Möglichkeit der Willenskundgabe außerhalb der Wahl zu verschaffen, frühzeitig entgegengetreten[11]. Desto größeren Wert hat es aber darauf gelegt, die Freiheit der öffentlichen Kommunikation gegen die Monopolisierungsbestrebungen der politischen Parteien zu verteidigen. Das kommt besonders deutlich in der Rechtsprechung zur Meinungs-, Presse- und Rundfunkfreiheit des Art. 5 I GG und neuerdings auch zu Art. 8 GG zum Vorschein, wo namentlich die Brokdorf-Entscheidung dem Grundrecht der Versammlungsfreiheit die Funktion eines Gegengewichts gegen die Mediatisierung des Staatsbürgers durch die politischen Parteien zuweist[12].

10 Zur Parteienrechtsprechung vgl. Lipphardt, Die Gleichheit der politischen Parteien vor der öffentlichen Gewalt, 1975; Frowein, AöR 99 (1974), S. 72; unter den danach ergangenen Entscheidungen vor allem *BVerfGE* 44, 125 = NJW 1977, S. 751 (Wahlwerbung der Bundesregierung); *BVerfGE* 52, 63 = NJW 1979, S. 1815 (Parteispenden); *BVerfGE* 70, 324 = NJW 1986, S. 907 (Kontrolle der Geheimdienste); *BVerfGE* 73, 40 = NJW 1986, S. 2487 (Parteienfinanzierung) – wobei in den beiden letzteren die Linie eher von den abweichenden Meinungen der Richter Böckenförde und Mahrenholz als von der Entscheidung des Gerichts gehalten wird.
11 *BVerfGE* 8, 104 = NJW 1958, S. 1339.
12 *BVerfGE* 69, 315, (345 ff.) = NJW 1985, S. 2395. Zu den Kommunikationsgrundrechten vgl. die Rechtsprechungsberichte von Schmitt

2. Unabhängig davon verdanken die Grundrechte insgesamt der Rechtsprechung des Bundesverfassungsgericht einen Bedeutungszuwachs, welcher die Aufwertung, die das Grundgesetz in Reaktion auf ihre Geltungsschwäche vor 1933 und ihre Mißachtung nach 1933 vornahm, nochmals gesteigert hat, und zwar sowohl hinsichtlich des Geltungsumfangs als auch des Geltungsgrads und der Geltungsweise. Der Geltungsumfang hat sich zum einen dadurch erweitert, daß der Gesetzesvorbehalt zunächst auf die Grundrechtseingriffe im besonderen Gewaltverhältnis und dann mittels der Wesentlichkeitstheorie auch in den Nichteingriffsbereich erstreckt worden ist[13]. Die zweite Ausweitung besteht darin, daß das Gericht Art. 2 I GG nicht als spezielles, sondern als allgemeines Freiheitsrecht ansieht[14]. Auf diese Weise entsteht trotz der kasuistischen Formulierung des Grundrechtskatalogs ein umfassendes System des Freiheitsschutzes, in dem jede erdenkliche Einengung verfassungsrechtlich überprüfbar wird. Art. 2 I GG hat sich aber auch als höchst produktiv bei der Anpassung des Grundrechtsschutzes an neuartige technisch ermöglichte Bedrohungen von Persönlichkeit und Privatsphäre erwiesen[15], ähnlich wie Art. 2 II GG zum grundrechtlichen Maßstab für die von der technischen Entwicklung ausgehenden physischen Beeinträchtigungen geworden ist. Eine vergleichbare Produktivität läßt sich sonst nur bei der Rundfunkfreiheit beobachten, während der allgemeine Gleichheitssatz nicht als Hebel durchgreifender Innovationen benutzt worden ist, sondern eher auf Detailkorrekturen gesetzgeberischer Fehlleistungen beschränkt bleibt.

Der Geltungsgrad der Grundrechte ist vor allem durch die Verstärkung ihrer Abwehrkraft gegen staatliche Freiheitseingriffe er-

Glaeser, AöR 97 (1972), 60, S. 276 (Meinungsfreiheit), danach besonders *BVerfGE* 54, 208 = NJW 1980, S. 2072; *BVerfGE* 61, 1 = NJW 1983, S. 1415; *BVerfGE* 66, 116 = NJW 1984, S. 1741; sowie AöR 112 (1987), S. 215 (Rundfunkfreiheit), danach *BVerfGE* 74, 297 = NJW 1987, S. 2987.

13 Vgl. *BVerfGE* 33, 1 = NJW 1972, S. 811; *BVerfGE* 40, 237 = NJW 1976, S. 34; *BVerfGE* 47, 46 = NJW 1978, S. 807.

14 *BVerfGE* 6, 32 = NJW 1957, S. 297.

15 Vgl. vor allem die Volkszählungsentscheidung *BVerfGE* 65, 1 = NJW 1984, S. 419.

höht worden, die der Grundsatz der Verhältnismäßigkeit bewirkt. Das Grundgesetz selbst hatte es insoweit bei einigen qualifizierten Gesetzesvorbehalten und der Sperre des Art. 19 II bewenden lassen und im übrigen selbst elementare Grundrechte wie das Recht auf Leben in Art. 2 II GG unter einfachen Gesetzesvorbehalt gestellt. Der Verhältnismäßigkeitsgrundsatz, der Grundrechtsbeschränkungen nur in dem Maß gestattet, wie es zum Schutz anderer Rechtsgüter unerläßlich nötig ist, bindet dagegen den zur Grundrechtseinschränkung ermächtigten Gesetzgeber nochmals an das eingeschränkte Grundrecht zurück und sorgt so dafür, daß dieses auch in der Begrenzung als überragendes Rechtsprinzip wirksam bleibt. Die verfassungsrechtliche Eingriffssperre verschiebt sich dadurch erheblich nach vorn und macht den Rückgriff auf die Wesensgehaltsgrenze des Art. 19 II GG regelmäßig entbehrlich. Die Folge ist freilich, daß sich die Entscheidung über die Verfassungsmäßigkeit von Grundrechtseingriffen fast stets in eine Abwägung zwischen dem eingeschränkten Grundrecht und dem nutznießenden Rechtsgut verlagert und dort wegen der Schwierigkeit, die beachtlichen Faktoren vollständig zu ermitteln und rational zu gewichten, nur unter relativ hoher Ungewißheit getroffen werden kann. Daran entzündet sich auch die Kritik, der die Abwägungsjudikatur neuerdings öfter begegnet[16].

Während der Verhältnismäßigkeitsgrundsatz aber nur die traditionelle negatorische Wirkung der Grundrechte verstärkt hat, sind ihnen durch die Entfaltung ihres objektivrechtlichen Gehalts ganz neue Geltungsweisen erschlossen worden. Als objektives Recht lösen sich die Grundrechte zum einen aus ihrer einseitigen Abwehrfunktion gegen staatliche Freiheitseingriffe und bilden auch die Grundlage staatlicher Handlungspflichten. Zum anderen lösen sie sich aus der einseitigen Staatsrichtung und werden auch für die gesellschaftliche Ordnung maßgeblich. Wenngleich sich daraus keine unmittelbare Grundrechtsgeltung unter Privatrechtssubjekten entwickelt hat, so durchdringen die Grundrechte doch das gesamte Privatrecht und geben seiner Auslegung eine grundrechtsfreundliche Richtung. Diese im Lüth-Urteil begonnene Rechtsprechung hat sich schnell zu einer Ausstrahlung der

16 Vgl. namentlich Schlink, Abwägung im Verfassungsrecht, 1976; ders., EuGRZ 1984, S. 457.

Grundrechte auf alles einfache Recht mit Grundrechtsberührung ausgedehnt und den Grundrechten in sämtlichen Rechtsgebieten und Gerichtszweigen Beachtung verschafft. Überdies sind aus dem objektivrechtlichen Gehalt der Grundrechte nach und nach Gesetzgebungsaufträge zum Schutz der Freiheit vor gesellschaftlichen Bedrohungen, Maximen für die Gestaltung von Verwaltungsverfahren, die zu Grundrechtsgefährdungen führen können, und die Organisation von Einrichtungen, in denen Grundrechte arbeitsteilig wahrgenommen werden, ausnahmsweise sogar unmittelbare Leistungs- und Teilhabeansprüche des Einzelnen gegen den Staat abgeleitet worden[17].

All diese Wirkungen lassen sich im Begriff der staatlichen Schutzpflicht für die grundrechtliche Freiheit zusammenfassen, die mittlerweile den klassischen Abwehranspruch ergänzt. Hinter jeder ihrer Ausprägungen stehen veränderte Realisierungsbedingungen individueller Freiheit. Zusammengenommen laufen sie darauf hinaus, daß der Gebrauch der meisten Grundrechte angesichts der fortschreitenden Vergesellschaftung nicht mehr aufgrund der natürlichen Handlungsfreiheit des Einzelnen möglich ist, sondern in wachsendem Maß von staatlichen oder gesellschaftlichen Vorleistungen abhängt oder nur noch im Rahmen staatlicher oder gesellschaftlicher Institutionen erfolgen kann. Daher würde eine Rückkehr zum liberalen Grundrechtsverständnis den Grundrechtsschutz allmählich auf einige Residualzonen natürlicher Freiheit zurückdrängen. In den für die Entfaltung der Persönlichkeit und die Wahrnehmung von Lebenschancen heute relevanten Bereichen fiele er dagegen aus[18]. Das muß den Kritikern der objektivrechtlichen Erweiterung der Grundrechtsgeltung entgegengehalten werden, die sich von dem Umstand gefangen nehmen lassen, daß in Erfüllung der grundrechtlichen Schutzpflichten die

17 Als Leitentscheidungen des *BVerfG* können gelten für die Drittwirkung *BVerfGE* 7, 198 = NJW 1958, S. 257 (Lüth); für Leistungs- und Teilhaberechte *BVerfGE* 33, 303 = NJW 1972, S. 1561 (Numerus clausus); für Schutzpflichten *BVerfGE* 39, 1 = NJW 1975, S. 573 (Fristenlösung); für Verfahrensgarantien *BVerfGE* 53, 30 = NJW 1980, S. 759 (Mülheim-Kärlich) und für Organisationsprinzipien *BVerfGE* 57, 295 = NJW 1981, S. 1774 (Saarl. Rundfunkgesetz). Zum Ganzen Hesse, in: Hdb. d. VerfR, 1983, S. 79.

18 Vgl. Grimm, Rückkehr zum liberalen Grundrechtsverständnis?, in diesem Band S. 221.

Zahl der Grundrechtseinschränkungen steigt und die Abwehrkraft sinkt. Indessen sind es gerade die Grundrechte in ihrer objektivrechtlichen Bedeutung, die als dynamisches Prinzip innerhalb der Rechtsordnung diese für sozialen Wandel offen halten und auf eine Optimierung der Freiheit unter wechselnden Bedingungen drängen.
Allerdings dürfen mit der objektivrechtlichen Erweiterung des Grundrechtsschutzes keine überzogenen Erwartungen verbunden werden. Im Unterschied zu den klassischen Freiheitsrechten, die auf ein staatliches Unterlassen gerichtet sind und deswegen unmittelbar eingeklagt werden können, legen die Schutzpflichten den Staat wegen der Vielzahl von Handlungsalternativen und der Knappheit der Mittel regelmäßig nicht auf ein bestimmtes Verhalten fest. Daher sind die Grundrechte in ihrer Eigenschaft als Schutzpflichten auf gesetzliche Vermittlung angewiesen, ehe sie einklagbare Ansprüche verleihen, und nur in Ausnahmefällen gesetzgeberischer Unterschreitung des grundrechtsgebotenen Minimums an rechtlichem Schutz oder materieller Hilfe können sie als unmittelbare Anspruchsgrundlage vor Gericht dienen. Doch sind solche Ansprüche von vornherein auf die Korrektur punktueller Grundrechtsdefizite beschränkt. Dagegen eignen sich die grundrechtlichen Schutzpflichten nicht als Hebel zum Ausgleich erheblicher sozialer Defizite. Insoweit bleiben sie vielmehr auf eine Appellfunktion beschränkt. Daran könnte auch die Aufnahme sozialer Grundrechte in die Verfassung nichts ändern. Das ist nirgends deutlicher geworden als im Numerus-clausus-Urteil des Bundesverfassungsgerichts, in dem der zunächst aus den Grundrechten abgeleitete Anspruch auf Studienplätze am Ende doch wieder unter den »Vorbehalt des Möglichen im Sinne dessen, was der Einzelne vernünftigerweise von der Gesellschaft beanspruchen kann«, gestellt werden mußte[19].

III. Problemzonen

1. Gerade mit Hilfe der Verfassungsgerichtsbarkeit scheint es also gelungen zu sein, dem Grundgesetz nicht nur einen hohen Wirkungsgrad, sondern auch eine beträchtliche Anpassungsfähigkeit zu erhalten. Indessen machen sich unter der Oberfläche einige

19 *BVerfGE* 33, 303 (333) = NJW 1972, S. 1561.

Erosionstendenzen bemerkbar, die nicht nur die Tauglichkeit dieser oder jener Norm, sondern die Fähigkeit der Verfassung zur Politiksteuerung überhaupt in Frage stellen. Sie hängen fast durchweg mit der von Wissenschaft und Technik vorangetriebenen Komplizierung der gesellschaftlichen Verhältnisse und der dadurch bedingten Veränderung der Staatstätigkeit zusammen. Wie sich zeigt, entwickeln funktional hochspezialisierte Industriegesellschaften einen Koordinations- und Lenkungsbedarf, der durch gesellschaftliche Selbststeuerungsmechanismen nach Art des Markts nicht mehr befriedigend gedeckt werden kann. Infolgedessen hat der Staat seine Rolle als Garant einer vorausgesetzten und unabhängig von ihm funktionierenden Sozialordnung, die lediglich gegen Störungen abzuschirmen ist, verlassen und begonnen, seinerseits gestaltend auf die gesellschaftliche Ordnung einzuwirken. Dieser Prozeß, dessen Anfänge bereits ins späte 19. Jahrhundert fallen, verdichtete sich von einzelnen Korrekturen der Privatautonomie über wiederkehrende Leistungen und Interventionen allmählich zu einer Globalverantwortung des Staates für Bestand und Entwicklung der Gesellschaft in sozialer, ökonomischer und kultureller Hinsicht, von der heute prinzipiell kein Sozialbereich mehr ausgenommen ist.

Für die Verfassung ist das in zweifacher Hinsicht folgenreich. Die erste hängt damit zusammen, daß der Staat seine Globalverantwortung nicht mehr mit dem traditionellen Instrument des Einzeleingriffs in die Rechtssphäre eines Störers erfüllen kann, auf das die demokratisch-rechtsstaatliche Verfassung zugeschnitten war. Im Gegensatz zur Garantenfunktion des Ordnungsstaats läßt sich die Gestaltungsfunktion des Wohlfahrtsstaats nämlich nicht punktuell, bipolar und retrospektiv, sondern nur raumgreifend, polygonal wahrnehmen. Infolgedessen hat sich das staatliche Instrumentarium um die Planung und Lenkung gesellschaftlicher Abläufe erweitert. Tätigkeiten dieser Art sind aber in der Regel so komplex und einflußoffen, daß sie gedanklich nicht vollständig vorweggenommen werden können. Daher ist es auch nicht möglich, sie nach dem Vorbild klassischer Rechtsnormen in Tatbestand und Rechtsfolge einzufangen und so im vorhinein abschließend zu determinieren. Der Wohlfahrtsstaat hat vielmehr einen anderen Normtyp hervorgebracht, der im Gegensatz zu dem herkömmlichen Typ konditionaler Programmierung gewöhnlich als Finalprogramm bezeichnet wird. Finalprogramme

sind dadurch charakterisiert, daß sie das Verhalten der staatlichen Verwaltung nicht durchgängig, wenn auch unter Verwendung von Generalklauseln und Ermessensregeln, normieren, sondern verbindlich nur das Ziel der Tätigkeit vorgeben und sich im übrigen auf die Aufzählung verschiedener Gesichtspunkte beschränken, die bei der Zielverfolgung zu berücksichtigen sind.
Die staatliche Verwaltung empfängt unter diesen Umständen ihr Handlungsprogramm aber nur noch scheinbar vom Gesetzgeber und steuert sich in Wirklichkeit weitgehend selbst. Das Gesetz bildet lediglich den Ausgangspunkt und Rahmen für eine administrative Strategie, die sich erst im Prozeß der Zielverfolgung formt. Daher kann es auch das Ergebnis der Verwaltungstätigkeit nicht mehr im voraus generell und abstrakt festlegen. Dieses ergibt sich vielmehr von Fall zu Fall im Gesetzesvollzug[20]. Dadurch wird aber nicht nur das Demokratieprinzip in Mitleidenschaft gezogen, weil nicht der zu kollektiv verbindlichen Entscheidungen legitimierte Gesetzgeber, sondern die nicht in den demokratischen Verantwortungszusammenhang einbezogene Verwaltung entscheidet. Es leidet vielmehr auch das Rechtsstaatsprinzip, denn im selben Maß, wie die gesetzliche Determination der Verwaltung ausfällt, verflüchtigt sich auch das Prinzip der Gesetzmäßigkeit, verlieren die Betroffenen die Möglichkeit, staatliches Handeln vorauszusehen, und müssen die Verwaltungsgerichte die Kontrolltätigkeit einschränken, weil ihre Kontrollbefugnis nicht weiter reicht als die gesetzliche Bindung. Kontrollieren sie gleichwohl in vollem Umfang, so schließen sie eine rechtsstaatliche Lücke, indem sie eine demokratische aufreißen. Die Partizipation der Betroffenen an der Verwaltungsentscheidung kann als Maßnahme vorgezogenen Rechtsschutzes dieses Defizit zwar zum Teil ausgleichen. Das darf aber nicht darüber hinwegtäuschen, daß sie adäquaten Ersatz für materielle Richtigkeitskriterien nicht zu bieten vermag.
Die zweite Konsequenz für die Verfassung ergibt sich daraus, daß die wachsende Verantwortung des Staates für Bestand und Entwicklung der Gesellschaft nicht von einer entsprechenden Ausweitung seiner Verfügungsbefugnis begleitet worden ist. Die gesteuerten Sozialbereiche, allen voran die Wirtschaft, befinden sich vielmehr, grundrechtlich geschützt, nach wie vor in privater Ver-

20 Vgl. Grimm, NVwZ 1985, S. 865.

fügungsbefugnis. Die Grundrechte schirmen sie zwar nicht gegen staatliche Einwirkung ab, verhindern aber doch und mit gutem Grund ihre Überführung in öffentliche Regie. Infolgedessen kann der Staat seine Aufgaben in diesem Bereich nur noch begrenzt mit den spezifisch staatlichen Mitteln von Befehl und Zwang erfüllen und ist zum großen Teil auf den Einsatz indirekt wirkender Motivationsmittel, meist in Form finanzieller Anreize oder Abschrekkungen, verwiesen. Er wird dadurch in der Erfüllung seiner Aufgaben aber weitgehend von der Folgebereitschaft der Wirtschaftssubjekte abhängig. Diese gelangen wiederum in eine Tauschsituation, in der sie sich ihre Folgebereitschaft durch staatliche Gegenleistungen entgelten lassen können. Der Staat seinerseits reagiert darauf, indem er eine Vielzahl formeller oder informeller Verhandlungssysteme aufbaut, in denen politische oder administrative Entscheidungen mit privaten Entscheidungsträgern ausgehandelt und anschließend förmlich in Kraft gesetzt werden. Das politische System nimmt auf diese Weise neokorporative Züge an.
Die Verfassung ist von dieser Entwicklung zum einen berührt, weil Akteure in den staatlichen Entscheidungsprozeß einrücken, die verfassungsrechtlich auf der Seite der Gesellschaft stehen und daher nicht den im Grundgesetz vorgeschriebenen Bindungen der Staatsgewalt unterliegen, sondern Grundrechtsschutz gegenüber dem Staat genießen. Die verfassungsrechtlichen Anforderungen an die Herstellung kollektiv verbindlicher Entscheidungen fallen also insoweit aus, ohne daß es möglich wäre, das Problem durch Demokratisierung der privaten Entscheidungsträger, etwa in Anlehnung an Art. 21 GG, zu entschärfen, denn die Binnendemokratisierung, soweit sie bei wirtschaftlichen Akteuren überhaupt möglich ist, verwandelt das von ihnen verfolgte partikulare Interesse nicht in Gemeinwohlbelange. Dagegen müßte erwogen werden, ob zur Vermeidung gravierender Asymmetrien nicht zumindest der Zugang zu solchen Verhandlungssystemen und ihr Verfahren einer Regelung bedürfte. Zum anderen werden die Anforderungen, die das Grundgesetz an die Staatsorgane und die staatlichen Entscheidungsverfahren richtet, im selben Maß entwertet, wie diesen extrakonstitutionelle Entscheidungsverfahren vorgeschaltet sind, denen gegenüber die förmliche staatliche Entscheidung nur noch als Ratifikation erscheint. Eine Lösung für dieses Problem ist derzeit nicht in Sicht, und vieles deutet darauf hin, daß die Verfassung ihren Anspruch, die Träger öffentlicher Ge-

walt und ihre Befugnisse umfassend zu regeln, in Zukunft nur noch in begrenztem Maß erfüllen kann[21].

2. Die Erosionstendenzen machen auch vor den Grundrechten nicht halt. Wie sich gezeigt hat, ist es bisher vor allem über die Mobilisierung und Entfaltung der objektivrechtlichen Grundrechtsgehalte gelungen, ihnen unter veränderten Bedingungen ihre Wirksamkeit zu erhalten. Einige neuere Entwicklungen stellen aber den erreichten Menschenrechtsstandard in Frage. Das gilt namentlich für diejenigen Forschungen, die das Substrat des Grundrechtsschutzes, die menschliche Natur, verändernden Zugriffen aussetzen. Solche Zugriffe liegen in der Logik der Genforschung und ihrer Anwendung, der Gentechnik, ohne daß sie beim gegenwärtigen Stand der Wissenschaft bereits realisierbar wären. Wenn die Genomanalyse fortschreitet, werden aber gezielte Eingriffe in die menschliche Erbsubstanz möglich. Die Folgen sind wie immer ambivalent, denn die Eingriffe lassen sich nicht nur zur Verhütung von Krankheit oder Mißbildung, sondern auch zu Zwecken positiver Eugenik verwenden. Für den Grundrechtsschutz entsteht damit eine neue Situation, weil gegenüber der Möglichkeit, vor der Zeugung eines Individuums die menschliche Erbsubstanz zu verändern, alle Grundrechtsgarantien, die sich immer nur auf einen bereits, wenn auch embryonal, vorhandenen Menschen beziehen, zu kurz greifen. Einziger grundrechtlicher Ansatzpunkt bleibt dann Art. 1 I GG, dessen Schutzbereich freilich vom einzelnen Menschen auf die Gattung Mensch erweitert werden müßte.
Eine weitere Grundrechtsbedrohung hängt mit der Schadensdimension zusammen, die in der modernen Großtechnik für Leben, Gesundheit und Umwelt der Menschen angelegt ist. Sowohl von der Gentechnik als auch von der Kerntechnik gehen Gefährdungen aus, die alle bisher von Wissenschaft und Technik erzeugten Risiken bei weitem übertreffen. Die Grundrechte entfalten auch gegen solche Gefährdungen ihren Schutz. Die Besonderheit gegenüber kleiner dimensionierten Grundrechtsgefahren liegt aber

21 Vgl. Böckenförde, Der Staat 15 (1976), S. 457; Grimm, Verbände und Verfassung, in diesem Band S. 241; ders., Entstehungs- und Wirkungsbedingungen des modernen Konstitutionalismus, in diesem Band S. 31.

darin, daß der Schutz angesichts der Größe der Gefahr nur noch durch weitreichende Grundrechtseinschränkungen und eine erhebliche Vergrößerung des staatlichen Überwachungsapparats gewährleistet werden kann. Die Frage lautet daher, welches Maß an Freiheit sich in einer Gesellschaft aufrecht erhalten läßt, die so hohe Sicherheitsrisiken produziert, daß sie die bedrohten Grundrechtsgüter nur noch auf Kosten anderer Grundrechte zu sichern vermag. Das in die Grundrechte selbst eingelassene Korrektiv des Verhältnismäßigkeitsprinzips versagt hier seinen Dienst. Es enthält ja keine absolute Grenzbestimmung, sondern setzt im Interesse der individuellen Freiheit nur die Bedeutung des eingeschränkten Grundrechts und das hinter der Einschränkung tehende Schutzgut in Relation. Ist die bekämpfte Gefahr hoch genug, besteht daher jede noch so intensive Grundrechtsbeeinträchtigung den Test des Verhältnismäßigkeitsprinzips. Art. 19 II GG könnte dann erstmals seine eingriffsbegrenzende Wirkung entfalten.
Dem Staat ist die Problematik nicht entgangen. Die Risiken der Großtechnik und die von ihr ausgehende Belastung der Umwelt und Bedrohung der Freiheit sind zu den wichtigsten Ursachen für Bürgerproteste, Parteiverdrossenheit und Loyalitätsentzug geworden. Diese Tendenz verstärkt sich, weil, wiederum gefördert durch die wissenschaftlich-technische Entwicklung, die Sozialisation des Einzelnen auf die traditionellen Werte der Arbeitsgesellschaft abnimmt. Das Berufsleben beginnt aufgrund der längeren Ausbildungszeiten später. Die nicht vom Arbeitsleben bestimmte Zeit wächst wegen verkürzter Wochenarbeitszeiten sowie verkürzter Lebensarbeitszeiten bei gleichzeitiger Lebensverlängerung durch die moderne Medizin. Die Zahl der gar nicht in den Arbeitsprozeß eingegliederten Personen ist seit vielen Jahren anhaltend groß. Insgesamt hat sich dadurch der Wertewandel beschleunigt und das Desintegrationspotential in der Gesellschaft vergrößert, ohne daß die davon selbst in Mitleidenschaft gezogenen Institutionen der Familie und der Schule für hinreichenden Ausgleich sorgen könnten. Der Staat, der die Ursache durch seine Koppelung an das Wirtschaftswachstum nicht grundsätzlich bekämpfen kann, weicht zusehends auf Sekundärstrategien aus und versucht das Gefahrenpotential präventiv zu bekämpfen. In der Wendung von Repression zu Prävention liegt eine der signifikanten, aber noch zu selten

bemerkten Veränderungsprozesse der Staatstätigkeit in jüngster Zeit[22].

Diese Wendung besitzt freilich eine starke Plausibilität, denn jede gelungene Prävention bewahrt grundrechtliche Schutzgüter vor oft irreparablen Schäden und die Gesamtheit vor hohen Kosten. Dennoch ist die Umstellung von repressiver auf präventive Staatstätigkeit nicht ohne grundrechtlichen Preis zu haben. Im Unterschied zu der immer schon geübten Prävention, die auf gesetzlich definierte, akut drohende Gefahren bezogen war, wird die moderne Prävention aus diesem Bezug gelöst und zur Vermeidung unerwünschter Lagen aller Art eingesetzt. Am erfolgreichsten ist sie, wenn bereits ein Krisenherd aufgespürt und vor dem Ausbruch erstickt wird. Nicht erst konkrete Verdachtsmomente, sondern schon abstrakte Gefahren lösen dann die staatliche Aufmerksamkeit aus. Die Staatstätigkeit wird dadurch zeitlich vorverlagert, räumlich ausgeweitet und gegenständlich von Sachrisiken auf Humanrisiken umorientiert. Der Einzelne kann den Staat nicht mehr durch legales Betragen auf Distanz halten. Damit sinkt die Grundrechtseffektivität. Mag auch jede einzelne Freiheitsbeeinträchtigung wie etwa die Leibesvisitation auf Flughäfen für sich allein genommen geringfügig und angesichts der drohenden Gefahren vernünftig erscheinen, so kann ihre Summierung doch dazu führen, daß die Freiheit allmählich unter der Sicherheit verkümmert. Die Grenze ist schwer erkennbar. Wird sie einmal überschritten, findet sich die freiheitliche Verfassung aber ohne jede Änderung ihres Textes an der Peripherie des Soziallebens wieder.

Viele der heute eingeleiteten wissenschaftlich-technischen Prozesse sind in ihrer Folgewirkung ungewiß. Die politische Entscheidung über ihre Zulassung kann daher weder auf einer ausreichenden Wissensbasis noch unter Berücksichtigung aller betroffenen Interessen erfolgen. Unter diesen Entscheidungen ragen einige zusätzlich dadurch hervor, daß ihre Folgen nicht nur nicht kurzfristig, sondern überhaupt nicht mehr zu ändern sind. Verbesserungen des Wissens, Veränderungen der gesellschaftlichen Präferenzen, Ausweitungen des Interessenspektrums müssen

22 Vgl. Grimm, Verfassungsrechtliche Anmerkungen zum Thema Prävention, in diesem Band S. 197; Albrecht, KritV 1986, S. 55; Denninger, KJ 1988, S. 1.

dann folgenlos bleiben. Selbst bei einer Stillegung aller Kernkraftwerke sendet das radioaktive Material seine Strahlungen noch für Jahrtausende aus. Werden Entscheidungen zugunsten solcher Entwicklungen getroffen, büßt im selben Maß das Mehrheitsprinzip seine Funktion ein. Mehrheitswechsel können keine Politikänderung mehr bewirken. Damit verliert das Mehrheitsprinzip aber an legitimierender Kraft. Seine Ersetzung durch Volksentscheid, die in diesem Zusammenhang zunehmend gefordert wird, vermeidet zwar eine mögliche Differenz zwischen Parlaments- und Volksmehrheit, löst das Problem selbst aber nicht, weil vom Standpunkt der Minderheit die Mißachtung fundamentaler Interessen nicht dadurch an Legitimität gewinnt, daß sie statt vom Parlament vom Volk ausgeht. Die Interessen künftiger Generationen lassen sich auf diese Weise gar nicht sichern[23]. Dieses Legitimations-Dilemma mit seinen Auswirkungen auf den friedlichen Austrag von Meinungsgegensätzen ist derzeit eines der ernstesten verfassungspolitischen Probleme[24].

IV. Erfolgsbedingungen

So sehr die Zukunft des Verfassungsstaats davon abhängt, ob sich für die hier angedeuteten Probleme rechtliche Lösungen finden lassen werden, so wenig ist doch in der Vergangenheit der Erfolg des Grundgesetzes zu bezweifeln. Fragt man im Blick auf die zurückliegenden vierzig Jahre nach den Bedingungen dieses Erfolgs, dann lenkt die Entstehungsgeschichte die Aufmerksamkeit zunächst auf diejenigen Vorkehrungen, mit denen der Parlamentarische Rat das Grundgesetz vor dem Schicksal der Weimarer Verfassung bewahren wollte. Die Prüfung zeigt freilich schnell, daß die wenigsten von ihnen für die Verfassungsentwicklung der Bundesrepublik größere Bedeutung erlangt haben. Das Instrumentarium der sog. wehrhaften Demokratie wurde selten benutzt. Die Ewigkeitsklausel des Art. 79 III GG ist nicht auf die Probe gestellt worden. Das konstruktive Mißtrauensvotum des Art. 67 GG mußte keine Parteienkoalition, die sich nur in der

23 Vgl. Saladin/Zenger, Rechte künftiger Generationen, 1988.
24 Vgl. Guggenberger/Offe (Hg.), An den Grenzen der Mehrheitsdemokratie, 1984; Grimm, Interessenwahrung und Rechtsdurchsetzung in der Gesellschaft von morgen, in diesem Band S. 176.

Negation zusammenfand, vom Kanzlersturz abhalten. Die Entscheidung zugunsten einer konsequent repräsentativen Demokratie hat vor allem die Macht der politischen Parteien verstärkt. Dagegen ist ihre Konstitutionalisierung in Art. 21 GG normativ eigentümlich schwach geblieben. Die Anforderungen von Art. 80 I 2 GG an die Delegation von Rechtssetzungsbefugnissen sind unter dem Druck des wachsenden Normbedarfs immer weiter gelockert worden. Allein die Aufwertung der Grundrechte hat, vermittelt durch die Rechtsprechung des Bundesverfassungsgerichts, die grundgesetzliche Ordnung maßgeblich geprägt.

Überhaupt hat sich die Verfassungsgerichtsbarkeit unter allen Vorkehrungen, die im Grundgesetz gegen eine Wiederholung des Weimar-Schicksals getroffen worden sind, in der Rückschau als die bei weitem folgenreichste erwiesen. Das Durchsetzungsproblem, das sich bei der Verfassung dringender stellt als bei einfachem Recht, weil die Verfassung die oberste Staatsgewalt bindet, so daß Regelungsadressat und Regelungsgarant zusammenfallen, ist durch die Verfassungsgerichtsbarkeit erheblich entschärft. Mehr noch als der einzelne Kontrollakt des Gerichts wirkt sich dabei die antizipierte Kontrolle aus, die die politischen Akteure im Blick auf drohende Verfassungsprozesse vornehmen. Die Existenz des Gerichts bewirkt auf diese Weise, daß die Verfassungsmäßigkeit politischer Vorhaben verhältnismäßig früh und verhältnismäßig neutral thematisiert wird. Bei gleichwohl aufbrechenden Konflikten hat es die Verfassungsgerichtsbarkeit bisher verhindert, daß der Auslegungsstreit lange schwelt, am Ende stets zugunsten der jeweiligen Mehrheit ausgeht und so den im Verfassungsrecht niedergelegten Konsens der politischen Gegner allmählich aufzehrt. Das Grundgesetz ist dadurch zu einer Wirkung im politischen Prozeß gelangt, die keine frühere deutsche Verfassung besaß. Auch wenn man die Problematik einer normativ nur schwach determinierten und politisch kaum korrigierbaren Verfassungsgerichtsbarkeit nicht unterschätzt, muß das bei einer kritischen Würdigung der Rechtsprechung oder einer Bilanzierung der demokratischen Kosten immer mitbedacht werden.

Es erscheint allerdings fraglich, ob die Weimarer Verfassung durch ein Verfassungsgericht, das mehr Befugnisse als der Staatsgerichtshof besessen hätte, vor dem Scheitern zu retten gewesen wäre. Die Zweifel rühren nicht nur daher, daß ein solches Gericht sich im Widerspruch zur herrschenden Meinung auf ein materia-

les Verfassungsverständnis hätte einigen müssen. Ungewiß ist insbesondere, welche Wirkung ihm in dem politisch-sozialen Klima möglich gewesen wäre, in dem die Weimarer Verfassung entstand und galt. Schon bei ihrem Erlaß ohne breiten Rückhalt in der Bevölkerung und in dem aus der Monarchie übernommenen Staatsapparat zog sie sich im Lauf der Zeit wachsende Gegnerschaft zu. Die wichtigste Ursache dafür lag in der wirtschaftlichen Krise, die die Weimarer Republik, von kurzen Unterbrechungen abgesehen, begleitete und die durch die Kriegsschuldenpolitik der Siegermächte des Ersten Weltkriegs noch verstärkt wurde. Demgegenüber ist dem Grundgesetz eine beachtliche Fundamentalopposition, selbst 1968, erspart geblieben. Entstanden abseits vom öffentlichen Interesse, bewußt nicht dem Volk zur Abstimmung unterbreitet, weckte es anfangs weder starke Hoffnungen noch tiefe Abneigung. Es konnte sich aber in einer langen und von den Siegermächten des Zweiten Weltkriegs geförderten Phase wirtschaftlichen Wachstums und politischer Stabilität eine breite Akzeptanz sichern. Auf diese Weise gelang es dem Grundgesetz, zur Konsensbasis fast aller politischen Kräfte zu werden, während die Weimarer Verfassung zeit ihrer Existenz politisches Streitobjekt geblieben war.
Schließlich dürfen die Unterschiede des Parteiensystems nicht außer acht gelassen werden, das sich unter der Weimarer Verfassung entwickelte und das nach 1945 entstand. In seiner Mehrheit aus Weltanschauungs- und Interessenparteien zusammengesetzt, von denen durchschnittlich zwölf im Reichstag vertreten waren, nötigte das Weimarer Parteiensystem stets zu Mehrparteienkoalitionen, die jedoch wegen der Zahl und Kompromißunfähigkeit der Beteiligten höchst labil waren. Die letzte parlamentarische Regierung zerbrach nicht unter dem Ansturm radikaler Parteien, sondern an der Uneinigkeit der demokratischen Parteien selbst. Dagegen wurden in der Bundesrepublik durch die Gründung der CDU als überkonfessioneller Zusammenfassung christlicher, konservativer und nichtsozialistischer sozialer Kräfte die alten Weltanschauungs- und Interessenparteien allmählich aufgesogen und auch die Sozialdemokraten auf den Weg der Volkspartei gedrängt. Schon im ersten Bundestag besaßen die beiden großen Parteien CDU und SPD unter insgesamt zehn Parteien 60,2% der Stimmen. Seit der Wahl zum 4. Bundestag 1961 bestand ein Dreiparteiensystem, in dem die beiden Großparteien ihren Stimmen-

anteil bis 1976 auf 91,1% steigern konnten. Auf diese Weise hat die Bundesrepublik im Verlauf von vierzig Jahren nur sechs Bundeskanzler erlebt, während in den vierzehn Jahren der Weimarer Republik zweiundzwanzig Regierungen amtierten, von denen diejenige mit der längsten Amtsdauer noch immer kürzer bestand als die kürzeste der Bundesrepublik.

All das deutet darauf hin, daß die Bewährung einer Verfassung nicht nur eine Frage ihrer internen Regelungsqualität, sondern vor allem der externen Bedingungen ist, unter denen sie wirken muß. Es läßt sich schwer abschätzen, welchen Weg das Grundgesetz unter Weimarer Bedingungen oder die Weimarer Verfassung unter bundesrepublikanischen Bedingungen genommen hätte. Schon die Frage danach kann aber den in der Bundesrepublik weitgehend verdrängten Umstand wieder in Erinnerung rufen, daß die demokratische Verfassung von Voraussetzungen lebt, die sie selbst weder herzustellen noch zu bewahren vermag. Unter diesen ragt der Verfassungskonsens hervor[25]. Freilich steht die Konsensbereitschaft ihrerseits wieder unter der Bedingung, daß sich die überwiegende Mehrheit der Bevölkerung mit ihren Überzeugungen und Interessen in der Verfassung wiederfindet. Das scheint einerseits nur erreichbar, wenn der Konsens verhältnismäßig breit und anpassungsfähig formuliert ist, damit möglichst wenige Gruppen ausgeschlossen und dadurch gezwungen werden, ihre politischen Ziele außerhalb des verfassungsrechtlichen Rahmens zu verfolgen. Es kann andererseits nur gelingen, wenn Sieg und Niederlage in der politischen Auseinandersetzung nicht schon von vornherein verteilt sind, sondern allen die Chance einer angemessenen Interessenberücksichtigung eröffnet ist. Von der Aufrechterhaltung dieser Voraussetzungen wird der künftige Erfolg des Grundgesetzes in erster Linie abhängen.

25 Vgl. Böckenförde, Staat – Gesellschaft – Freiheit, 1976, S. 60; Scheuner, in: Jakobs (Hg.), Rechtsgeltung und Konsens, 1976, S. 33; Vorländer, Verfassung und Konsens, 1981; Grimm, Verfassungsrechtlicher Konsens und politische Polarisierung in der Bundesrepublik Deutschland, in diesem Band S. 298; ders., Verfassung, in diesem Band S. 11.

[illegible] Räumen. Auf diese Weise hat die Bundesrepublik im Verlauf von vierzig Jahren [illegible] während in den vierzehn Jahren der Weimarer Republik [illegible] Regierungen amtierten, von denen [illegible] der [illegible] Amtsdauer [illegible] kürzer [illegible] als die kürzeste der Bundesrepublik.

All das [illegible] darauf hin, daß die Bewährung einer Verfassung nicht nur eine Frage [illegible] Regelungsqualität [illegible] [illegible] [illegible] [illegible] [illegible]. Es läßt sich nicht [illegible], welchen Weg das Grundgesetz unter Weimarer Bedingungen oder die Weimarer Verfassung unter bundesrepublikanischen Bedingungen genommen hätte, [illegible] die Frage [illegible] kann [illegible] in der Bundesrepublik [illegible] Umstand wieder in Erinnerung rufen, daß die demokratische Verfassung [illegible] voraussetzungslos ist, [illegible] [illegible] noch zu bewahren vermag. Unter diesen [illegible] Verfassungskonsens [illegible] [illegible] nicht die Konsens[illegible] [illegible] [illegible] Bedeutung [illegible] die überwiegende [illegible] der Bevölkerung [illegible] [illegible] [illegible] [illegible] [illegible] [illegible] [illegible] [illegible] [illegible] [illegible] [illegible] [illegible] ihre politischen Ziele innerhalb des Verfassungsrahmens zu [illegible] [illegible] [illegible] Sieg und Niederlage in der politischen Auseinandersetzung [illegible] [illegible] [illegible] [illegible] [illegible] Grundgesetzes in [illegible].

[illegible] [illegible] Verfassung [illegible] Verfassungsgericht [illegible] der Bundesrepublik Deutschland [illegible]

v. Resümee

15. Die Zukunft der Verfassung

I. Entstehungsbedingungen

1. Das bürgerliche Sozialmodell

Die Zukunft der Verfassung scheint keinen Grund zur Sorge zu geben. Im 18. Jahrhundert als Folge zweier erfolgreicher Revolutionen aufgekommen, im 19. Jahrhundert erbittert umkämpft, hat sie sich im 20. Jahrhundert weltweit durchgesetzt. Die Zahl der Staaten, in denen heute noch ohne Verfassung regiert wird, ist verschwindend gering. Wenn daraus auch nicht der Schluß gezogen werden darf, daß die Verfassung überall ernst gemeint ist oder ernst genommen wird, so kann man ihre universale Verbreitung doch als Indiz für die Anziehungskraft der Idee betrachten, daß politische Herrschaft einer verfassungsrechtlichen Legitimation bedürfe und auf verfassungsmäßiger Grundlage ausgeübt werden müsse, um Anerkennung zu finden. Aber auch die Befolgung der Anforderungen, die das Verfassungsrecht an den politischen Prozeß richtet, ist in der zweiten Hälfte des 20. Jahrhunderts dank der Ausbreitung der Verfassungsgerichtsbarkeit beträchtlich gewachsen. Von Deutschland läßt sich sagen, daß noch keine Verfassung in so hohem Ansehen gestanden und die politische Wirklichkeit mittels der Verfassungsrechtsprechung so nachhaltig geprägt hat wie das Grundgesetz.
Trotz dieser unbestreitbaren äußeren Erfolge mehren sich aber Anzeichen, die auf eine zunehmende innere Schwäche der Verfassung hindeuten und Zweifel an ihrer unverminderten Fähigkeit zur Politikregulierung wecken. Solche Anzeichen werden freilich leicht übersehen, wenn man nur die traditionellen ordnungswahrenden Tätigkeiten des Staates in den Blick nimmt, auf die die verfassungsrechtlichen Regelungen ursprünglich bezogen waren. Sie treten aber sofort hervor, wenn auch seine modernen wohlfahrtsfördernden Aktivitäten berücksichtigt werden, die beim Entstehen der Verfassung noch nicht voraussehbar waren. Zwar hat es an Versuchen, die Verfassung auf die veränderte Staatstätigkeit einzustellen, keineswegs gefehlt. Ihr begrenzter Erfolg gibt

aber Grund zu der Frage, ob die Schwäche der Verfassung in diesem Bereich auf ein Anpassungsdefizit zurückgeht oder ihre Ursache womöglich darin hat, daß das Verfassungsrecht kein geeignetes Steuerungsinstrument für den Wohlfahrtsstaat darstellt und deswegen auch durch Verfassungsänderungen oder Totalrevisionen seine normative Kraft nicht in vollem Umfang wiedergewinnen kann[1].

Gegen eine solche innere Aushöhlung ist die Verfassung ebensowenig gefeit wie andere rechtliche Regelungen. Erst vor zweihundert Jahren unter ganz bestimmten Bedingungen als historisches Novum ins Leben getreten[2], kann sie beim Wegfall dieser Bedin-

1 Die Frage wird selten gestellt, obwohl die meisten Einzelheiten bekannt sind. Das gilt auch für Werke, die sich ausdrücklich mit dem Zustand des Verfassungsstaats befassen, vgl. etwa Peter Graf Kielmansegg, Das Experiment der Freiheit. Zur gegenwärtigen Lage des demokratischen Verfassungsstaates, Stuttgart 1988; Heinrich Oberreuter, Bewährung und Herausforderung. Zum Verfassungsverständnis der Bundesrepublik Deutschland, München 1989; Josef Isensee, Staat und Verfassung, in: ders./Paul Kirchhof, Handbuch des Staatsrechts, Band 1, Heidelberg 1987, S. 591; John Hart Ely, Democracy and Distrust, Cambridge, Mass. 1980; Paul Bastid, L'idée de Constitution, Paris 1985; John Elster/Rune Slagstad (Hg.), Constitutionalism and Democracy, Cambridge 1988. Sie spielt aber, wenn auch unter anderen Vorzeichen als hier, eine wichtige Rolle in den Schriften von Ernst Forsthoff, Der Staat der Industriegesellschaft, München 1971, bes. S. 71 ff.; ders., Rechtsstaat im Wandel, München 1976 (2. Aufl.), bes. S. 25, 130, 175, 202; ferner Georges Burdeau, Zur Auflösung des Verfassungsbegriffs, in: Der Staat 1 (1962), S. 389; zahlreiche Hinweise zur Diskrepanz von gesellschaftlichen Problemen und verfassungsrechtlichen Lösungen auch bei Niklas Luhmann, Politische Verfassungen im Kontext des Gesellschaftssystems, in: Der Staat 12 (1973), S. 1, 165; ders., Theoretische Orientierung der Politik, in: ders., Soziologische Aufklärung, Band 3, Opladen 1981, S. 287.

2 S. Dieter Grimm, Entstehungs- und Wirkungsbedingungen des modernen Konstitutionalismus, in diesem Band S. 31. Die kritische, die Kontinuität betonende Stellungnahme von Thomas Würtenberger, An der Schwelle zum Verfassungsstaat, in: Aufklärung 3 (1988), S. 53 (bes. Anm. 6 und 25), unterscheidet nicht genügend zwischen dem Verfassungs*denken* und dem Verfassungs*gesetz*. Aber selbst in der Begriffsgeschichte von »Verfassung« springt die Zäsur (die freilich Kontinuitäten einschließt) deutlich ins Auge, vgl. Heinz Mohnhaupt/Dieter Grimm, Verfassung, in: Otto Brunner/Werner Conze/Reinhart Koselleck

gungen auch selbst wieder verschwinden. Für derartige Vorgänge gibt es in der Rechtsgeschichte zahlreiche Beispiele. Daher empfiehlt es sich, die Frage nach der Zukunft der Verfassung mit einer Vergewisserung über ihre Herkunft zu beginnen. Sind die Bedingungen, denen die moderne Verfassung ihre Entstehung verdankt, bekannt, dann kann überprüft werden, ob die Veränderungen, die in der Zwischenzeit stattgefunden haben, gerade diese Bedingungen betreffen und daher die Schwäche des Verfassungsrechts gegenüber dem Wohlfahrtsstaat zu erklären vermögen. Auf dieser Grundlage wird aber auch eine zuverlässigere Prognose darüber möglich, ob und inwieweit sich die Wirksamkeit der Verfassung unter den veränderten Bedingungen erhalten läßt. Da die Entstehungsvoraussetzungen an anderer Stelle näher analysiert worden sind[3], genügt hier eine knappe und auf die Zukunftsproblematik bezogene Zusammenfassung.

Ihrer Entstehung nach gehört die Verfassung in den größeren Zusammenhang des Übergangs von der ständisch-feudalen zur bürgerlich-liberalen Gesellschaftsordnung. Unter bürgerlicher Gesellschaftsordnung soll dabei ein Modell verstanden werden, das auf der Annahme beruhte, die Gesellschaft sei aus sich heraus in der Lage, zu Wohlstand und Gerechtigkeit zu gelangen, wenn sie sich nur frei von externer Bestimmung entfalten dürfe[4]. Das Medium, welches diesen Effekt hervorbringen sollte, war die freie Willensbetätigung gleichberechtigter Individuen. Sie erlaubte einerseits jedem Einzelnen, seine Meinungen autonom zu bilden,

(Hg.), Geschichtliche Grundbegriffe, Band 6, Stuttgart 1990, S. 831; mein Beitrag auch in diesem Band S. 101.

3 S. Dieter Grimm, Deutsche Verfassungsgeschichte, Band 1, Frankfurt 1988, S. 10 ff.; ders., Konstitutionalismus, a.a.O. (Fn. 2).

4 Das »Modell« und nicht die Realität der bürgerlichen Gesellschaft steht hier im Vordergrund, weil auf dieses hin die Verfassungen entworfen werden. Skizzen dieses Modells im Blick auf seine rechtliche Umsetzung vor allem bei Franz Wieacker, Das Sozialmodell der klassischen Privatrechtsgesetzbücher und die Entwicklung der modernen Gesellschaft, in: ders., Industriegesellschaft und Privatrechtsordnung, Frankfurt 1974, S. 9; Jürgen Habermas, Strukturwandel der Öffentlichkeit, 1962, S. 86 ff., 91 ff.; ferner Dieter Grimm, Bürgerlichkeit im Recht, in: Jürgen Kocka (Hg.), Bürger und Bürgerlichkeit im 19. Jahrhundert, Göttingen 1987, S. 149 (wieder abgedruckt in Dieter Grimm, Recht und Staat der bürgerlichen Gesellschaft, Frankfurt 1987, S. 11).

seine Interessen selbst zu definieren und sein Verhalten dementsprechend einzurichten, und verwies ihn andererseits zur Befriedigung seiner Bedürfnisse auf die Willenseinigung mit anderen, gleich freien Gesellschaftsgliedern, aus der gerade wegen der Abwesenheit äußeren Zwangs ein gerechter Interessenausgleich hervorzugehen versprach. Soziale Unterschiede, auch individuelle Not, waren dadurch nicht ausgeschlossen, ließen sich in dem System individueller Freiheit aber auf persönliches Versagen zurückführen und galten insofern nicht als ungerecht.

Mit dieser Grundannahme stellte sich das bürgerliche Sozialmodell zum einen gegen die ständisch-feudale Gesellschaftsordnung, die auf einem vorausgesetzten, material definierten Gemeinwohlideal beruhte, demgegenüber der Einzelne gerade keine Freiheit beanspruchen konnte. Jedem war vielmehr sein in der Regel durch Geburt festgelegter und daher unabänderlicher Platz in der Gesellschaft zugewiesen, auf dem er eine bestimmte Sozialfunktion unter vorgegebenen Bedingungen zu erfüllen hatte. Der Rechtsstatus des Einzelnen knüpfte folglich nicht an die Person, sondern an die Standeszugehörigkeit an und war insofern gerade nicht durch Gleichheit, sondern Ungleichheit charakterisiert. Das bürgerliche Sozialmodell wandte sich zum anderen gegen den absoluten Fürstenstaat, der die öffentliche Gewalt unabgeleitet von gesellschaftlichem Konsens aus göttlichem oder eigenem Recht innehatte und vermöge überlegener Einsicht in das Gemeinwohl die Befugnis für sich in Anspruch nahm, sowohl die gesellschaftliche Ordnung als auch die individuelle Lebensführung bis in Einzelheiten zu bestimmen und mit Machtvollkommenheit zu verwirklichen.

Die bürgerliche Sozialordnung verstand das Gemeinwohl dagegen nicht als vorgegebenen, materialen Maßstab, an dem das gesamte gesellschaftliche Leben ausgerichtet werden mußte, sondern als inhaltlich offenes Ergebnis des Zusammenwirkens freier individueller Willensbetätigungen. Das Gerechtigkeitsproblem ließ sich auf diese Weise formalisieren: es konnte unter Verzicht auf inhaltliche Verhaltensanforderungen durch die Ermöglichung individueller Selbstbestimmung gelöst werden[5]. Die wichtigste

5 Vgl. Jürgen Habermas, Naturrecht und Revolution, in: ders., Theorie und Praxis, Neuwied 1963, S. 52; Niklas Luhmann, Zur Funktion der »subjektiven Rechte«, in: ders., Ausdifferenzierung des Rechts, Frank-

Folge dieser Umkehrung bestand darin, daß die verschiedenen gesellschaftlichen Funktionsbereiche, voran die wirtschaftlichen, aber nicht weniger die kulturellen, von politischer Steuerung abgekoppelt und der Marktsteuerung überlassen wurden, unter der sie sich vermittels individueller Willensentscheidungen ihren je eigenen Rationalitätskriterien gemäß entwickeln konnten. Diese mit der Ersetzung von Politik durch Markt gewonnene, als leistungs- und gerechtigkeitsverbürgend angesehene Autonomie war es, die eine grundsätzliche Neuordnung des Verhältnisses von Staat und Gesellschaft erforderlich machte, bei der die moderne Verfassung eine entscheidende Rolle spielen sollte.

2. Die Funktion des Staates

Für das Verständnis dieser Rolle ist die Einsicht wichtig, daß der Staat durch die der Gesellschaft zugeschriebene Selbststeuerungsfähigkeit keineswegs entbehrlich wurde. Das hängt mit der Störungsanfälligkeit eines Systems zusammen, das das Gemeinwohl über Individualfreiheit vermitteln will. In einem solchen System läßt sich nicht ausschließen, daß einzelne Gesellschaftsglieder ihre Freiheit zur Verletzung der gleichen Freiheit anderer gebrauchen und auf diese Weise die gesellschaftlichen Selbststeuerungsmechanismen außer Kraft setzen. Das macht es notwendig, einerseits die Freiheitssphären der Individuen gegeneinander abzugrenzen und die Grenzen gegen Verletzungen zu sichern, andererseits Kooperationsmöglichkeiten zu eröffnen und die Erfüllung freiwillig eingegangener Verpflichtungen zu gewährleisten. Diese Voraussetzungen ihrer Selbststeuerung kann aber eine Gesellschaft, die in unverbundene und zur Verfolgung ihrer Eigeninteressen freigesetzte Individuen aufgelöst und aller Herrschaftsbefugnisse entkleidet ist, nicht aus eigener Kraft garantieren. Sie muß sie vielmehr außerhalb ihrer selbst rekonstruieren und tut dies eben in Gestalt des Staates[6].

Der so verstandene Staat änderte sich aber gegenüber dem absoluten Fürstenstaat in Legitimation und Funktion grundlegend. Er

furt 1981, S. 360; ders., Gesellschaftsstruktur und Semantik, Band 2, Frankfurt 1981, S. 45; Grimm, Bürgerlichkeit, a.a.O. (Fn. 4).

6 Vgl. Niklas Luhmann, Politische Verfassungen, a.a.O. (Fn. 1), S. 5.

mußte die beherrschende Position räumen, die er unter den Bedingungen eines inhaltlich festliegenden und alles durchdringenden Gemeinwohls innegehabt hatte. Den Vorrang beanspruchte nunmehr die aus eigener Kraft zu Wohlstand und Gerechtigkeit befähigte Gesellschaft, während der Staat eine von ihr abgeleitete, dienende Stellung bezog. Theoretisch war ein solcher, als gesellschaftliche Zweckschöpfung entstandener Staat denkbar, seit die ältere Vorstellung von der göttlichen Einsetzung politischer Herrschaft mit der Glaubensspaltung an Überzeugungskraft verloren hatte und der Staatsvertragslehre gewichen war. Entwickelt unter dem Eindruck der konfessionellen Bürgerkriege, die nach einer unbeschränkten Friedensmacht verlangten, diente die Staatsvertragslehre aber anfangs der Machtsteigerung der Fürsten, und erst die Beseitigung der angestammten Staatsgewalt durch die bürgerlichen Revolutionen schuf die Voraussetzung für eine planmäßige, auf gesellschaftlichen Konsens gestützte Rekonstruktion der politischen Ordnung.
Die Ersetzung der konsensunabhängigen, aus sich heraus legitimierten Staatsgewalt durch eine konsensbedürftige, von den Herrschaftsunterworfenen legitimierte Staatsgewalt lief daher auf einen Konstitutionsakt geradezu hinaus. Insofern war der revolutionäre Bruch mit der angestammten Staatsgewalt, wie er in Nordamerika und Frankreich vollzogen wurde, für die Entstehung der modernen Verfassung konstitutiv. Doch darf der Konstitutionsakt nicht mit der Konstitution selber gleichgesetzt werden. Auch abgeleitete und auf gesellschaftlichen Konsens gegründete Herrschaft ist als unbegrenzte denkbar. Das hatten die älteren Staatsvertragslehren mit ihrer Rechtfertigung absoluter Fürstenmacht gezeigt. Absolute Herrschaft, gleich ob originär oder derivativ begründet, läßt sich mit verfassungsrechtlicher Regulierung aber nicht vereinbaren. Sie schließt die Aufteilung der Staatsgewalt auf verschiedene Träger und die Bindung ihrer Ausübung an bestimmte Grundsätze oder Verfahren gerade aus. Der Herrscher unterliegt in seinen Entschlüssen vielmehr keiner rechtlichen Begrenzung. Das Staatsrecht beschränkt sich auf die Feststellung seiner Omnipotenz und die Regelung seiner Nachfolge.
Zur Verfassung drängte die Konsensbedürftigkeit politischer Herrschaft deswegen erst im Verein mit der zweiten Veränderung, die die Funktion des Staates betraf. Unter der Geltung der

bürgerlichen Prämisse von der Selbststeuerungsfähigkeit der Gesellschaft büßte er die umfassende Verantwortung für individuelles Wohlverhalten und soziale Gerechtigkeit ein, die er bis dahin beansprucht hatte. Sämtliche Zwecksetzungen und Präferenzentscheidungen, gleich ob auf sozialem, ökonomischem oder kulturellem Gebiet, fielen von nun an in den Bereich gesellschaftlicher Autonomie und waren vom Staat hinzunehmen. Ihm selbst verblieb einzig diejenige Aufgabe, die die Gesellschaft nicht aus eigener Kraft zu erfüllen vermochte, nämlich die Abwehr von Freiheitsgefahren, die das gemeinwohlverbürgende freie Spiel der gesellschaftlichen Kräfte störten. Der Zweck des von der bürgerlichen Gesellschaft eingerichteten Staates reduzierte sich also unter Preisgabe der Wohlfahrtsfunktion auf die Gewährleistung äußerer und innerer Sicherheit. Diese Aufgabenverteilung ist gemeint, wenn die bürgerliche Ordnung auf den Begriff der »Trennung von Staat und Gesellschaft« gebracht wird[7].

Infolge der Trennung von Staat und Gesellschaft änderte sich zwar der Aufgabenbestand des Staates. Dagegen blieb das Mittel der Aufgabenwahrnehmung von der Veränderung unberührt. Auch die begrenzte Funktion der Abwehr von Freiheitsbedrohungen ließ sich nur mit Zwangsgewalt erfüllen. Diese mußte sogar beim Staat monopolisiert werden, weil jedes innergesellschaftliche Herrschaftsrecht die gleiche Freiheit der Gesellschaftsglieder durchbrochen und den Selbststeuerungsmechanismus blockiert hätte. Daher beseitigte die bürgerliche Revolution nicht die innere Souveränität, wie sie sich seit dem 16. Jahrhundert als Kennzeichen des modernen Staates entwickelt hatte und diesen von der mittelalterlichen Herrschaftsordnung unterschied[8]. Sie brachte den Prozeß der Souveränitätsbildung im Ge-

7 Vgl. dazu Ernst-Wolfgang Böckenförde (Hg.), Staat und Gesellschaft, Darmstadt 1976; Dieter Suhr, Staat – Gesellschaft – Verfassung, in: Der Staat 17 (1978), S. 369; Niklas Luhmann, Die Unterscheidung von Staat und Gesellschaft, in: ders., Soziologische Aufklärung, Band 4, Opladen 1987, S. 67; Dieter Grimm, Der Staat in der kontinental-europäischen Tradition, in: ders., Recht und Staat der bürgerlichen Gesellschaft (Fn. 4), S. 53; Ernst-Wolfgang Böckenförde, Staat und Gesellschaft, in: Staatslexikon, Band 5, Freiburg 1989 (7. Auflage), Sp. 228.

8 Vgl. Otto Brunner, Land und Herrschaft, Darmstadt 1970 (6. Auflage), S. 111 ff.; Helmut Quaritsch, Staat und Souveränität, Frankfurt 1970; ders., Souveränität, Berlin 1986; Grimm, Staat, a.a.O. (Fn. 7).

genteil zum Abschluß, indem sie auch diejenigen Herrschaftsrechte, die im Absolutismus noch bei Adel und Klerus verblieben waren, auf den Staat übertrug. Zugleich wechselte sie aber den Träger der Souveränität aus und setzte an die Stelle des Monarchen das Volk. Innehabung und Ausübung der Herrschaftsgewalt lagen dadurch nicht mehr in einer Hand, sondern fielen künftig auseinander.

Diese Aufspaltung sowie das mit der Trennung von Staat und Gesellschaft gegebene Verteilungsprinzip von Freiheit auf seiten der Gesellschaft und Bindung auf seiten des Staates[9] stellten die bürgerliche Gesellschaft vor ein Regelungsproblem, das früheren Gesellschaften unbekannt gewesen war: dem Mittelalter, weil dessen Herrschaft – noch nicht funktional auf Politik spezialisiert und räumlich wie gegenständlich auf zahlreiche autonome Träger verteilt – einer speziellen herrschaftsbezogenen Regelung gar nicht fähig war; dem neuzeitlichen Fürstenstaat, weil er als souveräner zwar regelungsfähig, als absoluter aber nicht regelungsbedürftig war. Demgegenüber mußten nun die unter der Geltung der Selbststeuerungsprämisse auseinandergetretenen, aber gleichwohl aufeinander bezogenen Funktionsbereiche von Staat und Gesellschaft wieder miteinander verbunden werden, und zwar in einer Weise, die dem Staat einerseits alle erforderlichen Mittel an die Hand gab, die er zur Erfüllung seiner Garantenfunktion für individuelle Freiheit und gesellschaftliche Autonomie benötigte, ihn andererseits aber daran hinderte, diese freiheitswidrig zu eigenen Steuerungszwecken zu verwenden[10].

9 Vgl. Carl Schmitt, Verfassungslehre, München 1928, S. 126.

10 Vgl. zur Konstitutionalisierbarkeit Quaritsch, Staat und Souveränität (Fn. 8), S. 184; Luhmann, Orientierung, a.a.O., S. 288; Ernst-Wolfgang Böckenförde, Geschichtliche Entwicklung und Bedeutungswandel der Verfassung, in: Festschrift für Rudolf Gmür, Bielefeld 1983, S. 7; Grimm, Konstitutionalismus, a.a.O. (Fn. 2), S. 50 f.; zur Regelungsbedürftigkeit im bürgerlichen System auch Luhmann, Politische Verfassungen, a.a.O. (Fn. 1), S. 3 ff.; Grimm, Verfassungsgeschichte (Fn. 3), S. 26 ff.

3. Die Bedeutung der Verfassung

Das Problem war so beschaffen, daß es gerade im Verfassungsrecht seine adäquate Lösung fand[11]. Da die bürgerliche Gesellschaft den Staat lediglich als Garanten ihrer Freiheit benötigte, bestand die Aufgabe zum einen in der Beschränkung des Staates auf diese Funktion, zum anderen in einer Organisation, die ihn bei der Erfüllung an die Interessen des Volkes band und Grenzüberschreitungen möglichst ausschloß. In beiden Fällen ging es nicht darum, dem Staat bestimmte inhaltliche Ziele zu stecken oder Handlungspflichten aufzuerlegen. Es kam im Gegenteil darauf an, seine Aktivitäten zu begrenzen und zu kanalisieren. So gesehen kann man die Regelungsaufgabe als formale bezeichnen. Gerade bei der Lösung formaler Aufgaben entfaltet das Recht aber seine spezifische Rationalität. Es erreicht hier nicht allein eine verhältnismäßig hohe Determinationskraft. Auch die Normverwirklichung begegnet keinen besonderen Schwierigkeiten. Die Einhaltung von Verbots-, Organisations- und Verfahrensnormen ist weitgehend eine Sache des Willens. Kommen Verstöße vor, lassen sie sich im Rechtssystem selbst abarbeiten, namentlich durch Annullierung der rechtswidrigen Akte.

Besonderheiten ergeben sich lediglich daraus, daß es sich bei dem Normadressaten in diesem Fall nicht um den Einzelnen, sondern um den Staat handelt, also jene Instanz, die ihrerseits zur Rechtssetzung und Rechtsdurchsetzung berufen und dafür mit souveräner Gewalt ausgestattet ist. Daher kann die Aufgabe nicht mittels des von den Staatsorganen selbst erzeugten Gesetzes gelöst werden. Sie erfordert vielmehr ein über dem Gesetz stehendes Recht. Daher wurde die Rechtsordnung in zwei Teile aufgespalten: einen, der von der Gesellschaft ausgeht und den Staat bindet, und einen, der vom Staat ausgeht und die Gesellschaft bindet. Der erste mußte dem zweiten dann freilich im Rang vorgehen, weil er die Befugnis zu kollektiv verbindlichen Entscheidungen verlieh, die Bedingungen ihrer Rechtmäßigkeit vorschrieb und ihre Verbindlichkeit von der Einhaltung dieser Be-

11 Vgl. Luhmann, Politische Verfassungen, a.a.O., S. 1; ders., Orientierung, a.a.O., S. 289; Grimm, Bürgerlichkeit, a.a.O. (Fn. 4), S. 159 ff.; ders., Konstitutionalismus, a.a.O. (Fn. 2), S. 59; ders., Verfassungsgeschichte (Fn. 3), S. 29 ff.

dingungen abhängig machte[12]. Damit ist aber nichts anderes als die moderne Verfassung beschrieben, die als Summe grundlegender Normen Einrichtung und Ausübung der Staatsgewalt regelt und daher allen anderen, von dieser ausgehenden Rechtsnormen notwendig überlegen ist.

Im einzelnen löste die Verfassung diese Aufgabe, indem sie denjenigen Bereich markierte, in dem die Gesellschaft Autonomie genoß und daher nicht der Wille des Staates, sondern die Willensentscheidung des Einzelnen maßgeblich war. Das war die Funktion der Grundrechte. Vom Staat aus betrachtet, stellten sie Handlungsschranken, vom Einzelnen aus betrachtet, Unterlassungsansprüche dar. Angesichts der in der Individualfreiheit gelegenen Bedrohung für die Freiheit anderer konnte die grundrechtlich bewirkte Ausgrenzung des Staates aber keine absolute sein. Der Staat mußte vielmehr auch im Grundrechtsbereich mit seinen Machtmitteln tätig werden dürfen, wenn es zum Zweck des Freiheitsschutzes erforderlich war. Angesichts der Grundentscheidung zugunsten individueller Freiheit wurde diese Tätigkeit aber zum »Eingriff«[13]. Wiewohl im Freiheitsinteresse unverzichtbar, bildete der staatliche Eingriff in die grundrechtlich geschützte Individualsphäre doch die stärkste Bedrohung der bürgerlichen Gesellschaft, weil nicht auszuschließen war, daß er von den Machthabern auch zu anderen Zwecken als dem Freiheitsschutz genutzt würde. Um die Entschärfung der im Eingriff liegenden Gefahr kreist daher der gesamte Organisationsteil der Verfassung. Auf den Eingriff ist er bezogen. Grundrechtseingriffe sind dem Staat nur auf gesetzlicher Grundlage erlaubt. Gesetze können allein von der aus freien Wahlen hervorgehenden Vertretung des Volkes, dem Parlament, beschlossen werden. Dieses fungiert so als Bindeglied zwischen Staat und Gesellschaft. Im Gesetz legt es nach öffentlicher Diskussion unter den Augen der Wählerschaft generell und abstrakt die Grenzen der individuellen Frei-

12 Vgl. Egon Zweig, Die Lehre vom Pouvoir constituant, Tübingen 1909; Niklas Luhmann, Staat und Politik, in: ders., Soziologische Aufklärung, Band 4 (Fn. 7), S. 74; Dieter Grimm, Verfassung, in diesem Band S. 14; Rainer Wahl, Der Vorrang der Verfassung, in: Der Staat 20 (1981), S. 485.

13 Vgl. etwa Dietrich Jesch, Gesetz und Verwaltung, Tübingen 1961, vor allem S. 102 ff. (126 ff.); Gertrude Lübbe-Wolff, Die Grundrechte als Eingriffsabwehrrechte, Baden-Baden 1988, S. 25 ff.

heit fest und ermächtigt den Staat, diese im Einzelfall unter Einsatz seiner Zwangsmittel zu verteidigen. Die Staatsverwaltung ist an das gesetzliche Handlungsprogramm gebunden. Unabhängige Gerichte können auf Initiative des Betroffenen überprüfen, ob sie sich bei einem Eingriff an das gesetzliche Programm gehalten hat oder nicht, und sind im Verletzungsfall befugt, den Verwaltungsakt zu annullieren und den Betroffenen für erlittene Nachteile zu entschädigen. Demokratie, Rechtsstaat und Gewaltenteilung flankieren auf diese Weise den substantiellen Grundrechtsschutz und stabilisieren die Trennung von Staat und Gesellschaft.

Das Gesetz wird dadurch zum Angelpunkt des gesamten Systems[14]. Der Erfolg des Ordnungsmodells hing deswegen von der Eignung des parlamentarischen Gesetzes zur Bindung der Staatstätigkeit ab. Dem kam die Eigenart der Staatstätigkeit freilich entgegen. Auf eine vorgegebene, aus dem freien Spiel der gesellschaftlichen Kräfte hervorgehende Ordnung verpflichtet, hatte sie diese nur gegen Störungen abzuschirmen oder nach eingetretener Störung wiederherzustellen. Dagegen war dem Staat die Aufgabe der Ordnungsgestaltung gerade entzogen. Im Gegensatz zur Ordnungsgestaltung ist die Aufgabe der Ordnungswahrung gesetzlicher Determinierung aber verhältnismäßig leicht zugänglich. Die Norm kann in ihrem Tatbestand relativ genau und abschließend festlegen, was als Ordnungsstörung gelten soll, und in der Rechtsfolge bestimmen, welche Reaktionen der Staat beim Vorliegen der tatbestandlichen Voraussetzungen zu ergreifen hat. Da sich der Kontakt des Staates mit der Gesellschaft in diesem System in den gesetzlich geregelten Fällen erschöpft, kommen die möglichen Bedrohungen durch den Staat und der gesetzlich vermittelte Schutz gegen ihn zur Deckung.

14 Vgl. Schmitt, Verfassungslehre (Fn. 9), S. 138 ff.; Franz Neumann, Der Funktionswandel des Gesetzes im Recht der bürgerlichen Gesellschaft, in: ders., Demokratischer und autoritärer Staat, Frankfurt 1967, S. 31; Jesch, Gesetz (Fn. 13); Ernst-Wolfgang Böckenförde, Gesetz und gesetzgebende Gewalt, Berlin 1981 (2. Aufl.); Christian Starck, Der Gesetzesbegriff des Grundgesetzes, Baden-Baden 1970; Rolf Grawert, Gesetz, in: Geschichtliche Grundbegriffe (Fn. 2), Band 2, Stuttgart 1975, S. 899 ff.; Ingeborg Maus, Verrechtlichung, Entrechtlichung und der Funktionswandel von Institutionen, in: dies., Rechtstheorie und Politische Theorie im Industriekapitalismus, München 1986, S. 277.

Die Verfassung unterschied sich danach von den älteren rechtlichen Bindungen politischer Herrschaft, die auch dem Absolutismus keineswegs unbekannt gewesen waren[15]. Wo diese die allen rechtlichen Bindungen vorausliegende und unabhängig von ihnen legitimierte Staatsmacht immer nur in einzelnen Hinsichten oder zugunsten einzelner Gruppen begrenzt hatten, erhob die moderne Verfassung einen grundlegenden und umfassenden Regelungsanspruch. Das darf freilich nicht so verstanden werden, als habe von nun an jede politische Macht oder jede politische Initiative eine verfassungsrechtliche Deckung benötigt. Der durchgängige Regelungsanspruch bedeutet aber, daß alle Inhaber öffentlicher Gewalt einer verfassungsrechtlichen Legitimation bedurften und extrakonstitutionelle Träger von Hoheitsrechten nicht mehr geduldet wurden, und weiter, daß jede staatliche Entscheidung die verfassungsrechtlich vorgesehenen Bahnen durchlaufen haben mußte, um Beachtung verlangen zu können. Das Machtproblem war damit zwar nicht aus der Welt geschafft, jedoch so entschärft, daß eine umstandslose Transformation von Macht in Recht ausgeschlossen war.

II. Veränderungen

1. Marktversagen

Zieht man den Ertrag aus diesen Überlegungen, so ergeben sich drei Voraussetzungen für die Entstehung der modernen Verfassung. Vorgängig bedurfte es einer einheitlichen, funktional auf Politik spezialisierten öffentlichen Gewalt als möglichen *Rege-*

15 Vgl. Rudolf Vierhaus (Hg.), Herrschaftsverträge, Wahlkapitulationen, Fundamentalgesetze, Göttingen 1977; Mohnhaupt, Verfassung I, a.a.O. (Fn. 2); ders., Die Lehre von der »Lex fundamentalis« und die Hausgesetzgebung europäischer Dynastien, in: Johannes Kunisch (Hg.), Der dynastische Fürstenstaat, Berlin 1982, S. 3; Werner Näf, Der Durchbruch des Verfassungsgedankens im 18. Jahrhundert, in: Schweizer Beiträge zur Allgemeinen Geschichte II (1953), S. 108; Hasso Hofmann, Zur Idee des Staatsgrundgesetzes, in: ders., Recht – Politik – Verfassung, Frankfurt 1986, S. 261; Gerhard Dilcher, Vom ständischen Herrschaftsvertrag zum Verfassungsgesetz, in: Der Staat 27 (1988), S. 161; Grimm, Konstitutionalismus, a.a.O. (Fn. 2), S. 48.

lungsgegenstandes einer Verfassung. Für den Regelungsgegenstand entwickelte sich aber erst ein *Regelungsbedürfnis*, nachdem die öffentliche Gewalt nicht mehr als vorgegeben und transzendental oder traditional legitimiert galt, sondern ihr Herrschaftsrecht von gesellschaftlichem Konsens ableitete und in gesellschaftlichem Auftrag ausübte. Damit das Regelungsbedürfnis gerade in Gestalt der modernen Verfassung erfüllt werden konnte, war jedoch zusätzlich ein *Regelungszweck* nötig, bei dem es primär um Begrenzung und Organisation der öffentlichen Gewalt ging, also Aufgaben, die im Recht ihre adäquate Lösung finden. Insofern dabei als zentrales Steuerungsmittel das Gesetz fungierte, waren schließlich Staatsaufgaben vorausgesetzt, die sich gesetzlicher Steuerung zugänglich zeigten. Soziale Veränderungen, die sich auf diese Bedingungen bezogen, konnten daher die Verfassung nicht unberührt lassen.

Am Beginn der Veränderungen steht die Tatsache, daß das bürgerliche Sozialmodell seine Verheißungen nicht zu erfüllen vermochte. Zwar wurden die fortschrittshemmenden und zunehmend als ungerecht empfundenen ständisch-feudalen Gesellschaftsstrukturen ebenso beseitigt wie die Bevormundung durch den absoluten Staat. Auch trat die vorhergesagte Entfesselung der wirtschaftlichen Produktivität ein. Doch blieb der gerechte Interessenausgleich, den das bürgerliche Sozialmodell ebenfalls in Aussicht gestellt hatte, aus. Statt dessen bildeten sich unter der Herrschaft der Privatautonomie mit ihren Säulen der Eigentums-, Vertrags- und Vererbungsfreiheit ökonomisch begründete Klassenschranken, die die Gesellschaft in Besitzende und Nichtbesitzende einteilten. Dadurch wurden, rechtlich zwar frei vereinbart, ökonomisch aber erzwungen, neue Abhängigkeits- und Ausbeutungsverhältnisse möglich, ohne daß die dadurch begründete Armut einer breiten Bevölkerungsschicht auf individuelles Versagen zurückgeführt werden konnte. Diese Lage trat unabhängig von der Industriellen Revolution ein, durch die sie nicht verursacht, sondern nur verschärft wurde.

Damit stand fest, daß der Marktmechanismus nicht im Stande war, den gerechten Interessenausgleich unter allen Umständen oder für jedes Gut hervorzubringen[16]. Voraussetzungsvoller als

16 Vgl. unter vielen etwa Habermas, Strukturwandel (Fn. 4), S. 99 ff.; Richard A. Musgrave/Peggy B. Musgrave/Lore Kullmer, Die öffentli-

angenommen, hing das bürgerliche Sozialmodell zusätzlich davon ab, daß der gleichen rechtlichen Freiheit ein annäherndes soziales Kräftegleichgewicht entsprach, wenn die privatautonome Regulierung der gesellschaftlichen Beziehungen zu sozialer Gerechtigkeit führen sollte. Ein solches Kräftegleichgewicht bestand aber weder am Beginn der bürgerlichen Gesellschaft noch wäre es unter ihrer Logik aufrecht zu erhalten gewesen. Dadurch war freilich nicht schon das Ziel der Ordnung, sondern nur das Mittel ihrer Verwirklichung diskreditiert. Das Bürgertum hatte die Freiheit ja nicht für sich reserviert, sondern universal proklamiert. Wenn der universale Anspruch eingelöst werden sollte, mußte die gleiche Freiheit, die rechtlich bereits weitgehend existierte, auch tatsächlich hergestellt werden. Das erforderte zum einen Schutz auch vor gesellschaftlichen Freiheitsbedrohungen und zum anderen eine materielle Fundierung der Freiheit, die diese auch real nutzbar machte.

Das Gerechtigkeitsproblem materialisierte sich dadurch wieder. Gemeinwohl konnte nicht länger als automatisch eintretende Folge individueller Freiheit gelten, sondern mußte aktiv bewirkt werden, auch unter den Bedingungen der Freiheit. Gleiche Freiheit hing dann gerade von der Begrenzung der Privatautonomie und der Umverteilung der Güter ab. Im Gegensatz zu der Beseitigung der ständisch-feudalen Entfaltungshindernisse und obrigkeitlichen Bevormundungen sowie der Entfesselung der Produktivität ließ sich diese Aufgabe freilich nicht durch Staatsbegrenzung lösen. Sie konnte vielmehr nur unter Einsatz der öffentlichen Gewalt erfolgen. Daher schlug die Abwehrhaltung gegen den Staat, die sich in Reaktion auf den fürstlichen Absolutismus gebildet hatte, angesichts der Erfahrung der Industriellen Revolution in eine Anspruchshaltung gegen den Staat um. Es ging um eine Reaktivierung des Staates, freilich eine Reaktivierung, deren Ziel im Unterschied zum vorangegangenen Absolutismus nicht die Durchsetzung eines vorgegebenen und material definierten Gemeinwohls, sondern die Verwirklichung der individuellen Freiheit selber war.

Entsprechende Forderungen wurden bereits früh im 19. Jahrhundert erhoben, trafen aber auf den Widerstand des Bürgertums, das

chen Finanzen in Theorie und Praxis, Band 1, Tübingen 1984 (3. Auflage).

das Ziel gleicher individueller Freiheit nun zunehmend mit dem Mittel seiner Verwirklichung, Staatsbegrenzung und Privatautonomie, identifizierte. Je weiter der bürgerliche Einfluß auf den Staat reichte, desto geringer waren die Aussichten auf Systemkorrekturen. Dabei spielte das Wahlrecht eine entscheidende Rolle, weil es ungeachtet der Volkssouveränität, auf der die politische Ordnung basierte, fast durchweg von Besitzkriterien oder Bildungspatenten abhing und daher die Interessenten an einer Systemkorrektur von politischer Mitsprache gerade ausschloß. Insofern war es erst die Herstellung von Demokratie mit allgemeinem und gleichem Wahlrecht, die einer Reaktivierung des Staates die Tore öffnete. Seit dem Ende des Ersten Weltkriegs kam es daher nach Anfängen im 19. Jahrhundert zu einem fortschreitenden Ausbau von Staat und Staatstätigkeit, der sich vor allem in dem Anfall neuer Staatsaufgaben, der Entwicklung neuer Mittel der Aufgabenbewältigung und dem Auftreten neuer politischer Akteure ausdrückt[17].

2. Neue Aufgaben: Sozialgestaltung

Im Vordergrund der Veränderungen steht der Zuwachs an Staatsaufgaben. Bislang hat er sich vornehmlich aus zwei Quellen gespeist. Die eine läßt sich mit dem Stichwort Inklusion kennzeichnen[18]. Darunter ist die Einbeziehung der gesamten Bevölkerung

17 Vgl. etwa Peter Flora (Hg.), Growth to Limits, The Western European Welfare States since World War II, 3 Bände, Berlin 1986f.; ders., State, Economy, and Society in Western Europe 1815-1975, 2 Bände, Frankfurt 1983-1987; ders./Arnold J. Heidenheimer (Hg.), The Development of Welfare States in Europe and America, New Brunswick 1987 (3. Auflage); Charles L. Taylor (Hg.), Why Governments Grow, Beverly Hills 1983; Thomas Ellwein/Ralf Zoll, Zur Entwicklung der öffentlichen Aufgaben in der Bundesrepublik Deutschland, Baden-Baden 1973; Jürgen Kohl, Staatsausgaben in Westeuropa, Frankfurt 1985; Norbert Leineweber, Das säkulare Wachstum der Staatsausgaben, Göttingen 1988; Manfred G. Schmitt, Staatstätigkeit, PVS Sonderheft 19 (1988); Michael Stolleis, Die Entstehung des Interventionsstaates und das öffentliche Recht, in: Ztschr. f. Neuere Rechtsgeschichte 1989, S. 129.

18 Vgl. Talcott Parsons, The System of Modern Societies, Englewood

in die Leistungen aller gesellschaftlichen Teilsysteme zu verstehen. War die auf Inklusion beruhende Ausweitung der Staatstätigkeit anfangs vorwiegend durch die sozialen Kosten der Liberalisierung und Industrialisierung bedingt, so hat sie sich allmählich von der Sozialen Frage des 19. Jahrhunderts gelöst und erfaßt mittlerweile alle erdenklichen Benachteiligungen von Einzelnen oder Gruppen, ohne dabei an immanente Grenzen zu stoßen. Die zweite Quelle liegt in der anhaltenden Differenzierung der sozialen Strukturen und Funktionen, die einerseits die Leistungsfähigkeit der Gesellschaft beträchtlich steigert, andererseits aber ihre Störanfälligkeit enorm vergrößert[19]. Zum Problem wird insbesondere die Eigenschaft hochspezialisierter Teilsysteme, hohe Sensibilität für die eigenen Angelegenheiten mit weitgehender Indifferenz für alle fremden zu kombinieren. Auch insoweit springt zunehmend der Staat in die Bresche.
Der Vorgang hat einen quantitativen und einen qualitativen Aspekt. In quantitativer Hinsicht lassen sich, ohne Anspruch auf eine exakte Epocheneinteilung oder eine trennscharfe Grenze, drei Etappen unterscheiden. In einer ersten noch im 19. Jahrhundert einsetzenden Etappe trat neben die bestehende Aufgabe der Ordnungswahrung die Verhinderung eklatanter Mißbräuche der wirtschaftlichen Freiheit. Diese Aufgabe ließ sich im wesentlichen durch rechtliche Begrenzung der Privatautonomie lösen. In einer weiteren, auf den Ersten Weltkrieg folgenden Etappe ging der Staat dazu über, bei sozialen Notlagen und wirtschaftlichen Engpässen einzuspringen und insbesondere die elementaren Lebensbedürfnisse der Bevölkerung zu sichern. Dies geschah vornehmlich durch Intervention in den Wirtschaftsprozeß und Einrichtung staatlicher Leistungssysteme und Versorgungsbetriebe. In einer dritten, noch relativ neuen Etappe hat der Staat schließlich die Globalverantwortung für Bestand und Entwicklung der Gesellschaft in sozialer, ökonomischer und kultureller Hinsicht übernommen. Hierfür bedient

Cliffs 1971, S. 92 ff.; Niklas Luhmann, Politische Theorie im Wohlfahrtsstaat, München 1981, S. 25 ff.; Rudolf Stichweh, Inklusion in Funktionssysteme der modernen Gesellschaft, in: Renate Mayntz u. a. (Hg.), Differenzierung und Verselbständigung: Zur Entwicklung gesellschaftlicher Teilsysteme, Frankfurt 1988, S. 261.

19 Vgl. etwa Niklas Luhmann, Rechtssoziologie, Band 1, Reinbek 1972, S. 132 ff.; ders., Wohlfahrtsstaat (Fn. 18), S. 19 ff.

er sich vornehmlich der Planung und Steuerung gesellschaftlicher Entwicklungen.

Die gegenläufige Tendenz der Privatisierung staatlicher Aufgaben hält dem Zuwachs nicht annähernd die Waage, mag sich aber unter dem Eindruck zunehmender finanzieller und instrumenteller Überforderung des Staates in Zukunft verstärken[20]. Wohl aber läßt sich eine Verschiebung der Ebenen registrieren, auf der öffentliche Aufgaben wahrgenommen werden. Sie hängt mit der technisch-ökonomischen Entwicklung zusammen, die zu fortschreitender internationaler Verflechtung führt und die Zahl derjenigen Probleme verringert, die noch im nationalstaatlichen Rahmen oder im vertragsvölkerrechtlichen Weg gelöst werden können. Die Staaten sind daher dazu übergegangen, eine Reihe von Aufgaben wirtschafts-, technologie- und militärpolitischer Natur auf supranationale Einrichtungen zu übertragen und diesen die dafür erforderlichen Hoheitsrechte abzutreten[21]. Infolgedessen erlangen die Beschlüsse dieser Organisationen in den Mitgliedsstaaten zumeist unmittelbare Verbindlichkeit und bedürfen keiner weiteren Transformation. Die Staaten verlieren dadurch Souveränitätsrechte, ohne daß die aufnehmenden Instanzen ihrerseits bereits Staatsqualität erlangt hätten.

In qualitativer Hinsicht liegt die wichtigste Veränderung darin, daß sich die Staatstätigkeit infolge der Materialisierung des

20 Der umfangreichen Literatur über Marktversagen ist inzwischen eine nicht weniger umfangreiche über Staatsversagen gefolgt, vgl. etwa Martin Jänicke, Staatsversagen, 1986, Horst Claus Recktenwald, Markt und Staat, Göttingen 1980. Zu dieser Debatte vgl. Charles E. Lindblom, Jenseits von Markt und Staat, Frankfurt 1983. Zur Privatisierung vgl. etwa Helmut Brede (Hg.), Privatisierung und die Zukunft der öffentlichen Wirtschaft, Baden-Baden 1988; Thomas Schmid (Hg.), Entstaatlichung, Berlin 1988; Sheila B. Kamerman/Alfred J. Kahn (Hg.), Privatization and the Welfare State, Princeton 1989; zum entsprechenden Vorgang der Deregulierung vgl. etwa Rüdiger Voigt (Hg.), Abschied vom Recht?, Frankfurt 1983; ders., (Hg.), Gegentendenzen zur Verrechtlichung, Opladen 1983.

21 Vgl. etwa Christian Tomuschat/Reiner Schmidt, Der Verfassungsstaat im Geflecht der internationalen Beziehungen, in: VVDStRL 36 (1978); Georg Ress (Hg.), Souveränitätsverständnis in den Europäischen Gemeinschaften, Baden-Baden 1980.

Gerechtigkeitsproblems von der Bindung an eine vorgegebene, quasi-natürliche Gesellschaftsordnung löst, die der Staat lediglich gegen Störungen abzuschirmen hat. Statt dessen wird die gesellschaftliche Ordnung selber zum Gegenstand staatlicher Veränderung und Gestaltung. Denn weder läßt sich der Inklusionsanspruch ohne fortwährende Veränderung der gewachsenen Lebensverhältnisse und der gesellschaftlichen Infrastruktur oder ohne Umverteilung des gesellschaftlichen Reichtums erfüllen, noch sind die Folgelasten des technisch-industriellen Fortschritts ohne Veränderung der Rahmenbedingungen für die gesellschaftlichen Teilsysteme oder ohne Überwälzung der finanziellen Kosten zu bewältigen. Dabei wird der Staat zunehmend gedrängt, nicht erst im Unglücks- oder Krisenfall zu reagieren, sondern mögliche Fehlentwicklungen zu antizipieren und durch frühzeitige Gegensteuerung bereits im Keim zu ersticken. Diese Aufgabe ist nie abgeschlossen. Sie verlangt in einer dynamischen Gesellschaft vielmehr permanente Bearbeitung.
Der Staat verläßt dadurch die Reservestellung, die er unter der Geltung der bürgerlichen Prämisse von der Selbststeuerungsfähigkeit der Gesellschaft bezogen hatte und nur vorübergehend räumen sollte, wenn eine Störung der Selbststeuerung eingetreten war oder unmittelbar bevorstand. Seine Tätigkeit verliert auf diese Weise ihre punktuelle und retrospektive Ausrichtung und gewinnt einen flächendeckend-prospektiven Charakter, der dem absoluten Staat wegen seiner geringen Gestaltungsmöglichkeiten und dem liberalen Staat wegen seiner geringen Gestaltungsbefugnisse fremd war. Sozialbereiche, die dem staatlichen Einfluß gänzlich entzogen wären, sind nicht mehr erkennbar. Die Sozialgestaltung ist lediglich graduell abgestuft. Damit geraten aber die Einzelnen wie auch die gesellschaftlichen Teilsysteme in zunehmende Abhängigkeit vom Staat. Weder die Entfaltung der Persönlichkeit noch die Funktionserfüllung der Systeme kann ohne staatliche Vorleistungen und Flankierungen gelingen. Freiheit als unveränderter Zielwert der Ordnung bleibt unter diesen Umständen immer weniger natürliche Freiheit und wird immer mehr zu staatlich vermittelter und konditionierter Freiheit[22].

22 Vgl. Lübbe-Wolff, Grundrechte (Fn. 13), S. 75 ff.

3. Neue Aufgaben: Sicherheit

Die Umstellung der Staatstätigkeit von Zustandswahrung auf Zukunftsplanung gewinnt durch die Fortschritte von Wissenschaft und Technik derzeit eine zusätzliche Dimension. Die Verwendung neuer Techniken, namentlich der Kern-, der Informations- und der Gentechnik, aber auch der Einsatz neuer chemischer Stoffe, erzeugen Risiken, die die Gefahren der ersten Industrialisierungsphase in mehrfacher Hinsicht übertreffen[23]. Häufig entziehen sie sich der sinnlichen Wahrnehmung oder zeigen ihre Wirkungen erst zeitlich lang verzögert oder räumlich weit entfernt. Zugleich nehmen sie aber historisch präzedenzlose Dimensionen bis zur Selbstvernichtung der Menschheit an. Auch unterhalb dieser Schwelle können jedoch Schäden solcher Intensität oder Ausdehnung auftreten, daß ihre Behebung auf lange Sicht ausscheidet. Die Verantwortlichkeit für solche Schäden ist immer seltener zu lokalisieren, weil sie sich aus einer Vielzahl harmloser Kleinstbeiträge summieren oder aus dem Zusammentreffen allein nicht schädlicher Ereignisse resultieren oder zur Zeit der Verursachung noch gar nicht vorhersehbar waren. Gleichzeitig fehlt es aber mangels ausreichender Erfahrungen an geprüften und bewährten Sicherheitskonzepten.

Angesichts der schnellen Zunahme von Risiken und der sinkenden Chancen des Einzelnen, sich durch entsprechende Umsicht vor ihnen zu schützen, hat in der Bevölkerung ein Wandel der Einstellung zum wissenschaftlich-technischen Fortschritt eingesetzt. Zählten seine Vorteile bislang mehr als die mit ihm verbundenen Gefahren, so machen sich neuerdings verstärkt Zukunftsängste bemerkbar. Je deutlicher hervortritt, daß innerhalb des Wissenschaftssystems, welches die neuen Erkenntnisse liefert, weder Selbstbegrenzung noch Folgenverantwortung wirksam gemacht werden können und daß im Wirtschaftssystem, welches sie kommerziell verwertet, Sensibilität nur für die Grenze der Unwirtschaftlichkeit zu erwarten ist, desto nachhaltiger wird an den

23 Vgl. Ulrich Beck, Risikogesellschaft, Frankfurt 1986; ders., Gegengifte, Frankfurt 1988; François Ewald, L'État providence, Paris 1986; Patrick Lagadec, Das große Risiko, Nördlingen 1987; Charles Perrow, Normale Katastrophen, Frankfurt 1987; Adalbert Evers/Helga Nowotny, Über den Umgang mit Unsicherheit, Frankfurt 1987; Niklas Luhmann, Ökologische Kommunikation, Opladen 1986.

Staat die Erwartung gerichtet, der gesellschaftlichen Risikoproduktion externe Grenzen der Sozialverträglichkeit zu setzen und die bedrohte Zukunft zu sichern. Sicherheit rückt zur vordringlichen Aufgabe des Staates auf, von deren Erfüllung seine Legitimität nicht weniger abhängt als von der Erhaltung materiellen Wohlstands, und verdichtet sich bereits zum subjektiven Anspruch im Rang eines Menschenrechts[24].

Bei der Erfüllung solcher Erwartungen kann der Staat jedoch nicht auf das traditionelle System der Gefahrenabwehr zurückgreifen, in das sich bislang auch die wissenschaftlich-technischen Gefahren hatten einfügen lassen. Die Gefahrenabwehr bezog sich stets auf drohende Schäden, die einem Verursacher zurechenbar, in Ausmaß und Reichweite begrenzt und durch Sicherheitsmaßnahmen beherrschbar, jedenfalls durch Versicherung kompensierbar waren. Dagegen können bei den neuen Techniken mangels erfahrungsbasierter Kenntnis aller Schadensquellen und -folgen keine präzisen und wirkungssicheren Auflagen zur Schadensverhütung gemacht werden. Mangels eindeutig fixierbarer Verursacher und räumlich wie zeitlich eingrenzbarer, jedenfalls reparabler Schäden, fallen aber auch Schadensersatz und Versicherungsschutz als Kompensation für eingetretene Schäden aus. Die Aufgabe des Staates wandelt sich daher von der status quo-bezogenen, auf Bewahrung oder Wiederherstellung eines störungsfreien Zustands gerichteten Gefahrenabwehr zur zukunftsbezogenen, den Prozeß der wissenschaftlich-technischen Veränderung der Gesellschaft steuernden Risikovorsorge[25].

24 Vgl. Josef Isensee, Das Grundrecht auf Sicherheit, Berlin 1983; Gerhard Robbers, Sicherheit als Menschenrecht, Baden-Baden 1987.

25 Vgl. Rüdiger Breuer, Gefahrenabwehr und Risikovorsorge im Atomrecht, in: DVBl. 1978, S. 829: Thomas Darnstädt, Gefahrenabwehr und Gefahrenvorsorge, Frankfurt 1983; Alexander Roßnagel (Hg.), Recht und Technik, Opladen 1984; Fritz Ossenbühl, Vorsorge als Rechtsprinzip in Gesundheits-, Arbeits- und Umweltschutz, in: NVwZ 1986, S. 161; Rainer Wolf, Das Recht im Schatten der Technik, in: KJ 19 (1986), S. 241, ders., Zur Antiquiertheit des Rechts in der Risikogesellschaft, in: Leviathan 15 (1987), S. 357; Udo E. Simonis (Hg.), Präventive Umweltpolitik, Frankfurt 1988; Christoph Zöpel (Hg.), Technikkontrolle in der Risikogesellschaft, Bonn 1988; Guy Kirsch, Prävention und menschliches Handeln, in: Bernhard Glaeser (Hg.), Humanökologie, Opladen 1989; Ulrich K. Preuss, Vorsicht Si-

Bei der Erfüllung dieser Aufgabe gerät der Staat allerdings in ein Dilemma. Um im internationalen Wettbewerb nicht zurückzufallen und die wachsenden Kosten der Inklusionspolitik tragen zu können, ist er weitgehend an den wissenschaftlich-technischen Innovationsprozeß gekettet. Er kann das Übel auf diese Weise nicht an der Wurzel packen und würde angesichts der Ambivalenz des Fortschritts, der unbestreitbare und schnell verfügbare Vorteile mit ungewissen oder zeitlich entfernten Nachteilen zu verbinden pflegt, für durchgängige Verbotsstrategien auch schwerlich Konsens erlangen. Es kann also nur um Kanalisierung und Eindämmung der Risiken gehen. Auch die Entscheidungen darüber müssen mangels zuverlässiger Informationen über Technikfolgen und Schutzmaßnahmen aber unter der Bedingung von Ungewißheit getroffen werden[26]. Gleichwohl schaffen solche, unter Ungewißheit getroffenen Entscheidungen vielfach Folgen, die künftige Generationen auf lange Zeit belasten oder gar irreversibel sind. Entscheidungsverzichte lösen das Problem ebenfalls nicht, weil sie der technischen Entwicklung freien Lauf lassen. Das erschwert die Konsensbeschaffung und mindert die Akzeptanz.

Da die technischen Gefahrenquellen selber schwer beherrschbar sind, weicht der Staat zunehmend auf Sekundärstrategien aus und versucht die Humanrisiken, die sich aus der Verwendung oder Ablehnung der neuen Techniken ergeben, zu minimieren. Dabei beschränkt er sich angesichts der potentiellen Schadensdimension aber nicht mehr auf manifeste Gefahren, sondern erstreckt seine Aufmerksamkeit auch auf sogenannte dispositionelle Gefahren.

cherheit, in: Merkur 1989, S. 487; Wolfgang van den Daele, Kulturelle Bedingungen der Technikkontrolle durch regulative Politik, in: Peter Weingart (Hg.), Technik als sozialer Prozeß, Frankfurt 1989, S. 197.

26 Vgl. Robert Duncan Luce/Howard Raiffa, Games and Decisions, New York 1957, bes. S. 278 ff.; Waldemar Littmann, Entscheidung unter Ungewißheit, Wiesbaden 1975; Karl-Heinz Ladeur, Rechtliche Steuerung der Freisetzung von gentechnologisch manipulierten Organismen. Ein Exempel für die Entscheidung unter Ungewißheitsbedingungen, in: Natur und Recht 1987, S. 60; ders., Die Entsorgung der Kernenergie als Regelungsproblem. Zu den Anforderungen an Gesetzgebung unter Ungewißheitsbedingungen, in: Umwelt- und Planungsrecht 1989, S. 241; Evers/Nowotny, Unsicherheit (Fn. 23).

Das verleiht seiner Tätigkeit einen präventiven Grundzug[27]. Im Unterschied zu der immer schon geübten Prävention des Ordnungsstaates richtet sich die neue Vorsorge aber nicht mehr auf die Verhinderung eines konkret bevorstehenden rechtswidrigen Verhaltens, sondern zielt auf die Früherkennung möglicher Störungsherde und Gefahrenquellen. Der staatliche Informationsbedarf wächst dadurch außerordentlich an, weil die Zahl potentieller Gefahrenquellen stets ungleich größer ist als die der akuten Gefahren. Die Prävention löst sich auf diese Weise aus ihrem Bezug auf gesetzlich definiertes Unrecht und wird zur Vermeidung unerwünschter Lagen aller Art eingesetzt. Der Einzelne kann den Staat nicht mehr durch legales Betragen auf Distanz halten.

4. Neue Instrumentarien

Unter den Bedingungen der präventiven Wende der Staatstätigkeit haben sich auch die staatlichen Handlungsformen verändert. Das Instrumentarium, mit dem der Staat seine klassischen Aufgaben der Garantie einer ihm vorgegebenen gesellschaftlichen Ordnung erfüllte, war Befehl und Zwang. Gerade in der Verfügung über diese Mittel unterschied er sich von der Gesellschaft. Im Bereich der Ordnungswahrung finden sie weiter Anwendung. Für die Aufgaben der Ordnungsgestaltung und der Krisenvorbeugung lassen sich Befehl und Zwang dagegen nicht im selben Maß verwenden. Das hängt damit zusammen, daß die Erreichung dieser Ziele nicht allein vom Einsatz des Mediums Macht, sondern von zahlreichen weiteren Ressourcen abhängt, über die der

27 Vgl. Dieter Grimm, Verfassungsrechtliche Anmerkungen zum Thema Prävention, in diesem Band S. 197; Peter-Alexis Albrecht, Prävention als problematische Zielbestimmung im Kriminaljustizsystem, in: KritV 1986, S. 55; Erhard Denninger, Der Präventionsstaat, in: KJ 1988, S. 1; Joachim Hirsch, Der Sicherheitsstaat, Frankfurt 1980, Kay Waechter, Das Sicherheitsrecht in der Krise, in: Der Staat 27 (1988), S. 393; Alexander Roßnagel, Radioaktiver Zufall der Grundrechte?, München 1984, bes. S. 169 ff.; Wolfgang Gessenharter/Helmut Fröchling, Atomwirtschaft und innere Sicherheit, Baden-Baden 1989; der Ausdruck »dispositionelle Gefahr« bei Darnstädt, Gefahrenabwehr (Fn. 25), S. 74.

Staat nicht selbst verfügt und die er auch nicht mit imperativen Mitteln zu steuern vermag. Weder wissenschaftlich-technische Innovationen noch wirtschaftliche Aufschwünge oder kulturelle Verhaltensprägungen lassen sich durch Befehl und Zwang erreichen. Werden sie gleichwohl in den staatlichen Aufgabenkreis einbezogen, müssen sie auf andere Weise angestrebt werden[28]. Aber auch dort, wo der Gegenstand staatlicher Steuerung den Einsatz imperativer Mittel zuließe, können sie nicht durchweg zum Zuge kommen. Die Ausweitung der Aufgaben und Verantwortlichkeiten des Staates ist nämlich nicht von einer entsprechenden Ausweitung seiner Verfügungsbefugnis begleitet worden. Auch wenn die Eingriffsschwellen mit dem wachsenden Bedürfnis nach staatlicher Steuerung spürbar gesenkt worden sind, hat sich am Prinzip der Autonomie der verschiedenen sozialen Funktionsbereiche doch nichts geändert. Diese bleiben vielmehr, grundrechtlich geschützt, weiter in privater Verfügungsbefugnis und folgen daher ihrer eigenen Systemlogik. Der Staat muß infolgedessen in großen Bereichen seiner sozialgestaltenden Tätigkeit auf den Einsatz der spezifisch staatlichen Mittel von Befehl und Zwang verzichten. Nur schwach begrenzt, was die Übernahme und Ausweitung von Aufgaben anbelangt, unterliegt er doch en-

28 Vgl. etwa Helmut Willke, Entzauberung des Staates. Überlegungen zu einer sozietalen Steuerungstheorie, Frankfurt 1983; Manfred Glagow (Hg.), Gesellschaftssteuerung zwischen Korporatismus und Subsidiarität, Bielefeld 1984; Gunther Teubner, Das regulatorische Trilemma, in: Quaderni Fiorentini 13 (1984), S. 109; ders., Gesellschaftssteuerung durch reflexives Recht, in: ders., Recht als autopoietisches System, Frankfurt 1989, S. 81; Hans Herbert von Arnim/Helmut Klages (Hg.), Probleme der staatlichen Steuerung und Fehlsteuerung in der Bundesrepublik Deutschland, Berlin 1986; Franz-Xaver Kaufmann u. a. (Hg.), Guidance, Control and Evaluation in the Public Sector, Berlin 1986; ders., Steuerung wohlfahrtsstaatlicher Abläufe durch Recht, in: Dieter Grimm/Werner Maihofer (Hg.), Gesetzgebungstheorie und Rechtspolitik, Opladen 1988, S. 65; Renate Mayntz, Regulative Politik in der Krise?, in: Joachim Matthes (Hg.), Sozialer Wandel in Westeuropa, Frankfurt 1979, S. 55; dies., Politische Steuerung und gesellschaftliche Steuerungsprobleme, in: Jahrb. zur Staats- und Verwaltungswissenschaft, Band 1, Baden-Baden 1987, S. 89; Gunnar Folke Schuppert, Markt, Staat, Dritter Sektor – oder noch mehr? Sektorspezifische Steuerungsprobleme ausdifferenzierter Staatlichkeit, ebenda, Band 3, 1989, S. 47.

gen Bindungen hinsichtlich der Art und Weise ihrer Erfüllung. Zwischen dem staatlichen Verantwortungsbereich und dem staatlichen Durchsetzungsbereich öffnet sich auf diese Weise eine wachsende Kluft, die in allen demokratischen Wohlfahrtsstaaten zu beobachten ist[29].

Soweit der Staat nicht mit Befehl und Zwang vorgehen kann oder darf, muß er auf den Einsatz indirekt wirkender, nicht-imperativer Mittel zurückgreifen, um seine Aufgaben zu erfüllen. Dabei handelt es sich in erster Linie um das Medium Geld: ein staatlicherseits erwünschtes privates Verhalten wird durch finanzielle Anreize verlockend, ein unerwünschtes durch finanzielle Abschreckungen unattraktiv gemacht. Nicht-imperative Steuerung findet aber auch im Wege von Information oder Überzeugung statt. Schließlich beeinflußt der Staat privates Verhalten indirekt durch Aus- oder Abbau von Kapazitäten öffentlicher Einrichtungen oder durch Veränderung der rechtlichen Rahmenbedingungen privater Entscheidungen. Von der imperativen Steuerung, auch soweit sie das Medium Geld wie etwa bei Strafen oder Gebühren verwendet, unterscheiden sich diese Steuerungsformen dadurch, daß den Steuerungsadressaten die freie Verhaltenswahl belassen wird. Auch das unerwünschte Verhalten ist legal, muß aber mit Nachteilen bezahlt werden, so daß es letztlich Sache privaten Kalküls ist, ob die staatliche Politik sich durchsetzt oder nicht.

Im selben Umfang lösen sich die privaten Steuerungsadressaten freilich aus der Position der Untertanen. Gegenüber indirekter Steuerung besteht keine Gehorsamspflicht. Der Staat ist zur Durchsetzung seiner Politik vielmehr von ihrer freiwilligen Folgebereitschaft abhängig. Daher finden sie sich dem Staat gegenüber in einer Verhandlungssituation wieder, der auf Seiten des Staates ein Verhandlungszwang entspricht[30]. Politische Maßnah-

29 Vgl. dazu vor allem die Ergebnisse der Implementationsforschung, etwa Renate Mayntz (Hg.), Vollzugsprobleme der Umweltpolitik, Stuttgart 1978; dies., Implementation politischer Programme, Band 1, Königstein 1980, Band 2, Opladen 1983; Gerd Winter, Das Vollzugsdefizit im Wasserrecht, Berlin 1975; Adrienne Windhoff-Heritier, Politikimplementation, Königstein 1980.

30 Vgl. Mayntz, Implementation 1 (Fn. 29), dort namentlich die Aufsätze von Peter Knoepfel/Helmut Weidner, S. 82, und Jochen Hucke/Arieh A. Ullmann, S. 105; Eberhard Bohne, Der informale Rechtsstaat, Ber-

men werden zum Gegenstand von Aushandlungen, in denen sich die privaten Steuerungsadressaten ihre Folgebereitschaft vom Staat honorieren lassen können. Der Staat befindet sich bei diesem Handel allerdings nicht von vornherein in einer unterlegenen Position, denn die privaten Entscheidungsträger sind ihrerseits wieder von seinen Steuerungsleistungen abhängig. Soweit imperative und nicht-imperative Steuerungsmittel austauschbar sind, wird die private Folgebereitschaft nicht selten auch durch die Ankündigung von Zwangsmaßnahmen erhöht. In vielen Bereichen ist aber der Erlaß oder die Durchsetzung einer gesetzlichen Anordnung nur noch ein Trumpf in der Verhandlung, dessen Ausspielung gerade vermieden werden soll.

Verhandlungen zwischen öffentlichen und privaten Entscheidungsträgern haben an Umfang und Bedeutung mittlerweile so stark zugenommen, daß sie nicht mehr als Ausnahmeerscheinung betrachtet werden können. Der Staat ist vielmehr schon in hohem Maß dazu übergegangen, sie formell oder informell zu institutionalisieren. Die Verbindungen beschränken sich unter diesen Umständen nicht mehr auf Gelegenheitskontakte, sondern gehören zur Routine und prägen bereits den Charakter des Systems. Es nimmt neokorporative Züge an[31]. Der Inhalt staatlicher Entschei-

lin 1981; Wolfgang Hoffmann-Riem, Selbstbindungen der Verwaltung, in: VVDStRL 40 (1982), S. 187; Willke, Entzauberung (Fn. 28), bes. S. 128 ff.; Günter Hartkopf/Eberhard Bohne, Umweltpolitik, Band 1, Opladen 1983; Carl Eugen Eberle, Arrangements im Verwaltungsverfahren, in: Die Verwaltung 1984, S. 439; Hartmut Bauer, Informelles Verwaltungshandeln im öffentlichen Wirtschaftsrecht, in: VerwArch 1987, S. 241; Fritz Ossenbühl, Informelles Hoheitshandeln im Gesundheits- und Umweltschutz, in: Jahrb. für Umwelt- und Technikrecht, Band 3, Düsseldorf 1987, S. 27; Georg Hermes/Joachim Wieland, Die staatliche Duldung rechtswidrigen Verhaltens, Heidelberg 1988; Manfred Bulling, Kooperatives Verwaltungshandeln in der Verwaltungspraxis, in: DÖV 1989, S. 277; Philip Kunig/Susanne Rublack, Aushandeln statt Entscheiden?, in: Jura 1990, S. 1; zu Parallelen im Strafprozeß vgl. etwa Winfried Hassemer, Pacta sunt servanda – auch im Strafprozeß?, in: JuS 1989, S. 890.

31 Vgl. Philippe C. Schmitter, Still the Century of Corporatism?, in: Review of Politics 36 (1974), S. 85; ders./Gerhard Lehmbruch (Hg.), Trends Toward Corporatist Intermediation, London 1979; Ulrich von Alemann (Hg.), Neokorporatismus, Frankfurt 1981; Rolf G. Heinze, Verbändepolitik und Neokorporatismus, Opladen 1981; Wolfgang

dungen gewinnt im Verhandlungswege Gestalt. Das Verhandlungsergebnis wird keiner autonomen staatlichen Beurteilung mehr unterzogen, sondern nur noch formell in Kraft gesetzt. Die Verhandlungspartner können dann zwar noch nach staatlicher und gesellschaftlicher Herkunft unterschieden werden, das Produkt ihrer Verhandlungen läßt sich aber keiner Seite eindeutig zurechnen. Staat und Gesellschaft treffen sich auf derselben Ebene. Die dadurch entstehende Leerstelle soll nach jüngsten Vorschlägen durch neutrale, keiner Seite verpflichtete Konfliktmittler besetzt werden, für die es in den Vereinigten Staaten bereits Vorbilder gibt[32].

5. Neue Akteure

Konsensabhängigkeit und Auftragscharakter der staatlichen Herrschaft, wie sie im Konzept des Verfassungsstaats begründet lagen, mußten zwangsläufig mit einer Grenzöffnung zur Gesellschaft einhergehen. Als Bindeglied war dabei das vom Volk gewählte Parlament gedacht. Von den Verfassungen unvorhergesehen, rief dieses Vermittlungmuster jedoch alsbald Hilfsorganisationen in Form der Parteien hervor, die im Blick auf die Wahl verwandte Meinungen und Interessen in der Bevölkerung zusammenfaßten, zum politischen Programm verdichteten und Kandidaten präsentierten, die dieses Programm im Parlament verwirklichen sollten. Unter den Bedingungen von legitimem Pluralismus und allgemeinem Wahlrecht wurden Parteien zur Funktionsvoraussetzung des Systems, weil das Volk sein Wahlrecht erst ausüben kann, wenn die unüberschaubare Vielfalt individueller Meinungs- und Interessenkombinationen auf wenige entscheidungsfähige Alternativen reduziert ist. Dessen ungeachtet wurden die Parteien lange Zeit als extrakonstitutionelle Gebilde betrachtet,

Streeck/Philippe C. Schmitter (Hg.), Private Interest Government – Beyond Market and State, London 1985; Alan Cawson, Corporatism and Political Theory, Oxford 1986; Ernst-Hasso Ritter, Der kooperative Staat, in: AöR 104 (1979), S. 389.

32 Vgl. Wolfgang Hoffmann-Riem, Konfliktmittler in Verwaltungsverhandlungen, Heidelberg 1989; Bernd Holznagel, Der Einsatz von Konfliktmittlern, Schiedsrichtern und Verfahrenswaltern im amerikanischen Umweltrecht, in: Die Verwaltung 1989, S. 421.

die verfassungsrechtlich auf der Seite der Gesellschaft standen und nicht den für die Staatsorgane geltenden Regeln unterlagen.
Indessen erschöpft sich die Funktion der Parteien nicht in der Wahlvorbereitung. Sie rücken vielmehr nach Maßgabe des Wahlergebnisses in das durch die Wahl rekrutierte Staatsorgan, das Parlament, ein und können vermittels des Parlaments für die Dauer der Wahlperiode ihre Führung zur Staatsführung und ihr Programm zum Regierungsprogramm machen. Die Gesellschaft ist auf diese Weise zwar ihre Heimat, der Staat aber ihr Ziel[33]. Der Parteieinfluß bleibt freilich nicht auf die gewählten Staatsorgane beschränkt. Da im demokratischen Verfassungsstaat jede staatliche Funktion direkt oder indirekt auf demokratischer Legitimation beruhen muß, fassen die Parteien über die Stellenbesetzung auch in denjenigen Staatsorganen oder öffentlichen Einrichtungen Fuß, die dem Parteienwettbewerb um Wählerstimmen entzogen sind. Dabei handelt es sich vor allem um die staatliche und kommunale Verwaltung, aber auch um die unabhängigen Kontrollinstanzen in Gestalt der Gerichte, Zentralbanken, Datenschutzbeauftragten und öffentlichrechtlich organisierten Rundfunkanstalten sowie um die Wirtschafts- und Versorgungsunternehmen in öffentlicher Hand[34].
Infolge dieser Entwicklung verlagert sich die politische Willensbildung zu einem beträchtlichen Teil aus den Staatsorganen in Parteigremien und wird von dort aus zentral gesteuert. Dabei genießen die Regierungsparteien einen besonders großen Einflußradius. Überall wo die Oppositionsparteien über Vetopositionen verfügen, weil bestimmte Entscheidungen nur mit qualifizierter Mehrheit getroffen werden können oder die Zustimmung eines von ihnen beherrschten Organs erfordern, werden aber auch sie in die informelle Entscheidungsfindung einbezogen. Dabei besit-

33 Vgl. Dieter Grimm, Die politischen Parteien, in diesem Band S. 263.
34 Das Feld ist unzureichend erforscht, am besten noch für die öffentliche Verwaltung, vgl. Wolfgang Pippke, Karrieredeterminanten in der öffentlichen Verwaltung, Baden-Baden 1975; Bärbel Steinkemper, Klassische und politische Bürokraten in der Ministerialverwaltung der Bundesrepublik Deutschland, Köln 1976; Kenneth Dyson, Party, State, and Bureaucracy in Western Germany, Beverly Hills 1977; Hans-Herbert von Arnim, Ämterpatronage durch politische Parteien, Wiesbaden 1980.

zen die Parteimitglieder in Staatsämtern wegen ihrer Doppelrolle als Angehörige der Staatsführung und der Parteiführung regelmäßig besonderes Gewicht. Die materielle Entscheidungsfindung kehrt dadurch aber nicht notwendig in die Staatsorgane zurück. Allerdings unterbrechen die Organ- oder Institutionsgrenzen den unmittelbaren Parteieinfluß, und überdies kann er von Organ zu Organ erheblich variieren. Nicht zu allen Organen verlaufen informelle Weisungsketten, und bei Institutionen von hoher Autonomie wird der Einfluß oft nur noch über gemeinsame Grundüberzeugungen vermittelt.

Die politischen Parteien sind freilich nicht die einzigen Vermittlungsinstanzen zwischen Staat und Gesellschaft geblieben. Je stärker der Staat sozialgestaltend tätig wurde, desto häufiger berührte er spezifische Interessen gesellschaftlicher Gruppen. Solche Interessen können von den politischen Parteien, die zur Gewinnung eines breiten Wählerreservoirs auf die Zusammenführung und den Ausgleich verschiedener Interessen angewiesen sind, nicht wirksam genug vertreten werden. Daher läßt sich seit der Abkehr vom Liberalismus auch das rasche Aufkommen einer Assoziationsform beobachten, die nach der liberalen Staatskonzeption weder vorgesehen war noch benötigt wurde: die Verbände. Verbände unterscheiden sich von anderen Vereinigungen gerade dadurch, daß sie auf den Staat bezogen sind, weil es ihnen darum geht, staatliche Entscheidungen im Sinn der von ihnen vertretenen Interessen zu beeinflussen. Im Unterschied zu den politischen Parteien sind sie dabei allerdings darauf beschränkt, ihre Forderungen und Bedürfnisse an die staatlichen Organe heranzutragen. Sie rücken nicht in diese ein, wie es die politischen Parteien tun.

Noch weniger als die Parteien haben daher die Verfassungen die Verbände berücksichtigt. Verfassungsrechtlich sind sie vielmehr wie jeder sonstige Verein Teil der Gesellschaft und daher Nutznießer grundrechtlicher Freiheit, nicht Adressat verfassungsrechtlicher Bindungen. Mit der Veränderung der Staatsaufgaben und des staatlichen Instrumentariums ist aber auch eine Qualitätsänderung der Verbände vor sich gegangen[35]. Es sind nämlich

35 Vgl. Rudolf Steinberg, Die Interessenverbände in der Verfassungsordnung, in: PVS 14 (1973), S. 27; Ernst-Wolfgang Böckenförde, Die politische Funktion wirtschaftlich-sozialer Verbände und Interessen-

in erster Linie die großen Wirtschafts- und Berufsverbände, neuerdings aber zunehmend auch Verbände, die sich eines bestimmten Allgemeininteresses annehmen, die in den Aushandlungsprozeß für staatliche Planung und Lenkung der gesellschaftlichen Entwicklung einbezogen werden. In der Rolle von Verhandlungspartnern in korporativen Strukturen beschränkt sich ihre Bedeutung aber nicht mehr auf die Übermittlung von Forderungen an den Staat. Vielmehr werden sie ähnlich wie die politischen Parteien, wenngleich auf begrenzteren Politikfeldern, zu Teilhabern an staatlichen Entscheidungen. Nicht nur bezüglich der Inhalte, sondern auch der Akteure läßt sich daher keine scharfe Grenze zwischen staatlicher und gesellschaftlicher Sphäre mehr ziehen.

III. Auswirkungen

1. Regelungsbedürfnis

Fragt man angesichts dieses Befundes, welche Rückwirkungen die Veränderungen auf die Möglichkeit der Politiksteuerung durch Verfassungsrecht haben, so empfiehlt es sich, die Entstehungsbedingungen der modernen Verfassung und die inzwischen eingetretenen Veränderungen in Beziehung zu setzen. Geschieht das zunächst hinsichtlich des Regelungsbedürfnisses, dann läßt sich feststellen, daß die ausgangs des 18. Jahrhunderts revolutionär herbeigeführte und für die ersten modernen Verfassungen konstitutive Abkehr von einer Staatsgewalt, die sich transzendental oder traditional legitimierte und ihr Herrschaftsrecht nicht auf die Einwilligung der Beherrschten zurückführte, mittlerweile fast allenthalben nachvollzogen ist. Politische Herrschaft kraft göttlicher Einsetzung, unvordenklicher Tradition oder überlegener Einsicht ist heute nicht mehr anerkennungsfähig. Als einzige Le-

träger in der sozialstaatlichen Demokratie, in: Der Staat 15 (1976), S. 457; Gunther Teubner, Organisationsdemokratie und Verbandsverfassung, Tübingen 1978; Ulrich von Alemann/Rolf G. Heinze (Hg.), Verbände und Staat, Opladen 1979; Suzanne D. Berger (Hg.), Organizing Interests in Western Europe, Cambridge 1981; Dieter Grimm, Verbände und Verfassung, in diesem Band S. 241.

gitimationsquelle gilt vielmehr weithin die Zustimmung der Herrschaftsunterworfenen. Staatliche Herrschaftsbefugnisse sind dann nicht originärer, sondern derivativer Natur und werden überwiegend als gesellschaftlich anvertrautes Amt begriffen.

Herrschaft kann unter diesen Umständen aber nicht einfach vorausgesetzt werden, sondern bedarf der Einrichtung und Legitimation. Die Vorstellung beauftragter Herrschaft verweist auf einen Konstitutionsakt. Nach wie vor gilt freilich, daß der Konstitutionsakt nicht notwendig in eine Konstitution münden muß. Soll der Herrschaftsauftrag unbedingt vergeben oder unter die einzige Bedingung jederzeitiger Rücknahme durch den Souverän gestellt werden, erübrigen sich weitere Regelungen. Geht es dagegen um bedingt übertragene Herrschaftsbefugnis, muß sich der Konsens auf die Bedingungen erstrecken, unter denen sie wahrgenommen werden soll, wenn sie als legitim gelten will. Bei diesen Bedingungen handelt es sich zumindest um Organisations- und Verfahrensregeln über die Einrichtung der Staatsgewalt und die Herstellung kollektiv verbindlicher Entscheidungen. Eine solche Einigung über die Methode der Entscheidungsfindung ist oft auch dann möglich, wenn die Entscheidungsinhalte strittig sind. Da es keine zielneutrale Organisation gibt, liegt es aber nahe, auch Konsens über die fundamentalen Zwecke und Grenzen politischer Herrschaft herzustellen.

Einem derartigen Konsenszwang kann sich keine Gesellschaft entziehen, weil sie andernfalls entscheidungsunfähig wäre oder ihren Entscheidungen keine Beachtung zu sichern vermöchte. Damit ist freilich noch keine Antwort auf die Frage gegeben, was dafür spricht, diesen Konsens in die Form der normativen Verfassung zu gießen[36]. Man müßte sich einer Antwort aber annähern, wenn man untersucht, warum der Konstitutionsakt für sich diesen Zweck nicht erfüllt oder, anders gewendet, was die normative Form dem ihr vorausgehenden Grundkonsens über Einrichtung und Ausübung von Herrschaft hinzufügt. Dabei kommen vor allem drei Eigenschaften zum Vorschein, die dem vorgängigen

36 Vgl. dazu Elster/Slagstad, Constitutionalism (Fn. 1), namentlich die Beiträge von Stephen Holmes, Gag rules or the politics of omission, S. 19, und Precommitment and the paradox of democracy, S. 195; ferner Dieter Grimm, Verfassungsfunktion und Grundgesetzreform, in diesem Band S. 313, bes. S. 319 ff.; Dieter Suhr, Bewußtseinsverfassung und Gesellschaftsverfassung, Berlin 1975, bes. S. 360 ff.

historisch-politischen Konsens fehlen, nämlich Gewißheit, Verbindlichkeit und Regelhaftigkeit. Die textliche Fixierung des Konsenses löst ihn von dem subjektiven Verständnis der Beteiligten ab und gestaltet ihn mit nachprüfbarer Bestimmtheit aus. Seine Anreicherung mit rechtsnormativer Kraft löst ihn vom historischen Willen seiner Urheber ab und verleiht ihm Geltung in der Zeit. Die Regelhaftigkeit löst ihn von dem Gründungszweck ab und macht ihn im späteren Vollzug anwendbar.

Damit sind wesentliche Errungenschaften verbunden. Die verbindliche Fixierung verringert die Möglichkeit späteren Dissenses über den Inhalt des Konsenses. Die Regelhaftigkeit erleichtert bei gleichwohl auftretenden Meinungsverschiedenheiten die Feststellung, welche Anforderungen er im konkreten Fall an staatliches Verhalten stellt. Die Dauer, die dem Konsens durch die rechtliche Geltung verliehen wird, enthebt die Politik der Notwendigkeit, ihn jeweils von Fall zu Fall neu herzustellen. Ein solches Verfahren wäre unter den Bedingungen permanenten Entscheidungsbedarfs bei konkurrierenden Entscheidungsvorschlägen mit unerträglichen Kosten verbunden. Der politische Entscheidungsprozeß ist vielmehr darauf angewiesen, von der immer neuen Diskussion über die Grundlagen der Einheitsbildung entlastet zu werden. Die Verfassung ermöglicht diese Entlastung, weil ihre Regelungen nicht mehr Thema, sondern Prämisse von Politik sind[37]. Indem Grundsatz und Einzelentscheidung in dieser Weise auseinandergezogen werden, macht es die Verfassung zugleich den Unterlegenen leichter, die Entscheidungen der Mehrheit zu akzeptieren, und dämmt so das Konfliktpotential ein.

Die Leistung der Verfassung geht aber über diese Entlastungsfunktion hinaus. Sie erweist sich gleichzeitig als Form der Kontrolle des sozialen Wandels[38]. In modernen Gesellschaften ist zwar fast alles wandelbar, aber nur ein bestimmtes Quantum an

37 Vgl. Niklas Luhmann, Legitimation durch Verfahren, Neuwied 1969, S. 195. Zur Konsensfunktion der Verfassung vgl. weiter Ulrich Scheuner, Konsens und Pluralismus als verfassungsrechtliches Problem, in: ders., Staatstheorie und Staatsrecht, Berlin 1978, S. 135; Hans Vorländer, Verfassung und Konsens, Berlin 1981; Dieter Grimm, Verfassungsrechtlicher Konsens und politische Polarisierung in der Bundesrepublik Deutschland, in diesem Band S. 298.

38 Vgl. etwa Friedhelm Hase, Steuerung der Evolution des sozialen Sektors durch Verfassungsrecht, in: Sozialer Fortschritt 37 (1988), S. 265.

gleichzeitigem oder abruptem Wandel erträglich. Verfassungen stabilisieren das Verhältnis von Kontinuität und Wechsel, indem sie auf der Ebene der Prinzipien und Verfahren höhere Kontinuität institutionalisieren als auf der Ebene ihrer Ausführung und Konkretisierung. Sie tun das seltener durch Verhinderung von Wandel als durch Erhöhung der Konsens- und Rechtfertigungsanforderungen, Erschwerung des Verfahrens oder Verzögerung der Entscheidung. Mit dieser Einziehung verschiedener Zeithorizonte in die Politik bilden sie einen Selbstschutz der Gesellschaft vor Übereilung und schaffen Raum für soziales Lernen. Dabei kann freilich die Verfassung selber nicht vom Wandel ausgenommen sein, sondern muß ihre eigene Anpassung oder Veränderung vorsehen. Das gilt selbst gegenüber Ewigkeitsklauseln wie Art. 79 Abs. 3 GG, der sich lediglich auf normale Verfassungsänderungen beziehen, aber nicht den Souverän an einer Neukonstituierung hindern kann.

In der Funktion der generationsübergreifenden Stabilisierung eines historisch gefundenen Grundkonsenses mit ihrem Entlastungs- und Kontrolleffekt ist die Verfassung derzeit ohne funktionales Äquivalent. In dieser Funktion findet sie daher nach wie vor ihre wichtigste Stütze. Verzicht auf die Verfassung wäre ein Verlust an sozialem Frieden und kontrolliertem Wandel. Damit ist freilich noch nichts darüber gesagt, in welchem Maß es der Verfassung unter den veränderten Bedingungen gelingt, diese Funktion zu erfüllen. Im Gegensatz zu den vorkonstitutionellen Bindungen politischer Herrschaft, die lediglich herrschaftsmodifizierend, punktuell und partikular wirkten, ist die Verfassung ja darauf angelegt, die Legitimitätsbedingungen von Herrschaft umfassend zu formulieren und die gesamte öffentliche Gewalt ihren Regelungen zu unterwerfen. Damit ist weder eine totale Verrechtlichung der Politik noch eine Ausschaltung aller sozialen Macht bezweckt, wohl aber die Forderung erhoben, daß kollektive Verbindlichkeit nur von Organen erzeugt und für Entscheidungen beansprucht wird, die sich im verfassungsrechtlichen Rahmen bewegen.

2. Regelungsgegenstand

Die moderne Verfassung bezieht sich auf den Staat. Die Entstehung einer ausdifferenzierten, von der Gesellschaft abgrenzbaren und funktional auf die Herstellung kollektiv verbindlicher Entscheidungen spezialisierten Staatsgewalt bildete die Voraussetzung für den regelnden Zugriff der Verfassung. Gerade wegen der im staatlichen Gewaltmonopol liegenden Gefährlichkeit für individuelle Freiheit und gesellschaftliche Autonomie wurde sie besonderen Bedingungen unterworfen, die für die Gesellschaft nicht vorgesehen und erforderlich waren. Damit ist nicht gesagt, daß die Verfassung für die Gesellschaftsordnung keine Bedeutung hätte. Sie legt im Gegenteil die Prinzipien dieser Ordnung fest. Aber sie bringt sie zur Geltung, indem sie den Staat daran bindet. Er ist Regelungsadressat der Verfassung, die Gesellschaft ihr Nutznießer. In der Verfassung findet die empirisch längst zweifelhaft gewordene Einheit der Staatsgewalt ihren rechtlichen Halt. Insofern setzt die moderne Verfassung die Differenz von Staat und Gesellschaft voraus. Umgekehrt ist sie auf Akteure, Institutionen und Verfahren, die sich auf diese Grenzlinie nicht festlegen lassen, nicht eingerichtet.

Solche Zwitter hat allerdings der Verfassungsstaat, ohne es ausdrücklich zu wollen, in Gestalt der politischen Parteien selber hervorgebracht, und in eine solche Zwischenrolle sind aufgrund der veränderten Staatstätigkeit jüngst auch die Verbände und sozialen Machtgruppen eingerückt. Beide stellen die Möglichkeit verfassungsrechtlicher Politikregulierung auf ihre Weise in Frage. Bei formaler Betrachtung wird man freilich kein Problem erkennen. Die Parteien als solche bleiben außerhalb des Staates. Nirgends überträgt die Verfassung staatliche Organe, Ämter oder Entscheidungsbefugnisse einer Partei. Die Staatsgewalt wird vielmehr Personen anvertraut und setzt stets einen Verleihungsakt des Volkes oder eines vom Volk legitimierten Staatsorgans voraus. Die Kandidatur für staatliche Wahlämter und eine Vielzahl weiterer öffentlicher Positionen ist allerdings faktisch nur über eine politische Partei zu erlangen. Einmal im Amt, unterliegen seine parteipolitisch rekrutierten Träger jedoch den Regeln der Gewaltenteilung mit ihren Kompetenzgrenzen, Autonomieverbürgungen und daraus resultierenden wechselseitigen Kooperationszwängen und Kontrollmöglichkeiten[39].

Indessen ist es gerade die für den Verfassungsstaat konstitutive Gewaltenteilung, die von den politischen Parteien unterlaufen wird, weil sie als Personalrekrutierungsinstanzen für alle staatlichen Ebenen und Funktionen auch auf diejenigen Positionen Einfluß gewinnen, die der Parteienkonkurrenz entzogen sind, damit sie, wie die Verwaltung, wechselnden Parteiregierungen loyal dienen oder, wie Justiz und Medien, Kontrollbefugnisse über den parteipolitisch dominierten politischen Prozeß wahrnehmen oder sich, wie die öffentlichen Unternehmen, stärker an Leistungs- als an Machterhaltungskriterien orientieren können. Vor allem überspringen die Parteien die verfassungsrechtlich gezogenen Grenzen aber, weil sie die staatliche Entscheidungsfällung auf die Parteiebene ziehen und dann mittels ihrer Repräsentanten in den Staatsorganen zur Geltung bringen. Die politischen Parteien haben ihr Werk auf diese Weise immer schon verrichtet, ehe die verfassungsrechtliche Gewaltenteilung zugreift, und nicht mehr halten einander unabhängige Staatsgewalten in Schach, sondern es sind die politischen Parteien, die mit sich selbst in verschiedenen Rollen kooperieren[40].

Das Verfassungsrecht steht dieser Entwicklung weitgehend machtlos gegenüber. Seine Möglichkeit, die input-Strukturen für die staatlichen Organe und Verfahren zu regeln, bleibt in einem von der Gesellschaft abhängigen und zu ihr offenen demokratischen System notwendig begrenzt, während die verfassungsrechtlichen Anforderungen an die politischen Parteien wie die innerparteiliche Demokratie oder die Offenlegung der Finanzen zu dem Gewaltenteilungsproblem nicht vordringen. Auch Gegengewichte gegen den Parteieinfluß wie eine plebiszitäre Auflockerung der repräsentativen Demokratie oder eine Erhöhung der Zugangsbarrieren im nicht-parlamentarischen Bereich könnten zwar die Oligarchie- und Expansionstendenzen der Parteien eindämmen, nicht aber die Gewaltenteilung

39 Vgl. zur Bedeutung der Institutionen James G. March/Johan P. Olsen, Rediscovering Institutions, New York 1989; Gerhard Göhler (Hg.), Grundfragen der Theorie politischer Institutionen, Opladen 1987.

40 Vgl. Grimm, Parteien (Fn. 33), S. 294 f.

wiederherstellen. Deren Aufgabe wird vielmehr zum Teil von der Parteienkonkurrenz übernommen und bezieht sich im übrigen nicht mehr so sehr auf die funktionale Trennung politischer Kräfte, sozialer Gruppen oder staatlicher Organe als auf die zeitliche Entzerrung und organisatorische Differenzierung verschiedener Rechtsentscheidungsprozesse, wo sie ihre machtlimitierende Bedeutung auf andere Weise entfalten kann[41].

Im Gegensatz zu den Parteien entsenden die Verbände nach wie vor keine Repräsentanten in die Staatsorgane. Wollen sie in ihnen mitwirken, sind sie auf die politischen Parteien angewiesen. Die Staatsorgane sind aber ihrerseits dazu übergegangen, sie in die staatliche Entscheidungsfindung und Entscheidungsdurchsetzung formell oder informell einzubeziehen. Eine solche Beteiligung gesellschaftlicher Kräfte berührte die an den Staat adressierten Anforderungen der Verfassung nicht, solange sie auf die Vorbereitung staatlicher Entscheidungen beschränkt bliebe und die Entscheidungsfreiheit der Staatsorgane nicht schmälerte. Indessen geht es nicht um Entscheidungsvorbereitung, sondern um Entscheidungsfindung im Wege der Aushandlung, die ihren Sinn nur dann erfüllt, wenn sich beide Seiten an das Ergebnis binden. Im Umfang dieser Bindung gibt der Staat aber seine Souveränität preis und läßt gesellschaftliche Kräfte an der Ausübung öffentlicher Gewalt teilhaben, ohne daß diese in die verfassungsrechtlichen Legitimations- und Verantwortungszusammenhänge eingegliedert wären oder den verfassungsrechtlichen Anforderungen unterlägen, die für Staatsorgane gelten.

Anders als die Abgabe von Hoheitsrechten an supranationale Einrichtungen, deren Konstitutionalisierung prinzipiell nichts im Wege steht[42], bereitet die innere Diffusion der Staatsgewalt

41 Vgl. Grimm, Parteien (Fn. 33), S. 294f.; Luhmann, Politische Verfassungen, a.a.O. (Fn. 1), S. 7ff.; ders., Rechtssoziologie, Band 2 (Fn. 19), S. 240, 245; ders., Staat und Politik, in: ders., Soziologische Aufklärung, Band 4, Opladen 1987, S. 74, bes. 92; Ingeborg Maus, Perspektiven »reflexiven Rechts« im Kontext gegenwärtiger Deregulierungstendenzen, in: KJ 1986, S. 390.

42 Vgl. etwa Jürgen Schwarze/Roland Bieber (Hg.), Eine Verfassung für Europa, Baden-Baden 1984; Francesco Capotorti/Meinhard Hilf/Francis Jacobs/Jean-Paul Jacqué, Der Vertrag zur Gründung der Europäischen Union, Baden-Baden 1986.

erhebliche Probleme. Eine Konstitutionalisierung der Verbände nach Art der Parteien, wie sie häufig vorgeschlagen wird, könnte zwar das Problem authentischer Interessenvermittlung an den Staat lösen, vermöchte aber nichts an ihrem Charakter als Träger partikularer Interessen zu ändern. Die Schwäche, die die Verfassung bereits gegenüber der Vermischung verschiedener staatlicher Ebenen an den Tag gelegt hat[43], kommt hier vielmehr vollends zum Tragen. Wo die öffentliche Gewalt in den gesellschaftlichen Bereich ausgreift, kann die staatsbezogene Verfassung nicht folgen. Da hinter dem Neokorporatismus aber ein Strukturwandel steht, an dem verfassungsrechtliche Verbote abprallen, muß man sich daran gewöhnen, daß das System wieder Züge der vormodernen polyzentrischen Herrschaft annimmt, die sich dem Zugriff der Verfassung sperrte. Diese bindet dann ihrem Anspruch zum Trotz nicht mehr sämtliche Träger öffentlicher Gewalt, sondern nur noch einen Teil[44].

3. Regelungszweck

Die Verfassung war aber nicht nur hinsichtlich ihres Gegenstandes, sondern auch hinsichtlich ihres Zwecks auf die Trennung von Staat und Gesellschaft bezogen. Sie sollte die Beschränkung des Staates auf seine Garantenfunktion für die gesellschaftliche Ordnung sichern. Die Funktionsausweitung des modernen

43 Vgl. die Forschungen zur Politikverflechtung, etwa Fritz Scharpf u. a., Politikverflechtung, 2 Bände, Kronberg 1976–1977; ders., Die Politikverflechtungs-Falle: Europäische Integration und deutscher Föderalismus im Vergleich, in: PVS 26 (1985), S. 323; Joachim Jens Hesse (Hg.), Politikverflechtung im föderativen Staat, Baden-Baden 1978; Franz Lehner, Politikverflechtung, Institutionelle Eigendynamik und politische Kontrolle, in: Joachim Matthes (Hg.), Sozialer Wandel in Westeuropa, Frankfurt 1979, S. 611; oder zur halbstaatlichen Ebene, etwa Gunnar Folke Schuppert, Die Erfüllung öffentlicher Aufgaben durch verselbständigte Verwaltungseinheiten, Göttingen 1981; ders./Christopher Hood (Hg.), Delivering Public Services in Western Europe, London 1988.

44 Vgl. Böckenförde, Verbände, a.a.O. (Fn. 35); Grimm, Verbände, a.a.O. (Fn. 35).

Wohlfahrtsstaates hinterläßt deswegen ein verfassungsrechtliches Regelungsdefizit. Das ist angesichts der Eingriffsfixierung der Verfassung überall dort offenkundig, wo der Staat bei der Erfüllung seiner Gestaltungsaufgaben nicht mehr das Mittel des Eingriffs verwendet. Wo kein Eingriff, da kein Gesetzesvorbehalt; wo kein Gesetzesvorbehalt, da keine Gesetzesbindung der Verwaltung, und wo keine Gesetzesbindung der Verwaltung, da keine Gesetzmäßigkeitskontrolle durch die Gerichte. Das Defizit erstreckt sich aber auch in den Eingriffsbereich selber. Dort verliert der Gesetzesvorbehalt seine grundrechtsschützende Wirkung, wenn es nicht um die Regelung punktueller Eingriffe der Verwaltung in das Grundrecht eines einzelnen Störers, sondern um die vom Gesetzgeber selbst vorgenommene Veränderung sozialer Beziehungen und Strukturen geht, die große gesellschaftliche Gruppen mit kollidierenden Grundrechtspositionen berührt.

Die Regelungsdefizite sind freilich nicht unbemerkt geblieben. Die verfassungsrechtliche Antwort auf den Funktionswandel des Eingriffs ist das Verhältnismäßigkeitsprinzip, das die Verfassungsmäßigkeit einer administrativen Grundrechtsbeschränkung nicht mehr nur von einer ausreichenden gesetzlichen Ermächtigung der Verwaltung abhängig macht, sondern auch davon, daß das ermächtigende Gesetz selber das betroffene Grundrecht nicht unzumutbar beschränkt und kollidierende Grundrechtspositionen angemessen zum Ausgleich bringt. Im Bereich der nichtimperativen Staatstätigkeit hat in Reaktion auf die veränderten Bedingungen eine Erweiterung des Eingriffsbegriffs auf alle grundrechtsbeeinträchtigenden Auswirkungen der Staatstätigkeit und des Gesetzesvorbehalts auf alle grundrechtswesentlichen staatlichen Aktivitäten unabhängig von ihrer Eingriffsqualität stattgefunden. Vor allem aber werden die Grundrechte selber nicht mehr nur als subjektive Abwehrrechte gegen den Staat, sondern überdies als objektive Prinzipien verstanden, die ihn zum allseitigen Schutz der grundrechtlichen Freiheit verpflichten und seine sozialgestaltende Tätigkeit auf die grundrechtlichen Prinzipien festlegen[45].

45 Vgl. zur Ausweitung der Grundrechtsbedeutung vor allem Peter Häberle, Grundrechte im Leistungsstaat, in: VVDStRL 30 (1972), S. 43; Konrad Hesse, Grundrechte. Bestand und Bedeutung, in: Ernst

Dieser Terraingewinn der Verfassung gegenüber dem Wohlfahrtsstaat darf aber nicht überschätzt werden. Wie sich zeigt, entfalten die Grundrechte in ihrer Eigenschaft als objektive Gestaltungsprinzipien nicht denselben Bindungsgrad wie als subjektive Abwehrrechte[46]. Die hohe Bindungskraft der negatorisch wirkenden Grundrechte liegt in dem Umstand begründet, daß sie als Handlungsverbote nur auf eine einzige Weise erfüllt werden können, nämlich durch Unterlassen. Eine Verletzung kann daher auch nur auf eine denkbare Weise behoben werden, nämlich durch Annullierung des entsprechenden Aktes. Als Abwehrrechte gelten sie folglich unmittelbar und können im Verletzungsfall von den Gerichten ohne weiteres durchgesetzt werden. Dagegen steht für die Erfüllung einer grundrechtlichen Zielvorgabe eine Vielzahl zulässiger Alternativen zur Verfügung. Es ist dann Sache der Politik, aufgrund ihrer Prioritäten und Ressourcen zu entscheiden, wie ein grundrechtlicher Handlungsauftrag erfüllt werden soll. In ihrer Eigenschaft als objektive Prinzipien sind sie also auf gesetzliche Vermittlung angewiesen. Solange diese fehlt, gewähren sie dem Einzelnen keinen Anspruch und können folglich auch vor Gericht nicht durchgesetzt werden.
Bei der Erfüllung der grundrechtlichen Schutzpflichten stellt sich freilich ein weiteres Problem[47]. Sozialgestaltung hat es fast durch-

Benda/Werner Maihofer/Jochen Vogel (Hg.), Handbuch des Verfassungsrechts, Berlin 1983, S. 79; Dieter Grimm, Rückkehr zum liberalen Grundrechtsverständnis?, in diesem Band S. 221; zur Ausweitung des Eingriffsbegriffs Bodo Pieroth/Bernhard Schlink, Grundrechte, Heidelberg 1989 (5. Aufl.), S. 64 ff.; Lübbe-Wolff, Grundrechte (Fn. 13), bes. S. 69 ff.; zur Ausweitung des Gesetzesvorbehalts Walter Krebs, Vorbehalt des Gesetzes und Grundrechte, Berlin 1975; ders., Zum aktuellen Stand der Lehre vom Vorbehalt des Gesetzes, in: JurA 1979, S. 304; Jost Pietzker, Vorrang und Vorbehalt des Gesetzes, in: JuS 1979, S. 710; Hans-Herbert von Arnim, Zur »Wesentlichkeitstheorie« des Bundesverfassungsgerichts, in: DVBl. 1987, S. 1241; zur Verhältnismäßigkeit Peter Lerche, Übermaß und Verfassungsrecht, Köln 1961; Michael Christoph Jacobs, Der Grundsatz der Verhältnismäßigkeit, Köln 1985.

46 Vgl. Ronald Dworkin, Bürgerrechte ernstgenommen, Frankfurt 1984, S. 145 ff.; Robert Alexy, Theorie der Grundrechte, Baden-Baden 1985, S. 71 ff., 454 ff.; Lübbe-Wolff, Grundrechte (Fn. 13), S. 37 ff.

47 Vgl. Gunther Teubner, Reflexives Recht, in: ARSP 68 (1982), S. 13; ders., Trilemma, a.a.O. (Fn. 28); ders., Recht als autopoietisches Sy-

weg mit solch hoher Komplexität zu tun, daß sie gedanklich nicht vollständig vorweggenommen und daher gesetzlich auch nur unvollkommen determiniert werden kann. Infolgedessen treten in diesem Bereich an die Stelle der klassischen Konditionalprogramme zunehmend Finalprogramme, die sich auf die Vorgabe des Handlungsziels und die Aufzählung einiger berücksichtigungspflichtiger Gesichtspunkte beschränken. Aber auch die Verwirklichung derartiger Programme hängt nicht allein vom Willen des Rechtsanwenders, sondern von zahlreichen externen Faktoren ab und muß deswegen situativ offen bleiben. Inhalt und Ergebnis des Verwaltungshandelns sind daher im Gesetz nicht mehr generell und abstrakt vorgezeichnet. Sie werden vielmehr im Programmvollzug durch die Verwaltung selbständig festgelegt. Die Anpassung der Grundrechte erweist sich also weitgehend als rechtsstaatlicher und demokratischer Scheinsieg. Der beste Beweis liegt in ihrer zunehmenden Prozeduralisierung, die den verkürzten inhaltlichen Schutz durch Partizipation der Betroffenen am administrativen Entscheidungsprozeß kompensieren soll.

Aber auch der weitgehend dem Verhältnismäßigkeitsprinzip aufgebürdete materielle Grundrechtsschutz hat seine rechtsstaatlichen und demokratischen Kosten, weil es sich als Zumutbarkeits- und Angemessenheitsstandard einer Generalisierung größtenteils entzieht und nur fallbezogene Ergebnisse liefert[48]. Soweit die Ge-

stem, Frankfurt 1989; Rudolf Wiethölter, Materialization and Proceduralization in Modern Law, in: Gunther Teubner (Hg.), Dilemmas of Law in the Welfare State, Berlin 1986, S. 221; ders., Sanierungskonkurs der Juristenausbildung?, in: KritV 1986, S. 21; Karl-Heinz Ladeur, Perspectives on a Post-Modern Theory of Law, in: Gunther Teubner (Hg.), Autopoietic Law, Berlin 1987, S. 242; Dieter Grimm (Hg.), Wachsende Aufgaben des Staates – sinkende Steuerungsfähigkeit des Rechts, Baden-Baden 1990; zur Umstellung von Konditional- auf Finalprogramme vor allem Niklas Luhmann, Funktionale Methode und juristische Entscheidung, in: ders., Ausdifferenzierung des Rechts, Frankfurt 1981, S. 273; zu den Folgen etwa Dieter Grimm, Verfahrensfehler als Grundrechtsverstöße, in: NVwZ 1985, S. 865; Winfried Brohm, Situative Gesetzesanpassung durch die Verwaltung, in: NVwZ 1988, S. 794; Maus, Verrechtlichung, a.a.O. (Fn. 14).

48 Vgl. Bernhard Schlink, Abwägung im Verfassungsrecht, Berlin 1976; ders., Freiheit durch Eingriffsabwehr – Rekonstruktion der klassischen Grundrechtsfunktion, in: EuGRZ 1984, S. 457; Karl-Heinz La-

richte Legislative oder Exekutive unter Anlegung dieses Maßstabs kontrollieren, ziehen sie daher die Sozialgestaltung an sich, ohne dafür doch hinreichend gerüstet oder legitimiert zu sein. Die jüngst vordringende Risikovorsorge droht aber auch die freiheitssichernde Wirkung des Verhältnismäßigkeitsgrundsatzes zu schmälern. Als relativer Maßstab macht er die Angemessenheit einer Grundrechtsbeschränkung ja von dem Ausmaß der bekämpften Grundrechtsgefahr abhängig. Ist diese groß genug, kann die Eingriffsschwelle für andere Grundrechte drastisch sinken. In der Risikogesellschaft wird es also denkbar, daß jede einzelne Maßnahme als verhältnismäßig geringfügige Belastung zugunsten eines hochwertigen Rechtsguts erforderlich und angemessen erscheint, und in der Summe doch die Freiheit unter der Sicherheit verkümmert. Die Verfassung findet sich dann ohne jede Textänderung am Rand des Soziallebens wieder[49].

Aber auch der vom demokratischen Prinzip vermittelte Freiheitsschutz gerät unter Druck, weil die Zunahme irreversibler Entscheidungen, die die wissenschaftlich-technische Entwicklung erzwingt, den demokratischen Mehrheitswechsel tendenziell folgenlos macht. Auch verbesserte Einsichten oder veränderte Kräfteverhältnisse können dann auf absehbare Zeit nicht mehr zu einer Änderung der Lage führen. Im selben Maß wird aber das demokratische Prinzip außer Kraft gesetzt[50]. Qualifizierte Mehrheiten oder plebiszitäre Kompetenzen, die zur Kompensation

deur, Abwägung – ein neues Paradigma des Verwaltungsrechts, Frankfurt 1984; Maus, Verrechtlichung, a.a.O. (Fn. 14).

49 Vgl. Grimm, Prävention, a.a.O. (Fn. 27), S. 217f.; Alexander Roßnagel, Bedroht die Kernenergie unsere Freiheit?, München 1983; ders., Radioaktiver Zerfall der Grundrechte?, München 1984; Hasso Hofmann, Atomenergie und Grundrechte, in: Roßnagel, Recht und Technik (Fn. 25), S. 55.

50 Vgl. aus der wachsenden Literatur etwa Hasso Hofmann, Langzeitrisiko und Verfassung, in: Scheidewege 1980, S. 448; Paul Henseler, Verfassungsrechtliche Aspekte zukunftsbelastender Parlamentsentscheidungen, in: AöR 108 (1983), S. 489; Peter Häberle, Zeit und Verfassungskultur, in: Anton Peisl/Armin Mohler (Hg.), Die Zeit, München 1983, S. 289; Bernd Guggenberger/Claus Offe (Hg.), An den Grenzen der Mehrheitsdemokratie, Opladen 1984; Dieter Grimm, Interessenwahrung und Rechtsdurchsetzung in der Gesellschaft von morgen, in diesem Band S. 176; Peter Saladin/Christoph Andreas Zeyer, Rechte künftiger Generationen, Basel 1988.

dieses Defizits oft vorgeschlagen werden, lösen das Problem nicht, weil sie in existentiellen Fragen weder die Legitimation der Entscheidung für die Unterlegenen erhöhen noch die Bindung künftiger Generationen rechtfertigen können. Nachdem es der Verfassung nicht mehr gelingt, alle Träger öffentlicher Gewalt in ihr Regelungswerk einzubeziehen, muß man folglich damit rechnen, daß sie auch nicht mehr alle Bereiche der Staatstätigkeit erfassen wird. Ob ein verändertes Verfassungsverständnis diesen Geltungsschwund auffangen kann oder die Verfassung zu einer Teilordnung verkümmert, bleibt vorerst offen.

Abkürzungsverzeichnis

AA:	Akademie – Ausgabe (Gesammelte Schriften, hg. von der Koeniglich Preußischen [bzw. Deutschen] Akademie der Wissenschaften)
AcP:	Archiv für die civilistische Praxis
AöR:	Archiv des öffentlichen Rechts
Arch. parl.:	Archives parlementaires de 1789 à 1860. Recueil des débats legislatifs et politiques des chambres françaises, 1867 ff.
ARSP:	Archiv für Rechts- und Sozialphilosophie
BGB:	Bürgerliches Gesetzbuch
BR:	Bundesrat
BRep.:	Bundesrepublik
Br. u. Schr.:	Briefe und Schriften
BT:	Bundestag
BVerfG:	Bundesverfassungsgericht
BVerfGE:	Entscheidungen des Bundesverfassungsgerichts
BVerfGG:	Gesetz über das Bundesverfassungsgericht
DJT:	Deutscher Juristentag
DÖV:	Die Öffentliche Verwaltung
Drucks.:	Drucksache
DVBl.:	Deutsches Verwaltungsblatt
EuGRZ:	Europäische Grundrechte – Zeitschrift
FA:	Friedrichsruher Ausgabe
Festg.:	Festgabe
FS:	Festschrift
Ges. Red. u. Schr.:	Gesammelte Reden und Schriften
GG:	Grundgesetz
GOBT:	Geschäftsordnung des Deutschen Bundestages
GSlg.:	Gesetzsammlung
Hdb. d. Dt. StaatsR:	Handbuch des Deutschen Staatsrechts
Hdb. d. VerfR:	Handbuch des Verfassungsrechts
HdSW:	Handwörterbuch der Sozialwissenschaften
IPSA:	International Political Science Association
Jura:	Juristische Ausbildung
JuS:	Juristische Schulung
JZ:	Juristenzeitung
KJ:	Kritische Justiz
KritV:	Kritische Vierteljahresschrift für Gesetzgebung und Rechtswissenschaft

KZSS:	Kölner Zeitschrift für Soziologie und Sozialpsychologie
Lfg.:	Lieferung
MEW:	Marx, Karl/Engels, Friedrich, Werke (hg. v. Institut für Marxismus- Leninismus beim ZK der SED, 39 Bde. und 2 Erg.Bde., Berlin 1958-1971)
m. w. N.:	mit weiteren Nachweisen
Ndr.:	Nachdruck/Neudruck
NJW:	Neue Juristische Wochenschrift
NVwZ:	Neue Zeitschrift für Verwaltungsrecht
ÖZP:	Österreichische Zeitschrift für Politikwissenschaft
ÖZöR:	Österreichische Zeitschrift für öffentliches Recht
OVG:	Oberverwaltungsgericht
PartG:	Gesetz über die politischen Parteien
PVS:	Politische Vierteljahresschrift
RdA:	Recht der Arbeit
Rdn.:	Randnummer
Ref. u. Mitt. des Schweiz. Juristenvereins:	Referate und Mitteilungen des Schweizerischen Juristenvereins
Staatsarch.:	Staatsarchiv
Sten. Prot.:	Stenographische Protokolle
Sten. Ber.:	Stenographische Berichte
SW:	Sämtliche Werke
VerwArch:	Verwaltungsarchiv
Vjschr.:	Vierteljahresschrift
VVDStRL:	Veröffentlichungen der Vereinigung der Deutschen Staatsrechtslehrer
WRV:	Weimarer Reichsverfassung
ZERP:	Zentrum für Europäische Rechtspolitik
ZfP:	Zeitschrift für Politik
ZHR:	Zeitschrift für das gesamte Handelsrecht und Wirtschaftsrecht
ZParl.:	Zeitschrift für Parlamentsfragen
ZSR NF:	Zeitschrift für Schweizerisches Recht (Neue Folge)

Nachweise

Verfassung, in: Staatslexikon (hrsg. v. d. Görres-Gesellschaft), Bd. 5, 7. Aufl., Freiburg (Herder) 1989, Sp. 633-643.

Entstehungs- und Wirkungsbedingungen des modernen Konstitutionalismus, in: D. Simon (Hg.), Akten des 26. Deutschen Rechtshistorikertages, Frankfurt a. M. (Klostermann) 1987, S. 45-76.

Die Grundrechte im Entstehungszusammenhang der bürgerlichen Gesellschaft, in: J. Kocka (Hg.), Bürgertum im 19. Jahrhundert, Bd. 1, München (dtv) 1988, S. 340-371.

Der Verfassungsbegriff in historischer Entwicklung, unter dem Titel »Verfassung (II.)«, in: O. Brunner/W. Conze/R. Koselleck (Hg.), Geschichtliche Grundbegriffe, Bd. 6, Stuttgart (Klett) 1990, S. 863 bis 899.

Der Wandel der Staatsaufgaben und die Krise des Rechtsstaats, in: D. Grimm (Hg.) Wachsende Staatsaufgaben – sinkende Steuerungsfähigkeit des Rechts, Baden-Baden (Nomos) 1990, S. 291-306.

Interessenwahrung und Rechtsdurchsetzung in der Gesellschaft von morgen, in: H. Däubler-Gmelin/W. Adlerstein (Hg.), Menschengerecht, Heidelberg (C. F. Müller) 1986, S. 392-407.

Verfassungsrechtliche Anmerkungen zum Thema Prävention, in: Kritische Vierteljahresschrift für Gesetzgebung und Rechtswissenschaft, München (J. Schweitzer) 1986, S. 38-54.

Rückkehr zum liberalen Grundrechtsverständnis?, in: recht, Zeitschrift für Ausbildung und Praxis, Bern (Stämpfli & Cie) 1988, S. 41-50.

Verbände und Verfassung, unter dem Titel »Verbände« in: E. Benda/W. Maihofer/H. J. Vogel (Hg.), Handbuch des Verfassungsrechts, Berlin (de Gruyter) 1983, S. 373-388.

Die politischen Parteien, in: E. Benda/W. Maihofer/H. J. Vogel (Hg.), Handbuch des Verfassungsrechts, Berlin (de Gruyter) 1983, S. 317-372. Gekürzt.

Verfassungsrechtlicher Konsens und politische Polarisierung in der Bundesrepublik Deutschland, in: Politische Bildung 17, Stuttgart (Klett) 1984, S. 35-42.

Verfassungsfunktion und Grundgesetzreform, in: Archiv des öffentlichen Rechts 97, Tübingen (J. C. B. Mohr [Paul Siebeck]) 1972, S. 489-508. Der zweite Teil »Notwendigkeit und Chance von Grundgesetzreformen«, S. 508-537, hier nicht abgedruckt.

Die Gegenwartsprobleme der Verfassungspolitik und der Beitrag der Politikwissenschaft, in: U. Bermbach (Hg.), Politische Wissenschaft und politische Praxis, Politische Vierteljahresschrift, Sonderheft 9, Opladen (Westdeutscher Verlag) 1978, S. 272-295.

Das Grundgesetz nach vierzig Jahren, in: Neue Juristische Wochenschrift, Frankfurt (C. H. Beck) 1989, S. 1305-1312.
Die Zukunft der Verfassung, in: Staatswissenschaften und Staatspraxis, Baden-Baden (Nomos) 1990, S. 5-33.

Register